Gunter Hofmann
Helmut Schmidt

Gunter Hofmann

Helmut Schmidt

Soldat, Kanzler, Ikone

Biographie

C. H. Beck

«Gegenwärtig bin ich der leitende Angestellte der Bundesrepublik Deutschland, und alle vier Jahre haben wir eine Generalversammlung, wo einige 30 Millionen wahlberechtigte Bürger darüber abstimmen, ob ihr Unternehmen einigermaßen anständig geführt ist oder ob es unzureichend geführt worden ist.»

Helmut Schmidt, 1980

«... aber was ihn tief in seinem Inneren bewegt, habe ich nie erfahren.»

Marion Dönhoff über Helmut Schmidt

2. Auflage. 2015

Mit 40 Abbildungen

© Verlag C. H. Beck oHG, München 2015
Gesetzt aus der Sabon bei der Janß GmbH, Pfungstadt
Druck und Bindung: Druckerei C. H. Beck, Nördlingen
Umschlaggestaltung: Kunst oder Reklame, München
Umschlagabbildung: © Gunter Gluecklich/laif
Gedruckt auf säurefreiem, alterungsbeständigem Papier
(hergestellt aus chlorfrei gebleichtem Zellstoff)
Printed in Germany
ISBN 978 3 406 68688 7

www.beck.de

Inhalt

I. Politik und Leben 9

II. Jugend unter Hitler 17
Ben Witter 27 – Die Verwirrungen des Zöglings Schmidt 47 – «Gespaltene Bewusstseinslage» 57 – Die Türme des Kreml 59 – Keine Hitler-Freunde, nirgends 63 – Frei reden 66 – Freisler 71 – Moritzelchen 74 – Davongekommen 75 – Keine «Stunde Null» 77

III. Wofür? 83
Karl Schiller 85 – 1953 89 – Erler 99 – Strauß 103 – Mr. Geradeheraus 106 – Max Weber 117 – Wurzeln 122 – 1961 129 – Stadt unter 129 – 1963 138 – Kennedy 140 – Brandt 142 – Wieder im Treibhaus 148 – Traumrolle 154 – 1967 158 – Herzenssache Notstandsgesetze 165

IV. Machtwechsel 175
1970 190 – Schiller 193 – 1972 206 – 1974 234 – Der kleine Unterschied 237 – Giscard 246 – Der Euro aus Langenhorn 256 – 1980 258 – Eppler 261 – Breschnew 267 – 1976 271 – Nahaufnahme 273 – Auf den Kanzler kommt es an? 274 – 15. Dezember 1976 279 – «Krieg» 285 – Grauzone 292 – 1978 297 – 1980 304 – Raddatz, Grass, Lenz 309 – «Sind wir alle Nazis?» 320 – 1981 330 –

Deutsch-deutsche Entente 331 – «... dass dies notwendig war ...» 335 – 1981 342 – 1982 348 – Die Welt, wie Schmidt sie sah 349 – Tricky Dick 351 – Jerry 353 – Carter 355 – Reagan 360

V. Kommentator 363

Unter «Wegelagerern» 365 – Politiker zu hundert Prozent 374 – Unter dem Strich 379 – Mauerfall 394 – Nachbar Polen 403 – Julius Leber 408

VI. Was bleibt 415

Normal 417 – Glück? Ein relatives Gefühl 429 – Ein richtiges Leben im falschen 440

Anmerkungen 445
Bildnachweis 457
Personenregister 458

I. Politik und Leben

Gedanken und Erinnerungen hieß bei ihm *Menschen und Mächte*. Anders als der Reichskanzler Otto von Bismarck, der nach seiner Entlassung 1890 zur Feder griff, wollte Helmut Schmidt damit aber ausdrücklich keinen persönlichen Rückblick auf sein Leben zu Papier bringen. So häufig und gerne er auch Bücher verfasste – im hohen Alter ein Buch pro Jahr galt als das untere Minimum, alle Bestseller –, seine Politik wollte er weder ableiten aus seinem eigenen Leben, noch wollte er sich einbetten in einen systematischen historischen Rückblick auf die Bundesrepublik und ihre Rolle in Europa und der Welt.

Politische Selbstbespiegelungen, Blicke nach innen seien ihm «immer suspekt» gewesen, notierte er gleich zu Beginn des ersten dickleibigen Wälzers, den er fünf Jahre nach dem Abschied aus dem Kanzleramt verfasste. Eine «Verführung für den Autor» stellten Autobiographien ihrer Natur nach dar, «sich selbst fehlerlos zu sehen oder sich doch jedenfalls in besserem Lichte erscheinen zu lassen, als es dem späteren Urteil der Geschichte entsprechen kann».[1] So redete er sich den Gedanken daran selber aus.

Anders wollte er es halten mit dem Erinnern, weniger persönlich, viel grundsätzlicher und in größeren Bögen. In dem Erfahrungsbericht aus seinem Leben mit dem Titel «Menschen und Mächte» nahm er zunächst einmal die drei Weltmächte, Russland, die USA und China in den Blick, damit man als Leser gleich weiß, was ihn umtreibt und an welcher Elle er das eigene Land misst; vor allem bevölkerte er ihn bunt mit Menschen, Dialogen, neugierigen und oft auch liebevollen Portraits, lebhaften Schilderungen jener politischen Weggefährten oder Begegnungen, die ihn beeindruckten, die Weichen stellen konnten oder deren Stimme einfach Autorität hatte, ohne dass sich ein besonderes Amt damit verband. Inständig liebte er es natürlich, über seine Gespräche mit den Großen der Welt zu berichten, von Mao Zedong und Deng Xiaoping bis Anwar as-Sadat, Richard Nixon oder Henry Kissinger – als einer, der zur Familie gezählt wurde. Leonid Breschnew tauchte auf, Andrej Gromyko, Michail Gorbatschow, Robert McNamara, Arthur Burns, George Shultz, Ronald Reagan, Hua Guofeng – und das ist nur ein kleiner Ausschnitt aus dieser Namensparade, die er antreten ließ. Sein Ego verbarg er nicht, er nahm sie ernst, aber sie ihn nicht minder, lautete die Botschaft zwischen den Zeilen. Also durfte man ihm auch über die Schulter blicken, wenn er neben den ganz Großen traulich auf der Couch saß.

Geschichte, wollte Helmut Schmidt damit wie beiläufig festhalten, ist menschengemacht: Jemand entscheidet, zaudert, versagt gar, immer trägt einer Verantwortung in öffentlichen Angelegenheiten. Politiker stehen an Scheidewegen, sie können sich irren und korrigieren, es lohnt sich, nach Alternativen zu suchen, sie brauchen Optionen, sie müssen entscheiden und vorangehen. Diese Grundhaltung bewahrte er immer. War es Geschichtsoptimismus, der ihn trug? Das Wort geht zu weit, aber gegen jedes fatalistische Sichtreiben-lassen wehrte er sich, Politiker, die sich aus diesem Grund selbst zurückhielten, hatten schlicht ihren Beruf verfehlt, glaubte er.

Aber das eigene Denken, das Verhalten als Politiker, die getroffenen Entscheidungen aus dem eigenen Leben heraus erklären? Das keinesfalls! Wohl nicht allein die mögliche «Verführung» störte ihn, sich selbst fehlerlos zu sehen oder zu illuminieren; nein, ein rationaler, vernunftgeleiteter Politiker lässt sich möglichst nichts von «innen» diktieren, er handelt nach Sachkompetenz, Vernunft und nachprüfbaren Maßstäben. Ein Votum des Kanzlers, ein Kabinettsbeschluss, das sollte nicht abgeleitet werden können aus dessen Herkunft, als folgten Politiker nur heimlichen Lebenslinien, und als gäbe es nicht fast immer verschiedene Möglichkeiten, unter denen sie nach bestem Wissen und Gewissen auswählen müssen. Letztlich blieb für Schmidt Politik doch das Produkt nüchterner, pragmatischer Abwägung von Sachargumenten in öffentlichen Angelegenheiten, so wollte er sich immer verstanden wissen, eigentlich schon in seinen frühen Bonner Jahren, 1953, als er im Grunde noch ein Lehrling im Bundestag war – und die Republik sich durch die erste Phase ihrer langen, beschwerlichen Selbstverständigung mühte. Nicht der eigenen Gesinnung und privaten Moral folgt Politik, sondern vernünftigen Maßstäben und Common Sense. Kein Autobiograph, sondern ein Verantwortungsethiker stellte sich vor schon im ersten Buch, und so sollte das fortan in allen Texten des Autors Helmut Schmidt sowie seinen öffentlichen Auftritten bleiben.

Zwar, kursorische Hinweise, Beiträge zur Familiengeschichte, Notizen vor allem über seine «unpolitische» Jugend lieferte er sehr wohl: In erster Linie aber doch, um Kontrolle über das eigene Bild zu behalten und Missdeutungen vorzubeugen. Bis hierher gewähre er Einsicht – so die stille Post zwischen den Zeilen – aber keinen Millimeter weiter, als er möchte. Er allein! Immer wollte Helmut Schmidt sein eigener Herr bleiben, niemand sollte verfügen können über ihn.

Keine der zahlreichen Biographien, die bereits über ihn zu Papier gebracht wurden, erfasse ihn ganz, kommentierte Helmut Schmidt denn auch die Lektüre über ein langes Politikerleben, sein Leben. Wenig allerdings trug er selber dazu bei, aufzuklären, was er vermisste oder worin er sich getroffen fühlte und worin nicht. Ganz gerecht, nebenbei, wurde er seinen Biographen damit nicht. Vor allem der Heidelberger Historiker Hartmut Soell, einige Jahre Schmidts Weggefährte im Bundestag und geschätzter Gesprächspartner in Sachen Sicherheitspolitik, hat sich ihm in zwei voluminösen Bänden skrupulös angenähert, zwar nicht im Sinne einer autorisierten Biographie, aber doch überaus materialreich vom ersten Lebenstag an bis zum Abschied aus dem Kanzleramt; ein Nahblick, der dennoch Distanz wahrte und Apologetisches möglichst mied. Jonathan Carr (der nicht nur vom Ökonomen Schmidt, sondern vor allem vom Pianisten und Kunstkenner schwärmte), Hans Martin

Lehmann, Martin Rupps, Hans-Joachim Noack, Michael Schwelien, Theo Sommer, das ist nur ein kleiner Ausschnitt der Liste von Autoren, die sich biographisch annäherten – in Ausnahmefällen Huldigungsliteratur, oft jedoch lehrreich und mit kritischem Blick.

Mit Kritik lernte Schmidt umzugehen, trotz aller unübersehbaren Eitelkeit, darin zeigte er sich zunehmend professioneller. Nur fair musste sie bleiben, ansonsten stand er – mit wachsender Erfahrung – darüber, schon gar als alter Herr. Ihn brachte nichts mehr in Rage. Das hieß aber auch, dass Widerworte, beispielsweise wegen seines vielfach bekundeten Verständnisses für das Niederschlagen der Opposition am Platz des Himmlischen Friedens in Peking im Juni 1989, an ihm einfach abprallten. Er hörte zwar zu. Aber wenn er sich seines Urteils sicher war, konnte ihn niemand darin beirren, selbst Freunde wie Manfred Lahnstein nicht, der ein ganzes Buch über Asien schrieb, nur um seinen einstigen Chef Helmut Schmidt von seinem einseitigen, gar zu rosigen Bild der offiziösen chinesischen Politik und ihren Modernisierungserfolgen abzubringen.[2] Auch von seiner Überzeugung, der dramatische Klimawandel sei nicht von den Menschen selbst zu verantworten, sondern ein natürlicher Prozess, vermochten ihn keinerlei Einwände abzubringen. Auffällig kontrastierte das mit seiner Neugier und Lernbereitschaft, die er sich grundsätzlich und auf vielen Feldern bis ins hohe Alter bewahrte.

Seine Arroganz, sein Klassenprimus-Gebaren, seine Eifersucht gegenüber potentiellen Konkurrenten in jüngeren Jahren, anfangs noch auf der Karriereleiter, dann aber auch als Regierungschef, alles hat Hans-Joachim Noack korrekt aufgespießt, ein liebenswürdiger, fehlerfreier Superman sieht anders aus – aber Schmidt hat es nicht gehindert, mit dem Autor gelegentlich weiter eine Schachpartie zu spielen, wie sie das seit vielen Jahren schon pflegten.

Seine Bemerkung, er fühle sich von keinem der Biographen ganz erfasst, hatte wohl andere Gründe als bloße Empfindsamkeit hinter der rauen Schale: Schmidt wollte sagen, es bleibe ein unauflösbarer Rest, den er allein kenne. Und er – siehe oben – wollte die Autobiographie ja nicht schreiben.[3]

Ganz so extrem war seine Scheu sicher nicht wie bei Willy Brandt, Journalisten, Biographen oder Freunden einen wirklichen

Blick auf sein Innerstes, sein Ich zu gewähren. Nicht einmal dessen engster Getreuer, Egon Bahr, durfte Brandt zu nahe kommen. Jeder Versuch, «des Anderen ‹Ich› zu verstehen», hätte das Vertrauen zwischen ihnen gestört, beschrieb der Mitarbeiter seit den Berliner Jahren ihr kompliziertes Verhältnis in seinem späten Freundschaftsbuch «Das musst Du erzählen!» Zwar verfasste Willy Brandt «Erinnerungen», sogar in mehreren Anläufen, aber am liebsten sprach er auch darin von sich in dritter Person, ganz selten tauchte ein «Ich» auf, immer nur in wenigen Sätzen. Psychoanalytiker, das betonte er, wollte er schon gar nicht nahe an sich herankommen lassen. Nein, er brauchte den Schutzpanzer um sich herum.

Bei Helmut Schmidt hingegen kam das «Ich» immerhin etwas häufiger vor. Zudem war er ein Freundschafts-Freund, er bekannte sich zu Freundschaften, privaten wie politischen, und war auch davon überzeugt, dass sie politische Wirkungen haben konnten. Seine Freundschaften verliefen quer durch alle Parteigrenzen und ließen sich auch nicht sortieren nach links oder rechts, Giscard d'Estaing, Henry Kissinger, Hans Matthöfer, George Shultz, Rainer Barzel, Fritz Stern, Theo Sommer, Peter Schulz ... Schmidt fiel es nicht schwer zu gestehen, wenn er um jemanden trauerte und weinte, etwa beim Tode Ernst Reuters, des großen Berliner Bürgermeisters, oder bei der Nachricht von den Schüssen in Dallas auf John F. Kennedy. Wo Willy Brandts Gesichtszüge sich versteinerten, zeigte er seine Gefühle. Oder er teilte aus, unerbittlich, wenn er wollte, auch aggressiv, manchmal sicher, um sich dahinter zu verbergen – obwohl ihm stets bewusst blieb, wie er reagierte, als schaue er sich selber dabei zu. Als alter Herr von 95 Jahren war er sogar bereit, mit der *Bild*-Zeitung sein privates Fotoalbum durchzublättern und Episoden aus seinem Leben zu erzählen. Wie er bedauerte, keine Enkel zu haben! Den Grabstein für seinen Sohn, der als Baby im Kriegsjahr 1945 starb und in Schönow bei Berlin beerdigt wurde, habe er ausgraben und im eigenen Garten aufstellen lassen. Sonst, so Schmidt, wäre er heute vielleicht Opa, dass es nicht so kam, nehme er «als Tatsache des Lebens hin». Der Tod seiner Frau, ließ er sich entlocken, sei nach 68jähriger Ehe ein wirklicher Schlag für ihn gewesen, ein Jahr lang sei es ihm schlecht gegangen, aber Ruth Loah sei für ihn in dieser Zeit den ganzen Tag da gewesen und habe ihm «das Leben gerettet». Sie habe ihm auch, ohne sein Wissen, den Rollstuhl besorgt «und dann hat sie mich reingesetzt und ich habe es gerne akzeptiert». Auf soviel Privates also ließ er sich ein, noch dazu, wenn er es selbst kontrollieren konnte. Nicht derart freimütig wie seine Frau, die in einigen Gesprächsbüchern aus ihrem und seinem Lebensalltag plauderte, aber doch auch ungezwungen berichtete er gelegentlich von fröhlichen Feiern zu Hause, Loki und er kochten dann für die engsten Mitarbeiterinnen und Mitarbeiter, Sekretärin, Büroleiterin, Chauffeur.

Bis ins hohe Alter blieb es seine Maxime, sein Urteil möglichst unverblümt zu fällen. Was halten Sie von Kommissionspräsident José Manuel Barroso? Schmidt, 94: «Ist nichts wert.» Schätzen sie Angela Merkel? Schmidt: «Nicht sonderlich.» Allenfalls fügte er noch hinzu, sie sei «geschickt im Taktieren, aber ohne strategisches Ziel.»

Nur auf diese eine Grenze achtete Schmidt, sie durfte nicht überschritten werden: Die Freiheit des Politikers, zwischen verschiedenen Pfaden zu wählen, müsse es immer geben, nie folgten sie lediglich «Sachzwängen» oder einer inneren Logik, die im eigenen Leben gründet. Niemand durfte auf diesen Gedanken kommen, zu sehr widersprach das seinem Bild von Politik als rein rationalem Geschäft. Solche Deutungen überließ er anderen, wenn sie denn wollen, er gab auch bereitwillig Auskunft und öffnete sein Archiv – aber genoss es, am Ende urteilen zu können, die Autoren hätten ihn nicht wirklich verstanden. So wollte er Herr des Verfahrens, Herrscher über die Bilder bleiben, die sich von ihm einnisten in unseren Köpfen, und das gelang ihm wohl auch weithin.

Hineingeboren ist Helmut Schmidt, Jahrgang 1918, in ein behütetes Haus in hochdramatischen Zeiten, das Kaiserreich ging unter, die Weimarer Republik und der Aufstieg Adolf Hitlers, die «Machtergreifung», blutige Fehden zwischen den neuen Machthabern, offene Judenverfolgung, brennende Synagogen folgten bald – dennoch hat er, wie er festhielt, eine unpolitische Jugend erlebt. Acht Jahre diente er als Soldat. Für die Sozialdemokratie entschied er sich im Gefangenenlager. Städteplaner wollte er werden oder Architekt, möglichst weit weg, aber Politik wurde sein Beruf. Er betrat die öffentliche Arena nicht «fertig», er musste lernen. Lernen wie Deutschland selbst, das – mit einem Wort von Cees Noteboom – lange «in der Mache» war. 1974 löste er Willy Brandt im Kanzleramt ab, zögernd. Die hohe Kunst des Regierens, hieß es rasch, beherrsche er perfekt, als eine Art Referenzkanzler der Deutschen galt Helmut Schmidt schon zu Amtszeiten. Nach der jahrzehntelangen Dienstreise, die im Herbst 1982 im Parlament mit der Wahl Helmut Kohls zum Nachfolger endete, wuchs seine Reputation noch weiter. Jetzt erst recht wurde Schmidt für viele zur Kultfigur, zur Projektionsfläche für vielerlei und zur nationalen Ikone.

Vielleicht hingen sein Regierungsstil, seine Leidenschaften, seine Maßstäbe, auch seine praktische Politik doch eng mit seinem Leben zusammen? Enger, als er sehen oder einräumen wollte? Auch wenn man Gründe für das außergewöhnliche Prestige des alten Herrn suchte, führten die Spuren auf seine Vita zurück. Moden wollte er sich nie beugen, aber er wurde zu einer deutschen Institution wie kein zweiter, nicht einmal Richard von Weizsäcker; und zugleich verriet die Resonanz auf den Mann mit der stets glimmenden Zigarette und den lakonischen Antworten viel vom Zeitgeist, auch von den Sehnsüchten nach Gewissheit, Orientierung, moralisch-politischen Leitplanken.

Man kann nicht sprechen über Helmut Schmidt, und über das Gros der Deutschen schweigen, die ihn so sehr bewundern. Er warnte zwar davor, ihm zu viel abzuverlangen, auch er sei nicht allwissend, aber am Echo änderte es nichts, er galt weithin als der alte Weise, der das chaotische Weltgeschehen zu deuten und zu ordnen vermöge. Ein Ausnahmepolitiker, an dem alle Politik sich messen lassen muss. Dieses Buch will versuchen, das zu erklären, auch dieses Verehrungs-Verhältnis. Um einen Blick ins «Innere», den er selber nicht macht, geht es freilich nicht zuletzt.

Seiner Rolle war er sich stets bewusst, das Echo zumal in den späten Jahren genoss er. Es war keine falsche Bescheidenheit – die lag ihm fern –, wenn er Interviewern empfahl, sie sollten ihn nicht förmlich mit «Herr Bundeskanzler» anreden, «nennen Sie mich einfach Schmidt».

II. Jugend unter Hitler

Gerade sein bescheidenes Einfamilienhaus am Neubergerweg in Langenhorn vor den Toren Hamburgs behält man lebhaft als Bild vor Augen, in all seiner stupenden Unauffälligkeit und Normalität. Hinter dieser Allerweltsfassade bewirtete Helmut Schmidt seinen adligen französischen Freund, Präsident Valéry Giscard d'Estaing, in der kleinen Bar im Souterrain. Mit Leonid Breschnew tauschten sie sich im Keller aus über ihre Soldatenjahre, aßen im bescheidenen Wohnzimmer Spargel mit Schinken, hinterher gab es Rumtopf und polnischen Wodka und überhaupt floss viel Alkohol bei dieser Gelegenheit. Jahrzehnte mit seiner Frau Loki verbrachte er hier und auch die Jahre danach. Sie liebten es beide bescheiden.

Zum «leitenden Angestellten der Bundesrepublik Deutschland» beförderte er sich selbst mit einem Hauch von Selbstironie (aber wirklich nur ein Hauch), während er Kanzler war – nur um den Eindruck zu vermeiden, ein Regierungschef sei ein höheres Wesen, eine jüngere Version von Kaiser Wilhelm, irgendwie nicht von dieser Welt. Nein, der «Angestellte», das ist einer wie du und ich, nur halt im Chefsessel. Normal ging es zu bei Schmidts, sollte das heißen.

Manchmal klagte er zwar, in der freien Wirtschaft hätte er viel mehr Geld verdienen können, aber dabei handelte es sich wohl mehr um Koketterie, die besagen sollte, auch dazu wäre er in der Lage gewesen ... Erlesenes Essen, feine Brioni-Anzüge, rauschende Feste – von alledem hielt er nichts. Ungefähr wusste das neugierige Publikum, wie es aussah bei Schmidts zu Hause, ein paar Fotos kursierten, sie machten kein Geheimnis daraus. Jeder sollte wissen – die dort hinter der Reihenhausfassade, die sind ununterscheidbar von unsereins. Sein Ferienhaus am Brahmsee hatte er noch nüchterner ausgestattet als das Privathaus in Langenhorn. Seht her, das ist das Maximum an Luxus, mehr leiste ich mir nicht! Eine Art Datscha, im Westen. Nichts, was sich mit den Villen und Landsitzen seiner Hamburger Kaufmannsfreunde auch nur annähernd hätte messen lassen. Kein Chateau, keine Kreml-Mauern. Stattdessen Normalität pur, ein deutscher Normalfall. Dass andere mit weniger Macht demonstrativ auf großem Fuß lebten, das war Helmut Schmidt herzlich egal.

Genossen hat er gewiss dennoch, dass er als gefragter Vortragsreisender und vor allem als Bestseller-Autor später mehr Geld verdienen sollte als mancher Chefmanager, sparsam war es in den jungen Jahren lange genug zugegangen – aber er spendete auch viel in die Weimarer Nationalstiftung, die er 1993 einrichtete. Selten gewährte er einen Blick hinter die Kulissen, gelegentlich machte er Konzessionen an Sandra Maischberger und Reinhold Beckmann, die ihn umgarnten, um aus dem Privatleben eines der populärsten Deutschen etwas erhaschen zu können, oder eben an *Bild*. Natürlich dachte er nicht daran, fortzuziehen von Langenhorn in eine Luxusvilla, als er es sich hätte gönnen können. Verübelt hätte es ihm niemand. Aber in Lebenshaltungsfragen hielt er genauso Kurs wie in politischen Angelegenheiten.

Ich entsinne mich an einen Besuch bei ihm, die Rede war wie so oft von der Nachrüstung, wir saßen in seinem verrauchten Arbeitszimmer auf halber Treppe, gelegentlich schaute seine Frau «Loki» herein. Ob er noch einen Tee wünsche, wollte sie wissen. Mühsam hatte sie sich dazu extra mit dem Treppenaufzug nach oben bewegt. Gerade war er dabei zu erklären, weshalb die Rechnung mit der «doppelten Null-Lösung», der beiderseitigen Abrüstung zwischen den Großmächten, 1983 zwar nicht aufging und in der Bundesrepublik wie angekündigt eine neue Generation atomarer Mittelstreckenraketen stationiert wurde, um den sowjetischen SS-20 etwas entgegenzusetzen. Mit all den Kürzeln und Formeln, die er traumwandlerisch beherrschte.

Aber, so Schmidt im Zigarettenrauchnebel, 1987 änderte sich schlagartig alles, Michail Gorbatschow und George Bush (sen.) unterzeichneten den INF-Vertrag zur Abrüstung ihres Nukleararsenals, «später als gedacht, aber doch». Das sei das «Ende des Kalten Krieges» gewesen, bilanzierte Schmidt. Nein, er führte das nicht zurück auf seine Standhaftigkeit in Sachen Nachrüstung, wie er es noch wenige Jahre zuvor gepflegt hatte, auch wenn er sich sicher war, dass es richtig vom Westen gewesen sei, nicht nachzugeben; Michail Gorbatschow selbst habe ihm gegenüber bestätigt, dass er nichts dagegen zu setzen hatte. Aber Tee, ach so, ja, den hätte er gerne. Ich schloss mich an. «Loki» goss nach.

Zu 1989, setzte Schmidt den Gedanken fort, sei es schließlich allein wegen Gorbatschow gekommen, er konnte den Prozess nicht mehr steuern, den er ausgelöst hatte.

Sicher, sämtliche Kanzler seit Konrad Adenauer wollten etwas von Normalität verkörpern. Abgehoben, bürgerfern, unnahbar – wie sie solche Etiketten fürchteten! Auf ihre Weise suchten alle – Ludwig Erhard, Kurt Georg Kiesinger, Willy Brandt, Helmut Kohl, Gerhard Schröder, Angela Merkel – möglichst am Boden zu bleiben. Um Himmels willen nicht den Eindruck erwecken, man gehöre zur «politischen Klasse», einer erdabgewandten, abgehobenen Elite.

Selbst aus diesem Rahmen aber fiel Helmut Schmidt, er legte besonderen Wert darauf, und er musste sich nicht einmal verstellen. Understatement lag dem Hanseaten ohnehin nahe, nicht etwa, um sich anzubiedern. Ein Programm verbarg sich dahinter: Sein eigenes Leben hatte ihn doch gelehrt, die Mitte zu suchen und zu wahren, nie wollte er sich davon abbringen lassen. Wie geht das, den Leuten nicht nach dem Mund reden, ohne exzentrisch zu wirken? Wenn er schon zu seinem Leidwesen nicht die Herzen erwärmen konnte wie Brandt, der Zehntausende von aufgewühlten Berlinern in Krisenmomenten der geteilten Stadt hinter sich scharte oder die Kumpels in der Dortmunder Westfalenhalle mit seiner rauen, brüchigen Stimme mitriss, dann wünschte er jedenfalls sichtbar zu machen, dass er den Alltag der «normalen» Bürger nie aus den Augen verliere. Abheben sollte sich das möglichst auch von den «Intellektuellen», gerade in seiner eigenen Partei, die in Luftschlössern lebten, wie er grollte, und hinwegredeten über die Köpfe der Leute. Ihn scherte nicht, dass er damit an ein zählebiges Vorurteil aus der Adenauer-Republik rührte, wonach die Geistesarbeiter sich gefälligst aus der Politik heraushalten sollten, weil sie von der Sache nichts verstünden, sehr wohl aber das Klima vergifteten mit ihrer Nörgelei.

Allerdings meinte Normalität für ihn keineswegs, sich der Mehrheit anzupassen. Zum Balanceakt seines Lebens entwickelte sich das: Den eigenen Instinkten folgen, und gleichwohl nicht aus der Reihe tanzen. Bei wem funktioniert das schon? Von «durchschnittlicher Durchschnittlichkeit» sollten nach seiner Kanzlerzeit zwei Schweizer Professoren sprechen, Guy Kirsch und Klaus Mackscheidt, Ökonom der eine und Psychologe der andere. Nicht Schmidts Profil wollten sie damit charakterisieren, intelligent und ironisch brachten sie damit vielmehr seinen Nachfolger Helmut Kohl auf den Begriff.

«Staatsmann, Demagoge, Amtsinhaber» betitelten die beiden Autoren ihre originelle Analyse. Ein kleines, unscheinbares Büchlein, das es in sich hatte. Zumal der Name Kohl darin nicht ein einziges Mal fiel. Als «Fels in der Brandung» beschrieben sie den großen Ungenannten, mit Respekt vor dem Machtinstinkt, aber spürbar doch auch mit freundlicher Verwunderung darüber, dass Maßstäbe, Ziele, Konzeptionelles bei dem mächtigen Mann im Bonner Kanzleramt leider gar nicht erkennbar seien. Durchschnittliche Durchschnittlichkeit? Schmidts Urteil über Kohl – den er als Oppositionsführer nicht respektierte und als Nachfolger lange Jahre schmähte – dürften die Schweizer Autoren mit ihrem Befund recht nahe gekommen sein.

Alleine wollte Helmut Schmidt definieren, was er für richtig und wichtig hält. Dazu war er doch gewählt! Politiker folgen nicht dem Zeitgeist, sie definieren ihn. Nicht nur Befindlichkeiten durfte er ausdrücken, sondern selbst der Vernunft eine Stimme geben. Normal bleiben, aber nicht durchschnittlich – darauf konzentrierte sich Helmut Schmidt, so sollten wir alle ihn sehen.

Wen hat er nicht alles als seine persönlichen Haus- und Gebrauchsphilosophen gepriesen und auf der Zunge getragen, Marc Aurel, Immanuel Kant, Max Weber, Sir Karl Popper, um klar zu machen, dass dieses «Vernünftige» nicht einfach die Mehrheitsmeinung ausdrückt, den kleinsten gemeinsamen Nenner oder auch nur seine Privatmeinung. Verständlich machen wollte er sich, das schon, und nicht überheblich ignorieren, was die Mehrheit dachte. Im Zweifel jedoch konnte er darauf nicht Rücksicht nehmen. Denn, nicht wahr, ein Regierungschef, der sich an der Demoskopie entlang hangelt, würde es sich gar zu billig machen. Deutsche Normalität zu verkörpern, auf das normale Deutschland zu hören, das meinte weit mehr für ihn.

Auch an seinem Urteil über die Kanzler der Republik spiegelte sich das wider. Respekt für Angela Merkels Stehvermögen und ihren Machteroberungssinn, Machtsicherungsinstinkt fehlte ihm nicht. Aber Bewunderung rang ihm ihr Verständnis von Politik keinesfalls ab. Als gelehrige Schülerin Helmut Kohls erwies sie sich in seinen Augen, den er auch nicht für einen konzeptionellen, strategisch denkenden Regierungschef hielt.

Ihn störte die «Entinhaltlichung», wie der britische Journalist und Historiker Neill Ascherson in einem Essay unter der Überschrift «Hanging on to Mutti»[1] bereits vor ihrer Wiederwahl im September 2013 diesen Stil charakterisierte. Herzlich fremd blieb Schmidt, wie gleichgültig der normative Aspekt von Politik Angela Merkel offenbar gerade als Regierungschefin (seit 2005) blieb, Inhalte und Maßstäbe vermisste er schon bei Helmut Kohl, bei der Amtsinhaberin fast noch mehr. Aber bewusst war ihm durchaus, dass gerade auch die beiden Christdemokraten, Helmut Kohl und Angela Merkel, viel vom Mehrheitsdeutschland, von deutscher Normalität also verkörperten – wie er selber.

Uneingeschränkt gelten ließ er vor seinem inneren Auge selbstredend Konrad Adenauer, der nicht nur deutsche Befindlichkeiten in den Wiederaufbaujahren ausdrückte, sondern – in Schmidts Sinne – auch strategisch und eigensinnig dachte. In gewisser Weise respektierte er auch die Parteifreunde, Willy Brandt (wegen des Lebens und jedenfalls wegen der Ostpolitik) und Gerhard Schröder (wegen der «Agenda», die er für richtig hielt, und wegen des «Nein» zum Irak-Krieg). Gnade fand Kurt Georg Kiesinger – seine Jahre als Mitläufer im Dritten Reich warf er ihm nicht vor, und als Kanzler störte er die Fraktionschefs Helmut Schmidt und Rainer Barzel nicht weiter, die Regie führten unter ihm. Jeder von ihnen suchte letztlich seinen Platz in der Mitte, alle wünschten sie, etwas von der deutschen «Normalität» auszudrücken – aber für keinen von ihnen spielte das eine solche zentrale, politische Rolle wie für Schmidt als eine Art inneren Auftrags, dem er gerecht werden musste.

Das Familienschicksal, die «kleine» Herkunft, die Aufstiegssorgen und -zwänge, das teilte er mit den meisten deutschen Kanzlern – sieht man einmal ab davon, dass Konrad Adenauer bereits vor dem Krieg dem Preußischen Herrenhaus angehörte und als Zentrumsmitglied Oberbürgermeister von Köln gewesen war. Ohnehin entstammte Adenauer noch einer anderen Ära, als eine Ausnahmegestalt ragte er in die junge, zutiefst unsichere, suchende Republik hinein. In der Regel jedoch hatten sich die Eliten selbst disqualifiziert, wer in der Politik der Nachkriegsrepublik eine Rolle spielen wollte, musste am besten klein anfangen und möglichst frei sein von jedem Vergangenheitsballast.

Willy Brandt als uneheliches Kind aus dem Lübecker Kleine-Leute-Milieu, mit einer äußerst klassenbewussten Mutter, «hineingeboren» in die Arbeiterbewegung; Helmut Kohl als Sohn eines kleinen Ludwigshafener Finanzbeamten; Gerhard Schröder mit einem Hilfsarbeiter als Vater, der 1944 in Siebenbürgen beim Rückzug der Deutschen Wehrmacht fiel; Angela Merkel, die Tochter eines evangelischen Theologen und einer Lateinlehrerin aus Hamburg – so entsprach das dem Grundmuster nach 1948. Kein Eton- oder Oxford-Hintergrund wie bei den Briten, keine *École normale superieure* und auch ohne eigenes Schloss wie Freund Giscard in Paris, kein Hauch von Elite: Diese Voraussetzung erfüllte Schmidt, perfekt verkörperte er die neue Normalität.

So oft er als junger Politiker und auch noch als Minister im Kabinett Brandt laut davon geschwärmt hatte, bald einmal mehr

Geld zu verdienen in einem Beruf außerhalb der politischen Arena, als Manager vielleicht in der freien Wirtschaft – etwas fesselte ihn dennoch an die Politik. Hing es vielleicht damit zusammen, dass er beweisen wollte, jemand mit seiner Vita – Soldat in den besten Jugendjahren, blind für die Verhältnisse um sich herum – tauge dennoch zum Politiker?

Er suchte den Absprung nie wirklich. Verschlingen lassen wolle er sich nicht von der Politik, hat er stets beteuert. Aber nur abseits zu stehen wie andere Heimkehrer in jenen frühen Jahren – ohne mich! – und sich nicht mit dem Geschehen zu befassen, das wäre ihm noch fremder erschienen.

Sagen wir so: Als Jugendlicher, als junger Mann hatte er etwas nicht richtig verstanden, und das musste er irgendwie korrigieren. So kam er früh, 1946 bereits, zur SPD und als Spätstudent – er hatte sich freiwillig zum Wehrdienst gemeldet, um den Dienst rasch hinter sich zu bringen, aber acht Jahre wurden daraus für ihn – auch zum SDS.[2]

Als Beruf, dem er sich lebenslang verschrieb, hatte Helmut Schmidt sich das Metier Politik ganz sicher nicht erträumt. Später verklärte sich das in seiner Selbstwahrnehmung, wenn er sich zu jener Generation zählte, die selbstverständlich am Wiederaufbau des Landes nach den Hitler-Jahren habe teilnehmen wollen. Wie pflegte Herbert Wehner zu seufzen? Er werde «den Karren ziehen, so lange der Karren will», erwiderte er Journalisten, wann immer sie ihn nach seinen Plänen befragten. Klarmachen wollte der starke Mann der SPD in den 60er und 70er Jahren (bis zum Rücktritt Willy Brandts), welche Last er schleppe, aber dass er dennoch unermüdlich bereit sei, sich zu opfern im Dienst von Partei und Vaterland. Oft klang es so, als wolle er etwas wiedergutmachen – den Fehler seines Lebens, Kommunist geworden zu sein. Ganz so pathetisch formulierte Schmidt es nicht, aber etwas vom Gestus Wehners beherrschte auch er. Wie dieser ließ er oft genug durchblicken, dass er sich als eine Art Dienstverpflichteten betrachte, der sich aus Solidaritätsgründen der Nation nicht verweigere.

Zum letzten Mal hatte er als Verteidigungsminister im Kabinett Brandt – vor dem Wechsel ins Finanzministerium, als Nachfolger

Karl Schillers – von der Verlockung gesprochen, sich außerhalb der Politik zu beweisen und freizukommen von dieser Bürde, dann war das Kokettieren mit einem «richtigen» Beruf vorbei. Als Kanzler versöhnte er sich endgültig mit seinem Schicksal. Ein gebranntes Kind war er, Angehöriger jener Generation, die schlechte Erfahrungen gemacht hatte mit Politik. Aber deshalb musste man das Metier nicht generell meiden, auch einer wie er nicht, mit seiner unpolitischen Herkunft, dem Dienst bei der Flak und dem Glauben, das sei er dem Vaterland schuldig gewesen, auch wenn ihn nachts vielleicht Zweifel befielen, ob das denn alles richtig sei, auf was er sich wohl oder übel eingelassen hatte.

Sehr weit entrückt war ihm wohl schon zu Anfang der 70er Jahre der Gedanke, nicht mehr öffentlich mitzureden, mitzuwirken, mitzustreiten über das, was aus dem Land werden solle. Unübersehbar war das ja seine wahre Leidenschaft. Als er im Jahr 1982 aus dem Kanzleramt schied, war er erschöpft, aber gefasst und beseelt vom Gefühl, als Regierungschef hohen Respekt zu genießen, weil er seine Sache doch ordentlich erledigt habe; vier Jahre darauf, 1986, verabschiedete er sich vom Parlament, über das er oft gespottet hatte und das er doch liebte. Umstritten war oft sein Kurs, auch seine Führungsmethode, obwohl sie ihn bei der breiten Mehrheit populär gemacht hatte; unumstritten hingegen war längst, dass er sich als *homo politicus* erwiesen hatte – einer mit Politik in den Fingerspitzen und mit strategischem Blick. Aber jetzt konnte er schon gar nicht mehr einfach den Schalter umlegen und der Politik Valet sagen. Es zeigte sich, dass sie längst sein Leben geworden war. Das blieb, auch ohne Ämter.

Seinen Altersfreund Richard von Weizsäcker, der damals auf die neunzig zuging, fragte er daher einmal, ob er nicht – wie er selbst – dringend wieder ein Buch schreiben wolle. Sie müssten der Frage nachgehen, was aus Deutschland bloß werden solle. Als Weizsäcker gut gelaunt erwiderte, er zögere, ein Buch zu schreiben koste schrecklich viel Mühe und raube einem den Schlaf, gab Schmidt ihm zu bedenken: Sicher, gleichwohl hätten sie doch ein Erbe zu bestellen und einen pädagogischen Auftrag gegenüber der jüngeren Generation einzulösen. Richard von Weizsäcker übrigens folgte dem Rat und setzte sich an das Manuskript.

Schmidt hielt es ohnehin so, er konnte gar nicht mehr anders – sein eigenes politisches Vermächtnis packte er über lange Jahre in diese Bücher. Nicht über sein Leben wollte er darin plaudern, sondern nachsinnen darüber, welchen Kurs das Land einschlagen soll, oder was aus Europa wird. Vor allem aber seine Herausgeberschaft bei der ZEIT erwies sich für ihn als ideale Möglichkeit, der Politik treu zu bleiben auch in den Jahren danach. Ein publizistisches Forum stand ihm damit zur Verfügung, in dem er wahrgenommen wurde. Als Autor fühlte er sich freier denn je zuvor in seinen politischen Ämtern. Hier musste er nichts detailliert abstimmen wie in den demokratischen Gremien in seinem früheren Leben, musste keinerlei Rücksicht nehmen auf Parteigremien, nicht taktieren, lediglich auf seine Erfahrung und Kompetenz und auf das Gewicht seiner Stimme kam es noch an.

Beim Wiederlesen von Max Webers epochalem Aufsatz «Politik als Beruf» aus dem Jahr 1919 über Leidenschaft, Vernunft und Augenmaß hatte man daher unwillkürlich vor allem Helmut Schmidt und vielleicht noch die Riege einiger alten Herren vor Augen, Richard von Weizsäcker, Egon Bahr, Hans-Jochen Vogel, Erhard Eppler, Hans-Dietrich Genscher. Seltsam untaktisch argumentierte Helmut Schmidt, der Bundesrepublik predigte er strikte Zurückhaltung, wann immer es um militärische Interventionen irgendwo in der Welt ging, und das Ziel einer politischen Union Europas nahm er noch entschiedener ins Visier. Geduldig hörte er sich sinnvolle und gedankenlose Fragen seiner Interviewer an, antwortete klar und furchtlos, wo er wollte, zunehmend knapper, und schwieg, wenn er es für besser hielt. Auch vor Banalitäten schreckte er nicht zurück. So oder so, das Publikum hing an seinen Lippen, weit mehr noch als in seinen aktiven Zeiten.

Welche Paradoxie: Während aus der flirrenden, nervösen Medienwelt die großen Solitäre wie Marion Dönhoff, Rudolf Augstein, Peter Bender oder Carola Stern zunehmend verschwanden oder schwerer herauszuhören waren, gewann Helmut Schmidt in dieser neuen Rolle, als Kassandra, Welterklärer, Lebensweiser, eher mehr Gewicht. Selbstverständlich räumte Reinhold Beckmann sein Talkshow-Studio frei für diesen *special guest*, wenn er ein neues Buch vorstellen wollte wie im Frühjahr 2013, als er über eine «letzte Reise» nach China geschrieben hatte. Und natürlich verband der Fernsehmann das mit der Ankündigung, ausnahmsweise werde vor der Kamera diesmal auch geraucht. Wie eine Erinnerung an jene längst vergangene Epoche wirkte Schmidt dann, in der Einzelstimmen noch besonderes Gewicht hatten im Meinungsbildungsprozess – und in der sie nicht nur zuliefern sollten als Entertainer in einer Welt, in der jede Stimme gleich viel gilt und dennoch nicht zählt.

Journalist wurde Helmut Schmidt deswegen natürlich nicht, so sichtlich er es auch genoss, im Kreis der *ZEIT* zuzuhören und mitzudiskutieren. Im Gegenteil, genüsslich spottete er weiter über dieses halbseidene Gewerbe, in dem man ungeniert mitreden könne, ohne von den Sachen etwas zu verstehen. Tatsächlich blieb er Politiker mit Leib und Seele. Er schrieb aus der Perspektive desjenigen, der nicht das Handeln anderer analysiert, sondern der sich hineinversetzt in ihre Lage – und sich Gedanken macht, was er wohl machen würde, wenn er die Hebel noch in der Hand hielte. Zum Beispiel, wie sich die Hedgefonds zügeln ließen, wie der ungehemmte Kapitalismus der Finanzmärkte unter Kontrolle zu bekommen sei, weshalb Sanktionen in der Ukraine-Krise gegenüber Moskau völlig verkehrt seien, oder wie das konkret aussehen könnte, ein «europäisches Deutschland» und nicht ein «deutsches Europa».

Zugegeben, mit einer gewissen Nostalgie sah man diesem Helmut Schmidt bei seinen öffentlichen Auftritten zu, wie er Pausen machte beim Nachdenken, Argumente suchte, sich selbst Klarheit verschaffen wollte, bevor er endlich möglichst präzise antwortete auf Fragen. Man spürte trotz aller Selbstinszenierung, er nahm Politik sehr ernst, sie hatte einen hohen Stellenwert für ihn behalten. Allerweltsweisheiten, Allgemeinplätze und Fragwürdigkeiten kamen auch ihm über die Lippen, aber oft hatte er auch mehr zu verkünden als Trivialitäten. Ohne zu zögern bekannte er es, wenn er eine Antwort nicht wusste. Der Mann, der einst Architekt hatte werden wollen, der aus der Politik-Arena immer mal wieder auszuscheren versuchte, der über die Diskussionswut seiner Parteifreunde und das ewige «Palaver» in den Gremien gern geklagt hatte, ausgerechnet er erinnerte unwillkürlich in solchen Momenten also noch einmal daran, wie diskursiv seriöse Politik wirklich sein kann – und was dieser «Beruf Politik» einst war.

Ben Witter April 1968. Es lohnt sich, sich für einen Moment zurückzuversetzen in die Atmosphäre jener Zeit. Bei einem seiner «Spaziergänge» mit Prominenten für die *ZEIT* schlenderte der Journalist Ben Witter mit Helmut Schmidt durch die Eigenheim-Reihen in Langenhorn, wo er selber ein kleines Haus besaß. Unruhig bebte die Republik schon monatelang, seit den tödlichen Schüssen auf den Studenten Benno Ohnesorg in Berlin. Nur wenige Tage darauf kam es zur Explosion, den Osterunruhen, bei denen Rudi Dutschke angeschossen wurde und mit dem Tode rang, vor den Verlags- und Druckhäusern des Springer-Konzerns versammelten sich Tausende wütender Demonstranten, die vor allem die Hetze der *Bild*-Zeitung verantwortlich machten für das Blutvergießen.

Moderat reagierte Helmut Schmidt auf diese Empörungswelle nach Ohnesorgs Tod, auch auf die verbale Radikalisierung des SDS – der Sozialistische Studentenbund, der sich inzwischen als Avantgarde einer systemkritischen Protestbewegung verstand, keineswegs mehr staatstragend wie zu seinen Studienzeiten. Schmidt: «Viele dieser jungen Leute meinen es sehr ernst, wenn sie glauben, für die Sache der Freiheit demonstrieren zu sollen; sie glauben natürlich auch, dass ihre Väter nicht genug dafür getan haben.»[3] Einige Monate verteidigte er im aufgewühlten Sommer von 1967 die «Revolution» auf den Straßen und sprach von der «Selbstzufriedenheit des deutschen Kleinbürgertums», erstaunliche Worte für Schmidt. Lange sollte sein Verständnis aber nicht währen, der Geduldsfaden riss. Denn für seinen Geschmack verlagerte die Außerparlamentarische Opposition ihre Aktivitäten zu sehr auf die Straße. Ihn überfiel die Furcht, sie meinten es ernst mit ihrem Revolutionsgerede. Gerade Schmidt stemmte sich mit aller Vehemenz dagegen, als es darum ging, den Unvereinbarkeitsbeschluss von SDS und SPD aufzuheben, der seit Anfang der 60er Jahre galt. Überhaupt machte er eine Kehrtwende um 180 Grad gegenüber allen Integrationsbemühungen, mit der «neuen Linken» dürfe die SPD sich keinesfalls einlassen, lautete sein Petitum streng. Was ihn dabei plagte, ließ sich unschwer ausmachen: Immer mehr junge Leute trieb es auf die Straße – ein neuer Höhepunkt wurde erreicht, als im Januar 1968 die Tet-Offensive der Nordvietnamesen begann –, und Schmidt fürchtete offenkundig, die Kontrolle gehe verloren. Weit sei die Bundesrepublik plötzlich nicht mehr entfernt von Weimarer Verhältnissen. Zwar hatte er das nicht selber bewusst erlebt, aber es saß als Trauma im Kopf. Damals regierte die «Straße», und die Antwort darauf waren die Nazis. Nie durfte sich das wiederholen. Solche einfachen Lehrsätze waren es, sicher auch zu einfache – aber keineswegs unplausible –, denen er folgte. Das hatte den Vorteil, dass man leicht nachvollziehen konnte, was er dachte. Schmidt wollte nicht «Volkes Stimme» sein, er verbog sich nicht, aber er lernte es systematisch, sich verständlich zu machen. Von dieser Stärke zehrte er bis zum Schluss.

Westeuropas Jugend lehnte sich auf. In Prag 1968, wo es niemand erwartet hatte, brach eine Rebellion gegen die Moskauer Unterdrücker aus, die Reformer suchten den «Sozialismus mit menschlichem Antlitz», im August wurde der Protest von Panzern des Warschauer Pakts niedergewalzt. An der Spitze der Großen Koalition in Bonn stand wortreich, aber recht hilflos Kurt Georg Kiesinger, zuvor Ministerpräsident in Stuttgart. Als kleiner Funktionär des Auswärtigen Amtes unter Reichsaußenminister Joachim von Ribbentrop hatte der CDU-Politiker seine Karriere begonnen – dieser Werdegang war bekannt, die Mehrheit störte sich nicht daran. Sein Vizekanzler, Außenminister Willy Brandt, hatte 1966 allerdings gezögert, ob er sich diesem Bündnis zur Verfügung stellen und die Kröte Kiesinger schlucken solle. Er schluckte, aber litt.

Helmut Schmidt wiederum leitete in Bonn inzwischen auch offiziell die Bundestagsfraktion, nicht mehr nur geschäftsführend. Kiesingers Laufbahn im Dritten Reich erregte ihn nicht, die Große Koalition kam seinem Politikverständnis entgegen, und sie bot ihm die Chance, im Hintergrund kräftig mitzuregieren. Kanzler war er nicht, aber – irgendwie – fast, Rainer Barzel, Chef der CDU/CSU-Fraktion, und er spielten sich die Bälle im Parlament geschickt zu.

In der Republik herrschte Nachholbedarf, sie musste dringend modernisiert werden, darin stimmten sie weithin überein.

Wundersam altertümliche Fotos hielten die Szene fest: Die beiden, Helmut Schmidt und Ben Witter, wanderten versonnen im Speckgürtel Hamburgs. Sie unterhielten sich über das Alter. Der Politiker, den man mit grauem Flanellanzug, grauem Rollkragenpullover sowie einem weißen Kavalierstaschentuch sieht, ging auf den 50. Geburtstag zu.

Besinnlich fragten die beiden Spaziergänger sich, so schilderte es Ben Witter, wie sie mit vierzehn Jahren gewesen seien. «Zuerst hatte ich gar nichts gegen die Nazis», gab der Journalist seinen Gesprächspartner wieder, «das kam später». In zehn Jahren werde er sechzig, habe er hinzugefügt. Nachsichtig habe er den Kopf geschüttelt auf die Frage, ob das für einen Bundeskanzler nicht gerade das richtige Alter sei: «Abgesehen davon, dass ich mich überhaupt nicht als Bundeskanzler sehe ...»

Den weiteren Verlauf dieser ziemlich einmaligen Unterredung – die zwei saßen sich inzwischen gegenüber – gab Witter folgendermaßen wider: «‹Sie werden geholt›, warf ich ein. ‹Nelson Rockefeller, der mir gefällt, wartete auch darauf; ich glaube aber, dass er seine Karte überreizt hat, nur seine Frau glaubt fest daran, dass sie ihn holen werden, ich saß neben ihr ...› Helmut Schmidt schlug ein Bein über das andere: ‹Und wenn wir davon ausgehen, dass über die Hälfte der Bevölkerung der Bundesrepublik nach 1933 geboren wurde, dürfte ein Bundeskanzler, der sechzig ist, bereits zu alt sein.›» «‹Denken wir an meinen Freund Professor Ehmke›. Er sprach langsamer: ‹Er ist vierzig. Zehn Jahre, nein, schon fünf genügen, und ich behaupte, das ist eine andere Generation.›»

Dieser ungewöhnliche Spaziergang war es, bei dem er Ben Witter gestand, die Freiheit, die er als Fraktionsvorsitzender genieße, wolle er sich um jeden Preis erhalten. Niemals werde er sein «Privatleben dem Altar des Vaterlandes opfern». Und dann: «In zehn Jahren oder in fünf ist die NATO zerbröckelt, Amerika hat sich in Vietnam abgenutzt und die Bundesrepublik sitzt womöglich als Psychiater am Krankenbett des amerikanischen Präsidenten. Das Gleichgewicht der Kräfte ist hinüber, und wir sitzen machtlos in der

Mitte. Ich muß an Bismarck denken, der saß in den achtziger Jahren auch so in der Mitte ...» «‹Sehen Sie, ich will kein Amt, nicht einer der Ministerposten interessiert mich, ich muß Leistungen vollbringen. Verstehen Sie mich nicht falsch. Als Schüler habe ich zwanzig Choräle komponiert und in vier Stimmen gesetzt ...»

Auf Carl Friedrich von Weizsäcker kamen schließlich die Langenhorner Flaneure, Schmidt plauderte aus, er habe ihm kürzlich vorgeschlagen, für das Amt des Bundespräsidenten zu kandidieren. «Gewählt hätte ich ihn allerdings nicht», gestand er freilich in verblüffender Freimütigkeit, als sprächen sie nur vollkommen privat miteinander. Einen Professor an der Spitze? Nein! Aber dann wieder erinnerte er daran, in Hamburg existiere ein kleines gesellschaftliches Establishment, mit Carl Friedrich von Weizsäcker an der Spitze, auch er gehöre dazu; er wünsche sich, auch in der Bundesrepublik möge es etwas Vergleichbares geben. «Wenn sich alle Persönlichkeiten, die ohne Einfluss oder Vermögen ihrer Väter, Besonderes geleistet und hervorgebracht haben, zusammenschließen würden, um wiederum gemeinsam etwas Besonderes zu leisten und hervorzubringen, was wäre dagegen einzuwenden?»

Der kleine Traum von einer Vernunftelite schimmerte dabei durch, der ihn nie ganz losließ, obgleich er sich darauf eingelassen hatte, den mühsamen Karriereweg in der Parteiendemokratie einzuschlagen. Wer Politik als Beruf ausüben wollte, musste sich darauf einlassen, das war ihm klar, auch wenn er darüber stöhnte.

Welche seltsame Wendung hatte das Gespräch genommen, das mit dem Satz anfing, gegen die Nazis habe er mit vierzehn nichts einzuwenden gehabt. Willy Brandt war fünf Jahre älter, Horst Ehmke fünf Jahre jünger, und Schmidt glaubte, damit das schlechteste Los gezogen zu haben, wenn einer nachrückt an die Spitze, wäre es der Ältere, wenn einer noch Zukunftsaussichten hat, Ehmke. Und er? Beide verkörperten, nach seinen eigenen Worten, trotz dieser fünf Jahre, die ihn trennten von ihnen, jeweils «andere Generationen». Und war es in der Nachkriegsrepublik nicht wirklich so? Radikal konnten sich die Lebensläufe auch bei denen unterscheiden, die auf den ersten Blick doch eng zusammengehörten.

Einen Mann voller Ambivalenzen und Unsicherheiten jedenfalls meint man vor Augen zu haben beim Lesen; alles legte er offen beim

Flanieren, bis hin zu dem Seufzer ging das, seine glücklichste Zeit habe er während der Flutkatastrophe erlebt. Auch das war in seiner Ehrlichkeit nicht ohne Pikanterie. Wenn er noch einmal wählen könnte, möchte er Städteplaner werden, um «alle meine Talente und Neigungen unterzubringen». Es klang ganz so, als blicke er auf lauter verpasste Chancen zurück. Kein Mann im Aufbruch grübelte da vor sich hin, nein, die Verhältnisse hatten sich irgendwie gegen ihn verschworen.[4]

Gerade mit der verlockenden, verflixten Politik, der Gedanke beherrschte das ganze Gespräch, hatte er definitiv abgeschlossen. Offen wollte er Resignation und Trübsinn bloßlegen in einem Moment, in dem die Welt jenseits des Schuttbergs in Hamburg in Erregung, die Jugend im Aufbruch, die Zukunft unberechenbar war. So gut wie nichts schien er wahrzunehmen von dieser Unruhe draußen, jedenfalls machte er sie nicht zum Thema ihres Gesprächs. Unverschnörkelt gesagt, für ihn war nicht mehr viel drin, nicht in der politischen Arena, sorgte sich Helmut Schmidt, ein Gedanke, der ihn zwischen höchster innerer Unruhe und Fatalismus schwanken ließ.

Sein erstes Erfahrungs- und Erinnerungsbuch mit dem Titel «Menschen und Mächte», von dem schon die Rede war, veröffentlichte er als Kanzler a. D. im April 1987. Kurz zuvor hatte er sich vom Parlament verabschiedet. Fünf Jahre bereits saß Helmut Kohl auf seinem Stuhl am Kabinettstisch und bekam verheerend schlechte Noten von vielen Seiten.

Helmut Schmidt fiel es schwer, sich zurückzuhalten. Dass sein Nachfolger den Doppelbeschluss exekutierte und dennoch auf eine Fortsetzung der Entspannung zwischen Ost und West hoffte, gefiel ihm, aber als Regierungschef fand er ihn schlicht dilettantisch und überfordert. Auch in der Öffentlichkeit wurde Kohl an Schmidt gemessen, fast über Nacht galt der Sozialdemokrat schon wegen seiner unbestrittenen Professionalität als Regierungschef. Diese späte Resonanz heilte Wunden. Helmut Schmidt blickte nicht im Zorn zurück, bloß weil er widerstrebend hatte weichen müssen im Oktober 1982 gegen den Christdemokraten aus Mainz. Anders als Willy Brandt es für seine Amtszeit empfand, hatte er in

den achteinhalb Jahren zudem seine Kanzlerschaft wirklich ausschöpfen können.
Nicht überraschend: sich selbst sparte er darin beinahe aus. Als sei er in die Rolle eines Journalisten geschlüpft, der am Rande des Geschehens steht und sich Notizen macht. Lediglich in einem fünfseitigen Vorwort ließ er sich ein auf das, was er «meine Subjektivität» oder auch «meine deutsche und meine sozialdemokratische Identität» nannte. Er hatte nicht nur Höhen und Tiefen durchlebt, man hatte neben seinen Stärken auch seine Schwächen beobachten können. An der untersten Grenze dessen bewegte sich aber das, was man von einem solchen Lebensbericht nach achteinhalb Jahren aufsehenerregender, streitbarer, aber durchaus nicht unumstrittener Kanzlerschaft erwarten konnte. Schrieb er damals schon für die Geschichtsbücher, wenn er über sich schrieb?

Als hätte er sich soeben kerzengerade aufgerichtet am Schreibtisch, begann Schmidt im Bekenntniston: «Dies ist der persönlich bestimmte Bericht eines Mannes, der am Ende des Ersten Weltkrieges geboren wurde, der als Jugendlicher – seines Elternhauses wegen – kein Nazi geworden ist, der gleichwohl als wehrpflichtiger Soldat glaubte, übergeordnete patriotische Pflichten erfüllen zu müssen. Dieses Buch gibt Einsichten und Erfahrungen eines Mannes wieder, der als Kriegsgefangener, sechsundzwanzig Jahre alt, dank des hilfreichen Einflusses sehr viel älterer Kameraden zum Sozialdemokraten wurde und relativ spät im Leben – dank der westlichen Alliierten, vor allem Englands und Amerikas – erstmals selbst Demokratie erlebte. Von Kants kategorischem Imperativ und von Marc Aurels Selbstbetrachtungen bin ich stärker geprägt worden als von Lassalle, Engels oder Marx; am stärksten aber formten mich ältere sozialdemokratische Zeitgenossen und Freunde. Die welterfahrenen Bürgermeister Max Brauer, Wilhelm Kaisen, Ernst Reuter und Herbert Weichmann und die Führer der sozialdemokratischen Bundestagsfraktion Fritz Erler, Carlo Schmid und Herbert Wehner haben mich außenpolitisch erzogen; und was ich ökonomisch gelernt habe, verdanke ich zuallermeist Heinrich Deist, Karl Klasen, Alex Möller und Karl Schiller.»[5]
Im Stenogrammstil ließ er sein Leben soweit vorbeischnurren.

Wie Merksätze hämmerte er sich und uns Lesern ein, was ihm daran hervorhebenswert erschien und was nicht, was richtig sei und was falsch, vor allem aber, wen er schätzte und wen nicht.

Eine genauere Selbstbeschreibung – die einzige – bot er an mit den 73seitigen Jugenderinnerungen, *Kindheit und Jugend unter Hitler*. Da das Buch fünf Jahre nach dem memoirenhaften Rückblick *Menschen und Mächte* erschien, kann man wohl sagen, dass es sich um die authentische Skizze jenes Bildes handelt, das Schmidt von sich hatte – und im Rückblick vermitteln wollte. So sehe ich mich aus der Distanz, das war mein Leben als junger Mann! So war ich, so war es!

Nie eingeleuchtet habe ihm die These einer gemeinsamen, «kollektiven» Schuld aller Deutschen, fasste Schmidt seine Jugenderinnerungen zusammen; immer sei Schuld persönlich. Kein Deutscher und kein Mensch auf der Welt wurde «schuldig geboren». Ganz anders jedoch beantworte sich die Frage nach der Haftung, nach Wiedergutmachung, «nach unserer Anstrengung, eine Wiederholung des Entsetzlichen zu verhindern, und ganz anders die Frage, ob wir uns dessen schämen, was im deutschen Namen geschehen ist». Dies betreffe alle gemeinsam.

Einer der schlimmsten Irrwege – und Fehler und Irrwege würden gewiss vorkommen – wäre es, «den nachgeborenen Deutschen die lange Geschichte ihres eigenen Volkes als einen einzigen Weg zum Verbrechen, als ein großes Verbrecheralbum darzustellen, da dies nichts anderes sein würde als eine verkappte Rückkehr zur kollektiven Verurteilung aller Deutschen».[6] Mit der Scham leben, die Demokratie verwirklichen und sich voll und ganz in die Gemeinschaft der Völker einfügen, das habe nun auch das vereinigte Deutschland vor sich, vergaß er nicht hinzuzufügen. Davon, fuhr der Autor fort, seien auch die später geborenen Deutschen nicht ausgenommen, gegenüber Erbschaft und Scham sei die «Gnade der späten Geburt» eine Selbsttäuschung.

Den Aufsatz über seine unpolitische Jugend beschloss er mit dem Satz, in dem er unvermittelt auf zwei deutsche Vergangenheiten zurückblendete: Stolz dürften wir sein auf jene Deutschen, die zum Märtyrertum bereit gewesen sind – «ein unvergängliches Verdienst inmitten des moralischen Verfalls unter den beiden deutschen Diktaturen».[7]

Wie beschrieb Schmidt sich selbst als Schüler und jungen Mann? Mit vierzehn, gestand er Ben Witter, hatte er nichts einzuwenden gegen die Nazis. Dass er *dafür* gewesen sei, offenbarte er seinem Wandergefährten nicht ausdrücklich, das ließ er in der Schwebe. Erste «kleine Ansätze zu selbständigem Denken» bescheinigte er sich jetzt für den Januar 1933, als Hitlers Herrschaft begann und er gerade vierzehn Jahre alt geworden war.

Um eine von mehreren Varianten handelte es sich, im Prinzip aber blieb Schmidt sich bei dem heiklen Thema treu: Nein, er wollte sich nicht klüger, weitsichtiger, kritischer machen als er war. Im Alter von 74 Jahren, als er den Rückblick auf die Kindheit und Jugend unter Hitler verfasste, gab er der Frage nach seiner Einstellung zum Hitler-Regime aber doch eine bemerkenswerte Note. Danach nämlich blieb er immun. Dem Zeitgeist, sinnierte er, hätte er aus der Rückschau betrachtet durchaus erliegen und wenigstens anfänglich ein «kleiner Nazi» werden können, «wenn nicht mein jüdischer Großvater gewesen wäre».

Seine Einstellung zum Regime und das Wissen vom eigenen Großvater und dessen jüdischer Herkunft, das hatte er bis dahin nicht in Beziehung gesetzt. Für den Autor Helmut Schmidt jedoch, der sich selbst zu verstehen suchte, gewann das Bild unversehens klarere Züge: Ein Nazi sei er deshalb zwar nicht geworden, urteilte er, wohl aber habe die Erziehungs- und Informationsdiktatur der zwölf Hitler-Jahre seine Jugend beeinflusst. 1937, vier Jahre war Hitler bereits an der Macht, meldete er sich beim Militär, um es rasch hinter sich zu bringen und danach ein Studium beginnen zu können, wie er schrieb. Vom bevorstehenden Krieg ahnte er nichts. Er lag in der Luft, manche fürchteten ihn, einige waren sich im Urteil darüber, was bevorstand, schon sicher. In diesem Alter, mit achtzehn, habe er immerhin deutlich gewusst, dass er «dagegen» war, hielt er entschieden fest. Nur das «Wofür» fehlte ihm noch, wofür sich engagieren, was für richtig halten, noch nicht einmal am Ende des Zweiten Weltkrieges habe er das gewusst, seufzte er hörbar.[8]

Noch bevor er sich aber die Zeit nahm, seine Jugend genauer zu rekapitulieren, wollte Schmidt eilig klarmachen, dass er nicht blind für eigene Versäumnisse sei. Das klang bei ihm so: Manche seiner Altersgenossen seien dem Zeitgeist erlegen und erst «sehr spät» aufgewacht, einige seien zu Psychopathen, einige zu Verbrechern, viele zu Opfern geworden – «aber alle waren wir verstrickt in den Weg ins Verhängnis, und nur die wenigsten haben das Verhängnis durchschaut, ehe es zu spät war».[9]

Nebenbei wollte Schmidt auf einen anderen Punkt zu sprechen kommen. Befremdlich sei es für ihn gewesen, fügte er nämlich gleich an, dass noch fünfundzwanzig Jahre danach – die Kritik zielte eindeutig auf die 68er Generation – jüngere Menschen in Westdeutschland, die nie unter einer Diktatur gelebt haben, an Menschen seines Jahrgangs vorwurfsvolle Fragen stellten. «Zum Beispiel: Wieso habt ihr nichts gewusst von Auschwitz und von der Judenvernichtung? Wieso wart ihr so feige, keinen Widerstand zu leisten?» Bisweilen, vergaß er nicht sarkastisch hinzuzufügen, hätten diese Leute ihre eigenen Demonstrationen in Wackersdorf oder Brokdorf in den 70er Jahren mit «lebensgefährlichem Widerstand verwechselt» und sich selbst «beinahe für Helden» gehalten. Seiner Generation aber – überzeugt von ihrer eigenen moralischen Überlegenheit – hätten sie vorgeworfen, keine Helden gewesen zu sein. In Rage brachte ihn das, so altersmilde er sonst auch geworden war.

Aber er fand schließlich wieder zurück zu seinem Leitmotiv. «Fast allen», die vor 1933 noch Kinder gewesen seien, habe jegliche Erziehung zur Demokratie gefehlt. Wer nicht stetige Auslandsberührung hatte, konnte als Deutscher kaum die wesentlichen Tatsachen kennen. Überblick gar habe nur jemand zu gewinnen vermocht, der in einer Spitzenstellung des Reiches tätig war. Schmidt: «Was aber haben wir übrigen Deutschen gewusst? Wie kam es eigentlich, dass wir, die wir schon längst keine Nazi-Anhänger mehr waren oder nie Nazis gewesen waren, gleichwohl bis zum Ende – als Soldaten, als Beamte, als Lehrer oder als Arbeiter – die Pflichten erfüllt haben, welche der NS-Staat uns auferlegte? Haben wir dafür eine sittliche Rechtfertigung? Dies sind Fragen, die mich noch immer beschäftigen.»[10] Unwillkürlich sprach er in solchen

Helmut Schmidt kurz nach seiner Geburt.

Passagen über die Mehrheit, zu der er sich zählte, er verurteilte sie nicht, weil er sich nicht verurteilen wollte.

Wie aber sah seine «unpolitische» Jugend konkreter aus, was bedeutete das im Alltag, und wie erklärt sich, dass andere um ihn herum mehr wahrnahmen als er? Eine persönlichere Antwort auf solche Fragen wird man in keinem seiner großen Bücher finden, in denen er politische Weggefährten und Wegscheiden beleuchtet, und so findet man sie auch nicht dort, wo er den Bericht über die Adoleszenz einordnet in die Jugendgeschichte von sechs engen Vertrauten, darunter seine Frau Hannelore sowie Ruth Loah, mit der er seit «Lokis» Tod zusammenlebte. Sie alle, kein Wunder, haben diese Jahre nicht sehr anders wahrgenommen als er. Er wollte, dass ihre Geschichten repräsentativ stehen für diese Generation, oder jedenfalls, dass man nicht einwenden könne, er sei eine rare Ausnahme mit seinen Erfahrungen.

Mit seinen Eltern und dem Bruder, Wolfgang.

Am 23. Dezember 1918 kam Helmut Heinrich Waldemar Schmidt zur Welt, Sohn von Ludovica und Gustav Schmidt. Erst einen Monat zuvor hatte der Waffenstillstand den Ersten Weltkrieg mit seinen 17 Millionen Toten beendet, das Kaiserreich ging unter, die Novemberrevolutionen leiteten etwas noch ungeklärt Neues ein, die Weimarer Republik. Im roten Barmbek, damals einem Arbeiterstadtteil Hamburgs, wuchs er auf, in einem Stadthaus in der Richardstraße. Aus kleinen Verhältnissen stammte er, die Ahnen gar aus proletarischem Milieu. Sie kämpften um Aufstieg. Erst sein Vater, 1888 geboren, Sohn eines ungelernten Hafenarbeiters aus Barmbek, der zunächst als Anwaltsgehilfe arbeitete, schulte zum Pädagogen um, er unterrichtete später an einer Volksschule. Als Soldat in einem preußischen Infanterieregiment war er während des Krieges früh verwundet worden, an seiner Strebsamkeit behinderte ihn das nicht, unbedingt wollte er weiterkommen in der neuen Republik. Das Zuhause war eine enge alte Kate, in die sie sich zwängen mussten, wie Schmidt sich erinnerte; eine Pumpe und ein Abort für vier Familien, kein Keller, nur eine Klappe im Fußboden, um im

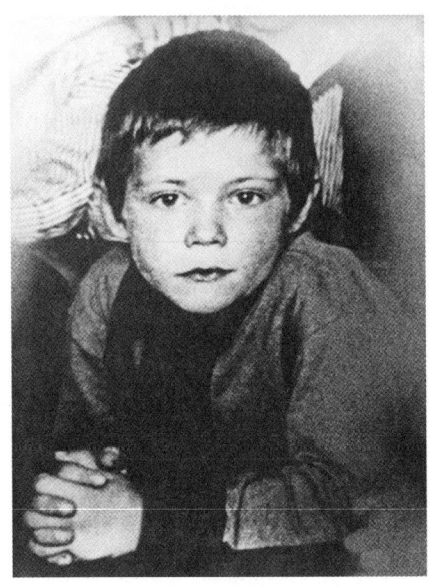
Der Siebenjährige im Familienalbum.

Sommer Lebensmittel aufzubewahren. Mühsam konnte der Großvater, «Opa Schmidt», die Zeitung entziffern, richtig schreiben und flüssig lesen hatte er nicht gelernt. Er arbeitete als Stauer im Hamburger Hafen, abhängig von Gelegenheitsaufträgen.

Seine Großeltern mütterlicherseits waren schon weiter aufgestiegen auf der sozialen Leiter. «Opa Koch», der Vater seiner Mutter, ein Rheinhesse, den seine Wanderschaft nach Hamburg führte, habe als gelernter Drucker und Setzer zur «Arbeiter-Aristokratie» gehört. Er arbeitete bei einer Zeitung, «Hamburgischer Correspondent», die Kochs besaßen ein kleines Wäsche- und Kurzwarengeschäft, «Oma Koch» betrieb es, sie saß auch hinter der Ladenkasse. Fast etwas wie Stolz auf diese Herkunft spürt man zwischen den Zeilen heraus, wenn Schmidt zurückblickte auf die eigenen Wurzeln.

Musikliebend, wie die Familie mütterlicherseits war, mussten die Söhne, Helmut und der zwei Jahre jüngere Bruder Wolfgang, Klavier lernen. Sie liebten es nicht, zu üben, und ein weiter Weg war es überdies, den sie zum Unterricht zurücklegen mussten. Erwähnenswert wäre es vielleicht nicht weiter, wäre nicht die langjährige

Die Leidenschaft für das Schachspielen – hier mit seinem Bruder im Jahr 1927 – dauert ein Leben lang an.

Klavierlehrerin Lilly Sington-Rosdal Jüdin gewesen. Das aber habe er nicht gewusst, fügte Schmidt hinzu, erst Jahrzehnte später habe er davon erfahren – ein Beleg mehr für ihn, dass es in ihrem Umfeld auch in den Nazi-Jahren «ganz ohne Bedeutung» blieb, ob jemand Jude war, und zugleich eine Bestätigung, dass darüber zu Hause nicht gesprochen wurde. Als er eingezogen war, habe sie ihren Beruf vermutlich offiziell nicht mehr ausüben können, trotzdem unterrichtete sie ihren Bruder noch einige Zeit weiter, allerdings in der elterlichen Wohnung.

Seinen Bericht über die unpolitische Jugend allerdings hatte er mit dem Hinweis begonnen, ein «kleiner Nazi» habe er schon wegen des jüdischen Großvaters nicht werden können. War das «Jüdische» dermaßen wach und bewusst, oder war es ins tiefste Innere abgedrängt, so tief, dass es lange Zeit nicht präsent war bei ihm? Man rätselt bei solchen Bemerkungen.

Seine «klare Kontrastellung zu(m) NS», die er sich für 1939 bescheinigte, ist bemerkenswerterweise auch nach Meinung Hartmut Soells nicht so weit gegangen, «dass er sich mit Teilen der NS-Ideologie nicht hätte einverstanden erklären können». Ausdrücklich zitierte Soell aus den Notizen für 1940 – «immer wieder noch Annäherung an einzelne NS-Ideen». Akribisch fügt der wohl beste Kenner der Schmidt'schen Vita hinzu, das habe insbesondere für die Ideen von Gemeinschaft und Sozialismus gegolten.[11]

Auch an der Stelle lässt sich fragen, ob dann Schmidts Selbstbeobachtung wirklich nachvollziehbar ist, er habe gewusst, was man ablehnen solle, aber nicht «wofür» man sein müsse. Einerseits stand er nach eigener Auskunft Teilen der Ideologie nahe, andererseits steckte darin durchaus eine Antwort auf seine bohrende Frage nach dem «Wofür». Sowohl das NS-Schlagwort «Gemeinnutz geht vor Eigennutz» als auch die Worte Brüderlichkeit, Kameradschaft, Solidarität leuchteten ihm ein. Nur sei ihm nicht klar gewesen, dass sie schon lange zuvor als Grundwerte entwickelt worden seien.[12]

Wie klein und eng das Milieu im Hause Schmidt wirklich war, daran ließ er keinerlei Zweifel. Abgeschirmt hat sich die Familie von allen Zudringlichkeiten, Zumutungen von der Außenwelt, um den allmählichen sozialen Aufstieg aus der Kleinbürgerlichkeit nicht zu gefährden. Ausgeblendet blieb folglich keineswegs nur das Jüdische, konsequenterweise hielten die Großeltern und Eltern das Politische generell fern. Kam es bei einem Besuch überraschend doch einmal zu politischen Unterhaltungen, wurden die Kinder aus dem Zimmer geschickt.

Als «vollkommen unpolitisch» beschrieb Schmidt seine Mutter, Jahrgang 1890, bis zum Lebensende änderte sich das nicht, politisch› Lied galt als garstig' Lied, bei Schmidts wie bei der Mehrheit. Frauen seien wohl noch dazu erzogen worden, keine eigene Meinung zu haben. Dem Vater habe ein privater Gönner ins Lehrerseminar verholfen, nur deshalb habe er es zum Volksschullehrer gebracht. Wie das Gros seiner Generation diente er von 1914 bis 1918 als Soldat im Ersten Weltkrieg. Nach dem Krieg arbeitete er sich zum Diplom-Handelslehrer hoch, schließlich sogar bis zum Schulleiter, den die Nazis freilich 1933 absetzten. Aber dennoch, eine Lehre für den Sohn eines ungelernten Arbeiters, erfolgreiches Abendstudium, das alles galt als unerhörter Sprung. Sehr deutsch, sehr normal waren seine Wurzeln – bis dahin jedenfalls.

Weshalb der Vater aus dem Dienst ausscheiden musste, wisse er nicht, fügte Schmidt hinzu, ihm sei nicht einmal klar, ob es überhaupt eine Begründung gab. Jedenfalls urteilte der Sohn, der Vater sei wohl «der innerlich unpolitische Mensch» geblieben, der er seit seiner Jugend war, er habe all seine Energie auf den beruflichen und sozialen Aufstieg gerichtet, aber sich darin wohl auch erschöpft. Gewählt, so erinnerte Helmut Schmidt sich, habe sein Vater bis 1933 manchmal die Deutsche Volkspartei, manchmal die Deutschen Demokraten (später: Deutsche Staatspartei).

Unruhen auf den Straßen Hamburgs in den Jahren 1932 und 1933 holten auch sie ein, Prügeleien und Schießereien in Eilbek, wo die Schmidts inzwischen wohnten. Kommunisten schossen in ein Lokal im Nachbarhaus, das die SA besuchte, dann waren es wieder SA-Männer, die auf Kommunisten schossen. Wer schuld daran hatte und wie alles zusammenhing, nichts kam zu Hause zur Sprache. Schmidt, noch einmal pointiert: «Über Politik wurde nicht gesprochen. Mein Elternhaus war bewusst apolitisch, vielleicht sogar antipolitisch.» Bei den befreundeten Familien sei es nicht anders gewesen. Die ganze Sippe, resümierte Schmidt, sei «unpolitisch» gewesen, mit Ausnahme von «Opa Koch». Der aber erschien ihm zu unnahbar, um ihn auf das, was um sie herum geschah, überhaupt anzusprechen. Überdies starb er im Jahr 1932, kurz vor Hitlers Ermächtigungsgesetz.

Ohne es zu bewerten, hielt er fest, das erstaunliche Schweigen habe sich auch nach der Nazi-Zeit fortgesetzt. Helmut Schmidt lakonisch: «Selbst als ich Minister und später Kanzler geworden war, blieb die Politik außerhalb des Gesichtskreises meiner Eltern.»[13]

Die bestmögliche Ausbildung wollte Gustav Schmidt, der Schulleiter, für die eigenen Kinder, er wählte die Lichtwarkschule aus, eine der modernen Lehranstalten, die sich seinerzeit konsequent um Reformpädagogik bemühten. So viel Lob er auch fand für diese Schule, an die er mit zehn Jahren – an Stelle eines Gymnasiums – kam und die er als «Glücksfall» pries, wieder tauchte er ein in ein gleichsam apolitisches Milieu, das ihn abschirmte. Außer von Fußball, Malerei und Mädchen habe er seinerzeit wenig Vorstellung «von irgendetwas» gehabt.

Helmut Schmidt (2. v. r.) im Jahr 1929 neben Hannelore «Loki» Glaser, der Mitschülerin, die er später heiratet.

Hannelore (Loki) lernte er an dieser Schule kennen, die Mitschülerin, die aus ungleich armseligeren Verhältnissen stammte. Zu fünft mussten die Glasers in Hamburg-Borgfelde auf ihren 28 Quadratmetern auskommen, Bedingungen, die den Zehnjährigen dazu brachten, seinen Vater zu fragen, wieso es den einen so viel schlechter gehe als den anderen. Eine Antwort erhielt er wohl nicht. Mit Loki Glaser befreundete er sich schnell, wie die Biographen gerne erzählen, es war die erste Liebe, zeitweise wurden sie sich auch wieder fremder, aber im Verlaufe des Krieges sollten sie endgültig zueinander finden, dann aber fürs Leben.

Positiv sah Schmidt das Unpolitische an der Schule, hieß es doch, dass damit auch nach 1933 eine bewusste politische Beeinflussung unterblieb. Selbst der Geschichtsunterricht handelte eher von Kunst- und Literaturgeschichte, der Religionsunterricht beschränkte sich auf Ausschnitte aus der Kirchengeschichte, der Gymnasiast kam mit den großen französischen Impressionisten sowie den deutschen Expressionisten in Berührung, Gauguin, Cézanne, Matisse, van

Der Schüler Schmidt mit dem beschützten Zuhause, wie er es empfand, im Alter von etwa 13 Jahren.

Mit seinen Eltern, 1936.

Gogh, Barlach, Kollwitz, Marc, Schmidt-Rottluff oder Nolde, er lernte zu malen und zu singen. Aber was lernte er von der Welt um sich herum? Von der Welt, die in Trümmer fiel? Goethe, Carossa, Thomas Mann lasen Loki und er sowie einige Klassenkameraden mit der Deutschlehrerin Erna Stahl an Leseabenden in deren Wohnung, Musik, Literatur und Theater lernten sie schätzen und sich dafür zu öffnen, nur für Politik interessierte die Lehrerin sich nicht. Oder jedenfalls kam sie nicht vor.

Schmidt: Erst lange nach 1933 begriff er, dass einige der Lehrer in dieser behüteten Welt Juden gewesen sind, oder dass zum Kollegium auch kommunistische Lehrer gehörten. Oder zur Sozialdemokratie, auch zu den Deutschnationalen, wie er ergänzte, vermutlich seien auch Antisemiten darunter gewesen.[14] Nazis jedoch, vermutete er, hätten sich bis 1933 keine darunter befunden. Immerhin galt die Schule schon bald nach der Machtergreifung als «Judenschule» und als «roter Saustall», der nun «ausgemistet» werden sollte. Pures Ressentiment gab fortan den Ton an, erinnerte er sich.

Generell jedoch bescheinigte Schmidt seinen Lehrern, exakt der Idee der Lichtwarkschule zu folgen. Die erzieherische Aufgabe stand im Vordergrund, Pädagogen gaben den Ton an, die innerlich von diesem Ziel erfüllt waren. Von daher ist das Wort von der «unpolitischen» Jugend gewiss auch leicht missverständlich: Helmut Schmidt meinte es weniger kritisch, als es klang, da es ihm als außerordentliches Verdienst erschien, vor dieser Politik – draußen vor der Tür – behütet zu werden. Und das glückte. Selbst in den folgenden Jahren bis 1937, auch nach der Absetzung des verehrten Schulleiters und dem Austausch des Kollegiums, wurde keine «braune» Schule daraus. Das Immunsystem funktionierte, wie er zufrieden zurückblickte, immerhin so, dass «kein merklicher nationalsozialistischer Einfluß auf die Schülerinnen und Schüler meiner Klasse ausgeübt» worden ist.[15]

Jüdische Mitschüler gab es in seiner Klasse nicht. Anders als in der Parallelklasse, in der etwa die Hälfte jüdischen Glaubens gewesen sei – einfach deshalb, weil die Schüler und Eltern sich zu Beginn der Sexta für eine der Klassen entscheiden mussten, und die Parallelklasse wurde von einem jüdischen Lehrer geleitet. Mit einem der Klassenkameraden befreundete er sich, und es war ihm wichtig, dies genauer zu schildern. Um den Sohn eines bekannten Hamburger Architekten handelte es sich, Hellmuth Gerson; er wurde, wie viele seiner Klassenkameraden, 1933/34 von der Schule «abgemeldet», wie es hieß, Schmidt vermutete, sie seien zumeist mit ihren Eltern emigriert. Kaum einer dieser jüdischen Mitschüler war an Ostern 1935 noch unter ihnen. Hat ihn diese Lücke gewundert, überrascht, stutzig gemacht? Es fiel nicht weiter auf, erinnerte er sich, weil es ohnehin einen «großen Schülerabgang» gegeben habe, der «jüdische Exodus» sei kein Thema gewesen. Vollkommen ahnungslos aber war er nicht, denn er fügte hinzu, er habe ihre «Auswanderung» verstanden, weil die Juden durch die öffentlichen Diffamierungen «bedrückt und bedrängt» wurden. Schließlich habe auch er einige Jahre später auswandern wollen, fügte er unvermittelt hinzu. Als «ungerecht» empfand er die Herabsetzung der Mitschüler, «dass aber Gefahr für ihr Leben entstehen würde, davon hatte ich keine Ahnung». Überhaupt habe er damals nicht verstanden, warum Juden anders sein sollten als andere Menschen. Etwas störte, heißt das, aber ein existenzielles Problem, das ihm unter die Haut ging, sah oder erkannte er nicht.

Auf dem Weg zur Klavierstunde musste er regelmäßig an einem Schaufenster vorbei, in dem Julius Streichers antisemitisches, wöchentlich erscheinendes Hetzblatt «Stürmer» ausgehängt war. Als «Inkarnation des Bösen» wurden die Juden dort dargestellt. Ekelhaft fand er das, antisemitische Affekte habe es bei ihm nicht ausgelöst. Aber eine merkwürdige Frage knüpfte sich für ihn daran, gar zu gern nämlich hätte er damals gewusst, wie sich das Judesein «objektiv» definieren könnte.

1933 – ehrlich räumte der Autor beim Rückblick ein, dass in diesem einschneidenden Jahr anderes für ihn im Vordergrund stand. Es war das Jahr, in dem er sich erstmals wünschte, wie die meisten seiner Mitschüler in die HJ eintreten zu können. Die Gleichschaltung der Jugendbünde hatte viele von ihnen bereits in die Hitlerjugend geführt. Ohne das Verbot zu begründen, verwehrten ihm die Eltern aber den Wunsch, dem Gros folgen zu dürfen. Erst nach Monaten, im Herbst dieses Jahres, kam es zu einer ernsten Unterredung mit seiner Mutter, die ihm überraschend eröffnete, sein leiblicher Großvater sei jüdisch. Er müsse für immer darüber schweigen, wenn er seine Eltern nicht gefährden wolle. Mit dem Vater, den er ohnehin als wortkarg und streng schilderte, wechselte er darüber kein Wort bis 1942, als es nicht anders ging, weil er Loki heiraten wollte. Nicht einmal geahnt habe er bis dahin, hielt er fest, dass «Opa Schmidt» gar nicht sein leiblicher Großvater gewesen sei, sondern der Ziehvater seines Vaters, während der leibliche – uneheliche – Vater Ludwig Gumpel hieß, ein jüdischer Vorfahr. Es sei ihm nicht gelungen, über dessen Lebensweg wesentlich Näheres zu erfahren, fügte er hinzu, ohne zu erläutern, wann genau er mit den Nachforschungen begann.

Genauer hingegen wurde er bei der Schilderung in anderer Hinsicht, Schmidt notierte nämlich: «Nach dem Kriege habe ich begriffen: In den Augen meines Vaters war es keineswegs ein Makel, dass er einen jüdischen Vater hatte; doch lag für ihn durchaus ein Makel darin, unehelich geboren worden zu sein – die Vorstellungswelt meiner Familie war sehr kleinbürgerlich.»[16]

Erinnert fühlt man sich beim Lesen an Willy Brandt, den Anspielungen auf seine uneheliche Herkunft tiefer verletzten als die offenen Vorbehalte, weil er zwölf Jahre im Exil verbracht hatte. Schmidt war es ersichtlich sehr wichtig, das klarzumachen für seine Leser: Als schmachvoll empfand der Vater den «Makel» unehelicher Herkunft, schmachvoller als die Tatsache, selbst «Halbjude» zu sein.[17] Andererseits erinnerte er sich aber auch, das Gespräch mit seiner Mutter 1933 über die Tatsache seiner jüdischen Abstammung habe «einen Schatten auf mein Leben, zumal nach der 1935 bekanntgewordenen Nürnberger Rassengesetzgebung» geworfen.[18] Während seiner Soldatenzeit habe er die Angst vor Enttarnung zeitweilig aus dem Bewusstsein verdrängt, aber für ihn sei seit dem Gespräch mit der Mutter entschieden gewesen, «daß ich innerlich kein Nazi mehr werden konnte». Präsenter als dem Vater wäre ihm demzufolge der jüdische Aspekt der Familiengeschichte gewesen, bedeutsamer auch als die «uneheliche» Abstammung. Bedeutsamer in der Erinnerung als dies alles erschien ihm jedoch eine ganz andere Frage: Was der eigene Standort sein könne, davon hatte er nicht einmal eine vage Idee, vermutlich vermisste er damals auch nichts, er wusste nicht, ob ihm etwas fehlte.[19] Schließlich, er war gerade erst 15 Jahre alt.

Dauerhaft versagt blieb ihm der Wunsch dennoch nicht, in die Bündische Jugend aufgenommen zu werden mit ihren «schicken Kletterwesten» oder gleich in die HJ. Denn kollektiv wurde wenig später schon die Schüler-Ruder-Riege der Lichtwarkschule in die Marine-Hitler-Jugend (MHJ) übernommen, ohne lästige Fragen nach der arischen Abstammung. Stolz konnte Helmut Schmidt mit seinen 15 Jahren fortan die begehrte blaue Marineuniform tragen, eine HJ-Armbinde sowie als Kapitän der kleinen Ruder-Riege den Titel eines Kameradschaftsführers. Wegen seines frechen Mundwerks flog er drei Jahre später aus dem Jugendverein wieder heraus, nicht zuletzt weil er eine ketzerische Bemerkung über den Reichsjugendführer Baldur von Schirach riskiert hatte.

Ein engagierter Lehrer blieb dem geschichtsbewussten Schüler besonders in Erinnerung, der ideologisch nicht voreingenommen war. Aber die Schule war ohnehin, wie er sich erinnerte, ein Hort der Geborgenheit: Außer einer Stunde über Carl Schmitts Definition des Politischen als Freund-Feind-Verhältnis erinnerte er sich an nichts, was ein Zugeständnis an das Regime hätte sein können. Nur über Demokratie hörte er nichts, weder an der Schule noch zu Hause, die Geschichte hörte für ihn – irgendwie, genauer beschrieb er es nicht – 1919 oder wenig später, mit dem Versailler Vertrag nämlich, einfach auf. Was Demokratie sei und wie sie funktioniere, habe er «erst im Kriegsgefangenen-Lager gelernt», und von der Geschichte der Weimarer Demokratie hörte und las er ohnehin erst nach Kriegsende. Als Hort der Befreiung und der Selbstfindung muss die Lichtwarkschule dem jugendlichen Helmut Schmidt gleichwohl erschienen sein, einmal weil er Halt suchte, den sie offenbar bot, und dann, weil sie in jedem Fall doch die kleinbürgerliche Enge sprengte, in die sich die Familie eingekapselt hatte. Dafür bot die Schule geradezu idealen Ersatz.

Die Verwirrungen des Zöglings Schmidt In seine Jugenderinnerungen nahm er Passagen aus einer achtseitigen «Disposition» aus dem Sommer 1945 auf, die ursprünglich als autobiographische Aufzeichnung aus dem Kriegsgefangenenlager gedacht waren. Weil die Entlassung vom Militär dazwischenkam, führte er sie nicht zu Ende. Für 1936 verzeichnete Schmidt darin lapidar: «Erstes Erkennen der Missstände in Nazi-Deutschland», für 1937 bereits apodiktisch: «Endgültige Abkehr, wenn auch zunächst noch tastend, vom N. S.» Sehr viel muss ihm dieser Beleg bedeutet haben.

Immer wieder kam er auf diesen Gedanken zurück, er ließ ihn nicht los. Gleich nachdem er sein Abitur abgelegt hatte, meldete er sich zur Wehrpflicht – nicht aus Begeisterung, wie ihm später politische Gegner vorhielten, sondern weil er die Militärzeit schnell hinter sich bringen wollte, um studieren zu können. Aber wieder notierte er dazu, die lange Soldatenzeit habe auch «ein Gutes gehabt», seitdem sei er «jedem bewussten NS-Einfluß so gut wie entzogen gewesen».[20] Ein Satz, den er in verschiedenen Variationen und Nuancierungen noch oft wiederholen sollte.

Acht lange Jahre als Soldat wurden daraus, mehr als bei den meisten: Nicht einmal geahnt hatte er das anfangs, er glaubte fest wie viele in seinem Alter, bald ein Studium aufnehmen zu können. Städteplaner, sein Traum! Es kam anders: Nach einigen Monaten beim Reichsarbeitsdienst, bei dem ein Vorgesetzter mit primitiver Nazi-Ideologie seine Vorbehalte noch verstärkt habe, wie er sich erinnerte, wurde er im Herbst 1937 bereits eingezogen zur Wehrmacht, bis zum Kriegsende blieb er dabei. Anders als erhofft, landete der junge Freiwillige zunächst nicht in Hamburg, sondern bei der leichten Luftwaffenflak in Vegesack bei Bremen.

Beendet waren seine «unpolitischen» Lehrjahre damit keineswegs: Wieder ergab es sich – wie schon an der Lichtwarkschule –, dass er sich zuverlässig abgeschirmt fühlte vor dem «Bösen». Das Bedrohliche lauerte draußen, es drang nicht nach drinnen, gerade weil sie als Soldaten von der Gesellschaft «weitgehend isoliert» gewesen seien. Auch in der Truppe, verallgemeinerte er seine Erfahrung, sei man gleichfalls von solchem Nazi-Einfluss weitgehend frei gewesen. Ausnahme von der Regel waren aus seiner Sicht nur jene Pechvögel, die zur Waffen-SS eingezogen wurden.

Natürlich eckte er an damit, prominente Historiker empörten sich später über diese «Provokation», aber unbeirrbar stand Helmut Schmidt zu seinem Urteil. Geradezu zum Schlüssel wurde das für ihn, dieses Bild einer ideologiefreien Zone, in der er sich in seiner

Leutnant Helmut Schmidt,
1940, bei der Flak in Bremen.

Jugend bewegte, sein ganzes weiteres Leben begleitete ihn das, immer wieder griff er darauf zurück. Weshalb ihm das derart am Herzen lag? Das wird noch zu erörtern sein, Schmidt sollte später die Wehrmacht ausdrücklich und leidenschaftlich in Schutz nehmen vor Kritik. Ernst nehmen sollte man jedenfalls seine Wahrnehmung, seine Annäherungen an diese frühen Jahre, ehrlich Rechenschaft ablegen wollte er gewiss: Mit keinerlei NS-Ideologie seien sie zunächst als Soldaten berieselt worden, notierte er mehr als einmal, nach der Zeit bei der HJ sowie beim Reichsarbeitsdienst kam den jungen Männern die Batterie geradezu «wie eine Oase» vor.[21]

Ausdrücklich widersetzte er sich dem Ansinnen, in die NSDAP einzutreten. Gezielt und bewusst verteidigte er allerdings den Schutzraum, in dem er sich bewegte. Zwar bekam er ein Antragsformular zugesandt, mit dem er zum Eintritt aufgefordert wurde, aber lakonisch schrieb er an die Kreisleitung zurück, er sei Soldat und wolle sich zunächst auf seine Wehrpflicht konzentrieren. Ehrlich merkte er dazu später an, er habe einfach Angst vor den Folgen gehabt.

Oktober 1938, deutsche Truppen besetzen das Sudetenland, Hitler spricht von «Anschluss»: Auch er habe geglaubt, referierte Helmut Schmidt, die Sudeten seien wie ganz Böhmen den Österreichern mit dem Versailler Vertrag widerrechtlich weggenommen worden. Da Österreich inzwischen aber Teil des Deutschen Reiches war, sei es ihm als natürlich erschienen, dass das deutschsprachige Sudetengebiet zum Reich kam. Das Unrechtmäßige sei ihnen als jungen Soldaten nicht bewusst gewesen, aber ein Triumphgefühl stellte sich gleichfalls nicht ein. Sie hätten den «Anschluss» einfach hingenommen wie das Wetter. Nicht glühend dafür und schon gar nicht dagegen waren er und seine Stubenkameraden, so konnte man Schmidt verstehen. Zu seiner Einheit stießen Reservisten hinzu, seit dem September 1938 fand eine Teilmobilmachung statt, rasch stieg er zum «Geschützführer» auf und war wohl auch reichlich stolz darauf, wie er sich erinnerte. Nein, so wichtig ihm der Verweis auf das «Unpolitische» auch war, Schmidt bastelte sich keine Legende.

9. November 1938, im Monat nach der Okkupation des Sudetenlandes: An vielen Orten des Deutschen Reiches kam es zu offenen Judenpogromen, aber Schmidt hielt rückblickend fest, sonderbarerweise könne er sich nicht daran erinnern, er habe zunächst nichts bemerkt, als «diese Dinge» geschahen. Im Batterieunterricht wurde nicht darüber gesprochen, Zeitungen lasen die jungen Soldaten nicht, die Eltern zu Hause schwiegen weiter über Politik wie gewohnt, wie dramatisch die Zeiten auch wurden. Zwar vermutete er, sich mit den Stubenkameraden später über die «Reichskristallnacht» unterhalten zu haben, Politik drang hinein, in seinen eigenen Notizen von Ende 1938 fand er folgende Sätze: «Scham über die Judenverfolgungen» sowie: «Nunmehr klare Kontra-Stellung zum N.S., lediglich Hitler persönlich noch ausgenommen.»[22] Lange habe er gebraucht, seufzte er noch einmal offenherzig, bis er begriffen habe, «dass Hitler die Quelle allen Übels war».[23] Hitler persönlich ausgenommen? Der Autor hätte das wohl nicht ausdrücklich zitiert, wäre er nicht von dem Wunsch geleitet, sich ehrlich zu machen.

Jedes dritte Wochenende fuhr er nach Hause, mehr konnte er sich von den 50 Pfennig Wehrsold nicht leisten, die anderen freien Tage verbrachte der junge Freiwillige gern in Fischerhude, einer Künstlerkolonie. Haina und Fritz Schmidt, ein Kriegskamerad seines Onkels Heinz Koch, beherbergten ihn dort, über ihn war er mit den Künstlern auch in Kontakt gekommen. Wirklich angelockt aber wurde er, wie er gestand, von Olga Bontjes van Beek, der Malerin, die dort mit ihren drei Kindern Cato, Meme und Tim lebte. Zur «wichtigsten Quelle geistiger Orientierung» sei ihr Haus unmittelbar vor dem Krieg und zu Kriegsbeginn für ihn geworden und zugleich mehr Heimat als sein Elternhaus.[24] Ganz frei konnte man dort sprechen, so jedenfalls empfand er es, in aller Regel befanden sich keine Nazis unter den Gästen.

Mit diesem Bericht über Fischerhude, insbesondere über Olga Bontjes van Beek, nähert man sich einer seltsamen, ambivalenten Episode in seinem Leben. Dass Schmidt abrückte von dem, was er als Junge geglaubt hatte, wird rasch klar. Er fühlte sich im Kreis neuer Freunde auch nicht weiter indoktriniert. Insofern hatte er Glück, wollte er sagen. Sein Dilemma, sein ewiges Dilemma aber war er damit nicht los, und es begleitete ihn seitdem, wenn er auf seine frühen Jahre zurückblickte: Er raffte es in dem einen Satz zusammen, damals sei er bereits zum Gegner der Nazis geworden, aber sei doch auch «ohne innere Zweifel» ein pflichtbewusster deutscher Patriot gewesen und geblieben. Darin steckt der Kern des Problems, das ihn auch als alten Herrn nicht verließ.

Eine Generation älter waren die meisten der Freunde in Fischerhude, internationalistisch und weltbürgerlich erzogen. Durfte man diesem Regime aus patriotischen Gründen dienen? Für die Künstler um ihn herum war das durchaus ein Problem. Ihr Besucher trug Uniform und stand auch dazu. Aus diesem «Gegensatz», den er nur vorsichtig andeutete, ergaben sich bisweilen politische Debatten mit Künstlern wie Amelie Breling, gleichfalls einer Malerin, insbesondere aber mit Cato Bontjes, die einige Jahre jünger war als er, und immerhin schon in England und Holland gelebt hatte. Eine «sehr jugendliche Idealistin» sei sie gewesen, in diese Formel kleidete Schmidt seine Bewunderung, in die sich Vorbehalte mischten.

Einerseits, ein großes Glück bedeutete für ihn dieser merkwürdig idyllische Ort am Rande. Ganz einfach jedoch kann andererseits die moralisch-politische Gratwanderung in Fischerhude für den jungen Mann in Uniform nicht gewesen sein, denn gerade die Freunde dort – im Elfenbeinturm – nahmen die Realität in Deutschland besonders sorgsam wahr. Angelockt fühlte er sich, aber er blieb auch ein Fremder, wenn man ihn richtig versteht.

Von seinen teilweise jüdischen Vorfahren erzählte er nichts, trotz des großen menschlichen Vertrauens untereinander. Weshalb? Schmidt antwortete darauf nicht. Seine Ablehnung der Nazi-Ideologie allerdings hätten sie insgesamt verstärkt, hob er hervor. Damals, im September 1939 – die Deutschen waren soeben in Polen einmarschiert und bereiteten ihren Feldzug vor, der 1941 nach Russland weiterführen sollte – weigerte er sich, sich zur Laufbahn eines Berufsoffiziers überreden lassen. Nein, er wollte weg vom Militär, und es zog ihn als Volontär für die Shell in die Welt, nach Holländisch-Indien am besten, wie er sich erinnerte. Ob er ganz habe emigrieren wollen oder sich nur zeitweise dem Zugriff der Nazis entziehen, sei ihm nicht mehr klar, schrieb er.

Seine persönliche Rechnung aber ging ohnehin nicht auf. Die Eroberung des Sudetenlandes und die Besetzung der Tschechoslowakei erregten weit über Europa hinaus; wie bewusst ihm war, dass Hitler auf einen großen Krieg zusteuerte, steht dahin, aber Gedanken musste es ihm machen, dass er nicht aus dem Wehrdienst entlassen wurde. Im Radio hörte er Hitlers «seit 4 Uhr 45 wird jetzt zurückgeschossen!» Dass die Deutschen einmarschieren wollten bei den Nachbarn, sah er nicht. Er glaubte daran, bekannte er, dass die Polen den Sender Gleiwitz überfallen hätten. Die Deutschen mussten – aus dieser Sicht – intervenieren. Den Autor Schmidt zeichnet aus, dass er sich selbst auch bei solchen Stationen nachlauschte, ohne Retuschen, und er distanzierte sich auch nicht von der Mehrheit. Wer glaubte denn damals nicht an die Propaganda?

Besorgt waren Schmidt und seine Stubenkameraden wegen der Außenpolitik der Machthaber in Berlin, auch wenn auf den Einmarsch in die Tschechoslowakei weder Großbritannien noch Frankreich wirklich reagiert hatten, so wenig wie auf den Überfall in Polen. Im Gegenteil, trotz aller vorausgegangenen Hilfszusagen hielten die Briten still. Das Kriegsrisiko erkannten die Politiker in Paris und

London, schrieb er, dass Hitler den Krieg wollte, begriffen sie jedoch nicht. Denn auch wenn er die Nazis ablehnte, wie er unzählige Male wiederholte, viele ihrer Lügen leuchteten ihm dennoch ein. Ausdrücklich wollte er sich dazu bekennen. Nein, blind war er wie andere auch. Wenige wagten das einzugestehen.

Und gleichwohl, eine empfindliche Stelle blieb das in seinem Leben, oft kreisten seine Gedanken darum: Sich selbst illuminierte er nicht, aber allergisch, ja geradezu zornig reagierte er stets, soweit man auch zurückblickt, wenn Jüngere, die nie unter einer Diktatur gelebt hatten, «an Menschen meines Jahrgangs vorwurfsvolle Fragen stellen».[25] Was gab ihnen bloß das Recht, sich zu Moralaposteln, zu Helden im Nachhinein aufzuspielen?

Auffallend spröde fielen die Auskünfte aus über den Vater. Vor allem die Energie, mit welcher der Vater sein Ziel verfolgte, nach oben zu kommen, beeindruckte den Sohn, wie er sich erinnerte. Nach dem Krieg, 1945, verließ ihn die Kraft, mit sechzig Jahren. «Die jahrelange Angst, seine Stellung zu verlieren, hatte den Mann zerstört.» Aber er lebte noch 32 Jahre, bis ins Alter von 92 Jahren.

Blieben schon die Anmerkungen zum Vater sparsam, so erwiderte er vollends wortkarg auf Fragen zum jüdischen Großvater. Macht ihm das Angst?

Schmidt: «Weiß ich nicht. Ich bin im Grunde kein ängstlicher Mensch. Und dann war ja Krieg. Da wog die Angst or Gefangenschaft oder die Angst vor schwerer Verwundung schwerer als alles andere».[26]

Welches Verhältnis hatte er zu seinem Großvater, Gumpel, den sein Vater brieflich davon unterrichtete, er habe zwei Enkel, einer von ihnen war Helmut?

Schmidt: «Gar keins.»

Hat er sich nicht dafür interessiert?

Schmidt: Viel habe die Hamburger Forschungsstelle, die sich mit dem Schicksal der Juden in der Stadt beschäftigte, nicht herausgefunden über den Großvater. Inzwischen wisse er mehr über die Familie, die aus Bernburg an der Saale stammte, «aber es interessiert mich eigentlich überhaupt nicht».[27]

Interessierte ihn auch nicht, ob er Ähnlichkeiten mit ihm hat? Schmidt: «So etwas interessiert bloß Freiherrn, Grafen, Fürsten und ähnliche Leute. Die sind interessiert an der Dynastie, der sie zugehören. Die Vorfahren waren alle ganz große Leute, und jetzt bilden sie sich ein, dass sie auch groß sind.» Aus Rücksicht auf seinen Vater, fügte er nur noch hinzu, habe er nicht darüber geredet. Erst als dieser gestorben war, erzählte er die Familiengeschichte «einem Freund – das war Giscard d'Estaing».

Hatte er Angst vor negativen Reaktionen, wenn Details über die Herkunft zur Zeit seiner Kanzlerschaft bekannt geworden wären?

Schmidt, weiter betont lakonisch: «Nein, gewiss nicht.»

Der jüdische Tupfer in der Familiengeschichte änderte grundsätzlich nichts für ihn ihn, daran ließ Schmidt keinen Zweifel, er zählte sich stets offen zu jener Mehrheit, die «verstrickt» gewesen ist ins Verhängnis, «und nur die wenigsten haben das Verhängnis durchschaut, ehe es zu spät war».[28] Durchschaut hat auch er es nicht. Aufzuarbeiten allerdings, fand er, war danach nicht mehr viel. Selbst diejenigen, die noch bei Kriegsende an die Nazi-Ideologie glaubten, sind weitgehend geheilt worden, «als alle grauenhaften Tatsachen bekannt geworden sind». Überraschend knapp und verallgemeinernd klang das.

An einen kleinen Disput zwischen Richard von Weizsäcker und Helmut Schmidt erinnert man sich beim Wiederlesen. Niemandem habe entgehen können, dass Deportationszüge rollten, wenn er es wissen wollte – so hatte der damalige Bundespräsident in seiner Rede vom 8. Mai 1985 formuliert. Lebhaft applaudierte Helmut Schmidt zwar seinerzeit der historischen Darstellung, mit der Weizsäcker an diesem Tag aufwartete und – davon war er überzeugt – einen dauerhaften Beitrag zum Konsens der Republik über ihre Wurzeln und das Versagen der großen Mehrheit der Deutschen leistete. Aber dieser Satz speziell ließ ihm seinerzeit schon keine Ruhe, zu sehr verstieß der Präsident damit offenbar gegen seine eigene Sichtweise auf das, was Deutsche wirklich wussten und wissen konnten. Weizsäcker hatte damit an den heikelsten Punkt auch bei Schmidt gerührt, an eine Lebenswunde.

Vierzig Jahre später, 1994, anlässlich des 50. Jahrestages des

Attentats auf Hitler, dachten Helmut Schmidt, Richard von Weizsäcker und Marion Gräfin Dönhoff in einem Gespräch für die *ZEIT* laut über den Widerstand und ihre unterschiedlichen Erinnerungen nach. Schon 1985, gleich nach der Rede, habe er dem Präsidenten geschrieben, berichtete Schmidt. Herzlich bedankte er sich in dem Brief für seine große Rede, holte dann jedoch zu seinem «Aber» aus, um das es in Wahrheit ging: Dieser Satz Weizsäckers von den Deportationszügen, von denen jeder habe wissen können, war schlicht ein Satz zuviel, das wollte er nicht verschweigen.

Schmidt: «Jemand, der der gesellschaftlichen Oberschicht angehörte, konnte sehr viel mehr wissen als jemand, der ein einfacher kleiner Muschkote war wie ich.» In seiner Rekrutenstube jedenfalls hätten sie keine Ahnung von den Deportationen gehabt, nicht einmal die «Reichskristallnacht» hätten sie mitgekriegt.

«Na ja», warf Weizsäcker ein.

Schmidt: «Das glauben Sie nicht, aber es war so.»

Weizsäcker: «Natürlich glaube ich Ihnen, da Sie es so schildern. Das Zitat aus meiner Rede vom 8. Mai 1945 ist natürlich nur eine kurz gefasste Zuspitzung. Aber wahr ist, was Sie sagen, Herr Schmidt, daß man unterschiedliche Informationen auch von Hause aus kriegte. Ich bin bis zum Jahr 1937 im Ausland auf der Schule gewesen und habe natürlich vollkommen andere Zeitungen gelesen als meine Altersgenossen hier in Berlin. Trotzdem, der Judenstern wurde ja sichtbar getragen, auf Befehl, und den 9. November 1938 habe ich nun wirklich grundsätzlich rings um die Gedächtniskirche in Berlin erlebt, in voller Öffentlichkeit. Und es war ein unauslöschlicher Eindruck, den ganz genau dieser 9. November 1938 hier in Berlin gemacht hat, all die zerstörten Scheiben und das, was sich dann immer anschließt, der Ladendiebstahl und natürlich auch das Kleinlaute der Bevölkerung. Richtig ist, daß man selbst beim Stichwort ‹Deportationszug› noch bis ins Jahr 1942 hinein im allgemeinen nicht wissen konnte, was sich damit verband.»

Schmidt: «Ich insistiere hier noch einen Augenblick, weil ich besorgt bin, dass das Bild entsteht, als ob alle anständigen Deutschen hätten wissen können, was passierte. Mein Vater war nach den Nürnberger Gesetzen ein Halbjude. Er hat das durch Manipulation seiner Abstammung verheimlichen können. Er war Lehrer. Seine

Angst war nur, dass er aus dem Dienst entfernt würde. Seine Angst ging nicht irgendwie weiter. Er wusste auch nichts von der Vernichtung der Juden, bis zum Kriegsende nicht.»

Als Weizsäcker dann aber die Attentatspläne seines engen Freundes Axel von dem Bussche auf Hitler schilderte, revanchierte Schmidt sich seinerseits mit einem genervten «Na ja!». Viele derjenigen, die Hitler beseitigen wollten, hätten zuvor «an der Befestigung seiner Macht mitgewirkt». Sie seien «in sehr jugendlichem Alter» Oberste im Generalstab geworden, legte er noch nach, und hätten dafür Hitler in Kauf genommen. Noch mehr: «Sie haben sich auch am Aufbau der damaligen Wehrmacht beteiligt.»

Weizsäcker: «Ja, sicher.»

Schmidt: «Und haben schnell Karriere gemacht.»

Weizsäcker: «Ja, sicher.»

Schmidt: «Wurden in sehr jugendlichem Alter Oberste im Generalstab.» Weizsäcker: «Ja, gut. Aber sie haben es nicht mit dem Ziel gemacht, Hitlers Macht zu stärken. Sondern sie haben sich daran beteiligt, zu sagen: Na ja, wenn es mit Deutschland wieder aufwärts geht, dann sind wir dabei.»

ZEIT: «Und dafür haben sie Hitler in Kauf genommen?»

Weizsäcker: «Ja.»

Für ein paar Minuten prallten da zwei Lebenssichten zusammen, zweierlei Lebensläufe, obgleich alle das hatten verhindern wollen. Aber existenzielle Fragen aus ihren sehr deutschen Familiengeschichten holen sie mit einer gewissen Zwangsläufigkeit ein, den Adligen und den «Muschkoten».[29] Keinesfalls wollte Schmidt an seiner Version rütteln lassen, von dem Geschehen in Deutschland, besonders dem Mord an den Juden nicht wirklich gewusst zu haben. Wie oft sollte er das denn noch sagen? Die Nerven lagen bloß – unter Freunden. Bei allem Respekt für den Widerstand – es ging Schmidt zu weit, wenn den Offizieren, die sich daran beteiligten, pauschal eine konsequente, frühe Opposition gegen Hitler nachgerühmt worden wäre. Zwar war Weizsäcker davon weit entfernt. Aber Schmidt wollte etwas anderes betonen: Sogar sie, diese Lichtgestalten für uns, der Kreis der Widerständler, waren verführbar! Und umgekehrt: Unbedingt wollte er – gerade in diesem Kreis von Freunden – vor der Geschichte zu Protokoll geben, dass die «normalen» Deutschen wie du und ich sich nicht derart kompromittiert haben, wie man es feststellen müsste, wenn sie über das wirkliche Geschehen und die ganze Dimension der Verbrechen in Deutschland voll Bescheid gewusst hätten. Selbst jetzt noch, fünfzig Jahre nach Stauffenbergs Attentatsversuch, wollte er unbedingt seine «Wahrheit» verteidigen. Immer wollte er festhalten daran.

«*Gespaltene Bewusstseinslage*» Gemeinsam hatte die Mehrheit seiner Generation, die noch Kinder waren am Tage von Hitlers Machtübernahme, dass sie nicht zur Demokratie erzogen worden waren. Er wurde nicht müde zu schildern, dass den «normalen» Deutschen während des Hitler-Regimes die wesentlichen Tatsachen über die deutschen Verbrechen vorenthalten wurden. Anders verhielt es sich für diejenigen, die eine Spitzenstellung einnahmen im Dritten Reich oder die im Ausland lebten, in den vornehmen Regimentern mit den vielen Adligen oder die fünf Jahre älter waren wie Willy Brandt und in der Emigration lebten. Seine Frage, allgemein formuliert, aber auch an sich selbst gerichtet: «Wie kam es eigentlich, dass wir, die wir schon längst keine Nazi-Anhänger mehr waren oder nie Nazis gewesen waren, gleichwohl bis zum Ende – als Soldaten, als Beamte, als Lehrer oder als Arbeiter – die Pflichten erfüllt haben, welche der NS-Staat uns auferlegte? Haben wir dafür eine sittliche Rechtfertigung?»[30]

Auf diese Formel verständigte er sich – mit sich. Auch diese Frage, die dennoch blieb, schleppte er ein Leben lang mit sich herum: Von einer «gespaltenen Bewusstseinslage» sprach er erstmals in seinen Erinnerungen, das Wort sollte später häufig in Interviews, Aufsätzen, Büchern auftauchen. Schmidt: «Während ich einerseits den Nationalsozialismus ablehnte und ein schlimmes Ende des Krieges erwartete, zweifelte ich andererseits nicht an meiner Pflicht, als Soldat für Deutschland einzustehen, wobei übrigens für mich – anders als für viele andere Soldaten – der Fahneneid eine eher nebensächliche Rolle spielte.» Schmidt fuhr fort: «Gleichzeitig, so verzeichnet in meinen Notizen aus dem Kriegsgefangenenlager, gab es jedoch immer wieder Annäherungen an einzelne NS-Ideen, nämlich an die Ideen von Gemeinschaft und Sozialismus.» Seine volle

Zustimmung habe beispielsweise das NS-Schlagwort «Gemeinnutz geht vor Eigennutz» gefunden, auch das wollte er ehrlich bekennen.

Wie er sich quälte damit! Zwar modifizierte er häufig das Bild, das er von sich – dem jungen Mann damals – zeichnete. Unter dem Strich beharrte er jedoch auf einem kleinen großen Unterschied zwischen sich und der Mehrheit. Ein «kleiner Nazi», der er durchaus hätte werden können, wie er gleich zu Beginn seiner Jugenderinnerungen einräumte, sei er wohl wegen des jüdischen Großvaters nicht geworden. Ein «Schatten»[31] blieb das für ihn. Viel spricht für das Argument, Schmidt habe sich mit diesem Aspekt seiner familiären Vergangenheit gerade nicht illuminieren wollen. Und dennoch blieb es ein Rätsel, weshalb er über den «Schatten» spät Auskunft gab, lange nach seinem Abschied vom Kanzleramt, erst im Gespräch mit Giscard und dann mit einem britischen Journalisten (Jonathan Carr), den er überaus schätzte. Ganz sicher aufgehoben, in guten Händen wollte er diese Nachricht aus dem Familieninnersten wissen, bei Freunden, die keinen Missbrauch damit treiben würden. Aber warum so spät, warum nach seiner Zeit als Kanzler?

Hartmut Soell vermutete, Schmidt habe das «Judesein» abgedrängt «in die Tiefen seiner Psyche». Ja, so sieht es aus, Fragen aber ließ das immer noch offen. Wie tief verdrängt in die «Psyche» muss etwas sein, sodass es nicht besonders wachsam macht, sondern besonders blind? Wie erklärt sich, dass die Information, die er 1933 von der Mutter erhielt, ein «Schatten» geblieben ist, dass aber dieser Schatten so wenig Nachfragen auslöste? Und wie dachte er darüber, als er noch als Kanzler amtierte, erwog er jemals, bereits zu seiner Amtszeit darüber zu sprechen? Und was verschloss ihm den Mund?

An Schmidts Bemerkung, nach dem Gespräch mit der Mutter habe er «kein Nazi» mehr werden können, knüpfte Soell eine einleuchtende Überlegung: Ob man äußerlich ein begeisterter Hitler-Junge, innerlich aber ein Jugendlicher in Distanz zum Regime gewesen sein könne? Bedeuteten Distanz und Kritik grundsätzlichen Dissens? Die Antwort des Biographen dazu: «Bis es mit dem Letzteren soweit war, dauerte es mehrere Jahre. Das sieht auf den ersten Blick wie ein hohes Maß an Verdrängung aus. Es genauer zu bestimmen fällt schwer, weil das Tabu, mit dem in der Familie die Existenz des jüdischen Großvaters belegt war, nicht nur verhinderte, dass dieser Teil der familiären Identität geworden war, sondern auch das Faktum der Verfolgung der Juden weitgehend ausblendete.»[32]

Das Tabu als Erklärung, dass Schmidt nichts sah, nichts ahnte, nichts wusste. Seltsam aseptisch und realitätsfern mutet die Welt an, in der er sich bewegte, der Mann, der als Politiker auf nichts so sehr drängte wie darauf, die Realitäten des Lebens schonungslos im Auge zu behalten.

Die Türme des Kreml Anfang 1940 avancierte er zum Leutnant der Reserve beim Oberkommando der Luftwaffe, die Hermann Göring unterstand, zwei Jahre später wurde er zum Oberleutnant befördert, «Kr. O.» lautete das Kürzel, Kriegsoffizier. Offizier, vor allem Berufsoffizier habe er zwar nicht werden wollen, schrieb er, aber mit diesen Beförderungen als Reservist zeigte er sich durchaus einverstanden. Beim Oberkommando der Luftwaffe in Berlin arbeitete Helmut Schmidt seit 1941 Schießvorschriften für leichte Flakgeschütze aus. Von wenigen Ausnahmen abgesehen, blieb er bis zum Kriegsende als eine Art Spezialist bei der Flak.

Der Überfall auf Polen im September 1939 war nur der erste Schritt, wie sich erwies, vom polnischen Territorium aus startete am 22. Juni 1941 der lange geplante Angriff. Der junge Helmut Schmidt wollte nicht abseits stehen, zur Mehrheit der Soldaten wünschte er zu gehören, seine Pflicht tun wie sie an der Front, nicht nur zu Hause bei der Flak also. Zudem drängte es ihn, nicht als feige zu erscheinen.[33] Er bekam, was er wollte: Ende August 1941 wurde er abkommandiert, die letzten Monate dieses Jahres verbrachte er wunschgemäß tatsächlich an der Ostfront, als Zugführer einer leichten Flakbatterie, die zur 1. Panzerdivision gehörte. Zunächst sollte ihn das bis kurz vor Leningrad führen. Im Rückblick gestand er freimütig, er habe «ein Held sein» wollen, es schmerzte ihn, an Wochenenden in Berlin Fronturlauber mit ihren Frauen spazieren zu sehen, die Tapferkeitsorden tragen, er aber hat «nix an der Brust».[34]

Beim Lesen dieser Passagen in den Jugenderinnerungen kommt in den Sinn, was Helmut Schmidt später einmal bekannte: Nicht seine acht Kanzlerjahre seien für ihn entscheidend gewesen, nein, er habe im Leben nie mehr gelernt als in diesen Jahren als Soldat. Seiner patriotischen Pflicht wollte er nachkommen, tapfer sein, das Schicksal mit anderen teilen.

An ein interessantes Detail erinnerte Hartmut Soell aus seinen Gesprächen mit Schmidt über jene Monate an der Ostfront, zu der es ihn so heftig gedrängt hatte. Über seine oft wiederholte Beteuerung unterhielten sie sich, von der Judenverfolgung habe er nichts gehört. Konziliant vermutete Soell, für die Mehrheit zu Hause möge das gegolten haben, aber er bezweifelte Schmidt gegenüber, dies habe auch für die Soldaten gegolten, die an die Ostfront abkommandiert wurden oder von dort zurückkamen. Das polnische Auschwitz war ein Bahnknotenpunkt, von den Zügen der Fronturlauber aus konnte vieles wahrgenommen werden, und es lag nur nahe, dass die Soldaten darüber untereinander auch sprachen! Vom moralisch hohen Ross eines Nachgeborenen herab habe er Schmidt diese Frage gestellt, rüffelte Hartmut Soell sich selber. Immerhin kannten die beiden sich gut, Schmidt hatte seinen Biographen nicht nur als Historiker kennengelernt, mit den Lebensgeschichten Fritz Erlers und Herbert Wehners war keiner besser vertraut als der Gesprächspartner, auch im Verteidigungsausschuss arbeiteten sie lange und eng zusammen. Unwirsch reagierte Schmidt nicht, dazu waren sie zu vertraut miteinander. Aber er bot eine Erklärung an, die Soell einleuchtete: Als Offizier der Luftwaffe sei er zur Front und zurück jeweils geflogen, nein, von Auschwitz und den Konzentrationslagern hinter der Front wusste er nichts, bekräftigte er erneut. Obendrein, der Flak-Leutnant war tatsächlich längst wieder zurück in Berlin, als die systematischen Vernichtungsaktionen in den KZs auf polnischem Boden im Jahr 1942 begannen: Helmut Schmidts Erklärung für sein Nichtwissen, konzedierte Hartmut Soell daher, klang keineswegs unplausibel.

Andererseits verließ Schmidt das Gefühl, schuldig geworden zu sein, dennoch nicht mehr, weil sie als Soldaten nun einmal an der Eroberung des Raumes im Osten beteiligt waren, auch er, und die objektiven Voraussetzungen für das Vernichtungswerk des NS-Regimes mit schufen. Subjektiv nichtsahnend, prinzipiell jedoch mitverantwortlich und daher auch einfühlsam für die Dimension der deutschen Verbrechen, damit suchte Hartmut Soell Schmidt verstehbar zu machen: «Dieses Mitgefühl äußerte sich auf unterschiedliche Weise: Öffentlich häufig sowohl in der Polemik gegen Ältere, von denen er meinte, sie hätten das alles verhindern können, wie gegen Jüngere, die sich aus seiner Sicht in Sackgassen verirrt hatten; privat in Gefühlen des Zweifels und der Befangenheit gegenüber Menschen, die Widerstand geleistet hatten.»[35] Den *Spiegel*-Reporter Jürgen Leinemann veranlasste Schmidts harsche Kritik an der Friedensbewegung und der Parteilinken sogar zu der Bemerkung, er habe darin eine «andere HJ» gesehen, nur eben im zeitgemäßen Gewand, die Protestierenden wiederholten aus seiner Sicht den Fehler, den er selber als Jugendlicher gemacht hatte.

An der Belagerung Leningrads nahm Schmidts Division nicht lange teil, sie wurde abkommandiert, um über Kalinin, das ehemalige Twer, gegen Moskau vorzustoßen. Nach hohen Verlusten (und dem Einbruch des Winters, in dem die Temperatur auf bis zu minus 35 Grad sank) sahen sich die deutschen Truppen zum Rückzug gezwungen. Trocken und sparsam berichtete Schmidt, von den Panzern und Schützenpanzern sei nichts mehr zu sehen gewesen, die 2-cm-Flak auf Selbstfahrlafetten habe als Ersatz gedient. Hatte er bis dahin an einen «Sieg» geglaubt, hatte er womöglich gar darauf gehofft?

Helmut Schmidt präzisierte das nicht, hielt wohl aber fest: Zuflucht nahm er in jenen Monaten an der Front zu Marc Aurel, dessen Selbstbetrachtungen er stets bei sich trug, und so beruhigte er seine Seele; ähnlich schätzte er das Vermächtnis von Matthias Claudius aus dem Jahr 1799 («An meinen Sohn Johannes»), besonders dreier Sätze wegen, die er gerne zitierte: «Gehorche der Obrigkeit und laß die anderen über sie streiten. Sei rechtschaffen gegenüber jedermann, doch vertraue Dich schwerlich. Mische Dich nicht in fremde Dinge, aber die Deinigen tue mit Fleiß ...»

Ermahnungen, die an den Römerbrief des Apostels Paulus anknüpften.

Freimütig gestand Schmidt, erst lange nach dem Krieg habe er verstanden, dass man den Römerbrief, Kapitel 13, und seine lutherische Übersetzung «nicht als absolutes Gebot zum Gehorsam gegen jedwede menschliche Obrigkeit verstehen darf».[36] Von der These der Bekenntnissynode des Jahres 1934 habe er noch viel später aus dem Munde Gustav Heinemanns gehört, «nach der nicht nur die Regierenden, sondern auch die Regierten Verantwortung tragen».
 Auch darin zählte er zu der Mehrheit, und er hatte keinerlei Scheu, das einzuräumen. Geblieben war ihm tatsächlich auch in der Politik ein gewisser Kommandoton, unüberhörbar eine der Erbschaften aus den Jahren als Soldat, er brauchte lange, das aus den Kleidern zu schütteln. 1962, erinnerte er sich, habe er mit dem hamburgischen Landesbischof Witte gestritten, weil der ihn als seine «Obrigkeit» bezeichnete. Schmidt, damals Senator in der Hansestadt, war grundsätzlich kuriert, von «Obrigkeit» wollte er nichts hören: Begriffen hatte er, ein staatliches Amt sei keine gottgewollte Obrigkeit, schon das Wort «Obrigkeit» sei ihm inzwischen zuwider gewesen. Zwanzig Jahre zuvor hatte er sich noch haltsuchend an das Vermächtnis von Matthias Claudius geklammert.

Zweiundzwanzig Jahre alt war er, als er in Leutnantsuniform vor Leningrad lag, Helmut Schmidt war erwachsen – aber er war es auch nicht. Als Suchenden sah er sich selbst weiterhin.
 Unter ungeheuren Verlusten auf russischer Seite wurde der deutsche Vormarsch gestoppt, der Winterfeldzug lief sich fest, am 6. Dezember 1941 begann der Rückzug, Helmut Schmidt erlebte die Kriegswende noch als Offizier an der Front. Empört führte Hitler die erfolgreiche Gegenoffensive der sowjetischen Armeen auf die Unfähigkeit seiner Generäle zurück. Und Leutnant Schmidt? Schon die Ausstellung «Entartete Kunst» hatte er als einen Tritt in die Knie empfunden, ähnlich erging es ihm jetzt wieder, seit der Kommandeur seinen Soldaten eröffnete, Hitler habe sich ab sofort selbst zum Oberbefehlshaber des Heeres ernannt und General von Brauchitsch in den Ruhestand versetzt. «Größenwahnsinnig» sei dieser Hitler, dachte Schmidt einerseits. Andererseits, auch das bezeugte er, nahm er ihn immer noch «persönlich» von seinem kritischen Urteil aus. Wenige Wochen später, Ende 1941, notierte er dann:

«Erstmaliger Knacks im persönlichen Vertrauen zum Führer.»[37] Vorsichtig klang das immer noch, genauer wurde Schmidt nicht. Nie hat er erläutert, woher dieses langwährende «Vertrauen» denn rührte und weshalb er die Person Hitler als eine solche Ausnahmefigur ansah. Nur – leugnen wollte er es nicht.

In Sichtweite der Kreml-Türme jedenfalls kam er als Soldat bereits nicht mehr. Erstmals als Privatreisender in den 60er Jahren sollte er Moskau kennenlernen, schon da mit viel Aufmerksamkeit bedacht, weil er sich bereits einen Namen als junger sozialdemokratischer Politiker mit Zukunftsperspektiven gemacht hatte. Als Kanzler wurde er dann mit allen Ehren im Kreml empfangen. Das Jahresende 1941 jedenfalls betrachtete er auch als innere Zäsur für sich, die Sehnsucht, ein «Held» zu werden an der Ostfront, war nüchterneren Gefühlen gewichen, von «Endsieg» sprachen vielleicht noch ein paar Vorgesetzte oder die Machthaber in der Wolfsschanze, nicht die kleinen Soldaten und Leutnants.

Keine Hitler-Freunde, nirgends

Liest man die Jugenderinnerungen genau, wird klar, welche Botschaften refrainartig darin wiederkehren, und klar wird auch, warum. Was Schmidt schon an der Schule widerfahren war, im Lehrerkollegium oder bei den Mitschülern und auch bei der HJ, wurde zum Grundmuster: Fast nie befanden sich Nazis in seiner Umgebung, er lebte wie unter einer Glocke, folgt man seinen Schilderungen.

Selbst für die Monate an der Ostfront scheint das gegolten zu haben: Im Kapitel über die Fronterfahrung in Russland repetierte er daher, was ihm am Herzen lag, unter all den Soldaten habe sich niemand befunden, der sich als Nazi zu erkennen gegeben hätte, gerade auch unter den Vorgesetzten nicht. Mehr noch, auch er habe es kaum glauben wollen: Nur einem einzigen Nazi sei er in seiner ganzen Militärzeit bis hin zur Kriegsgefangenschaft 1945 begegnet, einer allein bekannte sich dazu. Nein, seine militärischen Vorgesetzten hätten ihre patriotische Pflicht zu erfüllen geglaubt, «genau wie ihre Väter im Ersten Weltkrieg und ihre Vorväter 1870/71». So übernahm er das auch für sich.[38] Ihre Jahrgänge hätten sich wohl zum weit überwiegenden Teil als «Deutsche Wehrmacht», nicht aber als Kämpfer für den Nationalsozialismus empfunden, unterschied er sorgfältig.

Was heißt das unter dem Strich? Eine «Teilidentifikation» mit der Wehrmacht vermutete Hartmut Soell, als «Ersatz für das, was der Nationalsozialismus nicht mehr bieten konnte». Vielleicht kann man einen Schritt weiter gehen: Zu Ende ging im September 1939 für ihn «die unbeschwerteste Zeit der Jugend».[39]

Ganz sicher schien Schmidt sich beim Rückerinnern freilich nicht immer gewesen zu sein, ob und wie lange er sich als einen Angehörigen der «Wehrmacht» empfunden habe, der gerade nicht Opfer der alltäglichen Indoktrination geworden ist. Wollte er zudem das Gros der Soldaten außerhalb der SS freisprechen von dem Verdacht, Hitler auch aus innerer Überzeugung gedient zu haben, oder hatte er einfach Glück, weil er praktisch nirgends auf überzeugte Anhänger des Regimes stieß? Auch das ließ er offen. Er persönlich jedenfalls hatte Glück, darin war er sich sicher. So ungern er das Wort ansonsten auch in den Mund nahm, die acht Jahre waren schließlich vergeudet, hier passte es einfach – Glück.

Hartmut Soell vermutete, die jüdische Herkunft des Vaters habe die Distanz zu jenen vergrößert, «die der Mehrheitsgesellschaft angehören».[40] Seine damalige Situation beschrieb Schmidt später ähnlich gegenüber einem amerikanischen Historiker damit, sie sei so exzeptionell gewesen, dass er die Gesamtzahl vergleichbarer Fälle auf 15 bis 20 schätzte. Mit seinem Rückgriff auf Marc Aurel habe er die eigene Angst überspielt. Von dieser Angst als «ständiger Begleiterin» verabschiedete er sich erst nach dem Krieg.

Und dennoch kann man wohl sagen: Um fast keinen Preis wollte er herausfallen aus der Mehrheitsgesellschaft, ganz im Gegenteil, er zählte sich dazu ohne Anflug von Hochmut. Auch mit dem Gros der Soldaten wollte er sich trotz des familiären Hintergrunds – dem jüdischen Großvater – möglichst vorbehaltlos identifizieren, das blieb seine Linie seit dem Kriegsgefangenenlager. Nie machte er mehr Abstriche daran.

An die Front – wie die anderen auch – hatte es ihn zwar gedrängt, aber in erster Linie muss er erleichtert gewesen sein, als er schon

1942, mitten im Krieg, heiraten Hannelore Glaser und Helmut Schmidt.

nach wenigen harten Monaten im Januar 1942 aus der Sowjetunion zurückbeordert wurde, um wieder Bedienungsvorschriften für die leichte Flak auszuarbeiten. Das war kein Heldenstück, aber besser als Flausen im Kopf. Erneut hatte er Glück. Kaum zurück in Berlin, entschlossen Loki und er sich, zu heiraten: In Erwartung eines furchtbaren Kriegsendes, wie er schrieb, suchten sie Halt aneinander. Wer weiß, was noch kommen würde.

Nur, diesmal sollte Schmidt wirklich einen «Ariernachweis» vorlegen, um die Heiratserlaubnis zu erhalten. Erstmals suchte er das Gespräch mit seinem Vater darüber, das er bis dahin gemieden hatte; der zeigte ihm eine Bescheinigung, auf der die Mutter namentlich genannt wurde, der Vater aber als «unbekannt» galt. Somit drohe keine große Gefahr, das Geheimnis könne entdeckt werden. Zudem stellte sich heraus: Seine Vorgesetzten, denen er von den Hochzeitsplänen erzählte, interessierten sich für die Belege ohnehin nicht weiter, lieber wollten sie Loki kennenlernen, seine Braut, erklärten sie ihm vergnügt ins Gesicht.

Ohne Probleme erhielt Leutnant Helmut Schmidt den erwünschten Stempel samt der Bemerkung, der Ariernachweis sei hiermit erbracht.

Frei reden An der Stelle muss man auf die Freunde aus Fischerhude zurückkommen. Den Zwiespalt, in dem er seinerzeit ständig lebte, führte ihm auf besonders dramatische Weise eine kleine Episode vor Augen, die er ausführlich schilderte. Danach traf er im Jahr seiner Hochzeit, 1942, die geschätzte, bewunderte Cato Bontjes van Beek, diesmal jedoch in Berlin, nicht in Fischerhude. Über Gott und die Welt und die Nazis sprachen die jungen Leute offenherzig und frei bei einem Fest in der Bismarckstraße, wie er sich erinnerte.

Einer der Teilnehmer, Thomas von Randow, berichtete später (1991) einmal darüber, Helmut Schmidts Gegenwart an diesem Abend habe zu einer heftigen Debatte darüber geführt, ob ein «Antinazi Offizier sein dürfe». Die Verluste im Offizierskorps, das wussten sie alle, fielen außerordentlich hoch aus. Schmidt argumentierte damals – Randow zufolge –, wer nicht Offizier werden wolle, gerate gerade deshalb in den Verdacht, sich zu drücken. Er aber habe nicht als Feigling dastehen wollen.

In seinen Jugenderinnerungen bezog Helmut Schmidt sich auf diesen Bericht Randows, da er sich selber an die Unterhaltung nicht näher erinnerte. Fast überdeutlich, merkte er allerdings an, sei ihm sehr wohl das lebensgefährliche, rückhaltlose Klima der Debatte im Gedächtnis geblieben, über die Nazis und das Dritte Reich sei mit Abscheu, Spott und Herabsetzung gesprochen worden in diesem Kreis. Untereinander habe fast niemand der Teilnehmer an diesem Abend in Berlin sich gekannt. Überaus leichtsinnig sei es ihm daher erschienen, so offen drauflosreden, mit Schrecken habe er gedacht, «die spielen ja alle mit ihrem Leben». Er zog Konsequenzen: «Ich bin deshalb später nicht wieder hingegangen.»

Helmut Schmidt muss gespürt haben, dass sie seinen Kompromiss mit den Verhältnissen, sein persönliches Arrangement nicht akzeptierten, er war verletzt, weil sie ihn mit einem unleugbaren

Widerspruch konfrontierten, seinem Lebenswiderspruch, wie er es wohl empfand.

Mit seiner Sorge allerdings, sie spielten alle mit ihrem Leben, sollte Schmidt Recht behalten. Cato Bontjes van Beek wurde im Herbst 1942 verhaftet und wegen Beihilfe zum Hochverrat – sie hatte Flugblätter gegen das Hitler-Regime verteilt – zum Tode verurteilt, am 5. August 1943 wurde sie in Plötzensee hingerichtet. Adolf Hitler persönlich lehnte das Ansinnen von Freunden ab, das Todesurteil in eine Freiheitsstrafe umzuwandeln, obwohl selbst Hermann Göring ihm dies empfahl.

Viel später erst erfuhr Helmut Schmidt davon, als der Krieg längst zu Ende war. Auch das gehört zu den eigenartigen Aspekten dieses Ausschnitts aus seiner Lebensgeschichte. Geschämt habe er sich vor sich selber, notierte er, weil er keine Verbindung mehr suchte nach dem legendären Fest, «um sie vor ihrer Leichtfertigkeit zu warnen». Heute wisse er, dass sie damals schon mit dem Widerstand – namentlich mit Harro Schulze-Boysen – kooperierte, überdies hätte sie seine Warnungen wohl nicht akzeptiert, fügte er allerdings einschränkend hinzu. Aber dabei ließ er es nicht bewenden, er wäre sich unehrlich vorgekommen, und so hängte Schmidt noch lapidar ein Wort an, das nicht jeder leicht über die Lippen brächte: Seine Scham sei bis heute «nicht getilgt».

Voller Respekt schrieb er in einem Brief an die Kinder der Ermordeten, Mietje und Olga, Cato habe es wohl als Möglichkeit in Kauf genommen, von Henkershand zu sterben. Schmidt: «Sie war groß. Wir sind in ihrer Schuld.»[41] In solchen sparsamen Anmerkungen ordnete er sich in jene Mehrheit der Deutschen ein, die sich fügte.

Erspart hat ihm dies jedoch nicht offene, bittere Kritik. Sie kam nicht nur «vom hohen Ross der Nachgeborenen» herab, wie er das verächtlich nannte. Rainer Küchenmeister, dessen Vater hingerichtet worden war, und der selber zeitweise im gleichen Gefängnis wie Cato und später im KZ saß, ging so weit, Schmidt «Heuchelei» vorzuwerfen. Der Maler bohrte in einer Wunde: Ob Schmidt öffentlich über Cato und seine Wertschätzung für sie gesprochen habe, als die

Rote Kapelle diskriminiert wurde, fragte er bissig. Und mehr noch, wo Schmidts jüdischer Großvater gewesen sei, als es nicht so opportun erschien, darüber zu reden? Als «ungeheuerlich» empfand er den Satz, die Wehrmacht sei der einzig anständige Verein gewesen, denn ohne diese tüchtigen Offiziere – so Küchenmeister – hätte sich der Hitlersche Wahnsinn schließlich nicht entfalten können. Demut und Reue solle Schmidt zeigen, statt seinen Großvater als Beweis seiner antinazistischen Gesinnung ins Spiel zu bringen.[42]

Direkt antwortete der Gescholtene darauf nicht. «Eine Art Reue» habe er durchaus gezeigt, verteidigte Hartmut Soell ihn jedoch. Seinem Biographen gegenüber erklärte Schmidt, erst, als er seine Beziehungen zu Fischerhude auffrischte, habe er davon gehört, wie lange es in der Bundesrepublik nach dem Krieg gebraucht habe, bis die Familie van Beek als politisch verfolgt anerkannt wurde. Der Grund war klar: Die Beeks wurden der Sympathien mit den Kommunisten bezichtigt. Die Rote Kapelle, rechtfertigte Helmut Schmidt sich gegenüber dem Biographen, sei ihm seinerzeit kein rechter Begriff gewesen.

Allerdings: Seine eindeutigen Schlussfolgerungen zog Schmidt durchaus, und zwar konsequent. Zumal als Verteidigungsminister hat er später erhebliche Energien darauf verwandt, der Bundeswehr – nicht zuletzt mit den neuen Bundeswehrhochschulen – ein demokratisches Bewusstsein zu vermitteln. Bis ins hohe Alter blieb er zudem bei seiner Haltung, der deutschen Politik strikteste Zurückhaltung bei dem Einsatz von Militär außerhalb des eng begrenzten Bündnisrahmens anzuempfehlen.

Sicher, ihn empörten pauschale Vorwürfe gegenüber der Wehrmacht zutiefst, ohne die das Morden in den KZs nicht hätte geschehen können. Aber wie wenige andere bemühte er sich darum, die Bundeswehr als Parlamentsarmee einzurichten und Einsätze über Leben und Tod der Soldaten streng an ein Votum des Bundestages zu binden. Selbst sein Versuch, die eigene, zaudernde Partei mit dem Militär auszusöhnen, hing wohl in erster Linie mit dem Wunsch zusammen, die Bundeswehr nicht etwa allein den konservativen Kräften zu überlassen und sie zu immunisieren gegen jeden ideologischen Missbrauch – wie damals, in seinen Lehrjahren als Soldat.

Den 20. Juli 1944, den «Aufstand des Gewissens», erlebte Helmut Schmidt in Bernau vor den Toren Berlins. Loki und ihn hatte es dorthin verschlagen, nachdem in Hamburg bei einem Bombenangriff im Juli 1943 ihre kleine Wohnung in Trümmer gegangen war und auch der Dienstsitz in Berlins Knesebeckstraße ausgebombt worden war.

Als Abgeordneter in Bonn, zumal als Chef auf der Hardthöhe und im Kanzleramt, pries er selbstverständlich das leuchtende Vorbild der Widerständler um Stauffenberg aus dem Jahr 1944, früher und konsequenter als viele seiner Zeitgenossen. Ursprünglich blickte er etwas anders darauf, auch das schilderte er gewohnt offenherzig. Sehr naiv habe er den Attentatsversuch vom 20. Juli zunächst für die dilettantische Tat eines Einzelnen gehalten; wenn man so etwas anfange, müsse es auch funktionieren, erklärte er unwirsch. Ein typischer Schmidt-Satz! Aber viele Fragen ließ er zugleich offen. Leuchtete es ihm grundsätzlich ein, dass Offiziere versuchten, auf diese Weise den Krieg zu beenden und dem Morden ein Ende zu machen? Wie vertrugen sich Attentatspläne mit seiner Überzeugung, Soldaten müssten ihrer patriotischen Pflicht nachkommen? Und leiteten nicht gerade die Widerständler moralische Motive, weil ihnen klar geworden war, was den Juden, den besetzten Völkern, den religiösen und ethnischen Minderheiten oder politischen Gegnern widerfuhr, was also im Rücken des Militärs tatsächlich geschah?

Sparsam ging er mit solchen Selbstauskünften um, was er für richtig hielt, mit was er sich identifizierte, ließ Helmut Schmidt nicht gern erkennen. Wie hat Marion Dönhoff über den Hamburger Weggefährten über Jahrzehnte hinweg gesagt? Was ihn in seinem Innersten bewegte, habe sie nie erfahren.

In immer neuen Anläufen setzte Schmidt sich damit auseinander, weshalb ihm die Wahrheit verborgen geblieben sei. Wie weniges andere quälte ihn das. Und trotz seiner Fragen, ob die Offiziere des Widerstands nicht zu spät aufwachten und weshalb ihr Aufstand wirklich scheiterte, nichts ließ er unversucht, die Anerkennung des Widerstands und der moralischen Maßstäblichkeit dieser Offiziere gegen Hitler ins allgemeine Bewusstsein zu heben. Das war das

Mindeste, was ihm nachträglich blieb. Später, als Herausgeber bei der *ZEIT*, unterstützte er daher auch Marion Gräfin Dönhoff und Richard von Weizsäcker bei ihrem Bemühen, die vorbehaltlose Anerkennung der Opposition im Militär durchzusetzen und die Erinnerung an den 20. Juli später dann Jahr für Jahr tatsächlich wachzuhalten.

Sein persönlicher Doppelbeschluss war das: Der Mann, der nicht müde wurde, das Gros der Soldaten zu verteidigen, die ihrer «Pflicht» nachkamen, wollte gleichwohl vorexerzieren, welchen Respekt jene verdienen, die es als ihre Pflicht ansahen, den Krieg und das Morden mit einem Attentat zu beenden.

Auch zum Grundeinverständnis zwischen Willy Brandt und ihm in den 60er Jahren trug das Urteil über die Opposition gegen Hitler auf entscheidende Weise bei. Dieser Aspekt ihrer komplizierten Beziehung zueinander ist oft übersehen und gewiss unterschätzt worden. Der Lübecker Brandt hatte ein ganz anderes Leben gelebt. Der Junge, damals noch Herbert Frahm, rebellierte: Schon dem Gymnasiasten erschienen die Sozialdemokraten als viel zu angepasst, keinesfalls würden sie derart weggeduckt Hitlers Aufstieg verhindern können, fürchtete er. Seine weiteren, mutigen Schritte folgten konsequent daraus: Bereits 1933 setzte er sich nach Skandinavien ab, um die Sozialistische Arbeiterpartei (SAP) von außen zu organisieren und um den Fahndern zu entgehen. Bald galt Willy Brandt – den *nom de guerre* hatte er sich für die Arbeit im Untergrund zugelegt – als Kopf der europäischen Exilanten in Oslo. Tiefen Respekt hatte Schmidt davor, schließlich war Brandt nicht viel älter; und doch durchschaute er das Regime, Hitler voran. Zeitlebens sollte dieser Respekt sein Verhältnis zu Brandt prägen, allen Konflikten zum Trotz und wider den äußeren Anschein, denn oft genug kanzelte er Brandt wegen seines Führungsstils und seiner Duldsamkeit gegenüber der Linken öffentlich ab. Viel spricht gleichwohl dafür, dass er die Vorwürfe, die er sich machte, wohl auch seine Selbstkritik, im Lob wie im Tadel für Brandt abzuarbeiten suchte.

Freisler Gedrückt, erinnerte er sich an jene Tage nach dem 20. Juli, sei die Stimmung in der Bernauer Kaserne gewesen. Sein Vorgesetzter, Major Friedrich Georgi, Schwiegersohn von General Olbricht, wurde verhaftet. Olbricht wurde im Gefängnis umgebracht, Georgi überstand alle Verhöre, ohne die Wahrheit zu gestehen. Von seiner Verbindung zum 20. Juli wusste Helmut Schmidt nichts, war sich aber sicher, dass er mit den Nazis wie alle anderen auch – er selbst eingeschlossen – nicht sympathisierte.

Wenige Wochen später wurde er für jene zwei Tage als Zuhörer zum Volksgerichtshof abkommandiert. Politische Gegner versuchten später, dem populären Sozialdemokraten daraus einen Strick zu drehen, als sei er mit diesem Kommando ausgezeichnet worden für besondere Linientreue. Ein bewusst böswillig gestreuter Vorwurf, dem kein seriöser Historiker folgte: Aber das war das Gift der 60er, auch noch der 70er Jahre, den einen wie Helmut Schmidt den moralischen Kredit abzusprechen, weil sie überangepasst gewesen seien, den anderen wie Willy Brandt wegen ihres Exils gar Vaterlandsverrat nachzusagen. Wirklich verfangen haben solche Unterstellungen im Falle Schmidt nicht. Er selber nahm zunächst an, die Zwangsvisite bei Gericht habe der Einschüchterung gedient, aus seinem Stab wurden auch verschiedene andere Offiziere zu unterschiedlichen Verhandlungstagen abkommandiert.

Erst nach dem Krieg bekam er zu Ohren, es habe sich um eine «Abschreckungsaktion» gehandelt, die der «NSFO» (Nationalsozialistischer Führungsoffizier) aus ihrem Stab veranlasst hatte – ein älterer Reserveoffizier, dem sie alle misstrauten. Schmidt vermutete, die Aktion habe den Mitarbeitern Georgis gegolten. Er konnte sich dabei auch auf ein Wort von Joseph Goebbels, Hitlers Propagandaminister, berufen, der im Spätsommer 1944 einem Obersten aus Bernau befahl, an einer Verhandlung teilzunehmen, damit er erfahre, «wie es Verrätern ergeht». Soldaten aller Dienstgrade habe er zum Volksgerichtshof abkommandiert, gab er Goebbels wider, weil deren nationalsozialistische Einstellung aufgebessert werden müsse.[43]

Als «entsetzlich und abschreckend» empfand der junge Leutnant diese wenigen Stunden bei Gericht, in denen er Roland Freisler erlebte – würdelos, pöbelhaft, marktschreierisch, wie Schmidt fest-

Den «allerstärksten Eindruck» hinterlässt Ullrich von Hassell (Bild) bei Helmut Schmidt, als er einen Tag lang am Volksgerichtshof in Berlin als Zuschauer am Prozess gegen die angeklagten Verschwörer des 20. Juli 1944 teilnehmen muss. Dabei erlebt er unter anderem die Verhandlungen gegen den Diplomaten, der Roland Freislers Beschimpfungen mit Gleichmut erträgt. Dem Widerstand der Offiziere um Stauffenberg und der Opposition gegen Hitler erweist Schmidt in der jungen Bundesrepublik früh Respekt, als das auch in seiner Partei noch heftig umstritten ist.

hielt. Damals hätte er Freisler bedenkenlos töten können, gestand er – seinen Jugenderinnerungen zufolge – Kameraden.

Erregt berichtete er am nächsten Morgen – obwohl es strikt verboten war – in Bernau seinem Vorgesetzten, Generalleutnant Heino von Rantzau, und bat darum, ihn von dem Befehl zu entbinden, am nächsten Tag erneut bei Gericht zu erscheinen. «Na, Schmidtchen, was haben die Braunen nun wieder angerichtet?» habe der ihn gefragt. Diese Verfahren gegen Ulrich von Hassell und Josef Wirmer, die er kurz miterlebte, führte Schmidt später immer wieder als eine Art Wegscheide für sich an. Geradezu unerträglich sei seitdem der Konflikt geworden zwischen der Erkenntnis, dass Deutschland unter Hitler dem Ende zusteuere, und der Überzeugung von der soldatischen Pflichterfüllung, also seine «Bewusstseinsspaltung».

An die Frau des hingerichteten Ulrich von Hassell, Ilse, adressierte er im Jahr 1946 einen Brief, in dem es hieß, die Prozedur beim Volksgerichtshof sei auf Entwürdigung und seelische Vernichtung abgestellt gewesen. Aller Prozessordnung, allem Recht habe die Verhandlung Freislers Hohn gesprochen. Derart bedrückend sei dieser Tag vor Gericht für ihn gewesen, zu dem er abkommandiert worden war, dass er schlicht nicht vermocht habe, auch noch einen zweiten Tag dort zu verbringen. Ihr Mann, berichtete er Ilse von Hassell in seinem Brief, habe alle Beschimpfungen mit unerhörter Beherrschung an sich abgleiten lassen, voller Verachtung für Freislers Auftreten. Selbst die SS-Führer im Zuhörerraum hätten wohl gemerkt, wer hier der «eigentliche Sieger» sei. Aber, fügte er zugleich ehrlich und mit einem gewissen Hochmut des Nachgeborenen hinzu, sein persönlicher Eindruck sei dahin gegangen, die Offiziere gegen Hitler hätten «zu zögernd und nicht mit allerletzter Konzentration gearbeitet.»[44] Denn das hieß wohl, dass er sie in Wahrheit für dilettantisch und blauäugig hielt. Zwischen den Zeilen war durchaus auch zu lesen, dass er beim Blick auf die mutigen Widerständler Fragen an sich selber gerichtet hat.

In einem erstaunlich offenen Umfeld, auf Distanz zum Regime in Berlin, hat Schmidt sich also durchaus häufig bewegt, wenn man ihm selber folgt. Und doch begann er der eignen Erinnerung zufolge nur sehr allmählich zu begreifen, was um ihn herum geschah. Auch die Erfahrung beim Volksgerichtshof hat ihm die Augen nicht völlig geöffnet: Noch im Herbst 1944, das festzuhalten war ihm wichtig, habe er «nichts davon gewusst, dass Juden vernichtet wurden, während heute bekannt ist, dass die organisierte, geplante Vernichtung der Juden schon vor der berüchtigten Wannsee-Konferenz des Jahres 1942 begonnen hat». Vom «Kommissarbefehl» hingegen, wonach gefangene Politkommissare der Roten Armee ohne Prozess erschossen werden sollten, habe er ein einziges Mal in Russland während des halben Jahres in der 1. Panzerdivision gehört. Diese in der Kriegsgeschichte völlig neue Anordnung lief der Genfer Kriegskonvention und jedem Rechtsempfinden zuwider. Ihm blieb die Entscheidung erspart, dem jemals Folge leisten zu müssen oder sich zu verweigern, wenn man Schmidts Erinnerungen richtig versteht: Seine Division habe – soweit er es in den Monaten an der Ostfront miterlebte – keine Gefangenen machen können, da sie sich mit motorisierten Kampftruppen ständig in Bewegung befanden. Die Verluste waren hoch, er sah viele tote Deutsche und Russen, Gefangene dagegen nur einmal von weitem in einem Güterzug. Er glaube, fügte Schmidt noch hinzu, im Ernstfall hätten er und seine Kameraden den Befehl wohl weder ausgeführt noch verweigert, sondern sich um die Feststellung zu drücken versucht, unter den Gefangenen befinde sich einer der Politkommissare. Auch an dieser moralischen Frage laborierte er häufig herum, sie stellte spürbar sein ganzes Konstrukt von der Wehrmacht als «anständigem Verein» zur Disposition.

Beim Bemühen, sich selbst auf die Spur zu kommen, aber auch Zweifel an seiner Integrität auszuräumen, kam Helmut Schmidt auf eine weitere kleine Episode zu sprechen, die ihm erklärungsbedürftig schien. Wie schon die Freunde um Olga Bontjes van Beek, so mutmaßte auch seine frühere Deutschlehrerin, er habe «auf der Gegenseite gestanden». Anlass dazu bot der Umstand, dass er vor Kriegsende den Brief von einer ihm unbekannten Absenderin (Hilde Ahlgrimm) erhielt, die ihn informierte, seine Lehrerin Erna Stahl sei verhaftet worden, er möge doch bitte helfen. Schmidt argwöhnte, er solle auf die Probe gestellt werden und sei selbst verdächtig – jedenfalls sandte er der Absenderin eine Absage zurück. Zugleich stellte sich bei ihm – ähnlich wie gegenüber Cato Bontjes van Beek, als er von deren Schicksal erfuhr[45] – wieder dieses Gefühl von Scham ein. Nach dem Krieg erfuhr er, dass Erna Stahl und die Briefschreiberin wirklich befreundet waren, er hatte seiner Lehrerin die erbetene Hilfe verweigert. Den Brief brachte er ihr gegenüber gar nicht zu Sprache, aber Scham sei geblieben, obwohl ihre Unterstellung, er habe auf der anderen Seite gestanden, «gewiss unrichtig» gewesen sei.

Moritzelchen Der Zweite Weltkrieg neigte sich dem Ende zu, der «seelische Zwiespalt» sei für ihn immer schwieriger geworden, erinnerte Schmidt sich. Er wagte – kurz nach der Visite beim Volksgerichtshof – ein paar freche Bemerkungen über Hermann Göring und die «Braunen», womit er sich eine Anzeige wegen Wehrkraftzersetzung einhandelte. Sie landete bei einem NS-Führungsoffizier, einem der wenigen gläubigen Regimeanhänger, auf die er in diesen acht Jahren in Uniform stieß. Zum Glück sorgten schützende Hände seiner Vorgesetzten in den folgenden Monaten dafür, wie er vermutete, dass es zu keinem Verfahren kam.

Im Januar 1945 übernahm er das Kommando über eine Flakbatterie in der Eifel, kurz zuvor hatte die Ardennenoffensive begonnen. Von dort aus war Frankreich erobert worden, hier sollte das Kriegsglück noch einmal gewendet werden. Ein Feldpostbrief von Loki aus Schönow bei Bernau traf ihn tief: Ihr einziger Sohn, Helmut Walter, gerade acht Monate alt, sei im Februar 1945 an einer Gehirnhautentzündung gestorben. Schmidt bekam Heimaturlaub. Da die russischen Truppen in Bernau bereits vor der Tür standen, war seine Frau nach Hamburg zurückgekehrt, dort erreichte er sie nach längerem Suchen. Gemeinsam fuhren sie unter abenteuerlichen Umständen noch einmal an das Grab des Sohnes, «Moritzelchen», wie Loki einmal erzählte, dann musste ihr Mann wieder zurück zu seinem Kommando in die Eifel. Der Krieg allerdings sollte jetzt nur noch wenige Wochen dauern.

Davongekommen Die Alliierten standen bereits in Remagen. Seine Batterie löste sich rasch auf, jeder musste alleine sehen, wie er zurechtkam. Helmut Schmidt brach wieder nach Hamburg auf, diesmal zu Fuß, quer durch das zerstörte Land, in dem Millionen auf der Flucht waren oder umherirrten. Kurz vor dem Ziel, im Wald bei Soltau, in dem er sich tagsüber versteckt hatte, wurde er von zwei englischen Soldaten entdeckt und festgenommen. Gemeinsam mit anderen Schicksalsgenossen transportierte ihn das britische Militär im Viehwagen zunächst nach Brüssel, von dort ins belgische Yabbecke. Hier, in Gefangenschaft, im Offizierslager 2226, versuchte er – wie Millionen andere mit ähnlichem Schicksal – zu sich zu kommen. Länger ließ sich nicht verdrängen, was geschehen war in deutschem Namen, aber weder war klar, was aus ihm persönlich werden würde, noch gar was aus dem besiegten und befreiten Deutschland. Vier Monate verbrachte der Leutnant a. D. im Lager, bevor er entlassen wurde. Hungrig und abgemagert traf er am 29. August 1945 im ausgebombten Hamburg ein. Davongekommen war er, einer von 19 Millionen Soldaten. Und er hatte noch Glück, viele traf ein härteres Los. Das, was Schmidt seine «Politisierung» nannte, begann ausgerechnet hier, im Lager. Besonders Hans Bohnenkamp förderte dieses Umdenken, ein ehemaliger Offizier wie er und zudem religiöser Sozialist. Für Schmidt erwies sich das als äußerst folgenreiche, wie er fand überaus glückliche Bekanntschaft. Ihn beeindruckte die Autorität der Persönlichkeit Bohnenkamps, vor seinen Ansichten hatte er spontan großen Respekt. Einem seiner Vorträge über das Dritte Reich vor den Mitgefangenen gab Bohnenkamp die Überschrift: «Verführtes Volk». Uneingeschränkt leuchtete seinem Zuhörer Helmut Schmidt dieses Wort ein. Verführt worden waren sie, nicht wahr? Verführt, das hieß, dass auch er viel falsch gemacht, sich aber nicht schuldig gemacht hatte. Eine solche Formel suchte er ja für sich. Gegenseitig ergänzten sie sich, Schmidt berichtete von seinen Beobachtungen beim Volksgerichtshof, einer der anderen Offiziere schilderte Hinrichtungen, die er in Plötzensee miterlebt hatte. Nicht allen gefiel, was sie berichteten, erinnerte Schmidt sich, manche empörten sich über die «Nestbeschmutzer». Irritieren ließ er sich nicht.

Helmut Schmidt lernte, und er lernte im Eiltempo. Von Bohnenkamps positiven Vorstellungen über Demokratie, Rechtsstaat und Sozialismus schwärmte er geradezu, wann immer er auf diese Jahre zurückblickte. Inspiriert wohl gleichfalls von diesem sozialistischen Lehrmeister, begann er noch im Lager mit der Abfassung einer «quasi autobiographischen Aufzeichnung», in der er über sich Rechenschaft ablegen und zugleich Revue passieren lassen wollte, was in den Hitlerjahren wirklich geschehen war und was er überhaupt nicht oder jedenfalls nicht klar genug gesehen hatte. Desorganisation, Unfähigkeit und Bonzentum assoziierte er nun mit dem Dritten Reich, sich selber bescheinigte er bei dieser Gelegenheit, wie immer ausgeglichener, heiterer Natur zu sein. Ob diese «Disposition» auch zum Mitlesen gedacht war? Sollten die Briten dem jungen Mann beim Nachdenken über sich selbst zusehen können?[46] Ja, es sieht fast so aus.

Vor allem Bohnenkamp war ein Segen für den unsicheren jungen Soldaten von gestern. Erstmals in solcher Klarheit hatte ihm dieser Erzieher der ersten Stunde seine Fragen nach dem «Wofür» beantworten können, obgleich er kaum älter war als Schmidt selber. Demokratisch und sozial, das wurden für Schmidt in diesen wenigen Monaten Synonyme. Mit anderen Worten: Er hatte das Gefühl, sich fortan nicht mehr abkapseln zu müssen gegen die Außenwelt, gegen das Unkalkulierbare oder gar Böse, er konnte sich öffnen für etwas «Positives». Begeistert lauschte, begeistert lernte er.

An den beiden Offizieren a. D., Bohnenkamp und Schmidt, fanden die Briten Gefallen. So lobten sie sich die Deutschen, prompt gehörten sie daher auch zu den ersten, die frei kamen. «Kein NS-Anhänger», stempelten die Bewacher auf die Entlassungspapiere. Helmut Schmidt merkte sich den Tag: Am 25. August erhielt er die Nachricht, er dürfe sofort nach Hause. Nach Hause in die zerstörte Heimatstadt. Es dauerte nicht mehr lange, bis er wieder bei «Loki» eintraf.

Keine «Stunde Null» Das war die große Zäsur, auch in seinem Leben. Die alte Welt ging unter. Deutschland lag in Trümmern. Auch das junge Ehepaar Schmidt gehörte zu den Ausgebombten. Zu lange wollte er sich nicht aufhalten mit dem Zurückblicken, mit dem Grübeln und Selbsterforschen. Er wollte nach vorne blicken. Studieren wollte er endlich, nachholen, alles nachholen. Lernen wollte er, begreifen, leben.

Jetzt erst, zum ersten Mal, notierte Helmut Schmidt knapp, hätten ihn genauere Informationen über die Nazi-Diktatur erreicht, vor allem von der «Endlösung», von Gaskammern und Massenmorden, von Auschwitz, Bergen-Belsen oder Neuengamme. Was er bis dahin seine «Bewusstseinsspaltung» nannte, löste sich schlagartig auf: Erkannt habe er, «dass wir als Soldaten in den verbrecherischen Versuch verstrickt gewesen waren, eine Gewaltherrschaft über den ganzen europäischen Kontinent zu errichten».[47]

Die Uniform, den «abgewetzten Offiziersledermantel», hatte er mit einem Seufzer der Erleichterung ablegen können nach acht

Jahren Dienst, länger als der Durchschnitt. Halt suchte er, um das Erfahrene, Erlebte zu verarbeiten. Nicht als Ratlosen, Verzweifelten zeichnete er sich in dieser Phase, aber als einen Mann ohne Orientierung. Etwas war gänzlich falsch gewesen, er hatte dem Falschen gedient, das begriff er. Wenig später, noch 1945, entschloss er sich, sich in Hamburg-Neugraben der SPD anzuschließen, um seine Mitgliedschaft zu beantragen.

Seitdem blieb er seiner Partei treu, durch alle Wirrungen hindurch. Was Schmidt einmal verinnerlicht hatte, stellte er nicht mehr zur Disposition.

«Politischer Rückblick auf eine unpolitische Jugend»: Die Überschrift, die er den Erinnerungen gab, klang nach Thomas Mann und dessen «Betrachtungen eines Unpolitischen», die zwischen 1915 und 1918 entstanden, aber der Text hatte damit nichts gemein. Der Fehler war, dass er nicht politisch zu denken gelernt hatte, wollte der Autor sagen. Die kleinen, braven, bürgerlichen Verhältnisse, unter denen er aufwuchs, hatten ihn beschützt, ihm aber auch den Blick verstellt, fand er. Gesehen hatte er deshalb vornehmlich, was er sehen wollte; was nicht, das nicht. Kurzum, in der «unpolitischen Jugend» lag der Kern des Versäumnisses.

Was ihm widerfuhr, sollte in Deutschland nicht mehr geschehen, dazu wollte er beitragen, an welcher Stelle, in welchem Beruf auch immer. Das nahm er sich fest vor. Hätte ihm nur damals jemand mit Autorität erklärt, was richtig und falsch ist! Diesen Fehler würde er nicht machen, darin sah der Politiker Schmidt seine Aufgabe, vor allem gegenüber den jungen Protestierenden auf der Straße seit 1968. Ihren Idealismus hielt er für den größten denkbaren Fehler, fast schlimmer als das, was ihm unterlaufen war. Wenn er also in den 60er und 70er Jahren die Apo, die Friedensbewegung oder die Grünen geißelte, relativierte das wohl ein wenig die eigenen Fehler, die «Verführbarkeit» im Dritten Reich.

«Ein halbes Jahrhundert später», überschrieb Helmut Schmidt trocken ein letztes Kapitel der Jugenderinnerungen, in dem er sein Résumé ziehen wollte. Zu einem weltweit respektierten Politiker hatte sich der unpolitische junge Mann damals längst gewandelt, der wusste, *wofür* er sich engagieren solle. Öffentlich betrieb er Gewissenserforschung, das verlangte er so von sich, aber auch auf die Frage nach dem Wofür traute er sich nun eine Antwort zu, die er anderen weiterreichen wollte.

Überzeugt hatte er sich davon, dass die «meisten Deutschen», die am Kriegsende erwachsen waren, jede nationalistische Hybris in sich überwunden hatten. Aber er wurde die Frage nicht los, die ihn «am meisten und immer wieder plagt»: Was waren «unsere Pflichten» unter Hitlers Diktatur und im Krieg? Und dann – «hat es andere moralische Pflichten gegeben, die wir Millionen Soldaten nicht erkannt haben?» «Und sofern das der Fall sein sollte: Haben wir sie subjektiv nicht erkennen wollen? Oder haben wir sie objektiv nicht erkennen können?» Wir! Wer dieses «Wir» überliest, versteht Schmidt nicht.

Den Tonfall eines unaufdringlichen Selbstgesprächs behielt er bei. Im praktischen Leben kann es für den Einzelnen sehr schwierig, ja unmöglich sein zu erkennen, dachte Schmidt laut, wie er sich verhalten solle und ob das persönliche Verhalten im Sinne Kants zugleich als Richtschnur für jedermann gelten könne. Galt die Regel, die ihm über alles ging, auch für den Ernstfall, für existenzielle Situationen, für Soldaten an der Front? «Der kategorische Imperativ des großen Königsberger Philosophen war eine der Glanzleistungen der deutschen Aufklärung; jedoch war es einfacher, ihn im Frieden der Studierstube abstrakt zu formulieren, als ihn im Leben, gar im Kriege, konkret zu befolgen.» Helmut Schmidt: «Wie soll einer, der unter Maschinengewehrfeuer oder Bomben leiden muß, sich gegenüber dem Gegner, welcher die Bomben ja auslöst, so verhalten, dass die ‹Maximen des eigenen Handelns› auch für den Gegner gelten können?»[48]

Oder, grübelte er weiter, hätten «wir Soldaten» wesentlich weitergehende Konsequenzen ziehen müssen? Gab es eine moralische Pflicht zur Sabotage, zum Widerstand, zum Attentat? Auch dazu fiel Schmidts Antwort zurückhaltend aus. Erheblich mehr Kenntnisse von wichtigen Tatsachen hätte man haben müssen, suchte er sich selber zu beruhigen. Selbst die meisten Frauen und Männer des 20. Juli lehnten Landesverrat zugunsten des Kriegsgegners ab, ja, Offiziere wie Claus von Stauffenberg und Henning von Tresckow wirkten «tatkräftig» an der Kriegsführung mit. Und auffallend, nicht wahr, die meisten der gut Informierten erfüllten schlicht ihre

Pflicht, wie hätten da die Millionen «ohne Überblick» nicht ohnedies gehorchen und ihrem Dienst nachgehen sollen?

Zur Pflicht kam Angst hinzu, wie der Autor einräumte, auch bei ihm.

Nicht ernst genug kann man nehmen, was Schmidt in dem Zusammenhang andeutete – die moralische Herausforderung hätte für ihn darin bestanden, wenn er von der Vernichtung der Juden erfahren hätte. Was hätte er dann gemacht? Er musste sich mit der Frage nicht quälen, denn er wusste es nicht, sagte und schrieb er. Die Folgerung legte er zwischen den Zeilen nahe: Nach seinen eigenen Maßstäben hätte er nicht bestehen können, wenn er als Soldat bereits gewusst hätte, was er nach dem Kriege erfuhr. Deshalb wusste er nicht. Er durfte nicht wissen. Nur darum wiederholte er das unermüdlich.

Was Helmut Schmidt an der Stelle nicht fragte und was sich doch aufdrängt: Handelte es sich wirklich nur um Nachgeborene mit ihrer «moralischen Besserwisserei», die kritische, skeptische, bohrende Fragen stellen? Bei Lichte besehen, plagte er sich doch auch unablässig damit herum. Nur fiel ihm das offenkundig leichter, als Fragen von anderen an sich heranzulassen.

Näher Stellung genommen hat Schmidt dazu nicht. Er beschränkte sich auf Formeln wie jene, während der zwölf Jahre unter Hitler hätten sie alle gehofft, sein Vater wie seine Familie würden unentdeckt davonkommen. Und gern fügte er noch hinzu, neben der Angst, die das auslöste, habe ein pervertiertes Pflichtgefühl bis 1945 eine zu große Rolle gespielt. So allgemein formulierte er es. Er vermied es, direkt von sich zu sprechen.

Auch auf diese Weise reihte er sich ein unter die deutsche Mehrheit. Für sich brachte er das auf die Formel, die bei weitem überwiegende Zahl der Deutschen in der Nazi-Zeit habe «weder zu den Verbrechern noch zu den Widerstandskämpfern» gehört»[49] Damit konnte er vor sich bestehen, aber so akzeptierte es auch die Majorität.

Offen kam Schmidt auch auf den vehementen Einspruch seiner Tochter Susanne (Jahrgang 1947) gegen eine erste Fassung seiner

Jugenderinnerungen zu sprechen. Ihr werde bei der Lektüre nicht klar, lautete der Vorbehalt der Tochter, weshalb er so lange ein «politisch nicht denkender, ein apolitischer Mensch» gewesen sei. Zudem komme das «Nicht-Wissen oder Nicht-wissen-Wollen über die Judenfrage» entschieden zu kurz. Tief traf ihn diese Kritik und der Rat, sich in die jüngere Generation mit ihren Fragen besser hineinzuversetzen, wie er gestand.[50]

Auf die Kritik der Fischerhuder Freunde von einst allerdings, die er sich mit seinen Erinnerungen einhandelte, ging er von sich aus nicht ein. Sie fiel schärfer aus als der Kommentar der eigenen Tochter. Gegen seine Darstellung von der «unpolitischen Jugend» wandte die Tochter von Olga Bontjes, Mietje, in einem Brief[51] ein: Allein schon durch die Situation sei man damals gezwungen gewesen, politisch zu sein. Ausdrücklich bezog sie Helmut Schmidt in dieses Urteil mit ein. Nicht «ganz frei» seien ihre Unterhaltungen in Fischerhude gewesen, anders als Schmidt es schildere, und es seien auch nicht nur nebenbei ein paar böse Bemerkungen über die Nazis gefallen. Nein, so harmlos ging es nicht zu. Politisch debattierten sie, rief sie in Erinnerung, auch mit ihm hatten sie Streit. Die Politik habe «jeden» in Bann gezogen – und die Luft zum Atmen genommen. «Nein, Fischerhude war nicht die quasi ‹Insel der Seligen›! Das konnte es nicht sein! Auch für junge und nach Deiner Beschreibung ‹unpolitische Menschen› nicht.»[52]

Es war eine Selbstsuggestion, der er erlag. Er wünschte es sich so, er machte sich kein realistisches Bild von ihrer kleinen Welt, das war der Kern ihres Vorwurfs.

III. Wofür?

Aus ganz praktischen Gründen verzichtete er auf die Flausen. Der Kriegsheimkehrer entschied sich nicht für Architektur oder Städtebau, er studierte Ökonomie. Etwas Handfestes wollte er lernen, und das im Geschwindschritt. Er war verheiratet, die kleine Familie musste von etwas leben. Vorgezeichnet war aber auch sein Weg in die Politik anfangs keineswegs, obwohl ihn früh etwas daran verlockte. Die Welt um sich herum hatte er nicht so recht wahrgenommen. Er hatte die Augen einfach nicht offen gehalten, so jedenfalls seine Version, seine Wahrheit; und er gehörte nicht zu den Privilegierten, die dank ihrer Herkunft früh darüber Bescheid wussten, was die Deutschen unter Hitler angerichtet hatten. Dringend musste er künftig einen Weg finden, sich nicht mehr überfahren zu lassen und sein eigener Herr zu werden. Dabei konnte das geplante Studium, Volkswirtschaft, nur helfen, und einen Broterwerb versprach er sich auch davon, das wohl vor allem.

Gleichwohl aber hieß die Konsequenz, die Schmidt aus den vergangenen acht Jahren zog, nicht etwa: ohne mich! Viele hielten es in den Nachkriegsjahren so, weit bis in die 50er Jahre hinein, das begriff er rasch, heraushalten wollten sie sich aus allen öffentlichen Angelegenheiten, sie waren gebrannte Kinder. Bei ihm verhielt sich das anders, er suchte geradezu die politische Arena. Daher rührte auch sein früher Entschluss, im SDS mitzumachen. Der Studentenbund galt seinerzeit noch als überaus konstruktiv, keineswegs links oder linksradikal, aber die Verhältnisse waren auch anders. Gestritten wurde vor allem darum, ob man sich grundsätzlich entschied, der Politik fern zu bleiben – oder umgekehrt, ob man sich hineinknien und am Wiederaufbau des Landes in irgendeiner Form beteiligen sollte. Helmut Schmidt entschloss sich zum Mitmachen, irgendwie, genug Zeit hatte er verloren.

Zudem klang damals vieles ohnehin radikal, jedenfalls für unsere Ohren heute. Selbst ein breiter Flügel der neugegründeten CDU verlangte die Sozialisierung der Produktionsmittel, die Großindustrie hatte sich im Nationalsozialismus kompromittiert, und die Sozialdemokraten waren stolz darauf, sich als Partei nicht angepasst zu haben im Dritten Reich. Viele aus ihren Reihen hatten das mit dem Leben bezahlt, manche kehrten aus dem Exil zurück wie Willy Brandt, Ernst Reuter oder Erich Ollenhauer, bald setzten sie sich vor allem gegen die Vereinnahmungsversuche der Kommunisten zur Wehr. Alle suchten Boden unter die Füße zu bekommen. Pragmatismus herrschte vor, es ging um Brot für den nächsten Tag, ums schlichte Überleben.

Noch hatten sich die Machtzentren in der Republik, von den Alliierten besetzt, nicht herauskristallisiert. Wer die neuen Eliten bilden würde, blieb unklar. 1946 zunächst wurden diejenigen herzlich willkommen geheißen, die als Antifaschisten und in Opposition gegen Hitler den Staatsdienst verlassen hatten. So wollten es die Alliierten; die alten Stützen des Hitler-Staates sollten nicht mehr in ihre Ämter zurückkehren dürfen. Erst mit dem Adenauer-Erlass von 1950 änderte sich das, der Wind schlug um mit dem beginnenden Kalten Krieg, die Nazi-Gegner wurden verdrängt, und die breite Mehrheit derjenigen durfte zurückkehren in die staatlichen Ämter, die Hitler gedient hatten, aber als nicht sonderlich belastet galten. Helmut Schmidt beschäftigte das alles nicht, für ihn stand neben dem Studium und der Berufswahl eine ganz andere Frage im Zentrum: Sollte er sein «unpolitisches» Elternhaus, in dem die Kinder nicht Zeitung lesen durften, austauschen mit dem SDS, sich also kopfüber hineinzustürzen in öffentliche Angelegenheiten? Das hieße für ihn, einen gewaltigen Schritt zu wagen. Er setzte auf Risiko – und fühlte sich rasch zu Hause bei den neuen «politischen»

Freunden, nicht zuletzt, weil ihn der SDS an das Gemeinschaftserlebnis in den Soldatenjahren erinnerte, aber auch, weil der Freundeskreis sich sicher war, sich für etwas Vernünftiges zu engagieren. Zunächst ging es darum, den Wiederaufbau zu organisieren, verbindliche Maßstäbe anzulegen, der eigenen Kommune zu helfen und sein Schicksal selbst in die Hand zu nehmen, um darüber nicht noch einmal verfügen zu lassen. Den Lehrjahren als Soldat folgten die Gesellenjahre, die prägten. Spuren auch dieser Etappe sollte man zeitlebens bei Helmut Schmidt ablesen können, vielen Freunden der ersten Stunde blieb er unverbrüchlich treu.

Karl Schiller Zu seinen ersten, herausragenden Lehrern gehörte Karl Schiller, ein gebürtiger Breslauer, dynamisch-moderner Nationalökonom, sieben Jahre älter als der Student Helmut Schmidt. Wie sich später herausstellte, gehörte er der NSDAP an, aber seinen jungen Studenten hätte das nicht abgehalten von der Bewunderung. Schmidt sehnte sich nach Neuanfang, nicht nach Abrechnung. Der eloquente Schiller, von amerikanischen Wirtschaftslehrern beeinflusst, verkörperte in seiner Mischung aus streng rationalem Intellekt, Eleganz und Sachkompetenz für ihn geradezu das Idealbild des zeitgemäßen Professors.

Sehr schnell erkannte wiederum Karl Schiller Intelligenz und Talent seines Schülers, der ihn verehrte, ungeduldig absolvierte Schmidt sein Studium, verfasste eilig seine Diplomarbeit (ein Vergleich der Währungsreformen in Japan und der Bundesrepublik), als wolle er diese Lernzeit möglichst rasch hinter sich bringen.

Angedockt hatte er sich zwar an die Sozialdemokraten, gemäß dem Rat seines Lehrers im Gefangenenlager, aber endgültig hatte er noch nicht gefunden, wonach er suchte. Fest stand für ihn, dass er sich nie wieder weglocken lassen werde vom vernünftigen, richtigen Weg, genauer: von dem, den er selbst als vernünftig und richtig erachtet. Wie genau der aber aussehen würde? Blind gläubig würde er nie mehr sein wollen, pragmatisch wollte er urteilen, sich offen halten, in die Welt schauen, Optionen und Alternativen abwägen. Nur gewisse Maßstäbe, das stand für ihn fest, müssten gelten dabei: Solidarität und Gerechtigkeit standen ganz oben auf seiner Skala. Auf merkwürdige Weise sollten das auch Eckpfeiler für ihn bleiben, selbst wenn man es später kaum glauben mochte, als er so selbstverständlich mit den Wirtschaftsmagnaten, Industriebossen, Bankchefs oder den Staatenlenkern der wichtigsten Industrienationen zusammensaß. Sozialdemokraten befanden sich äußerst selten darunter. Dennoch, seine Wurzeln im Nachkriegs-Hamburg und das Schicksal der kleinen Leute vergaß er nicht.

Bereits im Sommersemester 1949 legte Helmut Schmidt sein Examen ab, mit Bestnote. An eine Promotion wollte er nicht denken, obgleich seine Lehrer, Schiller voran, ihm das ans Herz legten. Schmidt fand, er habe beim Militär seine besten Jahre verloren, inzwischen fühlte er sich regelrecht betrogen darum, seit ihm klar wurde, was in deutschem Namen geschehen war und wozu die jungen Soldaten missbraucht worden waren. Es drängte ihn in einen Beruf und vor allem, er wollte seine Familie ernähren können, es sollte nicht alles an «Loki» hängen bleiben. Obendrein: Deutschland lag in Trümmern, wer anpacken wollte, dem stand die Welt offen. Anpacken wollte er.

Ohne lange zu fackeln, nahm er die Stelle an, die ihm in der Wirtschafts- und Verkehrsabteilung der Hansestadt – einen Innensenat gab es seinerzeit nicht – angeboten wurde. 31 Jahre war Helmut Schmidt jetzt alt. Die Pointe: Sein Lehrer, Professor Karl Schiller, gleichfalls ein Sozialdemokrat, war im Oktober 1948 zum Wirtschaftssenator berufen worden, er engagierte den selbstbewussten Leutnant a. D. und Diplomvolkswirt vom Fleck weg als persönlichen Referenten. Etwas zog sie zueinander oder fesselte sie gar am jeweils anderen. Beiden kam ihre eigene Partei auf ökonomischem Gebiet recht ahnungslos vor, mindestens antiquiert in ihren Auffassungen. Ganz abgesehen davon, dass beide sehr rasch – wie Hartmut Soell ironisch notierte – «die innere Überzeugung von der wachsenden eigenen Unentbehrlichkeit in der Partei wie in der Politik überhaupt» teilten.[1] Unterschätzen darf man diesen Aspekt bei ihrem Aufstieg nicht, sie fühlten sich selber als «Leitwölfe», um es im Jargon von heute zu sagen.

Vorprogrammiert war damit aber auch ein ungewöhnlicher Konkurrenzkampf zwischen Lehrer und Schüler, die altersmäßig nicht viel voneinander trennte. Ihr freundschaftlich-streitbares Verhältnis setzte sich lange fort: Im ersten Kabinett Brandt, seit 1969, sollten es Schiller und Schmidt sein, die sich regelrecht aneinander maßen, die sich zuarbeiteten, aber auch überwarfen und die endlich verbissene Kleinkriege miteinander führten. Nicht nur ihre ausgeprägten Egos spielten dabei hinein, beide, Lehrer und Schüler, waren gewiss auch früh beseelt und getrieben von der Überzeugung, selber jeweils «Kanzler-tauglich» zu sein. Was Adenauer kann, könnten wir auch! Das Land braucht moderne Sozialdemokraten! Um weniger ging es diesem Hamburger Duo nicht. Aus der Luft gegriffen war das ja auch keineswegs, schon in der ersten Großen Koalition (1966 bis 1969) wurde Karl Schiller als Wirtschaftsminister tatsächlich über Nacht populär, er verkörperte als erster derart ausgeprägt eine andere, neue SPD, nicht mehr bieder und hausbacken und dankbar für Anerkennung, sondern weltgewandt und sehr selbstbewusst; die «Schiller-Wähler» wurden für die Sozialdemokraten wichtig genug, um sich Chancen gegen die allmächtigen Christdemokraten erhoffen zu können, zeitweise schien es daher keineswegs ausgeschlossen zu sein, nicht Brandt, sondern der junge Wirtschaftsprofessor werde als Kanzlerkandidat nominiert. Dagegen stand Herbert Wehner, dem Schiller mit seinem professoralen Auftreten fremd blieb, dagegen stand aber auch Brandts eiserner Machtwille; und im Zweifel, darf man vermuten, hätte auch Schmidt rebelliert und den Hut in den Ring geworfen, bevor sein Lehrer an die Spitze gelangt ...

Am 23. Mai 1949 trat das Grundgesetz in Kraft, nicht das zerbombte Frankfurt/Main, sondern die unversehrte Beamten- und Universitätsstadt Bonn setzte sich als Hauptstadt durch. Am 7. September 1949 trat der Bundestag in der ehemaligen Pädagogischen Hochschule unmittelbar am Rheinufer zu seiner ersten Sitzung zusammen. Nachkriegsdeutschland bekam damit eine neue Ordnung, zumindest ein provisorisches Zentrum, wie man seinerzeit meinte, bis Berlin in einem wiedervereinigten Land wieder in seine Rechte als Hauptstadt eintreten könne. Wer politisch wahrgenommen werden wollte, musste vorläufig via Bundesrat oder Bundestag in Bonn mitreden, die geteilte Viermächtestadt Berlin mit ihrem Sondersta-

Helmut Schmidt im Jahr 1948 mit Tochter Susanne und Ehefrau Loki: Seine Soldatenjahre hält er im Rückblick für verlorene Zeit, rasch möchte er nun beruflich Fuß fassen, am liebsten als Architekt oder Städteplaner – und die kleine Familie ernähren können. Hamburg ist und bleibt Lebensmittelpunkt.

tus inmitten der Deutschen Demokratischen Republik geriet zwar nicht aus dem Blick, rückte aber zwangsläufig an den Rand des Geschehens als ein eigener, ferner, bedrohter und sorgsam bewachter Planet. Wechselseitig hielten sich hier die vier Besatzungsmächte in Schach, bald standen sich der sowjetisch besetzte Ostsektor und der Westsektor mit Amerikanern, Briten und Franzosen mehr oder minder feindlich gegenüber. Vom geteilten Berlin aus sollte Willy Brandt sich seit 1957 als Kontrastfigur zum Kanzler in Bonn, Konrad Adenauer, profilieren. Für ihn bildete der Standort Berlin, nicht der Bundestag, dem er seit 1949 angehörte, das Sprungbrett. Das half Brandt ungemein. Einen solchen Heimbonus brachten die Hamburger Schiller und Schmidt nicht mit.

Allerdings schwankte Karl Schiller, wie weit er ihn fördern und wie stark er bremsen solle. Jedenfalls verwehrte er seinem Zögling Helmut Schmidt den Wunsch, in den Vorstand der Hamburger Hafen- und Lagerhaus-AG aufzurücken, als sich unversehens die Gelegenheit bot. Eine große Chance für den jungen Mann wäre das gewesen, bloß ein Politiker wäre dann wohl kaum aus ihm geworden.

Zu dritt, mit «Loki» und Tochter Susanne, wohnten sie zur Miete, das Gehalt war spartanisch. Wiederaufbauarbeit war zu leisten, der junge Fachreferent stürzte sich hinein. Wohin er auch kam, es ging schnell voran, das sollte ein Grundmuster bei ihm bleiben. Nach nur drei Jahren leitete er bereits das Verkehrsamt. Weil er sich auch nicht minder leidenschaftlich hineingekniet hatte in die Parteiarbeit, erreichten ihn bald von politischer Seite erste verlockende Angebote. Die Legislaturperiode war noch nicht beendet, da wurde er schon gefragt, ob er sich auch Bonn als eine Alternative für sich vorstellen könne. Denn mit seiner Regsamkeit, seinem Ehrgeiz und Talent fiel er auf. Bewerben musste er sich nicht, die Wahlkreise wetteiferten regelrecht um ihn. Kein Wunder, dass Hamburg rasch zu klein für ihn wurde, das Verkehrsamt forderte ihn nur noch begrenzt, sein Tatendrang war enorm. Rasch freundete er sich mit dem Gedanken an einen Orts- und Seitenwechsel an. Nur den Vorbehalt machte er: Wenn er sich entschließen würde, in die Politik einzusteigen, dann keineswegs für immer. Als hätte er Sorge, seine Freiheit einzubüßen.

Als alter Herr gewöhnte Schmidt sich dann an, auf Fragen nach seinem Einstieg in die Politik über die kleinen Unsicherheiten und Zweifel großzügig hinauszublicken. Für ihn wie für viele seiner Generation sei es selbstverständlich gewesen, liebte er dann zu antworten, sich der *res publica* zur Verfügung zu stellen.

1953 Er kandidierte. Der Zeitgeist sah noch lange keinen Machtwechsel vor, Wiederaufbau und Sicherheit standen im Vordergrund, die Bundesrepublik hatte sich noch gar nicht gefunden, am Status quo wollte die Mehrheit nicht rütteln: Mit 45,2 Prozent ging die CDU Konrad Adenauers am 13. September 1953 als klarer Sieger aus den Bundestagswahlen hervor, abgeschlagen landeten die Sozialdemokraten bei 28,8 Prozent. Nicht zu denken daran, dass Schmidt unter solchen Umständen ein Direktmandat hätte erobern können. Aber er schaffte es immerhin gerade, über die Hamburger Landesliste ins den Bundestag zu rutschen.

Wieder stürzte er sich in die Arbeit, wie er das liebte, Schmidt war und blieb ein *workaholic*. Die Sujets änderten sich, zur Verkehrspolitik kamen Sicherheitsfragen hinzu. Im Parlament blühte

Schmidt auf. Auftritte im Plenarsaal der ehemaligen Pädagogischen Hochschule in Bonn, das war offensichtlich sein Format, der Bundestag sein Forum.

Mit einer Stimme Mehrheit – einschließlich seiner eigenen – wurde am 15. September 1949 der Mitbegründer der CDU, Konrad Adenauer, zum Kanzler gewählt. Er galt als respektierte Figur, die aus der Weimarer Republik hineinragte in den neugegründeten Staat im Westen Deutschlands. Zum Widerstand gegen Hitler zählte er nicht, aber nachgerühmt wurde ihm, aufrecht und unangepasst gewesen zu sein, die Nationalsozialisten hatten den rheinischen Katholiken seines Amtes als Oberbürgermeister enthoben und mehrmals inhaftiert. Eine unerwartet dauerhafte Kanzlerschaft sollte daraus werden, bis 1963 blieb er im Amt, bevor er seinem ungeliebten Wirtschaftsminister Ludwig Erhard Platz machen musste.

Traumwandlerisch sicher dominierte Adenauer die Politik der frühen Bundesrepublik, als hätte er ein Monopol auf das Amt. Viel Geduld verlangte es von jungen Oppositionspolitikern, die Christdemokraten galten nicht zuletzt dank des Kanzlers bald als «natürliche» Staatspartei, und die Sozialdemokraten mochten sich noch so leidenschaftlich von Ostberlin und den Kommunisten distanzieren, sie wurden doch in einen Topf geworfen mit ihren größten politischen Gegnern von der Sozialistischen Einheitspartei. Auch diese Klaviatur, die Gegner und die Widersacher zu diffamieren, beherrschte Adenauer perfekt. Keine rosigen Aussichten verhieß diese Konstellation für ambitionierte junge Abgeordnete wie Helmut Schmidt.

Finanziell, das sollte sich bald zeigen in Bonn, stellte sich der frischgebackene MdB schlechter als zuvor im Senat bei Karl Schiller. Mitarbeiter von Abgeordneten wurden nicht öffentlich finanziert. Zudem musste er Loki mit ihrem knappen Lehrerinnengehalt über Wasser halten, schließlich zog sie eine kleine Tochter groß, die zwei Jahre nach dem Krieg das Licht der Welt erblickt hatte. Kurt Schuhmacher war noch in der ersten Legislaturperiode gestorben. Sein Nachfolger, Erich Ollenhauer, war keine Heldenfigur wie Reuter.

Der Politikneuling Schmidt litt, es fehlte ihm etwas, er brauchte Menschen, nach denen er sich ausrichten konnte, die Orientierung boten, die also das «Wofür» verkörperten. Nicht nur für ihn entpuppte sich die kleine Beamtenstadt Bonn als stickiges «Treibhaus», wie Wolfgang Koeppen es formulierte. Unter diesem Titel hatte er in seinem schmalen, genialen Roman die Aufbruchsjahre der provisorischen Hauptstadt unter Adenauer nach dem Krieg skizziert. Penetrant katholisch wirkte die Stadt auf ihn, die Christdemokraten Adenauers konnten das «C» im Parteilogo gar nicht genug betonen, düster und drückend lagen die Schatten der Vergangenheit noch über Politik und Parlament. Heimliche Kontinuitätslinien zeichneten sich ab, unter der Oberfläche und hinter dem geballten Neuanfangspathos. Wenn einer der Behauptung von der «Stunde Null» der Bundesrepublik, 1949, überzeugend widersprach, dann war es Koeppen. Noch galten die Sozialdemokraten nicht als überzeugende Alternative zu dieser engobrigkeitsstaatlichen Welt. Helmut Schmidts Partei mit ihrer kompromisslosen Opposition gegen Westbindung und Marktwirtschaft, mit ihren nationalistischen Untertönen, als Fürsprecherin des Proletariats, der Industriearbeiterschaft und der Zukurzgekommenen bewegte sich eher ins Abseits.

Und kamen die Umstände in den Aufbruchsjahren nicht zudem Adenauer zugute? 1949 war er gerade mit einer Stimme – mit seiner Stimme, wie es gleich hieß – zum Kanzler gewählt worden, seit 1953 hingegen scharte er eine solide Mehrheit aus CDU/CSU, FDP und GB/BHE (Gesamtdeutscher Block/Bund der Heimatvertriebenen und Entrechteten) hinter sich. Psychologisch wendete sich das Blatt erst recht zu seinen Gunsten, seit am 17. Juni ein Aufstand von Arbeitern in Ostberlin und zahlreichen anderen Städten brutal niedergeworfen worden war. Moskau betrachtete Ostberlin als sein westlichstes Vorfeld, keine Spur von Rebellionsgeist durfte geduldet werden, ein für allemal wollte die Besatzungsmacht daher ein Exempel statuieren als Warnung für sämtliche Satelliten. Die Wähler trieb es in Adenauers Arme, als hätte Moskau es genau so gewollt.

Heimisch fühlte Helmut Schmidt sich in diesem katholischen, kleinen, seltsam intakten Adenauer-Bonn daher nicht. Anpacken, mitreden, das wollte er schon, neugierig war er, vier Lernjahre konnten nicht schaden, aber dann würde man weiter sehen. Seine jugendliche Unsicherheit hatte er abgeschüttelt, die Äquidistanz zwischen Kommunismus Moskauer Provenienz und amerikanischem Kapitalismus, für die er anfangs plädiert hatte, erschien ihm plötzlich selber bedenklich. Aber er suchte noch seinen wirklichen Standort. Nach eigenem Eingeständnis fühlte er sich desorientiert. Worauf sollte er sich konzentrieren, was sollte er zu seiner Sache machen? Immerhin brachte er aus Hamburg ein paar Grundkenntnisse mit in ökonomischen und verkehrspolitischen Fragen. Welches Glück nur, dass ihn zunächst einmal Ältere unter die Fittiche nahmen – wieder einmal. Schmidt war ein Gruppenmensch und ein Freundschaftsfreund. Der Ruderverein bei der HJ, die Kameradenstube, das Gefangenenlager, in solchen Kreisen fühlte er sich wohl, ein Einzelgänger war er nicht, kein einsamer Jäger. Regelmäßig am Dienstagabend nach den Fraktionssitzungen durfte er teilnehmen an gemeinsamen Abendessen von Fraktionskollegen im Schaumburger Hof in Bad Godesberg. Das Ambiente großbürgerlich, idyllisch der Blick über den Rhein auf den Petersberg und das Siebengebirge. Der konservative Teil der Sozialdemokraten im Parlament – er würde sagen: der bodenständige – organisierte die Treffen. Die meisten brachten Wirtschaftserfahrung mit. Als Freundeskreis verstanden sie sich, nicht etwa als Fraktion in der Fraktion. Erwin Schoettle, ursprünglich Buchdrucker, galt als Senior dieser Versammlung, im Parlament saß er dem renommierten Haushaltsausschuss vor. Dazu zählten auch Walter Seuffert, finanz- und steuerpolitischer Sprecher seiner Fraktion, auslandserfahren, penibel – auch er ein guter Lehrmeister, einige Frauen, darunter Käte Strobel und Lucie Beyer, schließlich Heinrich Deist, Wirtschaftsprüfer und Stahltreuhänder. Bei ihm kombinierte sich – anders als bei Karl Schiller – theoretisches ökonomisches Wissen mit breiter praktischer Erfahrung.[2] Die Montanmitbestimmung ging unter anderem auf seine Initiative zurück. Zuletzt, vor 1933, hatte er unter Carl Severing im preußischen Innenministerium gearbeitet.

An ihn lehnte Schmidt sich besonders an. Sympathisch fand er ihn, und politisch – was noch mehr zählte – widersetzte er sich der «Sozialisierungsromantik», das heißt, er zählte zu denen, die sich mit der Grundorientierung der Schumacher-SPD nicht abfinden wollten. Mit Deists Hilfe schüttelten die Sozialdemokraten allmählich die traditionalistische Ideologie aus ihren Kleidern. Auch das Godesberger Programm von 1959, nicht nur aus Schmidts Sicht eine klare «Wende zum Realismus», beeinflusste Deist entscheidend. Hier, unter Freunden, konnte man unbefangen durchkneten, was Stunden zuvor schon in der Fraktionssitzung behandelt worden war, und in diesem Kreis konnte jeder, der wollte, schon einmal seine Argumente schärfen und testen für mögliche Redebeiträge im Plenum.

Beiläufig erwähnte Schmidt, wie in diesem Kreis nachgedacht wurde über eine unabhängige Zentralbank oder, wie ein Bundesbankgesetz aussehen könne, das Währung und Stabilität sichert. Das heißt: die Bank sollte an Weisungen der Regierung nicht gebunden sein, aber doch verpflichtet, die allgemeine Wirtschaftspolitik zu unterstützen. Keiner habe sich damals den Machtzuwachs vorgestellt, den die Bundesbank später erleben sollte, erinnerte Schmidt sich, vor allem nachdem das Europäische Währungssystem 1993 suspendiert wurde.[3] Der Zorn hätte ihn fast übermannt beim Niederschreiben dieser Erinnerungen, es war schließlich seine Herzenssache, um die es ging.

Einen seiner größten Konflikte programmierte er damit vor, den Streit mit der Bundesbank über die Idee einer gemeinsamen europäischen Währung. Dass daraus unter Helmut Kohls Regie am Ende der Euro hervorging, sollte er als einen seiner größten Erfolge auf dem Weg zum gemeinsamen Europa betrachten. Helmut Schmidt glaubte auch nicht an die Euro-Krise, von der seit 2009 die Rede war, aus seiner Sicht handelte es sich um eine Krise der Europäer, die ihr Ziel aus dem Auge verloren hatten.

Erfahrungen sammelte der junge Politiker Schmidt an solchen Abenden im Freundeskreis am Rhein auf allen möglichen Feldern, er bildete sich zum Generalisten aus, ohne danach suchen zu müssen. Hier liegt auch der Grund, weshalb er später kaum jemals unvorbereitet wirkte in den vielfältigen Kontroversen seiner Partei. Nicht nur ein leidenschaftlicher Debattierer war er, wie sich zeigen sollte, die Rundumausbildung konnte besser kaum sein. Und Schmidt war nicht nur schnell mit der Zunge, er liebte klare Begriffe, legte Wert auf gründliche Sachkenntnisse und scheute sich nicht vor definitiven Festlegungen, im Gegenteil, Politiker müssen sich irgendwann immer entscheiden. Zu den Essen im Schaumburger Hof, die er derart schätzte, stieß auch jemand hinzu, der über Nacht für ihn bereits zur neuen, «lange vermissten Leitfigur» im Bonner Politikbetrieb avanciert war, Fritz Erler.[4] Solche Erfahrungen machten Bonn für ihn ein wenig erträglicher. Politik ließ ihn jetzt schon nicht mehr los.

Nur aus der Hamburger Ferne hatte Helmut Schmidt Kurt Schumacher beobachtet, diesen ersten eindrucksvollen Gegenspieler des Kanzlers, der als Vorsitzender der SPD und Fraktionschef im Parlament seit 1949 überaus streng Regie führte in der Opposition. Im Krieg hatte er einen Arm verloren, überlebte das KZ, als preußischer Sozialist setzte er eine Art Kontrapunkt zum alten Indianer aus Rhöndorf. Als markanter, scharfer Debattierer galt er, ein entschiedener Gegner der SED, unter seiner Ägide präsentierte sich die SPD als aufrechte Traditions- und Klassenpartei, die die Wiedervereinigung zum obersten Ziel erklärte. Die Sozialdemokraten unter Schumacher zeigten sich von ihrer strikt nationalen Seite, wie Schmidt urteilte. Politisch blieb er ihm fremd. Fast so fremd wie Konrad Adenauer selber. Er verbarg das auch keineswegs.

Als Schumacher 1952 starb, folgte Erich Ollenhauer ihm nach. Auch er gehörte zur Emigrantengeneration, über Prag und Paris hatte ihn der Fluchtweg quer durch Europa geführt, bis er schließlich in Lissabon und London gestrandet war. Ihre Glaubwürdigkeit bezog diese Generation aus ihren Lebensläufen, nichts lag den Politikern der ersten Stunde ferner, als sich selber in Szene zu setzen oder «taktische» Rücksichten zu nehmen, um sich wählbar zu machen. Im Stil trat Ollenhauer verbindlicher auf als Schumacher, aber auch er präsentierte sich nicht als Modernisierer, das kapitalistische Amerika blieb ihm fremd. Wie sollte es auch anders sein? In die SPD war er eingetreten im selben Jahr, in dem Schmidt geboren wurde, 1918.

Mit dem sozialdemokratischen Vormann, Erich Ollenhauer, haderte Schmidt naturgemäß. Anders als der biedere Ollenhauer zählte er früh zu den Erneuerern, die sich eine andere SPD wünschten. Aber noch war Schmidts Stunde – oder die seiner Generation – nicht gekommen. Die Modernisierer bildeten klar die Minderheit, und Fraktionierungen innerhalb der eigenen Reihen wurden nicht geduldet. Hierarchisch und streng ging es zu in der SPD. Alphabetisch geordnet, musste der junge sozialdemokratische Abgeordnete mit dem «S» weit hinten Platz nehmen. Sehr weit vorne saß Willy Brandt, dank des Buchstaben «B», der Berliner Parteifreund. Beide hatten sich etwas vorgenommen, beide waren ehrgeizig. Noch nahmen sie kaum Notiz voneinander.

Vom ersten Tag an, seit 1949, gehörte Herbert Wehner als sozialdemokratischer Abgeordneter dem Bundestag an. Aufgestellt hatte ihn der Wahlkreis Hamburg VII, später Hamburg-Harburg. Lange brauchte es nicht, bis der ehemalige Kommunist aus Sachsen, der abenteuerliche Jahre im Exil hinter sich hatte, im Moskauer «Hotel Lux» lebte, nach Schweden flüchtete und sich zum Sozialdemokraten läuterte, als graue Eminenz der SPD, ja als ihr wirklich starker Mann galt. Gerade sein verwegener Lebenslauf und seine offene Umkehr nach den kommunistischen Lehrjahren verliehen ihm Glaubwürdigkeit. Zum strategischen Machtpolitiker, auch zum «Königsmacher» in seiner Partei brachte er alles mit. Aber man kann nicht sagen, er habe seinen jungen Hamburger Kollegen Helmut Schmidt früh unter seine Fittiche genommen. Wehner wartete ab, auf wen er setzen und wen er unterstützen oder nach oben boxen solle.

Als Geläuterter wurde er in den 50er und 60er Jahren auffällig weniger diffamiert als Willy Brandt, und wenn, dann als ehemaliger Kommunist, nicht etwa als «vaterlandsloser Geselle». Der Exilant Brandt, der gleichfalls als Berliner Abgeordneter in den ersten Bundestag einzog, hatte eben die norwegische Staatsbürgerschaft angenommen und Hitler von außen bekämpft. Aus Sicht der Mehrheit fehlte ihm damit alles, um Deutschland zu verstehen.

Gute Gründe hat der Historiker Hans-Peter Schwarz, seinen Anmerkungen zum ersten Kanzler der Republik lakonisch den Satz voranzustellen: «Am Anfang war Adenauer». Dessen dominierende Figur ließ anderen wenig Raum in der Hauptstadt mit ihrer überschaubaren Größe, in der sich die Bundesrepublik von einer ganz anderen Seite zeigen wollte als das Deutsche Reich in Berlin. Nicht die Exilanten oder die Jungen, der Patriarch beherrschte die Bonner Republik, und ob die Sozialdemokraten – ihre Lebensläufe hin oder her – je eine machtpolitische Chance erobern und gar die Regierung stellen würden, galt die ganzen 50er Jahre hindurch als höchst unwahrscheinlich.

Den Sozialdemokraten war klar gemacht worden, dass sie für ihre Opfer – Verfolgung, Verbot, Exil – während der Hitler-Jahre keinen Kredit erhielten, die Christdemokraten präsentierten sich als neue Partei und leugneten jede Art Kontinuität. Gerade deshalb wohl konnten sie die Ära der «Entnazifizierung» rasch beenden, frappierend früh wurden im Parlament die ersten Stimmen laut, die mit erstaunlich gutem Gewissen für einen Schlussstrich plädierten, und die Regierung justierte sich ideologisch ein vor allem gegen den neuen Gegner, die Einheitspartei in Ostberlin.

Die Sozialdemokraten, mochten sie sich noch so scharf abgrenzen von der SED, gerieten damit stärker als bereits 1949 in die Defensive – insinuiert wurde, Sozialdemokraten West und Sozialisten Ost seien Gesinnungsverwandte. Nannten sie sich nicht da wie dort untereinander «Genossen»? Es half nichts, dass die Parteien in Bonn die «DDR» alle gleichermaßen in Anführungszeichen setzten, als Zeichen, dass der Staat – ein Satrape Moskaus, wie es hieß – nicht anerkannt werde. Die neue ideologische Demarkationslinie trennte nicht nur West- und Ostdeutschland, dieser Konflikt überlagerte rasch alle anderen und imprägnierte auch die Politik innerhalb der Bundesrepublik. Schon 1949 hatte Konrad Adenauer angedeutet, deutsche Soldaten könnten durchaus im Rahmen amerikanischer Einheiten Front machen gegen die Bedrohung aus dem Osten. Intensiv war Helmut Schmidt beteiligt an dieser großen Suchphase, in der die Republik sehr grundsätzlich debattierte und um Selbstverständigung rang; zwar weit hinten im Plenarsaal, aber ausgestattet mit beträchtlichem Selbstbewusstsein, auffälligem Rednertalent und der Fähigkeit, sich rasch vertraut zu machen auch mit komplizierten Materien, was er dann wieder locker verstehbar machen konnte für seine Zuhörer. Er bekannte sich zu seinem Leben, das war nicht unerheblich für seinen weiteren Aufstieg, wie sich zeigen sollte. Dieser Helmut Schmidt wollte unbedingt wissen, ob nicht auch er mit dieser Vita ein Anrecht darauf habe, mitzusprechen in der Republik. Für diesen Anspruch, für diese Generation wollte er ausdrücklich stehen. Schmidt wollte auf Augenhöhe respektiert werden. Er, seine Generation, habe nicht pauschal versagt, wollte er demonstrieren. Blind war er, aber er war nicht schuldig geworden, auch wenn er sich verantwortlich fühlte. Er wollte sich einmischen aus eigenem Recht. Er hatte nichts zu vertuschen. In sein Leben wollte er Ordnung bringen, auch in das, das hinter ihm lag.

Als er sich 1953 kopfüber für seinen Hamburger Wahlkreis 18 in die neue Arbeit in Bonn stürzte, war das eine Entscheidung fürs Leben, er wusste es nur noch nicht. So viel Anfang war selten, die Republik in den Aufbaujahren, die Lehren ziehen wollte aus der Vergangenheit, aber auch nicht nur zurückblicken, sie brauchte Temperamente wie ihn. Bei allem Sinn für Soziales, er war schließlich Sozialdemokrat. Vor allem pries er Realismus, das war schon beim ersten Parteitag so, den er besuchte, 1952. Realismus-Prediger Schmidt: Die Sozialdemokraten müssten lernen, darauf zu achten, dass ihre sozialen und ökonomischen Versprechungen auch finanzierbar blieben. Diese Leitmelodie hörte man damals bereits heraus, es sollte eine der langen Linien bleiben, von denen er nie mehr abwich.

Als Folge des Korea-Krieges veränderte sich die Lage für die Bundesrepublik, die sich anschickte, ihre zerstörten Städte wieder aufzubauen samt der Industrie, den Staatsapparat neu zu organisieren, und die sich herantastete an ihre neue Rolle: Unverhohlen drängten die USA, der vormalige Kriegsgegner, die Deutschen sollten doch möglichst rasch wieder Streitkräfte aufbauen, die in den Westen integriert werden müssten, an vorderster Front gegen das Sowjetimperium. Rasch ließ Konrad Adenauer sich darauf ein, er wollte eine allgemeine Wehrpflicht im Grundgesetz vorsehen, die SPD protestierte vehement und grundsätzlich, weil von deutschem Boden «nie wieder» Krieg ausgehen dürfe. Helmut Schmidt, als ehemaliger Soldat, bezog entschieden Gegenposition im frühesten denkbaren

Schmidt im Bundestag 1958: Er plädiert nicht gegen die Wiederbewaffnung, aber leidenschaftlich wehrt er sich gegen das Ansinnen von Franz Josef Strauß und Konrad Adenauer, die Bundesrepublik auch mit Atomwaffen auszustatten. Eine Lehre aus der Geschichte müsse sein, dass die Republik sich Zurückhaltung auferlege. Durch alle Irrungen und Wirrungen hindurch sollte das sein Credo bleiben.

Moment: Auch seine Partei müsse zur prinzipiellen Verteidigungsbereitschaft beitragen und den Aufbau einer neuen Bundeswehr unterstützen, die aber solle strikt als Parlamentsarmee angebunden werden an die Politik, genauer, sie müsse der Kontrolle der Abgeordneten unterworfen werden. Zunächst sah es so aus, als zähle der junge, kesse Parlamentarier in diesem Wiederbewaffnungsdisput hoffnungslos zur Minorität und als verbaue er sich damit selbst alle weiteren Karrierewege. Denn das Trauma, sich allzu nahtlos mit dem Militär zu verbrüdern, saß seit dem Ersten Weltkrieg tief in der SPD. Aber Helmut Schmidt hatte in Wahrheit sein großes Thema auf Dauer gefunden, sorgfältig genug wusste er zwischen einem Neo-Militarismus und Militär in der Demokratie zu unterscheiden.

Seinen Aufstieg beförderte diese Haltung sogar, auch wenn das seinerzeit nicht zu erkennen war. Im Parlament machte er sich – bald schon an der Spitze eines Unterausschusses für Materialbeschaffung – rasch einen Namen als sachkundiger Widerpart Theodor Blanks, der zunächst das «Amt Blank» und seit 1955 dann das Verteidigungsministerium leitete, das daraus hervorging. Schmidt wurde es zugeschrieben, dass Blank schon ein Jahr darauf seinen Sessel räumte, allerdings für den ungestümen Christlichsozialen Franz Josef Strauß, den Schmidt respektierte, den er aber auch als die erste große politische Herausforderung für sich betrachtete.

Erler Nicht Willy Brandt, sondern Fritz Erler mit seiner brillierenden Nüchternheit, Sachkenntnis und Eloquenz galt seine uneingeschränkte Bewunderung. Für eine Leuchtfigur hielt er ihn wie nur wenige sonst. In sehr jungen Jahren, 1933, hatte Erler sich aufgelehnt gegen die eigene Partei, sie erschien ihm einfach zu brav und wirkungslos gegenüber der heraufbrandenden Gefahr von rechts, und sich der sozialistischen Splittergruppe *Neu Beginnen* angeschlossen. Zehn Jahre saß er unter den Nationalsozialisten im Zuchthaus. Bei einem Todesmarsch aus Dachau gegen Kriegsende war er entkommen, bis zum Kriegsende hielt er sich in Süddeutschland versteckt. In der Wiederaufbauphase unter der Obhut der Besatzungsmächte wurde er Landrat in Biberach und Tuttlingen, bevor er 1949 als Abgeordneter in den Bundestag gewählt wurde. Man hätte meinen sollen, sein Lebenslauf würde ihm hoch angerechnet. Aber Erler trafen die gleichen Vorbehalte wie Brandt, mit ihrer Vergangenheit hatten sie sich verdächtig gemacht, weil sie nicht zur «Volksgemeinschaft» gehörten. Offen wagten das zwar wenige auszusprechen, aber so wurde getuschelt. Weit war die Bundesrepublik noch nicht.

Genau den richtigen Ton fand Erler insbesondere in Sachen Vergangenheit, was Helmut Schmidt ausnehmend beeindruckte. Wie er diesen Redner bewunderte, der kaum älter war! Ihm gefiel, dass Fritz Erler nicht ständig zurückblickte, auch wenn er sich gegen die Unverbesserlichen wehrte, die sich nur neu kostümierten, und obgleich er die Dimension des Zivilisationsbruchs in Deutschland in aller Schärfe anprangerte. Nicht im Gestern lebte er, eindeutig nicht, endlich zeigte sich die weltzugewandte, realitätsnahe SPD, die nicht ewig in ihrer Klassenkampfrhetorik schwelgte. Aus der desorientierten, demoralisierten Republik, die bei Null anfangen und ihre Reputation in der Welt neu erwerben musste, wollte dieser Erler etwas machen. Und dann bewies er auch noch leidenschaftliches Interesse an einer modernen, demokratischen Bundeswehr. Nicht «ohne mich», sondern «mit mir»! Solches Engagement generell, aber speziell auch das für den Wiederaufbau einer Armee, kam Schmidt besonders entgegen. Wie ihm selber missfielen auch Erler offenkundig die Vorbehalte in seiner Partei gegenüber den Plänen Adenauers, doch wieder eine Armee aufzubauen und sie in die Nato zu integrieren. Über den Einsatz einer Verteidigungs- und Parlamentsarmee im Ernstfall allerdings würde nicht einer alleine und einsam entscheiden können, darin stimmte er mit Erler ohnedies überein.

Fritz Erlers Mut also, gegen die Altvorderen in seiner Partei für den Beitritt zur Nato zu plädieren, die westeuropäische Integration voranzutreiben und die Römischen Verträge zu unterstützen, die Vorbereitungen zum Godesberger Programm – gerade so stellte sein jüngerer Bewunderer, Schmidt, sich einen wahren Sozialdemokraten vor. Grundsätzlicher formuliert, vernünftig und zeitgemäß müssten seine Auffassungen sein, international orientiert, ohne nationale Engstirnigkeit, nicht immer nur fromm auf die Parteilinie bedacht, aber stets frei von ideologischen Scheuklappen. Helmut Schmidt überschwänglich: «In summa besaß Erler seit der zweiten Hälfte der fünfziger Jahre bis zu seinem Tode 1967 innerhalb der Sozialdemokratie bei weitem den besten Überblick und das sicherste Urteil über die Lage Europas und die Lage der Welt.» «Er war ehrgeizig, nicht eitel, wohl aber empfindlich. Ganz gewiss strebte er nach Einfluss und Führung, aber er war alles andere als ein Karrierist. Hunger nach Wirklichkeit im Gegensatz zur ideologischen Selbsttäuschung, Fleiß zum Erwerb eigener Kompetenz, Wille zur Gestaltung und entschlossener Zugriff haben ihn ausgezeichnet – alles dies kontrolliert durch sein ethisches Pflichtbewusstsein.»[5]

So wünschte auch er sich, als Politiker aufzutreten: Ohne ständiges Moralisieren, keine Scheu vor Tabus, an Machbarkeit orientiert. Was das heißt, konnte Helmut Schmidt zunächst im Wirtschafts- und Verkehrsausschuss sowie als stellvertretendes Mitglied auch in einem Ausschuss für Europäische Sicherheit vorexerzieren.

Jedenfalls wird man beim Studieren seines Lebensweges den Gedanken nicht los, mit dem Engagement für die Bundeswehr habe Schmidt bewusst oder nicht etwas abarbeiten und wiedergutmachen wollen. Das war nur legitim. Er persönlich hatte dazugelernt, wollte Schmidt sagen, aber festhalten wollte er das auch für seine Partei und die Republik. Eine Verteidigungsarmee zu unterstützen, kann doch per se nicht falsch sein! Immerhin 61 Abgeordnete seiner Fraktion im Bundestag hatten Wehrdienst geleistet bis 1945, genau wie er. «Für Deutschland» hätten sie gekämpft, nicht für Hitler, hatte er sich als Formel für sich selber wie für sie alle zurechtgelegt. Seht her, der Neuanfang ist auch unsere Sache, nicht nur die des Alten aus Rhöndorf! Und sie dürfen wir auch nicht allein den Alten überlassen wie Erich Ollenhauer, oder den Exilanten wie Erler und Brandt, die nicht als Soldaten gedient hatten und ohne Berührungsangst waren.

Die Republik musste sich über die Dimension des Geschehen, aber auch über das, was sie künftig wollte, neu verständigen; daran wollte er sich beteiligen. Nicht die Reichswehr und die Wehrmacht allein – so Helmut Schmidt – habe sich von ihrer reaktionären und militaristischen Seite gezeigt und damit den Sozialdemokraten allen Anlass geboten, auf Distanz zu gehen, daher habe es auch die SPD versäumt, ihren Beitrag zur Integration der bewaffneten Macht in die Gesellschaft zu leisten. Das stehe ihr noch bevor.

Ausdrücklich stellte sich daher der Hamburger Abgeordnete Schmidt im Parlament damit auch auf die Seite des unvergessenen Lübeckers Julius Leber, in der Weimarer Republik Chefredakteur und Arbeiterführer, der seine Gefolgschaft mit der Reichswehr zu versöhnen versucht hatte. Leber war es auch, der gegen Ende der Weimarer Republik und beim Aufstieg Adolf Hitlers seine schützende Hand über den jungen Herbert Frahm (später Willy Brandt) hielt und ihn vergebens davon abzuhalten versuchte, sich einer radikalen Splittergruppe (der Sozialistischen Arbeiterpartei, SAP) anzuschließen, weil ihm die Sozialdemokraten zu angepasst erschienen, viel zu brav, um die heraufdämmernde nationalsozialistische Gefahr zu stoppen. Willy Brandt setzte sich nach Oslo ab und blieb im Exil, Julius Leber endete im KZ, 1944 brachten die Nationalsozialisten den populären Lübecker um, der nach Brandts fester Überzeugung zum Regierungschef in einer Republik nach Hitler prädestiniert gewesen wäre. Für Schmidt bedeutete Julius Leber wohl ebenso viel wie für Brandt. Ein Foto des Aufrechten, das ihn vor Freislers Volksgerichtshof zeigt, blass und unbeugsam, hing über all die Jahrzehnte im Büro Helmut Schmidts, oft wurde er gefragt, wer dieser Mann sei, dem der Prozess gemacht wurde, er wurde nicht müde, es zu erklären. Auch ihn verehrte er als einen der Leuchttürme seines Lebens, die er brauchte beim Suchen und Ordnen und Sichzurechtfinden in der jungen Bundesrepublik.

Einzuwenden hatte er nichts gegen Pazifismus aus Prinzip. Wohl aber widersetzte Schmidt sich vehement der verbreiteten These, eine demokratische Armee auch im Nachkriegsdeutschland sei ein Ding der Unmöglichkeit. «Weltmacht» oder «Ohnmacht» wollte er sich als Alternative nicht einreden lassen, trotz der jüngsten Geschichte, die Deutschland sich aufgeladen hatte, aus den Weimarer Erfahrungen und den Jahren danach könne man auch lernen, davon blieb Schmidt stets überzeugt.

Grundsätzlich, meinte er deshalb auch, dürfe das «Soldatentum» nicht diskreditiert werden. Das aber setzte voraus, dass die oberste Führung des Militärs in zivile Hände – und damit in die von Parlament und Regierung – gelegt werden sollte. Von Anbeginn unterstützte er daher Überlegungen zur «Inneren Führung» und dem «Staatsbürger in Uniform». Soldaten und Offiziere müssten sich selber Gedanken machen, wofür sie eingesetzt werden, das wurde für ihn zur Maxime.

Insbesondere Willy Brandt war es neben Fritz Erler und Carlo Schmid, der seinerzeit noch zu dieser kleinen Riege von Modernisierern zählte. Wie sie meinte Schmidt, ihre Partei müsse die Klassenkampfgräben verlassen, ihre Politik solle eingebettet werden in die westliche Bündnispolitik, und die Sozialdemokratie dürfe nicht abseits stehen in Europa. Sonderlich beliebt machten sie sich in ihrer Partei damit nicht, die Mehrheit plagten gemischte Gefühle bei dem Gedanken an ein wiederbewaffnetes Deutschland. Über die geplante Wehrverfassung, die Konrad Adenauer – immerhin mit einer Zweidrittel-Mehrheit im Bundestag ausgestattet – anvisierte, vermochten sich die Sozialdemokraten nicht zu verständigen. Mehrheitlich stemmten sie sich schließlich auch gegen den Beitritt zur Nato und zur Westeuropäischen Union. Helmut Schmidts (und Willy Brandts) Zeit war noch nicht gekommen.

Strauß Aber immerhin: Allmählich wuchs Helmut Schmidt in diesen Bonner Jahren in eine Rolle hinein, die ihn – trotz der scheinbar hoffnungslosen Oppositionsrolle der SPD – zum Gegenspieler von Verteidigungsminister Theodor Blank (CDU) und vor allem dann von Franz Josef Strauß machte. Kaum verhohlen fand ein permanentes Kräftemessen statt zwischen dem CSU-Politiker, anfangs Minister für besondere Aufgaben, sodann Nachfolger Blanks als Minister für Atomfragen sowie Verteidigungsminister, und Schmidt. Gerade in Kontroversen mit dem kraftstrotzenden, tonangebenden Strauß blühte er sichtlich auf, ihm hielt er vor, sich ideologisch von einer «Politik der Stärke» leiten zu lassen und deshalb sogar eigene Atomwaffen für die Bundesrepublik anzustreben. Grundsätzlich jedoch, das konnte die Schärfe ihrer Dispute kaum verdecken, verstanden sie sich weit besser als auf den ersten Blick kenntlich.

Insbesondere ihre Erfahrungen als Soldaten verbanden sie. Bei allen politischen Differenzen, dieser unausgesprochene Konsens half über viele Differenzen hinweg. Überhaupt trug die Generationenerfahrung erheblich bei zum Zusammenhalt der frühen Republik, jenseits aller Parteikontroversen. Unübersehbar sollte das vor allem im Konflikt mit den «68ern» werden, der Protestgeneration, die ihre Vorbehalte wegen der unaufgearbeiteten Vergangenheit gegenüber der Elterngeneration generell machte, nicht etwa gegenüber einer der beiden Volksparteien alleine. Selten sonst stimmten Schmidt und Strauß derart nahtlos überein wie in diesem Kulturkrieg, und als solchen empfanden sie beide die offene Auseinandersetzung mit der «Klägergeneration».

Anders als Helmut Schmidt hatte Franz Josef Strauß zunächst am Eroberungsfeldzug gegen Frankreich teilgenommen, seit dem Einmarsch in die Sowjetunion im Sommer 1941 wurde er auch an die Ostfront abkommandiert, zuletzt als Oberleutnant der Artillerie. Hautnah hatte er miterlebt, wie deutsche «Einsatzgruppen» sowjetische Juden ermordeten, unschuldig war die Wehrmacht für ihn keineswegs, vielleicht blickte er sogar kritischer darauf zurück als sein Hamburger Dauerherausforderer Schmidt. Dennoch fanden sie ihren Akkord in dem Empfinden, als Soldaten pflichtgemäß gehandelt zu haben und zugleich um ihre Jugendjahre betrogen worden zu sein, ohne sich selbst prinzipiell moralisches Versagen vorzuwerfen – das Schicksal von Millionen.

Nur zu gern trieb Franz Josef Strauß einen Keil in die Reihen der Opposition. Er zollte Helmut Schmidt mehr Anerkennung als dessen Parteifreunde, die grundsätzlich mit der Wiederbewaffnung und dem geplanten Beitritt zur Nato haderten. Unter der Oberfläche spielten die Herkünfte, die Lebensläufe in der Nachkriegsrepublik eine ungleich größere Rolle, als die Polemik Adenauers gegenüber den «unsicheren Katonisten» und «Vaterlandsverrätern» oder umgekehrt die Angriffe von links gegenüber dem «restaurativen» Geist im Palais Schaumburg ahnen ließen.

In diesen frühen Bonner Jahren wurde die Basis für eine eigentümliche Beziehung gelegt, die – trotz des Konflikts um Atomwaffen, trotz Schmidts Kritik am Verteidigungsminister Strauß in der *Spiegel*-Affäre, trotz unterschiedlicher wirtschaftspolitischer Auffassungen während der Großen Koalition – letztlich bis zum Tode von Strauß intakt blieb. Zum Bruch mit ihm führten nicht einmal die Diffamierungen, die Strauß sich gegenüber Brandt wegen dessen Exiljahren erlaubte, und gegen die Schmidt seinen Parteifreund leidenschaftlicher in Schutz nahm als dieser sich selbst. Wider allen Anschein, weder Brandt noch Schmidt kappten jemals endgültig die Bande zum politischen Gegner Strauß, bei vielen Gelegenheiten erwiesen sie sich sogar wechselseitig Reverenz.

Einen generellen Vorbehalt allerdings meldete Schmidt früh an, und ihn meinte er ernst: Dass der CSU-Politiker – anerkanntermaßen ein politisches Naturtalent – sich selbst nicht unter Kontrolle habe und damit unkalkulierbar sei, zu unkalkulierbar, um ihm ein Regierungsamt anzuvertrauen. Für Schmidt, das zeigte sich bereits in seinen ersten Bonner Jahren, mussten Politiker primär die Kontrolle behalten; zunächst einmal die Kontrolle über sich selber, nur dann wäre ihnen auch die Kontrolle über die Republik anzuvertrauen, wie er glaubte.

Was damals nicht abzusehen war: Dass sie sich im Jahr 1980 noch einmal wiederbegegnen sollten in der bundespolitischen Arena. Nur hatten sie diesmal andere Rollen inne als beim ersten Zusammentreffen, jetzt trat Strauß als Herausforderer an, er wollte das Kanzleramt erobern. Helmut Schmidt aber amtierte bereits vier Jahre als Regierungschef, international renommiert. Gegen Helmut Kohls Wunsch und Interesse hatte Strauß sich selbst als Kanzlerkandidat der Unionsparteien nominiert, nach der knappen Wahlniederlage des CDU-Vorsitzenden vier Jahre zuvor, und er setzte wie gewohnt alles auf eine Karte: Mit fast fundamentalistischem Furor suchte er jenen Prinzipienwahlkampf («Freiheit oder Sozialismus») neu zu entfachen, den er 1976 schon Kohl aufzuzwingen versucht hatte. Abgesehen davon, dass Strauß wegen seiner Unberechenbarkeit und dem Bemühen um Wähler auch von rechtsaußen schlicht nicht als kanzlerfähig galt, dem Rennen gegen Schmidt und den Verbalattacken haftete etwas Unglaubwürdiges an: Es war ja bekannt, dass der Kanzler mit der «Linken» – schon gar, wenn sie sich «sozialistisch» nannte – beinahe so auf Kriegsfuß stand wie sein Rivale. Obendrein war es auch kein Geheimnis, wie sehr der Bayer Schmidts Kanzlerschaft, seine korrekte Amtsführung, insbesondere seine internationale Vernetzung, aber auch den offensiven Umgang mit der eigenen Partei bewunderte. Und schließlich – einerseits wollte er die Unionsparteien als Fundamentalopposition aufmarschieren lassen und kokettierte mit nationalkonservativen Ressentiments sowie radikalen law-and-order-Positionen, andererseits hinderte ihn das so wenig wie Schmidt bekanntlich nicht an einer pragmatischen Kompromisspolitik. Überzeugender machte ihn das nicht.

Später hieß es, Helmut Schmidts Kanzlerschaft und die sozialliberale Koalition wären schon 1980 zu Ende gegangen, hätte die Kandidatur von Franz Josef Strauß ihn nicht gerettet. Für die Vermutung spricht einiges. Für den sozialdemokratischen Regierungschef handelte es sich um eine Art Arbeitssieg; zu keinem Zeitpunkt hatte er mit einer Niederlage gerechnet, gleichwohl triumphierte er nicht, vor dem Intellekt und dem strategischen Denken von Franz Josef Strauß hegte er mehr Respekt als vor den entsprechenden Fähigkeiten Kohls. Auf die Intellektuellen und Theoretisierer konnten sie beide – der eine mit seiner Schützengraben-, der andere mit der Flakerfahrung – gleichermaßen schimpfen.

Mr. Geradeheraus Dass Helmut Schmidt oft mit seiner Partei – und besonders mit Brandt – haderte, hatte sich früh in Bonn herumgesprochen, es sollte so bleiben während all seiner Bonner Jahre. Er blieb ihr treu, er wünschte sie stark, aber er hätte sie gern mehr nach seinem Geschmack getrimmt und sie per Knopfdruck auf Regierungslinie gebracht. Aus seiner Sicht musste die Partei dem Kanzler zuarbeiten, sie durfte nicht etwa die Gedanken frei schweifen lassen oder «vorausdenken». Schon dieses Wort mochte er nicht. Schmidt polarisierte mit seiner permanenten Kritik an den «Genossen», er machte sich jede Menge Gegner, die sich verbarrikadierten und unversöhnlich reagierten, wenn er ihnen wieder einmal die Leviten gelesen hatte.

Übersehen darf man gleichwohl nicht: Gerade wegen dieser offen artikulierten Vorbehalte gegenüber den linken «Spinnern», wie er zu sagen pflegte, schätzten ihn auch viele Parteifreunde, ja, er konnte wohl die Mehrheit damit hinter sich scharen, auch wenn er den Riss durch seine Partei auf diese Weise vergrößerte, nicht etwa zu überbrücken half. Beim politischen Gegner wiederum – im Kohl- und vor allem im Strauß-Lager – genoss er Respekt als ein Mr. Geradeheraus.

Weder in Bonn noch in Hamburg galt er je als «Parteifunktionär», aus gutem Grund, nichts lag ihm ferner als der Parteijargon und Liniendenken. Später sollte sich daraus sein Ruf destillieren, der «richtige Mann in der falschen Partei» zu sein. Nicht nur ein

Kandidat der Mitte wollte er sein, der Programme mit Pragmatismus ersetzte, nein, Schmidt suchte die ideologischen Gräben zu den anderen Parteien mehr einzuebnen als zu Widersachern in den eigenen Reihen. Ein Parteimann blieb er, im Zweifel loyal gegenüber seiner SPD; aber zugleich achtete er sorgsam auf seinen Ruf, wonach er zu einer gewissen Überparteilichkeit neige. Einem verbreiteten Vorbehalt gegenüber der Parteipolitik kam das entgegen, gleichwohl schürte er nicht die Ressentiments. Diesen Balanceakt zwischen Parteipolitik und Parteienkritik beherrschten wenige ähnlich souverän wie er. Freilich provozierte er damit auch Kritik, die sich leise bei Herbert Wehner und Willy Brandt, laut jedoch bei der Parteilinken äußerte.

In Bonn allerdings reihte er sich früh bei den «Kanalarbeitern» ein, jenem Kreis von Fraktionsmitgliedern unter Egon Frankes Führung, die sich besonders viel auf ihren Realismus zugute hielten und nach einem strengen Regiment generell, aber besonders gegenüber dieser aufmüpfigen Linken verlangten, die in langwierigen Programmdebatten ihre Positionen klären wollte. Viele von ihnen, dem Mehrheitsflügel, gehörten zugleich Gewerkschaften an. Sie galten als konservative Gruppierung und Ordnungsmacht ihrer Partei, ohne die letztlich nichts ging. Vorbehaltlos einverstanden waren sie mit der «sozialen Marktwirtschaft» und der «Sozialpartnerschaft», die sich in den Aufbaujahren der Republik nach dem Krieg als die beiden Leitplanken beider Volksparteien herausbildeten. Am «Wirtschaftswunder», das sie nicht zuletzt darauf zurückführten, partizipierten auch die Gewerkschaften oder genauer, die organisierten Arbeitnehmer, als deren Interessenvertreter sie sich verstanden. Mit der Kritik an der restaurativen Bundesrepublik, wie sie die Linke, der *Spiegel* oder namhafte Autoren und Intellektuelle in der «Gruppe 47» übten, konnten sie ebenso wenig anfangen wie die Christdemokraten. Zwischen diesem Teil der Opposition und Adenauers CDU schien der Grundkonsens häufig größer zu sein als jener innerhalb von Schmidts Partei selber zwischen rechts und links.

Ja, am Anfang war Adenauer, und mit ihm ging es offenbar unendlich weiter. Bei den Bundestagswahlen im September 1957 gewannen die Sozialdemokraten enttäuschende drei Prozent hinzu und landeten abgeschlagen bei 31,8 Prozent. Der Kanzler eroberte mit seinen Christdemokraten und der bayrischen Schwesterpartei CSU zum ersten und einzigen Mal die absolute Mehrheit. Ein Trostpflaster blieb dem ungeduldigen Jungpolitiker Helmut Schmidt, dem die Oppositionsrolle nie als Selbstzweck erschien, obwohl er durchaus Spaß an der Parlamentsbühne in Bonn fand: Erstmals eroberte er mit 44,1 Prozent in seinem Hamburger Wahlkreis ein Direktmandat für den Bundestag.

Generell machte seine Partei bei den Bürgerschaftswahlen im November einen ansehnlichen Sprung von 38 auf 45,8 Prozent. Erfolgreich hatten Parteifreunde und er sich bemüht – darin in der Tradition der großen Bürgermeister der Hansestadt –, auch mit jenen ins Gespräch zu kommen, die nicht SPD wählen. Ein Schachzug, der sich als weitsichtig erwies, zumal es ihn keine Überwindung kostete. So entsprach es doch durchaus seiner Grundhaltung. Ideologischen Ballast, fand er, müsse seine Partei konsequent über Bord werfen, die Trennlinien zwischen den Parteien müssten überbrückbar bleiben, überhaupt sei Politik ein geradezu handwerkliches, bodenständiges Geschäft. Natürlich wusste er, dass sich in der Bundespartei eine solche Lockerheit noch nicht durchgesetzt hatte, aber er wollte Schule machen mit gutem Beispiel. Viel zu langsam marschierte für seinen Geschmack der Genosse Trend, die Sozialdemokraten hinkten dem Zeitgeist hinterher.

Mit Carlo Schmid, Fritz Erler und Herbert Wehner wurden 1957 immerhin drei Genossen zu Stellvertretern Ollenhauers befördert, die alle – geschockt von dem dritten Wahl-Misserfolg ihrer Partei – auf eine konsequente Rundumerneuerung drängten. Adenauers Kurs immer nur abzulehnen und die liebgewordenen Orthodoxien zu verteidigen, reichte nicht. Helmut Schmidt zählte damals bereits zu jenen, die am Denkmal zumindest rüttelten. Schon im Mai darauf (1958) erneuerte die SPD auch ihr elfköpfiges Präsidium; erstmals gerieten – wiederum mit Schmidts Hilfe – die «Weimarianer» in die Minderheit, mehrheitlich übernahmen jüngere Abgeordnete die Regie. Gemeinsam mit Willy Brandt rückte Helmut Schmidt, damals 39 Jahre alt, zur Parteispitze auf, in ein gemeinsames

«Team», wie er zu betonen nicht müde wurde. Vor allem, darauf bestand er, dürfe es künftig keinen Automatismus geben, wonach der Vorsitzende alleine denjenigen nominiere, der als Kandidat gegen den Regierungschef in Wahlen antritt. Das lief auf einen Tabubruch hinaus. Seitdem wurde Schmidt – das war der Lohn, aber auch der Preis für diese Aktion – den Ruf nicht mehr los, sich selber den Weg ins Kanzleramt freizuschaufeln. Aber davon ganz abgesehen: Ausdrücklich hatte er sich damit auf die Seite der Erneuerer gestellt, gegen den konservativen Parteiflügel – was man später oft nicht mehr wahrhaben wollte. Gefestigt wurde sein Ruf als Rebell obendrein, weil nahezu zeitgleich die bundesweite Kampagne «Kampf gegen den Atomtod» anlief und zunehmend Resonanz fand. In dieser Kontroverse, die Linke und Rechte in seiner Partei verband, nahm Schmidt als Wortführer den Konflikt mit Franz Josef Strauß auf, den er als eine Art persönliche Herausforderung betrachtete. An ihm wollte er sich testen. Zum ersten Mal schaffte er sich damit bundesweit Gehör.

Jahrzehnte später erwies Theo Sommer, der *ZEIT*-Chef, der ihn lange beobachtet und mit ihm zusammengearbeitet hatte, in seinem Buch «Unser Schmidt» besonders dem strategischen Talent Reverenz. Nicht einfach ein Kotau sollte das sein vor dem Kanzler a. D., der so viel Respekt genoss. Nein, das Denken in Schachzügen, in langen Linien, das gedankliche Schneisen-Schlagen, die Kunst, Spreu und Weizen zu trennen, das bewies Schmidt tatsächlich in seinen verschiedensten Ämtern, aber natürlich zuallererst, wenn es um strategische Gedankenspiele und militärische Planungen ging. Der junge Journalist Sommer entdeckte früh dieses bemerkenswerte Talent.

Ein prächtiges Vis-à-vis gab Franz Josef Strauß tatsächlich ab, denn er bewies ähnliche Fähigkeiten. Der Bayer hatte sich zum Fürsprecher amerikanischer Überlegungen gemacht, die Bundeswehr mit «taktischen» Atomwaffen auszurüsten (ohne die eigene Regie darüber aufzugeben). Die Debatte schlug hohe Wellen, noch hatte die Republik sich nicht darüber verständigt, ob ein strikter Kurs der militärischen Zurückhaltung und schieren Defensive oder eine aktive Rolle im westlichen Bündnis gesucht werden solle, um gerade auf offensive Weise die Schatten der Vergangenheit loszuwerden. Leidenschaftlich plädierte im Frühjahr 1957 ein Kreis von 18 renommierten Physikern im legendären «Göttinger Manifest» dafür, auf Nuklearwaffen in deutscher Hand zu verzichten. Besser als durch Verzicht, argumentierten sie, sei die Bundesrepublik einfach nicht zu schützen. Ihr roter Faden war die Überzeugung, dass diejenigen, die Europa erst jüngst mit Krieg überzogen hatten, nun keinesfalls das Denken remilitarisieren dürften; ganz abgesehen davon, dass sie damit die Pfeile erneut auf sich zögen. Noch schauten selbst viele der neuen Freunde in Europa und in der Westlichen Allianz mit kaum verheimlichtem Misstrauen auf dieses geteilte Deutschland. Beschwichtigend assistierte Konrad Adenauer seinem Minister Strauß: Von einer «nuklearen Artillerie» sprach der Kanzler, lediglich konventionelle Waffensysteme würden weiterentwickelt, mehr sei nicht geplant. Unübersehbar hatte sich der Alte, dem Sicherheitspolitik fremd blieb, von Franz Josef Strauß um den Finger wickeln lassen.

Am 22. März 1958 kam es zu jener langen Redeschlacht im Bundestag, bei der sich Helmut Schmidt bundesweit einen Namen machte. Franz Josef Strauß hatte der Opposition vorgeworfen, gegen die Interessen der Allianz zu verstoßen und deutsche Interessen zu vernachlässigen, weil sie über Atomwaffen in deutschen Händen nicht einmal reden wollte. Konrad Adenauer legte nach. Er erklärte die Sicherheit der Republik zum obersten Gebot, ja zur Staatsraison, während eine mögliche Wiedervereinigung hintanstehen müsse.[6]

Sein ganzes demagogisches Talent entfaltete der junge Oppositionspolitiker Helmut Schmidt, um dagegen zu halten. Bei aller Liebe zum Pragmatismus, und trotz der Absage an ideologische Trennlinien zwischen demokratischen Parteien, ein solches Temperament hatte der Bundestag selten erlebt. Schmidt: Einer Art Massenpsychose sei die Regierungsmehrheit bei ihrem Wunsch nach Atomwaffen erlegen. Der Redner holte noch weiter aus: Am 23. März 1933, warf er einem CDU-Abgeordneten vor, habe er «gemeinsam mit allen politischen Ahnherren dieser Adenauer-Koalition» dem Ermächtigungsgesetz für Hitler zugestimmt. Unschwer ließ sich die Absicht erkennen, Schmidt stellte die Regierungspartei unverblümt in eine Kontinuität, wie es wenige vorher gewagt hatten. Besonders aus seinem Mund kam das überraschend, denn er hatte ausdrücklich sehr früh dafür geworben, sich die jeweiligen Vergangenheiten nicht um die Ohren zu schlagen.

Prompt folgte die Replik, ihm war klar, wie sie ausfallen musste: In einer «Ahnengemeinschaft» mit der SED bewege der Redner sich, schallte es zurück. Immer, wenn die Sozialdemokraten die Regierungspartei in die Nähe der Nationalsozialisten rückten, konnten sie mit dieser Reaktion rechnen. Diesmal aber endete der Streit nicht mit Patt.

Der Angegriffene, Helmut Schmidt, erwiderte unbeeindruckt. 1933 seien er und die Freunde vierzehnjährige Schulbuben gewesen, fing er sehr persönlich an, um dann noch einmal weit auszuholen: «Ihre Zustimmung zu dem Ermächtigungsgesetz hat uns wie viele Millionen anderer später auf die Schlachtfelder Europas geführt und in die Keller unserer Städte, Millionen in die KZ und deren Todeskammern. Und dieses Ermächtigungsgesetz, das hat uns damalige Schuljungs dem raffinierten psychologischen System des ‹Dritten Reiches› ausgeliefert, und wir haben einige Zeit gebraucht, um uns aus dieser geistigen Umklammerung unserer jungen Unmündigkeit zu befreien.»

Ein seltener Moment war das, Schmidt nannte Schuldige. Die Älteren, machte er seinem lange aufgestauten Unmut Luft, hätten damals der Jugend ein überzeugendes Beispiel geben können, das gaben sie aber nicht, manchen sei diese «geistige Befreiung» erst auf den Schlachtfeldern gelungen, ein sehr schmerzhafter Prozess. «Wir sagen dem deutschen Volke in voller, ernster Überzeugung», ließ er seine Philippika enden, «dass der Entschluss, die beiden Teile unseres Vaterlandes mit atomaren Bomben gegeneinander zu bewaffnen, in der Geschichte einmal als genauso schwerwiegend und verhängnisvoll angesehen werden wird, wie es damals das Ermächtigungsgesetz für Hitler war.» Schmidt: «Wir alle gehören einem Volke an, das in einer Generation zwei Weltkriege geführt und verloren hat.» Angesichts dieser Erfahrung und der aufgeladenen Schuld «könnten, wenn Sie sich gezwungen glauben, zu Atomwaffen zu greifen, auch Sie das doch wohl nur mit größten Skrupeln tun, mit zweifelnder Sorge und mit abgrundtiefem Widerwillen». Nun also wollten sie einen vergleichbaren Freibrief für den Verteidigungsminister, der dann mit Massenvernichtungswaffen drohen oder sie gar einsetzen könne.[7]

«Das war hier Sportpalast!», schallte es ihm aus den Reihen der Regierungsfraktionen entgegen, «Totengräber der Demokratie!», der «frechste Lümmel im ganzen Haus», «Schmidt-Schnauze!» Derart tief nahm sich die Kluft zwischen Regierung und Opposition wieder aus, als hätte es seit den parlamentarischen Anfangsjahren, den großen Disputen zwischen Kurt Schumacher und Konrad Adenauer, keinerlei Annäherungen gegeben. Die Union bebte, Erich Ollenhauer aber erhob sich und schüttelte dem Redner die Hand.

Reumütig räumte Helmut Schmidt rückblickend ein, möglicherweise seien seinerzeit die Gefühle mit ihm durchgegangen. Er sei sich bald danach schon nicht mehr sicher gewesen, ob Adenauer und Strauß wirklich Atomwaffen in deutsche Hände anstrebten. Klar gemacht aber hatte er dennoch unmissverständlich, auf welcher Seite er im Streit darüber immer stehen werde, wie konsequent die Deutschen aus ihrer eigenen Vergangenheit würden lernen müssen. Indirekt aber hatte er zudem noch etwas anderes erreicht: Außer Fritz Erler stand in der Opposition niemand zur Verfügung, der eine solche Kontroverse in dieser Tonart, scharf, grundsätzlich und zugleich kompetent, hätte führen können. Sein Angriff kam aus der Mitte heraus. Darin lag die besondere Würze. Anders als Erler oder Brandt stand dieser «frechste Lümmel» nicht in Opposition gegen Hitler, sondern hatte als Soldat gedient wie viele andere auch. Zur Mehrheit gehörte er. Das gab seinen Worten die Wucht.

Anders als mit Atomwaffen, das wurde dem strategischen Kopf Helmut Schmidt wenig später übrigens klar, ließ sich das Gleichgewicht zwischen Ost und West nicht wahren, nur mit konventionellen Truppen – selbst wenn sie aufgestockt würden auf 500 000 Soldaten – wäre die Bedrohung nicht annähernd aufzuwiegen. Kurzum, er hatte begonnen, seine Sicherheitsphilosophie zu entwerfen, die vor allem die Kräftebalance zwischen den Bündnissystemen in den Vordergrund stellte. Gleichgewicht und Balance, das war keine Nebensache. Vielmehr stanzte er damit erstmals eine jener Grundpositionen heraus, an denen er sich im Laufe seiner Politikerkarriere stets orientieren sollte.

Adenauer als Repräsentant eines neuen Wilhelminismus? Und Strauß als Vorbote eines neuen, deutschen Größenwahns? Derart dramatische Worte freilich hat Schmidt kaum je wiederholt. Noch Jahre darauf heimste er den Applaus der Anti-Atomtod-Kampagne ein, die damals in der Republik breites Gehör fand. In Erinnerung blieb sie als Vorläufer der Ostermärsche sowie der Friedensbewegung, die Ende der 70er Jahre ihre Kritik vor allem an eine Adresse gerichtet hat, an die Helmut Schmidts. Aber darüber später.

Natürlich hatte er die Gunst der Stunde für sich genutzt. Popularität bedeutete ihm viel. Wie sollte er sonst Erfolg haben in seinem Beruf? Erstmals jedoch, das darf man nicht vergessen, arbeitete er sich ab an einer Frage, die ihn jahrzehntelang nicht mehr losließ: Der richtige Umgang mit den Atomwaffen als Teil der Abschreckungsstrategie. Dem Gedanken an ein deutsches Mitspracherecht über den Einsatz nuklearer Waffen näherte er sich später ebenso an wie Brandt. Was ihn aber plagte und nicht losließ und was er auch nicht zurücknahm – die reale Möglichkeit, Atombomben könnten eingesetzt werden, und Deutschland würde der Austragungsort. Auch die Vorstellung, auf einen sowjetischen Angriff mit konventionellen Waffen mit dem Einsatz «taktischer» Atomwaffen auf ostdeutsches Territorium reagieren zu sollen, rückte ihm ferner, je näher er sich damit befasste. Bei der «Atomfrage» handelte es sich nicht nur um eine nüchterne sicherheitspolitische Überlegung, unauflösbar verband sich die Frage für ihn mit jener nach der Lage und dem Schicksal des eigenen Landes. Könnten die Atomwaffenstaaten und ehemaligen Siegermächte in Ost wie West insgeheim damit kalkulieren, im Ernstfall einen Krieg auf dem Territorium der beiden deutschen Staaten auszutragen? Seit 1958 – auch das eine der langen politischen Linien bei ihm, noch im Rohstadium – suchte er deshalb nach Sicherheit, oder doch nach einer sicheren Antwort auf seine eigenen inneren Zweifel.

Ein Jahr später, 1959, fand der Godesberger Parteitag der Sozialdemokraten statt, der nicht nur in der Geschichte dieser Partei, sondern der Bundesrepublik einen besonderen Platz einnimmt: Die SPD wandelte sich nach langer Verzögerung nun in Siebenmeilenschritten von der Klassen- zur Volkspartei, sie wollte nicht mehr nur die Interessen der «kleinen Leute», der Industriearbeiterschaft oder derjenigen vertreten, die um sozialen Aufstieg kämpfen, ernst genommen werden wollte sie in allen Schichten und die Trennlinien zwischen Arbeiterbewegung und Bürgerlichkeit endlich aufheben.

Helmut Schmidt brachte dazu beste Voraussetzungen mit. Er stammte aus einer Lehrerfamilie, klassenkämpferische Positionen waren ihm fremd. Er musste sie sich nicht abschminken, er hatte sie erst gar nicht gelernt. Also richtete er an Erich Ollenhauer einen Brief, um ihm mitzuteilen – nicht: um ihn zu konsultieren –, er gedenke als Abgeordneter an einer Wehrübung teilzunehmen. Bald darauf, noch im Jahr 1959, setzte er das um und leistete eine Reserveübung ab, obwohl ihm bewusst war, dass er mit diesem Vorpreschen viele Genossen schockieren würde. Aber er wollte nun einmal mit eigenem Beispiel vorangehen und demonstrieren, dass Militär und Demokratie sich vertragen. Sich wollte er es beweisen, aber allen anderen auch.

Konsequent klang das, und es war gegen den Strich gedacht: Immerhin erwogen die Sozialdemokraten seinerzeit, die Bundesrepublik solle aus der Nato ausscheiden, wenn sich Moskau im Gegenzug bereitfinden sollte, die Wiedervereinigung zu ermöglichen. Realistisch dürfte die Möglichkeit nie bestanden haben, ventiliert wurde sie gleichwohl ernsthaft. Zwei Jahre später, am 13. August 1961, wurde die Mauer gebaut, mit deren Hilfe sich das schwächelnde SED-Regime in Ostberlin dauerhaft zu stabilisieren gedachte. Tatsächlich sollte es knappe dreißig Jahre lang zu keiner großen Krise zwischen Moskau und Ostberlin sowie Bonn mehr kommen, bevor am 9. November 1989 die Mauer fiel und damit der Staat implodierte.

Gemeinsame Sache mit den Kommunisten wolle die SPD machen, schallte es zwar der SPD aus den Reihen der Union entgegen, und ganz wie die SED spreche sie vom Missbrauch wirtschaftlicher Macht. Trotz solchen Geplänkels arbeitete Helmut Schmidt hinter den Kulissen mit, um eine Annäherung an die Christdemokraten auch in außenpolitischen Fragen zu suchen. Vor allem mit dem Vorschlag, aus Mitteleuropa eine Zone begrenzter regionaler Abrüstung zu machen, glaubte er bei den CSU-Politikern Franz Josef Strauß oder Karl Theodor von und zu Guttenberg durchaus Gehör zu finden. Rüstungsbegrenzung betrachtete er als einen Schritt in Richtung einer möglichen Annäherung, langfristig vielleicht gar einer Wiedervereinigung der beiden deutschen Staaten. Ihre Vorstellungen vom notwendigen militärischen Gleichgewicht zwischen Nato und Warschauer Pakt ähnelten einander ohnedies. Helmut Schmidt beeilte sich allerdings, alle Bedenken auszuräumen, seine Partei könne die Idee mit einem Ausscheiden aus der Nato allzu ernst gemeint haben. Er kam auch nie mehr darauf zurück.

Als starker Mann in der SPD führte seinerzeit noch unangefochten Herbert Wehner Regie. Anders als Kurt Schumacher, für den der Klassencharakter seiner Partei Vorrang hatte, ging es Wehner vornehmlich – aber nicht nur, das würde ihn unterschätzen – um die Machtfrage. Mit seiner berühmten Bundestagsrede vom 30. Juni 1960 nahm er endgültig die große Kurskorrektur vor, die Abkehr von der Idee, zugunsten der deutschen Einheit aus dem Bündnis auszusteigen, im Gegenteil, die Sozialdemokraten bekannten sich definitiv auch zur Westbindung und zu einem gemeinsamen außenpolitischen Kurs mit den Christdemokraten. Hinter den allesbeherrschenden Wehner scharten sich insbesondere die Jüngeren, die diesen Kurswechsel vorbereitet hatten. Willy Brandt wurmte es, wie er später gestand, dass Herbert Wehner zum «Vater» des außenpolitischen Richtungswechsels der Opposition geadelt wurde. Aber auch Helmut Schmidt lag früh daran, klarzumachen, in welchem Maße er daran beteiligt war. Die überfällige Runderneuerung der SPD betrachtete diese Generation längst auch als ihre Sache. Entschieden war allerdings noch nicht, wer einmal die «Nummer eins» sein solle und gegen Konrad Adenauer antreten werde.

Recht einsam befand darüber Herbert Wehner, dieser Archetyp aus einer vergangenen Zeit, der dennoch die Neuzeit beherrschte, niemand sonst. Dem Regierenden Bürgermeister Berlins, Willy Brandt, traute er für die Wahl im September 1961 größere Chancen zu als Fritz Erler, Carlo Schmid oder dem Benjamin unter den Aspiranten, Helmut Schmidt. Brandt sah sich selber durchaus ebenso. Er wollte antreten, in Berlin wollte er den Kontrapunkt zu Adenauer setzen. Nicht bloßer Machthunger trieb ihn, aber er strotzte vor Selbstbewusstsein als jemand, der «hineingeboren» war in die Arbeiterbewegung und ihr zur Mitsprache, ja überhaupt zu ihrem Recht verhelfen wollte.

Mit diesem Willy Brandt, dem es spürbar nicht nur um Karriere ging, sondern um ein politisches Ziel, suchte Helmut Schmidt seinerzeit den Schulterschluss. Er rebellierte nicht dagegen, dass Herbert Wehner den Berliner «Regierenden» und nicht ihn ausspähte, um als Spitzenkandidat der Opposition anzutreten. Der Ältere hatte bereits ein bewegtes Leben hinter sich, norwegischer Staatsbürger war er und repatriiert, im Schöneberger Rathaus bastelten sie unter seiner Ägide an einem Gegenprogramm zur Deutschlandpolitik des Kanzlers. Außer Frage stand es für Schmidt, dass Brandt der Vortritt gebührte – auch wenn er sich selbst viel zutraute. Zudem verband ihn mit Willy Brandt seit dem Hannoveraner Parteitag im November 1960 ein tiefer Konsens. Dort war es darum gegangen, aus der Godesberger Wende Konsequenzen zu ziehen und die Wende zur linken, aber «bürgerlichen» Partei – mithin zur wirklichen Konkurrenz für die Christdemokraten – zu untermauern. Spürbar der kommende Mann: Willy Brandt. Ausgerechnet der Exilant und Heimkehrer Brandt, der auch als Ankläger hätte auftreten können, hatte vor diesem Forum davor gewarnt, pauschal über die Mehrheit der Deutschen, insbesondere über die 19 Millionen Soldaten den Stab zu brechen, bloß weil sie Hitler gedient hatten. Schon gar nicht beanspruchte er einen moralischen Bonus für sich, weil er es besser gemacht und die Ruchlosigkeit des Hitlerregimes durchschaut hatte. Natürlich richtete sich das nicht nur an die SPD mit ihren zahlreichen Kriegsheimkehrern, Brandt zielte auf die breite Öffentlichkeit, die Mehrheitsdeutschen.

Mehr noch: Willy Brandt fand, nicht nur die Mehrheit, nein, auch die Linke – zu der er sich zählte – habe sich auf fatale Weise geirrt. Er übte Selbstkritik, und auch das ehrlich. Sie habe sich fraktioniert, statt die Kräfte zu bündeln und zu versuchen, gemeinsam Hitler zu verhindern. Natürlich wusste er auch, dass es – unglaublich, aber wahr – geradezu als Malus galt, vom Ausland aus Hitler zu bekämpfen. Diffamierungen wegen des «Vaterlandsverrats» lagen in der Luft. Um die Wiedereinbürgerung hatte er sich selber bewerben müssen, sie wurde ihm nicht angetragen, wie er es für selbstverständlich erachtet hätte. Aber das alles steckte er weg. Überaus dankbar war Schmidt ihm für diese Versöhnungsrede, gerade aus Brandts Mund hatte sie ein eigenes Gewicht. Entlastet fühlte Schmidt sich, er atmete auf, regelrecht begeistert war er über diesen Auftritt in Hannover, so stellte er sich eine zeitgemäße Sozialdemokratie vor, seinen «Freund» wollte er Brandt fortan nennen, derart hatte er ihm aus der Seele gesprochen.

Willy Brandt betrachtete er als seinen Mann, ihm hätte er nicht in die Quere kommen, ihn hätte er auch nie stürzen wollen. Damals wurde ein stilles Band geknüpft, das – trotz aller Spannungen und Irritationen zwischen den beiden – über Jahrzehnte hielt.

Unter den Leitartiklern der Republik jedoch setzte sich das Bild vom ambitionierten, machtfixierten, karriereerpichten Tausendsassa Helmut Schmidt bald durch. Natürlich gab Schmidt dem Affen gern Zucker, sobald Journalisten ihn fragten, was er denn noch werden wolle. Vor keinem Spitzenamt scheute er zurück, er doch nicht. Er traute sich auch viel zu, das war immer richtig. Aber er war souverän genug, die Stärken von anderen anzuerkennen. Natürlich beeinflusste die Weichenstellung zugunsten Brandts seine eigenen Pläne, er war schließlich hineingewachsen in die kleine Führungsgarnitur. Die Oppositionsbänke wollte Schmidt nicht noch länger drücken. Was konnte man da schon erreichen? Was ließ sich wirklich beeinflussen in Bonn? Konrad Adenauer thronte doch über allem, und wenn ein Parteifreund einmal einziehen sollte ins Palais Schaumburg, dann wäre es Brandt, nicht er.

Max Weber Der große Reiz lag für Helmut Schmidt zweifellos stets in der Exekutive. Wenn schon Politik, dann an der Spitze. Dort konnte man etwas bewegen. Andererseits hatte sich schon in den frühen Bonner Jahren erwiesen, welche Verlockung auch der Beruf des Abgeordneten bot für jemanden, der Politik als «Kampfsport» betrachtete wie Schmidt. Allmählich lernte er, beide Seiten an der Politik zu schätzen, das Exekutieren und das Streitgefecht. Nebenbei: Selbst beim Streiten konnte man, mit guten Argumenten gewappnet, etwas bewirken. Darin steckte ein kleiner Trost, aber eben nur ein kleiner.

Geradezu schwärmerisch verglich er im Jahr 1960 in einer Jugendzeitschrift Politik mit Fußball. Sie brauche Stürmer und Verteidiger, betreibe Stellungs- und Deckungsspiel, werde aus der Tiefe aufgebaut, müsse aber auch schnelle Chancen nutzen. Es gebe Mannschaften und Kapitäne, aber es komme auch zu Alleingängen und Eigentoren.

Auch der Schauspielerei ähnele dieses Gewerbe, fuhr Schmidt fort, Politiker seien die Darsteller, die Beifall oder doch Zustimmung des Publikums dringend brauchten. In dieser Kombination – Wettkampf, Schauspiel und Risiko – liege ihr Reiz. Wer einmal seiner politischen Passion gefolgt sei, könne sich schwer wieder lösen davon, notierte er ahnungsvoll. Das könne bitter sein, denn Politik sei oft auch aufreibend und enttäuschend, «aber es liegt eine große Genugtuung darin, am Schicksal des Vaterlandes mitzuwirken und seinem Leben und Wohlergehen zu dienen».[8]

Politik entwickelte immerhin ihren eigenen Reiz für ihn, trotz der Dominanz Adenauers und der Christdemokraten, und obgleich andere in seiner Partei Karriere machten, nicht er. Später hat Helmut Schmidt es besonders geliebt, darüber zu reflektieren, was «Politik» generell für ein Metier sei. Vor allem Immanuel Kant, Max Weber und Karl Popper aus seiner «Hausapotheke» kamen dabei zu Hilfe, wie seine diversen Biographen rühmten. Mit ihnen konnte er zeigen, dass sich sein Pragmatismus, das *piecemeal social engineering*, sein «Politik-Machen» durchaus Maßstäben folge. Ob er sie alle gründlich gelesen hatte, bleibe dahin gestellt. Als guter Politiker und Stratege wusste er, worauf es ankam und welche Stellen man zitieren musste: Kants «Ewigen Frieden» und den «kategorischen Imperativ» beispielsweise. Schmidt interessierte die Quintessenz, nicht so sehr, wie man dorthin kam. Und natürlich, was man daraus ableiten könne.

Zu einer Art Konfession geriet ihm ein Aufsatz über «Die Gelehrten und die Politik»[9]: «Als Nazizeit und Krieg zu Ende waren, ja selbst acht Jahre später, als ich in den Bundestag und damit hauptberuflich in die Politik eintrat, hatte ich von der staatsphilosophischen Weltliteratur noch fast nichts gelesen und besaß kaum eine Ahnung von ihrer Existenz ... Je mehr ich in die Politik hineingewachsen bin, umso mehr hat mich die Philosophie des Staates und der Politik interessiert, ebenso die Ethik ...»

Allerdings, Marc Aurels Selbstbetrachtungen habe er schon im Kriege immer bei sich getragen, er habe ihn die Tugenden der «Pflichterfüllung und der inneren Gelassenheit» gelehrt. Freilich, fügte Schmidt hinzu, habe er erst nach der Nazizeit begriffen, was er ihn nicht lehrte, «selbst zu erkennen, *was* meine Pflicht ist».

Das lernte er, wie er fortfuhr, bei Immanuel Kant. Neben dessen kategorischen Imperativ, den er sich zueigen machte, habe er seine drei prinzipiellen Appelle immer zu beherzigen versucht, nämlich – «Selbst denken! Sich an die Stelle jedes anderen denken! Jederzeit mit sich selbst einstimmig denken!»[10]

Karl Popper, Nr. drei in der Hausapotheke, sei für ihn ein «Lehrer der persönlichen Verantwortung» gewesen, schrieb er.[11] Gelehrt habe er ihn, dass jede totale Utopie in Unfreiheit und massenhaftem Elend münde. Schließlich, dass Demokratie nicht «Volksherrschaft» meine, das Volk habe nur die Möglichkeit, eine Regierung gewaltlos zu beseitigen und sie mit einer anderen zu ersetzen. Endlich das Prinzip der *schrittweisen* Reform von Wirtschaft, Gesellschaft und Staat «als das der Demokratie angemessene Prinzip der politischen Praxis».[12] Ohnehin sei ein parlamentarisches System in einer hochkomplizierten industriellen Demokratie zu umwälzenden Veränderungen nicht geeignet. Als «Verantwortungsethiker» im Sinne Max Webers beschrieb er Karl Popper, den er unter den lebenden Philosophen wohl am meisten verehrte.

Der Leuchtturm Max Weber allerdings überragte aus seiner Sicht alle. Niemandes Worte hat Schmidt so häufig zitiert wie die des Heidelberger Gelehrten und Bildungsbürgers aus seinem legendären Vortrag über «Politik als Beruf», den er bereits im Jahr 1919 hielt. Insbesondere die Unterscheidung zwischen Verantwortungs- und Gesinnungsethik wurde zu einer Art Kompass für ihn. Nur zu gern legte er ihn an, um die Differenz zwischen Andersdenkenden und sich selbst klar zu machen. Erhard Eppler beispielsweise galt ihm seit den gemeinsamen Zeiten im Kabinett Brandt als Prototyp des «Gesinnungsethikers». Sollte heißen, er verfolge visionäre Ziele aus einer moralischen Grundhaltung heraus, mache sich selber damit aber unfähig zum vernünftigen Agieren und zu verantwortlicher Kompromisspolitik, die alle Seiten eines Problems beleuchtet und nicht nur die Prinzipien beschwört.

Verantwortungs- gegen Gesinnungsethik: Mit Hilfe dieser Begriffe Max Webers hat Schmidt den Spalt zwischen rechts und links, zwischen Pragmatikern und Theoretikern ins Grundsätzliche überhöht. Dass er Eppler damit auf etwas reduzierte, was diesem nie gerecht wurde, steht auf einem anderen Blatt. Schmidts Stärke, die Unterschiede klar zu machen und für Klarheit zu sorgen, ging nicht nur in diesem Fall zu Lasten eines Dritten: Er steckte Widersacher gern in eine Schublade, auch wenn sie es verdient hätten, unvoreingenommen betrachtet zu werden. Horst Ehmke gehörte gleichfalls zu diesen Opfern. Die Liste wäre gar nicht klein.

Der Passus, auf den Helmut Schmidt sich am liebsten berief und den er erstmals 1961 in seinem Buch «Verteidigung oder Vergeltung» zitierte, lautete bei Max Weber: «Nicht dass Gesinnungsethik mit Verantwortungslosigkeit und Verantwortungsethik mit Gesinnungslosigkeit identisch wäre. Aber es ist ein abgrundtiefer Gegensatz, ob man unter der gesinnungsethischen Maxime handelt: ‹Der Christ tut recht und stellt den Erfolg Gott anheim›, oder unter der verantwortungsethischen: dass man für die (voraussehbaren) Folgen seines Handelns aufzukommen hat.»

Seine Version dazu, die er selber später zitierte und auch unverändert gelten lassen wollte, lautete folgendermaßen: «Die Frage nach den Folgen, die der politisch Handelnde sittlich zu verantworten hat, reißt allerdings das ganze Feld der Fragen nach den ethisch gerechtfertigten Zwecken, nach den zweckmäßigen Mitteln, nach den unvermeidlichen Nebenwirkungen und nach dem Zusammenhang von Zwecken, Nebenwirkungen und Mitteln auf – und damit ist des Fragens noch kein Ende. Mit einem Wort: Wer als Politiker über atomare Rüstung entscheidet, *muß* sich bei der Kalkulation der erstrebten wie der abgelehnten Folgen zunächst der politischen und militärischen Analyse bedienen, um erst anschließend die damit klargestellten Ziele, Mittel und Nebenwirkungen ethisch bewerten und gegeneinander abwägen zu können.»[13]

Bei der Gelegenheit kam der Autor noch einmal zurück auf die große Kontroverse mit Strauß im Parlament über die Ausstattung der Bundeswehr mit nuklearen Waffen, von der schon die Rede war.[14] Die eine Seite musste begreifen, dass die Forderung nach Atomwaffen für die Bundeswehr «die gegenwärtige Unzureichendheit der Verteidigungsstruktur und -strategie der Nato nur noch zusätzlich zu vergrößern geeignet ist»; die andere Seite musste verstehen, dass die Frage einer eventuellen nuklearen Ausrüstung deutscher Truppen «nicht mit Kategorien reiner Gesinnungsethik, sondern – wie jede politische Problemstellung – nur mit Kategorien der Verantwortungsethik beantwortet werden kann».[15]

Zu dieser Analyse, die er schon 1957 anstellte, stehe er unverändert. Politiker könne sie jedoch «nicht vor der Notwendigkeit zum sittlich begründeten eigenen Werturteil bewahren». Bevor ein Politiker handelt, lautete der Schmidt'sche kategorische Imperativ, «muß er prüfen, ob seine moralische Legitimation ausreicht, um die Folgen seines Handelns vor seinem Gewissen verantworten zu können – und vor den Regierten».[16] Zu dem, was er strategisch für richtig hielt, lieferte er stets die Erklärung, worauf sich sein Rat gründet.

Soweit man auch zurückblendet, der Politiker Schmidt trat immer zugleich als jemand auf, der laut nachdachte darüber, was er machte und woran er sich orientierte. Für ihn war es selbstverständlicher Teil des Gewerbes, darauf zu achten, wie man sich darstellt, und das auch gar nicht zu verbergen. «Er war Staatsmann und Staatsschauspieler zugleich», immer beides, urteilt bewundernd Ted Sommer.

Was ist Politik? Je erfahrener Helmut Schmidt wurde in seinem Metier, je stärker ihm das Image des Pragmatikers, des Entscheiders und Machers anhaftete, umso demonstrativer bemühte er sich, die Grundlagen von Politik klar und nachvollziehbar zu machen.

Als Neuling auf der Parlamentsbühne beschäftigte ihn das nicht, aber je mehr er sich hineinkniete und seinen Beruf ernst nahm, umso wichtiger wurde es für ihn, sich auf seine stillen Ratgeber zu berufen: Immanuel Kant, Karl Popper oder Max Weber habe er bei vielen Entscheidungen durchaus bewusst zu Rate gezogen, so während der Entführung Hanns Martin Schleyers und des Lufthansa-Flugzeugs, aber auch in anderen kritischen Situationen, gestand Schmidt in einem kleinen Aufsatz über die «Gelehrten und die Politik». Ohne philosophisch-ethische Grundlage gerieten Politiker in Gefahr, Fehler zu begehen, ihr Handeln könne in Opportunismus münden, wenn sie nicht gar zum «Scharlatan» würden. Aber kein Kodex ethischer Normen «kann uns der Anstrengung der praktischen Vernunft entheben». Vielleicht liefere dieser Gedanke «den Ansatz» für einen kategorischen Imperativ «unter den Bedingungen einer immer komplexeren Weltgesellschaft auf immer engerem Raum».[17]

Hoch griff das, sehr hoch. Unbedingt aber wollte Helmut Schmidt demonstrieren, sein politisches Handeln folge auch einer Art innerem Grundgesetz. Könnte es sein, dass dies eine Folge der Kritik war, seine Politik erschöpfe sich im pragmatischen Machen? Wir jungen Journalisten in Bonn stöhnten seinerzeit tatsächlich über den Meltau auf der Politik, sie war auf Absicherung bedacht und «wurstelt sich durch», wie es hieß, sie wirkte ernüchternd trocken und solide. Traf ihn die Einschätzung mehr, als er zugeben wollte? Für ihn gab es, wie er gar nicht genug betonen konnte, eine Kontrolle höherer Art, die Politiker anleitete oder ihnen jedenfalls insgeheim Orientierung bot. Das machten die fünf Jahre Altersunterschied aus zwischen Willy Brandt, Fritz Erler und ihm, oder die Differenz zu der nächsten Generation, zu Carlo Schmid, Herbert Wehner oder Kurt Schumacher. Sie schöpften aus ihren Lebenserfahrungen, er aber hatte den Eindruck, sich mit sich selber verständigen zu müssen über die Grundlagen, die ihn anleiteten. Sie hatten ihre Maßstäbe gewonnen als junge Männer in einer Welt, die aus den Fugen geriet, er musste sich alles erarbeiten, seufzte er.

Wurzeln «Politische Heimat» – fast liebevoll überschrieb er damit das Kapitel seiner Erinnerungen, in denen er seinen Weg in die Sozialdemokratie beschrieb. Verfasst hat er diese Skizze im Jahr 1996, vierzehn Jahre nach seinem Rücktritt als Kanzler.

Gar zu einfach wollte er es sich dort beispielsweise nicht machen mit der verbreiteten These, seine Partei habe ihn im Raketenstreit endgültig im Stich gelassen, einschließlich Willy Brandts. Helmut Schmidt selbst hatte diese Deutung oft nahegelegt oder Leitartiklern zugestimmt, die meinten, in dieser Debatte habe er sich als der sachkundige Sicherheitsexperte erwiesen, während in seiner Partei irregeleitete Friedensapostel den Ton angäben, ohne Ahnung von Realpolitik und der wahren Bedrohung durch Moskau. Ähnlich hatte auch Schmidt öffentlich seine Partei oft geschurigelt. Aber seltsam, jetzt bei der Erinnerungsarbeit klang das anders.

Weit holte er aus an dieser Stelle seiner Memoiren, in denen er über so vieles sparsam berichtete. Seine erste Parteischule im Hamburger Bezirk Neugraben im Jahr 1945 war ihm haften geblieben, sogar an die Namen – Karl Thomen, August Jürgens, Liesbeth Ostermeyer – konnte er sich erinnern. Im SDS, fuhr er fort, damals einem «parteifrommen» und «jedenfalls gesetzestreuen» Studentenbund, habe er zu debattieren gelernt. Diejenigen, die sich dort kennenlernten, blieben zum Teil Freunde fürs Leben. Willi Berkhan zählte zu ihnen.[18] Zur Elementarerziehung, schrieb Schmidt, trug daneben die Universität bei, jedenfalls einige seiner Hochschullehrer. Eduard Heimann habe er Einblicke in die notwendige Verbindung von Moral und Wirtschaft zu danken, Bernhard Pfister habe ihm die finanz- und währungspolitischen Grundlagen beigebracht, und Karl Schiller die Berührung mit John Maynard Keynes und anderen Ökonomen der Moderne.

Bei Karl Schiller, der ihn in die Behörde für Wirtschaft und Verkehr geholt hatte,[19] erhielt er anfangs 300 Mark Monatsgehalt, wie er sich erinnerte, genug jedenfalls, um eine Familie zu ernähren. Ironisch, aber selbstbewusst merkte Schmidt an, außer seiner Arbeitskraft habe er nur seine Fähigkeit zum «präzisen, schnellen Umgang mit Vorgängen und Akten» eingebracht.[20]

Bemerkenswert generös fiel der Rückblick aus großer zeitlicher Distanz aus. Trotz aller Vorbehalte gegenüber dem eitlen, genialen, empfindlichen Chef, bei ihm bedankte er sich regelrecht für die Einsicht, dass die SPD sich marktwirtschaftlichem Denken öffnen müsse, unter seiner Ägide festigte sich bei ihm die Vorstellung von einer zeitgemäßen Ökonomie und einer moderaten

Sozialdemokratie zugleich. Besonders Schillers Meisterschaft beim Finden von Begriffen bewunderte er: «Konzertierte Aktion», «soziale Symmetrie», genial fand er das. Gerade ihn akzeptierte er als einen sozialdemokratischen Ziehvater, auch wenn er freilich Vorbehalte wachrief. Seine «Unwilligkeit zum Kompromiss, zusammen mit seinem Mangel an außenpolitischem Verständnis», habe 1972 seinen Rücktritt ausgelöst, fasste er eine lange Geschichte kurz zusammen.

In der Rückschau blickte Schmidt milde auf ihre gemeinsamen Jahre: Übelgenommen habe er Schiller zwar, dass er bald nach dem Rücktritt aus der SPD austrat und sich gegen sie im Wahlkampf engagierte, trotzdem habe er die Verbindung nie ganz abreißen lassen. Noch 1981, ein Jahr vor seiner Abwahl, empfahl er dem damaligen Finanzminister Hans Matthöfer, auf Schillers Rat gut zu hören, denn jede ökonomische Unterhaltung mit ihm sei «wertvoll und nützlich» gewesen.[21]

Nur von Ernst Reuter, Wilhelm Kaisen und Max Brauer, den herausragenden Nachkriegsbürgermeistern, bekannte er ähnlich respektvoll, wie sehr er sie verehrt habe. Kurt Schumacher behielt er in Erinnerung als «faszinierende Persönlichkeit», die ihn zugleich aber verstörte; nicht nur, weil er zu nationalistisch dachte, sondern vor allem auch, weil er die Idee von der «offensiven Verteidigung» in Richtung auf Weichsel und Narew für grundfalsch hielt. Alle drei, der Berliner, der Bremer und der Hamburger Sozialdemokrat, zählten zu den prominenten Kritikern Schumachers. In ihrem Schatten, von ihnen bestärkt, und im Bunde mit den etwa gleichaltrigen «Modernisierern» lernte Helmut Schmidt. Vor allem lernte er, sich zu emanzipieren.

Neben seinen Leitsternen «oben», Reuter, Kaisen, Brauer, widmete er aber auch der Basis «unten» im Ortsverein Hamburg-Nord überraschend freundliche Zeilen. Überraschend, wenn man im Ohr hat, wie herablassend, manchmal vernichtend er über Parteifreunde sprechen konnte. Nichts gegen die «Ochsentour», hieß es nun aber lakonisch. Mit kurzen Erinnerungen an all die Handwerksmeister, Kaufleute, Arbeiter, Lehrer, Ärzte, Anwälte, Geschäftsführer von Genossenschaften, Betriebsratsvorsitzende – die Älteren unter ihnen

Seit 1961 wohnen «Loki» und Helmut Schmidt in diesem Haus in Hamburg-Langenhorn. Hier empfängt er auch offizielle Besucher wie Kreml-Chef Leonid Breschnew und den Schlossherrn Giscard d'Estaing.

vor 1933 Mitglieder der Sozialistischen Arbeiterjugend (SAJ) oder des Reichsbanners – wollte Schmidt klarmachen: Viel Lebenserfahrung tummelte sich dort, «handfesten politischen Verstand» fand er geballt, von der Pike auf lernte er hier. Alle vierzehn Tage trafen sich die Parteifreunde zu ernsthaften Diskussionen. Immerhin von 1953 bis 1965 dauerten diese Lehr- und Gesellenjahre für ihn. Wenn man sich erinnert, wie er später – zumal als Kanzler Ungnädig – über all die vertane Zeit in den Gremien und das «Gesabbel» der Genossen spottete, erscheint es bemerkenswert, wie intensiv er sich der Arbeit im kleinen Kreis Gleichgesinnter unterzog. In höchsten Tönen lobte er sich diese zwölf Jahre politisches Grundseminar. Betonen wollte er allerdings – es wurde «nicht in akademischer Manier» gesprochen, und man diskutierte zum Kern, wie er gern hervorhob, in «alltäglicher Sprache».

Alles, was ihm abgehoben erschien, unrealistisch oder gar theoretisch, langweilte oder ärgerte ihn. Wahlkämpfe um die Bürgerschaft oder den Bundestag kamen noch ohne PR-Agenturen aus, junge Leute wie er mussten Plakate kleben und später spurlos wieder entfernen. 40 solcher Parteiposter malten allein Loki und er mit der Hand, «herrliche Zeiten» waren es, an einer Prügelei mit jungen Kommunisten, die ihr Selbstgemaltes zerstört hatten, hinderte ihn in letzter Sekunde Freund Peter Schulz. Aber die Widersacher zogen sich ohnehin zurück, die jungen Sozialdemokraten waren in der Überzahl. Kaffee und Suppe wurde gekocht, Klärchen Krystofiak, Ruth Wilhelm (später Ruth Loah), Anni Kineast – all die Namen kamen ihm in den Sinn, sie bildeten ihren Stützpunkt, während die jungen Aktivisten sich zwischen Ochsenzoll, Außenalster und Dulsberg tummelten ... Mit Vornamen redeten sie sich an, Freundschaften entwickelten sich, die ein Leben lang hielten wie die mit Hans Apel, später bei ihm im Kabinett Finanz- und Verteidigungsminister; auch Peter und Sonja Schulz kamen ihm in den Sinn, Schulz wurde Senator und Bürgermeister, ja, sein breites Hamburger Freundespanorama entfaltete Schmidt bei dieser Gelegenheit. Nicht zuletzt ging es ihm darum zu zeigen, dass er dieser kleinen Welt, seinem Mikrokosmos, stets treu geblieben sei. «Sozialdemokratische Lebensläufe» allerdings wurden seltener, wie der von Albert Schulz, Peters Vater, Maschinenbauarbeiter, von den Nazis eingesperrt, Soldat, Oberbürgermeister in Rostock nach dem Krieg, Gegner der Vereinigung von SPD und KPD. Mit beiden Füßen standen sie auf der Erde, entstammten selbst dem Arbeitermilieu, wie Wilhelm Kaisen, gelernter Bauarbeiter ...

In ein auffallend freundliches Licht tauchte Schmidt die Republik mit diesem Genrebild, das er mit ungewohnt leichter Hand zeichnete: Die Welt von gestern, samt einem kräftigen Schuss Nostalgie. Wiewohl selbst nicht hineingeboren in die Arbeiterbewegung, träumte er sich auf diese Weise hinein. Ins Schwärmen konnte er geraten, wenn er sich erinnerte an die Leuchtgestalten, die weit über die Stadt hinaus dachten, und die Bodenständigen, die wussten, wo der Schuh drückte. Zeitlebens blieb das für ihn die ideale Mixtur, zu der er sich insgeheim gesellte, als gehörte er schon immer dazu. Ein Idealbild, das alle störten, die nicht seinen Traum träumten.

Daran würde er auch später stets seine Parteifreunde messen, die in tausend ermüdenden Gremien schwadronierten, in der Mehrzahl leider meist «akademisch gebildete Intellektuelle», wie er spottete; viel Phantasie brauchte man nicht um herauszuhören, wie ihn das grauste. Vielleicht war dieser Weg unvermeidlich, seufzte der Autor, wenn er zufällig milde gestimmt war, man brauchte halt zunehmend Spezialisten, aber ihm lagen diese «ideologischen Tüftler und Bastler» schlicht nicht.[22]

Ausgerechnet die aber sollten in den 70er Jahren alle in seine schöne, idyllische, herzerwärmende Gemeinschaftsstube aus der Nachkriegsepoche strömen, in jenen trauten Kreis mit den selbstgemalten Plakaten, den knorrigen Lebenswegen und den Freunden für die Ewigkeit. Diese Achtundsechziger, wie fremd sie ihm vorkamen! Allerlei Neomarxismus oder «Kritische Theorie» hatten sie in sich aufgesogen, ziemlich unkritisch natürlich, Mao Zedong verehrten sie oder Che Guevara, ohne sie wirklich zu kennen; und selbst als Erwachsene änderten sie sich nicht, «ihr idealistisches Bedürfnis trieb sie noch immer auf die Suche nach Idolen und Theorien, hoch über der grauen Wirklichkeit».[23] Und dann tummelten sie sich auch noch auf den Straßen, besetzten Hörsäle, wollten Politik machen im Audimax. Was verstanden die denn bloß von diesem komplizierten, verantwortungsvollen Gewerbe?

Unmut übermannte ihn, Zorn überwältigte ihn, wenn er nur nachdachte darüber: Willy Brandt sei als Parteivorsitzender diesen von ihm so genannten ‹neuen sozialen Bewegungen› «sehr weit entgegengekommen: dem neuen Pazifismus, der einäugig die Sowjetunion als Verhandlungspartner favorisierte und die USA geringschätzig abwertete; der neuen Frauenemanzipation, die in Wahrheit keineswegs neu war; der neomarxistischen sozialökonomischen Planungseuphorie wie auch der ökologischen Angstmacherei. Weil man selber ein festes Gehalt oder Einkommen hatte, brauchte man bei seinen (zum Teil durchaus plausiblen) ökologischen Umwälzungsvorstellungen keine Rücksicht auf die Ökonomie zu nehmen und schon gar nicht auf die deutsche Position im Wettbewerb auf den Weltmärkten, in dem Deutschland ein Drittel seines Volkseinkommens verdiente und von dem ein Drittel der Arbeitsplätze abhing.»[24]

Keine Ahnung hatten sie davon, wie eine Volkswirtschaft funktioniert, null Realitätssinn: Wenn er auch noch gegen Ende seiner Zeit als Regierungschef solchen Diskussionen «einigermaßen gewachsen» blieb, grollte Schmidt, auch auf Parteitagen, deren Debatten zunehmend von Intellektuellen dominiert wurden, so verdanke er dies der vorangegangenen Schulung, nämlich den parlamentarischen Diskussionen. Im Zeitraffer, beim Schreiben, konnte er wüten und sich in Rage bringen: Zur Hälfte habe seine eigene Partei das Ende seiner Kanzlerschaft und den Wechsel zu Helmut Kohl vorbereitet, zürnte er dann, als wollte er sich niemals mehr bremsen lassen, zur anderen Hälfte war die FDP schuld daran, die der Wählerschaft «ihre scheinbar unersetzliche Rolle zu demonstrieren hoffte».

Aus war es damit im Oktober 1982, folgt man seiner kurzgefassten Version über die knappen acht Kanzlerjahre und ihr abruptes Ende. Danach triumphierte die «linksintellektuelle Opposition», «allzu viele Sozialdemokraten schlossen sich opportunistisch diesem Triumph an». Die Wähler bestraften zwar seine Partei dafür, was er nur allzu logisch fand. Aber lachen konnte er darüber nicht. Die Zeilen, in denen er sich den Unmut von der Seele schrieb, strömten auch Bitterkeit aus.[25]

«Hauptberuflich», schrieb Schmidt, sei er seit 1953 Politiker gewesen, seit er also sein Mandat im Bundestag vertrat. Ob er es bleiben wolle, stand trotzdem nicht fest. Aber wie es auch kommen würde, die Lehrjahre bereute er nicht. Er lamentierte auch nicht beim Rückblick, im Gegenteil. 1961 allerdings, nach acht Jahren, gab er auf. Auf der Bonner Bühne hatte er sich zwar einen Namen gemacht, zumal wenn es im Parlament um strategische Fragen, um die Bundeswehr oder eine mögliche atomare Ausrüstung ging. Er fürchtete sich vor niemandem. Aber dennoch, es reichte: Nach reiflichem Überlegen erklärte er sich Ende des Jahres bereit, nach Hamburg zurückzukehren. Bürgermeister Paul Nevermann hatte ihn gebeten, eine moderne Innenverwaltung in der Hansestadt aufzubauen. Politik wie im Parlament war das nicht, aber er entfernte sich damit auch nicht ganz davon. Im Senat konnte er praktisch anpacken, anders als in Bonn, wo er viel gelernt hatte, das ihn aber in dieser Hinsicht enttäuschte.

1961 Kaum hatte er sich entschieden, dem Parlament den Rücken zu kehren, ließ Willy Brandt bei ihm sondieren, ob er sich statt nach Hamburg nicht lieber nach Berlin locken ließe. Er konnte Schmidt die Nachfolge des plötzlich verstorbenen Innensenators Lipschitz in Aussicht stellen. Immerhin war das mit der Perspektive verbunden, bald schon Brandt selbst im Amt des Regierenden Bürgermeisters abzulösen, falls der in Bonn nach den Wahlen ein Regierungsamt übernähme.

Berlin? Gewiss war der Reiz groß, mit Brandt verstand er sich, ihm hatte er sogar schon seine Freundschaft angetragen – auch wenn der sich nicht ausdrücklich darauf einließ –, aber die Zeit hielt er für zu knapp, um eine so weitreichende Karriereentscheidung zu treffen. Und die Chance, den «Regierenden» im Schöneberger Rathaus zu beerben? Nüchtern dachte er darüber nach, aber blieb dann bei seinen Leisten: Wer weiß, was aus Willy Brandt würde, oder aus der SPD. Hamburg erschien ihm weiterhin als ein sicherer Hafen für sich selbst. Helmut Schmidt entschied sich für die Stadt, in der er Plakate gemalt und geklebt hatte mit Loki und sich im Freundeskreis wohler fühlte als im engen katholischen Treibhaus oder in der komplizierten Viermächtestadt. Er startete wie immer: Vom ersten Arbeitstag an kniete er sich hinein in die Hamburger Stadtteilpolitik und in die Personalpolitik bei der Polizei, als wäre er nie fort gewesen.

Ja, Hamburg betrachtete er als seine Stadt: Für ihn bedeutete das Freunde innerhalb und außerhalb seiner Partei, Herbert Wehner, Peter Schulz, Hans Apel und viele andere, Bürger und Geschäftsleute, Banker, aber auch Axel Springer mit seinem Verlagshaus, Rudolf Augsteins *Spiegel*, *Stern*-Chef Henri Nannen sowie die *ZEIT* mit Marion Gräfin Dönhoff und Theo Sommer. Hier war er aufgewachsen, in dieser Welt – gar nicht mehr so kleinbürgerlich wie das Elternhaus – fühlte er sich wohl, Hamburg war die Medienstadt der Republik, auch Frankfurt und München reichten für ihn nicht heran.

Stadt unter Nichts aus seinem Leben ist so oft erzählt worden wie der Ablauf jener Tage, als Hamburg von einer Sturmflut heimgesucht wurde und Helmut Schmidt das Kommando übernahm. Die List der Geschichte war, wie sich zeigen sollte, auf

Seiten Schmidts, der endgültige bundesweite Durchbruch, erfolgte nämlich nicht im Parlament am Rhein, sondern ausgerechnet in diesen Tagen an der Elbe. Die Nacht vom 16. auf den 17. Februar 1962, als eine Jahrhundert-Flutkatastrophe Hamburg ereilte, wurde zum Dreh- und Angelpunkt seiner Politiker-Vita. Wenn der Mauerbau am 13. August 1961 Willy Brandts weiteren Weg und vor allem seine Deutschland- und Ostpolitik prägte, dann war es sechs Monate später das Hamburger Drama, das Schmidts Ruf untermauerte, der Mann in spe für Krisen jeder Art zu sein.

Erste Meldungen über eine drohende Notlage in Hamburg ereilten Helmut Schmidt, als er sich gerade mit dem Wagen auf der Rückfahrt von einer Innenministerkonferenz in Berlin nach Hamburg befand; durch die «DDR», die man damals noch in Anführungszeichen setzte. Eine Flutkatastrophe hatte es zuletzt 1825 gegeben, die Stadt hatte sich mit Deichen gerüstet und glaubte sich weitgehend gefeit vor bösen Überraschungen. Am Freitagmorgen (16. Februar) hatten ihn seine Mitarbeiter noch beruhigt, das Hochwasser stand 1,50 Meter über normal, kein Grund, besonders alarmiert zu sein. Aber dann stieg das Nordsee- und Elbwasser rasch. Mit Windstärke 13 bei Spitzenböen wurde eine Flutwelle in die Elbmündung hineingetrieben. Über der Nordsee, Skandinavien und vor den deutschen Küsten tobten bereits seit einigen Tagen Orkane. Die Lage spitzte sich offenbar zu, auch wenn Genaueres nicht zu erfahren war. Mit dem Chauffeur wechselte Schmidt sich ab, um die anstrengende Fahrt zurück durchzustehen.

Hamburg wurde von einer derart heftigen Flut heimgesucht, wie sie die Stadt selten getroffen hatte. Orkanböen von bis zu 200 Kilometer pro Stunde hatten reihenweise dazu geführt, dass Deiche an der Nordseeküste, zunehmend aber auch in der Stadt brachen – am schlimmsten in Wilhelmsburg. Unter dem Druck zurückflutenden Wassers von Elbe und Weser barsten seit Mitternacht in weiten Stadtgebieten Hamburgs die Deiche. In den Morgenstunden des 17. Februar waren bereits 100 000 Menschen vom Elbwasser eingeschlossen. Wie sich später herausstellen sollte, kamen insgesamt fast dreihundert Menschen ums Leben. Auf 5,70 Meter stieg der Wasserstand, mehr als vier Meter über dem Mittleren Hochwasser.

Auch Polizei und Feuerwehr wurden von den Ausmaßen überrascht, die ersten Flutwarnungen in Funk und Fernsehen klangen noch relativ normal. Nun mussten sie sich verzweifelt bemühen, Menschen in Lebensgefahr zu retten. In zahlreichen Stadtteilen fielen Strom und Wasser aus. Der Erste Bürgermeister, Paul Nevermann, hielt sich in Bad Hofgastein auf und erfuhr erst am Samstagmorgen, was in seiner Stadt geschah, von München ließ er sich eilig nach Hamburg fliegen.

Samstag: In den frühen Morgenstunden hatte Schmidt mit seinem Dienstwagen die Stadt erreicht. Über die wahre Dimension des Unglücks konnte er in dem Moment nicht Bescheid wissen, auch nicht, wie viele Menschenleben es schon gekostet hatte. Kurz nach seiner Ankunft zu Hause gaben ihm seine Beamten erste Informationen. Das reichte, ab da begann sein Einsatz.

Offiziell leitete er die Polizeibehörde, er fühlte sich mitverantwortlich. Von der ersten Minute an führte er Regie, auch über die Bundeswehr; amerikanische, britische und holländische Streitkräfte halfen. Kaum hatte er sich eine Übersicht im Chaos verschafft, ließ er beim Bonner Verteidigungsministerium sowie bei Kommandeuren der Bundeswehr Schlauchboote und Transportraum anfordern, das Telegramm unterzeichnete er als «Präses» der Polizeibehörde, Tausende von Menschen hatten sich auf Dächer gerettet, die Hamburger Polizei und Feuerwehr war überfordert. Im Polizeipräsidium übernahm er das Kommando. Weil Nevermann noch nicht eingetroffen war, leitete Schmidt am späten Vormittag auch die erste Senatssitzung.

Wegen des anhaltenden Sturms sollten die Hubschrauber der Bundeswehr zwar nicht fliegen, aber einer der zuständigen Generäle gab auf Schmidts Bitte hin den Einsatz der rund hundert Maschinen frei. Schmidt war es, der am Samstagnachmittag sich als einer der ersten über die betroffenen Stadtgebiete fliegen ließ. Tausendfach ist er später gefragt worden, was dann ablief, tausendfach hat er es im Detail erzählt. Er koordinierte den Einsatz aller Rettungskräfte, Polizei, Bundeswehr, Technisches Hilfswerk, Bundesgrenzschutz, Rotes Kreuz und anderer ziviler Helfer, insgesamt etwa 40 000 Menschen. Regeln gab es für diesen Notfall nicht, alle fügten sich. Nicht gegen das Gesetz habe er verstoßen, schilderte

Helmut Schmidts Stunde schlägt: Während der Flutkatastrophe in Hamburg Mitte Februar 1962 dirigiert er als Innensenator die Rettungsaktionen, ohne kleinlich auf Kompetenzen zu achten. Er habe nicht danach gefragt, was das Grundgesetz erlaubt, wird er später sagen, selbst Nato-Soldaten stellt er unter sein Kommando. Sein Ruf als Krisenmanager, den er damit erwirbt, bleibt künftig gewahrt, er genießt dieses Etikett. Seitdem gilt er als «kanzlerfähig» für alle Lebenslagen, ähnlich wie Brandt Kanzlerfähigkeit seit dem Mauerbau im Jahr 1961 bescheinigt wird.

Schmidt diese Stunden und Tage, aber gesetzlich war auch nicht vorgesehen, wie er agierte. Lakonisch erklärte er hinterher, es sei einfach nicht anders gegangen.

Ganz sicher genoss Helmut Schmidt, was in vielen Zeitungsberichten aus jenen Tagen zu lesen war über ihn – Heldensagen. Kolportiert wurde auch Paul Nevermanns Frotzelei im Rathaus, das letzte Wort habe nach der Verfassung der Stadt noch immer der Senat. Aber das vergrößerte sogar noch den Respekt, auch darüber hatte Schmidt sich hinweggesetzt, die Berichte klangen durchweg bewundernd. Der Bürgermeister hatte allen Grund, vier Tage später –

das Schlimmste war erst jetzt überwunden – neben der Vielzahl der professionellen Helfer vor allem dem «Leiter des Katastropheneinsatzes», Helmut Schmidt, zu danken. Der Gelobte mühte sich, bescheiden aufzutreten.

Ein Pragmatiker war in der Flutnacht gefordert, der wusste, was Priorität haben sollte: Regeln und Prinzipien oder schlicht Menschenleben? Was Schmidt unter «Verantwortungsethik» verstand, konnte er hier praktisch demonstrieren. Er agierte, wie einer seiner Biographen schrieb, als Generaloberst im Armeehauptquartier, der einfach improvisieren musste. Gut gewählt war die Metapher. Die Soldaten, die ihm gehorchten, waren ihm nicht unterstellt worden, er habe sie sich «genommen», kommentierte er schnoddrig.

Sogar der stets kritische *Spiegel* gab seiner Geschichte über das Hamburger Drama die Überschrift, «Herr der Flut», und das Magazin hatte gewaltigen Einfluss. Bewundernd bescheinigten ihm die Journalisten, die so gerne kritisch mit der Politik ins Gericht gingen, die Hansestadt sei führerlos und unfähig gewesen, einen Führer zu berufen, als die Sturmflut über sie hereinbrach, «der Führer berief sich selbst». Respektvoll meinten sie das, ausnahmsweise. Schmidt habe Nevermann angeraunzt, wusste das Magazin Augsteins: «Paul, halt mich jetzt nicht mit unwichtigen Fragen auf.» Von den Soldaten und Beamten erwartete er «Vollzugsmeldung». Andächtig titulierten sie Schmidt den «Generalstäbler der Wassernot». «Unter den altgedienten Senatoren der SDP/FDP-Koalition hatte keiner das gleiche Selbstbewusstsein und einen ähnlichen Machtinstinkt aufzuweisen wie er. Der gewesene Artillerist in der großdeutschen Wehrmacht klärte die nach der Flutnacht vom 16. Februar völlig verwirrte Situation und schickt die Hilfstruppen an die Wasserfront.»

Er befand sich im Krieg. Diesmal handelte es sich um den «richtigen» Krieg, er konnte seinen Maßstäben folgen, und er trug die Verantwortung. Keiner war Herr über ihm.

Sein Etikett als «Krisenmanager» hatte er seitdem weg. Der jüngste Mann im Senat war nicht nur der populärste, in Wahrheit hatte er sich auch ausgewiesen als jemand, dem jedes Amt anzuvertrauen wäre, das die Republik zu vergeben hat. Seine Partei jedenfalls würde auf den Mann, der nach Hamburg zurückgekehrt war, künftig nicht mehr verzichten, das stand fortan fest.

Gefestigt hatte er vor allem seinen Ruf als Mann der Exekutive, dem man auch ein Land in Not oder Krise anvertrauen könne. Auch in der Stadt Hamburg gab ihm dieser Erfolg selbstredend Auftrieb: Schmidt nutzte das neugewonnene Prestige, um im Eiltempo die Innenbehörde aufzubauen, mit immerhin 8000 Beschäftigten. Man spürte, er war in seinem Element. «Großartig», pries Wehner ihn, allerdings nicht ohne den kleinen Fingerzeig, er werde noch mehr Proben bestehen, wenn er Maß halte ...[26]

So wie Schmidt Brandt bewunderte in den Tagen des Mauerbaus, so bewunderte Brandt Schmidt während der Sturmflut. Ernst meinten sie es beide mit ihren Respektbekundungen. «Du weißt selbst», schrieb der Berliner Bürgermeister enthusiasmiert dem Hamburger Senatskollegen, «dass diese große Bewährungsprobe für Dich und für uns alle viel bedeutet. Sie legt allerdings auch zusätzliche Lasten auf Deine Schultern.»[27]

Zusätzliche Lasten allerdings kamen zunächst auf Willy Brandt zu. Die Sozialdemokraten suchten neue Gesichter, sie wirkten noch immer weithin als Partei aus der Vergangenheit, honorig, aber ein wenig verstaubt. Aber wie wird man eine moderne Partei?

Neugierige Blicke jüngerer Oppositionspolitiker führten über den Atlantik: Gleich zu Anfang des Jahres gab in den Vereinigten Staaten John F. Kennedy zum zweiten Mal seine Bewerbung als Kandidat der Demokraten für das Präsidentenamt bekannt; gegen seine Mitbewerber Hubert Humphrey, Lyndon B. Johnson und Adlai Stevenson setzte er sich durch, knapp gewann der Senator aus Massachusetts, Sohn aus einer einflussreichen Ostküstenfamilie, am 8. November das Rennen gegen Richard Nixon: Mit 43 Jahren wurde er zum jüngsten gewählten Präsidenten der USA. Gerade in Europa, und ganz besonders in der Bundesrepublik, wurde Kennedy zum Sinnbild des Aufbruchs in eine neue Ära.

Ein ganz anderes Bild bot die Bundesrepublik: Der Bonner Kanzler, Konrad Adenauer, Jahrgang 1876, war beinahe doppelt so alt. Unterschwellig spielte die Generationenfrage plötzlich eine größere Rolle, von der Kennedy-Kampagne, seiner strahlenden Jugendlichkeit und seinem Erfolg gegen den «Veteranen» ging eine beträchtliche Sogwirkung aus. Willy Brandt war gerade vier Jahre älter als der neue Präsident im Weißen Haus. Obwohl er noch in der Weimarer Republik politisch zu denken gelernt hatte – unter den potentiellen sozialdemokratischen Anwärtern auf eine Kandidatur verband sich sein Name am ehesten mit einem Neuanfang.

Willy Brandt bat den Hamburger Parteifreund, ihm mit Rat zur Seite zu stehen während seiner Kandidatur, in die engere Mannschaft aber berief er ihn nicht. Nüchtern besehen war ohnehin zu erwarten, dass die Sozialdemokraten erneut in der Opposition landen würden. Rat wollte Schmidt gerne geben. Aber er wollte sich darauf konzentrieren, in Hamburg den Senat umzubauen. Danach sollte ein «Innensenator» – den es bis dahin nicht gab – geschaffen werden, der sowohl Chef der Polizei als auch der gesamten Stadtverwaltung sein müsse. Den stärksten Mann brauche man für das Amt!

Hing die Entscheidung für Hamburg, die er traf, in Wahrheit damit zusammen, dass er nach der Nominierung des Berliner «Regierenden» zum Kanzleranwärter seine Felle auf der bundespolitischen Bühne davonschwimmen sah? Plante er den Rückzug in die lokale Großstadtpolitik aus Enttäuschung? Wenn, dann hat sich Helmut Schmidt derlei nie anmerken lassen. Und Willy Brandt war sich sicher, auf Helmut Schmidt dringend angewiesen zu sein. Er gehörte nicht zu den sozialdemokratischen Veteranen, wohl aber zu den deutschen Soldaten, er teilte das Los mit der Mehrheit, und galt als einer mit Zukunft. Er stand nun einmal für jene Mehrheitsdeutschen, die sich nicht aufgelehnt hatten, die Brandt aber keinesfalls pauschal anklagen wollte.

In den Morgenstunden des 13. August rückten die «Bautrupps» in Ostberlin aus. Walter Ulbricht hatte unmittelbar zuvor noch all solche Gerüchte dementiert («Niemand hat die Absicht, eine Mauer zu errichten»), aber Nikita Chruschtschow gab am Ende sein Plazet, er wollte Ruhe im östlichen Vorfeld, die DDR blutete aus. Wie entschlossen, zupackend, zielstrebig dieser angeblich ewig zaudernde Brandt in Wahrheit sein konnte, das bewies er in diesen Tagen. Die erregten Berliner scharte er hinter sich, er kanalisierte den Unmut und dämpfte zugleich in einer brandgefährlichen Lage, er ließ Washingtons jungen Präsidenten, John F. Kennedy, und die Westalliierten aber auch wissen, wie sehr ihn ihr Attentismus empöre. Kurzum, in Schmidts Augen «führte» Brandt; im entscheidenden Moment wusste er, was er wollte, ein Realpolitiker ohne Illusionen, der ehrlich aussprach, was er dachte. In seinem Urteil über den Berliner Parteifreund und Kanzlerkandidaten sah Schmidt sich rundum bestätigt.

Bei den Wahlen am 17. September 1961, gut vier Wochen nach der Teilung durch Mauer und Stacheldraht, profitierte die SPD von Brandts überlegtem Auftritt. Um immerhin 4,5 Prozent legte sie zu, während die CDU/CSU fast ebenso viel, 4 Prozent, einbüßte. Bei den damals stabilen Wählerlagern waren das große Schwankungen, aber den erhofften, ganz großen Durchbruch für die Opposition brachten auch diese Wahlen nicht. Konrad Adenauer allerdings hatte seine absolute Mehrheit verloren.

Es ist schwer zu sagen, ob es sich bezahlt gemacht hatte, dass Brandt als eine Art Kennedy aufgetreten war und sich ein «Image» zurechtschneidern ließ, das nicht recht zu ihm passte. Aber der Kanzler hatte jedenfalls auf das Berliner Drama ungeschickt, ja höchst unsensibel reagiert, und Brandt richtig. Zunächst einmal hielt Adenauer es nicht einmal der Mühe wert, überhaupt die Stadt zu besuchen und die fassungslosen Berliner zu beruhigen, er gab also das geballte rheinische Desinteresse am Schicksal der ehemaligen Hauptstadt und Ostdeutschlands zu erkennen, so oft er in seinen Reden auch an die «Brüder und Schwestern» in der «Sovjetzone» erinnerte. Jenseits des Rheins und hinter dem Siebengebirge, hieß damals ein Scherz, beginne für Adenauer «Sibirien». Ganz aus der Luft gegriffen war das nicht. Überdies wirkte der Alte erschöpft. Mit 12,8 Prozent erzielten die Freidemokraten einen sensationellen Erfolg, der nicht zuletzt ihrer Ankündigung zu danken war, sie strebten zwar erneut eine Koalition mit den Christdemokraten an, aber «ohne Adenauer».

Das allerdings hielten die Liberalen nicht durch, sie hatten den Mund zu voll genommen. Gequält ließ sich die FDP dann doch wieder auf eine Wiederwahl Adenauers ein. Zum vierten Mal wurde der Alte aus Rhöndorf ins Palais Schaumburg gewählt, die FDP schluckte es, aber hatte ihren Ruf als «Umfallerpartei» weg. Bonn wirkte wie gelähmt.

Einen größeren psychologischen Erfolg schafften die Hamburger Sozialdemokraten. Rascher und konsequenter waren sie vorangekommen mit der versprochenen «Erneuerung» als Erich Ollenhauers Fraktion im Bundestag; das schwere Traditionsgepäck, die Prägungen noch aus den Weimarer Jahren, das alles dominierte noch stark die Atmosphäre am Rhein. Bei den Bürgerschaftswahlen in Hamburg am 12. November 1961 eroberten die Sozialdemokraten 57,4 Prozent, legten damit also noch einmal um gut drei Prozent zu, während die CDU in den Keller rutschte.

Ein halbes Jahr vor seinem Entschluss, nach Hamburg zurückzukehren, im Frühjahr 1961, publizierte Helmut Schmidt ein Buch, das ihm bundesweit Aufsehen garantierte, ja seinen Namen als Politiker mit internationalem Profil über die Grenzen der Bundesrepublik hinaus bekannt machte. Die sicherheitspolitische Community im Westen schwärmte geradezu davon. «Verteidigung oder Vergeltung»: Unter diesem programmatischen Titel befasste der Autor sich mit der Strategie der Nato, nicht nur mit der Rolle der Deutschen im Bündnis. Bei Lichte besehen handelte es sich um Schmidts ersten strategischen Beitrag zum politischen Erwachsenwerden, zur Emanzipation der Bundesrepublik, wenn auch im Rahmen der Allianz.

Mitreden wollten die Deutschen, hieß das übersetzt, sie wollten sich nicht länger damit bescheiden, dass andere über Krieg und Frieden entscheiden, sogar über den Einsatz nuklearer Waffen, und das aller Wahrscheinlichkeit nach noch auf deutschem Boden. 20 bis 25 Millionen Menschen könnten ihr Leben verlieren, aber eine Diskussion findet nicht statt? Unmöglich, urteilte Schmidt knapp, diese Zeit ist vorbei. Aus diesem Impuls heraus hatte er zur Feder gegriffen. Dieser Mitsprachewunsch sollte für ihn sein Politikerleben lang handlungsanleitend bleiben.

An ein tieferes, persönlicheres Motiv für Schmidts Überlegungen erinnerte Hartmut Soell: «Die seelischen Verletzungen, die ihm Militärdienst, Krieg und Diktatur zugefügt hatten, waren nur oberflächlich vernarbt. Die Beschäftigung mit dem Thema Kriegsverhinderung durch Kriegsvorbereitung ... rührte an altes Versagen, zumal neues Versagen mit noch schrecklicheren Folgen nicht ausgeschlossen war.»[28]

Einer solchen Herleitung der Politik aus dem eigenen Leben heraus würde Schmidt vermutlich kaum zugestimmt haben, seine strategischen Konzeptionen begründete er mit einer rein rationalen, kritischen Analyse der westlichen Sicherheitspolitik. Und dennoch: Motive in der eigenen Lebensgeschichte schließt das keineswegs aus, und es schmälert auch nicht die Relevanz der eigenen Vorschläge, das zu sagen.

Nebenbei machte Helmut Schmidts Wortmeldung per Buch deutlich: Der Rückweg in den Senat nach Hamburg hieß keineswegs, er wolle sich künftig aus der Bundespolitik heraushalten. Genau genommen hatte er mit diesem Text bereits sein großes Thema gefunden, bei dem er konsequent bleiben sollte. Am Ende führte sein Mitsprachewunsch, den er damit erstmals anmeldete, unmittelbar auch zur berühmten Londoner Rede 1977 über die «Lücke» – oder «Grauzone» – in der westlichen Abschreckung sowie zum Nachrüstungsbeschluss der Allianz von 1979. Sehr viel konkreter als in «Verteidigung oder Vergeltung» ging es in dieser Debatte darum, dass die Großmächte sich nicht über die Bundesrepublik hinweg und möglicherweise auf ihre Kosten auf eine funktionierende Form der Abschreckung verständigten.

Fragen nach der historischen Rolle der Kanzlerschaft Helmut Schmidts müssen an dieser Stelle ansetzen: Grundsätzlich trachtete er danach, den Status der deutschen Politik zu verändern, sie sollte mit gleichberechtigter Stimme gehört werden. «Verteidigung oder Vergeltung» ließ und lässt sich lesen als Ouvertüre, die erste von jenen zahlreichen Interventionen, mit denen er Deutschland wirkliche Anerkennung als gleichberechtigter Partner verschaffen wollte, und nicht nur als Lippenbekenntnis.

1963 Bevor die Sozialdemokraten sich einig wurden, ob und wie sie Erich Ollenhauer ersetzen könnten, starb der glücklose Parteivorsitzende im Dezember 1963. Sie mussten sich entscheiden, wie viel sie der jüngeren Generation zutrauten; und ob Brandt in ihren Augen nicht nur der geeignete Kandidat gegen den betagten Adenauer, sondern auch derjenige Vorsitzende sei, der die SPD nach der Godesberger Wende am besten repräsentiere. Zwei Monate zuvor, Mitte Oktober, hatte Adenauer nach endlosem Hickhack und Ausweichmanövern klein beigegeben und den Rückzug angetreten. Endlich löste Ludwig Erhard als zweiter Kanzler der Republik den grollenden Konrad Adenauer ab, der seinem Wirtschaftsminister das Amt schlicht nicht zutraute, selbst aber auch die Macht nicht hatte loslassen wollen.

An Brandt führte kein Weg mehr vorbei, wenn er nicht desavouiert werden sollte. Aber die Idee war, ihn auch ein zweites Mal ins Rennen zu schicken. In der Berlin- und Deutschlandpolitik hatte er sich seit dem Mauerbau für eine Kurskorrektur stark gemacht, da Adenauers Wiedervereinigungsrhetorik jede praktische Annäherung zwischen den getrennten Staaten erschwerte. Klare Konturen hatte auch die Deutschlandpolitik Brandts noch nicht gewonnen. Egon Bahr nahm in Tutzing 1963 erstmals das Wort vom «Wandel durch Annäherung» in den Mund, ein bisschen zugespitzt, wie Brandt meinte, aber nicht falsch. Helmut Schmidts und Fritz Erlers sicherheitspolitische Überlegungen verfolgten Insider im kleinen Kreis. Berlin und die deutsche Teilung jedoch überschatteten alles andere, diese Fragen beschäftigten die breite Öffentlichkeit. Das aber war Willy Brandts Lebensthema geworden, Keim seiner späteren Ostpolitik. Zudem bewies er sein integratives Talent: Links war er in seiner Jugend, in Berlin erwarb er sich den Ruf eines «rechten» Sozialdemokraten, der sich gegen jedes *appeasement* mit der SED oder den Kommunisten wendet, und dennoch traute man ihm zu, beide Lager in seiner Partei zusammenzuhalten. Geschuldet war das offenbar seiner Autorität.

Es war durchaus logisch, dass der Berliner Bürgermeister mit diesen Qualitäten im Jahr 1964 zum Parteivorsitzenden gewählt wurde, «auf die Zinnen der Partei», wie er es mit gewohnt historischem Pathos formulierte. Bis 1987 sollte Brandt dieses Amt beibehalten, nie ließ er sich anfechten von Helmut Schmidt, der seit 1974 – seiner Wahl zum Kanzler – mit schöner Regelmäßigkeit durchblicken ließ, dass er vielleicht besser in Personalunion ... Den

Satz hatte er noch nicht zu Ende gesprochen, schon funkte Brandt kategorisch dazwischen: Niemals! Seine Rolle an der Spitze der Partei würde er nicht aufgeben zugunsten Schmidts, und wenn dem jemand den Rücken freihalten solle, dann werde er das sein, das könne der Kanzler nicht selber.

Aber zurück zu 1964: Die Wahlniederlage gegen Adenauer – besonders wohl auch die Diffamierungskampagnen – hatte Brandt kaum verwunden. Noch zögerte er ernsthaft, ob er sich 1965 eine neuerliche Kandidatur aufhalsen solle. Den heimlichen Grund kannten Freunde: Willy Brandt fürchtete, das Gift, die Denunziationen gegen ihn nach dem Motto «Brandt alias Frahm» oder die Infamie von Franz Josef Strauß («Eines wird man Herrn Brandt doch fragen dürfen: Was haben Sie zwölf Jahre lang draußen gemacht? Wir wissen, was wir drinnen gemacht haben.») wegen seines Exils hätte gewirkt, sogar in die eigenen Reihen hinein. Er quälte sich daher, ob er eine neuerliche Kandidatur seiner Partei «zumuten» könne, denn das Wahlresultat lastete er sich an. Aber die Wahl an die Spitze der Partei – ein Amt, das anzunehmen ihn nie ins Grübeln brachte – nahm ihm auch die Entscheidung über eine neuerliche Kandidatur ab. Ja, er würde es ein zweites Mal versuchen.

Kennedy Ökonomisch hatte sich die Bundesrepublik weit mehr erholt, als ihr das 1949 die größten Optimisten prophezeit hätten. Innenpolitisch jedoch wirkte sie erstarrt und unsicher. Die Teilung des Landes lähmte auch den Westen. Beobachter nannten die Bonner Republik «überstabil» und «versäult». Der Mord an John F. Kennedy am 22. November 1963 traf gerade die Westdeutschen wie ein Schock.

Fasziniert zeigten sich beide, Schmidt ebenso wie Brandt, vom ersten Tag der Präsidentschaft Kennedys an, im Januar 1961. Kennedy verkörperte den gemeinsamen Westen, zu dem sie sich aus Überzeugung und ohne Zögerlichkeit bekannten. Aber auch sein legerer Umgang mit den Medien beeindruckte sie beide. Der neue Präsident verstand, sich zu inszenieren in der Öffentlichkeit, zugleich aber blieb er ein ernstzunehmender Politiker mit Substanz, der spürbar aus der rigiden Ost-West-Konfrontation herausführen wollte.

Helmut Schmidt bekannte, um Fassung gerungen zu haben, als ihm bei einer Parteiversammlung in Hamburg die Nachricht von der Ermordung auf einem kleinen Zettel gereicht wurde. Er habe nicht weitersprechen können. Mit wenigen Worten – «Dieser Tod erschüttert uns alle. Er verändert die Welt. Lasst uns still nach Hause gehen» – löste er die Versammlung auf. Seine wahren Empfindungen, die zu zeigen er sich nicht genierte, kamen denen der «normalen» Deutschen sehr nahe.

Neidlos bewundernd wie selten klang es, als er in einem Rückblick raisonierte, Kennedy habe wohl den politischen Wunschvorstellungen vieler Deutscher von einem «politischen Führer» entsprochen. Als pragmatisch beschrieb er ihn, aber auch als Idealisten «mit einem kleinen Schuss Romantik», ja mit großen Visionen. Politische Führer – auffallend unbefangen nahm Schmidt dieses Wort in den Mund – müssten vieles, was nicht zusammenpasst, in sich vereinen, seufzte der Autor. Ein mitreißendes Zukunftsbild sollten sie entwerfen, fuhr Schmidt in seinem Rückblick auf Kennedy fort, aber Realpolitiker bleiben, die es auch verwirklichen können. Sympathisch sollten sie sein mit «einem Quäntchen erotischer Anziehungskraft», gute Redner, aber auch gute Rechner.

Mit Kurt Schumacher, Konrad Adenauer und Ludwig Erhard verglich Schmidt den ermordeten Präsidenten, und er kam zu dem Fazit, all die disparaten, aber erforderlichen Eigenschaften hätten sie nur in Maßen zu kombinieren verstanden. John F. Kennedy hingegen sei den Wunschvorstellungen äußerst nahe gekommen. Man spürte, dass er – auch noch im Nachhinein – über sich sprach und seine Erfahrungen, als er diese Skizze von Kennedy zeichnete und von «politischen Führern» generell.[29] Mit der Frage, ob die «Personifizierung» der Politik sinnvoll, wünschenswert oder gefährlich sei, schien Schmidt einigermaßen zu hadern. Würde das der Demokratie wirklich bekommen? Ihm missfiel die Mediendemokratie in den USA und die Neigung, die Präsidentschaftswahlkämpfe als Konkurrenz zwischen einsamen Heldenfiguren zu inszenieren. Bei allem Selbstbewusstsein, das er entfaltete, auch später blieb er davon überzeugt, zumindest müssten die überzeugenden «politischen Führer» zugleich auch Sachkompetenz und die Bereitschaft mitbringen, den richtigen Weg zu erstreiten.

Längst vergessen war, dass Kennedy beim Mauerbau höchst vorsichtig reagiert, ja fast erleichtert festgestellt hatte, nun erst könne Ruhe in die Beziehungen zwischen den Großmächten einziehen. Für ihn war er die Projektionsfigur, die Deutschland fehlte.

Brandt In dieser Phase begannen Helmut Schmidt und Willy Brandt, sich in Briefen auszutauschen, ein Briefwechsel, der sich bis zum Tode Brandts erstreckte: Politische Briefe, in denen sie sich in unregelmäßigen Abständen offen austauschten, sich unterstützten, aber auch sondierten, abtasteten, kritisierten, vorwarnten oder aneinander vorbeiredeten. Vieles blieb ungesagt, es stand zwischen den Zeilen.

Er rechne damit, dass Willy Brandt auch 1965 noch einmal als Kandidat antreten würde, trotz der empfindlichen Niederlage beim ersten Versuch, gab Schmidt in einem dieser Briefe zu erkennen. Er beteuerte, ihn darin erneut zu unterstützen. Allerdings riet er ausdrücklich, offen zu halten, ob es bei der Personalunion von Kandidat und Parteivorsitzendem bleiben solle. Diese Entscheidung solle Brandt hinausschieben, empfahl er.[30] Erstmals spürte man daran ein gewisses Eigeninteresse, auch wenn der Autor das keineswegs direkt zu erkennen gab. Selbstredend machte er auch Brandt die Kandidatur nicht streitig. Aber dass er ins Rennen gehen würde, falls der Parteivorsitzende einmal resignieren sollte, das stand zwischen den Zeilen durchaus in den Briefen. Sie waren erstaunlich offen miteinander, offen nach politischen Maßstäben, das zeichnete ihre Beziehung aus. Willy Brandt entwickelte sich, ohne dass er es eingestand, insofern zu einer Referenzgröße für ihn.

Gar zu harmoniebedacht allerdings kam Brandt ihm vor. Das hatte er schon während der ersten Kandidatur 1961 beobachtet, darauf deuteten aber auch dessen erste Schritte als SPD-Vorsitzender hin. Schmidt – obwohl selbst ein Kompromiss- und Konsenspolitiker – vermisste zunehmend scharfe Konturen auch bei der «Nummer eins», um sich von der Union und insbesondere vom beliebten Wirtschaftswunder-Kanzler Erhard abzuheben. Herbert Wehner verstand sich aus seiner Sicht besser darauf, der Opposition Gesicht und Stimme zu geben, obwohl auch er doch die Gräben zwischen den Volksparteien zuschütten wollte. Schmidt, mahnend: In den Zigarrenqualmwolken Ludwig Erhards zerfließe die Kontur der Politik bis zur Unkenntlichkeit, und Brandt müsse dem entschieden mehr Klarheit entgegensetzen.

Der wohlmeinende Kritiker ging mit seinen Ratschlägen noch ein Stück weiter: So sehr er darauf beharrte, die SPD müsse die Mitte besetzen und wählbar werden für breite, auch bürgerliche Schichten, so drängte er zugleich auch darauf, möglichst viel Eigenständigkeit sichtbar zu machen. Helmut Schmidt selber sorgte dafür vor allem mit seiner Schlagfertigkeit, seiner Neigung zum zugespitzten Debattieren, seiner Lust am «Kampfsport», der heftigen Auseinandersetzung im Parlament. Konkret konnte das beispielsweise zu dem Vorschlag führen, seine Partei solle Heinrich Lübke 1964 nicht ins Präsidentenamt wiederwählen und einen eigenen Kandidaten aufstellen. Damit allerdings überhob Helmut Schmidt sich: Gerade in solchen strategisch relevanten Fragen dominierte in Bonn damals weiterhin der ungekrönt mächtige Herbert Wehner. Im Vier-Augen-Gespräch sicherte der «Onkel», wie er von seinen Freunden genannt wurde, Heinrich Lübke zu, die Sozialdemokraten würden ihn breit unterstützen, im Gegenzug solle er helfen, den Weg zu einer Großen Koalition vorzubereiten. Auf seinen jungen Hamburger Kollegen, hieß das, solle Lübke mal bloß nicht hören.

Schmidt wollte mitreden, aber sein Einfluss war noch begrenzt. Insbesondere über seine Mannschaft wollte natürlich Willy Brandt als Kandidat im Wahljahr 1965 selber entscheiden. Er schätzte und brauchte Schmidt, aber an welcher Stelle, das betrachtete er als seine Sache: Den Gesinnungsgefährten, der in den politischen Schlüsselfragen mit ihm an einem Strick zog und der inzwischen zum Hamburger Senator aufgerückt war, sah Brandt für das Verteidigungsressort vor. Damit wollte er ihn zurücklocken nach Bonn, falls sich die Chance böte. Auf die passive Rolle wollte sich Helmut Schmidt seinerseits jedoch nicht begrenzen lassen, Temperament und Machtanspruch ließen das nicht zu, also drängte er von Hamburg aus darauf, in der nächsten Wahlauseinandersetzung müsse seine Partei besonders mit einer attraktiven Mannschaft das Kabinett Erhard in den Schatten stellen. Die Sache mit dem Verteidigungsressort, ließ er durchblicken, werde er sich in Ruhe überlegen und dann entscheiden.

1966, im Jahr nach Brandts nächster Wahlschlappe, sollte Schmidt jenes legendäre Fernsehgespräch mit Günter Gaus führen, in dem er erstmals andeutete, dass er sich nicht nur eine ganz andere Berufskarriere außerhalb der Politik, sondern auch die Rolle des Kandidaten und Kanzlers zutrauen würde, falls sich die Frage einmal stellte. Er hätte es kaum erwähnen müssen, der interessierten Öffentlichkeit waren die Ambitionen längst klar. Aber auch in der Wahlauseinandersetzung 1965 verhielt Helmut Schmidt sich keineswegs illoyal, im Gegenteil. Nach besten Kräften spielte er seine Rolle, nämlich die des sicherheitspolitischen Fachmanns, wie Brandt es erbeten hatte.

Da weiterhin hämische Andeutungen über Brandts uneheliche Herkunft sowie seine Exiljahre samt norwegischem Pass gestreut wurden, sah er sich erneut herausgefordert, ihn zu verteidigen. Auch schon 1961 hatte er das so gehalten. Den Ausschlag gab für Schmidt nicht, dass in ihrer beider Familiengeschichte das Wort «unehelich» auftauchte – ein ziemlicher Makel zu jener Zeit. Nein, Schmidt verübelte seiner Partei, Brandt auch diesmal nicht leidenschaftlicher in Schutz zu nehmen gegen Infamien wie diese, er habe Deutschland von außen bekämpft – mit dem Gewehr in der Hand, wie rechtsradikale Widersacher hinzufügten. Das war eine Lüge, meinte Schmidt, gegen Hitler hatte Brandt gekämpft, nicht gegen Deutschland, das war ein Unterschied ums Ganze. Mit Worten, nicht mit dem Gewehr. Nur nicht klein beigeben, unbedingt durchhalten!, rief er ihm gegen die Unterstellungen aus den Reihen der Christdemokraten zu. Nichts blieb er den Kontrahenten schuldig: «Es stimmt, daß Brandt unehelich geboren ist. Gibt es einen Christen hier, der einen Makel daran findet? Es stimmt, dass Brandt Deutschland verlassen hat. Gibt es einen Christen hier, der einen Vorwurf daraus herleiten will, dass Brandt sich dem KZ durch die Flucht ins Ausland entzog, daß er sich ein neues Vaterland suchte, weil ihn sein altes ausgebürgert hatte und mit dem Tode bedrohte?»[31]

Um einen neuerlichen Bergauflauf handelte es sich für den Kandidaten, selbst die eigene Anhängerschaft zauderte insgeheim. Helmut Schmidt ahnte, die Diffamierungen könnten auf fruchtbaren Boden fallen und auch Brandts zweiten Anlauf bremsen, aber das machte ihn nur zorniger. Er konnte nicht wissen, ob und wie lange Brandt den Kopf hinhalten würde in einem solchen Konflikt. Sichtlich verletzt hatten ihn seine Kritiker bereits vier Jahre zuvor, beim ersten vergeblichen Anlauf. Dann aber, wenn Brandt resignieren sollte, würde er wohl zum Kandidaten nachrücken, das konnte er sich leicht ausrechnen. Er war sich seines Prestiges in der Partei durchaus bewusst.

Aber ihn plagten durchaus auch Selbstzweifel, wenn er Brandt betrachtete. Seine Erfahrungen aus dem Dritten Reich ließen ihn einfach nicht los. Bei großen Kundgebungen wie dem Wahlkampfauftakt der Sozialdemokraten vom 14. August 1965 in Dortmund sollte Schmidt vor einem Publikum von vielen tausend Anhängern sprechen. Ludwig Erhard regierte gemeinsam mit der FDP in Bonn, aber hatte in kürzester Zeit viel von seinem Nimbus eingebüßt, die Schuhe Adenauers erwiesen sich als sehr groß. Seine Koalition wirkte wie paralysiert. Aber die Opposition hatte sich immer noch nicht den nötigen Rückhalt in der Öffentlichkeit erkämpft, um einem Machtwechsel auch nur nahe zu kommen. Dass Schmidt das Publikum mitreißen konnte, war klar, neben Wehner verfügte die Opposition über keinen ähnlich begabten Parlamentsredner wie ihn. Aber ein geborener Volkstribun, den es in Fabrikhallen zog, oder der – wie Brandt am Tag nach dem Mauerbau – Zehntausende hinter sich scharen und im Zweifel besänftigen konnte, das war er wiederum nicht.

Schmidt, über seine Grenzen sinnierend: Nur schwer habe er mit den «Beifallstürmen riesiger anonymer Massen» umgehen können, bei denen man nicht einmal Gesichter habe erkennen können. Hartmut Soell machte auf etwas aufmerksam, was kein anderer Biograph erkannte: «Zu sehr», mutmaßte er, «plagte ihn noch die Erinnerung an jenen Nürnberger NS-Parteitag von 1936, auf dem er sich selbst als Mitglied der HJ in ein jubelndes Massenaufgebot eingereiht fand.»[32] Welche Gefühle Schmidt damals beherrschten, weiß man nicht. Aber dass es ihn selbst dreißig Jahre später quälte, leuchtet unmittelbar ein.

Nein, man wird sich diesen Helmut Schmidt der 60er Jahre

nicht als einen Menschen vorstellen dürfen, der unter dem Trauma der Vergangenheit und seiner Erfahrungen als junger Mann unter den Nationalsozialisten permanent litt. Noch weniger aber würde man ihm gerecht, wollte man übersehen, wie sehr diese frühen Jahre bei ihm lebendig blieben. Immer sehr dicht unter der Oberfläche, jederzeit abrufbar. Nicht Karriere um der Karriere willen wollte er machen. Wenn ihn etwas in der Politik hielt, dann der Gedanke, etwas anders zu machen, ja etwas wiedergutzumachen, ohne es so zu nennen. Und das würde naturgemäß am leichtesten fallen, wenn er an der Spitze mitreden konnte.

Seelenfrieden stifteten die Wahlen 1965 bei den Sozialdemokraten nicht gerade. Zwar erhielten sie respektable 39,3 Prozent und damit immerhin gut drei Prozent mehr als 1961, aber die Union kletterte auf 47,6 Prozent nach oben. Ein bisschen marschierte der Genosse Trend weiter, aber als unauflösbar hatte sich das Dilemma erwiesen, das Schmidt voraussah: Die schwarz-gelbe Koalition wirkte zwar ausgelaugt, der konsensorientierte Kanzler Erhard («Sicher ist sicher», lautete die Wahlkampfparole der Christdemokraten) inspirierte die Republik nicht, nur konnte die Opposition daraus offensichtlich keinen Funken schlagen. Es war ihr auch nicht im Ansatz gelungen, einen Richtungswahlkampf zu entfachen.

Kein Wunder, Herbert Wehner machte kein Hehl daraus, dass er am liebsten eine Große Koalition ansteuern würde. Schmidt favorisierte das gleichfalls, obgleich er seinerzeit keineswegs in allen Kursfragen ein Herz und eine Seele mit Wehner war. Ausgebremst fühlte er sich von ihm zudem in der Hamburger SPD, und in Bonn favorisierte Wehner eindeutig Brandt. Dennoch: eine große historische Figur blieb Herbert Wehner für ihn, anders als für Brandt, der mit ihm brach. Da er sich als Opfer Wehners fühlte, fiel es ihm rückblickend schwer, nüchtern auf dessen Anteil am Aufstieg der Sozialdemokraten in der jungen Republik zu blicken. Viel spricht dafür, dass Schmidts Urteil über Wehners Rolle in der Nachkriegsgeschichte, die man nicht hoch genug einschätzen könne, eher Bestand hat.

Ihm musste naturgemäß gefallen, dass der geschlagene Kandidat Willy Brandt noch am Wahlabend 1965 nicht umständlich Erklärungen anderswo für die Schlappe suchte, er fand sie bei sich. Solche Selbstbeherrschung noch in der Niederlage war ganz nach Schmidts Geschmack. Mürbe gemacht hatte Brandt, dass er zum zweiten Mal Opfer einer Diffamierungskampagne wurde; und besonders verletzte ihn, dass sie auch in den eigenen Reihen verfing. Drei Tage nach der Wahl ließ er seine Parteifreunde wissen, es nicht noch ein drittes Mal versuchen zu wollen, auch wenn er gedenke, das Amt des Parteivorsitzenden weiterhin auszuüben.

Ganz nach Berlin wollte er sich am liebsten zurückziehen, schon gar nicht reizte ihn Herbert Wehners Überlegung, an Stelle Fritz Erlers den Fraktionsvorsitz zu übernehmen, um auf der Hauptstadtbühne als Oppositionsführer präsent und sichtbar zu sein. Sich Wehner zu widersetzen, war allerdings keine Kleinigkeit. Sein Einfluss und seine Macht in personellen und strategischen Angelegenheiten gingen nb über die bloße Funktion eines Stellvertretenden Parteivorsitzenden weit hinaus, der er seit 1958 war. Aber der 1960 so hoffnungsvoll gestartete Willy Brandt wollte sich nicht dirigieren lassen, er resignierte. Fritz Erler hätte es vorgezogen, Helmut Schmidt aus Hamburg nach Bonn zurückzuholen und ihn allmählich zum Nachfolger aufzubauen. Anders als Wehner zog er den Hamburger Parteifreund vor, der seine Interessen an strategischen Fragen teilte, der aber auch – wenn das überhaupt für jemanden galt – aus seinem Holz geschnitzt war.

Vielleicht bot sich eine Gelegenheit, Willy Brandt abzulösen, ohne ihm gegenüber illoyal zu werden, wie es Schmidts Credo entsprach? Aber auch wenn nicht, etwas kam in Bewegung. Dass er nach den vier Jahren als Senator in Hamburg wieder nach Bonn zurückkehren sollte, stand für ihn rasch fest. Hätte er ahnen können, dass Brandt bald darauf wieder schwankend würde und – sogar brieflich gegenüber Schmidt – erste Andeutungen machte, über die «Schlachtordnung für 1969» dürfe man nicht zu früh entscheiden? Willy Brandt überwand seine resignativen Anwandlungen und behielt sich unvermittelt doch alle Optionen vor, vom Parteivorsitz ganz abgesehen. Da zeigte sich wieder der unberechenbare Brandt, mit dem Schmidt sich so schwer tat.

Er selbst blieb bei seinem Entschluss, Helmut Schmidt zog es zurück in die Bundespolitik, und die Journalisten kommentierten das auf ihre Art: Sie waren sich sicher, Schmidt strebe zurück an den Tatort Bonn, weil er sich prädestiniert sehe, zum Sprung ins Kanzleramt anzusetzen. Brandt wusste nicht recht, wo sein künftiger Platz ist, und den Leitartiklern galt er ohnehin als Verlierer, Schmidt als Mann mit Zukunft.

Wieder im Treibhaus Herbert Wehner bot ihm offiziell an, den stellvertretenden Fraktionsvorsitz zu übernehmen. Fritz Erler, der an Leukämie litt, brauchte dringend Unterstützung an seiner Seite. Praktisch bedeutete das, Schmidt sollte die Geschäfte an der Fraktionsspitze führen.

Sein Instinkt, der Schmidt zu Bonn geraten hatte, erwies sich als richtig: Die Sozialdemokraten näherten sich der Macht, lange genug dauerte es ja. Nach nur drei Jahren zerbrach 1966 die Kleine Koalition. Im Streit mit der CDU über Steuererhöhungen entschlossen sich die Liberalen, ihre Minister aus dem Kabinett Erhard zurückzuziehen, die Koalition war damit gescheitert. Ein Mondfenster öffnete sich für die Partei, aber auch für Schmidt. Da kaum jemand an Neuwahlen interessiert war, blieb nur die Große Koalition als Ausweg, exakt das, was Herbert Wehner gewünscht hatte.

Oktober 1966: Der grippekranke Brandt kurierte sich in Berlin aus, während Herbert Wehner und Helmut Schmidt mit den Christdemokraten über einen Ausweg verhandelten. Ein Bündnis der beiden Volksparteien hatte es in der Bundesrepublik bis dahin noch nicht gegeben. Die Christdemokraten wollten es, weil sie sich an die Macht klammerten, Wehner und Schmidt steuerten darauf zu, weil sie ihre Partei endlich zumindest zum Teilhaber der Regierungsgeschäfte würden machen können. Der Parteivorsitzende Brandt zögerte. Klare Verhältnisse – also keinesfalls einen Pakt der Elefanten CDU und SPD – wünschte Willy Brandt, und an einen Tisch ausgerechnet mit Kurt-Georg Kiesinger wollte er sich einfach nicht setzen. So sehr er für Ausgleich und Kooperation nach innen plädiert hatte – musste das unbedingt mit einschließen, neben dem Ministerpräsidenten aus Stuttgart Platz zu nehmen, der bereits 1933 in die NSDAP eingetreten und ein Propagandist in der rundfunkpolitischen Abteilung des Auswärtigen Amtes geworden war?

Ein Veto aber legte auch er nicht ein, wohl deshalb, weil er nicht sicher war, ob sich mit einer stark nationalliberal gefärbten FDP als Koalitionspartner Adenauers Abschottungs- und Politik-der-Stärke-Kurs (an der Seite Washingtons) gegenüber Ostberlin und Moskau korrigieren ließe. Theoretisch wäre in dieser Lage auch eine Koalition zwischen SPD und Freidemokraten möglich gewesen, wenn auch mit knapper Mehrheit. Aber Brandt war «nur» Vorsitzender, der wirklich mächtige Sozialdemokrat, Herbert Wehner, befürwortete das Bündnis der Großen, auch wenn das nur eine Juniorpartnerschaft für seine Partei unter einem CDU-Kanzler sein konnte. Ganz regierungsreif sei seine Partei noch nicht, kalkulierte Wehner, daher biete eine Große Koalition mehr Stabilität.

Ähnlich Helmut Schmidt: Nach außen hielt er sich allerdings bedeckt, öffentlich trat er sogar für Neuwahlen ein, aber eine Koalition mit der FDP? Vor allem dieser Gedanke peinigte ihn ganz offensichtlich.

Grundsätzlich hatte er ohnehin nichts gegen eine Große Koalition einzuwenden, ähnlich wie Wehner. Für sonderlich groß hielt er auch nicht die Gefahr, dass dann die Ränder ausfransen und sich eine Opposition jenseits der Parteien von links oder rechts bilden könne. Dafür aber würde eine parlamentarische Demokratie, die mit einer 90-Prozent-Mehrheit regiert, doch ganz gut Stabilität garantieren und die Republik unter Kontrolle halten können. Und Kiesinger als Kanzler? Ihn bedrückte dieser Gedanke weniger als Brandt, das war doch die Konsequenz der Versöhnung nach innen.

Wie abzusehen, stellten in beiden Lagern die Befürworter die stärksten Bataillone. Unter Kurt-Georg Kiesinger formierte sich rasch dieser Pakt der «Elefanten» aus CDU/CSU und SPD. Die erste Große Koalition übernahm am 1. Dezember 1966 die Geschäfte, drei Jahre sollte diese Regierung mit ihrer erdrückenden Mehrheit im Parlament andauern.

Tatsächlich sollte sich bald zeigen, dass sich Willy Brandt und Kurt-Georg Kiesinger in der Großen Koalition herzlich wenig zu sagen hatten. Brandt litt unter dem Kanzler, während Helmut

Schmidt kein sonderliches Problem mit ihm hatte. Freiraum ließ Kiesinger dem Sozialdemokraten jedenfalls genug.

Angestrebt hatte Helmut Schmidt zunächst gar nicht einen Job in der Fraktion, zumal der überaus respektierte Fritz Erler – trotz seines Gesundheitszustandes – Vorsitzender bleiben würde. Bei der Kabinettsbildung 1966 allerdings fiel Schmidt zwischen die Ritzen. Berufen fühlte er sich zum Verteidigungsminister auf der Bonner Hardthöhe. Aber da Brandt als Parteivorsitzender in einer solchen Konstellation mit den Christdemokraten eigentlich nur das Auswärtige Amt und damit die Rolle des Vizekanzlers übernehmen konnte (angeblich liebäugelte er zuvor mit dem Gedanken an das Forschungsressort, aber im Nachhincin meint man, das sei eher der Versuch gewesen, sich ganz um einen Kabinettsplatz zu drücken), war auszuschließen, dass das zweite «internationale» Ressort an den Juniorpartner entfiele.

Kurt-Georg Kiesinger wiederum hätte dem jungen Shootingstar der SPD Helmut Schmidt gern das Verkehrsministerium offeriert. Erfahrungen aus Hamburg brachte er mit, aber in Koalitionen war es nun einmal üblich, dass die Namen der Minister von der jeweils eigenen Partei benannt werden. Nur die Ämterverteilung im Kabinett ist Sache der Verhandlungen zwischen den künftigen Regierungspartnern.

So beugte Helmut Schmidt sich der Parteiraison. Er nahm es hin, nicht in das Kabinett eintreten zu können, am Katzentisch in einem drittklassigen Ressort wollte er ohnehin nicht Platz nehmen. Also entschloss er sich, auf Wehners Ansinnen einzugehen und das Amt des stellvertretenden Fraktionsvorsitzenden zu übernehmen.

Auf Schmidt, den Newcomer an der Spitze der SPD-Fraktion, kam eine Schlüsselrolle zu. De facto war er der Chef. Er musste nicht nur die eigenen Reihen moderieren, sondern mit dem Koalitionspartner das Terrain sondieren, verhandeln und vorentscheiden. Talent, Instinkt, Ehrgeiz und Zufall hatten Schmidt – 48 Jahre war er nun alt – zu einem der mächtigsten Politiker der Republik gemacht.

Ziemlich präzise Vorstellungen, wohin die Reise gehen solle, brachte er bereits mit. Fast war er schon zum Allround-Politiker

Eine «Privatreise» führt Helmut Schmidt gemeinsam mit seiner Ehefrau Loki und Tochter Susanne auf dem Weg über Polen nach Moskau (1966); auf dem Roten Platz betätigt er sich als Fotograf für das Familienalbum. Er will Auslandserfahrungen sammeln, gerade in Polen und der Sowjetunion. Bereits ein Jahr darauf avanciert der junge Sicherheitspolitiker zum Fraktionschef der SPD im Bundestag.

ausgebildet, der sich in der diffizilen Innenpolitik ebenso auskannte wie in militärpolitischen und strategischen Fragen. Im Mittelpunkt sollten aus seiner Sicht geordnete, bessere, aber auch selbstbewusstere Beziehungen zu Washington und Paris stehen. Bonn sollte ausschließen, dass die Deutschen über Atomwaffen mitverfügen, neu geordnet müsste schließlich auch das Verhältnis zu den östlichen Nachbarn werden, darüber hinaus drängte er auf eine äußerst restriktive Haushaltspolitik, die den Etat nicht noch weiter aufblähte. Er verstand sich zwar als Keynesianer, der im Zweifel auch mit staatlicher Hilfe für Wachstum sorgen wollte, aber Priorität hatte es, den Staat nicht zu überfordern. Gerade dieser Gedanke, den Sozialstaat zu sichern, statt ihn permanent auszubauen, sollte sich bei Schmidt zu einem seiner lebenslangen Leitmotive entwickeln.

Viele Konflikte aus seinen Kanzlerjahren, die daraus resultierten, zeichneten sich damals bereits ab. Den Sozialstaat hielt er zwar für eine historische Errungenschaft sondergleichen, die nicht aufs Spiel gesetzt werden dürfe. Aber seine eigene Partei erschien ihm einfach zu staatsgläubig, und er nahm sich fest vor, ihr das auszutreiben, damit diese mühsam eroberte Errungenschaft unter der Last der Anforderungen nicht irgendwann zusammenbricht.

Entschiedener als die meisten seiner Parteifreunde – aber im Einklang mit Wehner – plädierte Schmidt bereits zu Beginn der Großen Koalition nicht nur für die Notstandsgesetze, sondern auch für ein neues Wahlrecht. Wann, wenn nicht jetzt? Große Koalition, große Aufgaben! Nur ein solches Bündnis würde das schaffen können, endlich sollten mit dem Mehrheitswahlrecht klare Verhältnisse in der Bundesrepublik garantiert werden. Erst dann wären die Volksparteien weder auf die FDP als Koalitionspartner noch auf eine Große Koalition angewiesen. Was für ein Traum!

Mit Helmut Schmidt kehrte auch sein Universitätslehrer und Senatskollege Karl Schiller Hamburg den Rücken und verstärkte, wie von Wehner, Erler und Brandt gewünscht, die Fraktion als stellvertretender Vorsitzender mit einem breiten, generalistischen Themenbereich. Dass auch Schiller – beschwingt von der Popularität, als sei er der geborene Erbe des Wirtschaftswunder-Vaters Erhard – bald träumen könnte, der aussichtsreiche Kanzlerkandidat sei in Wahrheit nur er allein, war so nicht einkalkuliert. Überraschend glückte es einem Außenseiter, sich gleichfalls die Rückkehr nach Bonn zu sichern: Franz Josef Strauß, dessen jähes Karriereende die *Spiegel*-Affäre vermeintlich eingeleitet hatte.

Mit Karl Schiller hatte Schmidt einen Parteifreund an der Seite, der in Sachen Ökonomie mindestens so beschlagen wie er war, ausgestattet mit einem gewaltigen Ego. Zum Startteam entwickelte sich aber zunächst eine andere Besetzung: Schiller und Strauß – «Plisch und Plum» – verstanden sich prächtig miteinander, besser als Schmidt und Schiller. Es begannen drei Jahre einer Mammutkoalition in Bonn, die später extrem unterschiedlich gedeutet wurden. Aus Sicht der Skeptiker führte der monolithische Block in der Mitte des Parlaments zu außerparlamentarischen Protesten, wie sie die Republik noch nicht erlebt hatte, demzufolge löste die Große Koalition die Explosion von 1968 und die Unruhen der folgenden Jahre aus; für die Befürworter begannen mit ihr Jahre der überfälligen Reformen und der Modernisierung, in denen bereits fast alles vorbereitet worden sei, was die sozialliberale Koalition 1969 vollendete. Erstarrte also die Republik, oder begann ihre Runderneuerung? Helmut Schmidt neigte später natürlich der zweiten Variante zu. Die Große Koalition sollte er als eminenten Erfolg betrachten, auch als seinen persönlichen Erfolg.

Parteilinien betrachtete er nicht als sakrosankt, dazu war er zu pragmatisch veranlagt, was «vernünftig» ist, sollte gemacht werden. Auf der Basis kooperierte er prächtig insbesondere mit Rainer Barzel, dem Fraktionsvorsitzenden der CDU/CSU, wie sich bald erweisen sollte. Auf dieses Team an der Spitze kam es entscheidend an.

Nicht zuletzt stand mit Barzel ein weiterer Befürworter einer Wahlrechtsänderung an der Spitze der «Macher» dieser Großen Koalition. Im Rückblick kann man sogar mutmaßen, dies sei das primäre Ziel dieses Bündnisses gewesen: Eine Änderung im Grundmuster der deutschen Demokratie. Auch Rainer Barzel wollte die FDP gerne wegeskamotieren und, wie er formulierte, «durchsichtige» Verhältnisse schaffen. Nahtlos stimmten Schmidt und er darin überein. Nach endlosen internen Debatten und viel medialer Erregung – die FDP hatte seinerzeit in den Medien durchaus Freunde – scheiterte das Projekt allerdings. In beiden großen Volksparteien formierten sich Widerstände, bei den Sozialdemokraten war es an vorderster Stelle Willy Brandt, der zögerte. Er hatte sich zwar entschlossen, Strauß als Kabinettsmitglied zu akzeptieren und – noch bitterer – Kiesinger als Kanzler, er selber übernahm das Amt des Vizekanzlers und Außenministers, doch eine Dauerlösung sah er darin nicht. An das Bündnis der Elefanten mochte er sich nicht recht gewöhnen, und er misstraute der verbreiteten Annahme, mit großen parlamentarischen Mehrheiten ließen sich komplexe und umstrittene Projekte leichter realisieren. Die Liberalen, spekulierte er zudem, würden noch einmal gebraucht, auch wenn die alte FDP in ihrer deutschnationalen Grundorientierung und mit ihren Ritterkreuzträgern in der Führungsspitze wie Erich Mende zu einem Pakt mit seiner Partei kaum taugte.

Die Parlamentsarbeit war zugeschnitten auf Schmidts Temperament. Es ging um die Organisation von Politik, um strategische Beiträge und um kontroverse Debatten zugleich, um all das, was er liebte. Mit seinem parlamentarischen Gegenüber, Rainer Barzel, spielte er sich die Bälle zu. Sein Mitspieler stammte wie er selbst aus der «unter Hitler aufgewachsenen Kriegsgeneration», die «ihre Ideale nicht gerade auf Plakaten vor sich hertragen oder dauernd davon reden mag», ihn betrachtete er als ebenso unideologisch wie sich selbst.[33]

Rainer Barzel, ein intelligenter Politiker, unterschätzt wegen seines auffällig glatten, auch selbstgefälligen Auftretens und seiner biegsamen, unpräzisen Redeweise, war 1964 nach dem Tod Heinrich von Brentanos an die Spitze der Fraktion gewählt worden. Zusammen hatten Schmidt und Barzel bereits am Wehrverfassungsgesetz gearbeitet, sie verstanden sich als die «Besten» ihrer Generation im Parlament mit ähnlichen Lebenserfahrungen, die der Zufall in zwei Volksparteien geführt hatte. Aber die Parallelen in ihrer Lebensgeschichte – beide Soldaten in Hitlers Wehrmacht, die ihrer «Pflicht» nachkamen, wie sie sagten – überbrückten weitgehend parteipolitische Differenzen. Zudem hatten auf beiden Seiten die Jungen, Schmidt ebenso wie Barzel, das Gefühl, sie stünden zwar nicht an der Spitze, in Wahrheit aber seien sie beide die Chefs. Das schmeichelte ihrem Ego, und es war auch nicht falsch.

Traumrolle Fritz Erler konnte das Krankenbett nicht mehr verlassen, am 22. Februar 1967 erlag er einem Tumor, ein anderer Nachfolger als Helmut Schmidt stand nicht zur Debatte. Er hatte sich als «geschäftsführender» Fraktionschef nicht nur eingearbeitet, mit seiner Eloquenz, seinem entschiedenen Auftreten, seiner Sachkompetenz galt er ohnehin bereits als unersetzbar. Im März wurde er an die Fraktionsspitze gewählt, seine Traumrolle. Zugleich bedeutete es den Ritterschlag für den Jüngsten aus der Riege der nächsten Generation. Ihm war auch die Rolle des Kanzlers zuzutrauen.

Allenfalls zum Schein sorgte die Große Koalition mit ihrer erdrückenden Mehrheit für Stabilität und Ordnung. Der Regierung

Wenige Politiker beeindrucken Schmidt derart tief wie Fritz Erler, ein brillanter Parlamentsredner und unabhängiger Kopf. In seine Fußstapfen möchte er treten. Als Sprecher der SPD kritisiert Erler im alten Bonner Plenarsaal in erster Lesung die Wehrgesetze (4. 5. 1956), während Bundeskanzler Konrad Adenauer (M.) sich mit seinem damaligen Innenminister Gerhard Schröder unterhält. Schmidt und Erler stimmen im Prinzip der Wiederbewaffnung zu und machen sich in ihrer Partei für die vorbehaltlose Anerkennung einer demokratischen Bundeswehr stark.

Kiesinger fehlte nicht nur ein Ziel, sie konnte nicht verhindern, dass sich außerhalb des Parlaments kritische Stimmen einmischten. Unsicher machten die Erfolge der Rechtsaußenpartei NPD, die 1967 immerhin in vier Landtage einzog, offensichtlich eine Folge der erstickend breiten Mehrheit der Koalitionsfraktionen. Ungleich breiter war die Protestbewegung an den Universitäten und in den Gewerkschaften, die von links kam; ein demokratischer Protest, der ernster zu nehmen war und sich als Teil einer internationalen Bewegung entpuppte. Die jungen Leute übten, wie sie verkündeten, Systemkritik, sie wollten eine «andere Republik», wie Karl Schiller ihnen vorhielt. Unruhiger als in diesen Jahren war die Bundesrepublik zuvor jedenfalls noch nie gewesen. Nicht das Parlament mit seiner Schlagseite, ohne potente Opposition, die Außerparlamentarische Bewegung (Apo) beherrschte seinerzeit die öffentliche Debatte. In Bonn handelten die Partner am Tisch der Großen Koalition mühsam Kompromisse aus, während die Apo Grundsatzkritik an der Bundesrepublik übte. Als Beleg für die politische Erstarrung und

Rückfall in obrigkeitliche Denkmuster betrachteten die jungen Kritiker an den Universitäten das Bonner Bündnis, das Helmut Schmidt vom ersten Tag an so vehement unterstützte. Für eine moralisch anmaßende Pose hielt er solche Kritik von außen, aus seiner Sicht hatte die Große Koalition die Chance, die Republik zu modernisieren, und grundsätzlich – das machte den Kern der Differenz zur Apo aus – betrachtete er Westdeutschland schon damals als rundum geglücktes demokratisches Experiment. Nachbessern müsse man vielleicht da und dort, mehr aber nicht. Wenn endlich auch noch ein relatives Mehrheitswahlrecht erreicht würde, dann, davon jedenfalls war Schmidt überzeugt, könne politische Stabilität einziehen. Seine Sehnsucht nach geordneten Verhältnissen, nach Steuerbarkeit und Regierbarkeit, stand ganz im Vordergrund. Dies vor allem war die Lehre, die er aus seinem eigenen Leben zog. Etwas war außer Kontrolle geraten, das durfte sich nicht wiederholen.

Offen blieb, ob sich die Befürworter eines neuen deutschlandpolitischen Kurses durchsetzen würden und entspannungspolitische Signale auch nach Ostberlin ausgesandt werden sollten, wie der Juniorpartner in der Großen Koalition es wünschte. Wandel durch Annäherung, wie Bahr es 1963 in Tutzing kühn formuliert hatte? Das schloss eine zumindest allmähliche staatliche Anerkennung der DDR mit ein. Ganz so weit wollte Kurt-Georg Kiesinger zwar nicht mitgehen, aber klar war ihm durchaus, dass die Beziehungen zu Ostberlin auf eine neue Grundlage gestellt werden müssten. Nur wusste er nicht, wie er auch bloß einen vorsichtigen Kurswechsel in den eigenen Reihen durchsetzen könne. Vollends unentschieden blieb auch der Konflikt um Polens Westgrenze. Die CDU/CSU hielt eine Anerkennung der Oder-Neiße-Linie für «Verzicht», während die Sozialdemokraten auch eine neue Basis für das Verhältnis zu Warschau suchten. Eine Änderung der Westgrenze kam nicht in Betracht, diese Gewissheit musste man den polnischen Nachbarn dringend geben, auch wenn sie sich nicht vorstellen wollten, die Oder-Neiße-Grenze formell anzuerkennen. Erst ein Friedensvertrag würde das lösen können, aber der würde möglicherweise nie kommen. Also musste ein Zwischenschritt Beruhigung bringen. Nur, es

Als Fraktionschefs während der ersten Großen Koalition spielen sich Rainer Barzel und Helmut Schmidt – hier am Abend der Bundestagswahl vom 28. September 1969 – die Bälle zu, viele Beobachter betrachten sie als die wahren Regierungschefs «unter» Kanzler Kurt Georg Kiesinger. Beide hätten sie die Große Koalition auch über 1969 hinaus gerne fortgesetzt. Aus seinem Respekt für den etwa gleichaltrigen Christdemokraten Barzel mit einer vergleichbaren Lebenserfahrung macht Schmidt nie einen Hehl.

sah nicht so aus, als würde die Große Koalition das Projekt wirklich schultern wollen. Vorab geklärt war nichts, als sich CDU/CSU und SPD über eine gemeinsame Koalition verständigten. Brandt schätzte die Kräfteverhältnisse richtig ein, er wusste, dass ein wirklicher Neuanfang im Verhältnis zu den Nachbarn in dieser Konstellation nicht durchsetzbar war.

Ungeklärt blieb nicht zuletzt, ob die flaue Konjunktur angekurbelt werden solle und die schwierige Haushaltslage öffentliche Investitionen überhaupt zulasse. Darüber stritten die Parteifreunde Helmut Schmidt und Wirtschaftsminister Karl Schiller untereinander. Im Prinzip galten sie beide als Keynesianer, die ein antizyklisches Gegensteuern in der Wirtschaft, also staatliche Konjunkturprogramme in Krisenzeiten, durchaus befürworteten. Zudem dominierte die Frage nach einer Aufwertung der Mark die Agenda. Die Christdemokraten mit Kurt-Georg Kiesinger an der Spitze, assistiert von Finanzminister Franz Josef Strauß (CSU), wehrten sich mit Händen und Füßen dagegen, obwohl Pfund und Franc eindeutig überbewertet waren.

1967 Das Datum, 2. Juni 1967, sollte sich eingravieren ins kollektive Gedächtnis. An dem Tag fielen in Berlin die tödlichen Schüsse auf Benno Ohnesorg.[34] Der junge Mann hatte an einer Protestaktion gegen den Besuch des persischen Schahs teilgenommen. Der Funke genügte, die Apo entwickelte sich seitdem in rasantem Tempo zu einem politischen Faktor, die Bundesrepublik wurde schlagartig aus ihrem politischen Trott gerissen. Immerhin riet sogar Ralf Dahrendorf, der junge Star unter den Sozialwissenschaftlern, in einem öffentlichen Disput mit Studentenführer Rudi Dutschke vom Dach eines VW-Busses herab mit dem Megaphon in der Hand, es sei nun Zeit, den Staub der Adenauerjahre auszuklopfen und aus dem obrigkeitshörigen Staat eine Art Konfliktdemokratie nach britischem oder amerikanischem Muster zu machen.

Konfliktdemokratie? Ja, gleichsam über Nacht verwandelte sich die Republik. Unter der Oberfläche Aufgestautes drang ans Licht. Ein großer Teil der jungen Generation protestierte an den Universitäten und auf den Straßen, sei es gegen die Große Koalition oder gegen die autoritäre Hochschulordnung, gegen den Vietnamkrieg, die Notstandsverfassung, gegen die Verdrängungen der Elterngeneration, gegen die pauschale Verdächtigung der Apo als Gewalttäter ohnehin.

Willy Brandt, noch nicht lange an der Spitze seiner Partei, wollte die «Generation, auf die wir gewartet haben», an sich und seine Partei binden. Aber er stand als Vizekanzler mit an der Spitze jener Koalition, gegen die sich der Protest nicht zuletzt richtete. Helmut Schmidt befand sich längst schon nicht mehr am Rande des Geschehens, der einflussreiche Fraktionschef musste sich positionieren. Als Hamburger Innensenator hatte er Erfahrungen in ähnlichen Konfliktfällen gesammelt. Trotz seines Rufes erwies sich, er war nicht einfach ein *law and order*-Fanatiker, er bremste die Militanten in den eigenen Reihen. Die Politiker, riet er, sollten sich den Protestierenden stellen, das sei keine Sache der Polizei.

Dennoch: In der Frage, wie man mit der neuen Generation – den 68ern, wie sie später hießen – umgehen solle, bekannte er eindeutig Farbe. Aus seiner Sicht verweigerten die führenden Köpfe der Apo seiner Generation jegliche Anerkennung dafür, dass sie seit 1949 der Bundesrepublik doch eine demokratische Grundstruktur gegeben und dem Land Respekt verschafft hatten. Unterstellt wurde stattdessen eine Kontinuität mit der «unbewältigten Vergangenheit», von der man so nicht reden könne. Einen wirklichen Neuanfang und auch eine «Stunde Null» nach dem Krieg, wonach diese Generation rief, das hatte es doch gegeben, nicht wahr? Von Willy Brandt wusste man, dass er darüber anders urteilte – er konnte sich offenbar einen grundsätzlicheren Neuanfang vorstellen, der Protestgeneration gab er kopfnickend Recht in ihrer Kritik an den eigenen Eltern, die vieles verdrängt und beschwiegen hätten. Brandt wollte deswegen nicht als Ankläger auftreten, aber schon gar nicht wollte er den jungen Leuten – die eigenen Söhne darunter – solche Kritik untersagen. Über Gewalttätigkeiten von ihrer Seite empörte er sich, da endete sein Verständnis, aber ansonsten erschreckte ihn der Blick auf die Straßen der Republik keineswegs: Als junger Mann, damals noch Herbert Frahm, hatte er sich doch früher nicht anders verhalten als diese kritischen Geister, nicht wahr? Voller Ungeduld war der Schüler über diese schrecklich braven Sozialdemokraten. Deshalb hatte ihn nicht einmal der verehrte Julius Leber in Lübeck, der so oft seine schützende Hand über ihn gehalten hatte, von dem Schritt abbringen können, sich einer radikalen Splittergruppe anzuschließen.[35]

Anders Helmut Schmidt: Auch wenn er den Protestierenden nicht mit den Polizeiknüppeln drohte und die Sprache von Strauß oder Kiesinger mied, sein prinzipielles Urteil konnte schärfer kaum ausfallen, ja mit zunehmendem Alter hat sich sein Urteil über diese

Generation sogar noch verhärtet. Noch wenn man den alten Herren, weit über 90 Jahre, danach fragte, pflegte er kurz, knapp und barsch zu reagieren: Überhaupt nicht umgedacht habe er! Sie wussten nicht, was sie tun! Besserwisser, die nie verstanden haben, was in Deutschland passierte und in welcher Lage sich die Deutschen nach 1933 befanden! Sogar zu Gewalttaten ließen sie sich verführen! Unverantwortlich, solche akademischen Lehrer wie Herbert Marcuse! Wer gab ihnen das Recht, sich derart moralisch aufzuspielen!? Für geradezu unbegreiflich sollte er es 1998 halten, dass einer der Jungen, Joschka Fischer, damals ein selbsternannter «Straßenkämpfer», Außenminister einer rot-grünen Regierung werden konnte. Hatte die Republik denn nichts gelernt? Im Jahr 2013 (!) erst sollte er sich dazu überreden lassen, sich mit diesem verachteten Fischer zusammenzusetzen, um mit ihm ein Gespräch über Auswege aus der europäischen Krise zu führen.[36] Aus seiner Sicht war das eine gewaltige Konzession, vielleicht nur seinem Engagement für Europa geschuldet und der Erkenntnis, dass er dafür jüngere Bündnispartner brauche.

In einer Laudatio zum 75. Geburtstag seines Freundes, dem Schriftsteller Siegfried Lenz, tischte er noch einmal seinen ganzen Unmut auf: «Wer aus der zwei Jahrzehnte jüngeren Generation der 68er, die in voller Freiheit und in kontinuierlich vermehrtem Wohlstand aufgewachsen ist – obgleich inzwischen bereits grau werdend – immer noch meint, pauschal auf Lenzens Generation der Soldaten, der Kindersoldaten, der Kriegsverstümmelten, der jungen Witwen, der Flüchtlinge und Vertriebenen, der Trümmerfrauen, auf die ganze Generation des Wiederaufbaus überheblich herabschauen zu dürfen, dem wäre zu raten, sich selbst Rechenschaft über seine eigenen Verirrungen abzulegen.» Diese Abrechnung in Lenzens und in eigener Sache über die ungeliebte Generation Quälgeister spitzte er sogar noch zu mit der Bemerkung, es habe sich ja bei den 68ern «tatsächlich um eine weit ausgreifende jugendliche Massenpsychose» gehandelt, die von den USA über Frankreich in die Bundesrepublik schwappte. Den achtzigsten Geburtstag hatte er da schon längst hinter sich.[37] Sogar noch fremder kamen ihm diese jungen Leute jetzt vor, seit er nicht mehr gezwungen war, sich mit ihnen im politischen Alltag pragmatisch zu arrangieren. Zu seinem Leidwesen waren sie sogar hineingeströmt in seine Partei und gaben oft genug auch noch den Ton an.

Dieser Spur nachzugehen, könnte sich lohnen, wenn man Gründe für Schmidts langsam wachsende, parteiübergreifende Popularität verstehen möchte: Nicht nur die Mitsprachewünsche von unten waren es wohl, von der «Straße», die ihn befremdeten, im Zentrum des Konfliktes stand vermutlich, dass diese Generation den Generalangriff auf ihn und seine Altersgenossen gestartet hatte. So jedenfalls verstand er ihre Kritik. Nichts verwundete ihn tiefer als der Vorwurf, falschen Idealen gefolgt zu sein und das System als junger Soldat nicht durchschaut zu haben.

Leicht allerdings, das stand auf einem anderen Blatt, war das Regieren in der nervösen, brodelnden Bundesrepublik nicht. Kurz vor Ende der Großen Koalition, 1969, kam es sogar zu wilden Streiks, die überschäumende Konjunktur verlockte zu Tarifforderungen, die die älteren Gewerkschaftsbosse nicht mitverantworten wollten. Wohin man auch sah, die Republik schüttelte Staub aus den Kleidern, liberalisierte sich atemberaubend schnell. «Unter den Talaren, Muff von tausend Jahren»: Diese Parole, die Studenten in den Hörsälen skandierten, galt letztlich auch der herkömmlichen Politik. Gerade auch in diesem deutschen Kulturkrieg, den die «68er» auslösten, bezog Helmut Schmidt eindeutig Position als Verteidiger der Bundesrepublik, wie sie seit 1949 gewachsen war. Eine kleine Erfolgsgeschichte sah er darin, an der alle ihren Anteil hatten, auch Adenauer natürlich, Erhard, sogar Kiesinger, und er selbst war doch schließlich gleichfalls seit 1953 dabei. Dass die Protestgeneration das alles in den Wind schlug und ganz grundsätzliche Zweifel am «System» anmeldete, als müsse man noch einmal von vorne anfangen, das verzieh er ihr letztlich nie.

Auch Demokratie benötige «Führer», wetterte er offen vor einem Kongress der Jungsozialisten, gleichfalls 1968. Wohlstandssprösslinge seien sie, predigte er ihnen ins Gesicht, keine Ahnung hätten sie von den Realitäten, als Kinder des Luxus, Führung brauchten sie. Alles redete er sich von der Seele, was der Vorsitzende Brandt nicht sagte. Keiner der Demonstranten, wütete er, habe bisher «vor der Entscheidung gestanden, zwischen seiner Gewissensmeinung und dem Volksgerichtshof wählen zu müssen». Schmidt: «Keiner von ihnen hat – ungleich Millionen der mittleren oder älteren Generation – je mitten in einem Kriege, dessen Hintergrund für viele nur sehr unscharf erkennbar war, im Gewissen entscheiden müssen, ob er seine Pflicht als Soldat erfüllen müsse oder ob er mitten im Kriege die Pflicht habe, zu desertieren.»

1968, beim «historischen» Parteitag der SPD in Nürnbergs Meistersingerhalle, schieden sich die Geister. Vor der Tür schrieen Demonstranten die Sozialdemokraten nieder, nicht zuletzt weil sie sich mit Kurt-Georg Kiesinger an einen Tisch gesetzt hatten, Herbert Wehner verlor im Tumult seine Brille, es kam zu Handgreiflichkeiten und wilden Beschimpfungen. Sogar Willy Brandt empörte sich über den «Pöbel» und distanzierte sich von jeglicher Gewalt, um dann allerdings ausdrücklich «die Generation, auf die wir gewartet haben», auch zu umwerben und seiner Partei ins Gewissen zu reden, sich für sie zu öffnen. Anders Helmut Schmidt: Tausend quälende Fragen holten ihn wieder ein. Keinerlei Verständnis brachte er auf für ein solches Verhalten, lautstarke Kritik am kapitalistischen «System» und insbesondere an den Notstandsgesetzen, die er im Bundestag vorantrieb. Unter «Politik» verstand er geordnete Verfahren und schließlich Entscheidung in den Gremien, die dafür zuständig sind. Vor allem gehöre Politik nicht einigen Profis, alle seien zur Mitsprache befugt. Fest überzeugt zeigte Schmidt sich bei dieser Nagelprobe in Nürnberg davon, dass Politiker den Führungsanspruch nicht aus der Hand geben dürften. Wir sind die Gewählten, niemand sonst!

Es war, als bräche eine alte Wunde bei ihm wieder auf. Er hatte doch dazugelernt, fand Schmidt, natürlich bereute er, falschen Sirenenklängen gefolgt zu sein, verschwiegen und verdrängt hatte er nicht, auch über seinen Wunsch, endlich in die HJ zukommen, hatte er korrekt Auskunft gegeben; aus alledem leitete sich ab, dass diejenigen «führen», die zuverlässige, verantwortliche Maßstäbe gewonnen haben und die wissen, wofür sie sein sollen.

Ausgerechnet bei diesem wilden Parteitag 1968 rückte Helmut

Schmidt, den die SPD bei Wahlen bis dahin eher kühl behandelt hatte, an der Seite Herbert Wehners zum Parteivize unter Willy Brandt auf. Seine Kampfeslust und seine klare Sprache machten ihn angreifbar, aber sie demonstrierten zugleich seine Stärken. Keinen Unterschied zwischen links und rechts machte er bei seinen Schimpfkanonaden. Seine Generation, fand er, habe vor großen moralischen Fragen gestanden, von denen die Jungen doch keinen Schimmer hatten. Den Älteren ging es um Existenzielles, die Nachgeborenen stritten sich um Spiegelstriche in Parteitagsanträgen. Puh!

Dem Zeitgeist sollten andere näherrücken, wenn sie denn wollten, der ständig suchende, tastende Willy Brandt, der sich vor Neuem nicht scheute und auch radikale, rebellische Schlachtrufe und Parolen nicht wörtlich nahm. War es nicht anbiederisch, wie er Gewalt zwar verurteilte, aber sehr milde und eilig hinzusetzte, über alles andere könne man reden?[38] Nicht von Brandt, von Herbert Wehner hatte er gelernt, mit seiner Meinung im Streitfall keinesfalls hinter dem Berg zu halten.

Fortan sollte das ein Grundmuster bleiben, Gelegenheiten zur Auseinandersetzung mit der jüngeren Generation sollten sich noch vielfach bieten: Stets ließ Helmut Schmidt seinem Unmut freien Lauf, wann immer die kritischen Geister der Apo oder Demonstranten in Whyl, Brokdorf oder Wackersdorf und gegen Ende seiner Kanzlerschaft die Friedensbewegung im Bonner Hofgarten der Elterngeneration mit ihrer «Moral» kamen. Stets wurde er grundsätzlich. Konsequent schrieb er daher dem Bremer Senator Hans-Stefan Seifriz, der 1979 von seinem Amt zurücktrat, einen Trostbrief, weil bekannt wurde, dass er im Alter von siebzehn Jahren noch zur Waffen-SS gekommen war. Sehr klar erinnere er sich, wie nach 1933 große Teile der Kinder und Jugendlichen von den Nationalsozialisten in Bann gezogen worden seien, «ohne jede Chance, zu einem entweder an Vorbildern oder Vergleichen sich orientierenden unabhängigen eigenen Urteil zu gelangen». Schmidt scheute sich auch nicht vor dem Hinweis, dass er selbst zu diesen «Kindern und Jugendlichen» zählte. Solche Randbemerkungen zeichneten ihn aus. Versteht sich, dass er eine Kopie an Willy Brandt und Hans Koschnick sandte, es war ihm wichtig, sie wissen zu lassen, für wie falsch er solche Verurteilungen im Nachhinein fand, ja, dass er sich mitverurteilt fühlte.

Ähnlich sollte Helmut Schmidt übrigens auch reagieren, als Günter Grass im Jahr 2006 offen bestätigte, er sei in den letzten Kriegsmonaten der Waffen-SS beigetreten. Leicht sei man hineingeraten, kommentierte er verständnisvoll die Enthüllungen des Schriftstellers, ließ sich die Gelegenheit allerdings auch nicht entgehen, Grass zu rügen: Der Brandt-Freund habe sich häufig wenig sachgemäß zu politischen Streitfragen geäußert, es sei nicht verwunderlich, wenn sich nach dieser Blöße die Feinde wie Geier auf das Aas stürzen.[39] Für Helmut Schmidt hatte gerade diese Positionierung Tradition. Schon in seinem ersten Wahlkampf 1953, als er für den Bundestag kandidierte, warb er um die Stimmen von Veteranen der Waffen-SS: Als alter Kriegskamerad wisse er, er habe immer ein «Gefühl besonderer Zuversicht» gehabt, wenn er von dieser Truppe umgeben gewesen sei. In ihren einschlägigen Zeitschriften berichteten sie stolz darüber, zu dem Zeitpunkt freilich erschien das noch sehr normal, auch Adenauer warb ungeniert und offen um die Veteranenstimmen.[40] Zu billig wäre es, Schmidt deshalb Sympathien für Ewiggestrige zu unterstellen. Davon war er frei, auf eine so selbstverständliche Weise, dass es fast nicht gesagt werden muss.

Was diese aufmüpfige Generation nach seiner Meinung verkannte, war, wie unsicher die Deutschen – so pauschal formulierte er es ohne zu zögern – im Innersten blieben. Sie benötigten «Führung». Im Blick auf die demokratische Zuverlässigkeit, die innere Ausgewogenheit, das Verantwortungsbewusstsein der Deutschen war Schmidt kaum weniger skeptisch als Konrad Adenauer.

Das war der tiefere Grund für seine Ansicht, Politiker müssten in besonderem Maße Führungsqualitäten zeigen, vielleicht sogar noch mehr als in anderen Ländern, zu dem Ergebnis jedenfalls führte ihn seine Analyse des labilen Seelenzustandes der Deutschen. In der Regel heimste er dafür Applaus ein. Kritiker hingegen – übrigens nicht nur auf der Linken seiner Partei – brachte er gegen sich auf, weil sie ihn als autoritär empfanden. Auch Journalisten pflegte er in der Regel abzukanzeln von oben herab. Dieses Bild eines Kommandodemokraten sollte an ihm haften, solange er im Dienst war – unsereins, die jungen Journalisten in Bonn, erlebten ihn häufig auch so – und er trug auch bewusst dazu bei, dass man es nicht vergaß. Hinzu kam aus seiner Sicht, dass die Liberalität moderner Gesellschaften – erwünscht wie sie war – zugleich eine Kehrseite aufwies. Gerade sie bedürften einer bewussten politischen Supervision, jemand muss das Steuer übernehmen und auch Kurs halten, das können vielstimmige Gesellschaften nicht alleine, urteilte er. Er selber ging anders vor, und das ließ sich schon bei dem energiegeladenen Fraktionschef in der Großen Koalition erkennen: Er nahm sich vor, Politik systematisch zu erklären, unermüdlich, in immer neuen Anläufen. Politiker, darin war er sich sicher, hatten die Pflicht, sich verständlich zu machen. «Führung» durften sie sich nicht abnehmen lassen. Aber nachvollziehbar musste sein, was sie wollen und machen. Selbst im mächtigen Bündnis der Volksparteien seit 1966 blieb das sein Grundprinzip: Weder die eigene Fraktion noch das Parlament oder die Öffentlichkeit durften überfahren, sie mussten überzeugt werden.

Diese diskursive Seite an Helmut Schmidt, später oft übersehen, sollte er früh beweisen können, vor allem im ersten großen parlamentarischen Streit um die Notstandsgesetze. Die Republik bebte damals wie selten zuvor. Aber auch im letzten Konflikt über die «Nachrüstung», den er als Kanzler durchfocht, vergass er nicht, dass er für seinen Kurs Mehrheiten brauchte, dass er also überzeugen müsse mit Argumenten.

Herzenssache Notstandsgesetze

Nicht Herbert Wehner oder Willy Brandt, die am Kabinettstisch Kiesingers saßen, sondern Helmut Schmidt stand auf Seiten des Juniorpartners SPD zwischen 1966 und 1969 meist im Zentrum der Kontroversen. Angesteuert hatte er es nicht gezielt, aber seine öffentliche Rolle in diesen drei Jahren ging weit über die des Fraktionschefs hinaus.

Spätestens seit seinem leidenschaftlichen Auftritt in Nürnberg galt er als Befürworter einer harten Haltung gegenüber der Studentenbewegung, keinesfalls wollte er die SPD von ihr beeinflussen oder gar majorisieren lassen. Zudem mischte er längst bei allen relevanten politischen Fragen mit, besonders auch bei den heftig umkämpften Notstandsgesetzen. Halbe Sachen machte er nicht. Das Vorhaben spaltete die Republik, es spaltete die SPD, und es spaltete die Gewerkschaften.

In diesem Streit um die geplanten Notstandsgesetze hatte Helmut Schmidt sich persönlich exponiert, ja sie geradezu zu seiner Herzenssache gemacht: Nur mit breiter Mehrheit, so seine Überzeugung, sei eine solche Regelung für den Notfall überhaupt durchzusetzen, um das Funktionieren des Staatsapparates auch in außerordentlichen Krisenfällen zu garantieren. Sein Leitmotiv, Stabilität, wurde hiermit in Gesetzesform gegossen.

Den ultimativen Beweis für ihren Argwohn entdeckte hingegen die Studentenbewegung in diesen Plänen, die Republik befinde sich wieder auf dem Weg zu einem «repressiven» und autoritären Staat. Im Rückblick fällt es schwer nachzuvollziehen, weshalb die Wogen derart hochschlugen und beide Seiten, Befürworter wie Kritiker, sich mit solcher Unbedingtheit in die Schlacht warfen. Bei den einen klang es danach, als ginge es ganz grundsätzlich um die Frage, ob die Republik aus den Fehlern überhaupt gelernt habe oder ob sie doch noch von einer unseligen Kontinuität eingeholt werden könne. Die andere Seite reagierte derart empört, dass man meinen konnte, sie blicke unkritisch – und auch selbstzufrieden – auf die Republik, wie sie ist. Im Rückblick bietet sich für diese nationale Erregung vor allem eine Erklärung an: Die Vergangenheit war noch zu nah, fast zwangsläufig standen die großen Kontroversen im Schatten der Hitler-Jahre, auch jene über die Notstandsgesetze. Beabsichtigt oder nicht, stritten alle immer auch über das Selbstverständnis im Lande, also über die Frage, wie konsequent wir uns abgekoppelt hätten von falschen Kontinuitäten, ob die Republik aus den Kinderschuhen heraus und der Neuanfang unumkehrbar sei.

Die Befürworter der Notstandsgesetze – Helmut Schmidt an der Spitze – beschwichtigten, dem Staat solle nur seine Handlungsfähigkeit gesichert werden. Die Gegner fürchteten, die Demokratie werde zur Disposition gestellt. Helmut Schmidt argumentierte, es existiere keine demokratisch beschlossene Verfassungsregelung für eine Notlage, in die der Staat geraten könne. Es könne nicht angehen, dass Ende der 60er Jahre immer noch die alliierten Vorbehaltsrechte greifen, die im Deutschlandvertrag von 1952 verankert worden waren. Im Kern zielte die Notstandsgesetzgebung also darauf, eine «Notregierung» zu ermöglichen. Im Zweifel sollte sie erlauben, auf außergewöhnliche Umstände unorthodox zu reagieren, ohne dass es dafür detaillierte Regelungen oder Gesetzesvorschriften gebe.

Wäre es nach geltendem Recht gegangen, sollten «Schubladengesetze» der Alliierten in Kraft treten, die es erlaubten, Grundrechte außer Kraft zu setzen. Vor allem zielte die Neuregelung mithin darauf ab, für diesen Fall die Regierungskompetenz aus alliierten in deutsche Hände zu übertragen. Seit 1960 schwelte dieser Streit, seit Konrad Adenauers Zeiten. Der Ausnahmezustand sei die Stunde der Exekutive, begründete er[41] seinerzeit den ersten Vorstoß. Besondere historische Sensibilität verriet er damit wahrlich nicht. Bis ins Detail sollte durchgeplant werden, wie eine Notregierung mit Notverordnungen Regie führen und zentrale Grundrechte außer Kraft setzen dürfe.

Obwohl wach und sorgsam in allen Vergangenheitsfragen, drehte Helmut Schmidt das Argument gerade um. Es ging ihm darum, zu beweisen, was das Land hinzugelernt hatte. Dabei konnte er sich durchaus auf Bündnisgenossen berufen: Selbst die Gewerkschaften vertraten keineswegs einmütig die Meinung, hier werde ein Staatsstreich geplant, eine beachtliche Minderheit im DGB hielt die Notstandspläne für überfällig, angemessen und prinzipiell richtig. Auch sie übrigens ließen sich vom gleichen Motiv leiten wie der Sozialdemokrat im Parlament. Dabei ging es gar nicht in erster Linie darum, souverän im eigenen Hause zu sein und nicht fremdbestimmt zu werden; nein, aus dem Scheitern der Weimarer Republik folgerten sie, Stabilität könne gar nicht groß genug geschrieben werden; einem verführbaren Volk müssten sozusagen institutionelle Vorgaben für den Ernstfall gemacht werden, es müsse sich selbst seine Regeln geben, die bindend bleiben. Das Gros allerdings – jedenfalls in dieser Kontroverse 1968 – litt unverändert unter dem historischen Trauma des Mai 1933, der Gleichschaltung, ein solcher Missbrauch des Staates von denen, die ihn usurpierten, sollte nie wieder geschehen. Vor allem den Kern, das Streikrecht, sahen kritische Gewerkschaftler aber ernsthaft bedroht.

Besonderes Gewicht hatte, dass sich die IG Metall, Europas größte Industriegewerkschaft, mit Leidenschaft an die Spitze der Frondeure stellte. Auch in der SPD war die Erinnerung an die Jahre der Notverordnungen wach, die der Reichspräsident (Artikel 48) erlassen konnte. Selbst Friedrich Ebert hatte sich veranlasst gesehen, damit zu operieren und parlamentarische Selbstblockaden aufzulösen.

Solche Sorgen vermochte Helmut Schmidt nicht nachzuvollziehen. Einmal, weil er grundsätzlich meinte, die Bundesrepublik habe sich verändert und die Demokratie wirklich verinnerlicht. Zudem aber dürfte auch seine Erfahrung von 1962 eine Rolle gespielt haben – die Flutkatastrophe. Ganz praktisch hatten er und seine Mithelfer in Hamburg doch bewiesen, dass man sich im Notfall zwar an der Grenze des rechtlich Erlaubten entlang hangeln kann, dass es aber im Ernstfall Wichtigeres gebe als die Frage, ob jeder Schritt im Einklang mit den Buchstaben des Grundgesetzes stehe; vor allem, wenn es darum ging, Menschenleben zu retten. Gegen staatlichen Missbrauch also wäre man aus Schmidts Sicht doppelt gefeit: Einmal dank der gesetzlichen Regelungen, und zum anderen, weil man sich auf Leute an den Kommandostellen verlassen könne, die wind- und wetter- und charakterfest sind.

Bedenklicher für die deutsche Demokratie als rechtliche Grenzfragen schien es Schmidt zu sein, wenn immer mehr Leute mitreden wollten, die niemand dazu legitimiert habe. Das hielt er für sein Problem mit der Protestgeneration. Zuletzt – aber doch auch – spielte wohl noch ein weiterer Gedanke bei Helmut Schmidt mit: Die Bundesrepublik wollte erwachsen werden, es war kein unerheblicher Randaspekt, die Vorbehaltsrechte der Westalliierten auf diese Weise aufzulösen, die im Deutschlandvertrag verankert waren. Für längst überfällig hielt er diesen Schritt. Den Wunsch nach einer gewissen Emanzipation teilte er mit Willy Brandt. Eines der Argumente, mit denen Brandt – der anfangs zögerlich war – am Ende auf eine Zustimmung zu den Notstandsgesetzen drängte, lief denn auch darauf hinaus, die deutsche Politik solle Bewegungsfreiheit gewinnen für eine künftige «Friedenspolitik».[42] Beide gingen damit allerdings sparsam um. Sie wussten, wie man in Washington über allzu vehemente Souveränitätswünsche dachte; und schon gar nicht wollten sie nationalistische Ressentiments im eigenen Land bedienen. Noch wusste man nicht, wie viel davon schlummerte in den Köpfen.

Seit Helmut Schmidt wieder in Bonn mitredete, seit 1965 also, widmete er sich hinter den Kulissen der Frage, wie ein überparteilicher Kompromiss im Streit um die Notstandsgesetze zu erreichen sei. Dass bei einer Abstimmung in der Fraktion eine Dreiviertel-Mehrheit für die Gesetze zustande kam, war nicht zuletzt auf sein Konto zurückzuführen. Sprecher der Kritiker übrigens war lange Zeit ausgerechnet der IG-Metaller Hans Matthöfer, ein kluger und autonomer Kopf, vor dem Schmidt viel Respekt hatte.

Im alten Bonner Plenarsaal – noch immer in der ehemaligen Pädagogischen Hochschule mit ihrem verstaubten Charme – prallten Matthöfer und Schmidt aufeinander. Aber gerade Matthöfer lernte auch die andere, meist bewusst verborgene Seite Schmidts kennen, den diskursiven Politiker, der Argumenten lauschte und Einwände professionell nahm. Geradezu schwärmen konnte der Metaller und Minister a. D. darüber in der Erinnerung an die stürmischen Jahre in Bonn, wie ich mich aus Gesprächen mit ihm entsinne.

Für Schmidts Anstrengung, den Gesetzen endlich zum Durchbruch zu verhelfen, aber dennoch die Kluft zwischen seiner Partei und den Gewerkschaften möglichst zu schließen, gab es tiefersitzende Gründe. Längst war er zu der Überzeugung gelangt: Nur mit den großen Verbänden – den Gewerkschaften links, den Industrieverbänden rechts – an der Seite könne man Stabilität in der Republik garantieren. Es begann die Hochzeit dessen, was später Korporatismus genannt wurde, Schmidts spezifischer Regierungsstil. In welches Amt man ihn auch stellte, keiner sollte die Kunst der Äquilibristik, des Austarierens von Kräften so beherrschen wie er. Eine Machtbalance zwischen den Korporationen, das hielt er für noch wichtiger als eine Große Koalition.

Die Matadore dieser Republikkontroverse, Helmut Schmidt und Hans Matthöfer, gingen schließlich in Versöhnungsabsicht aufeinander zu. Dank ihrer Annäherung wurden am 30. Mai 1968 die

Gesetze mit breiter Mehrheit verabschiedet, begleitet von einer der größten Protestkundgebungen, welche die Bundesrepublik je erlebte. Im Zentrum der Kritik standen nicht so sehr Kanzler Kiesinger und die Union, vor allem zielte sie auf die Sozialdemokraten, und natürlich auf Helmut Schmidt als den Einpeitscher dieses Projektes. Tatsächlich hätten ohne ihn die Gewerkschaften nicht eingelenkt. Aber ohne Kompromissbereitschaft auch seinerseits hätte er als Fraktionschef die hochumstrittene Verfassungsänderung nicht durchgebracht. Und immerhin, die Fraktion hielt er zusammen.

Das Urteil, dies sei sein «parlamentarisches Meisterstück»,[43] teilten seinerzeit weithin die Leitartikler in den einflussreichen Gazetten.

Seinen Widersacher im Notstandskonflikt aber, Hans Matthöfer, berief Schmidt 1974 gleich in sein erstes Kabinett, zunächst als Forschungs-, ab 1978 als Finanzminister. Am Tische des Kanzlers Schmidt sollte der linke Gewerkschafter sich dann revanchieren mit weiterhin offenen Worten, mit konstruktiver Kritik, vor allem mit großer Loyalität. Auf seine Weise vermochte Schmidt durchaus auch zu integrieren. Mit dem Urteil, er habe nur auf die Parteirechte gebaut, macht man es sich so besehen sicher zu einfach.

Wer Helmut Schmidt später befragte, wie er Willy Brandts Verhalten im Streit um die Notstandsgesetze beurteilte, musste mit einer heftigen Replik rechnen. Brandts wahre Schwäche offenbarte der Konflikt aus seiner Sicht. Nicht seine eigene Überzeugung habe er zum Maßstab gemacht, sondern hineingehört in seine Partei und sich anzupassen versucht. Es half auch nichts daran zu erinnern, dass Brandt im Bundestag Anfang Mai leidenschaftlich bekräftigte, die Parteien seien demokratisch verlässlich, er sehe keinen Grund, für den Notfall zu bezweifeln, dass Behörden über sie hinweg Grundrechte außer Kraft setzten. Ausdrücklich hatte er sich für die Gesetze stark gemacht.

Nicht stark genug für Schmidts Geschmack: Brandt hätte die Gewerkschaften einbinden können und müssen, warf er ihm vor, wann immer das Gespräch darauf kam, das habe er sträflich versäumt. Zu viel Raum ließ er den Skeptikern. Auf deutsch: Die Führungsarbeit überließ er ihm allein. Für Schmidt blieb das fortan eine Schramme in ihrer Beziehung. «Enttäuscht» sei er von Brandt gewesen, weil er sich als Vorsitzender nicht so eingesetzt habe für das Vorhaben, wie es hätte sein müssen, klagte er noch nach Jahrzehnten gegenüber Ulrich Wickert.[44]

Was Schmidt nicht offen erwähnte: Brandt hatte seinen betonten Integrationskurs gegenüber den kritischen jungen Leuten auch während der schwierigen Debatte über die Notstandsgesetze fortsetzen wollen, seit vier Jahren stand er damals an der Spitze seiner Partei, und schon musste er fürchten, sie spalte sich auf. Beliebt war die Große Koalition mit Kiesinger bei ihnen nicht, die Notstandsgesetze schienen die Befürchtungen zu bestätigen, die Kritiker sollten an die kurze Leine genommen werden. Er musste trotzdem versuchen, den Laden zusammenzuhalten. Im Grunde trieb den Vorsitzenden die Sorge um, die kritischen Gewerkschafter und die aufmüpfigen jungen Leute könnten seiner Partei abspenstig werden. Nichts fürchtete er so sehr wie eine Zersplitterung der Linken, das schleppte er als Trauma seit seiner Lübecker Jugend mit.

Für diesen biographischen Aspekt brachte Schmidt seinerzeit wenig Interesse auf. Unausgesprochen zwischen den beiden blieb wohl auch eine heimliche Differenz: Willy Brandt war nicht hundertprozentig sicher – jedenfalls ließ er es anklingen –, ein Missbrauch staatlicher Kompetenzen im Notfall sei wirklich auszuschließen. Er war ein gebranntes Kind; was aus dem Staat im schlimmsten Fall werden kann, hatte er bewusst erlebt und erlitten. Wie demokratisch die Republik und ihre Politiker im Innersten sind, wer konnte das wissen? Das war – aus Brandts Sicht – immer neu zu beweisen, eine «Stunde Null» hatte es 1945 schließlich nicht gegeben.

Der Jüngere misstraute zwar den Deutschen, dass sie aber seit 1945/49 einen prinzipiellen Neuanfang versuchten, billigte er ihnen zu. Geradezu empörend fand er jeden Gedanken, die Bundesrepublik solle noch einmal umgegründet werden, wenn denn ein «Neuanfang» nicht möglich sei. Der Nachwuchs in der eigenen Partei dürfte gern stärker als seine eigene Generation philosophische, theoretische, ideologische Debatten führen; sie sollten ruhig nach anderen Konzepten suchen, aber sie müssten respektieren, hielt er zornig fest auf Papier, «daß meiner eigenen Generation die Fähigkeit, auf der Grundlage unserer sittlich-politischen Grundhaltung, praktisch und unmittelbar Nützliches für das Ganze zu leisten, wichtiger erscheint als die Utopie oder das theoretische Fernziel».[45]

Unbeirrt glaubte Helmut Schmidt zeitlebens daran, gerade im Zweifel müsse Politik von oben herab steuern.[46] Willy Brandt hingegen war sich sicher, im Zweifel sei eher auf die Gesellschaft von unten Verlass als auf die, die sich als «Führer» verstehen. Allein schon das Wort «Führung», das Schmidt so locker über die Lippen kam, missbehagte ihm gründlich. Sein Misstrauen gegen die «oben» verlor er nicht, obwohl er selbst zu denen oben zählte. Logischerweise investierte Schmidt hingegen sein Vertrauen gerade in die Verantwortlichen, an der Spitze der Hierarchie, denn nur dort, wo er die Wurzeln des Versagens suchte, würde sich auch beweisen lassen, dass der Neuanfang glückt.

Moderat reagierte Helmut Schmidt auf den Einmarsch der Warschauer Pakt-Truppen in der Nacht zum 21. August 1968, mit dem alle Hoffnung auf eine Annäherung zwischen den Systemen zunichte gemacht wurde. Die Bundesrepublik könne sich nicht übernehmen, sie sei keine Großmacht; und auch, wenn man wisse, wie darüber zu denken sei und wie die Unterdrückten es empfänden, eine Friedensordnung sei nur denkbar, wenn militärisches Gleichgewicht in Europa gesichert sei.[47]

Da war sie wieder, die Formel vom Gleichgewicht, die Schmidt in Krisen immer neu auf ihre Tauglichkeit hin überprüfte. Stets kam er zu dem Ergebnis, etwas Besseres gebe es nicht. Die Formel galt nach außen, aber nicht minder nach innen. Neben Stabilität schälte Gleichgewicht sich als der andere Begriff heraus, um den sein Denken als Politiker kreiste. Die Balance in der Republik war nur zu wahren, wenn die großen Korporationen sich wechselseitig anerkennen und den Staat mittragen; so wie nach außen der Frieden nur zu bewahren war, wenn keiner ein Übergewicht anstrebe.

«Strategie des Gleichgewichts» nannte Schmidt konsequent sein zweites Buch, das im Juli 1969 erschien. Der Titel verriet ein Programm: Nur in einer Welt, in der die Gewichte gleich verteilt wären und keiner als Hegemon auftrete, könne man beruhigt leben. Seine gesamte Philosophie enthielt das, klar, unmissverständlich und in Kurzfassung, wie er das liebte.

Als Fraktionschef musste er Generalist sein, er redete überall mit. Ebenso wie Willy Brandt wandte er sich gegen eine Verjährung von Nazi-Verbrechen. Vorsichtig ergriff er Partei gegen Heinrich Lübke, dem vorgehalten wurde, während des Dritten Reiches für eine Firma gearbeitet zu haben, die Zwangsarbeiter und KZ-Häftlinge beschäftigte. Unter diejenigen, die anderen ihre Vergangenheit vorhielten, reihte er sich nicht gerne. Zudem hatte Wehner Lübkes Wahl unterstützt, um eine Große Koalition durchzusetzen. Aber der damalige Bundespräsident verteidigte sich derart ungeschickt, dass auch Schmidt zu dem Ergebnis kam, er könne nicht länger im Amt bleiben.

Trotz seines Faibles für die Große Koalition zog er einen eigenen Kandidaten für das Präsidentenamt vor. Nach Lage der Dinge kamen dafür auf sozialdemokratischer Seite Georg Leber oder Gustav Heinemann in Betracht. Lebers Name, ein Gewerkschafter, dem Stabilität über alles ging, stand für eine Fortsetzung des Elefantenbündnisses, der Jurist Heinemann, welcher der CDU den Rücken gekehrt hatte, musste vor allem auf SPD- und FDP-Stimmen setzen. Wehner und Schmidt wünschten sich die Nominierung Lebers. Aber je länger Lübke seinen Rücktritt hinauszögerte, umso unwahrscheinlicher wurde es, dass Leber durchzusetzen wäre.

Am Ende obsiegte Willy Brandt mit Gustav Heinemann, seinem Wunschkandidaten. Am 5. März 1969, nach Lübkes vorzeitigem Rücktritt 1968, wurde der renommierte Jurist, der schon am Tisch des ersten Kabinetts Adenauer gesessen hatte, zum Bundespräsidenten gewählt. Heinemann gehörte ursprünglich der CDU an, war aus Enttäuschung über deren Haltung zur Wiedervereinigung ausgetreten und hatte die Gesamtdeutsche Volkspartei gegründet, schließlich wechselte er zu den Sozialdemokraten, wiederum weil er sich von einer erneuerten Deutschlandpolitik die größeren Chancen versprach, eine Vereinigung der beiden deutschen Staaten zu erreichen. Zahlreiche Stimmen der Freidemokraten kamen ihm bei der Präsidentschaftswahl zugute, was einen politischen Stimmungswandel ankündigte. Sein Wort, bei seiner Wahl habe es sich um «ein Stück Machtwechsel» gehandelt, sollte in die Geschichte der Republik eingehen, wenige Monate später erblickte die erste sozialliberale Koalition unter Kanzler Brandt und Vizekanzler Scheel das Licht.

IV. Machtwechsel

Ende 1969. Viel Neuanfang lag in der Luft. Helmut Schmidt schien zu spüren, dass er quer stand dazu. Die einen verehrten ihn, für die anderen verkörperte er die alte Republik. An ihm, dem kommenden Mann hinter Brandt, schieden sich die Geister. Vielleicht war es ein Gespür für dieses durchaus gemischte Echo, das ihn kurz vor der Wahl von 1969 wirklich wieder darüber nachdenken ließ, ob er der Politik ganz den Rücken kehren solle, wie er vertraulich Herbert Wehner andeutete. Litt er darunter, nicht die kommende «Nummer eins» zu sein? In Bonn kursierten solche Spekulationen über Schmidts Pläne, je näher der Wahltag rückte. Sie waren nicht erfunden, wie sich später herausstellen sollte, Schmidt selbst nährte sie. An seiner Reputation konnte es nicht liegen, das Gros der Kommentatoren – von der *SZ* zur *FAZ*, vom *Spiegel* bis zur *ZEIT* – attestierten ihm, als Fraktionschef zu brillieren. Unisono bewunderten sie zudem seinen Führungswillen, er war aus dem Holz, aus dem nach verbreiteter Leitartiklermeinung Politiker geschnitzt sein müssen; und er galt unbestritten als eine Art Nr. 1 in der Großen Koalition.

Noch am Abend des 28. September 1969, nach Schließen der Wahllokale und Bekanntgabe der ersten Hochrechnungen, plädierten Herbert Wehner und Helmut Schmidt offen dafür, die SPD solle die

Koalition mit Kiesinger weiterführen. Wehner dürfte anderes dazu angespornt haben als Schmidt, er glaubte, seine Partei sei noch nicht reif genug, um selber den Regierungschef zu stellen. Obendrein: Da die FDP mit nur 5,8 Prozent äußerst knapp über die Fünf-Prozent-Hürde gekommen war, hielten beide Hamburger Sozialdemokraten die Parlamentsmehrheit für zu dünn, um sich auf Experimente einzulassen. Zum soliden Regieren brauche eine SPD/FDP-Regierung eine Mehrheit von mindestens zwei Dutzend Abgeordneten, meinten sie. Für Schmidt überwog das Argument, in dieser Konstellation, in breitem Konsens, könne die Politik sich Entscheidungen schultern, die eine kleine Koalition schlicht überfordern.

In Kauf hätten beide genommen, dass Kurt-Georg Kiesinger Kanzler bleibt, denn die CDU/CSU stellte im neuen Bundestag erneut die stärkste Fraktion. Offen ausgeprochen hat es keiner der beiden, aber es schwangen wohl auch Vorbehalte gegenüber Willy Brandt mit. Zu blass war ihnen der Außenminister geblieben, und der Vorsitzende ließ – jedenfalls aus Schmidts Sicht – eine eindeutige Haltung gegenüber der aufmüpfigen Parteilinken vermissen. Sowieso hatte Schmidt geglaubt, ohne es offen zu artikulieren, ein dritter Anlauf von Brandt sei nicht wirklich ratsam, auch wenn das ein heikler Punkt war. Niemand sprach laut darüber. Mit Wehner – so der Historiker Manfred Görtemaker, ein intimer Kenner der Nachkriegsrepublik – seien sie sich einig gewesen, dass mit der Wahl Brandts Anspruch auf das Kanzleramt erloschen sei. Niemand werde ihm nachtrauern oder sein Abtreten als Verlust empfinden, beschrieb Görtemaker die Haltung der beiden Weggefährten aus dem SPD-Dreigestirn.[1] Wirklich belegen lässt sich das nicht, aber viel spricht für diese Annahme.

Helmut Schmidts vielzitierter, spröder Satz in der Wahlnacht auf Brandts Frage, ob er eine kleine Koalition mit den Liberalen mittrage, sprach Bände über seine Gemütsverfassung: «Wenn Du's machen willst, dann mach's doch!» Willy Brandt wollte. Öffentlich erklärte er nach einem Telefongespräch mit Walter Scheel: «Ich habe die FDP wissen lassen, dass wir zu Gesprächen mit ihr bereit sind. Dies ist der jetzt fällige Schritt von unserer Seite. Über alles andere wird morgen zu reden sein.»

Später berichtete er, mehrmals habe er sich vor der Wahl mit Scheel getroffen und sei mit ihm übereingekommen, eine Koalition ernsthaft zu prüfen und diese Chance «nicht wegen der Angebote anderer vorübergehen zu lassen».[2] Publik machte er das erst in dem Augenblick, als gegen 22 Uhr am Wahlabend – anders als in den ersten Hochrechnungen – das Ergebnis, eine dünne numerische Mehrheit von gerade zwölf Mandaten für ein sozialliberales Bündnis, feststand und der FDP-Vorsitzende Scheel ihm signalisiert hatte, dass er jedenfalls an dem geplanten Partnertausch festhalten und eine Koalition mit der SPD unterstützen werde.

Die Berliner kannten Brandt schon von dieser Seite, er konnte als «Regierender» sehr hart und entschlossen auftreten. Entschieden, zielstrebig, mit eindeutigen Prioritäten ging er voran. Von mangelnder «Führung» keine Spur. Im Gegenteil, das Heft nahm er damit umstandslos Herbert Wehner aus der Hand, für den Brandts Entschlossenheit aus heiterem Himmel kam. Die Journalisten ordneten es richtig ein: Brandt emanzipierte sich von Wehner, schrieben sie, soweit in diesem Moment möglich. Für Helmut Schmidt aber bedeutete es, dass die Machtfrage auf absehbare Zeit geklärt war.

Um eine Demonstration des Führungsanspruchs allein ging es allerdings nicht. Willy Brandt suchte die Chance, einen viel größeren Neuanfang zu wagen als während der Großen Koalition, unbedingt wollte er jede noch so winzige Möglichkeit nutzen und endlich die Ost- und Deutschlandpolitik ins Werk setzen. Kurt-Georg Kiesinger hatte sich dazu nicht bereit oder in der Lage gezeigt. Selbst wenn er persönlich gewollt hätte, die Widerstände in seiner Partei sowie der bayrischen CSU gegen einen Kurswechsel waren noch unüberwindbar. Auch bei einer Neuauflage des Elefantenbündnisses würde sich daran nicht viel ändern.

Wenn Helmut Schmidt darüber nachgedacht hatte, ob er überhaupt in der Politik bleiben solle, warum entschloss er sich doch nach einigen Tagen des Zauderns zum Weitermachen, nach Brandts klarer Entscheidung und dessen Bitte, in seinem Kabinett das Verteidigungsressort zu vertreten? Vielleicht war das Zögern doch bloß Koketterie? Über beträchtlichen Einfluss verfügte er längst, mehr als die meisten Parteifreunde. Die öffentliche Resonanz dürfte sein Ego gestärkt haben. Und dann: er war doch nicht blind für den Reiz. Auf der Hardthöhe, dem Sitz des Verteidigungsministeriums, würde er sich nicht nur die Bundeswehr unter die Lupe nehmen können, er könnte auch über den sicherheitspolitischen Kurs mitreden, in Bonn, aber auch in der Allianz. Zudem unterstützte er prinzipiell die Ostpolitik, die Brandt im Sinn hatte. Er nahm den Platz ein, der ihm zugedacht war.

Einer seiner frühen Biographen, der Bonner Historiker Hans Georg Lehmann[3] bescheinigte ihm, zu den «Vätern» der Ostpolitik zu gehören, Schmidt ließ es gerne unkorrigiert so stehen. Immerhin schrieb er in seinen Erinnerungen, als Mitglied des Kabinetts Brandt – sowie bei der Ostreise 1966 – habe er «an der geistigen Vorbereitung der neuen Ostpolitik mitgewirkt». Auch als Nachfolger Brandts im Kanzleramt habe er sie kontinuierlich fortsetzen und daran weiterarbeiten wollen, der sowjetischen Seite sei das klar gewesen. Es fehlte nur noch der Zusatz: Klarer als den Zweiflern zu Hause, zumal unter den eigenen Parteifreunden, aber auf die war dieser Seitenhieb gezielt.

Überzeugt vom großen Neuansatz Willy Brandts war er in jedem Fall, auch wenn er beispielsweise besonders darauf drängte, die Übereinkunft zwischen dem deutschen und dem sowjetischen Verhandlungspartner, Egon Bahr und Andrei Gromyko, müsse den Status Berlins zweifelsfrei festschreiben. Journalisten deuteten das zwar gerne als Bremsmanöver, aber Bahr konnte es auch als Hilfe betrachten. Der sowjetischen Seite wurde damit signalisiert, Bonn entgegenkommen zu müssen, wenn am Ende ein Erfolg der Vertragsverhandlungen nicht gefährdet werden solle.

Wie Brandt meinte aber auch Schmidt generell: Gegenüber den Nachbarn im Osten hatten die Deutschen etwas nachzutragen, einfach «wiedergutmachen» ließ es sich ohnehin nicht; sie mussten die Verantwortung für das Völkermorden übernehmen, das sie seit der Besetzung der Tschechoslowakei 1939, seit dem Überfall auf Polen 1939, seit dem Einmarsch in der Sowjetunion 1941 bis zum Kriegsende am 8. Mai 1945 verursacht hatten.

Tatsächlich pflegte er fast refrainartig zu wiederholen, wir Deutsche müssten unser Verhältnis zum östlichen Nachbarn Polen aus historisch-moralischen Gründen ebenso ernst nehmen wie das zu Frankreich, dem Nachbarn im Westen. Von daher sein Urteil, von Anfang an «zu den gedanklichen Miturhebern der Ostpolitik»[4] gehört und beim Vertragsprozess mit Pate gestanden zu haben. Keineswegs war es als Floskel gemeint, als er berichtete, sein Besuch in Auschwitz 1977 habe zu den prägenden Erlebnissen seines Lebens gezählt. Noch im Jahr 2013, schon 94 Jahre alt, erinnerte er vor laufenden Fernsehkameras ausdrücklich an diesen Tag, an dem er sichtlich bewegt eine seiner eindrucksvollsten Reden als Politiker überhaupt hielt.

In der Hauptsache, die Brandt sich für die sozialliberale Koalition vornahm, die Verträge mit Moskau, Warschau, Prag und Ostberlin, herrschte zwischen Helmut Schmidt und dem Kanzler ein tragfähiger Konsens. Richtig ist allerdings auch: Für Schmidt gewannen strategische und sicherheitspolitische Interessen ein ungleich größeres Gewicht als für den Regierungschef. Merkwürdig unverbunden entwickelte er daraus ein eigenes Konzept, das – wie Brandt Ende der 70er Jahre fürchtete – die Entspannungs- und Ostpolitik insgesamt zu unterminieren drohte. Aber diese Differenz war 1969 kaum zu erahnen.

Was die Entscheidung zugunsten einer sozialliberalen Koalition und gegen eine Fortsetzung der Großen Koalition angeht: Lakonisch notierte Willy Brandt in seinen *Erinnerungen*, schon am Tag nach der Wahl hätten die Widersacher in der Parteiführung «beigedreht». In erster Linie meinte er Herbert Wehner und Helmut Schmidt. «Daß ich mich nicht mehr aufhalten ließe, war allen klar.»[5] Am 21. Oktober 1969 war es soweit, Brandt wurde zum ersten sozialdemokratischen Regierungschef seit Bestehen der Bundesrepublik gewählt. Der große Machtwechsel war gelungen.

Drei Stimmen fehlten aus dem eigenen Lager. 251 Abgeordnete (von insgesamt 254 der Koalition) votierten für Brandt als Kanzler, 249 betrug das untere Minimum, 233 Parlamentarier stimmten gegen ihn. Nichts Gutes verhieß das, die Regierung stand auf wackeligen Beinen, und sie hatte sich ungewöhnlich viel vorgenommen. Leicht fiel es der Bundesrepublik offenbar nicht, sich von den

Christdemokraten als Regierungspartei zu verabschieden, schwer fiel es aber vor allem der CDU selber, sich mit dem Gedanken vertraut zu machen, sie sei ab sofort nicht mehr die ewig regierende «Staatspartei».

Seine Zusage, das Verteidigungsressort zu übernehmen, verknüpfte Schmidt mit einer Bedingung: Den Fraktionsvorsitz – sein «schönstes Amt», wie er im Rückblick schwärmte – dürfe Brandt nur Herbert Wehner anvertrauen. Bereits drei Jahre zuvor, bei den Vorgesprächen über die Große Koalition 1966, hatte er mit dem Verteidigungsministerium geliebäugelt. Mit seinen Büchern *Verteidigung oder Vergeltung* (1961) sowie *Strategie des Gleichgewichts* (1969) legte er den Grundstein für seinen Ruf als kompetenter Sicherheitspolitiker, dem die internationale Fachgemeinschaft zuhörte. Auch in fachlicher Hinsicht wurde ihm längst schon bescheinigt, in den Fußstapfen Fritz Erlers zu wandeln.

Nach diesen vier Jahren Fraktionsplackerei hieß es anerkennend: Was Schmidt anpackt, macht er hundertprozentig! Was er von anderen verlangte, Kompetenz und Berechenbarkeit, verlangte er auch von sich. Was er für richtig hielt und für falsch, benannte er klipp und klar. Demonstrativ hatte er zum Ärger vieler seiner Parteifreunde eine Wehrübung abgelegt und sich bei jeder Gelegenheit darum bemüht, seiner Partei klar zu machen, dass sie sich endlich befreien müsse von ihrem Trauma Gustav Noske. Unter ihm, dem ersten «Reichswehrminister» in der Weimarer Republik, wurde der Spartakusaufstand im März 1919 niedergeschlagen, er hatte eng an der Seite der Reichswehr ein hartes Vorgehen gegen die Räte und die Streikenden durchgesetzt. Um der Macht willen, hieß es auf der Parteilinken, habe Noske mit dem Teufel paktiert, mit den Gegnern der Demokratie, und die eigene Seele verraten.

Willy Brandt wusste genau, wen er in dieses Ressort holte. Um eine lange Geschichte kurz zu machen: Als Minister bestätigte Schmidt sämtliche Erwartungen, und die waren nicht klein. Sein Ressort galt als Schleudersitz. Aber bange machte ihn das nicht. In der kurzen Zeit, in welcher er von der Hardthöhe aus das Verteidigungsministerium leitete, baute er die Bundeswehr um und sorgte für eine strategische Kurskorrektur der deutschen Rolle in der Allianz. Kein Vorgänger und kein Nachfolger erwarb sich einen solchen Respekt wie Schmidt in diesem Ressort, als Soldatenminister wie als Sicherheitspolitiker gleichermaßen.

Ob der neue Verteidigungsminister wirklich angetan war von Willy Brandts Regierungserklärung am 28. Oktober? Für einen fast pathetischen Neuanfang entschied Brandt sich in der Wortwahl, als er formulierte, wir stünden nicht am Ende unserer Demokratie, wir fangen erst richtig an, und zugleich ankündigte, «mehr Demokratie wagen» zu wollen. (Günter Grass reklamierte für sich, Urheber dieser Formulierung zu sein.) Man muss es zumindest bezweifeln, zu Schmidt passten die großen Worte nicht recht. Fing die Demokratie wirklich erst richtig an?

Willy Brandt hatte für Schmidts Geschmack in der Hinsicht zu viele Konzessionen an die rebellische junge Generation gemacht, die mit der Verfassung der Bundesrepublik gewaltig haderten. Woher kam bloß die Sehnsucht der kritischen jungen Leute, der Linksintellektuellen, oder auch linker Parteifreunde nach dem großen Neubeginn, der nachgeholt werden müsse? Helmut Schmidt leuchtete das einfach nicht ein. Nicht nur, dass die demokratischen Institutionen funktionierten, der erste Machtwechsel war soeben erfolgreich erprobt worden; wichtiger war, dass die Deutschen mit der jüngsten Vergangenheit nach seiner Meinung einigermaßen anständig und vorurteilslos umgingen und ihre Lehren daraus zogen. Man musste daher nicht «mehr Demokratie wagen», meinte Schmidt, diesem Staat vertraute er, so wie er gewachsen war. Ob er auch blind den Deutschen vertraute, das stand auf einem anderen Blatt.

Was der Kanzler hingegen zur Entspannungs- und Ostpolitik sagte, kam Schmidt grundsätzlich entgegen. Ein Volk der guten Nachbarn, nach innen und nach außen – richtig. Rasch Verhandlungen aufnehmen mit Moskau und Warschau über Gewaltverzicht und eine Annäherung suchen – auch gut. Die Bundesrepublik brauche die Abstimmung mit dem Westen und die Verständigung mit dem Osten, hatte Brandt formuliert. «Auf diesem Hintergrund sage ich mit starker Betonung: Das deutsche Volk braucht den Frieden im vollen Sinne dieses Wortes auch mit den Völkern des europäischen Ostens. Zu einem ehrlichen Versuch der Verständigung sind wir bereit, damit die Folgen des Unheils überwunden werden können, das eine verbrecherische Clique über Europa gebracht hat.»[6] All diesen Bekenntnissen applaudierte Schmidt, darin erkannte auch er sich wieder.

Sogar Helmut Schmidts eigene Handschrift ließ sich in Passagen der Regierungserklärung erkennen, als Brandt über die Einordnung in das Nordatlantische Bündnis sprach, das sich zwanzig Jahre lang bewährt hatte und auch in Zukunft unsere Sicherheit garantieren werde. Entspannung in Europa sei nur zu erreichen, wenn es bei diesem Bündnis bleibe.

Willy Brandt: «Welche der beiden Seiten der Sicherheitspolitik wir auch beachten, ob es sich um unseren ernsten und nachhaltigen Versuch zur gleichzeitigen und gleichwertigen Rüstungsbegrenzung und Rüstungskontrolle handelt oder um die Gewährleistung ausreichender Verteidigung der Bundesrepublik Deutschland: unter beiden Aspekten begreift die Bundesregierung ihre Sicherheitspolitik als Politik des Gleichgewichts und der Friedenssicherung. Und ebenso versteht sie unter beiden Aspekten die äußere Sicherheit unseres Staates als eine Funktion des Bündnisses, dem wir angehören und als dessen Teil wir zum Gleichgewicht der Kräfte zwischen Ost und West beitragen.» Zugleich kündigte der Redner eine kritische Bestandsaufnahme der Bundeswehrfragen an.[7] Auch wenn er in den Fragen nicht anders dachte als Schmidt, die Formulierungen zur Rüstungskontrolle und zur Politik des Gleichgewichts waren dem Vokabular seines neuen Verteidigungsministers entlehnt. Fast blind verließ er sich auf ihn.

So besehen, konnte Schmidt sich unter dem Strich mit dem Start der ersten sozialliberalen Regierung einverstanden erklären; es war jedenfalls kein Fehler, in der Politik zu bleiben. Für sein Empfinden gingen die Neuanfangsbekundungen Brandts zwar zu weit, zu viel Anpassung an den Zeitgeist sah er darin. Ganz identifizieren konnte er sich damit nicht. Aber Demokratie, lautete schließlich sein Credo, sei die Kunst, Kompromisse zu schließen.

Großes vorgenommen hatte sich der neue Hausherr auf der Hardthöhe. Sein neues Amt wollte er gründlich umbauen, und strategisch umdenken wollte er auch. Aufräumen musste er dazu zuerst einmal mit einer «Clique von reaktionären Offizieren»,[8] um die Worte des alten Helmut Schmidt zu benutzen. 1970, als frischgebackener Ressortchef, hätte er es nicht so drastisch formuliert. Einige von ihnen schickte er immerhin bald nach Amtsantritt in den Ruhestand, fast eine kleine Revolution.

Grundsätzlich ging es darum, ob die Bundeswehr, nur acht Jahre nach Ende des Weltkrieges neu konzipiert, nicht zu stark auf ehemaligen Wehrmachtsoffizieren aufbaute. Mit anderen Worten, ob die Riege der amtierenden Generäle wirklich jenem Bild von «innerer Führung» entspreche, das zum Maßstab gemacht worden war. Nach einem pauschalen Verdikt über die Wehrmacht unter Hitler drängte es Schmidt zwar nicht, aber er stand unmissverständlich auf Seiten derjenigen, die endgültig aus ihrem Schatten heraus und einen grundsätzlichen Neuanfang durchsetzen wollten.

Keinesfalls ließ sich die Generalskrise einfach als eine Erfindung liberaler oder linker Blätter wie des *Spiegel* oder der *Frankfurter Rundschau* abtun. Mit einer größeren «Erblast» (so Hartmut Soell) hatte Schmidt sich herumzuschlagen, als er zunächst ahnte. Nach außen hin erweckten manche Generäle geradezu den Eindruck, sie wollten nicht länger dem Konzept der «inneren Führung» folgen – das nicht zuletzt auf kluge Militärs zurückging – und die Mitsprache der Zivilisten abschütteln. Der Inspekteur des Heeres, Albert Schnez, hatte eine Bestandsaufnahme veranlasst und sprach selber schneidig vom «Staatsbürger als Soldat». Er und andere Generäle drängten, Militärs als einen Beruf «sui generis» zu betrachten, mit einem eigenen Ethos und einer Verpflichtung zum Dienst um seiner selbst willen. Im Rückblick lesen sich die Debatten um die Rolle des «Soldatischen» im Jahr 1969 geradezu wie ein Aufstandsversuch, eine Revolte gegen die Dominanz der demokratischen Gesellschaft, die unbefugterweise in ein Gefilde hineinpfuscht, das sich den Spielregeln der Demokratie per definitionem entzieht.

Zudem muss man sich erinnern: Die Hitzigkeit der Notstands-Debatte hing auch damit zusammen, dass neues Misstrauen gegenüber der künftigen Rolle der Bundeswehr mit Begriffen wie «Ordnungsfaktor»[9] gerade auch aus ihren eigenen Reihen geschürt wurde.

Sorgsam und argwöhnisch wachten Blätter wie der *Spiegel* über mögliche restaurative Tendenzen. Schon Monate vor der Wahl verfolgte Helmut Schmidt insgeheim alarmiert Wortmeldungen der Generalität, auch wenn er nach außen vorsichtig abwog und vor allem seinen Parteifreunden Zurückhaltung predigte.

Sogar der Stellvertretende Inspekteur des Heeres, Hellmut Grashey, stemmte sich offen gegen das Konzept der «inneren Führung», als handele es sich um eine Art aufgezwungener Camouflage. Der neue Minister zögerte einen Moment, feuerte ihn jedoch nicht, sondern entschied sich für einen Mittelweg. Er ließ durchblicken, dass dem General nur noch wenige Monate im Amt verblieben.

Diese ersten Erfahrungen mögen seine Pläne beschleunigt haben, für alle jungen Offiziere vier Semester an einer Hochschule obligatorisch zu machen. Sie sollten gerade nicht eine Welt für sich bilden, sondern schon bei ihrer Ausbildung stärker in die Gesellschaft integriert werden. Die Einrichtung von (zunächst zwei) Bundeswehrhochschulen erklärte er zu seinem wichtigsten Ziel. Natürlich hatte das den angenehmen Nebenaspekt, dass damit Wehrdienst und Offiziersausbildung verlockender gemacht wurden für junge Männer.

Offiziere sollten mitdenken lernen und nicht nur «ihre Pflicht» tun. Sie sollten «für etwas» eintreten. So entsprach das seiner eigenen Lebenserfahrung als Soldat. Ihm erschien das wichtiger als die Frage, ob man den Soldaten verbieten solle, lange Haare zu tragen. Auch sie beschäftigte die Republik seinerzeit lebhaft. Liberal genug war Helmut Schmidt, um keine Regel erzwingen zu wollen: Der legendäre «Haarerlass» verlangte schließlich, dass Augen und Ohren der Rekruten zu sehen sind.

Es gab wahrlich Wichtigeres, die Angelegenheit mit den Generälen nämlich drohte schon bald aus der Kontrolle zu geraten. Ausgerechnet er sah sich nun vorgeführt: Unbelehrbar oder hochmütig und vordemokratisch, wie sich einige Offiziere zeigten, gaben sie den Kritikern Nahrung, die vom Gedanken einer «demokratischen Bundeswehr» schlicht nichts hielten. Dass die Generalskrise nicht zu einem Aufstand in der Armee führte, erklärte er im Rückblick allerdings selbstbewusst damit, bereits zwei Bücher zu militärstrategischen Problemen verfasst und seit den 50er Jahren als jemand gegolten zu haben, «der wusste, wovon er sprach, und dessen Überzeugungen begründet waren».[10] Als Wichtigtuer habe er jedenfalls nicht gegolten, auch bei denen, die seine Ansicht nicht teilten.

Schließlich entschloss er sich, gemeinsam mit seinem Staatssekretär und Freund Willi Berkhan, kaum saß die Regierung im Sattel, Willy Brandt im tunesischen Urlaubsdomizil aufzusuchen: Die endgültige Entscheidung, doch einige der Generäle zu entlassen, wollte er nicht allein auf seine Kappe nehmen, daher holte er sich Rückendeckung bei «meinem Chef». Seine Kurzfassung lautete folgendermaßen: «Willy, ich habe das und das vor, aber ich möchte von dir hören, ob du das Risiko, das damit verbunden ist, laufen willst, wenn nicht, dann nicht. Das und das spricht dafür, das und das spricht dagegen. Dann hat Willy Brandt gesagt, mach mal. Da habe ich es gemacht und mich durchgesetzt.»[11]

Dem Klischee, das sich von ihm festgesetzt hatte, widersprach Schmidts Verhalten ganz offensichtlich. Nach außen hin sah man Schmidt, den entschlossenen. Und dennoch, der wirkliche Schmidt zeigte sich, wie das Beispiel lehrt, erst beim sorgsamen Agieren hinter den Kulissen. Klar war ihm, dass um mehr gestritten wurde als «sie oder ich». Für die junge Bundesrepublik handelte es sich um eine Schlüsselfrage: Hatten die Deutschen hinreichend aus ihren Erfahrungen gelernt und würde die Politik sich beizeiten dagegen verwahren, wenn ihr das Heft von der Generalität (oder anderen selbsternannten Befehlshabern) noch einmal aus der Hand gerissen werden sollte? Und würde die Politik das Militär in die Schranken verweisen können, ohne dessen grundsätzlich erwünschten Beitrag zur Verteidigung der jungen Demokratie in Frage zu stellen? Sein Talent, den prinzipiellen Charakter solcher Konflikte früh zu durchschauen und strategisch zu denken, hatte der junge Schmidt damals schon hinlänglich bewiesen. Aber erneut erwies sich: Mit dem Kopf durch die Wand wollte er weder in diesem Fall noch sonst irgendwann. So gern er von «Führung» sprach, das war nicht sein Stil. Darum suchte er vorsichtig bei Brandt Schutz und Deckung, wenn er es für nötig erachtete. Später, als Kanzler, sicherte er sich in schwierigen Angelegenheiten sorgfältig bei seinem ungewöhnlich effektiven, umsichtigen Amtschef Hans Schüler ab oder bei den Abteilungsleitern des Hauses, hörte sogar seiner Planungsabteilung zu (obwohl er angeblich von Politikplanung wenig hielt) oder ließ seinen Sprecher Klaus Bölling umständlich alle Eventualitäten vortragen, bevor er sich seines Urteils sicher war. Er «führte», aber nicht einsam.

Schon in der Debatte um die Wiederbewaffnung und die Einrichtung der Bundeswehr als Wehrpflichtarmee hatten viele Sozialdemokraten auf Distanz gehalten. Erst recht galt das für die 68er-Generation, mit der es die sozialliberale Koalition seit dem Machtwechsel 1969 zu tun hatte. Sie dachte nicht prinzipiell pazifistisch, verfolgte aber doch alarmiert – zumal wegen des Vietnam-Krieges – alles, was auf eine «Militarisierung» und eine «Politik der Stärke» gegenüber der Sowjetunion hinauslaufen könnte. Der Kalte Krieg beherrschte noch stark die Köpfe, eine wirkliche Entspannung zwischen den Großmächten zeichnete sich nicht ab, obwohl der Mauerbau ein wenig Ruhe gebracht hatte. Die Zahl der Wehrdienstverweigerer nahm seinerzeit sprunghaft zu, zumal unter den Gymnasiasten, die nach dem Abitur eingezogen werden sollten; und die Stimmen derer wurden lauter, die argumentierten, die «Gewissensgründe» ließen sich ernsthaft nicht prüfen, auf die junge Männer sich beriefen, wenn sie sich nicht zum Wehrdienst einziehen lassen wollten. Helmut Schmidt hingegen wollte es zu seiner eigenen Sache machen – jetzt als Chef eines Schlüsselressorts –, wie sich Demokratie und Militär versöhnen lassen. Darin erwies er sich als gelehriger Schüler und kompetenter Nachfolger Fritz Erlers.

Vor allem sein Ziel, die Bundeswehr umzustrukturieren, steuerte er eisern an. Als Staatssekretär stand ihm dabei der unabhängige Unternehmer Ernst Wolf Mommsen zur Seite, an die Spitze des Planungsstabes lieh er sich auf Zeit Theo Sommer (*DIE ZEIT*) aus, aber auch kompetente Fachleute wie Christoph Bertram und Walter Stützle stießen dazu. Zum Ziel erklärte er, die Bundeswehr zu modernisieren und sie unumkehrbar in die Zivilgesellschaft zu integrieren. Erstmals schon 1966 hatte er Sommer angeboten, mit ihm auf die Hardthöhe zu gehen, falls er in der Großen Koalition zum Verteidigungsminister berufen würde. Dort sollte der Journalist, der zuletzt bei Henry Kissinger in Harvard studiert hatte und mit

Strategiefragen bestens vertraut war, einen Planungsstab aufbauen und leiten. Auf diese Anfrage kam Schmidt jetzt zurück, konkretisiert um die Bitte, eine «kritische Bestandsaufnahme» der Bundeswehr zu organisieren und das erste Weißbuch zu verfassen. Theo Sommer sagte zu und blieb ein knappes Dreivierteljahr. Seinerzeit habe er Schmidts enorme Arbeitskraft zu bewundern gelernt, berichtete er später. Stapel von Vorlagen, auf zwei oder drei Teewagen aufgebaut, habe er nach den Sitzungen, Truppenbesuchen oder Parteiterminen bis weit nach Mitternacht abgebaut. Sommer: «Manchmal steckte ich frühmorgens um drei, wenn im Ministerbüro noch Licht brannte, den Kopf bei ihm hinein. Wir tranken einen dünnen Whisky und schickten einander dann ins Bett, denn für halb acht war schon wieder der erste Termin angesetzt.» Geradezu schwärmerisch beschrieb er seinen damaligen Chef: «Von Schmidts Arbeitsweise habe ich damals übrigens viel gelernt. Problemidentifizierung, Definition der Notwendigkeiten und Möglichkeiten, Diskussion der Vorschläge, schließlich Beschluss und Umsetzung – das war eine Art von Führung, wie ich sie so nicht wieder erlebt habe, zugleich entschieden, offen für jede vernünftige Anregung, aber auch für jeden vernünftigen Einwand. Diskussion war für ihn ein notwendiges Element der eigenen Meinungsbildung und Beschlussfassung.»[12]

Wie Theo Sommer in seinen Erinnerungen an Helmut Schmidt anschaulich schilderte, erlebte er auch nach seinem Gastspiel auf der Hardthöhe den Kanzler gelegentlich in ungewöhnlichen Situationen, beispielsweise im Gästehaus des Hamburger Senats an der Alster 1976. Einen bitteren, wütenden und zugleich reuevollen Schmidt bekamen Sommer und andere zu Gesicht, die am Entwurf seiner Regierungserklärung mitarbeiten sollten. Das Rätsel war schnell gelöst.

Im Wahlkampf hatte er eine Rentenerhöhung versprochen, musste nun aber nach dem Wahltag Zahlen zur Kenntnis nehmen, die ihm als sparsamem Hausvater zwingend nahe legten, dieses Versprechen zumindest hinauszuschieben. Wie zu erwarten, lief die Opposition Sturm gegen die «Rentenlüge». Auch die Leitartikler – in der Regel Verehrer des Kanzlers – bewerteten das Versprechen als Fiasko, Schmidts Ruf als Garant der finanziellen Solidität und zudem als Politiker, der die Wahrheit ungeniert ausspricht, geriet unvermittelt in Gefahr. Offen bescheinigte sogar Theo Sommer Schmidt «Regierungspfusch», ein moderner Staat leite seine Legitimation schließlich nicht aus irgendeinem Gottesgnadentum ab, sondern aus der Funktionstüchtigkeit und der Verlässlichkeit der allgemeinen Wohlfahrtsgarantie, die er seinen Bürgern gebe. Schmidt wäre womöglich kaum unbeschadet davongekommen im Amt, hätte Franz Josef Strauß nach der Niederlage für die Unionsparteien nicht ausgerechnet in diesem Moment mit markigen Sprüchen wider die Bonner «Hofschranzen» seinen angeblich unrevidierbaren Kreuther Trennungsbeschluss verkündet – die Aufkündigung der Fraktionsgemeinschaft von CDU und CSU –, einen «Siegesmarsch» gegen die Nordlichter, den er bald kläglich abblasen musste. Damit waren die Blicke der Journalisten, ja der gesamten Öffentlichkeit abgelenkt, und die Rentenfrage wirkte plötzlich wie ein reiner Nebenkriegsschauplatz, gemessen an dem Drama, das der Bayer inszenierte. Die einstige stolze Staatspartei, die lange Jahre die Macht in der Bundesrepublik gepachtet zu haben schien, hatte schon den Machtwechsel von 1969 kaum verwunden. Nun stürzte sie in ihre zweite, noch größere Krise, die freilich wieder mit dem Machtverlust zusammenhing.

Trotz dieser unverhofften Entlastung, seinen Fehler mochte Helmut Schmidt sich kaum verzeihen. Der Kanzler entschloss sich also, den Stier bei den Hörnern zu packen, und eröffnete seine Rede mit ungewöhnlichen Sätzen: «Eine Regierung ist nicht unfehlbar. Dies behaupten nur totalitäre Regierungen von sich. Hingegen steht es einer demokratischen gut an, wenn sie klarer Kritik folgt.»[13]

Heute, einige Kanzlerschaften weiter, liest man die Berichte darüber ebenso wie die Selbstkritik freilich wie ein Märchen aus längst vergangenen Zeiten: Die Worte von gestern gelten in der Regel nicht viel, und die Politik huscht über ihre eigenen Widersprüche nur zu gerne locker hinweg. Helmut Schmidt wollte, dass Politik ernst genommen wird, er nahm sie ja selber in allen seinen Ämtern – besonders als Kanzler natürlich – überaus ernst, unbedingt wollte er seinen eigenen Maßstäben gerecht werden. Ja hieß ja, nein hieß nein, das sollte jedem klar sein. Jetzt konnte er sich kaum verzeihen, zur Beschädigung der Reputation dieses Gewerbes beigetragen zu haben.

Auch in einem anderen, bitteren Moment erlebte ihn Theo Sommer, 1977 im «deutschen Herbst». Diesmal zählte der ZEIT-Chef zu einem Kreis von Experten, die Schmidt in den Kanzlerbungalow im Park am Rhein eingeladen hatte, um darüber zu beraten, wie die stockenden Verhandlungen über die Truppenreduzierung in Europa (*Mutual Balanced Force Reductions*, MBFR) wieder flott gemacht werden könnten. Zugleich plagte den Regierungschef aber eine andere Sorge: Hanns Martin Schleyer war von der RAF entführt worden und den Fahndern gelang es nicht, eine Spur aufzunehmen. Lange musste die Expertenrunde auf Helmut Schmidt warten. Wie sich herausstellte, war der Entführte, Schleyer, kurz vor dem Treffen ermordet worden. Helmut Schmidt, der entschieden hatte, den Erpressern nicht nachzugeben, obwohl sie mit der Ermordung Schleyers drohten, hatte die schwierige Aufgabe, eine Rede für den Bundestag aufzusetzen.

Sommer erinnert sich, nie habe er Schmidt dermaßen erschüttert, unendlich müde, ja schwermütig erlebt wie in dem Moment, als er in den Bungalow kam und seine Ordonnanz erschöpft bat: «Ein großes Glas mit Eis und dann so viel Wermut, wie anschließend noch reingeht.» Am nächsten Tag im Parlament nahm der Regierungschef die Verantwortung für den Tod Schleyers auf sich und grübelte, tief bedrückt, über Versäumnis und Schuld.[14]

Wie die «Renten-Lüge» verließ ihn auch die Schleyer-Tragödie nie. Nicht schuldig am Tod Hanns Martin Schleyers sei er, aber trage doch objektiv Schuld für seinen Tod, formulierte er abwägend noch im Jahr 2013, nachdem ihm die Schleyer-Stiftung als Zeichen der Versöhnung den Hanns Martin Schleyer-Preis verliehen hatte. Das war die Gelegenheit, bei der er – wie in anderem Zusammenhang schon erwähnt – an die drei Ereignisse seines Lebens erinnerte, die ihn tiefer als alles bedrückten: Neben der Entführung sowie Ermordung Schleyers und dem Erpressungsversuch der RAF der Tod seiner Frau Loki und sein Besuch in Auschwitz als Kanzler. Einen müden alten Herrn von bald 95 Jahren erlebte man in dem Augenblick, der sich immer noch quälte und doch mit sich im Reinen war. Loki, Auschwitz, Schleyer, eine Liste, die viel verriet über Helmut Schmidt.

1970   Eingebunden hatte er sich als Chef auf der Hardthöhe selbst in die Kabinettsdisziplin, er stürzte sich in seine Ressortpflichten, aber unübersehbar nagte etwas an ihm. Wie ein Lauffeuer sprach sich das herum unter uns Bonner Journalisten. Nur schwer konnte Helmut Schmidt sein Gefühl unterdrücken, mit der Wahl Willy Brandts zum Regierungschef sei die Kanzlerschaft an ihm für immer vorübergegangen[15] – obwohl er es doch eigentlich besser könnte. Er wollte es nicht verbergen. Keinesfalls wollte er illoyal sein, er war es auch nicht. Und dennoch, die Geschichte ging vorüber an ihm, lamentierte er.

Jede Menge bissiger Bemerkungen aus seinem Mund über Willy Brandt kursierten alsbald in Bonn. Der Kanzler führt nicht! Willy-Wolke! Palais Schaumschlägerburg! Nicht immer ließ sich die Quelle orten, zumal auch Herbert Wehner nicht zimperlich war mit seinen Urteilen, aber oft wurde Schmidt hinter solchen Injurien vermutet. Etwas lief aus dem Ruder. Er hatte es für logisch und richtig gehalten, dass Brandt Kandidat und im Erfolgsfalle Kanzler wird. Aber seine Unzufriedenheit wuchs gleichwohl. Und dafür gab es andere Gründe als nur die Arbeitsbelastung, die er sich zumutete. Ein Workaholic war er stets, Arbeit warf ihn nicht um.

Während der Flutkatastrophe hatte Helmut Schmidt ein paar Tage lang annähernd 40 000 Helfer «kommandiert», seit seiner Vereidigung als Verteidigungsminister trug er Verantwortung für ein Heer von 670 000 Menschen in Uniformrock und Zivilisten. Alle sollten mitreden, unabhängig von der Hierarchie. Der Planungsstab sammelte Kritik und Vorschläge. Von Kopf bis Fuß wollte er die Bundeswehr modernisieren, eine «kritische Bestandsaufnahme» sollte die Grundlage dafür bieten. Zugleich wünschte er im Westen mitzureden über die sicherheitspolitische Strategie, also die Rolle, die der deutschen Politik und der Bundesrepublik generell in der Nato zugedacht sei. Er wollte alles, und alles sofort: Das Amt voll und ganz ausschöpfen!

Etwas trieb den Unruheminister, aber was? Ganz Bonn rätselte und tuschelte. Man musste kein erfahrener Psychologe sein, um zu begreifen, dass seine schwere Erkrankung im Januar 1972 – Schmidt wurde eilends ins Koblenzer Bundeswehrkrankenhaus eingeliefert und kehrte erst Anfang April an den Bonner Schreibtisch zurück – mit diesem «Etwas» zusammenhing. Wir Journalisten in der Hauptstadt konnten es nicht übersehen, erschöpft sah er aus und abgemagert. Lange rätselten auch die Ärzte im Koblenzer Bundeswehr-Krankenhaus, worunter ihr Patient litt. Krebs schlossen sie nach ersten Untersuchungen aus, eine gute Nachricht für den notorischen Pfeifenraucher, Schmidt fiel ein Stein vom Herzen. Wie sich herausstellte, litt er an einer Fehlfunktion der Schilddrüse. Ärzte erklärten ihm darüber hinaus freilich auch, er überfordere sich, treibe Raubbau an seiner Gesundheit, und die «Fehlfunktion» hänge auch damit zusammen, welches Arbeitspensum und welche Vielfachbelastung er sich aufhalse.

Die Psyche spielte ihm einen Streich, neben der Schilddrüse. Schmidt arbeitete wirklich berserkerhaft. Für alles sah er sich verantwortlich. Was er mit solcher Energie und Arbeitswut bis zur Erschöpfung klarmachen wollte: Einerseits, dass sowohl die Bundeswehr als auch die Sicherheitspolitik bei ihm in besten Händen seien. Auch wenn die Ostpolitik die Hauptsache war, richtig; dennoch betrachtete er die Fragen nach Gleichgewicht und Abschreckung als andere Seite dieser Politik Brandts. Beides blieb angewiesen aufeinander, er jedenfalls sah das so. Dabei hatte er viel Überzeugungsarbeit zu leisten. Klarmachen wollte er zudem weiterhin: Die Regierung regiert, niemand sonst, nicht die Opposition im Parlament, nicht die Apo auf den Straßen. Eine Art Doppelregime durfte es nicht geben. Das alles kostete Kraft, unendlich viel Kraft. Denn aus der stabilen Nachkriegsrepublik war 1969/70 ein nervöses Land geworden, das wieder nach etwas suchte.

Willy Brandts Worte zeigten Wirkung, die Demokratie fange «erst richtig an». Der Geist war aus der Flasche. Es wurde noch anstrengender, zu regieren. Jeder konnte sich auf den neuen Kanzler berufen und wollte mitreden, so kam es Schmidt jedenfalls vor, nicht zuletzt die Linken in seiner Partei und die Jusos, die die Welt der Realpolitik doch nicht kannten.

Der Verteidigungsminister brauchte lange, um sich im Krankenhaus auszukurieren. Ihm hätte die Geduld gefehlt, er wollte nicht bleiben, mühsam setzten die Ärzte durch, dass ihr Patient nicht gleich wieder weitermachte wie bislang.

Noch etwas muss an der Stelle erwähnt werden, weil es für Helmut Schmidt in den folgenden Jahren große Bedeutung gewann: Im Juni 1972 wurde Ulrike Meinhof in Hannover mit einer Dreieinhalb-Kilo-Bombe im Kosmetikkoffer verhaftet. Zwei Jahre zuvor hatte die *Konkret*-Kolumnistin – gemeinsam mit Andreas Baader, Gudrun Ensslin und Horst Mahler – die *Rote Armee Fraktion* gegründet und zum bewaffneten Widerstand aufgerufen. Von einer SPD-Sympathisantin mit hochentwickelter sozialer Sensibilität entwickelte sie sich seit der Großen Koalition (1966) und insbesondere im Konflikt um die Notstandsgesetze (1968) Schritt für Schritt zur selbsternannten Untergrundkämpferin. Mit den Mitteln der Heilsarmee, begründete sie diesen Schritt aggressiv, lasse sich nicht «Verbrechensbekämpfung» betreiben, sie plädierte daher für das Konzept Stadtguerilla: «Von Revolution reden heißt, es ernst meinen.» Meinhof fuhr fort, sie wolle sich nicht mehr vorstellen, die Revolution «noch mal an den Nagel im Reihenhaus» zu hängen. Es dauerte nicht lange, bis sie und ihre Freunde als «Staatsfeinde» gesucht wurden, nachdem im Laufe des Jahres 1972 ihren Anschlägen mehrere Menschen zum Opfer gefallen waren.

Für die Bundesrepublik war diese Erfahrung besonders schockierend, da sie – anders als manche Nachbarländer – in den Aufbaujahren blutigen Terrorismus nicht erlebt hatte, und an den Folgen der Osterunruhen von 1968 laborierte sie ohnehin schwer genug. Der Anschlag palästinensischer Attentäter auf israelische Sportler während der Olympischen Spiele in München 1972 hatte schon einen Vorgeschmack vom internationalen Terrorismus geliefert, auch eine Ahnung, die idyllischen Jahre neigten sich wohl dem Ende zu. Nachdem aber auch Gudrun Ensslin und Andreas Baader im Juni verhaftet werden konnten, ebenso wie einige andere Angehörige der ersten RAF-Generation, machte sich Erleichterung breit: Offenbar wurde man des Problems doch mit polizeilichen Mitteln Herr. Dass der Prozess gegen die Inhaftierten zwar nicht leicht würde, war abzusehen. Was sich damals aber nicht ahnen ließ: Allein schon der inhaftierte Teil der RAF bildete eine Zeitbombe, die 1977 gezündet werden sollte, im dritten Jahr der Kanzlerschaft Schmidts. Und überhaupt sollte der hausgemachte Terrorismus mit seinen «Revolutionären» fast das gesamte Jahrzehnt überschatten und sich zu einer gewaltigen innenpolitischen Herausforderung ausweiten. Zwangsläufig hielt das nicht nur die Regierung in Atem, das Verhältnis zum Terrorismus und die Frage nach der richtigen Abwägung zwischen Sicherheit und rechtsstaatlichen Freiheiten wurde zum entscheidenden Maßstab, an dem sich Politiker messen lassen mussten.

Schiller Ein ungewöhnliches, vielfältiges, glänzendes Kabinett scharte Willy Brandt 1969 um sich. Von jener Neuanfangseuphorie strahlte es etwas aus, die auch in seiner Regierungserklärung steckte. Ich entsinne mich: Wer damals als junger Korrespondent aus der Hauptstadt zu berichten begann, musste den Eindruck gewinnen, jetzt erst sei endgültig die Adenauer-Ära mit den legendären «Teegesprächen» zwischen dem alten Patriarchen und einer Handvoll auserwählter Journalisten zu Ende gegangen. Die Unruhe der Bundesrepublik drang auch ins Regierungsviertel ein, auf produktive Weise, wie es aussah.

Auch «innere Reformen» hatte der Kanzler, Brandt, in seiner Regierungserklärung in Aussicht gestellt, die durchaus ambitioniert klangen. Keineswegs beschränkte er sich darauf, die Ostvertragspolitik zu skizzieren, das gesamte Modernisierungsprogramm diskutierte er durch. Von der Großen Koalition wollte er sich bewusst abheben: Vorgesehen war, dass die «großen» Ressorts, das Verteidigungsministerium an der Spitze, sparen müssten, für den öffentlichen Dienst waren steigende Löhne und Gehälter vorgesehen, aber gedacht war auch daran, die staatlichen Ausgaben in Strukturministerien (vor allem Bildung und Forschung) spürbar aufzustocken. Finanzminister Alex Möller und Wirtschaftsminister Karl Schiller suchten von vornherein den überschießenden Reformeifer der ersten Stunde zu bremsen und drängten auf eine straffere Haushaltsführung, besonders aber auf Opfer im Verteidigungsressort. Den Chef des Kanzleramts, Horst Ehmke, der schon seit 1966 im Justizministerium viele alte Zöpfe abgeschnitten hatte, unterstützten sie ausdrücklich beim Versuch, andere Prioritäten zu setzen, die einem zeitgemäßen Gesellschafts- und Familienbild entsprachen. Vorprogrammiert war damit ein Dauerkonflikt mit verschiedenen Ressorts, vor allem aber mit dem Haus Schmidts, wie sich bald zeigen sollte.

Im Streit wegen üppiger Ressortansprüche trat Alex Möller – ein Aushängeschild der SPD, weil er als freier Unternehmer und seriöser Politiker für solide Haushaltspolitik stand – bereits 1971 zurück. Kenner der Materie meinten, er sei das Opfer Schmidts gewesen. Mit extremen Vorstellungen von dem, was sein Ressort an Finanzkapital benötige, hatte Schmidt Möller tatsächlich den Nerv geraubt. Ob der Hardthöhen-Chef hoffte, auf diese Weise Möller beerben und zum Finanzminister aufsteigen zu können? Als Vermutung kursierte das seinerzeit sofort unter uns Bonner Journalisten. Aber konnte es nicht auch sein, dass Schmidt davon überzeugt war, die Bundeswehr müsse dringend modernisiert werden? Als überaus seriöser Minister galt er doch auch. Was damals viel Aufregung verursachte, sind inzwischen nicht einmal mehr Randfragen: Karl Schiller übernahm jedenfalls beide Ressorts, auch das von Möller, und stieg zum «Superminister» auf. Das machte die Sache aus Schmidts Sicht nicht besser, er klagte über mangelndes Verständnis für die Zwänge in seinem Ressort. Ein Schuss Eifersucht schimmerte dabei durch, da Schiller von Brandt bevorzugt und herausgehoben worden war. Allerdings erkannte Helmut Schmidt an, dass Schiller von Wirtschaftspolitik wenigstens etwas verstand, anders als der Kanzler, wie er gern weitererzählte.

Das Problem erschöpfte sich aus seiner Sicht aber nicht darin: Wie im Falle Horst Ehmke, sah er auch Karl Schiller als einen potentiellen «Kronprinzen» an, was in dem Fall objektiv wohl auch zutraf. Ähnlich populär wie Schiller war Ende der 60er Jahre kaum ein zweiter deutscher Politiker. Schiller hatte ganz offenkundig Ludwig Erhard in der Rolle des bewunderten Chefökonomen abgelöst. Die Westdeutschen glaubten einfach an Schiller.

Was Willy Brandt wusste, war damals keineswegs allen bekannt: Dass Schiller sich schon 1969 durchaus das Kanzleramt für sich selbst hatte vorstellen können. Neben Helmut Schmidt saß also tatsächlich noch jemand am Tisch, der über einen weiteren Aufstieg nachdachte und glaubte, «es» im Zweifel mindestens so gut zu können wie der Amtsinhaber. Vielleicht waren sie auch eifersüchtig aufeinander, wer weiß? Im Kabinett jedenfalls – Brandt konnte es gar nicht übersehen – gebärdeten sie sich als Kombattanten, die ihre Kampfzone ständig ausweiteten.

Gegen Horst Ehmke schon hegte er den Verdacht, dessen «grundgesetzwidrige» Rolle als «Superminister» im Kanzleramt beschneide seine Ressortkompetenzen; und nun saß dieser Rivale Karl Schiller gleichsam offiziell als ein solcher «Superminister» im Kabinett. Wie sollte er da souverän sein Haus gestalten? Mitgeredet hätte er obendrein gern auch beispielsweise darüber, wie auf die Schwäche des Dollar (1971) zu reagieren sei und ob der Wechselkurs der Mark freigegeben werden solle. Ohnehin fühlte er sich zu sehr eingeengt auf sein Ressort, so wichtig er es auch nahm. Aber Karl Schiller hütete seine Kompetenzen – gerade die Währungsfragen – wie seinen Augapfel, an seiner Stelle hätte Schmidt es um kein Jota anders gemacht. Das machte die Sache nicht leichter.

Auf dem Stuhl des Wirtschafts- und Finanzministers in Personalunion übernahm Schiller den Part desjenigen, der für einen «stabilitätsgerechten» Haushalt zu sorgen hatte, auch wenn er im Zweifel für eine antizyklische Finanzpolitik plädierte. Seinen ehemaligen Studenten schließlich ließ Schiller nur zu gern spüren, dass sich an der Hackordnung früherer Jahre nichts geändert habe. Umgekehrt Helmut Schmidt: Bevor die Bundeswehr stark verkleinert werde, worauf Schillers Vorschläge hinausliefen, müsse die Nato dazu «ja» gesagt haben, nicht nur die Bonner Regierung. Auge um Auge. Nein, von Schiller ließ er sich nichts bieten.

Willy Brandt litt unter den versteckten und lauten Streitereien der beiden, ratlos. Sein Herz schüttete er oft bei Horst Ehmke aus, dem Kanzleramtschef, der die Fäden tatkräftig beisammen hielt. Der Kanzler hielt Helmut Schmidt, wie er später schrieb, für gar zu ambitioniert und vermutete reine Karrierewünsche dahinter. Verlieren aber wollte er ihn keinesfalls. Dann schon eher Karl Schiller.

Tatsächlich wäre Brandt, wie Horst Ehmke sich im Gespräch erinnert, am liebsten manchmal vom Kabinettstisch aufgesprungen und in den Park zum Rhein hin geflüchtet, wenn die beiden sich wieder mal in die Haare gerieten. Diese Erfahrung trug viel dazu bei, dass Brandt regelrecht unwirsch werden konnte, wenn Schmidt ihm vorwarf, das Kabinett nicht an die kurze Leine zu nehmen. Wollte Schmidt wirklich von ihm kommandiert werden, fragte Brandt verzweifelt Horst Ehmke, ohne eine Antwort zu erwarten. Sollte er ausgerechnet an Schmidt demonstrieren, dass er zu der Art «Führung» bereit sei, die dieser vermisse?

Nicht nur an Karl Schiller, dem populären Star des Kabinetts, rieb Helmut Schmidt sich, der Konflikt reichte tiefer. Nein, seine ganze Partei parierte nicht. Schiller diente Schmidt auch als Demonstrationsobjekt, der Kanzler ließ alles laufen. Die Linken tanzten ihm auf der Nase herum. Er wollte seinen Unmut gar nicht verbergen. Zornig ließ er schließlich Brandt gegenüber sogar das Wort von der «Nenni-Partei» fallen, zu der sich die SPD entwickle, wenn er als Kanzler und Parteichef in Personalunion nicht endlich die Zügel fester in die Hand nehme. Und auch das böse Wort wurde publik, sollte es ja auch. Schmidt spielte darauf an, dass Pietro Nenni als Vorsitzender der Vereinigten Sozialisten Italiens 1969 eine Abspaltung des linken Flügels nicht hatte verhindern können. Der Zwist paralysierte die Partei bis zur Ohnmacht.

Schon weil er über ein anderes Temperament verfügte, das spürte man bald, würde Schmidt anders regieren, säße er auf Brandts Stuhl. Die grundsätzliche Frage, wie man regiert, aber auch die andere Frage, wie man auf die Unruhe in der Republik antworten müsse, entzweite sie zusehends.

Karl Schiller stellte aus Sicht Schmidts im Kabinett das eine, große Problem dar. Problem Nummer zwei hieß nach seiner Ansicht Horst Ehmke. Auch mit ihm legte er sich besonders leidenschaftlich und grob an. Was der wirkliche Grund für seine Vorbehalte gegenüber dem jungen, dynamischen, intelligenten Verfassungsrechtler war, der zuletzt in der Heinemann-Nachfolge einige Monate als Justizminister dem Kabinett angehörte? Gewiss zählte Ehmke zu den politischen Naturtalenten, er war pragmatisch, kompetent und schlagfertig wie Schmidt. Einer, dem man viel zutraute. Solche wie ihn hatte man doch auf dieser politischen Bühne lange vermisst. Aber auch in der Welt der Intellektuellen galt er als einer der Ihren, Heinrich Böll, Günter Grass, Jürgen Habermas erkannten Ehmke vorbehaltlos als Gesprächspartner an. Diesen Alleskönner, der vor nichts Furcht hatte, wünschte Willy Brandt sich als «Bundesminister mit besonderen Aufgaben und Chef des Bundeskanzleramts».

Helmut Schmidt sorgte sich, der machtbewusste Ehmke könne über die Vorgaben des Grundgesetzes hinaus in dieser Rolle mehr Kompetenzen an sich ziehen als erlaubt. Denkbar schlecht vertrug sich das mit Schmidts Wunsch, mitzuregieren auch unter dem Chef Brandt. Musste Brandt denn ausgerechnet auf Horst Ehmke setzen, der von ähnlich zupackender Intelligenz und generalistischem Interesse war wie er?

Noch tiefer aber ging ein anderer Vorbehalt, über den damals gemunkelt wurde unter uns Hauptstadtkorrespondenten: Helmut Schmidt glaubte ernsthaft, Horst Ehmke sei ein potentieller «Kronprinz», sowohl aus der Sicht Brandts als auch auf Grund eigener Ambitionen. «Der Helmut» habe sich die Sache mit seinen Kanzlerambitionen «immer nur eingebildet», erwiderte mir Horst Ehmke später auf solche Fragen amüsiert. Das klang auch plausibel, er kannte seine Stärken und Schwächen. Ambitioniert war er, aber Brandt beerben, falls sich die Frage stellte? Das war nicht das Ziel, nach dem der Juraprofessor lechzte. Dass Brandt ihm das zugetraut hätte – nicht zufällig öffnete er sich wenigen Menschen derart freimütig wie gegenüber «Horst» –, steht auf einem anderen Blatt. Zum wahren Nebenkanzler in Bonn zu Beginn der sozialliberalen Ära avancierten – und das ist die eigentliche Pointe – weder Horst Ehmke noch Karl Schiller. Alles lief vielmehr zu auf Helmut Schmidt. Er war der «kommende Mann».

Strategiefragen, atomares Drohpotential, Truppenstärke des Warschauer Paktes: Geradezu aus dem Effeff beherrschte der Verteidigungsminister diese gesamte komplizierte Materie. Lange genug hatte er sich eingearbeitet. Selbst der legendäre «Harmel»-Bericht, der – benannt nach dem belgischen Außenminister Pierre Harmel – im Jahr 1967 die Nato-Strategie der «massiven Vergeltung» korrigierte, war bereits sehr stark von Brandt, seinem damaligen

Mitarbeiter Klaus Schütz und, im Hintergrund, auch vom sicherheitspolitischen Fraktionsexperten Helmut Schmidt beeinflusst worden. Verständigt hatte sich die Allianz auf eine Doppelstrategie, wonach die Nato weitere Schritte zur Sicherung des militärischen Gleichgewichts ankündigte, zugleich jedoch anbot, in Verhandlungen über bessere beiderseitige Beziehungen und auch Truppenreduzierungen einzutreten. Im Zentrum stand die Idee einer Kräftebalance zwischen West und Ost und einer funktionsfähigen Abschreckung angesichts des Übergewichts an Truppen von Moskau und seinen Verbündeten. Ein Jahr später waren Panzer des Warschauer Pakts in Prag eingerollt, um alle Träume von einer gewissen Liberalisierung und einem «Sozialismus mit demokratischem Gesicht» zunichte zu machen. Das drohende Desaster in Vietnam beförderte bei den Sicherheitspolitikern in Washington den Wunsch, die amerikanischen Truppen in Europa zu reduzieren und die eigenen Kräfte stärker auf Südostasien zu konzentrieren.

In Bonn bereiteten Brandt und Bahr im Eiltempo Verhandlungen mit Moskau, Warschau, Prag und Ostberlin vor; Ziel war es, in Verträgen die wechselseitigen Beziehungen neu zu regeln und so weit zu «normalisieren», wie es in Anbetracht der jüngsten Geschichte überhaupt möglich war. Der Schlüssel dazu lag, wie Verhandlungsführer Bahr offen erklärte, in Moskau. Das hieß, nur wenn Bonn sich mit den Kremlchefs einigen kann, würde auch eine Verständigung mit Warschau, Prag und Ostberlin möglich. Vom ersten Tag an konzentrierten sich der Kanzler und er auf das, was sie als ihre politische Hauptsache betrachteten, die Ostverträge.

Als Verteidigungsminister hatte Schmidt sein eigenes Urteil einzubringen, auf seiner Agenda rückten die Sicherheitspolitik und die Frage einer schlüssigen Abschreckungsstrategie ganz nach oben. Bei einigen Journalisten nährte das den Verdacht, die Ostpolitik – es war davon bereits die Rede – werde von ihm nicht wirklich überzeugt mitgetragen.

Aber Schmidt wäre missverstanden, wollte man ihm selbst Skepsis vorhalten. Seine Grundhaltung lief darauf hinaus: Die Deutschen sollten in allen Fragen, die sie selbst betrafen, als Erwachsene mitreden können. Nahtlos deckte sich das insoweit mit Brandt, der in seinen *Erinnerungen* dazu festhielt: Er habe für seinen Kurs nicht um Erlaubnis in Washington nachgesucht, der sei vielmehr «vorausbestimmt» gewesen, und er habe die Partner davon in Kenntnis gesetzt.[16] Um ein Stück Emanzipation – innerhalb des Bündnisses – ging es dabei zweifellos aus der Sicht von beiden.

Kurz nach Amtsantritt wurde der Verteidigungsminister von Kanzleramtschef Horst Ehmke informiert, entgegen offiziellen Behauptungen der Nato solle heimlich ein Sperrgürtel mit Atomminen (*Atomic Demolition Munitions,* ADM) an der Grenze zur DDR angelegt werden. Das berührte deutsche Interessen, aber das überaus loyale Bonn wurde von den Amerikanern in diese Überlegungen erst gar nicht einbezogen. Alarmiert verlangte Helmut Schmidt dringend eine Mitsprache in allen Fragen des Einsatzes «taktischer» Atomwaffen auf deutschem Gebiet; was das angehe, bewege er sich auf einer Wellenlänge mit dem «Chef», wie er zu sagen pflegte. Der Atomminen-Gürtel – unter der beschönigenden Überschrift «Vorwärtsverteidigung» – sollte auf Wunsch der neuen Koalitionsregierung komplett demontiert werden. Als Glacis für einen begrenzten, «taktischen» Atomkrieg wollte die Bundesrepublik sich nicht gottergeben stumm zur Verfügung stellen. Schon gar nicht mochte Schmidt sich einer Doktrin verpflichten, die einen Einsatz von Atomwaffen auf Deutschland und Mitteleuropa beschränkte (und damit die Großmächte USA und UdSSR aussparte). Wohl aber, das leuchtete auch ihm ein, sollten die Europäer künftig mehr zur eigenen Verteidigung beitragen, nicht zuletzt finanziell. Zwar zogen sich die Gespräche mit Washington darüber noch lange hin, aber am Ende konnten die Deutschen klarmachen, dass sie in derart existenziellen Angelegenheiten nicht vor vollendete Tatsachen gestellt werden durften. Für Schmidt war das ein erster kleiner Triumph auf dem internationalen Parkett.

Auch diese Erfahrung bestärkte ihn in seiner Grundhaltung: Keinesfalls sollten die Supermächte sich über die Köpfe der Deutschen und der Europäer hinweg – und im Ernstfall auf deren Kosten – bei den Verhandlungen über strategische Nuklearwaffen (SALT) verständigen. Bonn musste unbedingt konsultiert werden, Washington hatte eine Bringschuld. Auch darin gab es zwischen Brandt und ihm keine grundsätzlichen Differenzen. Mit Moskau, schlug Schmidt vor, sollten beiderseitige, gleichwertige und gleichzeitige Rüstungsverminderungen angestrebt werden, wie es im Fachjargon hieß.

Im Laufe der mühsamen Vertragsverhandlungen mit der Sowjetunion sollte sich allerdings zeigen, dass Minister und Kanzler gelegentlich andere Prioritäten setzten: Für Willy Brandt stand der fast existenzielle Kampf um Mehrheiten im Parlament für die Ostverträge ganz im Zentrum, während Schmidt stärker darauf drängte, gleichzeitig Abrüstungsverhandlungen (MBFR, SALT) voranzutreiben und dabei als harter Verhandlungspartner gegenüber Moskau aufzutreten. In den Augen der Journalisten bestätigte sich damit ihre Vermutung, sie zögen nicht wirklich an einem Strang.

Verstärkt wurde dieser Eindruck noch, weil Schmidt deutlicher als Brandt (und Wehner) seinerzeit in Interviews betonte, wie sehr ihm an einem Maximum an Gemeinsamkeit mit der Opposition in diesen außen- und sicherheitspolitischen Fragen liege. Brandt schätzte die Lage anders ein: Die Opposition hatte sich entschlossen, die Ostvertragspolitik auflaufen zu lassen, und bezichtigte ihn des nationalen Ausverkaufs. Bei den Christdemokraten gaben nicht die moderaten «Liberalen» vom Schlage Kurt Birrenbach, Richard von Weizsäcker oder Walther Leisler Kiep den Kurs vor, sondern sehr stark Franz Josef Strauß, der «Deutschnationale» Alfred Dregger und die Vertriebenen. Überhaupt betrachtete die Union mehrheitlich die Ostpolitik vornehmlich als innenpolitisches Instrument, mit dem man die Regierung stürzen könne. Darin schätzten Brandt und Bahr die Opposition richtig ein, auch wenn sie von der Wucht dieser Kriegserklärung gegen den Moskauer und Warschauer Vertrag überrascht wurden.

Im Parlament bröckelte die Mehrheit für die Ostverträge. Mehrere nationalkonservative Abgeordnete der FDP wechselten die Seiten und liefen aus Protest gegen die «Verzichtspolitik» zu den Unionsparteien über. Beflügelt wurden die Kritiker, weil sie glaubten, die Ostpolitik stoße in der Öffentlichkeit auf starke Vorbehalte. Umfragen deuteten tatsächlich darauf hin, dass Brandt und Bahr zunächst auf keine breite demoskopische Mehrheit zurückgreifen konnten, Zustimmung mussten sie erst erwerben. In dieser Phase entdeckte Rainer Barzel seine Chance, im Wege eines Konstruktiven Misstrauensvotums Brandt abzulösen. Zudem drängte ihn Franz Josef Strauß, alles auf eine Karte zu setzen. Am 27. April 1972 kam es zum Showdown, nicht nur in Bonn, die ganze Republik war erregt. Wider Erwarten konnte Brandt bei dem Wahlgang knapp die absolute Mehrheit verteidigen, ohne dass bis heute restlos geklärt wäre, welche Abgeordnetenstimmen zu seinen Gunsten hinter den Kulissen (aus welchen Gründen) dabei den Ausschlag gaben. Dass es schon tags darauf zu einem Patt kam bei der Abstimmung über den Kanzlerhaushalt (247 zu 247 Stimmen), änderte daran nichts. Gescheitert waren beim Misstrauensvotum überraschend Rainer Barzel und die Opposition, gescheitert war indirekt aber auch die Strategie Schmidts, der zu lange geglaubt hatte, die Moderaten in der Union würden sich durchsetzen, denen es vor allem um die Ostverträge selbst ging – aber auch darum, eine gewisse Konsens- und Kompromissfähigkeit im Parlament zu bewahren.

Schmidts Appell an die Konsensfähigkeit der anderen Seite entsprach auch einer verbreiteten Sehnsucht, die in dramatischen Konfliktfällen eher noch wuchs, sich am Ende zu einer gemeinsamen Position durchzuringen. Zu seinem hohen öffentlichen Prestige trug das gewiss sehr viel bei. Auch nach dem gescheiterten Misstrauensvotum gab er die Hoffnung nicht auf und hielt fast verzweifelt fest an der These, die Union habe nicht die Ostpolitik scheitern lassen wollen. Für Rainer Barzel und einige seiner Fraktionskollegen traf das vermutlich zu, generell aber irrte er. Bei der Abstimmung am 17. Mai 1972 enthielt sich die Opposition, vor allem auf Betreiben Weizsäckers – das war das Maximum an Kompromissbereitschaft. Noch Jahre danach vermochten die Christdemokraten nicht, sich auf eine gemeinsame, konstruktive Haltung zur Ostpolitik zu verständigen.

Am Ende gelang es Willy Brandt und Walter Scheel, nicht nur eine knappe Majorität im Bundestag zu sichern, sondern auch die Mehrheiten in der Öffentlichkeit zu verändern. Sie hatten ihre Regierung riskiert, um die für richtig erachtete Politik zu realisieren, und wurden für diese Courage belohnt. Der Friedensnobelpreis für den deutschen Kanzler im Jahr 1971 half dabei sichtlich: Die Entspannungspolitik – *soft power* – galt seitdem geradezu als deutsches Markenzeichen, nicht etwa als Flucht vor der Geschichte und der eigenen Verantwortung. Populärer als die Opposition wahrhaben wollte, war aber auch, dass sich Bonn damit ein Stück weit emanzipierte, ohne der Allianz aufzukündigen. In Sachen von Frieden und Krieg wollten die Deutschen mitreden, das war nicht illegitim und auch kein Größenwahn. Erwachsen wollten sie auftreten können, ihr Beitrag zur Allianz sollte honoriert werden, aber auch, dass sich die Bundesrepublik nach Krieg und Teilung als Demokratie bewährt hatten. Das war ein Erfolg Brandts, aber auch Schmidt sollte davon in den kommenden Jahren – zumal als Kanzler – noch profitieren.

Helmut Schmidt galt keineswegs immer als Mann des konservativen Flügels, schon gar nicht zu Beginn seiner parlamentarischen Karriere, wie sich im Streit um die Atombewaffnung gegen Strauß gezeigt hatte. In den 60er Jahren, als Bewunderer von Fritz Erler, konnte man ihn eher der politischen Mitte zurechnen, auch wenn er gern polternd, hart und oft unversöhnlich auftrat. Mit dem «linken» Erhard Eppler, der seit 1961 dem Bundestag angehörte, arbeitete er in der Fraktion jahrelang blendend zusammen. Nein, einfach war es nicht, den temperamentvollen Abgeordneten aus der Hansestadt, der von anderen so viel verlangte wie von sich, einem Parteiflügel zuzurechnen. Nur als Realist wollte er immer gelten, das war sein oberstes Credo.

Zum Beleg, dass er keinem Lager angehört habe, führte Schmidt stets gerne an, dass er den Extremistenerlass nicht unterstützt habe, den Brandt und Genscher 1972 im Kabinett durchgepaukt hätten.[17] Was Schmidt allerdings nicht erwähnte, war, dass insbesondere sein Hamburger Parteifreund, der Innensenator Heinz Ruhnau, in der Innenministerkonferenz auf diesen Beschluss gedrängt hatte. Willy Brandt wiederum liebte es, auf die Version Schmidts über seine reservierte Haltung spöttisch zu erwidern, sich an Vorbehalte von dieser Seite in der entscheidenden Kabinettssitzung nicht recht erinnern zu können. Aber wie dem auch sei, interessant daran bleibt, dass Schmidt selbst daran lag, nicht einfach in eine politische Schublade – rechts – gesteckt zu werden.

Schon während der Großen Koalition und dem Konflikt um die Notstandsgesetze, besonders aber seit dem Machtwechsel 1969 und der sozialliberalen Koalition änderte sich Schmidts Profil. Er wollte das wohl auch so. Nach rechts rückte er nicht direkt. Aber die Linke, das wollte er klarmachen, wurde ihm zu dominant, mit ihr sei kein Staat zu machen.

Applaus erhielt er weiterhin vom Gros der Medien, jedenfalls der Leitartikler, die diese jungen, selbsternannten Revolutionäre namens Karsten Voigt, Wolfgang Roth, Johano Strasser, Heidemarie Wieczorek, Norbert Gansel ohnehin voller Misstrauen beobachtete. Schließlich glaubte er, was sie hinausposaunten, sie wollten ein anderes «System». Aber solche Kritik an der «Legitimationskrise des Spätkapitalismus», von der damals Jürgen Habermas sprach, wurde Mode. All das machte sich in seiner eigenen Partei breit. Der Zeitgeist beutelte und veränderte sie radikal, wie er meinte. Mit anderen Worten, sie folgte bloßen Moden oder Gesinnungen, sie verfügte nicht über ein eigenes Koordinatensystem, davon war er fest überzeugt.

In Kauf nahm er, auf diese Weise zum Kronzeugen für die Opposition und für all jene Kommentatoren zu werden, die fürchteten, die Republik marschiere nach links. Aber – Konzessionen machte er deswegen nicht, vom «demokratischen Sozialismus», zu dem sich die Parteispitze bekennen sollte, hielt er so wenig wie vom studentischen Revolutionspathos. In diesem Lichte erschienen ihm Debatten in seiner Partei zunehmend als purer Selbstzweck. Hatten die jungen Leute denn nichts Vernünftiges zu tun, hatte er sich als Volkswirtschaftsstudent in Hamburg nach dem Krieg nicht auch beeilt, um selber Geld zu verdienen und etwas aus sich zu machen? Mit Gewerkschaftlern, wenn sie nicht gerade die Notstandsgesetze bekämpften, fand er immerhin noch leichter eine gemeinsame Basis als mit der Protestgeneration, die sich so gerne auf ein Bündnis mit der «Arbeiterklasse» berief: Die Funktionäre der Arbeitnehmerorganisationen zählte er zumindest zu den Praktikern, sie wollten die Politik pragmatisch beeinflussen, Tarife anheben und ihre betrieblichen Mitspracherechte ausbauen, sie spielten nicht «Opposition pur». Hineingewachsen war Schmidt zwar nicht in die Arbeiterbewegung, aber ihren Vertretern – Georg Leber und Walter Arendt im Kabinett voran – fühlte er sich eng verwandt.

In jenen Jahren wurde die Bundesrepublik merklich liberaler, ganz unabhängig davon, wer in Bonn regierte. Sie war gar nicht «fertig», wie Schmidt meinte. Ohne Übertreibung kann man es einen Kulturkrieg nennen, der Ende der 60er Jahre entbrannte und erst Anfang der 80er Jahre endete. Praktisch von Anfang an bis zum Ende seiner Amtszeit als Regierungschef hatte Helmut Schmidt eine prominente, häufig unterschätzte Rolle darin. Auch wenn er sich kritisch auf die Debatten einließ, er ließ sich jedenfalls darauf ein, und er positionierte sich. Er bot Reibcfläche, aber keiner sollte glauben, er könne in den großen Politikkontroversen nicht mithalten.

Von den dreien, die sich allmählich als die Führungsspitze der SPD herauskristallisiert hatten, wurde Herbert Wehner das größte Talent zugeschrieben, geradezu kongenial auf das politische Seelenleben seiner Partei eingehen zu können. Sowohl die konservativen Gewerkschaftler als auch die aufmüpfigen Jusos hingen an seinen Lippen. Was ließ sich nicht alles auf diese knorrige Figur – selbst konservative Leitartikler schwärmten vom «Urgestein» Wehner – projizieren! Seine abenteuerliche Lebensgeschichte; die proletarische Herkunft und die intellektuellen Interessen; die Metamorphose vom Kommunisten im Untergrund und Exil zum Sozialdemokraten mit wachem Bewusstsein für soziale Brüche und Ungleichheiten; die tiefe Überzeugung, nur wenn die Sozialdemokraten beteiligt seien an der Macht, seien sie endgültig anerkannt: Dieser Dresdner in Bonn, seltsam zeitlos und autoritär, bot sich als Identifikationsfigur an wie wenige sonst.

Wenn diskutiert wurde, dann wollte aber auch Schmidt zu denen gehören, die den Tiger reiten, er wollte dabei sein, vorneweg sogar. Seine Kritiker sollten bloß nicht denken, er sei intellektuell nicht in der Lage mitzudiskutieren. Schon der Gedanke beleidigte ihn. Demonstrativ also beteiligte er sich an der Suche nach einem «ökonomisch-politischen Orientierungsrahmen für die Jahre 1973 bis 1985», das konnte man doch nicht wortlos der Linken und den

«Theoretikern» überlassen, die keine Ahnung haben von Ökonomie. Um den «öffentlichen Korridor» wurde heftig gestritten, also um Aufgaben, die vom Staat oder den Steuerzahlern finanziert werden sollen, und Schmidt stritt mit. Erstmals sollte Politik langfristig geplant werden. Misstrauisch und neugierig zugleich schaute Schmidt sich das an. Zwar suchte er nicht den Schulterschluss mit der Linken, aber grundsätzlich gab er ihnen sogar Recht, wenn sie Rationalität in die Politik bringen wollten. Ja, das wollte er auch. Nur traute er der Linken dieses Kunststück nicht zu. Daher sein Wunsch, sie mit ihren eigenen Waffen zu schlagen. Seht her, so geht es! *Follow me*!

Noch in seinen Schimpfkanonaden über die Intellektuellen, Theologen, Theoretiker oder Soziologen klang etwas von dem Wunsch durch, ihnen auf Augenhöhe zu begegnen. Deshalb berief sich keiner vor und nach Schmidt so gern und häufig auf Immanuel Kant, Max Weber und Karl Popper. Mehr noch, er wollte Popper nicht nur zitieren, um zu zeigen, dass er zu Hause sei in dieser Denkwelt, natürlich besuchte er ihn auch zu Hause. Den Schweizer Autor Max Frisch – «Mein Name sei Gantenbein» – zog er mehrfach zu Rate oder lud ihn ein, ihn auf Reisen zu begleiten. Mit Heinrich Böll korrespondierte er, und es freute ihn, wenn dieser ihm ein paar freundliche, anerkennende Zeilen schrieb. Besiegen wollte Helmut Schmidt diese intellektuelle Mischpoke am liebsten, das ist gewiss richtig, aber Streicheleinheiten von ihrer Seite wünschte er sich doch auch. So heftig die Auseinandersetzungen oft auch ausgetragen wurden, von seinen Kritikern wollte er insgeheim Anerkennung. Und die erhielt er oft auch.

Mit der Verlagerung der Politik aus den Institutionen an die «Basis» haderte Helmut Schmidt. Willy Brandt wiederum, seit der Wahl zum Kanzler und dem Start der sozialliberalen Koalition 1969 auch die «Nummer eins» in der Troika, störten die Mitsprachewünsche von unten weit weniger. Als junger Mann gehörte er selber zu den «Unbefugten», die sich einmischen wollten, zur Opposition, der die SPD als kreuzbrav und fürchterlich staatstragend vorkam. Schon gar nicht akzeptierte er Schmidts Vorwurf, als Parteivorsitzender lasse er die Zügel zu sehr schleifen. Sein Job war es doch, hineinzuhören in die Gesellschaft, und ein Zuhörer war er wirklich. Politik verstand er als eine Art osmotische Aufgabe.

1972 Schon beim Haushaltsstreit im Frühjahr zeichnete sich ab, dass der Kanzler sich bald zwischen den Streithähnen Schiller und Schmidt würde entscheiden müssen. Das Zugpferd für die «bürgerlichen» Wähler, Karl Schiller, galt als schier unentbehrlich. Aber im Juli war es dennoch der «Superminister», nicht Helmut Schmidt, der den Bettel hinwarf. Immerhin hatte der Chef des Wirtschafts- und Finanzministeriums das Kunststück fertiggebracht, nicht nur Schmidt, sondern fast das gesamte Kabinett gegen sich aufzubringen. Für Brandt war es eine schwere Entscheidung: Mit Schiller würde nicht nur der populärste Minister ausscheiden, gewiss würde es auch heißen, ihm glitten die Fäden aus der Hand.

In einem fünfseitigen Brief begründete Karl Schiller, weshalb er das Handtuch wirft. Gegenüber den horrenden Einzelinteressen verschiedener Minister im Kabinett habe Brandt ihn nicht hinreichend unterstützt, er könne daher seiner Verantwortung als Wirtschafts- und Finanzminister der sozialliberalen Koalition nicht länger gerecht werden. Willy Brandt nahm das Rücktrittsgesuch an, ohne lange zu fackeln. Schiller war schwer verzichtbar, dachte er, aber Schmidt keinesfalls.

Zu dem Zeitpunkt stattete der Verteidigungsminister gerade der Türkei einen Besuch ab. Bei einer kleinen Exkursion mit Loki nach Ephesus zum Artemis-Tempel erreichte der Kanzler seinen Minister am Telefon. Andeutungen müssten genügen, bedeutete er ihm, Gründe «im ökonomischen Bereich» machten es notwendig, dass er sofort zurückkehre nach Bonn.

Helmut Schmidt ahnte, was passiert war. Er wusste, dass Brandt ihn brauchte: Wenn jemand die «Schiller-Wähler» künftig würde binden können, dann er. Schwer genug würde es, die Jusos hatten – aus seiner Warte – mit ihrem lockeren Gerede über Verstaatlichungen viele verschreckt, Brandts Führungsstärke als Kanzler sah er noch kritischer als die Leitartikler ... Aber der Kanzler bot ihm immerhin – trotz Einspruchs des liberalen Koalitionspartners – das ungeschmälerte «Superministerium», Wirtschaft und

Finanzen, an. Helmut Schmidt zögerte, Brandt sollte wissen, das sei für ihn keine Selbstverständlichkeit, einfach umzusatteln für die letzten paar Monate vor der Wahl, die bereits angesetzt war. Klarmachen wollte er dem Kanzler auch, dass er seine volle Unterstützung erwarte. Aber Brandt konnte sich nicht auf lange Dispute einlassen, er ließ ihm nur wenige Stunden, um sich zu entscheiden. Helmut Schmidt rang sich zu einer Zusage durch. Allerdings überraschte er Brandt mit seiner wohlüberlegten Bemerkung, es handele sich um ein bedingtes «Ja», denn er gedenke, nur vier Monate im Amt zu bleiben.

Noch als alter Herr erzählte er diese kleine Episode voller Vergnügen. Auf die verdutzte Nachfrage «Willys» habe er erwidert, er habe keine Lust, in einer «Nenni-Partei» noch länger Regierungsmitglied zu bleiben, vier Monate bis zur Wahl sei er noch dabei, mehr nicht. Da war das Wort wieder, mit dem er sagen wollte, die SPD bewege sich ins politische Abseits und in die Bedeutungslosigkeit. Mehr Zuspitzung war kaum denkbar, schon gar in diesem Augenblick. Damit nicht genug: Helmut Schmidt drohte nahezu unverblümt, nach dieser Pflichtarbeit, die er auf sich nehme, ganz auszusteigen aus der Politik. Dem verärgerten Regierungschef blieb nichts anderes übrig, als die Eruption über sich ergehen zu lassen und dem Arrangement zuzustimmen, das Schmidt vorschlug. Erst später sollte sich herausstellen, dass Schmidt damals zwar den Mund spitzte, aber nicht pfeifen wollte. Er hatte wohl kaum ernsthaft im Sinn, bald zu gehen. Drohen aber wollte er.

Der Kanzler schluckte die Drohung. Er hofierte geradezu seinen neuen «Superminister» und versicherte ihm freundlich und betont professionell, unter den sozialdemokratischen Kabinettsmitgliedern betrachte er ihn künftig als «Nummer eins». Ausdrücklich wollte er Schmidt damit zu verstehen geben, das sei eine Vorentscheidung, wenn einmal ein Nachfolger gesucht werde für ihn, laufe das auf ihn zu. Er war damit als Kronprinz auserwählt, sein Ego besänftigte es, auch wenn er darüber nicht sprach. Dass die Frage sich in nicht allzu ferner Zukunft stellen würde, ahnte keiner von beiden. Aber Brandt band nicht nur Schmidt an sich, er band auch sich an Schmidt. Angewiesen war er auf seinen schärfsten Kritiker.

Aus einer schlimmen Situation habe Brandt «das Beste gemacht», kommentierte damals einer der renommiertesten innenpolitischen Journalisten, Rolf Zundel, meldete aber leichte Zweifel an, «ob das Beste gut genug ist». Neben dem Kanzler tauche deutlicher als bisher die Figur des Nachfolgers auf – nicht zum aktuellen Gebrauch, aber als Wechsel auf die Zukunft.[18]

Unaufhaltsam jedoch verschlechterte sich das innenpolitische Klima, kaum jemand glaubte seinerzeit, die sozialliberale Koalition werde die Wahlen gewinnen. Unterstützung fand Schmidt wie gewohnt bei der Mehrzahl der Kommentatoren, die ihn bewunderten, weil er dem Kanzler derart offensiv klargemacht hatte, er sei bereit, ihm zu helfen, aber die Bedingungen diktiere er, Schmidt. Brandt war Kanzler, aber Schmidt wollte klarmachen, dass er keinen Herren über sich hatte. Jeder sollte das sehen. Zudem teilten die Journalisten in aller Regel die Ansicht des neuen starken Mannes an Brandts Seite, mit ihrer Politik – voran dem berühmten «Maklerbeschluss», nämlich Kommunen künftig das Vermitteln von Wohnungen und Grundstücken zu überlassen statt Privatunternehmern – tanzten die Jusos dem Vorsitzenden und großen Friedensnobelpreisträger arg auf der Nase herum.

Nach den heftigsten Kontroversen seit Bestehen der Bundesrepublik nahmen 1971 die Ostverträge die parlamentarischen Hürden, wenn auch denkbar knapp (der Grundlagenvertrag mit der DDR stand noch aus, er wurde erst im Dezember 1972 vom Parlament verabschiedet). Weitgehend aufgegangen war Brandts Kalkül, trotz hauchdünner Mehrheit mit der kleinen, sozialliberalen Koalition die umstrittene Vertragspolitik wagen zu können. Insbesondere der Außenminister und FDP-Vorsitzende Walter Scheel hatte sich dabei Meriten erworben, denn er ließ sich auch von den Abweichlern in den eigenen Reihen nicht beirren. Vieles war vergessen in diesem Moment, die Zerreißproben in den Regierungsparteien, die abtrünnigen Freidemokraten, die sich gegen den «nationalen Verrat» sträubten und zur CDU/CSU überliefen, der Versuch der Opposition, das Schicksal der Ostverträge zur innenpolitischen Machtprobe umzubiegen, auch das Konstruktive Misstrauensvotum im Parlament.

Für einen kurzen Augenblick im Herbst 1972 erlebte die sozialliberale Koalition ein ungeahntes Hoch. Angedeutet hatte sich ein politischer Klimawechsel erst innerhalb der letzten Wochen. Die Wahlen vom 19. November bescherten der SPD 45,8 Prozent der Stimmen, erstmals avancierte sie damit zur stärksten Fraktion. Als «Willy-Wahlen» sollten sie eingehen in die Geschichte. Das Odium, der Träger des Friedensnobelpreises werde «verraten» und seine Ostvertragspolitik abgeblockt, mobilisierte die Anhängerschaft und weite Teile der Republik, auch viele, die ansonsten Brandt skeptisch gegenüberstanden. Ein professioneller Wahlkampf trug dazu viel bei. Für einen Moment hätte man vergessen können, wie ungeniert Willy Brandt seit seiner ersten Kandidatur im Jahr 1960 persönlich diffamiert worden war. Zeitweise konnte man denken, der Minderheitsdeutsche Brandt – ausgezeichnet mit dem Friedensnobelpreis und weltweit bewundert wegen des Kniefalls in Warschau – werde spätestens seit der Wahl von 1972 von einer breiten Mehrheit getragen, er sei nun endgültig akzeptiert.

Aber schon bei den Kabinettsverhandlungen nach der Wahl 1972 hakte es, größere Differenzen ließen sich ahnen. Wieder spielte Helmut Schmidt dabei eine Schlüsselrolle. Zu stark und zu selbstbewusst war er, um sich einbinden zu lassen. Der Koalitionspartner zeigte sich andererseits nicht länger bereit, das Arrangement vom Juli nach dem Schiller-Rücktritt weiter zu dulden; die Sozialdemokraten sollten nicht mehr den «Superminister» stellen, die FDP wollte Wirtschafts- und Finanzministerium wieder trennen. Helmut Schmidt hatte sich nicht nur daran gewöhnt, er konnte erstmals weitgehend selbständig «regieren», Brandt und sein Hausmeier, Ehmke, redeten ihm nicht hinein. Und vor allem, auch nicht Karl Schiller.

Zunächst zeigte der Kanzler sich erleichtert, nicht mehr die Zusammenstöße zwischen Schiller und Schmidt über sich ergehen lassen zu müssen, seinem kompetenten Ressortchef traute er in der Sache vorbehaltlos. Ökonomie interessierte ihn ohnehin nicht sonderlich. Helmut Schmidt seinerseits hielt das fusionierte Großressort schon aus Eigeninteresse, aber auch aus sachlichen Gründen für schlagkräftig und gut aufgestellt. Beides waren Steuerungsinstrumente, sowohl das Finanz- als auch das Wirtschaftsressort, und das konnte man noch besser nutzen, wenn sie in einer Hand liegen. Ohnehin gefiel ihm das britische Institut des mächtigen «Schatzkanzlers», wie man wusste, so wünschte er sich das auch für Bonn. Zudem waren dunkle Wolken am Firmament aufgezogen, die Weltwirtschaft geriet in eine kritische Zone, da konnte es aus seiner Sicht nur helfen, sich organisatorisch entsprechend zu rüsten. Ein «Schatzkanzler» hatte eher mehr Kompetenzen, nicht weniger.

Aber Politik ist selten planbar, immer kommt etwas Unvorhergesehenes dazwischen. Kurz nach der Wahl musste der Kanzler sich einer Operation an den Stimmbändern unterziehen. Brandt glaubte sich dem Tode nah. Die Geschwulst, die entfernt wurde, erwies sich als gutartig, aber beim operativen Eingriff drohte er zu ersticken. Psychisch belastete das den ohnehin erschöpften Regierungschef bis an die Grenzen. Zudem untersagten ihm die Ärzte für die nächsten vierzehn Tage das Sprechen und – noch fataler für ihn – das Rauchen. Mit Zetteln für den Vertrauten Horst Ehmke versuchte er zwar, die Kabinettsbildung zu beeinflussen, aber bei ihm setzte sich der Eindruck fest, Herbert Wehner und Helmut Schmidt hätten ihm damals kühl die Regie aus der Hand gewunden.

In unterschiedlichen Variationen haben die Beteiligten das, was nun geschah, in ihren Erinnerungen geschildert. Sie hätten dem kranken Brandt nur helfen wollen, beteuerten Wehner und Schmidt. Den Zettel Brandts aus dem Krankenhaus mit «Anweisungen und Wünschen», den er vorab vorbereitet hatte, beachtete Herbert Wehner nicht, jedenfalls gab er ihn nicht wie gewünscht an Helmut Schmidt weiter. Er habe es einfach vergessen, rechtfertige Wehner sich später, Entschuldigung! Ehmke und Brandt deuteten das anders: Wehner, aber auch Schmidt hätten das Kabinett in diesen Tagen «auf eigene Rechnung» so zugeschnitten, wie sie es wünschten. Auch in anderen personellen Schlüsselfragen wie der Besetzung des Regierungssprechers oder des Kanzleramtschefs hatten sie tatsächlich die Weichen gestellt; eine Interpretation, der Brandt-Biograph Peter Merseburger weitgehend folgte, während Schmidt-Biograph Hartmut Soell heftig widersprach.[19]

Aus heutiger Sicht fällt es schwer, das Drama jener Tage in seiner ganzen Tragweite oder gar in seinen Details nachzuvollziehen.

Brandt glaubte aber, das Heft solle ihm aus der Hand gewunden werden, und selbst wenn er Kanzler bliebe, so führten künftig Wehner und Schmidt Regie, wenn ihnen der Coup gelänge. Mit anderen Worten: Es stand auf der Kippe, ob die Troika weiterhin funktioniert oder ob sie zerbricht. Haarrisse zeigten sich, und sie sollten sich noch erweitern.

Zeitzeugen, Anhänger und Journalisten hätten einen Mythos um diese Tage im Sommer 1972 gewoben, urteilte Hartmut Soell rückblickend. Nicht in die eigene Tasche habe Schmidt gepokert, er habe aber einen Versuch Brandts abwehren müssen, ihn auf den einflusslosen Posten des Bundestagspräsidenten abzuschieben. Besorgt riet Horst Ehmke dem Kanzler, Helmut Schmidt unbedingt ins Kabinett einzubinden, aber ihn nicht mit allzu vielen Kompetenzen auszustatten. Reichlich Grund sah er zu dem Verdacht, «Helmut» wolle sich zu einem «Nebenkanzler Innenpolitik» hochstufen. Nebenkanzler Innenpolitik? Das Wort traf nicht schlecht. Brandts Vertraute jedenfalls – Egon Bahr und Horst Ehmke – zerbrachen sich in diesen Wochen den Kopf darüber, wie dieser extrem machtbewusste Schmidt zu domestizieren sei. Eine einfache, praktische Antwort fanden sie nicht.

Nachtragend zeigte sich Brandt nach seiner Rückkehr aus der Klinik an den Schreibtisch im Palais Schaumburg allerdings nicht, im Gegenteil, er warb weiter um den eigensinnigen Schmidt.

Seine Ankündigung, er sei bereit zur Weiterarbeit, knüpfte Helmut Schmidt unter anderem an eine überraschende Bedingung: Horst Ehmke dürfe nicht länger Kanzleramtschef bleiben. Mehr oder weniger offen stellte er damit die Machtfrage. Willy Brandt ging die Offensive denn doch zu weit, ohne Schnörkel verbat er sich bei den Koalitionsverhandlungen am 5. Dezember direktes Hineinreden. Noch am selben Tag beschwor Schmidt Brandt in einem Brief, ihm oder auch Wehner offen zu sagen, wie er sich «die Sache denkt» und Kritik an ihm ehrlich vorzubringen, damit «man sich darauf einstellen» könne.[20] Es klang, als rudere er zurück.

Aber wieder lenkte Willy Brandt ein. Er brauchte Schmidt, und er wusste, was er trotz des Ärgers an ihm hatte. Schmidt hatte mit seinem Versuch, Brandt von seinen engsten Vertrauten zu separieren, tatsächlich Erfolg, der genesene Kanzler entschloss sich, das Amt des Kanzleramtschefs neu zu besetzen, also auf seine rechte Hand zu verzichten. Willy Brandt machte einen kapitalen Fehler, jedenfalls warf er sich das später offen vor: Keinesfalls hätte er darauf eingehen sollen, schrieb er reumütig in den *Erinnerungen*. Im Rückblick zeigte Brandt sich fest davon überzeugt, dass er mit dem Vertrauten an seiner Seite, Horst Ehmke, die zwei dramatischen und bitteren Jahre, die folgen sollten, besser durchgestanden hätte.

Rundum bestens gewappnet zeigte sich Helmut Schmidt beim Neustart. In seinem Ministerium hatte er ein siebzehnseitiges Papier ausgearbeitet, mit dem er die Koalitionsgespräche beeinflussen wollte. Als Brief adressierte er den Text an die beiden anderen in der Troika, Brandt und Wehner. Er enthielt «Hinweise», wie das Finanzministerium gestärkt werden könne und wie die Ressorts – jedenfalls an den Stellen, die ihn selbst direkt oder indirekt betrafen – besetzt werden sollten.

Das Wirtschaftsministerium – potentiell ein FDP-Ressort – sollte zentrale Abteilungen (Geld und Kredit, Konjunktur) dem Finanzministerium überlassen, sodass Schmidt faktisch «Superminister» hätte bleiben können, auch wenn nach dem kurzen Zwischenspiel offiziell die Ressorts wieder zweigeteilt würden. Umgekehrt riet er, das Ministerium für Wirtschaftliche Zusammenarbeit, das Erhard Eppler leiten sollte, zu einer Art Ministerium für Außenhandel umzuwandeln. Zwei Fliegen hätte er mit einem Schlag treffen können: Das Entwicklungsressort wäre heimlich zur Abteilung des Wirtschaftsressorts herabgestuft worden und den anderen Brandt-Freund, Eppler, hätte er auch entmachtet. Nein, Schmidt wollte den Kanzler nicht demontieren, aber er wollte dem Kanzler ein anderes Regieren abtrotzen.

Auch inhaltlich ging Helmut Schmidt ins Detail. Er plädierte für Steuererhöhungen, für den Abbau von Subventionen und vor allem für strenge Kontrolle über die Sozialpolitiker der Fraktion, die nach seinem Geschmack ohne Rücksicht auf die langfristigen Etatbelastungen ihre Wunschlisten formulierten. Der sparsame Staat war nun einmal sein Credo. Nach Ansicht Hartmut Soells lief das alles in allem – einschließlich der Forderung, die Personalkosten des Bundes zu begrenzen – auf einen Rundumkonflikt mit tief eingegrabenen Interessen hinaus, «wie er schärfer in der Bundesrepublik bis dahin kaum vorstellbar gewesen wäre».[21]

In Bonn kursierte der Verdacht, Helmut Schmidt wolle das Ende der Reformpolitik einläuten. Journalisten, die seinerzeit von Schmidts «Gesamtkonzept» Wind bekamen, setzten eins und eins zusammen: Er war nicht Kanzler, stellte aber die Machtfrage. Wie schon als Chef auf der Hardthöhe, so wollte Schmidt jedenfalls auch als «Superminister» oder Finanzminister mit erweiterten Zuständigkeiten von vornherein den Ton angeben. Aus seiner Sicht war das logisch, da er sich als eine Art Co-Regierungschef verstand. Im Übrigen, das übersahen seine Kritiker gern, wünschte er durchaus das Gelingen der neuen Regierung, und er sah sich in der Pflicht, dazu nach Kräften beizutragen. Recht hatte Schmidt auch insofern, wie sich bald zeigen sollte, als für die Bundesrepublik ökonomisch schwierigere Zeiten anbrachen. Zu Ende ging mehr oder minder unvermittelt die Nachkriegsepoche, in der günstige Wachstumsraten und Prosperität für immer garantiert zu sein schienen. Tatsächlich unterhöhlte das den Sozialstaat, den auch Schmidt keineswegs in Frage stellen wollte. Dass er Vorsorge für magere Zeiten treffen wollte, sprach für ihn.

Schmidt wollte allen vormachen, wie es geht, auch dem Kanzler. Allerdings wünschte er – was oft verkannt worden ist – nicht nur starke «Führung», er wünschte auch starke Minister. Viel wurde später darüber gerätselt, weshalb Brandt derart duldsam reagierte. Aber abgesehen von der starken Position Schmidts: Brandt spürte offenkundig, wie die Erwartungen an die versprochenen «inneren Reformen», vor allem an den Sozialstaat tatsächlich das Maß verloren. Gut möglich, dass er Schmidt bei dessen Sparsamkeitsappellen insgeheim Recht gab, aber dies nicht offen eingestehen wollte.

Von einer «Tragödie» sollte Schmidt später sprechen im Rückblick auf diese schwierigen Wochen des Neustarts gegenüber seinem ersten Biographen, Jonathan Carr, dem britischen Journalisten, mit dem er freundschaftlich verbunden war. Krank und depressiv sei Brandt gewesen, er habe nicht einmal den Telefonhörer abgenommen, daher sei Wehner und ihm gar nichts anderes übrig geblieben, als das Heft selber in die Hand zu nehmen.

Der wochenlange Kompetenzstreit, der aus Schmidts Sicht auch davon handelte, ob eine zeitgemäße Konjunkturpolitik aus einem Guss und eine langfristig sparsame Haushaltspolitik (besonders: Sozialhaushalt) in einer Hand bleibe, ging nicht wirklich zu seinen Gunsten aus. Zwar erhielt er zusätzliche Kompetenzen in dem Kabinett, das am 14. Dezember 1972 vereidigt wurde. Aber jenes «Strukturministerium» erhielt er nicht, das einem Schatzkanzleramt gleichgekommen wäre. Die FDP berief Hans Friderichs zum Wirtschaftsminister, Schmidt hatte den Ökonomen als wirtschaftspolitischen Sprecher der FDP während der Großen Koalition bereits kennengelernt. Friderichs, zeitweise Bundesgeschäftsführer der Freidemokraten, war zuletzt Staatssekretär im Mainzer Landwirtschaftsministerium gewesen. Schmidt schätzte seine Fachkompetenz, er hatte sogar daran gedacht, ihn als Mitarbeiter in sein «Superministerium» zu holen.

Aber die Kräfteverhältnisse waren damit neu austariert, der «Superminister» Episode. Hans Dietrich Genscher, der zeitweise daran dachte, in das Wirtschaftsressort zu wechseln, blieb in der neuen Regierung Innenminister. Damit hatte die FDP dank Brandt eine solide Position im Kabinett, über das hinaus, was Schmidt ihr zuzugestehen wünschte. In der Hinsicht hatte er die eigene Partei eher auf seiner Seite als Brandt. Von derart unsicheren Kantonisten, bei dem Urteil blieb er, dürfe sich die SPD nicht gar zu abhängig machen. Herzlich fremd blieb ihm das «Sozialliberale» als gemeinsames Projekt, wie es Brandt und Scheel vorschwebte. Als Arbeitsbündnis betrachtete er unverändert die Koalition, mehr nicht. Ein unvermeidliches Übel. Generell ging ihm ohnehin Willy Brandts Konzessionsbereitschaft gegenüber Scheel, Genscher und der FDP viel zu weit.

Helmut Schmidt feierte seinen 54. Geburtstag, als er ins Finanzministerium einzog.

Unüberhörbar ernüchtert klang Willy Brandts zweite Regierungserklärung, anders als jene von 1969 mit ihrem Anfangspathos. Von Kontinuität und Erneuerung sprach der wiedergewählte Regierungschef, ein «Volk der guten Nachbarn» stellte er in Aussicht, und die Blickrichtung ging wesentlich stärker als drei Jahre zuvor auf die

Hannelore und Helmut Schmidt beim Schach im Garten ihres Ferienhauses am Brahmsee. Wann genau, hält der Fotograf nicht fest. Einer der glücklichen Momente von Loki und Helmut Schmidt ist es gewiss.

gesellschaftliche Erneuerung. Aber der Regierungschef bremste Erwartungen. Das richtete sich an die Adresse seiner eigenen Partei, im Einklang mit Helmut Schmidt, auf dessen Rat er dabei gehört hatte.

Praktisch vom ersten Tag an standen Fragen wie die nach einer starken Abwertung des Dollar und einer Aufwertung der Mark im Vordergrund – Fragen, die Schmidt betrafen und in denen Brandt nicht zu Hause war. Eine Währungskrise drohte, und die Frage war, ob die Europäer eine gemeinsame Haltung gegenüber dem Dollar fanden. Amerikanisches Geld überflutete Europa. Schmidt hatte sich damit unversehens in einer ganz anderen, für ihn neuartigen Krise zu bewähren. Bezahlt machte sich, dass er aus früheren Jahren engen Kontakt zu Henry Kissinger und George Shultz pflegte, Tag und Nacht konnte er sie anrufen, und sie sprachen ungewöhnlich offen miteinander. Sein Netzwerk funktionierte. Die Aufgabe war gewaltig: Nach dem Scheitern des Systems von Bretton Woods Anfang der 70er Jahre mit dem Dollar als Leitwährung gab es noch kein funktionierendes neues Weltwährungssystem. Krisenmanagement, Helmut Schmidts Stärke, war auch jetzt wieder gefragt, nur auf einem anderen Sektor.

Ein Randaspekt, aber nicht unerheblich: Helmut Schmidt lernte rasch, auf internationaler Bühne zu kooperieren. Seine Überzeugung, regieren und führen müsse man von oben, *top down*, wurde zwangsläufig bestätigt. Die Deutschen wurden auf «Augenhöhe» als Gesprächspartner akzeptiert, teils weil die deutsche Wirtschaft und die Stärke der Mark das nahelegten, teils weil Schmidt ebenso wie Brandt auf seinem Feld als anerkannter Gesprächspartner galt. Zum Erwachsenwerden der Republik trug das erheblich bei, obwohl sich derlei in Regierungsbilanzen natürlich nicht messen lässt.

Während der Dollar weiter an Wert verlor, stieg der Kurs der Mark. 1973 stellte Amerika nicht mehr die mächtige Wirtschaft dar wie seit Jahrzehnten. Besonders lähmend wirkte sich die Watergate-Affäre aus. Ökonomisch besehen, gewann zudem die Bundesrepublik an Gewicht, was Hand in Hand ging mit dem Schmidt'schen Selbstbewusstsein.

Auf europäischer Ebene gelang den Finanzministern eine Verständigung, nur innerhalb einer gewissen Bandbreite auf- oder abwerten zu dürfen («Währungsschlange»). Es waren wohl jene Monate des Jahres 1973, in denen bei Schmidt – lange schon ein bekennender Europäer – die Überzeugung wuchs, die Welt gestalte sich multipolar, und die Europäer sollten sich dringend zu einer politischen Gemeinschaft zusammenschließen, um darauf vorbereitet zu sein.

Trotz seines Prestiges, von Journalisten in Bonn wurde der Minister nicht nur bewundert. Seine Sachkompetenz bestritt niemand, damals galt er bereits als gleichsam überparteiisch, wie es besonders geschätzt wurde, aber er galt zugleich als überaus arrogant, launisch und eitel. Auch Wirtschaftsjournalisten, mit denen er ständig zu tun hatte, konnte er ihre Ahnungslosigkeit genauso spüren lassen wie Parteifreunde.

Damals schon war die Bundesrepublik alles andere als eine einsame Insel. Militärisch war sie fest eingebunden in den Nordatlantikpakt, der sich noch als strikt defensiv innerhalb seines Geltungsbereichs verstand. Regierung und Opposition, ja alle Bonner Parteien verfolgten eine Politik der strengen Zurückhaltung in internationalen Konflikten. Einzig die Ostverträge sowie der Entspannungskurs der sozialliberalen Koalition konnten als erster Akt einer nahezu souveränen Außenpolitik gelten. Ökonomisch aber war die Bundesrepublik längst zu groß, um sich von seismographischen Erschütterungen in der Weltwirtschaft abkoppeln zu können. Helmut Schmidts Gewicht im Kabinett hing gar nicht so sehr von seinem Ehrgeiz ab, es hing in erster Linie mit dieser Entwicklung zusammen.

Am 6. Oktober 1973, dem Jom Kippur-Tag, den Israel wie gewohnt feiern wollte, begannen Ägypten und Syrien ihre militärische Invasion. Der vierte Krieg zwischen Israel und seinen Nachbarn traf die Regierung in Tel Aviv überraschend. Nach wenigen Tagen jedoch schlug das israelische Militär zurück, die ägyptische Armee floh, die syrischen Soldaten wurden von den Golanhöhen zurückgedrängt. Eine Intervention der Großmächte verhinderte ein weiteres Vordringen Israels. Aber die ölproduzierenden Länder am Golf entschlossen sich, den Preis für Rohöl – aus politischen Gründen – um 70 Prozent heraufzusetzen und ein Ölembargo gegen die Vereinigten Staaten zu verhängen.

Die «Ölpreiskrise» und die Bemühungen, langfristig die Energieversorgung zu sichern und die Auswirkungen auf die Weltwirtschaft einzudämmen, rückten zwangsläufig ins Zentrum der Aufmerksamkeit im Kanzleramt. Bestens gerüstet für eine solche Herausforderung, nahm Schmidt das Heft in die Hand und suchte nach Auswegen. Natürlich hielt er dazu auch Ausschau nach einem Kompromiss mit den Förderländern. Mit dabei: Sein Amtskollege in Paris, Valéry Giscard d'Estaing, mit dem er sich in währungspolitischen Fragen nicht immer hatte verständigen können. Es wurde zum Beginn einer «wunderbaren Freundschaft», die bald auch schwerwiegende Differenzen auszuhalten vermochte.

Washington, Paris und Bonn stritten um gravierende Fragen wie die, ob die großen westlichen Länder gegenüber den Preisforderungen der Ölförderländer koordiniert vorgehen sollen. Bonn stand zwischen den USA und Frankreich[22] und versuchte zu makeln zwischen dem amerikanischen Wunsch, Europa wieder fester an sich zu binden, und dem französischen Bedürfnis, eine eigenständige Rolle zu spielen und dadurch in Europa den Ton angeben zu können.

Dieser Zwist – auch auf einer Washingtoner Energiekonferenz ausgetragen – fand Schmidt auf amerikanischer Seite, Giscard, mit dem er sich hätte einigen können, wurde vom französischen Präsidenten gebremst. Aus nationalen Prestigegründen heraus, urteilte der deutsche Finanzminister, könne man unmöglich Energiepreise akzeptieren, die langfristig die Zahlungsbilanz untergraben. Andererseits müsse man auch auf die Ölländer zugehen, die Grund hätten, mit ihren natürlichen Ressourcen zurückhaltend umzugehen.

Schmidt und Giscard d'Estaing schickten sich an, die deutsch-französische Haltung in diesen Fragen besser zu koordinieren. Daraus entwickelte sich die Idee, einen G 6-Gipfel einzurichten. Seitdem saßen die Deutschen mit hoher Selbstverständlichkeit am Tisch der westlichen Industrieländer, sie hatten sogar – abgestimmt mit Paris – den Anstoß dazu gegeben. Unverkennbar trug diese Konferenzidee Helmut Schmidts Handschrift. Der Krisenmanager war in seinem Element. Das «sozialdemokratische Jahrzehnt», wie der Historiker Bernd Faulenbach im Rückblick diese Jahre nennen sollte, handelte nicht zuletzt von einer neuen, internationalen Rolle der Deutschen.

Die innerparteilichen Konflikte endeten damit natürlich nicht. Aus Schmidts Sicht stürzte die Weltwirtschaftskrise selbst die stärksten Staaten im Westen in eine Krise, während die Genossen über den «qualitativen Sprung» in eine andere Republik phantasierten. Ölpreiskrise, ein Ersatz für den Dollar, das amerikanische Debakel in Vietnam, er hatte doch Arbeit genug am Hals, begriffen seine Parteifreunde das denn nicht?

Streitbar, wie er war, polarisierte er mit Lust: Es traf ihn, aber er steckte es weg, dass beim Hannoveraner Parteitag im April 1973 nur 286 von 431 Delegierten bei der Wahl zum Amt des Stellvertreters von Brandt für ihn stimmten. Das Ergebnis war ehrlich, an Helmut Schmidt schieden sich die Geister, und er wusste das durchaus. Überragend schnitt in Hannover wieder einmal Herbert Wehner ab, nachdem er zuvor angekündigt hatte, sich vom Amt des Stellvertretenden Parteivorsitzenden zurückziehen zu wollen: 419

von 429 Delegierten stimmten für ihn. Links und rechts, Gewerkschaftler und Lehrer, Pragmatiker und Idealisten, alle standen auf Wehners Seite. Er blieb der ungekrönte König in seiner Partei. Willy Brandt erhielt immerhin 404 Stimmen.

Die Linke brachte beim Hannoveraner Parteitag nicht nur Schmidt, sondern auch die Leitartikler der Republik gegen sich auf, weil sie mit ihrer Kritik am «Spätkapitalismus» das Plädoyer für eine «Systemreform», für «Investitionslenkung» in der Wirtschaftspolitik verband, für eine Verstaatlichung der Banken. Nur in der Gründungsphase der Bundesrepublik hatte man ähnliche Wünsche gehört: Zu Zeiten ihres Ahlener Programms unterschied sich die CDU ideologisch eher marginal von den Sozialdemokraten. Längst aber waren die breite Mehrheit der Christdemokraten und das Gros der SPD auf den Pfad der sozialen Marktwirtschaft eingeschwenkt. Drohte dieser bundesrepublikanische Konsens zu platzen? In Brandts Partei gab die Linke unversehens den Ton an. Die Mehrheit entschied, den Immobilienhandel zu verstaatlichen, um der Spekulation auf dem Wohnungsmarkt Einhalt zu gebieten.[23]

Solche linken Gedankenspiele, darin ließ er es nicht an Deutlichkeit fehlen, waren mit der Linie der SPD nicht in Einklang zu bringen, schon gar nicht mit seiner Haltung. Er empfand das als «Sozialismus», während er sich ausdrücklich als Sozialdemokrat verstand, für ihn ein Unterschied ums Ganze. Während sich Herbert Wehner beim Parteitag neutral verhielt, bemühte Willy Brandt sich verzweifelt, mit seinem berühmten «Sowohl-als-auch» eine Spaltung zu verhindern. Der Riss ging tief, Schmidt nahm die Revolutionsrhetorik ernster, als sie es verdiente, er nahm sie wörtlich. An Schärfe der Kritik vermochte ihn sogar die Opposition oder Franz Josef Strauß kaum zu überbieten.

Er gab nicht klein bei. Eher noch häufiger als zuvor kursierten kritische Kommentare aus seinem Mund über die eigene Partei, die auf Vordermann gebracht werden müsse. Sie leide an Realitätsverlust. Idealismus sei keine Politik. Verantwortlich seien die intellektuellen Verführer, die «Frankfurter Schule» mit ihrer Kritischen Theorie, Professoren, die ihre Gesinnung vor sich hertrügen. Hinter solchen bissigen Anmerkungen, so wurde in Bonn gemutmaßt, verberge die «Nummer eins» nach Brandt, Schmidt, insgeheim nur den eigenen, ewigen Führungsanspruch. So sehr ihn solche Deutungen auch erbosten, sie setzten sich fest und klebten zäh an Schmidt.

Wenn er die Herausforderung für den Westen von Seiten der Ölländer in ihrer ganzen Dramatik ausmalte, hieß es, er bausche die Krise nur auf, um den Ruf nach einem Krisenmanager in Bonn anzustacheln. Zunehmende Spannungen in der «Troika» waren die Folge, Brandt und Schmidt reagierten höchst unterschiedlich auf die unruhige Bundesrepublik, die Differenzen ließen sich kaum noch überbrücken: Brandt blieb gelassen, Schmidt befand sich in einem Zustand der Dauererregung über die fundamentale Kritik am eigenen Land und am Kapitalismus. Herbert Wehner, der geholfen hatte, Willy Brandt zum Kanzler zu machen, ging spürbar zu ihm auf Distanz. Ihn störte nicht das revolutionäre Pathos der Linken, ihn störte der Gedanke, die Sozialdemokraten könnten die Macht schon wieder aufs Spiel setzen, kaum dass sie sie – mit seiner Hilfe – zwanzig Jahre nach Gründung der Republik endlich erobert hatten.[24] Wenige Wochen nach dem Parteitag kursierten erstmals Gerüchte in der Hauptstadt, Wehner und Schmidt wollten Brandt – den stolzen Wahlsieger von 1972 – aus dem Kanzleramt wegloben. Vielleicht eignete sich das Amt des Bundespräsidenten für ihn?

Frisch gestärkt vom Votum seiner Partei, ging Herbert Wehner noch im Jahr 1973 zu Willy Brandt auf Distanz. Ein Drama bahnte sich an. Verfolgt man die Spuren genauer, wann Wehners und Brandts Verhältnis in Trümmer fiel, landet man im Sommer des Jahres 1972,[25] die Ostverträge waren kaum unter Dach und Fach. Ausgelaugt wirkte Brandt, genervt war er von den Kabinettssitzungen, in denen die individuellen Eitelkeiten kaum zu bremsen waren, immer häufiger kapselte er sich ein. Unnahbar wirkte er dann, keiner sprach ihn an, wenn er gravitätisch durch die Lobby des Parlaments in Bonn wandelte. Seinerseits hätte er Herbert Wehner, den er zunehmend als lästig empfand, gern irgendwohin abgeschoben, auf das Amt des Bundestagspräsidenten beispielsweise. Wehner muss geahnt haben, dass er kaltgestellt werden könnte. Sein Entschluss, sich selbst aus der Spitze der Partei zurückzuziehen, hatte darin wohl seine Ursache. Seine Autorität hing ohnehin nicht ab von Ämtern.

Nach einigen bedrohlichen Vorzeichen, vor allem während der Bildung des zweiten Kabinetts, brachte dieses Jahr die Wende innerhalb der Troika: Herbert Wehner war es, der den ungeschriebenen Vertrag der drei Männer an der Parteispitze einseitig auflöste. Überraschend besuchte er (gemeinsam mit Wolfgang Mischnick, dem Fraktionschef der FDP) SED-Chef Erich Honecker Ende Mai 1973 am Wandlitzsee und in Ostberlins Volkskammer. Der Kanzler hatte davon nichts gewusst, so wenig wie Schmidt, gequält versuchte das Kanzleramt in einer Erklärung zu kaschieren, dass Brandt sich desavouiert fühlte. Am Rande zielte Wehners Kritik an den Herren in Bonn, die er in Ostberlin übte, durchaus auch auf Schmidt: Denn der hatte beispielsweise der KSZE-Konferenz in Helsinki nur zustimmen wollen, wenn Washington mitmache, er «sattelte drauf», wie Wehner das nannte, und erschwerte das Geschäft mit dem Osten. Im Kern aber galt seine Kritik dem Kanzler. Brandt setzte sich – aus Wehners Sicht – nicht konsequent genug dafür ein, das nächste Kapitel der Deutschland- und Entspannungspolitik aufzuschlagen. Schlimmer: zu Hause ließ er die Führung schleifen. Warum wollte Wehner das ausgerechnet in Ostberlin loswerden? Später hieß es, er habe seine eigenen Claims neu abstecken wollen, insbesondere die deutsch-deutschen Beziehungen, die er als seine Angelegenheit betrachtete. Inzwischen aber hatte auch Egon Bahr hinter den Kulissen ein eigenes Gesprächsnetz aufgebaut und nahm zunehmend das Heft in die Hand. Einiges an Wehners Vorgehen mag sich daraus erklären. Aber warum nahm er dafür in Kauf, dass Brandts Autorität als Regierungschef derart in Frage gestellt werden konnte? Bei jedem anderen wäre gesagt worden, er putsche gegen den Kanzler, nicht so bei ihm, dem Altmeister, dem viele nachrühmten, er sei es gewesen, der seine Partei an die Macht gebracht habe. Zu groß war noch immer der Respekt, fast alles wurde ihm nachgesehen. Willy Brandt und seine Getreuen waren nach der Exkursion aber alarmiert. Sie zweifelten insgeheim an Wehners Loyalität, ohne ihm damals bereits «eine Art Hochverrat» zu unterstellen, wie Egon Bahr das Jahrzehnte später machte.

Helmut Schmidt hingegen schätzte damals bereits Wehner ganz anders ein, bei seinem überaus positiven Urteil über den Hamburger Weggefährten mit Dresdner Hintergrund ist er zeitlebens geblieben. Seinen Respekt vor der Lebensleistung des Mannes verlor er auch dann nicht, als es kurz darauf zum großen Kladderadatsch zwischen Brandt und Wehner kam. Anlass war eine zweite Attacke, wenige Monate nach dem Honecker-Besuch: Begleitet von einer Bundestagsdelegation, besuchte Herbert Wehner vom 24. September bis 2. Oktober Moskau, ausgerechnet dort spitzte er seine Brandt-Kritik zu. «Entrückt» sei die Nummer eins, wütete er damals vor Journalisten in einem Moskauer Hotel, der Regierung fehle ein Kopf, «der Herr badet gern lau». Auch Helmut Schmidt bekam am Rande wieder sein Fett ab, weil er nicht für vernünftige Kredite für Moskau sorgte. Wehner-Kenner behaupteten später, Journalisten hätten die Wehner-Worte erfunden oder verzerrt, jedenfalls habe er Brandt nur helfen wollen. Plausibel klang das nicht. Herbert Wehner wollte Brandt stürzen, einen anderen Sinn jedenfalls ergaben seine wütenden Angriffe nicht. Eingeläutet wurde an einer Moskauer Hotelbar also die zweite Runde der Kritik, der Königsmacher von einst, der Brandt aufs Schild gehoben hatte, sah offenbar keinen anderen Weg, um seiner SPD die Macht zu retten. Keine Sekunde zweifelte Brandt an Wehners wahren Absichten, als ihm bei einer USA-Reise hinterbracht wurde, wie der «Onkel» in Moskau explodierte. Er oder ich, lautete die erste Reaktion des Kanzlers und Parteivorsitzenden. Nur so hatte es einen Sinn. Herbert Wehner sollte entmachtet werden. Fast alle Freunde rieten Brandt dazu, Schmidt allerdings nicht.

Im Parteivorstand am 5. Oktober aber kam es nicht zu dem erwarteten Scherbengericht, im Gegenteil, eine Mehrheit von zwölf zu elf Stimmen assistierte fast verehrungsvoll Herbert Wehner und verlangte zudem, die Ostverträge und das Berlin-Abkommen voll auszuschöpfen. Auch dieser Rüffel galt Willy Brandt, Wehner hatte die Kritiker inspiriert. Helmut Schmidt stellte sich seinerzeit auf die Seite derjenigen, die für eine Entspannung des Verhältnisses zwischen Brandt und Wehner plädierten. Brandt selber zuckte zurück, jedenfalls reagierte er nicht mit «Entweder-Oder», er stellte die Parteispitze mithin nicht vor die Wahl, sich für Wehner oder für ihn zu entscheiden.

Es wäre wohl auch schiefgegangen. Zwar genoss Willy Brandt noch ungeschmälertes internationales Prestige, aber sein Ruf zu Hause war beschädigt. Er galt als angeschlagen, erschöpft und unlustig, weiterzumachen. Hingegen schützte Wehner der Mythos, der ihn seit den frühen Jahren der Republik umgab. Im Übrigen, verriet Brandt lakonisch, aber vielsagend einem Reporter der *Süddeutschen Zeitung*, Hans Ulrich Kempski, wenn er Wehner damals gezwungen hätte zu gehen, «dann kommt Schmidt».[26]

Selten habe ein neues Jahr mit so vielen Schreckensbotschaften begonnen, kommentierte Marion Gräfin Dönhoff Anfang 1974 in der *ZEIT*. Sie zählte dann auf: «Verdreifachung des Ölpreises, wodurch vermutlich die Milliardenüberschüsse unserer stets aktiven Handelsbilanz mit einem Schlage in ein Defizit verwandelt werden. Warnstreiks und Lohnforderungen der Gewerkschaften, die bei Bewertung aller Nebenansprüche etwa 20 Prozent betragen ... Schließlich: mehr Inflation und weniger Wachstum.» «Die fetten Jahre sind vorüber, jetzt kommen die mageren. Nie wieder wird es uns, jedenfalls nicht in absehbarer Zeit, so gut gehen wie während der letzten Jahre. Wenn es in Zukunft gelingt, die Arbeitsplätze zu sichern und die Realeinkommen zu halten, dann können wir weiß Gott zufrieden sein.» «Überdies: Wo eigentlich steht geschrieben, daß man jedes Jahr mehr verdienen muß und die Welt zusammenbricht, wenn dies nicht der Fall ist?»[27]

Sie sollte Recht behalten. Für die sozialliberale Regierung bahnte sich – noch war es mehr zu ahnen als zu erkennen – eine Zäsur an, in wenigen Monaten sollte Brandt nicht mehr Kanzler sein, Walter Scheel, der Garant des sozialliberalen Bündnisses, wechselte in die Villa Hammerschmidt als Bundespräsident.

Vorgewarnt war die SPD, aber mit dem Wahldebakel in Hamburg Anfang März 1974 hatte sie in dem Ausmaß denn doch nicht gerechnet. Die Sozialdemokraten stürzten ab um 10,3 Prozent auf ungewohnte 45 Prozent in der Bürgerschaft. Helmut Schmidt zögerte keine Sekunde, er schrieb das Resultat eindeutig den Linken zu. Ihnen sei anzulasten, dass erstmals die SPD die absolute Mehrheit verlor, die sie den großen Nachkriegsbürgermeistern zu danken hatte. In einem Fernsehinterview drängte er auf eine tiefgreifende Kabinettsumbildung. Zudem müsse sich die Regierung vor den nächsten Landtagswahlen gründlich neu organisieren. Das heißt, wieder regierte er dem Kanzler hinein. Genauerer Vorgaben enthielt sich der ungebetene Ratgeber zwar, die lieferte aber Wissenschaftsminister Klaus von Dohnanyi wenige Tage später in einem Rundfunkinterview nach. Helmut Schmidt, drängte er, solle «innenpolitischer Stellvertreter» des Kanzlers werden und diesen entlasten, damit er sich ganz der Außenpolitik widmen könne. Brandt musste das als Chuzpe empfinden, klar war bloß nicht, ob die Äußerungen aufeinander abgestimmt waren. Aber das Bonner Journalistenkorps ahnte, wie ich mich entsinne, dass Dohnanyis Überlegungen exakt in die Richtung wiesen, in die Schmidt dachte. Immerhin: Theodor Eschenburg, damals noch unangefochten der Grandseigneur der Politikwissenschaft aus Tübingen, ging ernsthaft in der *ZEIT* auf die Überlegung ein, Schmidt vielleicht die innenpolitische Richtlinienkompetenz zu übertragen. Ein innenpolitischer Kanzler? Laut dachte Eschenburg vor sich hin, ob Schmidt denn wirklich Brandt auf die Rolle des bloßen Zeremonienmeisters eingrenzen wolle. Er erinnerte daran, dass sich rein verfassungsrechtlich besehen die Richtlinienkompetenz nicht aufteilen lasse, schon gar nicht in eine Konstruktion, wonach es keinen wirklichen Regierungschef, wohl aber zwei Oberminister gebe. So konstruiert und irreal das alles klang, das wusste wohl auch Eschenburg, es erinnerte an die Wochen nach der Wahl von 1972. Auch damals war das Gerücht aufgekommen, Schmidt wolle unter Brandt eine Art Nebenkanzler werden, ob man sein Ressort nun Schatzkanzleramt genannt hätte oder nicht.[28] Alles schmeckte nach gezielter Aktion gegen den Kanzler.

Beide, Schmidt und Dohnanyi, hatten Brandt nicht gefragt, bevor sie an die Öffentlichkeit gingen. In Schmidts eigener Partei regten sich zudem Stimmen, die unterstellten, Schmidt habe selbst am schlechten Bild und der vermeintlichen Führungsschwäche des Kanzlers Anteil. Ventiliert wurde in den Medien auch, wie weit dazu Herbert Wehner beitrage, der mit der Demontage eines – zugegeben geschwächten – Kanzlers im Jahr 1973 begonnen hatte und an der Spitze der Fraktion Brandt den Rücken nicht wirklich freihalte. Brandts stärkste Weggefährten als erste dabei, das Monument Brandt zu entsorgen? Es waren jene dramatischen Monate, in denen sich die Lager, da Brandtianer und dort Schmidtianer, vollends voneinander entfernten, unversöhnlich, wie es aussah. Wie weit Helmut Schmidts Pläne wirklich führten, glaubte der *Spiegel* enthüllen zu können. Brandt denke von sich aus darüber nach, in das Präsidentenamt auszuweichen, meldete das Blatt. Schmidt, musste man folgern, wolle Brandt als Kanzler beerben. So predigte es der *Spiegel* schon lange. Er predigte es eigentlich immer. Aber sah es jetzt nicht wirklich danach aus?

Alarm schlug der Vorsitzende Willy Brandt im März 1974 demnach im Präsidium seiner Partei, diesmal in eigener Sache – äußerst ungewöhnlich für ihn. Helmut Schmidt, der sich gerade auf einer Reise in die USA befand, habe seinen Freund Hans Apel zu Walter Scheel entsandt, dem Außenminister, der sich zum Bundespräsidenten wählen lassen wollte, um ihm zu erklären, die Sozialdemokraten seien in der Präsidentenfrage «wieder offen». Brandt als Präsident? Eilig sah sich der Kanzler zu einem Dementi gezwungen. Bis dahin galt Scheel als einziger Anwärter auf die Nachfolge für Gustav Heinemann. Demzufolge musste er annehmen, Brandt habe sich die Sache noch einmal überlegt. Pikant war die Botschaft für Walter Scheel insofern, als er selbst früh klargemacht hatte, wenn es Brandt als Vorsitzenden der stärksten Partei in die Villa Hammerschmidt ziehe, dann gebühre ihm der Vortritt. Brandt selber sei danach aktiv geworden und habe in seiner Dienstvilla am Venusberg Scheel – mit dem er sich gut verstand – unmissverständlich erklärt, er denke gar nicht daran, in dieses Amt zu streben.

Helmut Schmidts Version dieser Episode sah anders aus: Scheel selber habe im Beisein anderer Gesprächspartner anklingen lassen, seinen einsamen Entschluss, Heinemann zu beerben, bereue er mittlerweile ... Er deutete damit an, der liberale Vizekanzler habe von sich aus die neue Debatte eröffnet. Brandt traute – dem *Spiegel* zufolge – der Darstellung Schmidts jedoch nicht und klagte vor der Spitze seiner Partei in seltener Offenheit, der Parteifreund verfolge ihn ständig, offenbar in der Absicht, ihm nachzufolgen. Brandt ging demzufolge noch weiter: Schon seit dem Sommer 1972 trage

Schmidt sich mit Umsturzplänen. Als die Demoskopen seiner Partei für die Wahl vom 19. November eine Niederlage prophezeiten, habe er sich mit rechten Genossen verbündet und ihm direkt angedroht, nach der Wahl «wird abgerechnet».[29]
Es wurde einsam um Willy Brandt in jenen Wochen.

Ob Schmidt aber wirklich einen «Putsch» plante, fällt schwer zu glauben. Dass Brandt ihm eine solche Intrige zutraute, steht außer Frage, als Bonner Korrespondent hätte man sich seinerzeit die Ohren zuhalten müssen, um solche Mutmaßungen über den Rivalen aus seinem Mund oder aus der engsten Entourage von Brandt zu überhören. Verwunderung löste es zu allem Überfluss aus, wie der Finanzminister sich im Streit mit ÖTV-Chef Heinz Kluncker und seiner Vierzehn-Prozent-Forderung für den Öffentlichen Dienst verhielt. Anfangs hatte Schmidt noch vor überzogenen Anforderungen an den Staat gewarnt. Gemeinsam mit Wirtschaftsminister Friderichs hatte er ihm zu einem Machtwort geraten, weil diese Lohnerhöhung «vernünftigerweise nicht darstellbar» sei. Als der Streik in Gang war, hielt Schmidt sich zunächst zurück, dann erklärte er sich – ungewohnt konziliant von seiner Seite – mit allem einverstanden, was der Kanzler entscheiden werde. Prompt beging Brandt den entscheidenden Fehler, sich der ÖTV nicht in den Weg zu stellen. Er «führte» tatsächlich nicht. Erregt verbreiteten allerdings Mitarbeiter Brandts, wie ich mich entsinne, Schmidt sei «abgetaucht» statt dem angeschlagenen Chef zu helfen und Flagge zu zeigen.[30]

Kaum zu überhören waren aber auch die Invektiven Schmidts gegen die Genossen, er verschärfte sogar noch den Ton. Als Hunderttausende junger Leute in die SPD drängten – der Marsch durch die Institutionen fand wirklich statt –, schimpfte Schmidt, die Partei sei ein «verrotteter Sauhaufen»; diese halbfertigen Akademiker setzten einen «Zersetzungsprozess» in Gang, in einer Volkspartei sei jemand schlicht deplatziert, der aus der Nato auszutreten empfehle oder private Makler verbieten wolle. Das war «Schmidt-Schnauze» in Höchstform, er redete sich in Rage.

Eine Mischung wie ihn gab es nur einmal: Schmidt meinte ernst, was er sagte, und es war Inszenierung zugleich. Er war Politiker, aber auch Darsteller. Er pflegte das Markenzeichen, das er inzwischen geworden war. Journalisten des *Spiegel* charakterisierten den wütenden Schmidt seinerzeit als «Prototyp des Mittelklassen-Sozi», der sich mit Schokolade, Pfefferminzdrops und Coca-Cola aufputsche, und zitierten genüsslich Spitzengenossen, die ihn als «rechtsgerichteten Kaisertreuen» titulierten. Norbert Gansel habe ihn gar ein «Sinnbild des autoritären Sozialdemokraten» genannt.[31] Jeden Montag konnte man Neues nachlesen über den großen Zwist. Konnte das lange gut gehen?

Wenn nötig sorgte er weiterhin selbst dafür, dass publik wurde, wie er über «Gottvater» Brandt dachte. Nein, er tabuisierte ihn nicht. Brandt zermürbte das, er saß ohnehin nicht mehr fest im Sattel, als wäre der Wahlerfolg von 1972 bereits verspielt. Gerade deswegen aber brauchte er Schmidt. Sorgfältig entgegnete er auf Kritik Punkt für Punkt, manchmal in Briefen, manchmal im Präsidium seiner Partei. Es blieb beim Stellungskrieg, denn auch Schmidt nahm von seiner Kritik nichts zurück.

Die Energiekrise hielt die deutsche Politik im Griff, sie blieb Schmidts große Herausforderung. Auf dem Terrain konnte er ohnehin frei agieren, der Kanzler redete ihm nie herein. Ähnlich den Niederländern, die wie die USA von einem Embargo der Ölförderländer getroffen wurden, plante Bonn ein Sonntagsfahrverbot. Anfang November 1973 beschloss das Kabinett, ab 25. November solle für vier Wochen ein «autofreier Sonntag» eingerichtet werden, um ein Zeichen zu setzen. Diese Sparaktion entsprach auch Schmidts Denken: Auf Krisen muss man pragmatisch reagieren! Plötzlich erschien es sogar möglich, das deutsche Tabu zu brechen und ein Tempolimit durchzusetzen, 100 Kilometer als Höchstgeschwindigkeit auf Autobahnen. Vor unorthodoxen Mitteln und Methoden schreckte er nie zurück.

Aber zugleich warb er um Verständnis für die Politik der Golfstaaten: Die Ölvorräte würden nur noch wenige Jahrzehnte reichen, argumentierte er wiederholt; also sei es logisch, dass die Förderländer die Produktion verlangsamten und die Preise erhöhten. Man könnte auch sagen: Er versetzte sich in die Lage der anderen. «Schweiß, Sparsamkeit und Solidarität» waren die Begriffe, die er benutzte, um der eigenen Öffentlichkeit klarzumachen, worauf sie sich einrichten solle.[32]

Am 14. April 1974 wurde Günter Guillaume, der lange Jahre im Palais Schaumburg als eine Art Kanzlerhelfer arbeitete, wegen Spionage für die DDR verhaftet und gab sich als Offizier der Nationalen Volksarmee zu erkennen. Es begannen die wohl dramatischsten Tage, die Bonn je erlebt hatte, die Frage war, ob der Kanzler dafür die Verantwortung übernehmen müsse.

Am 4. Mai traf sich die Parteispitze mit Gewerkschaftsführern zu einer Klausur in Münstereifel, die ursprünglich der wirtschaftlichen Lage gewidmet sein sollte. Am nächsten Morgen verkündete Brandt öffentlich seinen Rücktritt.

Die wohl kürzeste, auch ungnädige Formel für das jähe Ende der Kanzlerschaft Brandts fand Helmut Schmidt im Jahr 2013 in einem *Spiegel*-Gespräch mit Gerhard Schröder über die 150-jährige Geschichte ihrer Partei. Schmidt: «Willy verstand nichts von Wirtschaft. Als der Ölpreis explodierte, nahm er das zuerst nicht zur Kenntnis. Später benutzte er den ostdeutschen Spion Günter Guillaume als Anlass für seinen Rücktritt. Willy Brandt war ein hochbegabter Gefühlsmensch, ähnlich wie Barack Obama. Obama wollte überall das Beste und seine Reden ließen vermuten, dass er die Kraft dafür hatte, sich gegen Widerstände durchzusetzen».[33] Bei ihm hatte sich wohl wirklich der Eindruck durchgesetzt, Brandt habe sein eigenes Scheitern in Wirtschaftsfragen nicht eingestehen wollen und daher nach der ersten Chance zum Rückzug gegriffen, die sich bot. Komplizierter aber war die Geschichte schon, viel komplizierter.

Es geht hier nicht darum, von den ersten Verdachtsmomenten gegen Guillaume bis zum Rücktritt des Kanzlers alle Details zu rekonstruieren. Untersuchungsausschüsse, Historiker, Kommissionen, Buchautoren, Filmemacher haben sich damit akribisch befasst. Wem welche Versäumnisse anzulasten seien, darüber herrscht bis heute unter den Historikern keine Einigkeit. Der damalige Bundesinnenminister Hans Dietrich Genscher hatte nichts einzuwenden dagegen, dass der potentielle Spion in der Nähe Brandts belassen

1974: Wegen des Ostberliner Spions im Kanzleramt, Günter Guillaume, entschließt Kanzler Brandt sich zum Rücktritt. «Du musst es machen!», sagt er Helmut Schmidt schnörkellos, der schon lange als möglicher Nachfolger gilt. Aber Schmidt zögert. Herbert Wehner, immer noch der starke Mann im Hintergrund, drängt Brandt nicht zum Ausharren, was Brandt als Dolchstoß empfindet. Wehner wiederum – der Königsmacher seiner Partei, der nunmehr auch als Königsmörder gilt – hält Schmidt gleichfalls für den einzig aussichtsreichen Nachfolger, der auch die sozialliberale Koalition zusammenhalten könne, und so verhilft er ihm auch ins Amt.

und monatelang observiert wurde, als sei der Kanzler ein Köder, mit dem man sich ein Experiment erlauben könne. Verfassungsschutzchef Günther Nollau hatte dieses Vorgehen empfohlen, musste sich aber bohrende Fragen gefallen lassen, weil er ein Vertrauter Herbert Wehners war: Hatten sie beide vielleicht gemeinsame Sache gemacht und Brandt ins Messer laufen lassen? Es gab keine Theorie, die nicht ventiliert worden wäre. Ohnehin stand Herbert Wehner bei Brandt in Verdacht, im Zusammenspiel mit Erich Honecker für seinen Sturz gesorgt zu haben. Aber warum war der Kanzler dann 1972 mit Hilfe von Markus Wolf und Geldern aus Ostberlin für Unionsabgeordnete beim Konstruktiven

Misstrauensvotum im Parlament gerettet worden? Hätte der SED-Chef es gewagt, Brandt wegen seiner Ostpolitik – Aggression auf Filzlatschen, wie es in Ostberlin hieß – aus dem Weg zu räumen, während Leonid Breschnew in Moskau nichts unversucht ließ, den Bonner Regierungschef offen oder klammheimlich zu unterstützen?

Anders als Schmidt im Rückblick sah Willy Brandt sich nicht wirklich als gescheitert an. Er wollte nicht aufgeben. Brandt war verzweifelt, aber sah keinen anderen Weg. Die alten Gespenster holten ihn ein. In Deutschland, glaubte er, werde er nie wirklich akzeptiert und Anerkennung finden, heimatlos kam er sich vor, «wenn ich jetzt eine Pistole mithätte, würde ich dem allen ein Ende machen», gestand er Freunden. Er hatte keine Pistole, er suchte ein anderes Ende, er übernahm die Verantwortung. Den Rücktritt vollzog er souverän. Aber seine Kanzlerschaft – darin unterschied sich sein Urteil diametral von dem Schmidts – war nicht aus eigenem Verschulden gescheitert, sie blieb unausgeschöpft, wie er meinte.

Keinesfalls wollte er Hans Dietrich Genscher zum Sündenbock für seinen Rücktritt machen, bloß weil der ihm geraten hatte, Guillaume an seiner Seite zu belassen, um ihn observieren zu können. Aus Brandts Sicht hätte ein Rücktritt Genschers – selbst wenn Anlass bestanden hätte – das sozialliberale Gebäude ins Wanken gebracht. Die Koalition konnte, wie er meinte, auf den Freidemokraten keinesfalls verzichten, wenn sie Bestand haben sollte. Ein großes Kabinettsrevirement hatte er zuvor zwar erwogen, Walter Scheels Absicht, das Amt des Bundespräsidenten anzustreben, bot auf den ersten Blick die Möglichkeit dazu. Herbert Wehner hätte er dann ins Kabinett einbinden, Helmut Schmidt erneut zum Fraktionschef machen und Egon Bahr mit der Leitung des Kanzleramtes betrauen können. Aber für ein so großes, riskantes Wendemanöver fehlten bereits die Kräfte.

Am Ende gab Wehner den Ausschlag, nicht Schmidt. Zwischen dem 4. und 5. Mai fiel im «Haus Münstereifel», der Bildungseinrichtung der Friedrich-Ebert-Stiftung, die Entscheidung. Dort stand das Vieraugengespräch zwischen Brandt und Wehner im Zentrum. Im Wortlaut ist zwar nichts überliefert; aber allein die Tatsache, dass der Fraktionschef den Kanzler nicht zum Bleiben drängte, sondern ihn seiner Loyalität versicherte, wie immer er sich entscheide, reichte Brandt, um sich zu entscheiden. Es sei seine Sache, was er nun mache, soll Wehner Brandt ins Ohr geflüstert habe, er werde alles mittragen. Punkt. Zum Ausharren riet er ihm nicht. Klar wurde Brandt in diesem Moment, folgt man seiner eigenen Darstellung, dass Wehner sein Verbleiben nicht wünsche. Ohne seine Unterstützung aber wäre er in dieser Lage zu schwach zum Weitermachen. Eindeutig sah er sich in dem Verdacht bestätigt, den er schon nach dem überraschenden Honecker-Besuch und ohnehin nach dessen Eruption in Moskau hatte: Wehner arbeitete an seinem Sturz.

Komplizierter kann man sich eine Politikerbeziehung kaum vorstellen wie jene zwischen Brandt und Wehner. Brandts Bitterkeit war einem Gefühl geschuldet, verlassen worden zu sein. Ausgerechnet Herbert Wehner, selber ein Exilant und ein Geprügelter, stand nicht zu ihm. Brandt fühlte sich heimatlos in diesem Moment. Schmidt hätte man unterstellen können, Verständnis zu haben für dieses Gefühl von Brandt.

Dass Schmidt kommen würde, wenn er geht, war in Münstereifel ausgemachte Sache für Brandt. Aber Schmidt, der auch von ihm selber so oft verdächtigt worden war, ihn zu «verfolgen» und ihn beerben zu wollen, ausgerechnet er herrschte ihn – fast als einziger unter den Spitzengenossen in Münstereifel – laut an: «Wegen dieser Lappalien kann ein Bundeskanzler sein Amt nicht aufgeben!»[34] Dafür, dass er ausfallend geworden sei, entschuldigte er sich später. In der Sache aber nahm er nichts zurück. Für das Geschichtsprotokoll wollte Schmidt festhalten, dass er es keinesfalls war, der Brandt zum Gehen riet, ganz im Gegenteil.

Willy Brandt suchte am Morgen danach erneut das Gespräch mit seinem Stellvertreter, nur um ihm lakonisch zu sagen, er müsse «es» jetzt machen. Noch einmal bedrängte ihn Schmidt, sich die Entscheidung in Ruhe zu überlegen, aber zu revidieren gab es nichts mehr.

Wie ernst war der Rat Helmut Schmidts an Brandts Adresse zu nehmen, die Affäre mit dem Spion im Dachstübchen des Kanzleramts auszusitzen? Gerade weil auch ihm klar gewesen sei, dass der Stab an ihn übergehen werde, habe er Brandt zum Bleiben gedrängt, hieß es gleich, sobald Einzelheiten aus Münstereifel publik wurden. Alles bloß Taktik, wirklich? Zu tief saß der Verdacht, er habe seit Jahren gesägt an Brandts Stuhl und er sei nun mal davon überzeugt, «es» besser zu können als Brandt.

Gegen diese Version hat Helmut Schmidt Widerspruch eingelegt, wie ich meine, mit Recht. Sein lautstarker Rat an Brandt, im Amt zu bleiben, war – typisch Schmidt. Auch zuvor schon war er immer zurückgezuckt vor dem letzten Schritt, er beteiligte sich an keinem Versuch, den Kanzler zu stürzen. Sicher, Brandt sah es anders. Was er wohl übersah, war, dass Schmidt stets Brandts moralisch-politische Autorität anerkannte, die er sich als junger Mann in Opposition gegen Hitler erworben hatte. Ein Schuss Bewunderung schwang mit dabei. Brandt ging noch weiter, daran sei hier noch einmal erinnert: Er warf nicht den «kleinen Muschkoten» – wie Schmidt sich nannte – vor, dass sie als Soldaten parierten, er haderte mit sich, geirrt zu haben. Linke wie er hätten zur Zersplitterung der Opposition gegen Hitler beigetragen, sie hätten vielleicht mit mehr Weitblick das Schlimmste verhindern können. Und dann hatte Brandt bereits im Exil Deutschland vor einer kollektiven Verdammung in Schutz genommen und von einem «anderen Deutschland» gesprochen, das es trotz Hitler doch auch gebe.

Sicher, mit seiner Kritik an der Führungsschwäche und der Nachgiebigkeit gegenüber der Linken ging Schmidt oft sehr weit, bis an die Grenzen der Loyalität. Aber er wollte kein Kanzler werden, der sich selbst anlasten müsste, er habe zum Sturz Brandts beigetragen. Schmidt meinte ernst, was er Brandt beim Spaziergang in Münstereifel erwiderte. Auch in dem Augenblick redete er so, wie er dachte, schnörkellos und ohne zu taktieren. Daher riet Schmidt zum Bleiben, anders als Wehner.

Herbert Wehner allerdings nahm er entschieden vor dem Verdacht in Schutz, er habe Brandts Rücktritt nicht nur «hingenommen», sondern gewollt und betrieben.[35] Nicht die Andeutung eines Schattens sei auf sein Verhalten in Münstereifel gefallen, bescheinigte wiederum Brandt in seinen *Erinnerungen* Helmut Schmidt. Erst aus der

Distanz färbte sich Schmidts Urteil über den Rücktritt anders ein; er urteilte dann, der Fall Guillaume habe nicht die entscheidende Rolle gespielt, wohl aber der «allgemeine Zustand des Landes und der Partei», bis er bei der Version für den *Spiegel* 2013 landete.

Zu den Klausuren in Münstereifel hatte sich die SPD-Spitze nicht etwa wegen Guillaume, sondern wegen der politischen «Lage» entschlossen. Nach dem Krieg im Nahen Osten 1973 explodierten die Erdölpreise, die Arbeitslosigkeit stieg, auch die Inflation, und das Kabinett zerstritt sich über den nächsten Etat. Diametral klafften die Antworten auf die Frage auseinander, wie man auf die Wirtschaftskrise reagieren solle. Aus den normalen Flügelkämpfen der SPD wurde Ernst, die Umfragen trudelten in den Keller. Gemessen am Jubel, mit dem Brandts Wiederwahl begleitet worden war, befand sich seine Koalition jetzt in einem schier unaufhaltsamen Abwärtssog. Der Zeitgeist stand nicht mehr auf der Seite der Sozialliberalen.

Seinem Ärger über die Misere hatte Schmidt schon während eines vorangegangenen Treffens in Münstereifel Luft gemacht: Ein Stück der Führung sei leider an die Jusos übergegangen, zürnte er wie üblich. Einige von ihnen müsse man schleunigst aus der Partei werfen. Verständnis habe er für diejenigen, die von einer ernsten Lage sprächen. Am 4. Mai, in der nächsten Runde, an der auch Gewerkschaftsführer teilnahmen, prasselte noch mehr herab auf die Regierung, zu der er immerhin selber zählte. Besonders Adolf Schmidt, der Vorsitzende der Bergarbeitergewerkschaftler, sprach ihm aus der Seele, als er den Streit der «Theoretiker» als «lästig und gefährlich» geißelte.

Ähnlich ließen sich Heinz Oskar Vetter, der Vorsitzende des DGB, und IG Metall-Chef Eugen Loderer ein, die mächtigsten Gewerkschaftsbosse. Unisono fürchteten sie, der Abstieg der SPD werde auch den ihrer Organisationen nach sich ziehen. Loderer sorgte sich, die Linken in den eigenen Reihen könnten die Macht übernehmen. Vetter: «Verschleißen wir uns unnötig in der Hilfe für die SPD, wenn das Desaster für die Bundesregierung doch kommt?»[36]

Ganz anders klang das plötzlich als während des Streits um die Notstandsgesetze, in dem Schmidt und die Gewerkschaftler zu

Kontrahenten wurden. Jetzt traten sie als Bündnisgenossen auf, denen die Revolutionsrhetorik und die «Systemkritik», aber auch das gesellschaftspolitische Bild von Familie und Ehe der Zukunft zu weit gingen. Die konservativen Gewerkschafter machten mobil. Sie verteidigten Besitzstände und den Status quo, eine neue Rolle in der Nachkriegsgeschichte der Republik.

Prinzipiell sah Schmidt sich in Münstereifel von den Gewerkschaftsbossen bestätigt. Trocken konnte er daher später bilanzieren: «Von Guillaume hatte niemand geredet, allein die innere Politik war Gegenstand gewesen. Am nächsten Morgen, am 5. Mai 1974, entschloß sich Brandt zum Rücktritt.»[37]

Spätestens damit, im Frühjahr 1974 und parallel zum Rücktritt Brandts, dürfte der Grundstein für eine enge Zusammenarbeit gelegt worden sein, die Schmidts Kanzlerschaft auszeichnen sollte: Gerade die Gewerkschafter wurden zu seinen verlässlichsten Bündnispartnern, für ihn ungleich wichtiger als die ungeliebte FDP.

1974 Am 16. Mai 1974 löste Helmut Schmidt Willy Brandt im Kanzleramt ab. Am Vortag hatte die Bundesversammlung Walter Scheel, bislang Außenminister, mit einer Mehrheit von gut dreißig Stimmen ins Amt des Bundespräsidenten gewählt. Der Übergang von Brandt auf Schmidt, wiewohl aus heiterem Himmel, verlief trotz der tiefen Verunsicherung der eigenen Partei nicht nur reibungslos; vielmehr managte ihn Schmidt auf eine Weise, als müsse er damit bereits beweisen, dass ihn der Ruf des begnadeten Krisenmanagers zu Recht auch in das neue Amt trug. Lakonisch und unpathetisch übernahm er – wie damals in Hamburg – einfach das Kommando. Zur Seite stand ihm dabei allerdings ein hilfreicher Brandt, der trotz der tiefen Verwundung selbstlos agierte, die Fassung bewahrte und half, die Rochade zu bewerkstelligen und Schmidt zu installieren, als sei es die selbstverständlichste Sache der Welt.

Auf Fotos ließ er sich von da an häufig mit seiner Prinz-Heinrich-Mütze blicken, nicht nur privat, auch vor Stahlkochern in Rheinhausen oder bei Gipfeltreffen in Europa. Prinz Heinrich von Preußen, der Bruder des letzten Kaisers, hatte sich damit gern präsentiert. Schmidts Ehefrau Loki erklärte zwar amüsiert, grundsätzlich trage ihr Mann ungern Kopfbedeckungen, zu der blauen Schirmmütze greife er seit Jahren nur aus Furcht vor Erkältungen ... Aber gelesen wurden seine Auftritte mit der Schirmmütze selbstredend anders: Erinnern wollte Schmidt daran, die Republik habe ab sofort einen Lotsen, dem sie getrost folgen könne.

Trotz des glatten Wechsels, psychologisch bedeutete er für die Bundesrepublik und ihre politische Binnenlage eine tiefe Zäsur. Brandt und Schmidt boten Projektionsflächen, beide polarisierten, aber beide luden auch ein zur Identifikation, weit über ihre Partei hinaus. Hinzu kam das ungewöhnliche internationale Prestige, das der «andere Deutsche», Brandt, zweifellos besaß. Helmut Schmidt war keineswegs unempfindlich für die Irritationen, die sich an ihn als Brandts Nachfolger knüpften, er spürte die Erregung und welche Erwartungen auf ihm lasteten. Aber er wollte auf seine Weise beginnen und suchte seinen Auftritt. Er möge doch Rücksicht nehmen auf seinen Vorgänger bei dem Staffettenwechsel, legte ihm ahnungsvoll Hans-Jochen Vogel in seiner verbindlichen, nach allen Seiten moderierenden Weise ans Herz, Brandt sei «auch nur ein Mensch». Kühl ignorierte Helmut Schmidt solche wohlüberlegten Ratschläge. Bei allem Verständnis, die Leute sollten wissen, was sie erwartet. Für seine Parteifreunde galt die leise Drohung allemal.

Einzige Konzession: Seiner Fraktion sowie der Parteispitze versprach er im ersten Augenblick zunächst zwar Kontinuität, um nicht Öl ins Feuer zu gießen. Ohne jede Gegenstimme wurde er zum Nachfolger nominiert. Mehr als diese verbale Geste machte er aber nicht. Im Grunde blieb Schmidt dabei, Kompromisslosigkeit zu demonstrieren. Nach den kurzen Höflichkeitsfloskeln rechnete er den Abgeordneten in der ersten Stunde bereits vor, wie sie die Regierung überfordert hätten mit teuren Wunschkatalogen, endlich müsse die Fraktion zurückkehren auf den Boden der Realitäten. Einen Neuanfang, einen anderen Anfang wünschte er.

In einem ganzseitigen «offenen Brief» in der ZEIT («Lieber Helmut») widersprach Theo Sommer zunächst allen Behauptungen,

Helmut Schmidt habe sich nach dem Amt verzehrt oder «der Dolch des ungeduldigen Thronfolgers» habe geblitzt im Gewande. Das war gegen den Strich der Leitartikler gedacht, mit guten Argumenten. Dann aber bescheinigte er ihm fast schwärmerisch, er sei nun einmal «am besten in Zeiten der Bedrängnis». Der Autor fuhr fort: «Darin liegt die Chance der Bewährung. Sie werden sie ergreifen. Darin liegt auch Trost für den Fall des Misslingens: Schlimmer war der Anfang kaum eines Kanzlers. Sie werden solchen Trost hoffentlich nicht brauchen. Ihre Lage bietet ja auch manchen Vorteil. Neben Ihnen gibt es keinen sichtbaren Nachfolger. Das muß die Messerwerfer und Miesmacher, die Motzer und die Müpfigen disziplinieren. Die SPD überlebt mit Ihnen an der Macht, oder sie geht mit Ihnen unter. Dann ist das Volk so geschockt, dass Sie ihm einiges zumuten können. Von Willy Brandt haben wir alle ‹neue Grenzen› erwartet. Bei Ihnen machen wir uns auf Blut, Schweiß und Tränen gefasst – und Sie werden uns nicht enttäuschen. Niemand verlangt von Ihnen, dass Sie uns neue Horizonte eröffnen. Es reicht, wenn sie uns mit Anstand über die nächsten Hürden bringen. Schließlich wird der linke Flügel Ihrer Partei gar nicht anders können, als klein beizugeben – wenn sie nicht mutwillig den Verlust der Macht heraufbeschwören will. Krach ohne Klärung ist nicht Ihre Art; wenn es mit Ihnen Streit gibt, ziehen Sie klare Striche; Sie werden nie so tun, als wollten Sie integrieren, was letztlich nicht integrierbar ist.» Es folgte ein seltsam unwirscher Hinweis, auf Brandt bezogen, er könne sich nicht vorstellen, dass es mit der «Zwillingsspitze» lange gut gehen werde. Der Vorsitzende wolle vor allem Ressentiments abarbeiten und Legenden über seinen Rücktritt verbreiten.[38]

Ziemlich genau drückte der «offene Brief» verbreitete Stimmungen aus und erklärte, weshalb Brandt praktisch über Nacht beiseite geschoben und eine neue Heldenfigur auf das Podest gehoben werden konnte. Wenn von Brandt erwartet wurde, Berge zu versetzen, so von Schmidt, dem Land eine Rosskur sondergleichen zu verordnen. Ob nun das Land revolutioniert oder eine Revolution unterdrückt werden sollte, auf eine merkwürdige Weise richteten sich damit an die Politik des «Machers» nicht minder große Hoffnungen als an Brandt. Hatte der eine der Gesellschaft Tore geöffnet, sollte der andere sie wieder schließen. Die Bundesrepublik ging durch Wechselbäder. Soviel Politik wie damals war nie zuvor und nie danach. Schmidt schien das zu spüren, das neue Amt, das er sich schon so lange zugetraut hatte, lastete schwer auf ihm. Die Leitartikler hatten Brandt schon vor der Nacht in Münstereifel fallen gelassen. Viele von ihnen hatten ihn kurzzeitig geradezu maßlos adoriert und sich auch im internationalen Ruhm Brandts gesonnt. In der deutschen Öffentlichkeit sah es ähnlich aus, Brandt wurde von manchen verehrt und bewundert, nicht nur wegen des Kniefalls. Aber die Ressentiments, die tief wurzelten, kamen über Nacht wieder zum Vorschein, das Bild vom Zauderer Brandt verfestigte sich. Helmut Schmidt dagegen konnte darauf vertrauen, dass er den öffentlichen Sehnsüchten eher entsprach.

Einige Ausnahmestimmen warnten. Ähnlich überspannte Erwartungen wie früher keimten erneut auf, die Reformeuphorie könnte bei manchen von einer «Stabilitäts-Euphorie» abgelöst werden, nach dem Motto, «Schmidt, der starke Mann, wird's schon schaffen.»[39]

Der kleine Unterschied Schnörkellos offenbarte der Nachfolger bereits mit den Worten «Kontinuität und Konzentration» in seiner Regierungserklärung, dass nach seiner Meinung etwas aus dem Ruder gelaufen sei. Er werde mit den Reparaturarbeiten beginnen, so konnte man die Überschrift deuten, die er seiner Rede gab. Unüberhörbar knüpfte er damit an Brandt an, der unter dem Motto «Kontinuität und Erneuerung» angetreten war. Eine kleine, entscheidende Abweichung gestattete Schmidt sich: Er sprach von «Konzentration», nicht von Erneuerung. Erwartungen dämpfen!, hieß bei ihm die Parole.

Konsequent würden die sozialliberalen Leitlinien, formulierte der Redner sorgfältig. Aber «in einer Zeit weltweit wachsender Probleme konzentrieren wir uns in Realismus und Nüchternheit auf das Wesentliche, auf das, was jetzt notwendig ist, und lassen anderes beiseite.» Nach einer peniblen Auflistung des Arbeitsprogramms zu innen- und außenpolitischen Aspekten kam der Kanzler auf die eigene soziale und wirtschaftliche Lage zu sprechen. Man spürte, darum kreisten seine Gedanken besonders intensiv. Über das, was uns bekümmere, wolle er sehr sorgfältig reden, «es braucht keiner zu befürchten, ich würde irgend etwas verschweigen». Die exzessiven Preissteigerungen am Weltmarkt für Energie und Rohstoffe könnten von der Bundesrepublik nicht beeinflusst werden. Die Rohölpreise, fuhr der Redner fort, hätten sich im Verlaufe kürzester Frist verdreifacht, die Rohstoffpreise fast verdoppelt. Diese «Umkehrung der terms of trade», warnte er seine Zuhörer – und unüberhörbar vor allem seine Partei – setze Grenzen für das Wachstum und die Realeinkommen, die nur schwer zu überwinden seien.

Immerhin sah er sich sogar zu der Bemerkung genötigt, wirtschaftliche Not und Massenarbeitslosigkeit «haben einst das Feuer entfacht, in dem die erste deutsche Republik verbrannt ist». Dieser Lehre hätten alle Regierungen zu folgen. Pflicht sei es, «jene soziale Sicherheit und Gerechtigkeit fortschreitend zu verwirklichen, aus der allein die Identifikation der Arbeitnehmer mit ihrem Staat kommen kann». Ungleich vorsichtiger, ernüchternder klang das als bei Brandts Ouvertüre 1969. Nicht zu verantworten sei es, warnte er die Opposition, den Interessengruppen zu suggerieren, sie könnten Ansprüche stellen, die nicht zu erfüllen sind. Der frischgewählte Regierungschef brachte das auf die Formel: «Es wird die finanzpolitische Hauptaufgabe für die zweite Hälfte dieser Legislaturperiode sein, die dringenden öffentlichen Aufgaben zu erfüllen und zugleich die Stabilitätspolitik konsequent zu unterstützen.»

Mit dem Bekenntnis, der Kanzler werde dabei an der Seite des Finanzministers stehen, spielte Schmidt mehr oder weniger deutlich darauf an, dass er sich vom Vorgänger in der zentralen Streitfrage mit seiner eigenen Partei über die Überdehnung des Staates allein gelassen gefühlt habe. Von einer «Besinnung auf das Mögliche» sprach er im gleichen Atemzug. Alle verfassungsmäßigen und politischen Möglichkeiten werde seine Regierung voll nutzen, um Bund, Länder und Gemeinden auf eine sparsame Ausgabenpolitik ab 1975 zu verpflichten.

«Mehr Demokratie wagen»; «wir sind keine Erwählten, wir sind Gewählte» (1969); «Compassion» (1972) – wie fremd und fern plötzlich die Worte Brandts klangen, mit denen er gestartet war. Schmidt selbst sorgte dafür, dass dieser Wechsel im Kanzleramt nicht mit «Neuanfang» assoziiert werde. Ausdrücklich erinnerte er sogar daran, keine Regierung fange wirklich neu an, jede baue auf der Vorgängerregierung auf – was nicht nur an Brandt anknüpfte, sondern auch als ein Brückenschlag gegenüber der Opposition gedacht war.

Welche Bedeutung die KSZE, die wenige Monate später, Anfang August 1975, in Helsinki beginnen sollte, tatsächlich einmal gewinnen würde, sah auch er nicht voraus. Nur beiläufig erwähnte Schmidt das Mammutprojekt einer Ost-West-Konferenz über Sicherheit und Zusammenarbeit. Mit der Konferenzidee – für die sich besonders Hans-Dietrich Genscher und Willy Brandt stark machten – sympathisierte er, aber auf *soft power* dieser Art setzte er nicht in erster Linie. Priorität mussten in seinen Augen die Abrüstungsverhandlungen zwischen den Großmächten über Atomwaffen, vor allem aber über eine beiderseitige Truppenreduzierung (MBFR in Wien) behalten. Dort ging es wirklich um Macht. Später sollte Helmut Schmidt sein Urteil über die Folgen der KSZE gründlich revidieren, auch er betrachtete sie im Nachhinein als den großen Durchbruch auf dem Weg zur Liberalisierung in Osteuropa. Dissidenten von Vaclav Havel bis Adam Michnik oder Bronislaw Geremek konnten sich von nun an auf die Übereinkünfte im berühmten Korb III (Menschen- und Minderheitsrechte) der Schlussakte berufen.

Den Spion im Kanzleramt, Günter Guillaume, der den Stafettenwechsel ausgelöst hatte, erwähnte Schmidt in einem einzigen Satz. Sichtlich bemüht zeigte er sich, die Sache nicht zu beschönigen, die neue Vertragspartnerschaft zur DDR aber auch nicht in Frage zu stellen. Nicht überraschend: auch das sozialliberale Bündnis selbst, zu dem er sich bekannte, wurde herabgestuft zu einem Arbeitsverhältnis, ohne jeden Anklang eines historischen Pakts, den es zwischen Willy Brandt und Walter Scheel gegeben hatte.

Seine Ankündigung, eine «realistische Entspannungspolitik» zu verfolgen, sollte noch lange nachhallen. Was meinte er damit? War die Politik Brandts unrealistisch? Jahre später gestand Willy Brandt in einem Gespräch, er habe das geradezu als Chuzpe verstanden.

Gegen ihn sei das gerichtet gewesen, empörte er sich im Garten seines Landhauses im südfranzösischen Garnières. Der «vermeintlichen Stimmung» habe Schmidt damit entsprechen wollen. Grundfalsch sei die These, die Ostpolitiker der ersten Stunde – für die Schmidt sich doch «in Stücke reißen lassen wollte», nicht wahr? – seien überstürzt oder dilettantisch vorgegangen. Ja, der Nachfolger habe sagen wollen, Brandts Ost- und Entspannungspolitik sei nicht «realistisch» gewesen. So viele Jahre inzwischen auch vergangen waren, das Wort bebte noch immer nach bei Willy Brandt.

Vorsichtig hieß es seinerzeit, er habe sich mit dieser Ouvertüre von Brandt distanziert, aber nicht grundsätzlich abgesetzt. Helmut Schmidt wurde nicht müde zu betonen, das Wort von der «realistischen Entspannungspolitik» sei nicht als Abrechnung mit Brandt oder Bahr gedacht. Seine Botschaft verstand die Öffentlichkeit dennoch: Schmidt wollte sein eigener Herr sein, er emanzipierte sich.

Das glückte ihm auch. Mit seiner Regierungserklärung löste Schmidt nicht nur die Erwartungen ein, die mit seinem Namen verbunden waren, er lieferte auch eine ehrliche Blaupause für das, was er sich vornahm und zutraute: Vor allem verstand sich die Bundesrepublik als legitimer Mitspieler auf der internationalen Bühne, auch wenn Schmidt sich hütete, von «Führung» zu sprechen. Die deutsche Politik, das war ihm stets klar, müsse zurückhaltend bleiben und jeden Eindruck von Anmaßung meiden. Eine erwachsene Rolle aber schloss das nicht aus, darin wollte Schmidt sich von Brandt nicht unterscheiden. So dramatisch die Umstände des Kanzlerwechsels auch aussahen, die Vorzeichen für den zweiten sozialdemokratischen Regierungschef standen gar nicht so schlecht.

Eine Ahnung von Umbruchszeiten, vielleicht gar Krisenzeiten verriet seine Regierungserklärung mehr zwischen den Zeilen allerdings auch. Helmut Schmidt sollte Recht behalten damit.

Von Cola und Würstchen ernährte sich der neue Chef im Palais Schaumburg vornehmlich, hieß es. Kopfüber stürzte er sich in die neue Arbeit, wie er das immer so hielt. Einarbeitungszeit erübrigte sich. Die Lehr- und Gesellenjahre hatte er hinter sich. Helmut Schmidt war Kanzler, vom ersten Tag an. Tatort: Zweiter Stock des

Von oben herab, so empfindet es Helmut Kohl, habe Helmut Schmidt ihn schon behandelt, als er noch Oppositionsführer war, und das sei so geblieben während seiner sechzehn Jahre im Kanzleramt. Wie «gutes Regieren» aussieht, davon hatten Schmidt und Kohl tatsächlich höchst konträre Auffassungen. Schmidt bleibt knapp acht Jahre im Amt, endlich sind seine Kräfte erschöpft. Kohl verhelfen der Mauerfall am 9. November 1989 und die deutsche Einheit dazu, bis dahin unvergleichliche 16 Jahre im Kanzleramt auszuhalten, erst 1998 wird er abgewählt. 1974, als Schmidt Kohl eine rote Nelke überreicht (hier im Bild, 16.11.1974), wirkt es noch spielerisch – aber die nicht-konzeptionelle Politik Kohls bleibt Schmidt immer fremd.

Bundeskanzleramts am Rhein in Bonn, gleich neben dem alten Palais Schaumburg, vorne die Adenauer-Allee, der Blick zum Park und hinüber zur Villa Hammerschmidt, in welcher der Bundespräsident saß. Alles übersichtlich, alles eng beieinander.

War er am Ziel seiner Träume? Man hätte es meinen können, er wirkte seltsam aufgeräumt, aber er betrachtete es auch als gewaltige Herausforderung, in der Bundesrepublik auf dem Stuhl Regie zu führen, Herr der Richtlinienkompetenz. Man erlebte damals als

Journalist keinen strahlenden Regierungschef, wohl aber einen ernsthaften und selbstsicheren, der demonstrativ seiner Pflicht nachging. Von Stimmungsschwankungen wie bei Brandt ließ er sich nichts anmerken, schon gar nicht öffentlich.

56 Jahre war er jetzt alt. Gut regieren, das verlangte, wie er es im Hamburger Senat, an der Fraktionsspitze, aber auch an der Spitze von drei Ministerien gelernt hatte, einen Apparat zu dirigieren, klare Vorgaben, Teamgeist, aber Politik benötigte auch «Strategien» und «Konzeptionen». So entsprach es seinem Begriff von «Führung». Auch wenn er sich den Ruf erworben hatte, als Boss aufzutreten, oft im Kommandoton, er hatte verinnerlicht, dass es den Obrigkeitsstaat nicht mehr gab. Intern funktionierte das «System Schmidt» anders als öffentlich. Anfangs hatte er es nicht wahrhaben wollen, aber die Republik war liberaler geworden und wollte mitreden, er wäre blind gewesen, hätte er sich nicht allmählich darauf eingestellt, auf seine Weise, jedenfalls im eigenen Haus. Seine Mitarbeiterinnen und Mitarbeiter lernten ihn kennen als jemanden, der auf Formen achtet, aber unbürokratisch ist, zuhört, und niemanden schurigelt.

Der Neue, der so oft über Brandts Team lamentiert und Professionalität vermisst hatte, fand eine intakte Regierungszentrale vor. Der Apparat lief rund. Gutgelaunt kündigte Helmut Schmidt morgens sein Kommen im Park den Mitarbeitern bereits mit einer Trillerpfeife an. Er litt nicht nur unter der Bürde, es machte auch Spaß. Insider hinter dem Kanzleramtszaun durften das wissen, die Außenwelt gingen seine Gefühle nichts an.

Ein besonderer Kunstgriff gelang Schmidt zudem mit der Auswahl seines Kanzleramtschefs.[40] Manfred Schüler, zuvor Staatssekretär im Finanzministerium, ähnelte auf den ersten Blick gar nicht dem zupackenden Tausendsassa und brillanten Allroundpolitiker Ehmke, auf den Brandt sich blind verlassen konnte. Aber es sollte sich rasch erweisen, dass er auf ebenso effektive wie stille Weise die Maschinerie des Kanzleramtes kontrollierte. Über die unerlaubten Machtansprüche der Regierungszentrale hatte Schmidt oft geflucht, zu sehr sollte nach seinem Geschmack den Einzelressorts hineinregiert werden, was vor allem auf Ehmke zielte. Aber auch Schüler nahm die Zügel straff in die Hand. Der gesamte Regierungsapparat

Diskretion gilt als erstes Gebot, nichts soll herausdringen aus dem engsten Kreis des «Kleeblatts», in dem Schmidt seine Politik zur Debatte stellt und Rat einholt. Staatsminister Hans-Jürgen Wischnewski als Troubleshooter, Regierungssprecher Klaus Bölling und Staatssekretär Manfred Schüler gehören dazu. So wie Horst Ehmke für Brandt, so wird Schüler für Schmidt als Kanzleramtschef geradezu unersetzbar.

wurde vom Palais Schaumburg aus gelenkt, an der Hierarchie herrschte kein Zweifel. Für die Egos am Kabinettstisch blieb weit weniger Raum als zu Brandts Zeiten.

Ein Arbeitskabinett stellte er sich zusammen, mit einem gewerkschaftlichen Kern, dem «Bodenhaftung» über alles ging. Vor allem Hans-Jochen Vogel sollte sich als Eckpfeiler dieser Regierung erweisen, nicht erst im «deutschen Herbst», nach der Entführung von Hanns Martin Schleyer und der Kraftprobe mit der RAF, sondern mit seiner politischen Umsicht, seinem juristischen Kenntnisreichtum und seiner Ausgewogenheit generell.

Über das «Küchenkabinett» Brandts hatte Helmut Schmidt oft gespottet – namentlich über die Rollen von Günter Gaus, Klaus Harpprecht und Horst Ehmke –, diese Runde ersetzte Schmidt mit dem «Kleeblatt», das vielleicht weniger Whisky trank, aber ansonsten dem Brandt-Kreis auffallend ähnelte. Neben Manfred Schüler zählten dazu Marie Schlei als Parlamentarische Staatssekretärin und der ehemalige Journalist Klaus Bölling, Regierungssprecher und Leiter des Presseamtes (1976 stieß Hans-Jürgen Wischnewski dazu, bis dahin Staatssekretär im Auswärtigen Amt, Schmidts legendärer Troubleshooter). Von «Planung» sprach Schüler nicht, er kannte die Ansicht seines Chefs darüber, es kostete Kraft genug, die Ressorts zu verzahnen und über den Tag hinaus zu denken. Man kann sagen: Schmidt straffte, wie es seinem Stil entsprach, aber er wollte nicht einen völlig neuen Weg einschlagen. Politik wollte er «rational» gestalten, von «Globalsteuerung» schwärmte er ebenso wie Schiller schon seit den 60er Jahren, jetzt wollte er demonstrieren, was er gemeint hatte, als er von Brandt effektives «Führen» verlangte. Wer genauer hinsah, konnte unschwer entdecken, dass die Stilunterschiede zur Brandt-Ära so gewaltig gar nicht waren.

Überraschung löste er aus mit der Entscheidung, die legendäre Abteilung V aus den Brandt-Jahren beizubehalten, also den vielkritisierten Planungsstab, an dessen Spitze Albrecht Müller stand. Er drängte sie aus der Schlüsselposition, aber er wünschte keineswegs den Eindruck zu erwecken, Politik sei unplanbar und er habe keinen Beratungsbedarf. Es kam nur darauf an, wer dabei Regie führt.

Die Idee vom autofreien Sonntag (als eine der Antworten auf die Ölpreiserhöhung) stammte aus dieser Planungsabteilung. Albrecht Müller hatte zudem viel beigetragen zum Erfolg bei den «Willy-Wahlen», was Schmidt klar war. Darüber, wie sich langfristige Vorstellungen und Ideen umsetzen ließen in pragmatische Entscheidungen, war zudem mit dem neuen Regierungschef immer zu reden. Zum «Machen» von Politik gehörte das hinzu. Nur Einblicke in das Innere des Apparats verwehrte er nach Kräften, die Öffentlichkeit sollte wissen, dass man dort auf dem Boden der Realitäten steht, ein Amt ohne Wein und vor allem ohne Romantiker. Indiskretionen hasste er. Die Öffentlichkeit sollte sehen, dass die Maschine rundläuft. Der Rest ging Journalisten nichts an. Punkt.

Der Start war geglückt.

Wer studieren will, wie ein solcher Machtwechsel aussieht hinter den Kulissen, muss nur einmal die «Akten zur Auswärtigen Politik der Bundesrepublik Deutschland» nachlesen, die Protokolle der Jahre 1974 bis 1982, Schmidts Kanzlerjahre, sind sorgfältig ediert. Nachlesen kann man, wie er sich hineinstürzte in die Arbeit, man gewinnt auch den Eindruck, er habe nie etwas anderes gemacht. Ob er nun verhandelte mit Henry Kissinger, Zbginiew Brzezinski, Leonid Breschnew, Andrej Gromyko, Harold Wilson, jedem gegenüber trat er selbstbewusst auf, kundig in der Sache, stets nach dem Motto, «Politik ist das Gegenteil von Illusionen», einzig der Ton gegenüber Giscard d'Estaing unterschied sich: Ihn betrachtete er offenkundig als engen Freund, Freund auch im Geiste, ihm begegnete er noch eine Spur offener, aber auch herzlicher. Gerade die internationalen Konstellationen und die finanzpolitischen Fragen waren ihm bestens vertraut.

Kein Wunder, dass der Meinungsaustausch zwischen europäischen Regierungschefs und dem Nachfolger Brandts sich praktisch vom ersten Tage an ausnahm wie Lehrstunden über angewandte Ökonomie, ganz gleich, ob er dem amerikanischen Außenminister, Kissinger, vertraulich schreibt, Frankreich und Italien stünden wegen ihrer unausgeglichenen Zahlungsbilanz am Rande einer Katastrophe, dringend müssten sie ihre Goldreserven mobilisieren können. Washington dürfe sich einer «Goldlösung» nicht länger verschließen, er möge seinen eigenen Finanzminister davon überzeugen. Seinem Besucher Harold Wilson gegenüber zeigt er sich tief besorgt über die Entwicklung auf dem Euro-Markt: Zu häufig würden kurzfristige Gelder für langfristige Kredite verwendet. Im Gegensatz zu 1970, dozierte er, seien die Schwierigkeiten auf dem Euro-Markt nicht durch eine Deflationspolitik der Regierungen, sondern durch die außerordentlich hohe Inflationsrate verursacht worden. Die Ölpreiserhöhung habe zu Defiziten bei den Industrieländern geführt, deren letzte, bisher noch nicht erkannte Folge in der Reduktion der Reallohnmargen liege. Die Notenpresse anzuwerfen, sei keine Lösung. Die westeuropäischen Staaten und Japan müssten tätig werden.[41]

Exakt nach diesem Muster verlief jedes zweite Gespräch. Ölpreise, Währungsschwankungen, Handelsbilanzen, nach den Jahren mit Kanzler Brandt änderte sich nicht nur der Ton, der im Amt gesprochen wurde, über Nacht verschoben sich auch die Prioritäten. Selbst gegenüber dem jugoslawischen Staatspräsidenten Tito, der Bonn einen Besuch abstattete, ließ er es zur Außenpolitik mit der Bemerkung bewenden, sie werde sich «auf der von der Regierung Brandt geschaffenen Bahn weiterbewegen». Zur Sache kam er dann aber sogleich, indem er hinzufügte, das Europa der Neun stünde vor erheblichen Schwierigkeiten. Insbesondere Italien und Großbritannien seien durch Zahlungsbilanzkrisen, die von der Erdölproblematik verschärft worden seien, schwer betroffen. Frankreich habe wirtschaftlich zu kämpfen. Zur deutschen Politik beschränkte er sich auf den Satz, seine Sorgen lägen mehr auf innen- als auf außenpolitischem Gebiet.[42]

Mit Andrej Gromyko, Leonid Breschnew oder Erich Honecker hatte er anderes zu besprechen, um Abrüstung ging es dabei, um MBFR-Verhandlungen in Wien, um die KSZE in Helsinki, aber das war ja das andere Feld, auf dem er sich seit Jahren schon auskannte. Als Kanzler war er neu im Amt, aber er schwamm wie ein Fisch im Wasser.

Giscard Der «europäischste Europäer» in der sozialdemokratischen Troika sei er gewesen, hat Helmut Schmidt mir einmal gesagt. Ja, auch europäischer als Willy Brandt, europäischer als Hebert Wehner ohnehin. Es schien ihm wichtig, das zu betonen. Hier geht es nicht darum, wem diese Palme wirklich gebührt, sondern um die Frage, wie er zum Europäer geworden ist und weshalb ihm das Bekenntnis derart am Herzen lag. Das wiederum lässt sich ohne seine Freundschaft zu Valéry Giscard d'Estaing schwerlich erklären.

Westeuropa begriff der Student Helmut Schmidt, der 1947 an der Spitze des Sozialistischen Studentenbundes (SDS) stand, als Bastion gegen das kapitalistische Amerika wie gegen das kommunistische Moskau. Aber lange brauchte er nicht, um sich solche neutralistischen Träume selbst auszutreiben. Wach verfolgte der frischgebackene Sozialdemokrat in jungen Jahren Konrad Adenauers Annäherungsschritte an Frankreich und an die USA. Beides imponierte ihm, für beides machte er sich auch früh in seiner Partei stark. Aber das heißt nicht, er habe von Europa geträumt. Er sei kein «Europa-Idealist» gewesen, bekannte er gelegentlich von sich. Idealismus war ihm ohnehin fremd, er hätte es kaum betonen müssen, irgendwie fühlte er sich von Idealisten verfolgt, ihnen galt lebenslang seine Kampfansage. Im SDS saßen viele junge Kriegsveteranen wie er, nüchtern und ohne Flausen. Und dennoch, wenn sich bei Helmut Schmidt so etwas wie eine «idealistische» Vorstellung einnistete über den Weg, den die Bundesrepublik gehen solle, dann war es Europa.

Am Anfang stand dabei – nicht nur für ihn – die Wirtschaft, damit musste Europa beginnen. Pragmatische Gründe sprachen früh für eine praktische Kooperation, das sah er ganz wie Konrad Adenauer und Jean Monnet: Ein Kohle- und Stahl-Europa ist allemal besser als ein europäisches Luftschloss!

Idealismus erlaubte er sich zwar nicht, aber immerhin engagierte er sich als junger Mann im *Mouvement socialiste pour les États Unis de l'Europe* und warb im Organisationskomitee für die Vereinigten Staaten von Europa, aus heutiger Sicht durchaus kühn. Europa, schrieb Schmidt rückblickend, habe am Anfang seiner Überzeugungen gestanden. «Fasziniert» haben ihn schon der Schuman-Plan, fünf Jahre nach Kriegsende. Aber natürlich musste auch Schmidt Europa lernen. Er brachte – anders als Willy Brandt – keinen Europa-Traum aus den Weimarer Jahren mit, und auch keine Idee von einem «europäischen Deutschland», wie sie ihm später geläufig wurde. Im Rückblick mag er sogar ein wenig verklärt haben, wie weit diese Europa-Begeisterung ihn damals mitriss. Aber fest steht gewiss, dass er damit rasch eine konkrete Antwort fand auf die Frage nach dem «Wofür» in der Politik.

Seine Partei war zerstritten in dieser Frage, denn ein engerer Zusammenschluss Westeuropas machte aus Sicht der alten Führungsriege eine Wiedervereinigung der Deutschen ebenso unmöglich wie eine Einbettung ins Transatlantische. Die Jüngeren wie Helmut Schmidt sahen das differenzierter: «Dies erschien uns nicht als praktische Alternative, sondern eher eine geschichtliche Abfolge – eins nach dem andern.»[43]

Zu einer Parteifamilie gehören sie nicht, Freunde im Geiste sind sie dennoch: Valéry Giscard d'Estaing und Helmut Schmidt, der konservative Präsident aus dem Schloss und der sozialdemokratische Kanzler aus dem Reihenhaus. Sie verstehen sich wunderbar, sie bilden in vielen politischen Schlüsselfragen ein Tandem, sie planen die gemeinsame Währung – dem französischen Freund offenbart Schmidt sogar, er habe einen jüdischen Großvater.

Dem Schuman-Plan gewann Schmidt nicht nur Reiz ab, weil er die Idee einer Westeuropäischen Integration erstmals konkretisierte, sondern auch, weil auf diese Weise breite Schichten der Franzosen und Deutschen miteinander praktisch versöhnt werden könnten. Hingegen setzten Kurt Schumacher und die Führung der Nachkriegs-SPD ihre Hoffnung darauf, die beiden deutschen Teilstaaten würden sich rasch wieder vereinigen. Das aber lag offenkundig nicht in Frankreichs Interesse, ein gar zu starkes wirtschaftliches Deutschland fürchteten die Nachbarn ohnehin. Natürlich war die Rechnung auch ohne Moskau gemacht. Ob Schmidt das ganz klar war, steht dahin. Aber er zählte bereits zu den Realisten in seiner Partei, die Interessen der Nachbarn vermochte er einzuschätzen.

Denn seit 1958 immerhin gehörte er (für drei Jahre) dem Europäischen Parlament an, er schnupperte zumindest für kurze Zeit – wenn auch in einer einflusslosen Institution – europäische Luft. Wie in Paris gedacht wird, wusste er. Dort traf er erstmals auf Valéry Giscard d'Estaing, ohne dass sie sich bereits nähergekommen wären. In seinen Erinnerungen skizzierte Schmidt folgendes politische Bild Giscards: Er war kein Gaullist, der sich abkoppeln wollte von Amerika, sondern ein französischer Europäer, dem klar war, dass die USA ihre währungspolitische Dominanz einbüßten, ihre sicherheitspolitische Garantiefunktion aber behielten. Keine französische *force de frappe* würde das aufwiegen können. Giscards realistische Einschätzung der wahren Machtverhältnisse – und der Schutzbedürftigkeit Europas – deckte sich weitgehend mit der seines Bonner Bekannten.

Geradezu schwärmerisch konnte Schmidt werden, wenn er später zurückblendete auf ihr Verhältnis: Einen idealen Partner entdeckte er in dem französischen Kollegen, sie beide konnten der deutschen wie der französischen Öffentlichkeit vorexerzieren, welche Rolle dieses Tandem in Europa künftig würde spielen können. Der Zufall half auch noch mit, sie amtierten praktisch zeitgleich: Zuerst beide als Finanzminister, später dann der eine als Präsident in Paris, der andere als Kanzler in Bonn. Gelegentlich erweckte die Lektüre beinahe den Eindruck, sie hätten auch gemeinsam regiert, so weit ging die Harmonie in den wichtigsten Bereichen.

Mit Respektbekundungen für de Gaulle und die französischen Väter Europas eröffnete der Autor dieses ungewöhnlich lange Kapitel seiner Erinnerungen, der «Bonne Entente mit Frankreich» gewidmet, Jean Monnet, Raymond Aron, Michel Debré, François Mitterrand, zahlreiche klangvolle Namen hielt er fest. So entsprach das seinem Verständnis, Politik ist menschengemacht. Namen hat sie und sie hat Gesichter.

Lord Palmerstons Satz, bremste Schmidt sich selbst, dürfe man zwar nicht vergessen, nämlich: «England hat weder ewige Freunde noch ewige Feinde, es hat nur ewige Interessen.» Aber es gelte dennoch: «Staaten werden von Menschen gelenkt, und es ist für den Umgang mit anderen Staaten ein unschätzbarer Vorteil, wenn man Vertrauen haben kann in die Aufrichtigkeit und Stetigkeit derjenigen, die die Interessen ihres Staates zu interpretieren haben.»[44]

Aufrichtigkeit und Stetigkeit: Neun Jahre lang konnte er sich überzeugen, dass dies auf Valéry Giscard d'Estaing zutraf. Das Glück fügte es, dass er auch mit dem Nachfolger, François Mitterrand, anschließend noch eineinhalb Jahre kooperierte. Beiden Franzosen setzte er ein kleines Denkmal, er zählte sie zu jenen Weggefährten, von denen er «am meisten gelernt» habe.[45] Ein höheres Lob aus seinem Mund war bekanntlich kaum denkbar.

Anfang Juli 1972 hatte er – «nicht zu meiner Freude» – das Doppelressort Wirtschaft und Finanzen übernehmen müssen. Karl Klasen, Präsident der Bundesbank und Freund der Familie Schmidt, legte ihm vor einem ersten Besuch bei seinem Pariser Kollegen Giscard ein «gutes Miteinander» besonders ans Herz. Giscard, jünger als er, brachte bereits mehr Erfahrungen mit, weil er sowohl de Gaulle als auch Pompidou als Finanzminister gedient hatte, ohne deswegen als hundertprozentiger «Gaullist» zu gelten. Aber er sei ihm hoch überlegen gewesen in finanz- und währungspolitischen Dingen, bescheinigte Schmidt ihm neidlos.

Ihre gemeinsame Geschichte endete damit nicht. Ein stilles Bündnis schlossen sie am 19. und 20. Oktober 1972 während eines EG-Gipfels in Paris. Offen schien zu dem Zeitpunkt, ob und wie es weitergehen würde mit Europa. Georges Pompidou gab sich zwar als Gaullist aus, hatte aber ein Tabu gebrochen und gemeinsam mit Edward Heath sowie Willy Brandt Großbritanniens Beitritt zur Europäischen Gemeinschaft unterstützt. Einem «gaullistischen» Europa zog er eines mit Frankreich und Großbritannien als Kern vor. Vielleicht steckte sogar die Idee dahinter, sich gegen die Bundesrepublik zu verbünden, die es gewagt hatte, sich mit ihrer Ostpolitik eigene Gedanken zu machen und ihr Verhältnis zu Moskau und Warschau neu zu ordnen. Paris zeigte sich pikiert, wenn nicht irritiert.

An einer weiteren europäischen Integration jedenfalls schien Präsident Pompidou – in Helmut Schmidts Erinnerung – kein sonderliches Interesse zu haben. Folglich sträubte er sich auch gegen eine engere außenpolitische Zusammenarbeit. Für reine Utopie hielt der Deutsche wiederum die Vorschläge vor allem aus Luxemburg, in acht Jahren eine Wirtschafts- und Währungsunion zu verwirklichen. Zu allem Überfluss hielten einige Regierungschefs – gern hätte man gewusst, ob Schmidt den deutschen Kanzler dazu zählte – phrasenreiche Reden, die entweder zu großer Naivität, zu großem Optimismus oder zu großem Opportunismus entsprangen.

Der Autor Schmidt mit jungenhafter Freude: Giscard und er saßen bei dem Pariser Gipfel nebeneinander, wahrscheinlich nicht einmal zufällig, sondern weil einer von ihnen beiden die Namensschilder auf dem Tisch ausgetauscht hatte. Während der endlosen Reden schoben sich die Herren Finanzminister Zettelchen zu, um sich über Pathos und Realitätsferne der Redner lustig zu machen. Die europäische Einigung, den gemeinsamen Binnenmarkt, die Wirtschafts- und Währungsunion, das hätten sie beide zwar auch gewollt, «aber wir waren Realisten und wussten, dass viele kleine Schritte noch vor uns lagen und dass das alles viel länger dauern würde, als die Phrasen vermuten ließen».[46]

Die anderen redeten und schwadronierten, während sie planten. So behielt er es jedenfalls in Erinnerung. Seinerzeit habe er sich entschlossen, schrieb Schmidt, sich nicht an «überschwänglichen europäischen Sonntagsreden» zu beteiligen, wohl aber den integrativen Fortschritt pragmatisch und beharrlich voranzutreiben. Das bildete das einigende Band zwischen ihnen. Sie dachten ähnlich darüber, was Politik leisten könne. Und sie verfolgten eine Idee von Europa, die sich von de Gaulles «Europa der Vaterländer» unterschied: Mehr Integration als der große General (von dem er sich politisch emanzipiert hatte) jedenfalls wünschte Giscard, während Schmidt fast gaullistisch argumentierte und von einer Avantgarderolle Paris/Bonn in Europa träumte. Bald schon konnte das Tandem beweisen, ob diese Konvergenz fruchtbar zu machen sei: Im Herbst 1973 hatten sie über die Explosion der Erdölpreise zu beraten, ihre Diagnose lautete übereinstimmend, dies werde eine Krise der Weltwirtschaft auslösen, und sie wollten gemeinsam handeln.

Nicht zuletzt Washingtons wirtschaftspolitischer Kurs schmiedete das deutsch-französische Duo weiter zusammen. Nichts, erinnerte Schmidt sich, habe Giscard und ihn von der Überzeugung abgebracht, nur gemeinsam könne der Westen eine Katastrophe wie in den dreißiger Jahren verhindern: Sei es der Zusammenbruch des Bretton-Woods-Systems fester Wechselkurse, der Trend zur Geldinflation in den Nationalstaaten oder die rasant steigenden Ölpreise, alles zwang zur Kooperation. Schon im Jahr darauf wurde Giscard zum Nachfolger Pompidous gewählt, und Schmidt löste Brandt ab. Sie konnten den Beweis antreten, wie ernst sie es meinten damit.

Dass sich daraus eine «feste Freundschaft» entwickelte, erschien ihm umso bemerkenswerter, als sie unterschiedlicher nach Herkunft und Hintergrund sowie nach innenpolitischen Zielvorstellungen eigentlich kaum sein konnten. Schmidt: Giscard war ein liberaler Konservativer, er ein Sozialdemokrat. Seinen Augen habe er kaum getraut, als er zum ersten Mal das «Schlösschen» L'Etoile in Authon mit dem großzügigen Park vor Augen hatte, in dem das Ehepaar Giscard residierte – wohlhabendes Großbürgertum. Er hingegen hielt sich etwas darauf zugute, dass sein Großvater noch ungelernter Hafenarbeiter war und die Vorfahren sich hart hocharbeiten mussten. Der Schwiegervater arbeitete als Elektriker, mit Loki wohnte er im Reihenhaus. Er besuchte eine Durchschnittsuniversität und musste sich seinen Lebensunterhalt selbst verdienen, seine Frau als Lehrerin; während Giscard natürlich eine Eliteschule (ENA) besucht hatte, wie im französischen Adel üblich, die Verwaltungshochschule schloss er als Jahrgangsbester ab.

Dem französischen Freund überließ er in aller Regel bewusst den Vortritt, das hielt er für historisch geboten. Frankreich durfte in den Augen der Nachbarn eher vorangehen, die Deutschen hingegen provozierten sehr rasch den alten Hegemonieverdacht.
Seine Haltung sollte er erneut bestätigt sehen während der Eurokrise seit 2008. Wieder verbreitete sich das Misstrauen, die Deutschen – mit Angela Merkel – strebten insgeheim ein «deutsches Europa» an. Nach Schmidts Geschmack stellte Berlin sich taub für solche Bedenken. Vergessen werde allzu leichtfertig, dass die Deutschen den Leistungsbilanzüberschuss ihrer Wirtschaft auch den Nachbarn zu verdanken hätten. Schmidt im Jahr 2013: Die Zeit

werde kommen, in der sie aus dem Profit, den sie einheimsten, für eine Schuldenminderung in Europa sorgen sollten. Strikt hielt er fest am Gedanken eines «europäischen Deutschland», das sich solidarisch verhält. Aber viele waren es nicht, die ihm folgten.

Folgt man Schmidts Selbstdarstellung, entschlossen Giscard und er sich schon zwei Wochen nach der Wahl des Franzosen zum Staatspräsidenten während ihres ersten Treffens in Paris, den Prozess der europäischen Integration wieder anzutreiben, unter ihrer «gemeinsamen Führung». Ihre Vorstellungen hatten sie allerdings zunächst verschwiegen, um kein vorzeitiges Unbehagen bei den übrigen Mitgliedern auszulösen. Erst Ende des Jahres machten sie es bei einem intimen Abendessen der neun Regierungschefs der Mitgliedstaaten publik. Den Londoner Kollegen, Harold Wilson, setzten sie sogar erst Monate später und nur «in groben Zügen» in Kenntnis.

Das heißt: Alle wabernden Ideen von einer britisch-französischen Achse, wie sie noch Pompidou verfolgte, wischten die beiden vom Tisch. Stattdessen wagte das Duo einen neuen Anlauf, der in eine andere Richtung zielte. Ganz praktisch, wie Schmidt hervorhob, sie bauten «keine Wolkenkuckucksheime».[47]

Beide brauchten einander in Europa. Aber der Deutsche benötigte den französischen Freund, wie sich zeigen sollte, nicht zuletzt auch gegenüber Washington. Und die amerikanischen Gesprächspartner bemerkten verdutzt, dass die zwei Europäer weitgehend an einem Strang zogen.

Da Frankreich sich aus der gemeinsamen Verteidigungsorganisation herausgezogen hatte, wurde die Bundesrepublik noch abhängiger von den USA als ohnehin. Nie wolle er sich in eine Lage manövrieren lassen, machte der Kanzler dem Präsidentenfreund klar, in der die deutsche Politik zwischen Washington und Paris wählen müsse. Hundertprozentig ausschließen, hieß das, ließ es sich nicht.

Sodann: Aus Schmidts Sicht reichten die französischen und deutschen Truppen samt ihren mobilisierbaren Reserven fast schon aus, um die Sowjetunion von einem Angriff mit Truppen – also auf «konventionelle» Weise – abzuschrecken. Aber darauf, riet Schmidt, müsse die französische Armee auch vorbereitet werden.

Schließlich sein Leib- und Magenthema: Weil sich der Westen auf konventionelle Weise unterlegen fühle, werde daran gedacht, sich sehr früh mit «taktischen» Nuklearwaffen zu verteidigen. Schon an dem Wort «taktisch» aber störte Schmidt sich. Er fürchtete, Deutschland werde das Ziel eines atomaren Angriffs sein, und eine nukleare Explosion auf deutschem Boden werde jeden Widerstandswillen erschüttern. Deshalb, schrieb er in Anlehnung an sein erstes Buch, beruhe die französische Vorstellung «von einem Glacis östlich des Rheins, welches die Deutschen verteidigen würden, auf sehr dubiosen theoretischen Überlegungen».[48]

Frankreich, das war Schmidt bewusst, würde seinen Sonderstatus als Atommacht keinesfalls aufgeben und sich reintegrieren in eine gemeinsame westliche Strategie. Zu groß war das Bedürfnis, nicht von amerikanischer Protektion allein abhängig zu sein. Auf diese Weise aber stellte die Atomstreitmacht Frankreichs für die Bundesrepublik eher ein Risiko als einen Schutzfaktor dar.

Geradeheraus erklärte Schmidt seinem Pariser Freund, er verstehe «immer noch nicht den Nutzen dieser Waffen». «In dem Moment», fügte er hinzu, «in dem eine Atomrakete auf deutschem Boden einschlägt, werden unsere Truppen die weiße Fahne hissen. In derselben Minute! Ich sage es Ihnen, damit Sie es in Ihren Überlegungen niemals vergessen.»[49] Ebenso klar bedeutete Giscard Schmidt, Paris wolle seine Handlungsfreiheit bewahren und sich nicht in eine gemeinsame Nuklearabschreckung des Westens einbinden lassen, nicht einmal in Abrüstungsverhandlungen.

Eher lapidar merkte Schmidt in seinen Erinnerungen an, bis heute sei es zu einer wesentlichen Korrektur der französischen Sicherheitspolitik nicht gekommen.

Die Niederlage in Vietnam, Nixons Watergate-Fiasko, das amerikanische Desaster beim Versuch, die Geiseln im Iran zu befreien, die Unberechenbarkeit Jimmy Carters generell, das alles hätte sie beide enttäuscht, erinnerte Schmidt sich.[50] Am Bündnis mit den USA wollten sie zwar festhalten. Aber wir wollten beide, fügte er hinzu, «unsere Nationen nicht zu Klienten oder Schutzbefohlenen werden lassen, die von wechselvollen Stimmungen oder Strömungen in den USA abhängig waren». Schmidt wörtlich: «Giscard wollte die

Würde Frankreichs geschichtlich sichern, ich wollte beitragen zur Wiederherstellung der Würde meiner eigenen Nation.»[51] Ein Satz, der es in sich hat.

Von wem genau die Idee stammte, im Januar 1979 zu einem Gipfeltreffen mit Carter, Callaghan, Giscard und Schmidt auf die französische Karibikinsel Guadeloupe einzuladen, ob von den Franzosen oder den Amerikanern, stellten beide Seiten später unterschiedlich dar. Helmut Schmidt jedenfalls erinnerte sich, man habe sich im November 1978 ausdrücklich *gegen Washington* als Verhandlungsort entschieden. Carter kam es zupass, da somit der Teilnehmerkreis klein gehalten werden konnte; wenn die Nato-Führungsmacht eingeladen hätte, wäre das nicht auf wenige Staatsoberhäupter zu beschränken gewesen. Schmidts Argument jedoch klang anders: Weder er noch Giscard hätten sich von Carter «zum Rapport bestellen lassen» wollen.[52]

Das deutsch-französische Duo entwickelte zunächst ganz privat die Vorstellung von einem Europäischen Währungssystem (European Monetary System, EMS), die Vorstufe zum Euro. Experten und Zentralbanken sträubten sich, aber die beiden Freunde «hatten genug davon», sollten die ruhig lamentieren, der Präsident und der Kanzler brauchten nicht lange, um sich handelseinig zu werden. Beide meinten, die europäischen Volkswirtschaften würden nicht in der Lage sein, sich jede für sich ausreichend gegen die Turbulenzen der Weltwirtschaft zu wappnen.

Im April 1978, während eines Gipfels in Kopenhagen, war es soweit: Schmidt und Giscard traten in verteilten Rollen auf, wie sie es vertraulich besprochen hatten. Wie Komplizen spielten sie ihre Rollen. Die nationalen Bürokratien – also immerhin die zuständigen Beamten! – sollten, das hatten sie so verabredet, in Unkenntnis über die Absichten Giscards und Schmidts gehalten werden – «wir wussten aus unserer Zeit als Finanzminister, dass die Bürokratien als erstes alle Gründe zusammentragen würden, die gegen das Unternehmen sprachen, um sie dann in den Medien zu lancieren.»[53]

Vorsichtig und dosiert weihten der Deutsche und der Franzose auf einem Gutshaus nahe Kopenhagen ihre Kollegen – ohne Beamte, Zentralbanker und Minister – in die geheime deutsch-französische Kommandosache ein. Es sollte so aussehen, als entwickelten sie ihre Gedanken soeben im Gespräch.[54] Schmidt: Jedermann in dem Kreis begriff, dass das, was sie wechselseitig skizzierten, am Ende auf eine gemeinsame europäische Währung, vielleicht sogar die einzige Währung innerhalb der EG, hinauslaufen würde.

Der Euro aus Langenhorn Bei Schmidts zu Hause in Langenhorn tüfelten sie weiter an ihrem Projekt. «Valéry», wie Schmidt ihn nannte, der Kanzler und zwei Spitzenbeamte aus Paris und Bonn saßen im Eßzimmer, wegen des großen Tisches, den sie für die vielen Papiere brauchten. «Loki versorgte uns mit Kaffee. Am nächsten Tag erzählte sie, wir hätten jedes Mal, wenn sie ins Zimmer kam, etwas legerer gesessen, zunächst noch im Jackett, dann ohne und am Schluß auch ohne Schlips.»[55]

Was sie ausgetüftelt hatten, machten sie im Juli 1978 öffentlich: Das Produkt nannten sie ECU, eine neue Verrechnungseinheit (European Currency Unit). Er habe sich deutschen Interessen unterworfen, warfen französische Kommentatoren Giscard vor, während Strauß, Kohl und die Bundesbank Schmidt beschuldigten, mit dem EMS die Stabilitätspolitik der Bundesbank zu unterlaufen. Auch der Gedanke spielte gewiss hinein, sich vom «amerikanischen Vormachtanspruch über Europa» zu lösen.[56] Am 19. März 1979 trat das Europäische Währungssystem in Kraft. Großbritannien verweigerte sich und behielt seine eigene Währung.

Trotz aller Widerstände, im Dezember 1991 wurde der Maastrichter Vertrag unterzeichnet, der die Grundlage zur heutigen Europäischen Union und die Voraussetzung zum Euro bildete. Lange schon waren Schmidt und Giscard nicht mehr im Amt, betrachteten den Vertrag aber doch auch als ihren persönlichen Triumph. Vollends auf ging ihre Rechnung am 1. Januar 1999, an dem Tag, als der Euro in elf Ländern gesetzlich eingeführt wurde. Drei Jahre darauf, am 1. Januar 2002, bekamen die Bürger der neuen Eurozone die Münzen und Scheine erstmals in die Hand.

Enthusiasmiert zeigte Schmidt sich. Nur so, da war er sich sicher, könne sich Europa in der modernen, globalisierten Wirtschaft behaupten. Eine «fünfte Weltmacht» nannte er Europa ganz ungewohnt euphorisch.[57] So wollte er das während der Eurokrise der letzten Jahre nicht wiederholen. Die Währung verteidigte er zwar. Wohl aber monierte Schmidt, Europa sei zu stark gewachsen, es erlebe daher eine Krise seiner Institutionen. Ohne politische Union habe er eine Währung nie einrichten wollen. Und die Wettbewerbsungleichheiten, fügte er während der Eurokrise 2008 noch hinzu, seien einfach zu groß, tragfähig sei eine solche Währung nur zwischen einigen wenigen europäischen Kernstaaten.

Gemeinsam mit Giscard d'Estaing rügte er in einem Gespräch in der deutschen Botschaft in Paris Ende Mai 2013 die Unfähigkeit der deutschen wie der französischen Regierung, zumindest für die Eurozone eine politische Union zu vereinbaren. Übereinstimmend meinten die alten Herren jetzt, das sei der «Geburtsfehler», der die Krise erst möglich gemacht und verschärft habe. Selbst zwischen dem Duo allerdings zeigten sich Meinungsverschiedenheiten. Bei Giscard klang nämlich an, eine politische Union bedeute für ihn regelmäßige Treffen der Regierungschefs, während Schmidt eine volle Integration vor Augen hatte. Wohlweislich aber hütete sich der deutsche Freund, Giscard zu kritisieren, gemäß dem Motto, das er an diesem Abend in der Botschaft noch einmal bekräftigte: «Nie etwas gegen Frankreich entscheiden, weder in großen noch in kleinen Fragen.»

Er sei «zum letzten Mal in Paris, dies ist meine Abschiedstour», ließ Schmidt gleich zu Beginn in der Botschaft wissen, da er sich in einem «schrecklich hohen Alter» befinde. Das Bewusstsein von der Notwendigkeit der europäischen Integration sei in Gefahr. In der Krise sei nicht der Euro, sondern die Institutionen der EU, die sich «um zweit- und drittrangige Probleme kümmern, während sie die vorrangigen Fragen den Regierungschefs überlassen».[58]

Wenn es zwischen Frankreich und Deutschland nicht gut geht, gelingt Europa nicht: Das hatte Schmidt gelernt. Ohne engen Schulterschluss mit den französischen Nachbarn werde die Bundesrepublik nie voll akzeptiert, nicht in Europa, nicht in der Welt. Sein Fazit: «Wir dürfen keinen Schritt ohne Frankreich tun, wir müssen Paris den Vortritt lassen, der den Franzosen gebührt.»

«Wir Deutschen glauben den Franzosen, dass sie die Europäische Gemeinschaft weiter entfalten und festigen wollen. Den Engländern können wir das schwerlich glauben. Deshalb kann kein Engländer achtzig Millionen Deutsche an den Westen und seine Werte binden. Das kann auch kein Amerikaner. Aber de Gaulle konnte das, mein Freund Giscard d'Estaing desgleichen, Mitterrand kann es, Frankreich insgesamt kann es.»

«Frankreich hat in der Völkergemeinschaft der Welt ein enormes, auf seine Geschichte und seine Kultur gegründetes Prestige als Nation, während auf uns Deutschen noch generationenlang die Erinnerung an Auschwitz und alle anderen Naziverbrechen lasten wird.»[59]

Vorsichtshalber hatte er mit seinem Freund schon einmal durchgespielt, wie diese Rollenverteilung im Idealfall aussehen könnte: Europa würde sich emanzipieren, malten sie sich aus in solchen Momenten, ohne sich aus dem Westen zu lösen. Wie das genau vonstatten gehen könne, ließen sie in der Schwebe, die Sache war doch zu heikel.

1980 Afghanistan und die Folgen für das Verhältnis zwischen Moskau und Washington, Streiks auf der Danziger Werft, Stagnation bei den Rüstungskontrollgesprächen, eine neue Ölpreisexplosion, der Zusammenprall zwischen Schmidt und Carter in Venedig, die Bundestagswahl mit dem Sieg über Strauß, Reagans Wahlerfolg im November – ein Jahr wie kaum eines zuvor! Ausgerechnet jetzt, nach sieben Jahren, musste der Freund ausscheiden aus dem Präsidentenamt in Paris. Helmut Schmidt hingegen vermochte sich bei den Wahlen gegen seinen Konkurrenten Franz Josef Strauß – dem Kohl den Vortritt hatte lassen müssen – noch einmal zu behaupten und die Kanzlerschaft zu verteidigen. Zwei Regierungsjahre an der Spitze der sozialliberalen Koalition sollten ihm bleiben.

Ausgerechnet in diesem Wahljahr – die Kandidatur von Strauß zementierte ungewollt die Koalition von SPD und FDP – mischten sich Leute aus der SPD ein, wie Schmidt zürnte, die aus parteilichen Gründen François Mitterrand bevorzugten. Er war Sozialist, Giscard ein konservatives Gewächs aus dem gaullistischen Frankreich.

Als unbotmäßig empfand Schmidt diese Intervention der Parteifreunde. Wie hatte er sich an den Gleichklang gewöhnt, wieso sahen die Sozialdemokraten nicht, was diese Freundschaft zwischen Giscard und ihm bedeutete? Als kleinlich und eng empfand er solches Denken.
Fast Schadenfreunde sollte es später bei ihm auslösen, als der «Wunschkandidat» der Sozialdemokraten im Jahr 1983 im Bundestag den Doppelbeschluss zum Ärger der Parteifreunde verteidigte und sich auf Schmidts Seite schlug. Genugtuung habe er empfunden bei Mitterrands Rede, gestand Schmidt freimütig.[60] Er verzichtete darauf, daran zu erinnern, dass Paris und Bonn in Sachen Sicherheitspolitik trotzdem fast nie an einem Strang gezogen hatten.

Für Paris, aber auch für die Alliierten generell sei die Bundesrepublik in jenen Jahren «ein Partner von beträchtlichem Gewicht geworden», bilanzierte Giscard in seinen Lebenserinnerungen. «Und die außergewöhnliche Persönlichkeit Helmut Schmidts erleichterte durch ihre Würde, Mut und Loyalität die Ankunft Deutschlands am Tisch der Großen des Westens.»[61] Eine schönere Antwort auf die Frage, was von ihm in den Geschichtsbüchern bleibe, hätte Helmut Schmidt sich nicht wünschen können.

Gemischte Gefühle hingegen löste diese Freundschaft zwischen dem Mann aus dem Schloss und seinem Freund aus dem Reihenhaus in Frankreich aus. Spürbar war ohnehin die ökonomische Dominanz der Deutschen, nach Guadeloupe aber schoben sich der Ost-West-Konflikt und die Sicherheitspolitik wieder ganz in den Vordergrund. Auch dabei gingen die Deutschen intern voran, bemühten sich aber, öffentlich den Franzosen den Vortritt zu lassen. Brandt hatte mit der Entspannungspolitik den Anfang gemacht, Schmidt drängte auf «Nachrüstung» und forciertes Tempo bei den Abrüstungsverhandlungen (SALT II) zugleich. Nicht nur, dass die Deutschen mächtiger wurden, die Bonner Politiker traten auch selbstbewusst auf. Lebhaft, ja äußerst nervös debattierten die Franzosen über die Nachbarn jenseits des Rheins. Alarmiert berichtete der deutsche Botschafter Axel Herbst an das Auswärtige Amt in Bonn, in öffentlichen und privaten Diskussionen tauche die Sorge auf «vor einer deutschen Hegemonialstellung in Europa, mehr aber noch die Angst vor einer neuerlichen Hinwendung Deutschlands zu einer Position zwischen Ost und West».

Raymond Aron, der konservative Intellektuelle, der auf beiden Seiten des Rheins als einflussreiche Stimme galt, urteilte nach einer Reise durch die Bundesrepublik im *Express*, das Land sei «wieder ein Akteur der Weltpolitik geworden; zwar keine Weltmacht, so aber doch eine regionale Großmacht». Von der Bevormundung aus Washington sagten die Nachbarn sich allmählich los, lautete Arons Fazit, sie suchten eine wirkliche Nähe zu den westlichen Nachbarn und drängten darauf, dass auf der internationalen Bühne Europas Stimme zu hören sei. Schmidts Stil nannte Aron «gaullistisch», denn Deutschland hänge zwar vom amerikanischen atomaren Schutzschirm ab, strebe aber eine von beiden Großmächten möglichst unabhängige Politik an. Helmut Schmidt beschrieb er sogar als vergleichsweise «moderat», andere seiner Parteifreunde gingen viel weiter in ihrer Umorientierung nach Osten, Frankreich müsse präpariert sein für neue *incertitudes allemandes*.[62]

In den folgenden Jahren sollten die Fragen aus Paris noch drängender werden, was die Deutschen denn anstrebten, besonders seit die Friedensbewegung ihren Protest gegen die Sicherheitspolitik Schmidts mit mächtigen Demonstrationen vortrug. Befand sich der deutsche Nachbar nicht auf dem Weg zum Gaullismus, sondern zur Neutralität? Warum fürchteten die Deutschen sich derart vor der Instabilität, die von den Streiks auf der Danziger Lenin-Werft ausgehen und die ihre Entspannungspolitik unterminieren könnte, statt sich solidarisch mit den Regimekritikern zu zeigen?

So eng die Freundschaft zwischen «Helmut» und «Valéry» auch war, und so betont der Kanzler Paris eine «Führungsrolle» zuschrieb, dauerhaft überdecken ließ sich damit nicht, dass mit der Emanzipation der Deutschen und dem Auftreten Schmidts Sorgen nach Europa zurückkehrten.

Ja, «Europa» musste er anfangs lernen, anders als Brandt, der ins europäische Denken hineinwuchs im Exil. Aber derart verinnerlicht hatte Schmidt es nun, dass er selbstgewiss beteuern konnte, in der Troika sei er der überzeugteste Europäer gewesen.

Eppler Die erste «Krise» im Kabinett Schmidt mündete am 4. Juli 1974 in die überraschende Ankündigung Erhard Epplers, er werde zurücktreten. Der neue Kanzler hatte ihn als einzigen der Brandt-Freunde vom Vorgänger als Entwicklungshilfeminister übernommen. Wäre nicht ausgerechnet Egon Bahr bereit gewesen, dessen Ressort zu leiten, hätte es vermutlich zu noch größeren Friktionen geführt als ohnehin. Aber Bahr als Nachrücker auszuwählen, diese Berufung galt auch als Versöhnungsangebot an das Brandt-Lager, das sich mit Eppler solidarisierte.

Formalen Anlass für Epplers Rückzug bildeten die Beratungen im Kabinett über den Haushalt für 1975. Lapidar teilte der Finanzminister Hans Apel mit, bis 1978 könne keinesfalls das Ziel von 0,42 Prozent des Bruttosozialprodukts für Entwicklungshilfe eingelöst werden. Einbußen müssten die meisten Ressorts hinnehmen, argumentierte er, eine höhere Kreditaufnahme sei nicht möglich. Aus Epplers Sicht lief das darauf hinaus, dass die Mittel für seinen Etat bis 1978 um über zwei Milliarden gegenüber den Planungen gekürzt werden. Ein derart falsches Signal dürfe die Bundesregierung nicht geben, wandte er ein, der wohlhabende Norden zeige sich damit blind für die Nöte des Südens. Lange genug hätten die Reichen die Ressourcen der «Dritten Welt» genutzt, aber das imperiale Zeitalter sei zu Ende. Er erinnerte daran, nur Schmidts Zusage, die mittelfristigen Ausgaben aufzustocken, habe ihn überhaupt bewogen, erneut in das Kabinett zu einzutreten. Was jetzt geschah, hielt er für einen Rückfall in «nationale Engstirnigkeit».[63]

Höchst vorsichtig ging Willy Brandt nach seinem Rücktritt allen Kontroversen dieser Art mit Schmidt aus dem Weg. Automatisch wurde daher der Konflikt zwischen dem Kanzler und seinem Minister auch als Stellvertreterkrieg gedeutet. Obendrein eskalierte der Streit, weil er tatsächlich von grundsätzlich anderen Erwartungen an die Politik handelte, beiden Seiten war das auch bewusst. Nicht alle seine Parteifreunde nahmen Schmidt ab, dass er es ernst meine mit der «Kontinuität», die er in seiner Regierungserklärung versprochen hatte; mehr noch, viele innerhalb der SPD – und erst recht außerhalb – hofften inständig, er werde letztlich die ganze Richtung verändern, die unter Brandt eingeschlagen worden war. Überraschen konnte es nicht wirklich: Helmut Schmidt polarisierte fast mehr, als er sich das wünschen konnte. Das gab der Kontroverse um Epplers Rücktritt zusätzliche Würze. Seine Regierung fühle sich dem Gemeinwohl verpflichtet, der *res publica*, wollte er sagen. Was im Umkehrschluss hieß, wer das nicht akzeptiere, werde von parteilichen Motiven getrieben und denke nicht verantwortlich an das Ganze.

Umgekehrt ging es aber auch Erhard Eppler um Grundsätze. Dass die Republik sich nicht länger national verengen, sondern weltoffen werden müsse, entsprach ohnehin seiner Überzeugung. Aber wichtiger: Er war sich sicher, der *Club of Rome* hatte recht mit seinen Thesen zu den «Grenzen des Wachstums», die erst drei Jahre zuvor veröffentlicht worden waren. Ihn spornten die Überlegungen der Autoren damit zu einem eigenen Buch an – «Ende oder Wende» –, in dem er die Argumente von Denis Meadows aufgriff und für eine Politik des qualitativen Wachstums plädierte. Die natürlichen Ressourcen wären in absehbarer Zeit erschöpft, die Menschen könnten nicht weiter Raubbau auf Kosten der Natur treiben, die Ökonomie der wohlhabenden, westlichen Welt müsse sich selbst korrigieren. Das Wort «Nachhaltigkeit» war noch nicht en vogue, aber darum ging es bereits: Nicht nur die Vorboten einer Umverteilungsdebatte zwischen dem Norden und dem Süden konnte man erkennen, eine Debatte über die «Qualität des Lebens» kündigte sich an. Wohlstand, argumentierte Erhard Eppler in seltener Klarheit, selten zu diesem Zeitpunkt, sei auch ohne hohe Wachstumsraten möglich. Für die Traditions-SPD wie für die Gewerkschaften lief das auf einen gewaltigen Paradigmenwechsel hinaus.

Damit sprach der Autor von einer ganz anderen Krise als der Weltwirtschaftskrise oder der Ölpreiskrise, die der neue Kanzler für seine zentralen Herausforderungen hielt. Dort aber, darin war Schmidt sich sicher, müsse er sich als Krisenmanager beweisen. Herzlich wenig hielt er von einer Debatte über qualitatives Wachstum. Deshalb predigte er doch seit Jahren, man dürfe nicht über Fragen sprechen, auf die es keine Antworten gebe. Abfangen ließe sich zur Not vielleicht einiges, wenn die nationalen Haushalte kräftig beschnitten würden. Aber offen blieb, woher auf Dauer die Mittel kommen, um in wirtschaftlichen Krisen gegenzusteuern. Der

Kanzler empörte sich, weil nach seiner Meinung dieser unbotmäßige Eppler kein Verständnis für seine Zwänge aufbrachte.

In Wahrheit prallten zwei Weltsichten, zwei politische Denkschulen zusammen, die sich beide darauf beriefen, die veränderten Realitäten in den Blick zu nehmen. Willy Brandt schwieg zu alledem. Helmut Schmidt wollte und konnte die andere Seite nicht integrieren, seine Widersacher wollten und konnten sich nicht von ihm vereinnahmen lassen, wenn sie ihre Selbstachtung bewahren wollten. Nicht direkt zwischen Schmidt und Brandt, wohl aber zwischen Schmidtianern und Brandtianern verbreiterte sich die Kluft. Enttäuscht und bitter schied Erhard Eppler, mit dem Schmidt seit den 60er Jahren befreundet war, aus der Regierung aus, ohne sein politisches Urteil über den Kanzler zu verheimlichen. Die Spaltung war damit perfekt. Sie sollte noch lange – in Spuren bis heute – nachwirken, über die Versöhnung der beiden kurz vor Brandts Tod hinaus.

Erhard Epplers Rückzugsentscheidung verschärfte die heftigen Auseinandersetzungen mit dem linken Flügel der eigenen Partei. Bei seinen Kritikern vermisste Helmut Schmidt wie gewohnt ökonomisches Augenmaß. Rückendeckung wünschte er auch gegen den Vorwurf, der ihm gemacht wurde, seine Politik erschöpfe sich im bloßen «Machen» und in technokratischem Stückwerk. Schmidt traf das mehr, als er öffentlich erkennen ließ. Deshalb hatte er doch extra am «ökonomisch-politischen Orientierungsrahmen» mitgearbeitet, diesem Lieblingsprojekt der Linken, obgleich solche Debatten eher ablenkten von den wichtigsten Fragen, wie er meinte.[64]

Und disputierte er nicht mit Engelsgeduld, sei es mit den Jusos oder mit den Linken vom Leverkusener Kreis? Lange Briefe tauschte er darüber mit einem der führenden «Köpfe» dieser ungeliebten Theoriefraktion, Jochen Steffen. In Interviews und Reden, aber sogar auch in einem Beitrag für den umfänglichen Sammelband über «Kritischen Rationalismus und Sozialdemokratie» – mit den Thesen seines Lieblingsphilosophen Karl Popper im Zentrum – wollte er ultimativ nachweisen: Auch mein Politikbegriff ist ethisch fundiert!

Die Troika – der Kanzler Helmut Schmidt, der Parteivorsitzende Willy Brandt und der Fraktionschef Herbert Wehner – während des Mannheimer Parteitages der SPD im November 1975. Trotz aller Spannungen untereinander, im Ziel, die Regierungsfähigkeit ihrer Partei zu sichern, bleiben sie sich unbeirrbar einig.

Doch die Differenzen zu den Systemkritikern, die von einer Legitimationskrise des Spätkapitalismus sprachen, blieben unüberbrückbar groß. Mit Karl Popper empfahl Helmut Schmidt langsame Reformschritte statt Revolutionsrhetorik. Den Schlüsselbegriff des britischen Sozialphilosophen benutzte er gerne als eine Art Allzweckwaffe: *piecemeal social engineering*. Aus solcher Kleinarbeit an den gesellschaftlichen Verhältnissen, urteilte er mit Popper, bestehe Politik, das hielt er der utopischen Fortschrittsromantik entgegen. Schmidt ging es nicht darum, sich in Szene zu setzen oder mit Popper zu illuminieren, er wollte überzeugen. Aber es fiel ihm schwer anzuerkennen, dass auch seine Kritiker über Argumente verfügten und nicht jeder von ihnen realitätsblind war.

In zwei Welten bewegte er sich, als «leitender Angestellter» des Unternehmens Bundesrepublik und als Parteipolitiker. Aber er war nun mal gelernter Sozialdemokrat, das gehörte einfach dazu. So rau er auch mit ihr umspringen konnte, der Regierungschef brauchte seine Partei, dafür war er doch nicht blind.

Für November 1975 stand ein Parteitag in Mannheim bevor, das sollte der Test werden, ob er mit seiner Art zu regieren als Brandt-Nachfolger wirklich breit akzeptiert werde. Der frühere Ministerpräsident aus Mainz, Helmut Kohl, stand inzwischen an der Spitze der Christdemokraten, die Opposition spürte Rückenwind: Professoren sprachen von einer konservativen Tendenzwende, die Wirtschaft stagnierte, die SPD galt als heillos «zerstritten», und es war keineswegs ausgemacht, dass der Kanzler gegen Kohl im nächsten Jahr, 1976, die Wahlen gewinnen werde. Finster entschlossen zeigte sich die beschädigte Troika, Schmidt, Brandt und Wehner, Einigkeit zu demonstrieren und Kohl den Weg zu versperren. Willy Brandt, tief deprimiert und keineswegs hinweg über den Verlust der Kanzlerschaft, bemühte sich klarzumachen, der Staffettenwechsel sei reibungslos und ganz in seinem Sinne verlaufen, Schmidt suchte seinen Ärger zu dämpfen über diejenigen, die aus der SPD – wie er fürchtete – wieder eine Klassenpartei machen wollten. Wehner schwor wie gewohnt, uneingeschränkt und bedingungslos unterstütze er beide.

Fast hätte man glauben mögen, es seien Friedenszeiten zwischen ihnen allen ausgebrochen. Wir Journalisten staunten über so viel zelebrierte Harmonie. Nur gelegentlich entdeckte man Hinweise darauf, die andeuteten, dass vor allem der Bruch zwischen Brandt und Wehner irreparabel war. Schmidts Bemühen, den Schulterschluss mit der Partei zu finden und klarzumachen, dass auch seine Politik auf einem Wertefundament beruhe, Brandts Konzentration auf die Botschaft, er halte dem Kanzler den Rücken frei – die führenden Sozialdemokraten bissen offensichtlich eisern die Zähne zusammen. Helmut Schmidt richtete sich innerlich auf die Wahlauseinandersetzung ein, kein Gedanke mehr daran, er bleibe nur zwei Jahre Kanzler, wie er es 1974 in Münstereifel noch glaubte.

Wundersam spielte beim Parteitag in den Mannheimer Rosensälen der Zufall mit: Sowohl Willy Brandt als auch Helmut Schmidt erhielten bei den Wahlen jeweils 407 Stimmen, Brandt als Vorsitzender, Schmidt als sein Stellvertreter. Im Nachhinein war das der beste Beitrag zur inneren Versöhnung, den sie und ihre Partei sich wünschen konnten.

Streit schwäche die Parteien, hieß es in den Gazetten häufig, Schmidt fand das auch. Da nutzte es wenig, wenn Brandt dagegen hielt, Volksparteien müssten lebendig bleiben und stellvertretend gesellschaftliche Kontroversen austragen. Einerseits hatte sich die Bundesrepublik nach der Apo, der Großen Koalition und den vier Kanzlerjahren mit Brandt allmählich zur Konfliktdemokratie weiterentwickelt, andererseits aber sehnten zugleich viele insgeheim die alte Ordnung (und die Jahre der Prosperität) zurück. Solche Ambivalenzen erschwerten das ohnehin komplizierte Regierungsgeschäft. An diesen Rahmenbedingungen für die Regierung Schmidt und für die sozialliberale Koalition sollte sich aber so rasch nichts ändern, im Gegenteil, neue Probleme kamen hinzu; 1977 sollte der RAF-Terrorismus die Politik vollends überschatten.

Eine solide Mehrheit, das zeigten die Umfragen, schätzte den Kanzler, der professionell agierte, klare Prioritäten setzte und international respektiert wurde. Auf seine Partei aber wollte sich diese Sympathie partout kaum übertragen lassen. Schmidt brachte das um den Schlaf. Es sah ganz so aus, als würde die Republik müde und all der Konflikte und Kontroversen auch überdrüssig. Von Helmut Schmidt setzte sich das Urteil fest, er sei der richtige Mann in der falschen Partei. Vergebens hielt er bei tausend Gelegenheiten dagegen. Vielleicht glaubte er ja manchmal selber, dass daran etwas richtig sei.

Interesse am Parteivorsitz hatte Helmut Schmidt in den dramatischen Stunden von Münstereifel 1974 nicht angemeldet, als feststand, dass Brandt bei seinem Entschluss bleiben und sich aus dem Kanzleramt zurückziehen werde. Der Gedanke daran, was als Regierungschef auf ihn zukommen werde, drückte ihn ohnehin nieder. An eine Doppelrolle, Kanzler und Parteichef in Personalunion, dachte er in dem Moment offenbar nicht. Instinktiv aber dürfte er auch gespürt haben: Trotz aller Verzweiflung, Willy Brandt hätte sich kaum dazu bereit gefunden, seinen Platz «auf den Zinnen der Partei» zu räumen.

Einen Augenblick lang mag Brandt in Münstereifel zwar daran gedacht haben, zu kapitulieren und sich ganz aus der Politik zurückzuziehen, vielleicht gar nach Norwegen, aber solche Anwandlungen hatte er rasch überwunden. Unwirsch pflegte er auf solche Bemerkungen hin zu erwidern, es wäre wohl nicht lange gut gegangen, wenn Schmidt an der Spitze der SPD stünde, er verkenne, wie sehr er ihm als Vorsitzender den Rücken frei halte. Beide waren davon überzeugt, im Interesse des jeweils anderen oft bis an die Grenze dessen gegangen zu sein, was sie hinnehmen konnten.

Nur selten seufzte Schmidt – vor allem in Briefen an Brandt, abseits der Öffentlichkeit –, er sei froh, sich diese Rolle in der SPD nicht auch noch aufgeladen zu haben. Allein die Kanzlerschaft erfordere schon die ganze Kraft, er wisse besser, was Brandt geleistet habe, seit er auf seinem Stuhl sitze. Solche versöhnlichen Worte von seiner Seite blieben die große Ausnahme.

Schmidts Kanzlerschaft endete 1982, Brandt blieb bis 1987 Vorsitzender, dann gab er von sich aus den Vorsitz auf. Er spürte, dass ihm etwas entglitt, und wollte selber Regie führen über seinen Abschied. Auch im Rückblick, als sie sich längst wieder versöhnt hatten, war Brandt sich sicher, Schmidts Regierungszeit hätte nicht achteinhalb Jahre gedauert, hätte er ihn nicht – trotz wachsender Kritik von innen – loyal unterstützt und die Partei zur Gefolgschaft angehalten. Schmidt wiederum zeigte sich im Rückblick erst recht davon überzeugt, er hätte es als Kanzler in schwieriger Zeit leichter gehabt, wenn er seine Partei als Vorsitzender hinter sich hätte zwingen können. Bloß hat er diesen Anspruch, mit dem er gern kokettierte, nie wahrzumachen versucht.

Breschnew Ein «großes Ereignis in meinem Leben» nannte Schmidt, ungewöhnlich emphatisch, seinen Moskau-Besuch Ende Oktober 1974. Tatsächlich schilderte er den Verlauf dieser Visite in seinen ersten Erinnerungen von 1987 (*Menschen und Mächte*) auch in aller Detailfreude und spürbar zufrieden. Wie respektabel dieser «große Bahnhof» für ihn ausfiel, nach der Landung der Boeing mit dem Hoheitszeichen der Bundeswehr auf dem Flughafen Wnukowo, schon das fiel ihm positiv auf. Sogar der Generalsekretär selbst stand dort, «was weder bei Nixons noch bei Brandts Besuchen in Moskau der Fall gewesen war». Dann Breschnews fast überschwängliche Herzlichkeit, auf dem Flughafen Hunderte von fähnchenschwenkenden Moskauer Bürgern, in den Gästehäusern auf den Leninhügeln zeigte der Generalsekretär ihnen selbst die Wohnung für die nächsten Tage, der deutsche Gast hatte das Gefühl, er solle aus der Reserve gelockt werden. Er war dazu durchaus bereit, wie er locker hinzufügte.

Eineinhalb Jahre zuvor war der Moskauer Vertrag in Kraft gesetzt worden, das größte historische Ereignis der letzten zwanzig Jahre, wie Breschnew lobte, nun ging es dem Gastgeber dringend darum, eine enge wirtschaftliche Kooperation daran anzuknüpfen. Wir Deutschen, schilderte Helmut Schmidt seine Sicht, verstünden die Sowjetunion als Großmacht, die Bundesrepublik selbst sei nur ein mittlerer Staat, der sich «bei einem Angriff von außen allein nicht verteidigen» könne, sondern andere zu seiner Hilfe und seinem Schutz brauche.

Aber klein machte der Autor sich rückblickend nicht, im Gegenteil, die Bundesrepublik, eine «Mittelmacht» wurde umworben, und auch er als Regierungschef. Das war ein politischer Erfolg, es schmeichelte aber auch seiner Eitelkeit.

Wie schon bei der ersten Begegnung mit Breschnew, im Mai 1973 in Brandts Bonner Amtswohnung, kam der Gastgeber auf die Leiden der Völker der Sowjetunion während des Zweiten Weltkriegs zu sprechen. Damals hatte er seine Erfahrungen geschildert als Generalmajor und Politkommissar der 18. Armee, über die völkerrechtswidrigen, verbrecherischen Untaten der Deutschen, die er «faschistische Soldaten» nannte. Schmidt notierte dazu später, er habe den gleichen Krieg miterlebt, er wusste, wie sehr Breschnew Recht hatte. Er durfte so reden. Aber er habe sich schon beim Zuhören in Bonn an Ähnliches erinnert, «an den Geruch im brennenden Sytschewka, an die Leichen an den Straßenrändern», oder daran, dass sie Befehl hatten, mit Flakgeschützen die Dörfer in Brand zu schießen, um feindliche «Widerstandsnester» auszuräuchern.[65] Der Kommissarbefehl kam ihm wieder in den Sinn, zumindest die Offiziere wussten davon, auch die gegenseitige Angst zwischen deutschen Soldaten und russischer Zivilbevölkerung oder die «grauenhaften Schreie verwundeter Kameraden».

Er habe nicht nur Recht, wollte er dennoch Breschnew vermitteln, sondern zugleich auch «unrecht in seiner Einseitigkeit»; und unrecht besonders, «wenn er in den ehemaligen deutschen Soldaten Faschisten sah». Ein Wort zuviel aus Breschnews Mund war das, fand er. Helmut Schmidt: «Die große Masse deutscher Soldaten, ihre Unteroffiziere, Offiziere und Generale waren sowenig Nazis gewesen wie die große Masse unserer damaligen Feinde Kommunisten; auf beiden Seiten hatte man geglaubt, seinem Vaterland dienen und es verteidigen zu müssen.»

Brandt ließ seinerzeit, 1973, den temperamentvollen Schmidt gewähren, als er die Lage seiner Generation schilderte und dem Gast erklärte, nur wenige von ihnen – so der Refrain seines Lebens – seien Nazis gewesen, aber die meisten hätten es als Pflicht empfunden, die Befehle ihrer militärischen Vorgesetzten zu befolgen. In diesen acht Jahren, in denen er «keinen einzigen» überzeugten Nationalsozialisten zum Vorgesetzten hatte, sei er «zum Patrioten erzogen worden»,[66] pflegte Schmidt abzuwägen, und so sagte er es auch Breschnew geradeheraus.

An das große Sterben in den zerbombten Städten erinnerte Schmidt gleichfalls schon bei der ersten Begegnung, vom Elend auf der Flucht und der Vertreibung sprach er, davon, dass sie an der Front oft nicht wussten, ob ihre Eltern, Frauen und Kinder noch lebten, und weshalb sie nachts Hitler und den Krieg verfluchten, aber tagsüber als Soldaten dienten. Leonid Breschnew hörte ihm zu. Seitdem aber hatte Schmidt das Gefühl – und das wurde unversehens 1974 in Moskau wieder wach –, dass sie sich respektierten und verstanden.

Ganz sicher war er sich auch im Oktober 1974, Breschnew offen sagen zu können, was er denkt, ja, dass das bei seinem Gegenüber den Respekt sogar noch erhöhe. Als der Generalsekretär von Revanchismus in Westdeutschland und von Strauß in einem Atemzug sprach, sah er sich herausgefordert: Obwohl er sein politischer Gegner ist, dem Mann aus Bayern geschehe mit einem solchen Wort

Erstmals trifft Schmidt auf den sowjetischen Parteichef Leonid Breschnew, als Brandt noch Kanzler ist, seitdem kommen sie mehrmals zusammen (hier im Bild 1978 im Bonner Kanzleramt). Gern tauschen sie sich darüber aus, als Soldaten gegeneinander gestanden zu haben, aber das Soldatenschicksal verbindet sie auch. Breschnew habe er vertraut, gestand Schmidt im Rückblick, allerdings habe er nicht gewusst, ob solches Vertrauen pauschal auch seinen Nachfolgern gelten könne.

Unrecht. Umgekehrt sollte er bedenken, dass in der Bundesrepublik viele Menschen tatsächlich von Misstrauen und Furcht vor der großen Macht der Sowjetunion erfüllt sind. Schmidt sah sich allerdings bemüßigt, eine kleine Nuance hinzuzufügen: «Ich selbst habe allerdings weder Angst vor Revanchismus noch vor der Sowjetunion.»[67]

Weiterhin lagen Stolpersteine im Weg, aber Schmidt spürte: Breschnew wollte die geplante KSZE in Helsinki zum Erfolg machen, auf die inzwischen Bonn (und dort Hans-Dietrich Genscher) besonders drängte. Ernst meinte er es mit den Abrüstungsverhandlungen (SALT) zwischen Moskau und Washington, und er wünschte eine langfristige wirtschaftliche Zusammenarbeit. Der Gastgeber ließ eine Landkarte ausbreiten, um dem deutschen Besucher zu zeigen, wo in Sibirien Rohstoffquellen liegen, oder wo die geplante neue Transport-Eisenbahn vom Baikalsee bis zum eisfreien Amur-Hafen Komsomolsk verläuft. Leonid Breschnew winkte mit einem Geschäft.

Kein Wunder, dass Schmidt rundum zufrieden Bilanz ziehen konnte. Selbst noch in seinen Erinnerungen zitierte er lobende Pressestimmen, die ihm bescheinigten, offen geredet zu haben. Keine politischen Konzessionen habe er gemacht im Blick auf das mögliche Ostgeschäft, keine Illusionen erweckt, und auch in heiklen Fragen wie dem Viermächtestatus für Berlin sei er nicht eingeknickt. Doch auch «Prawda» und «Iswestja» waren voll des Lobes, wie er nicht zu erwähnen vergaß. Trotz der Offenheit, vielleicht sogar wegen ihr war man auch in der Sache weitergekommen.

1976 Unerwarteten psychologischen Auftrieb erhielt die CDU schon am 14. Januar 1976 bei der Wahl des niedersächsischen Ministerpräsidenten. Aus heiterem Himmel setzte sich Ernst Albrecht (CDU) durch, nicht wie erwartet Helmut Kasimir (SPD). Die Spekulationen schossen ins Kraut, FDP-Stimmen hätten dem Christdemokraten ins Amt verholfen.

4. April 1976. Der nächste Schlag für Schmidt: Bei den Landtagswahlen in Baden-Württemberg trat für die Sozialdemokraten Erhard Eppler als Spitzenkandidat gegen den CDU-Ministerpräsidenten Hans Filbinger an. 4,3 Prozent verlor die SPD, wie es aussah, hatte es nicht geholfen, dass der Kanzler sie im Wahlkampf unterstützte. Die Christdemokraten gewannen fast ebenso viele Punkte hinzu und schnitten mit 56,7 Prozent glänzend ab. Die FDP sank leicht um ein gutes Prozent auf 7,8 Prozent, ein empfindlicher Rückschlag deshalb, weil das «Ländle» als Bastion der Liberalen galt. Zur Enttäuschung trug bei, dass Erhard Eppler – der als scharfer Schmidt-Kritiker galt – seine Sache in Stuttgart gut machte. Keinesfalls konnte man sagen, die SPD sei unkenntlich, und sie war auch nicht heillos zerstritten.

Aber die Aussichten für die Bundestagswahl und für eine Neuauflage der sozialliberalen Koalition trübten sich ein. So populär

Schmidt bei der Mehrheit auch war, es wollte nicht recht gelingen, das Fundament unter den Füßen zu stabilisieren.

Sorgen im Blick auf die Wahl musste Schmidt nicht zuletzt der Extremistenbeschluss aus dem Jahr 1972 bereiten. Die Wogen der Erregung schlugen hoch, denn die sozialliberale Koalition hatte damit einer ganzen Generation das Misstrauen erklärt, zumindest empfanden die jungen Leute es so, und nicht etwa nur jene Mitglieder radikaler Parteien, denen die Karriere im Staatsdienst verwehrt wurde. Viel von ihrem Nimbus für die jüngere Generation hatte die Koalition, insbesondere aber Brandt damit eingebüßt, die Querelen wegen des «Berufsverbots» wollten nicht enden. Zu kurz kamen darüber die wirklich gravierenden ökonomischen Fragen, mit denen er zu kämpfen hatte, in denen er sich aber auch kompetent fühlte und ihm viel zugetraut wurde. Brandt glaubte, seine ohnehin umstrittene Ostpolitik anders nicht retten zu können, er musste eine solche Konzession an die Opposition sowie die eigene Parteirechte machen. Leichter machte es das Regieren jedenfalls nicht, und die junge Generation stand ohnehin auf Kriegsfuß mit dem Kanzler in Bonn.

In dieser Lage konnten fatale Rückwirkungen der Niederlage in Stuttgart für die sozialliberale Koalition nicht ausbleiben. Recht unverhohlen sandte die FDP-Spitze Signale aus, sie fühle sich nicht für immer und überall an die Sozialdemokraten gebunden: Die Flügelauseinandersetzungen und die Linke mit ihren kostspieligen Träumen verschreckten die eigenen Sympathisanten.

Der Wind blies der Opposition also noch kräftiger in den Rücken. Spätestens seit dem großen Konjunktureinbruch 1974 hatte sich die politische Großwetterlage ohnehin verändert. Inflation und Arbeitslosigkeit wuchsen gleichzeitig an und lähmten den Reformoptimismus. Debattiert wurde leidenschaftlich über eine Überforderung des Staates, nicht über weitere Modernisierungen. Schmidts Regierungszeit gestaltete sich weit dramatischer, als er es im Mai 1974 erwartet hatte.

Von sich selber zeichnete er gern das Bild des einsam entscheidenden Kanzlers. Auf der anderen Seite mühten sich Klaus Bölling,

Manfred Schüler und andere, der Journalistenschar zugleich auch ein differenzierteres Kanzlerprofil vor Augen zu führen. So sehr der auch stöhnte über die Gremiendemokratie, er wusste, dass dies so sein muss. Gegen die *vielen*, die mitreden, hineinregieren, überzeugt werden wollen, führte er gelegentlich *alle* ins Feld. Sein «ceterum censeo» in jeder zweiten Kabinettssitzung: Ob ein «Laie» das denn verstehen würde, was sie da machen? Wer wird wohl diesen endlos langen Jahreswirtschaftsbericht wirklich lesen? Wer versteht die Fachbegriffe? Zur Erläuterung seines Kurses berief sich der Kanzler dann gerne auf jedermanns Stimme, auf die kleinen Leute. Er rief in Erinnerung, dass die Regierung nicht abheben dürfe, er sei doch auch ein «Bürgerkanzler», wie Klaus Bölling es formulierte. Ungeniert nannte Helmut Schmidt sich sogar ein «Weltkind in der Mitten». Aber das blieb eine Gratwanderung. Denn als «wandelnder Vermittlungsauschuss» wie seinerzeit Kurt Georg Kiesinger, das stand fest, wollte er zuallerletzt gelten.

Nahaufnahme Hinter den Kulissen erwies der «eiserne Kanzler» sich als ein ausgesprochener Teamarbeiter, wie die ZEIT-Reporterin Nina Grunenberg in ihrem einfühlsamen Tagebuch («Kiebitz auf der Kommandobrücke») über eine Woche bei Schmidt im Kanzleramt festhielt. Sie habe ihn gefragt, ob er bei der jüngsten Sitzung der Parteispitze, von der er gerade komme, genügend Unterstützung erhalten habe. Seine Reaktion gab sie – ohne Zitate – indirekt wider: «Er verteilt keine Zensuren, aber er seufzt. Für die Regierung sind sie alle, auch für den Schmidt, aber das langt nicht, das langt nicht. Er vermisst, der Gedanke drängt sich einem auf, nicht Gleichgesinnte, wohl aber Leute, die in der derzeit herrschenden wirtschafts- und finanzpolitischen Lage mit der gleichen Kompetenz sprechen können wie er. Hat Herbert Wehner ein Organ für diese Probleme? ‹Er hat Instinkt. Wenn er drei, vier Argumente hört, weiß er instinktiv Bescheid. Wenn Wehner nicht wäre, wäre es noch schlimmer.›»[68]

Mit denen «oben» konnte er im Zweifel noch einigermaßen regieren. Aber was sollte er bloß mit der Basis anfangen, bitte? Die zwei Welten, in denen er agierte, passten kaum zusammen. Nina

Grunenberg zitierte ihn an der Stelle wörtlich: «‹Das ist ein Verhängnis mit diesen jungen Leuten›, bricht es an diesem Abend auf der Fahrt von Bremen nach Hamburg aus ihm heraus, ‹denen die Betten gemacht worden sind› – Sicherheit, so sieht er es, die seine Generation ihnen bereitet hat, und die sie nun, weil sie nichts Besseres gelernt haben, aufs Spiel setzen. Aber was haben sie auch schon erlebt, fragt er sich dann selber. Als er so alt war wie die linken Mittdreißiger, sagt er, hatte er schon einen Krieg überstanden, die Gefangenschaft überlebt und sein erstes Kind verloren. ‹Ich gehöre zu der Generation, die aus den Kriegsgefangenenlagern kam›, ist ein Wort, das er oft benutzt, immer wiederholt – so, als könnte er den Jüngeren eine Erfahrung vermitteln.» Wohlwollend, aber keineswegs unkritisch fügte die Reporterin hinzu: «Wer ihn in diesem Zorn wüten sieht, der kann nicht anders, als sich fragen, ob Helmut Schmidt bei diesem Thema noch die Fähigkeit zu Distanz und Souveränität besitzt. Oder ob er genau so wenig Augenmaß aufbringt wie die Linken, die sich höhnisch über ihn zu erheben versuchen.»[69]

Auf den Kanzler kommt es an?

Nicht zufällig galt seit den Jahren Konrad Adenauers – «Auf den Kanzler kommt es an!» – die Bundesrepublik als «Kanzlerdemokratie». Beim Wahlverhalten allerdings sah es zu Schmidts Leidwesen anders aus. Trotz der zentralen, manchmal beinahe präsidentiellen Rolle des Kanzlers und seiner Reputation orientierten sich die Wähler doch erstaunlich stabil weniger an der Person Schmidt, sondern primär an den Parteien. Schmidt wollte den Bonus für sich als Person auch in die Waagschale werfen, seine Partei sollte möglichst von dieser Popularität des Regierungschefs profitieren, auch wenn er sie dazu möglichst ruhig stellen musste.

Seine Anstrengungen, sich selber sichtbar zu machen, lassen sich nicht mit Politikereitelkeit erklären, obgleich die ihm nicht fremd war. Applaus für ihn war die eine Sache, es war kein Selbstzweck; zugleich sollte sich das übersetzen in Zustimmung für seinen Kurs. Deshalb sollte sichtbar werden, wie er regiert. Welche privaten Erfahrungen ihn anspornten, welche Sorgen oder gar Ängste ihn plagten, das verbarg er zwar konsequent. Gebalze hasste Schmidt.

Aber das politische Profil, die Handschrift, die eigenen Maximen, beispielsweise also das Bild vom Macher, vom Technokraten, vom Lotsen auf der Kommandobrücke, vom strengen Kritiker der Parteien, vom Sozialingenieur und vom Kantianer und Pflichtmenschen – darüber wollte er mitbefinden, daran wollte er feilen. Schmidt hatte eine präzise Vorstellung davon, was er über Schmidt lesen wollte.

Bereits im Herbst 1975, ein gutes Jahr nach dem Amtsantritt, hatte das Kanzleramt Nina Grunenberg grünes Licht gegeben. Wir Bonner Journalisten hatten zwar eine Vorstellung von seinem Regierungsstil – aber nur sie durfte ihm längere Zeit über die Schulter blicken. Leicht fiel ihm dieser Schritt nicht. Aber er litt unter seinem Ruf, auf möglichst kontrollierte Weise wollte er unbedingt das eindimensionale Bild vom reinen Pragmatiker in der Nachfolge des «Visionärs» Brandt revidieren und es um einige individuelle Farben anreichern.

Nicht nur seine eigene Partei verprellte er mit dem Image vom Technokraten im Kanzleramt an Bonns Adenauerallee; noch mehr peinigte ihn, dass er von den Leitartiklern in der Regel lebhaften Applaus erhielt, die sozialliberale Koalition aber unverändert schlechte Noten bekam. Neugierig und sympathisierend – die Hamburger Wochenzeitung war dem Hamburger Politiker stets wohlgewogen –, aber keineswegs devot näherte die Autorin sich ihrem Sujet an. Das Bild eines «Chefs» zeichnete sie, dem das Amt nicht zu Kopf steigt, der keinen Stander am Dienstwagen aufziehen lässt, bevor er einsteigt, der nicht mit Blaulicht durch Bonn braust, der seine Mitarbeiter ohne hierarchisches Denken anerkennt und anständig behandelt, allerdings viel von ihnen verlangt, der Blumen für sie oder die Minister besorgen lässt, die gerade Geburtstag haben, der aber auch gegenüber jedermann ungnädig, ruppig oder unwirsch werden kann, und auch das ohne Rücksicht auf Epauletten auf den Schultern der Kritisierten. Die Sekretärin, den Redenschreiber, den Staatssekretär, jeden konnte sein Zorn treffen, wenn er in seiner ganz normalen Ungeduld fand, ihm werde nicht so zugearbeitet, wie er das wünschte.

Dass das Amt reibungslos funktioniere, auch ohne autoritäres Gehabe, und hier die Fäden zusammenlaufen, auf geregelte Weise, das alles wollte er demonstrieren, und Nina Grunenberg notierte getreulich, wie sie ihn erlebte. «Ordnung muss sein», resümierte sie, so laute das Leitmotiv in diesem Haus.

Jene «imperiale Weihe», die etwa das *Oval Office* des amerikanischen Präsidenten ausstrahle, habe der Raum des Kanzlers ganz gewiss nicht. Ein Arbeitszimmer fand die Reporterin vor, «das sich in seiner Zweckmäßigkeit wohl kaum als Symbol für die Nation eignen würde». Die genaue Beobachterin fuhr fort: «Der Schreibtisch, aus rotbraunem Palisanderholz, ist groß genug, um darauf in Aktenbergen wühlen zu können. Davor stehen zwei bequeme Stühle, für Besucher und für seine Sekretärinnen, die dort zum Diktat Platz nehmen. Ausgeräumt wurde die Polstergarnitur aus grünem Plüsch, auf der Schmidts Vorgänger sich viele Jahre lang mit den durchreisenden Staatsmännern zur Plauderei vor der Fernsehkamera niederzulassen pflegten. Die Garnitur steht heute im Erdgeschoß, in den sogenannten ‹Hallstein-Räumen›. Statt dessen ließ Schmidt einen Tisch anschaffen, an dem er mit mehreren Leuten sitzen und arbeiten kann, ‹ohne sich den Magen einzuklemmen› – das machte er zur Bedingung. Die Wände schmückte er selber mit zwei Chagall-Litographien aus seinem persönlichen Besitz und einer Landschaft von Emil Nolde, einer Leihgabe aus dem Nolde-Museum in Seebüll. Das einzige Geräusch, das die Stille im Raum unterbricht, sind abgrundtiefe Seufzer, die sich der Brust des Kanzlers entringen ... Der Kanzler redigiert Reden, die er gehalten hat und nun für den Druck vorbereitet. Jeder, der ihm einmal ein Interview zur Korrektur vorgelegt hat, weiß, daß er ein ausgefuchster Redigierer ist. Er ruht nicht, bis seine Texte so gut sitzen wie Häkelware. Hier, im Auge des Taifuns, merkt man so wenig von der politischen Krisenwoche, von der draußen in der Öffentlichkeit gesprochen wird, daß ich es mir mit Macht ins Gedächtnis zurückrufen muß: Der Mann, der dort am Schreibtisch sitzt und Zeile für Zeile redigiert, kämpft in der Debatte um die Investitionslenkung und die Sparbeschlüsse der Regierung, um den Kern seiner Politik.»[70]

Zur Hand gehen ihm Liselotte Schmarsow, die Nummer eins im Büro, sowie Marianne Duden, die Kanzlersekretärinnen, auf die er sich blind verlassen kann. Nie vergisst er, sie seinen Besuchern, und sei es US-Präsident Ford oder der französische Freund Giscard, auch persönlich vorzustellen. Hier, im Vorzimmer bei ihnen, lässt sich gerne schon mal Manfred Schüler nieder, der Amtschef, der die Maschine kontrolliert, und auch der «Chef» trinkt gelegentlich mal einen Kaffee mit, sein Fahrer Willi Jülich ohnehin, abends lässt er sich oft einen bittersüßen Campari-Soda kredenzen. Und auch das bekam Nina Grunenberg bei ihrer ungewöhnlichen Exkursion ins Innerste der Macht Schmidts zu hören: In kleiner Runde spotten sie auch schon mal gern über die Phantasie der Klatschkolumnisten, die für ihre Gazetten aus diesem Heiligtum berichten sollen, aber vieles erfinden müssen, weil so wenig nach außen dringt.

«Lilo» Schmarsow, die resolute Berlinerin, hat er mitgebracht aus der Fraktion, wo sie zuerst für Fritz Erler und dann, nach dessen Tod, den Laden für Helmut Schmidt warf. Oder für «Schmidt-Deutschland», wie sie mit Lust spottet. Das Zeug, im Zweifel auch mal ihm die Meinung zu sagen, hat sie, und er lässt das dann auch geduldig über sich ergehen. Auch Marianne Duden brachte er von der Hardthöhe mit, Schmidt braucht Gesichter um sich herum, die ihm vertraut sind und von denen er weiß, sie kennen auch ihn und müssen nicht viel fragen. Beide sind geschieden, und beide lieben zu spotten, *ein* Bundeskanzler genüge ihnen fürs Leben.

«Lilo» sorgt für sein Wohl, mittags heißt das, häufig für Buletten. Sie weiß, dass Schmidt Mittagstermine meidet, weil er dann aus Höflichkeit essen muss, was ihm vorgesetzt wird, und wohl fühlt er sich ohnedies schon nicht. Er trinkt zuviel, nicht Alkohol, den mochte er noch nie, sondern Cola, Buttermilch und Säfte. Zu allem Überfluss muss «Lilo» immer ein paar Tafeln Vollmilchschokolade in der Schublade parat halten, am liebsten Marke Milka, das liebt er.

Wenn er Zeit hat, schmökert er in den Gazetten, am liebsten natürlich, wenn seine Lieblingsjournalisten etwas geschrieben haben: Hans Reiser, Theo Sommer, Flora Lewis zum Beispiel, gar so viele sind es am Ende nicht, wie die Reporterin schrieb.

Hier, in seinem Arbeitszimmer, versammelt sich auch das «Kleeblatt», der Beraterstab, der bei Brandt «Küchenkabinett» hieß. «Es ist nicht bekömmlich, den Kopf aus dem Fenster zu hängen», hat der Chef des Kanzleramtes gelegentlich fallenlassen, seitdem gilt der Satz als Gesetz. Marie Schlei, Manfred Schüler, Klaus Bölling (später auch Hans-Jürgen Wischnewski), die Staatssekretäre des

Hauses also, versammeln sich regelmäßig gegen Mittag bei ihm und löffeln die Suppe, die der Kanzler über die Maßen liebt. Heute schwankt Helmut Schmidt, ob er Coca-Cola trinken soll, entscheidet sich dann aber für Buttermilch, der Kalorien wegen. «Herr Bundeskanzler» nennen sie ihn in der Runde, er siezt die Versammelten und nennt sie beim Vornamen, nach Hamburger Gepflogenheiten. Geschäftsmäßig geht es zu, nicht kumpelhaft, aber auch nicht verkrampft hierarchisch. Vor 23 Uhr verlässt er kaum je sein Büro.

Einen überaus selbstsicheren Regierungschef skizzierte Nina Grunenberg in ihrem Kanzleramtstagebuch, für den der liebe Gott im Detail sitzt, der Ungenauigkeiten bestraft, aber auch einen Generalisten, der sich hineinwühlt in jedes Thema, einen Workaholic, der kaum Pausen zulässt und sich alles abverlangt. Dennoch ist er keine Maschine, dieser Mr. Rastlos zeigt durchaus Gefühle, sogar verblüffend unbefangen: Freundschaftlich und respektvoll beispielsweise begegnet er Herbert Wehner, geradezu herzlich geht er auf Rainer Barzel zu, wenn der ihm im Bundeshaus unerwartet über den Weg läuft. Ja, er lässt Barzel, wiewohl Christdemokrat, vorbehaltlos seine Wertschätzung spüren, offensichtlich, schrieb Nina Grunenberg, «hält einer den anderen für den besten Mann der Gegenseite». Und das zeigen sie auch.

Das Fazit, über das seinerzeit unter uns Bonner Korrespondenten weithin Konsens herrschte: Sein neues Amt, mit dem er so lange kokettiert hatte, steigt Helmut Schmidt nicht zu Kopf, Herr im Haus aber ist er, demokratischer geht es beim Kanzler zu als gedacht, gleichwohl streng, geordnet, kontrolliert. So sieht «Führung in der Demokratie» aus, wenn es nach Helmut Schmidt geht, lautete die Botschaft. Schmidt konnte mit diesem Bild, das der «Kiebitz auf der Kommandobrücke» vom «wahren Schmidt» zeichnete, natürlich zufrieden sein.

Der Stuttgarter Schock wirkte nach. Mit Eppler ließ sich das nicht wegerklären. Seit der Wahl im Ländle fürchtete die SPD, auch auf lange Sicht keine triftige Antwort auf ihr Dilemma zu finden: Sie verfügte zwar über einen populären Kanzler, aber die Zustimmungswerte für seine Partei sanken trotzdem schier unaufhaltsam in den Keller. Die Wähler in München, Frankfurt, Hamburg hatten die SPD bereits abgestraft, all das enorme Prestige Schmidts als eine Art überparteilicher Regierungschef half ihr herzlich wenig. Im Gegenteil, die SPD wurde an ihm gemessen, oder er an der SPD, keine Seite genügte diesen Maßstäben.

Der Vorsitzende an Schmidts Seite, Willy Brandt, versuchte dennoch, den Trend zu stoppen. Er schonte sich nicht in diesem Bundestagswahljahr 1976, um seinem Nachfolger zu helfen, aber natürlich auch seiner Partei. Als gehe es um seine eigene Wiederwahl, machte er sich stark für eine Bestätigung Helmut Schmidts im Kanzleramt, der dringend eine starke SPD brauche.

Nach langem Zögern entschied Schmidt sich, mit der Parole vom «Modell Deutschland» ins Rennen zu gehen. Ihn störte der nationale Beigeschmack, der dieser Formel anhaftete, ähnlich wie bei Brandt 1972, der sich auf einem Plakat mit der Aufschrift ablichten ließ, «Deutsche, wir können stolz sein auf unser Land». Ohne solche Konzessionen an diejenigen, die die Sozialdemokraten als vaterlandslose Gesellen brandmarkten, ging es offenbar nicht. Modell Deutschland? Am Ende rang der Kanzler sich doch zu dem Slogan durch. Es traf zu, die europäischen Nachbarn bewunderten den sozialen Ausgleich, einen modifizierten Kapitalismus, die Zusammenarbeit zwischen Gewerkschaften und Unternehmen als beispielhaftes Erfolgsrezept in der Bundesrepublik. Wenn die Opposition zu Hause oder konservative Professoren jammerten, das Land werde unregierbar, konnte er ihnen entgegenhalten, Westdeutschland werde bei den Nachbarn geradezu bewundert.

Aber den Zeitgeist hatten die Sozialliberalen nicht länger auf ihrer Seite. Es wollte schlicht nicht gelingen, trotz aller Anstrengungen, die Popularität der Person Helmut Schmidt und auch seines Regierungsstils übertrug sich nicht auf seine Partei.

15. Dezember 1976 Helmut Schmidt hatte für eine Fortsetzung der sozialliberalen Koalition geworben, seinem Rivalen Helmut Kohl fehlte ein potentieller Koalitionspartner, er musste also um die absolute Mehrheit kämpfen. Schmidts Beliebtheit fruchtete wenig, die Wähler entschieden sich für Parteien, nicht für Personen: Mit 42,6 Prozent kamen die Sozialdemokraten am Wahlabend nicht annähernd an ihr Ergebnis von 1972 heran, die Christdemokraten erzielten sagenhafte 48,6 Prozent. Die FDP hielt beinahe ihr Ergebnis, sie schnitt mit 7,9 Prozent stabil ab, 0,5 Prozent unter 1972. Der CDU-Vorsitzende und Spitzenkandidat Helmut Kohl als Herausforderer hätte es damals schon fast geschafft, nur haarscharf verfehlte er einen Triumph.

Damit verlor die sozialliberale Koalition ihre solide Mehrheit und landete bei knappen 253 Mandaten im Bundestag, 249 Stimmen musste sie mindestens haben. Mit einer derart hauchdünnen Mehrheit sollte Schmidt künftig regieren? Einer, der auf Stabilität erpicht war wie er? Und wie würde es Herbert Wehner gelingen, die Bundestagsfraktion zusammenzuhalten, mit aufmüpfigen Linken wie Karl-Heinz Hansen, Manfred Coppik, Norbert Gansel, Peter Conradi ...?

Ohne Helmut Schmidt und seine Reputation, rechneten die Demoskopen damals vor, hätte die SPD seinerzeit bereits verloren; allein seinem überparteilichen Prestige sei zu verdanken, dass sie es gerade noch schaffte. Sie hatten vermutlich Recht damit. Aber ebenso traf zu – der Kanzlerbonus hatte nur begrenztes Gewicht.

Mit nur einer Stimme über der absoluten Mehrheit wurde Schmidt im Parlament zum zweiten Mal zum Kanzler gewählt, von ohnehin nur 253 Abgeordneten der Koalitionsfraktionen entfielen 250 Stimmen auf ihn. Ein herber Schlag, Demokratie ist harte Arbeit und ein gnadenloses Geschäft. Helmut Schmidt regierte gerade zwei Jahre, aufreibende Jahre, und zurücklehnen konnte er sich nicht.

Obendrein musste er sich im Parlament auf den neuen Oppositionsführer einrichten: Helmut Kohl. Leicht gefallen war dem der endgültige Wechsel nach Bonn nicht gerade. Die Jahre in Mainz seien wohl seine glücklichsten gewesen, vermutete der Kohl-Biograph Hans-Peter Schwarz. Mit unerwarteten 48,6 Prozent für die Unionsparteien, dem zweitbesten Ergebnis für die Christdemokraten überhaupt, hatte Helmut Kohl sein Ziel einer eigenständigen Mehrheit knapper verfehlt, als ihm das zugetraut worden war in seiner Partei und von den Journalisten. In Mainz hatte er sich als moderner Christdemokrat einen Namen gemacht, sein Kabinett glänzte mit jungen Talenten, aber in Bonn verbog er sich, zudem musste er sich Schmidt als Referenzgröße vorhalten lassen. Der CDU-Vorsitzende hatte dennoch sein Herz über die Hürden geworfen, seit ihm klar wurde, er würde nie Kanzler, wagte er nicht endgültig den Sprung in die angstmachende, kleine Hauptstadt mit ihren ganz eigenen Gesetzen. Anders würde sich die Macht für die Union nicht zurückerobern lassen, und – noch wichtiger – seine bayrische Nemesis, Franz Josef Strauß, wäre sonst nicht zu zügeln.

Als wirklichen Herausforderer betrachtete der Kanzler den starken Mann der Christdemokraten, Helmut Kohl, trotz dieses hervorragenden Abschneidens bei der Wahl unverändert nicht. Ein scharfzüngiger, sachkompetenter, leidenschaftlicher Redner im Parlament war Schmidt, er wirkte beinahe überparteilich in seiner Argumentation, seine Reden waren von einem Schuss staatlichen Pathos getränkt. Dagegen wirkte Kohl bei öffentlichen Auftritten bieder und unpräzise, er schien das selber so zu empfinden. Wo er aggressiv wurde, meinte man Strauß herauszuhören. Wenig hatten sich Schmidt und Kohl zu sagen, ein konzeptioneller Kopf war der Mainzer tatsächlich nicht. Außenpolitisch fehlte ihm Erfahrung, als Wirtschaftsfachmann galt er schon gar nicht. Auf Strauß hingegen ließ Schmidt sich gern ein, ihn nahm er ernster als Kohl, dessen Zähigkeit und Machtinstinkt er unterschätzte. Zudem pflegte Kohl enge Beziehungen zu Hans-Dietrich Genscher und anderen Freidemokraten, während der Kanzler den Koalitionspartner – auch seinen Außenminister – oft eine gewisse Herablassung spüren ließ. Auch darin stimmte er eher mit Strauß überein, der die FDP am liebsten zum Verschwinden gebracht hätte. Helmut Kohl warb geduldig um die Liberalen, er hatte Zeit. Eine solche Haltung war Schmidt fremd. Und die FDP mochte er einfach nicht.

Wie er Führung vorexerzierte, wie er auf Kooperation drängte, das trug unübersehbar bei zur internationalen Stabilität, aber es beförderte auch Schmidts Reputation zu Hause. Von ihm wusste man, wofür er war, er redete Klartext und bot Orientierung in einem unruhigen Europa. Politisch verzahnt war die Brüsseler Gemeinschaft noch nicht, zugleich aber befreiten sich die Südeuropäer – Spanien und Portugal – von ihrem diktatorischen Erbe, ohne dass sich die neuen Kräfteverhältnisse schon eingependelt hätten.

Einen Meisterplan hatte auch Schmidt nicht dafür, aber in seinem Kurs ließ er sich nicht beirren: Auf die großen Herausforderungen in der Weltwirtschaft, Energiepolitik, Sicherheitspolitik und bei den Zahlungsbilanzen der Industrieländer müssten die europäischen Nachbarn gemeinsam reagieren. Soweit irgend möglich, müsse die Politik in Brüssel koordiniert werden. Nur dürften die Deutschen, dabei blieb er, sich nicht die Rolle des Primus inter Pares anmaßen.

Typisch Schmidt: er drehte den Spieß um und mahnte «Führung» in Washington an.[71] Natürlich verknüpft mit Vorstellungen darüber, was er politisch für sinnvoll halte. Das war nicht deutsches Aufplustern, nein, so verstand er nun mal «gutes Regieren» auch auf der internationalen Bühne: Reinen Wein einschenken, die eigene Position klar definieren, Rationalität in die Beziehungen bringen.

An ihre Grenzen sollte die «Methode Schmidt» stoßen, als Jimmy Carter Ende 1976 zum Nachfolger Gerald Fords im Weißen Haus gewählt wurde. Frischfröhlich hatte der Kanzler in einem Interview vor den Wahlen bekannt, er wünsche sich auch weiterhin die Zusammenarbeit mit Ford. Amerika wählte aber anders, als Schmidt wünschte. Rasch häuften sich die Streitfragen mit dem neuen Präsidenten, insbesondere über sicherheitspolitische Fragen. Sein offenes Bekenntnis zugunsten Fords wirkte noch lange nach. Wie er in seinen Tagebüchern später gestand, empfand Jimmy Carter den Deutschen als unerträglich arrogant. Umgekehrt hielt Schmidt den Amerikaner für führungsschwach, und das ließ er auch Washingtoner Gesprächspartner gerne wissen.

Die Anstrengungen Giscards und Schmidts, die Politik in den Krisenzeiten neu zu koordinieren, mündeten im ersten Gipfeltreffen der sechs Industriestaaten Mitte November 1975 auf Schloss Rambouillet nahe Paris. Neben den vier Mitgliedern der *Library Group* saßen Italien und Japan mit am Tisch. Seitdem wurden die Gipfel zur festen Institution.

Scheinbar entspannt: Helmut Schmidt, Großbritanniens Premierminister James Callaghan, US-Präsident Jimmy Carter und der französische Präsident Valéry Giscard d'Estaing bei einem informellen Gipfeltreffen auf der französischen Karibik-Insel Guadeloupe. Besonders zwischen dem Bonner Kanzler und Carter wogt jedoch der Streit über rüstungspolitische und ökonomische Fragen, nach außen hin wahrt man notdürftig Einigkeit und verständigt sich auf die «Nachrüstung» als Antwort auf die sowjetische Aufrüstung mit atomar bestückten SS-20-Interkontinentalraketen.

Valéry Giscard hatte seinen Freund aus Bonn gebeten, die vertraulichen Gespräche im kleinsten Kreis zu eröffnen: Der ließ sich die Gelegenheit nicht entgehen, über die Krise der Weltwirtschaft aus seiner Sicht zu dozieren. Sein Rat lief darauf hinaus, einen gewissen Primat der Politik – angesichts der Inflation, der steigenden Ölpreise, der wachsenden Arbeitslosigkeit – zurückzuerobern. Rein keynesianische Instrumente, um die Konjunktur anzukurbeln, würden aus seiner Sicht nicht reichen. Wichtiger erschienen ihm: stabile Wechselkurse, Abbau von Handelsbarrieren und verbesserte Zahlungsbilanzen. Gemeinsam mit Giscard glückte es, wie er in seinen Erinnerungen festhielt, ein entsprechendes Krisenmanagement zu etablieren; und zwar allein zu dem Zweck, ökonomische Probleme anzupacken, weil «das wirtschaftliche Wohl der Welt auf dem Spiele steht».[72]

Materiell brachte Rambouillet wenig handfeste Ergebnisse. Aber der Gipfel schuf Vertrauen untereinander und Einverständnis über die wirtschaftspolitische Grundorientierung. Die Politik brachte damit Ruhe, Stabilität und Übersicht in unübersichtliche Verhältnisse. Schmidt musste über das Medienecho nicht klagen. Mehr noch, es waren die Europäer, die Amerika an den Tisch holten, hieß es. Namentlich Schmidt wurde das gutgeschrieben.

In der Welt wurde er respektiert, in Bonn musste er sich auf neue Verhältnisse einstellen. Helmut Kohl übte sich in seine Rolle als Oppositionsführer ein und erhielt dafür mehr Lob als Rainer Barzel. Ihm hielt er vor, nicht einmal Herr im eigenen Hause zu sein, wie das Schicksal der neuen Polenverträge beweise. Verhandelt wurde damals über die Zahl der möglichen Aussiedler aus Polen wie über die Rechte der Deutsch-Polen und ein Rentenabkommen. Von Helmut Kohl wusste man, dass er mit Teilen seiner Fraktion Warschau recht weit entgegenkommen wollte, er zählte nicht zu den Falken. Aber der Christdemokrat ließ sich von Strauß zu einem unnachgiebigen Ablehnungskurs verleiten. Solche taktischen Kompromisse hasste Schmidt. Warum ließ Kohl sich bloß erpressen von Strauß? Es bestätigte seine Vorbehalte gegenüber dem Christdemokraten. Rainer Barzel wäre das nicht passiert, fand Schmidt. Von Kohls Seite aber, hieß das alles für ihn, drohte in dieser Legislaturperiode keine allzu große Gefahr. Die Arbeitslosigkeit würde sein Hauptproblem bleiben. Das führte er auf die Weltwirtschaft und besonders auf die hohen Ölpreise zurück.

Seine Partei hatte sich – auch mit Brandts Hilfe – leidlich abgefunden damit, dass die Haushaltszwänge und die mittelfristige Finanzplanung, die demographische Entwicklung und die Rentenlöcher jeglichen Reformeifer bremsten. Unter Druck sollte seine Regierung aber auf andere Weise kommen: Einmal hielt die Debatte über den rechtsstaatlichen Umgang mit den Terroristen an, gerade ausländische Medien sahen die innere Liberalität der Bundesrepublik bedroht; zum anderen schossen Bürgerinitiativen wie Pilze aus dem Boden, die sich vor allem gegen den Ausbau der Nuklearenergie richteten.

Nicht nur Schmidt, auch das Gros der SPD und die Gewerkschaften standen auf Seiten der Befürworter, Zweifel am technologischen Fortschrittsbegriff sickerten nur langsam in Schmidts Partei ein. Nach der Apo formierte sich eine neue Graswurzelbewegung, die sich in ihrer Kernenergie- und Wachstumsskepsis von den etablierten Parteien nicht hinreichend vertreten fühlte. Erhard Eppler hatte davor gewarnt, die Entwicklung bestätigte ihn. Nur mühsam hatte sich ein Teil der studentischen Protestgeneration integrieren lassen – nicht zuletzt Brandts wegen –, und schon setzten sich die jungen Leute wieder ab, diesmal aus ökologischen Gründen.

Die Kluft zwischen Politik und Gesellschaft, zwischen «oben» und «unten» wuchs. Mit aller Kraft suchte Helmut Schmidt, Kurs zu halten und sich nicht beirren zu lassen. Die Fäden wollte er dort zusammenbinden, wo das – aus seiner Sicht – zu geschehen hatte, in der Regierungszentrale. Er suchte Ordnung zu schaffen, Politik als Krisenmanagement. Wie 1962 bei der Flutkatastrophe. Aber in dieser liberalen Bundesrepublik erwies sich das als weit schwieriger als damals, als er 40 000 Helfer nach seiner Pfeife tanzen lassen konnte.

«Krieg» So schwierig die internationalen Fragen waren – zum großen Test für die Kanzlerschaft Schmidts sollte es erst im Jahr nach der Wiederwahl kommen, 1977.

Über Nacht sah er sich mit einer ganz anderen Herausforderung konfrontiert: Der Terrorismus kehrte zurück, die *Rote Armee Fraktion* (RAF), deren führende Köpfe aus der ersten Generation in Stuttgart-Stammheim in Haft saßen, startete eine neue Serie von Mordtaten.

Vorausgegangen war dem bereits die Ermordung Günter von Drenkmanns, des Berliner Kammergerichtspräsidenten, am 10. November 1974. Damit hatte die zweite Generation der RAF erstmals gezeigt, dass sie nicht aufgeben wolle. Im Jahr darauf war der Berliner CDU-Vorsitzende Peter Lorenz entführt worden, Helmut

Schmidt hatte erst kurz zuvor Brandt abgelöst. Seine Reaktion in diesem Fall verzieh er sich nie: Seinerzeit gab er den Forderungen der Erpresser nach, die Lorenz freilassen wollten, wenn fünf ihrer Gesinnungsgenossen in den Jemen ausreisen dürften. Seine Entscheidung führte er später alleine darauf zurück, dass er krank und nicht auf der Höhe seiner Kräfte gewesen sei. Allerdings hatten ihm die CDU- und FDP-Politiker, die er zu Rate zog, ebenso wie die meisten der Parteifreunde ein Einlenken dringend empfohlen.

Seitdem plagte ihn die Sorge, dieses Einknicken im Falle Lorenz werde zu Nachfolgetaten regelrecht einladen. Kurz darauf, am 24. April 1975, wurde die deutsche Vertretung in Stockholm überfallen. Ein sechsköpfiges «Kommando Holger Meins» nahm zwölf Personen zu Geiseln, verbarrikadierte sich im obersten Stock und verlangte von der Regierung Schmidt, 26 inhaftierte RAF-Mitglieder – die gesamte erste Generation – solle «innerhalb von sechs Stunden, bis 21 Uhr, auf dem Rhein-Main-Flughafen zusammengebracht und bis 1.00 Uhr ausgeflogen werden». Nur der Botschafter des Königreichs Schweden und einer ihrer Anwälte durften sie begleiten, «das Ziel werden wir Ihnen während des Fluges mitteilen», der Abflug der Genossen werde vom deutschen und schwedischen Fernsehen direkt übertragen. Vom Staat verlangten sie eine Art Kapitulation und konnten sich anderes offenbar gar nicht vorstellen. Brutal erschossen die Terroristen den Militärattaché, um ihren Forderungen Nachdruck zu verleihen. Anders als im Falle der Lorenz-Entführung, zeigte sich der Krisenstab aber von vornherein einig. Eine Dreiviertelstunde ging Schmidt allein mit sich zu Rate, bevor er sich dazu gesellte, abwägend und ohne markige Worte: Der Staat stehe vor seiner bisher schwersten Herausforderung, «mein ganzes Gefühl, mein ganzer Instinkt rät mir, dass wir hier nicht nachgeben dürfen». In Berlin, bei der Entführung von Lorenz, wusste man nicht, wo die Erpresser sitzen, hätte also mit einem «Nein» unmittelbar ein Todesurteil über Lorenz gesprochen, in Stockholm sah er zumindest eine Chance, die Entführer auf dem Botschaftsgelände zu überwältigen. Schon nach der ersten Gesprächsrunde konnte Schmidt Schwedens Premierminister Olof Palme mitteilen, alle – Regierung wie Opposition – seien sich einig, den Erpressern nicht nachzugeben. In den folgenden dramatischen Stunden wurde auch der Wirtschaftsattaché ermordet, bevor die Polizei die Botschaft stürmen konnte.

In der Bundesrepublik führte das zu einer erregten Debatte. An der klaren Haltung der Koalition zur Gewalt und zur RAF konnte es keinen Zweifel geben. Dennoch wurde der Linken – und damit indirekt auch den regierenden Sozialdemokraten – vorgehalten, die Grenzen zwischen ihrer politischen Kritik und Gewalt zu verwischen, sie gehe nicht eindeutig auf Distanz. Vornehmlich stammten solche Vorwürfe zwar aus den Reihen der Opposition, aber Widerhall fanden sie auch in den Regierungsparteien. Sie zwangen die Linke pauschal in die Defensive; und zwar dramatischer, als es alle Debatten über Investitionslenkung oder Systemveränderung je vermocht hatten.

Der Kanzler hingegen hatte in den Stockholmer Krisenstunden nicht sein Image als «eiserner Kanzler», sondern als umsichtiger Chef mit klaren Grundprinzipien bestätigt. Danach wiegte sich seine Regierung in der Hoffnung, den Terrorismus einigermaßen unter Kontrolle bekommen zu haben. Welche Illusion! Die RAF erklärte «dem Staat» den Krieg. Als erstes Opfer hatten sich die selbsternannten Revolutionäre Generalbundesanwalt Siegfried Buback ausgewählt, der am 7. April 1977 gemeinsam mit seinem Fahrer und einem Polizeibeamten erschossen wurde. Am 30. Juli verlor Jürgen Ponto, Vorstandsvorsitzender der Dresdner Bank, sein Leben. Am 5. September wurde der Präsident der Arbeitgeberverbände, Hanns Martin Schleyer, entführt.

Die Bundesrepublik, ohnehin in eigentümlicher Dauererregung, befand sich über Nacht im Ausnahmezustand. Schmidt erinnerte an seinen Entschluss, aus der Lorenz-Entführung eine Lehre zu ziehen und in solchen Fällen nicht mehr einzulenken. Er bezog das auch auf Loki und sich selber: Sie vereinbarten, nicht ausgeliefert zu werden, falls sie Opfer einer solchen Entführungs- und Erpressungsaktion werden sollten. Die Entführung des BDI-Präsidenten stellte ihn nun vor eine schwierigere moralische Frage, da die RAF mit ihrer Geisel Gesinnungsfreunde freipressen wollte. Durfte er unnachgiebig bleiben, auch wenn es Schleyers Leben kosten würde? Die Staatsraison sprach, meinte er, dagegen, auf die Erpressung einzugehen. In der Theorie jedenfalls gab es für ihn keinen Zweifel daran. Praktisch nahm sich das weniger eindeutig aus, er musste über Tod oder Leben entscheiden.

Helmut Schmidt reagierte vom ersten Moment an besonnen, er gab nicht vor, einsam entscheiden zu wollen, sondern berief einen Krisenstab ein, der ihn bei der Abwägung unterstützen sollte. Er suchte Rat, nicht um die Verantwortung auf viele Schultern zu verteilen, sondern um sich seiner Sache sicher zu sein. Was verlangte, was gebot die Staatsraison wirklich?

In Bonn verbarrikadierte sich die Politik hinter Stacheldraht, die Fernsehkameras filmten die Limousinen, die vor dem Kanzleramt vorfuhren, wortkarge Beamte, Minister oder Parteivorsitzende, die von Krisensitzung zu Krisensitzung eilten. Hinter die Kulissen dieser Politik im Belagerungszustand aber konnte man nicht wirklich blicken. Die vielen Mosaiksteine setzten sich gleichwohl damals schon – und erst recht im Rückblick – zu einem Bild zusammen: Sie zeigten einen Helmut Schmidt, wie man ihn 1962 schon einmal erlebt hatte, während der Flutkatastrophe in Hamburg. Zwar handelte es sich um eine «Krise» ganz anderer Art, aber er stand wieder als Krisenmanager im Zentrum, überlegt, ernsthaft, umsichtig, General und Koordinator in einer Person, der sich gerade in solchen Momenten zum Zuhören Zeit nimmt.

Täuschte es, oder empfand Schmidt die Drohung der Entführer, Hanns Martin Schleyer zu ermorden, auch persönlich als eine Art «Krieg»? Man muss es vermuten. Als Soldat war er in etwas hineingezogen worden, was er nicht überblickte. Wie Millionen andere auch wurde er missbraucht von verantwortungslosen Politikern, in einem Feldzug, zu dem es nie hätte kommen dürfen. Er war in den falschen Krieg geraten, wenn man so will. Das war sein Unglück. Jetzt war er sich in einer Hinsicht sicher, trotz des moralischen Dilemmas, in das die RAF die Regierung mit ihrem Erpressungsversuch und Schleyer in ihren Händen stürzte. Prinzipiell wusste er, was richtig und falsch ist. Klar war ihm, welche Regeln auch im Ernstfall gelten müssen. Der Rechtsstaat gab den Rahmen vor. Das Grundgesetz galt uneingeschränkt. Nicht, dass er sich als Offizier im Kampfeinsatz sah, etwas viel Weitergehendes rief die Schleyer-

Der Kanzler bleibt eisern: Um Nachfolgetaten zu verhindern, dürfe der Staat den Forderungen der RAF keinesfalls nachgeben, nur im Austausch mit ihren inhaftierten Gesinnungsgenossen den entführten Arbeitgeberpräsidenten Hanns Martin Schleyer freizulassen. Nach 44tägiger Gefangenschaft ermorden die Entführer der Rote Armee Fraktion ihr Opfer. Beim Staatsakt für ihn sitzt Schmidt zwischen der Witwe Waltrude und dem Sohn Hanns-Eberhard Schleyer, die beide um Nachgeben ersucht hatten und lange Jahre noch haderten mit seiner Entscheidung, die er als tragisch empfand. Es habe keinen Weg gegeben, schuldfrei zu bleiben, wird Schmidt später in immer neuen Anläufen sein Dilemma beschreiben.

Entführung wach: Der RAF musste er entgegentreten, wie immer er sich entscheiden würde, es handelte sich jedenfalls um den «richtigen Krieg». Im Krisenstab hatte er erkennen lassen, er selbst wollte die Verantwortung übernehmen und nicht etwa dem Innenminister überlassen. Niemand sollte denken, er drücke sich. Er wollte nicht einsam agieren, aber alles richtig machen. Richtig, soweit unter solchen Umständen möglich.

Sechs Wochen zog sich der Nervenkrieg zwischen Entführern und Krisenstab hin, auch der Entführte selbst meldete sich auf einer

Videoaufnahme zu Wort, weil er nicht «lautlos» aus dem Leben abtreten wolle. Als Freunde der RAF-Häftlinge schließlich eine Lufthansa-Maschine entführten, entschloss Schmidt sich, das Sondereinsatzkommando GSG 9 einzusetzen. Gegen den Wunsch der Familie Schleyer, die – auch vor dem Verfassungsgericht – vergeblich zu verhindern suchte, dass die entführte «Landshut» gewaltsam von Polizei oder Soldaten befreit wird.

Das erste Opfer: Beim tagelangen Irrflug der Maschine erschossen die Entführer den Flugkapitän Jürgen Schumann. Endstation für den Irrflug bildete das somalische Mogadischu. In Abstimmung mit Bonn hinderten die Behörden die Lufthansa-Maschine am Weiterflug. Hinter den Kulissen setzte Schmidt alle Hebel in Bewegung, um eine streng geheime Operation auf fremdem Terrain zu ermöglichen. Ein Wettlauf mit der Zeit begann, die GSG 9 jagte die Entführer. Am 18. Oktober, kurz nach Mitternacht, meldete sich Schmidts Emissär, der Mann für alle Fälle Hans-Jürgen Wischnewski, beim Chef im Bonner Krisenstab, um ihm zu sagen: «Die Arbeit ist erledigt.» Sollte heißen: Die Soldaten des Sondereinsatzkommandos GSG 9 hatten die «Landshut» gestürmt und die Geiseln befreit, keiner von ihnen wurde verletzt, drei der vier Entführer kamen beim Schusswechsel ums Leben.

Noch in den Morgenstunden des 18. Oktober begingen Andreas Bader, Gudrun Ensslin und Jan Carl Raspe, die aus der Haftanstalt hatten freigepresst werden sollen, in ihren Zellen in Stammheim Selbstmord. Am selben Tag wurde Hanns Martin Schleyer in dem Versteck in der Nähe von Köln ermordet, in das ihn seine Entführer gebracht hatten. Wie sich später herausstellte, war das Versteck nur auf Grund eines winzigen Zufalls nicht frühzeitig gefunden worden.

Ein sichtlich erschöpfter, an der Grenze der Belastbarkeit angelangter Schmidt sprach in seiner Regierungserklärung zwei Tage darauf von seiner Pflicht gegenüber jedem einzelnen menschlichen Leben, auch gegenüber allen Bürgern, sowie von «Schuld und Versäumnis» und einer «unausweichlichen Verstrickung».[73] So oder ähnlich sollte er es später noch oft wiederholen. Keine Station seiner Kanzlerschaft erregte so die Gemüter, über nichts wurden derart viele Bücher geschrieben oder Filme gedreht. Nach nichts anderem wurde Schmidt ähnlich häufig gefragt wie nach diesem Drama. Geduldig erklärte er stets seine Haltung von damals: Er verteidigte sich nicht, er war sich sicher, am Ende richtig entschieden zu haben. Aber – er hatte Schleyers Tod nicht verhindert. Als er im April 2013 von einem Sohn Schleyers den Hanns Martin Schleyer-Preis erhielt, zeigte er sich ähnlich gefasst, berührt, aufgewühlt, aber sicher wie 1977 beim Staatsakt für den Ermordeten. Dass die Familie Versöhnung suchte und ihm den Preis zusprach, ging dem alten Herrn sichtlich unter die Haut.[74]

Seinen Krieg – wenn man es so nennen will – hat er nicht «gewonnen», niemand hatte gewonnen aus seiner Sicht, aber entschieden hatte er sich für das höhere Interesse des Staates. Demokratie und Rechtsstaat behielten das letzte Wort, auch wenn Schleyer das nicht überlebte. Kritiker monierten später, Schmidts Entschlossenheit habe das weitere Morden nicht verhindert.

Tatsächlich beendete der «deutsche Herbst» 1977 noch nicht dauerhaft den Terrorismus der RAF. Am 10. Oktober 1986 wurde Gerold von Braunmühl in Bonn-Ippendorf, vor seinem Haus, auf offener Straße erschossen, der Leiter der Politischen Abteilung des Auswärtigen Amtes. Am 30. November 1989 fiel Alfred Herrhausen, der Vorstandssprecher der Deutschen Bank, in Bad Homburg, einem Mordanschlag zum Opfer. Etwas Vergleichbares wie der «deutsche Herbst» 1977 allerdings hat sich nie mehr wiederholt. Dass Schmidt bei der Abwägung «Mitschuld» auf sich geladen habe, hat er nicht geleugnet. Einen Ausweg ohne Makel, ohne Schuldhaftigkeit sah er nicht.

Verloren hatte die RAF ihren «Krieg», aber im weitesten Sinne hatten diese dramatischen Geschehnisse für die Republik eine kathartische Wirkung. Die Behauptung der Terroristen, Schmidt sei es gewesen, der Schleyer «zum Tode verurteilt» habe, fand nicht mehr viel Widerhall, weder zu Hause noch im Ausland, wo der Umgang der Deutschen mit dem Terrorismus skrupulös und misstrauisch verfolgt wurde.

Die Selbstmorde in Stammheim und auch das tragische Ende Schleyers änderten nichts daran: Eine derart überwältigend positive

Resonanz wie diesmal für seine Unnachgiebigkeit fand Schmidt wohl selten, von seinem Verhalten bei der Flutkatastrophe abgesehen. Politisch bedeutete das viel: Wie weggeblasen war das Lamento in den Medien über das schwache Bild der Koalition und die sozialdemokratischen Bruderkriege. Die Linke wiederum, die sich jahrelang in der Defensive befand, weil ihr zu viel Verständnis für die «gewaltsamen Systemveränderer» vorgerechnet wurde, sah sich befreit vom Druck: Die RAF hatte jede Grenze überschritten, ihre Mitglieder waren tot oder im Abseits. Billige Gleichsetzungen – die «Frankfurter Schule» beispielsweise als «Wegbereiter» des Terrors – waren nicht mehr möglich, und die Opposition konnte den Terror auch nicht mehr instrumentalisieren. Andererseits musste die Linke sich auch weit stärker mit dem System, mit den Verhältnissen arrangieren, man könnte auch sagen: mit der Bundesrepublik, wie sie geworden war.

Innerhalb dieses Rahmens sollte es in den folgenden Jahren zwar weiterhin zu erregten Debatten und auch zu machtvollen Protesten kommen, sowohl gegen die friedliche als auch die militärische Nutzung der Nuklearenergie, aber der Traum von einem «Dritten Weg» der Republik war ausgeträumt. Ernüchterung machte sich breit.

Falls die Befreiung der Geiseln misslungen wäre, berichtete er später oft, wenn er sich an das Drama erinnerte, hätte er die Konsequenzen gezogen und wäre zurückgetreten.

Grauzone Nur zehn Tage nach der Ermordung Hanns Martin Schleyers hielt Schmidt vor dem Internationalen Institut für Strategische Studien (ISS) in London eine Rede zur sicherheitspolitischen Lage und Strategie aus deutscher Sicht. Ihn trieb der Gedanke um, die USA könnten sich eines Tages abkoppeln und im Falle eines Konflikts mit der Sowjetunion die Bundesrepublik ohne Schutzschirm ihrem Schicksal überlassen. Zwar glaubte er nicht, Moskau plane einen Atomkrieg. Er fürchtete aber sehr wohl, die Bundesrepublik werde erpressbar.

Sein Auftritt in London galt später als die «Geburtsstunde» des Nato-Doppelbeschlusses, wie er selbst im Gespräch gern zitierte, mit dem die westliche Allianz der Sowjetunion ankündigte, mit eigenen nuklearen Mittelstreckenraketen «nachzurüsten», falls diese nicht bereit sei, ihre neu stationierten SS-20-Raketen zurückzuziehen. Verhandeln oder nachrüsten, so lautete die Doppelbotschaft. Aber so weit war es in London noch nicht. Was der Redner dort anregte, barg allerdings den Keim zu einem der leidenschaftlichsten Konflikte in der Bundesrepublik, auch den Keim zu dem Schisma zwischen Willy Brandt und dem Kanzler.

Die Disparitäten in Europa, also die sowjetische Überlegenheit auf militärischem Gebiet, die mit den neuen Raketen noch vergrößert werde, betrachtete er als Grauzone, die bei den Gesprächen der Weltmächte (SALT) nicht hinreichend berücksichtigt werde. Schmidt wörtlich: Er plädiere für eine «Ausgewogenheit aller Komponenten der Abschreckungsstrategie».[75] Er benutzte einen schwer verständlichen Fachjargon. Wenige außerhalb des Kreises der Eingeweihten verstanden die Kürzel. Aber die Sache hatte es in sich. Parität bildete den Kern seiner Überlegungen. Die aber sei ohnehin nicht gegeben, da die Streitkräfte des Warschauer Paktes dem Westen auf konventionellem Sektor (Truppenstärke) weit überlegen seien. Bei den Wiener MBFR-Verhandlungen über die Verringerung der Truppenstärken aber bewege sich nichts. Schmidt: Solange das nicht geschehe, müsse der Westen an der Abschreckung festhalten. Und die werde auf Grund der sowjetischen Nuklearrüstung gerade in Frage gestellt.

Viel Aufmerksamkeit löste seine Rede zunächst einmal nicht aus, schon gar nicht außerhalb der sicherheitspolitischen *Community*.

Unmittelbar zuvor hatte er sich bemüht, Jimmy Carters Sicherheitsberater Zbginiew Brzezinski – mit dem er häufig aufeinanderprallte – klarzumachen, weshalb ihm die Sache derart am Herzen liege. Brzezinski jedoch soll sich die Einmischung verbeten haben, wie Schmidt sich erinnerte, strategische Fragen dieser Art seien allein Sache Washingtons. Schmidts Selbstverständnis lief das entschieden entgegen. Carters Emissär vertrat in der Sache die Ansicht, die neue Aufrüstungsrunde, die Moskau mit den SS-20-Raketen gestartet habe, ändere an der strategischen Lage nichts.

Nicht um westliche Nachrüstung sei es ihm in London gegangen, versuchte Schmidt später vielfach zu verdeutlichen. Er habe nur verlangt, «die eurostrategischen Nuklearwaffen und ebenso die konventionellen Streitkräfte in Europa in die von den beiden Supermächten angestrebte Rüstungsbegrenzung von SALT II einzubeziehen».[76] Die «Grauzone» wurde fortan zum großen Thema im Westen. Jimmy Carter, so Schmidts Version, sei es dann gewesen, der nach anfänglichem Zögern im Januar 1979 während einer Nato-Konferenz auf Guadeloupe vorschlug, den sowjetischen SS-20 amerikanische Mittelstreckenraketen in Europa gegenüberzustellen. Die Diskussion bei dem Gipfeltreffen schilderte Schmidt in seinen Erinnerungen folgendermaßen: «Carter fragte mich nach meiner Meinung, aber ich hielt mich zunächst bedeckt. Ich war auf diesen Vorschlag nicht vorbereitet gewesen; deshalb wies ich lediglich darauf hin, dass die beiden anderen europäischen Regierungschefs Nuklearmächte verträten und ich ihre Stellungnahme abwarten wolle.»[77]

Erstmals ließ der Präsident auch erkennen, dass die USA bereits an einer modernisierten Mittelstreckenrakete, *Pershing II*, arbeiteten, die in vier Jahren einsatzbereit sein würde. Sie war trotz der Reichweite von 1900 Kilometern – die SS-20 flog mehr als doppelt so weit – als Gegengewicht gedacht. Als erster entgegnete Valéry Giscard d'Estaing, die Verhandlungen über Rüstungsbegrenzung sollten zeitlich begrenzt werden, und der Westen müsse Moskau klarmachen, dass nach Ablauf der Frist amerikanische Raketen stationiert würden, falls man keine Übereinkunft erziele. Unnötig zu sagen, dass er damit den Beifall Schmidts fand. Unerheblich war für ihn diese genaue Chronologie nicht, gerade nicht für die Debatte zu Hause, denn ihm wurde von Brandt und anderen der Vorwurf gemacht, den Beschluss hätten die Deutschen – also Schmidt! – erfunden. Er hingegen wollte sagen, die Europäer selbst hätten es so gewollt.

Derjenige allerdings, der fürchtete, die atomare Schutzschirmgarantie Amerikas werde genau dann nicht gelten, wenn sie gebraucht wird, war zweifellos Schmidt. Verhindern wollte er gleichzeitig eine «Sonderstellung» der Bundesrepublik. Keinesfalls sollte sie das einzige Nato-Land sein, in dem neue Raketen aufgestellt würden, und damit als einziges einem Risiko ausgesetzt. Die konservative Presse jubelte über den neuen Einfluss, den die Bundesrepublik gewonnen habe. Einer der außenpolitischen Experten, mit dem Schmidt sich blendend verstand, Karl Kaiser, resümierte später, der deutsche Kanzler sei auf Guadeloupe in den Klub der westlichen Großmächte aufgenommen worden. Respektvoll sprach Hartmut Soell sogar davon, Schmidt habe sich in diesen Klub, ja in die Weltpolitik «hineingezwängt», was keineswegs selbstverständlich war, da die Bundesrepublik nicht zu den Atommächten zählte.

Die «deutsche Angst» sei umgegangen, kommentierten Leitartikler im Ausland, erstmals ging die Friedensbewegung auf die Straße, um vor einer neuen Aufrüstungsrunde zu warnen, die aus ihrer Sicht diesmal vom Westen ausgehe. Willy Brandt sah seine Entspannungspolitik in Gefahr, wenn Nuklearraketen von deutschem Boden aus auf die Sowjetunion abgefeuert werden könnten. Ihn peinigte der Gedanke, ausgerechnet ein deutscher Kanzler belehre die Welt darüber, wie die Amerikaner sich im Rüstungswettlauf der Großen verhalten sollten.

Allerdings ließ Brandt bis zur Abwahl Schmidts im Herbst 1982 wenig unversucht, um den Dissens zu verschleiern. Um beinahe jeden Preis wollte er verhindern, dass seine eigene Partei für ein Scheitern der Regierung Schmidt verantwortlich gemacht würde. Rasch zeigte sich, dass auf Guadeloupe letztlich offen blieb, ob Washington – auch London und Paris – überhaupt sonderlich daran interessiert war, die sowjetische «Überrüstung» wegzuverhandeln. Gut möglich, dass es primär darum gehen würde, auf jeden Fall die neue Raketengeneration im Westen, vor allem also in der Bundesrepublik, zu stationieren.

Schmidt konnte in diesem jahrelangen Konflikt die Bündnispartner einfach nicht alle auf eine Linie verpflichten. London und Paris verfolgten als Atommächte ohnehin eigene Interessen. Das alles machte seine Position doppelt schwierig. Aber was führte zu seiner fixen Überzeugung vom möglichen Schlachtfeld Deutschland oder Mitteleuropa? Die mögliche Singularität jedenfalls trieb ihn um. Gründe gab es aus seiner Sicht.

Wenn die modernen Mittelstreckenraketen aus Moskau mit ihren atomaren Dreifachsprengköpfen nicht in die Abrüstungsverhandlungen der Supermächte einbezogen würden, drohe Deutschland zum Faustpfand zu werden, ja, «die Möglichkeit einer künftigen politischen Nötigung der Deutschen stieg am Horizont auf».[78] Dann rechnete er vor, 75 Millionen Deutsche lebten im Zentrum des gedachten «Kriegsschauplatzes», die mit *Theater Nuclear Weapons* – ein verharmlosender Sprachgebrauch für eine potentielle Tragödie sondergleichen, wie er sich empörte – bedroht würden. Für vorstellbar, ja wahrscheinlich hielt er es, «dass im Falle eines bewaffneten Konfliktes der ‹Schauplatz› im Wesentlichen auf die beiden deutschen Staaten beschränkt bliebe». Es handele sich um eurostrategische Waffen, «die mein Volk bedrohten».[79]

Das hieß: Um jeden Preis wollte er eine Sonderposition für Deutschland verhindern, aber er hielt sie für möglich. Debattiert wurde Ende der 70er Jahre über Sicherheitsstrategien immer noch im Schatten von Auschwitz. Konnte es sein, dass die jüngste Vergangenheit – Auschwitz, der Holocaust, das Hitler-Reich – bei ihm und seiner Generation die Sorge auslösten, Deutschland könne im Zweifel leichter geopfert werden? Horst Ehmke, damals im Dauerclinch mit Schmidt, schloss das kategorisch aus. Nüchtern argumentierte er, immerhin stünden 300 000 amerikanische Soldaten in der Bundesrepublik, die auch zu den Opfern gehören würden. Brandt wiederum bedrängte der Gedanke weniger, Deutschland könne Opfer eines Konfliktes werden, den die Supermächte nicht auf ihrem Territorium austragen wollen. Aber Schmidt?

Der Friedensbewegung warf er vor, Opfer eigener Ängste zu werden. Aber es fällt schon auf, wie sehr der Gedanke vom potentiellen Schauplatz Deutschland beide Seiten quälte. Nur die Überlegungen, wie sich diese Schatten vertreiben ließen, wichen krass voneinander ab.

Waffengleichgewicht wollte er herstellen oder im Idealfall eine Null-Lösung. Die Friedensbewegung wünschte, mit einem Angebot zur «Entfeindung» die Politik des Wettrüstens und der Überrüstung mit ihren drohenden Risiken zu unterlaufen. Aber beide waren sie Kinder ihrer Zeit.[80]

Der deutsche Kanzler versprach, einen gefährlichen Konfliktherd unter Kontrolle zu bringen, während die Friedensbewegung warnte, er wolle Rationalität in einer Sache erzwingen, die nicht zu erreichen sei. Womit wollte er denn die Großen dazu zwingen, auf ihn zu hören? Solche Zweifel und Fragen plagten den Kanzler natürlich auch, er war nicht blind, öffentlich jedoch ließ er sie nicht an sich heran.

Als er Jimmy Carter 1977 erstmals nahelegte, die Grauzone zu schließen und die SS-20 in die Abrüstungsverhandlungen miteinzubeziehen, verfügten die USA allein auf deutschem Boden über annähernd sechstausend nukleare Sprengköpfe. Schmidt klagte, die Möglichkeit, selbst vernichtet zu werden, werde von den USA als «strategische» Qualität bezeichnet, wenn von einem Austragungsort Europa die Rede sei, dann von «taktischer» Qualität. Ihn machte das stutzig. Es sei denkbar, dass im Ernstfall «der ‹Schauplatz› im wesentlichen auf die beiden deutschen Staaten beschränkt blieb.» Im Grunde wiederholte Schmidt damit sein Argument, mit dem er auch schon als frischgebackener Verteidigungsminister den Atomwaffengürtel ablehnte, der die Bundesrepublik an ihrer Ostgrenze vor eventuellen Angreifern beschützen solle. Bevor sie gezündet würden, würden sie den Befehl verweigern, hatten ihm Generäle gesagt, und er fand ihre Warnung vollkommen verständlich.[81]

1978 Ein sichtlich gealterter Leonid Breschnew traf am 4. Mai 1978 am Köln/Bonner Flughafen ein, zu seinem zweiten Besuch und, wie Schmidt fürchtete, wohl seinem letzten (tatsächlich kam er drei Jahre später, 1981, noch einmal). Schmidt: «Ich empfand persönliches Mitgefühl mit diesem Mächtigen, dem ein verlässliches Verhältnis zu Deutschland so wichtig erschien, dass er die Strapazen eines anstrengenden Staatsbesuches auf sich nahm.»[82]

Ganz sicher war Schmidt sich nicht, ob Breschnew wusste, dass die militärische Führung der Sowjetunion im Begriff stand, seinem Land mit den modernisierten Raketen von größerer Reichweite und mit Mehrfachsprengköpfen Erpressungsinstrumente in die Hand zu geben. Angriffsziele waren vornehmlich westdeutsche Städte. «Das Faustpfand Deutschland wurde stärker bedroht, die Möglichkeit einer künftigen politischen Nötigung der Deutschen stieg am Horizont auf.»[83]

Zu zweit sprachen sie am Tag nach Breschnews Ankunft in Schloss Gymnich nahe Bonn darüber, nur die *notetaker* waren zugegen. Solange die Führung bei ihm liege, erläuterte Schmidt dem Besucher, habe er keine Sorge, die Sowjetunion könnte ihre Überlegenheit ausnutzen und Deutschland angreifen. Aber wenn eine andere Generation die Führung übernehme, die nicht wie sie beide – er spielte auf ihr Gespräch beim ersten Treffen an – den Krieg erlebt habe?

Breschnew und seine Begleiter vertraten im Streit weiter die Ansicht, in Europa herrsche annäherndes Gleichgewicht und gleiche Sicherheit. Schmidt hielt dagegen: Erst Verhandlungen und ein Abkommen könnten Parität herstellen. Man einigte sich auf eine Kompromissformel, die beiden erlaubte, das Gesicht zu wahren, aber der Dissens blieb. In den folgenden Jahren sollte er sich noch zuspitzen. In Bonn wurde Breschnew jedoch ebenso gastlich und respektvoll behandelt wie seinerzeit Schmidt in Moskau.

Ein kleiner Höhepunkt aber stand noch bevor: Breschnew hatte zugesagt, Schmidt zu einem privaten Mittagessen in Langenhorn zu besuchen. Der Mann aus Moskau zeigte sich sogar bereit – gegen seine Ratgeber –, sich neben Schmidt in ein Bundeswehrflugzeug zu setzen, das beide samt Gromyko und Genscher nach Hamburg fliegen sollte.

«Breschnew in Langenhorn»: Stolz prangte das als Überschrift über dem Bericht, den Schmidt über den Gegenbesuch des Generalsekretärs vier Jahre später für seine Erinnerungen verfasste. Der Moskauer CEO im bescheidenen Hamburger Einfamilienhaus: Man muss sich das auf der Zunge zergehen lassen. An Selbstbewusstsein fehlte es Schmidt wahrlich nicht, und doch zählte er ganz offenkundig diesen Besuch bei ihm zu Hause zu seinen kleinen, privaten Triumphen. Die Bundesrepublik, hieß das, wurde vorbehaltlos anerkannt, erwachsen und «auf Augenhöhe».

Zwischen Washington und Moskau wuchsen die Spannungen, die Sowjetunion schwankte zwischen Übermut und Wirtschaftsmisere. Präsident Jimmy Carter hatte verkündet, Neutronenwaffen auf deutschem Boden stationieren zu wollen; eine «Perversion des Denkens»,

funkte Egon Bahr dazwischen und brachte die SPD in Stellung, während Schmidt sich darüber mit Carter zerstritt.
Die Abrüstungsverhandlungen (SALT II) kamen nicht voran. In Washington wie in Moskau standen sich Falken und Tauben gegenüber, der entspannungspolitische Kurs stand zur Disposition. Dazwischen suchte Schmidt, den neuen Einfluss zu wahren, den die Bundesrepublik seit der Kanzlerschaft Brandts gewonnen hatte. Die Nato arbeitete bereits an Plänen, die im sogenannten Doppelbeschluss von 1979 münden sollten: «Nachrüsten», wenn die Sowjetunion sich in Verhandlungen nicht zum Abrüsten bereit zeige. Ob Schmidts Vorstoß erfolgreich sein würde, stand dahin. Aber die Initiative ging von den Deutschen aus, das war das Novum.

Für polnischen Wodka der Marke Zubrowka hatte Schmidt gesorgt, ein Geschenk von Edward Gierek, den er außerordentlich schätzte. Mit ihren Außenministern zogen sich die Herren in das kleine, mit Büchern überfüllte Arbeitszimmer Schmidts auf halber Treppenhöhe in Langenhorn zurück, die Dolmetscher mussten stehen.
Die Stimmung beim Gespräch mit Breschnew, erinnerte Schmidt sich, sei zunehmend freundlich geworden, Zugeständnisse freilich machte keine Seite, später gab es – mit den Frauen gemeinsam – Spargel und Schinken. Brandt, Lambsdorff und Bahr stießen dazu, die Runde wurde «ziemlich fröhlich», viel Wodka wurde ausgeschenkt, und alle lachten. Mühe allerdings hatte Schmidt zu erklären, dass in der Siedlung der Neuen Heimat, zu der sein Reihenhaus gehört, vorwiegend kleine Leute wohnen. Die Eigenheime, so Schmidt, mit Garagen und kleinen Gärtchen, seien dem Gast wohl für normale Facharbeiter und Angestellte zu luxuriös erschienen. Breschnew hielt Langenhorn für ein Potemkinsches Dorf.

Weit klafften die Ansichten auseinander, als im Mai 1979 im Beisein von Brandt, Wehner, Bahr, Ehmke sowie einiger Sicherheitsexperten über die Antwort auf einen Brief Carters zur Nachrüstung beraten wurde. Aus Sicht Bahrs legte Schmidts Antwortentwurf nicht deutlich genug Nachdruck darauf, die Raketen wegzuverhandeln. Im Gegenteil, er befürchtete, es werde bereits jetzt eine Stationierungszusage gegeben, die kaum noch zu revidieren sein könnte.

Bahr argumentierte, die neue Raketengeneration, die von deutschem Boden auf Moskau gerichtet sei, könne den sowjetischen Raketen verglichen werden, die 1962 auf Kuba hatten stationiert werden sollen und beinahe einen Weltkrieg auslösten. Die deutsche Position könne er nicht mittragen. Schmidt erregt: Dann müsse sich die SPD wohl einen neuen Kanzler suchen. Davon drang übrigens in Bonn seinerzeit nichts nach außen.[84] Erstaunlich weitgehend hatte der Kanzler seinen festen Entschluss durchgesetzt, politisch Vertrauliches auch vertraulich zu behandeln.

Die USA waren geschwächt, Moskau litt unter einer erstarrten, überalterten Führung, die zwischen Hochmut und Aggressivität oszillierte. Viele Augen richteten sich tatsächlich auf Europa, und in Europa besonders auf Schmidt. Nach schweren Zerwürfnissen über die Neutronenbombe sowie über verstärkte Anstrengungen, Energie zu sparen und Ölimporte zu limitieren, fand der Kanzler ein halbes Arrangement mit dem US-Präsidenten. Aber das Verhältnis zu Carter blieb äußerst labil. Im Sommer 1979 geriet plötzlich sogar die geplante Ratifizierung des Rüstungsabkommens (SALT II) ins Wanken, einflussreiche Senatoren verweigerten ihre Zustimmung. Würden die Hardliner sich durchsetzen, war an einen Kompromiss über die eurostrategischen Waffen – einen eventuellen Verzicht sogar auf die Stationierung der *Pershing II* – schon gar nicht mehr zu denken. Jimmy Carter erbat in dem Augenblick sogar Hilfe von Schmidt.[85] Bei den Freunden Schmidt und Giscard verfestigte sich der Eindruck, ein Vakuum füllen zu müssen. Übereinstimmend meinten sie, Amerika fehle Führungskraft, Europa könne das nur sehr begrenzt kompensieren. Aber darum ging es jetzt.

In der Opposition setzte sich im Vorfeld der Wahlen Franz Josef Strauß gegen Helmut Kohl durch, er erstritt seine Nominierung als Kanzlerkandidat für 1980. Helmut Kohl lenkte ein, ein Entschluss, für den er gescholten wurde, der sich aber als einer seiner klügsten Schachzüge erweisen sollte. Auf die Weise konnte er Strauß entsorgen, nur so. Der Bundesrepublik allerdings drohte damit eine noch härtere Polarisierung als vier Jahre zuvor. Den Christdemokraten kam der Streit über die Nachrüstung in der SPD wie gerufen, Strauß und Kohl überboten sich an Loyalitätserklärungen gegenüber

Helmut Schmidt 1979 im Park des Palais Schaumburg, während ein Hubschrauber landet.

Washington, auf Schmidts Regierung hingegen sei wegen des Widerstands in dessen Partei kein Verlass. Die SPD, hieß es polemisch wie schon zu Adenauers Zeiten, gehe Moskau auf den Leim.

Im Vorfeld der Bundestagswahlen, für den Dezember 1979, stand ein Parteitag der SPD bevor, in Schmidts Partei wuchs der Widerstand gegen einen endgültigen Stationierungsbeschluss rapide. Öffentlich äußerte sich der Parteivorsitzende nicht oder nur äußerst vage, aber man wusste, wie er dachte: Die Entspannungspolitik in den Händen von Militärs, das konnte aus seiner Sicht einfach nicht gut gehen.

Mühsam quälte sich die SPD-Spitze zu einem Antrag durch, in dem als Ziel der Verhandlungen beschrieben wurde, «durch eine Verringerung der sowjetischen und eine für Ost und West in Europa insgesamt vereinbarte gemeinsame Begrenzung der Mittelstreckenwaffen die Einführung zusätzlicher Mittelstreckenwaffen in Westeuropa überflüssig zu machen». Eine Zustimmung rang auch Willy Brandt sich ab, «dies mit Begeisterung zu tun, würde mir schwer fallen».[86] Die SPD war tief gespalten, auch wenn die Parteispitze sich verzweifelt bemühte, die Differenzen zu kaschieren.

Kurz vor Weihnachten 1979, wenige Wochen nach dem Berliner Parteitag, erfolgte der sowjetische Einmarsch in Afghanistan. Einmal mehr zeigte sich, dass Schmidt – trotz aller Kompromissbemühungen – auf die politische Großwetterlage in den USA und der Sowjetunion wenig Einfluss hatte. Unendlich schwer fiel es ihm, wenn er zum Zuschauen verurteilt war. Was er damals nicht wusste, aber vielleicht ahnte: Dass Washingtoner Politiker mit der Unterstützung islamischer Aufständischer in Afghanistan die Sowjetunion geradezu zur Intervention provozieren wollten. Wieder war es Schmidts Intimgegner Zbginiew Brzezinski, der an der Idee, die Mudjahedin in Kabul massiv zu unterstützen, zuvörderst beteiligt war und stolz darüber berichtete.

In einem Kommuniqué über ihr Brüsseler Treffen vom 12. Dezember 1979 gaben die Außen- und Verteidigungsminister der Nato bekannt, dass sie sich auf einen «Doppelbeschluss» verständigt hatten: Das Raketenarsenal solle modernisiert (*Pershing II* und *Cruise Missile*), zugleich aber sollten Gespräche über einen Abbau der Mittelstreckenraketen und beiderseitige Rüstungskontrolle angeboten werden. Für den Fall des Fehlschlags wurde als Zeitpunkt für die Stationierung das Frühjahr 1983 festgelegt, also sobald die neue Raketengeneration technisch einsatzbereit wäre.

Nur 48 Stunden darauf erfolgte die Reaktion: Moskau erklärte, die Basis für Gespräche über Mittelstreckenwaffen sei damit zerstört. Knapp zwei Wochen später erfolgte der sowjetische Einmarsch in Afghanistan. Schmidts Urteil in der Rückschau: Damit waren die Chancen, wenigstens SALT II unter Dach und Fach zu bekommen, hinter dem Horizont verschwunden.[87]

Aus Sicht des deutschen Regierungschefs fiel Washington in das Verhalten der 50er und 60er Jahre *vor* der Ost- und Entspannungspolitik und der KSZE in Helsinki zurück. Schon im Nachrüstungsstreit hatte Schmidt – aus seiner Sicht – die Rolle desjenigen übernommen, der auf beide Großmächte zumindest indirekt Einfluss auszuüben sucht und sie an den Verhandlungstisch bringen möchte.

Alltag für jeden Regierungschef: Auch im Flugzeug möchten Journalisten erfahren, was er denkt und worüber gesprochen wird bei einem offiziellen Besuch. In diesem Fall, beim Rückflug aus Washington nach Köln/Bonn 1979, geht es um das angespannte deutsch-amerikanische Verhältnis und die Beziehungen zwischen Schmidt und Carter. Mit dabei: Schmidts Sprecher Klaus Bölling (M.) und Manfred Schüler (hinter ihm), Säulen seiner Regierungsjahre.

Natürlich betrachtete er die Bundesrepublik nur als «Zwischenmacht», aber mitreden wollte und sollte sie.

Auf der anderen Seite: Da sowohl in Washington als auch in Moskau der Ausgang des Konflikts zwischen Falken und Tauben noch offen blieb, mussten die Deutschen die Rolle der «Erwachsenen» übernehmen. Washington wollte Vietnam vergessen, vielleicht mit einem Triumph in Kabul? Moskau schwankte, die Hardliner drängten auf Aufrüstung, um die amerikanische Schwäche zu nutzen, dazu passte der Einmarsch in Afghanistan. Die Realisten wünschten eine dauerhafte wirtschaftliche Kooperation zumindest mit den Deutschen, die dringend benötigt wurde. Und der

Kanzler – Chef dieser «Zwischenmacht» – wollte zumindest gefragt werden.

1980 Den Nachrüstungskritikern im eigenen Land nachgeben wollte Schmidt keinesfalls, das hatte er sich geschworen, aber er wollte auch nicht untätig warten, was sich aus den Spannungen zwischen Moskau und Washington ergab. Vielleicht ließ sich bei Leonid Breschnew eher etwas erreichen im direkten Gespräch? Spontan entschloss Schmidt sich, nach Moskau zu fliegen, er wollte nicht stillsitzen und warten, das war nicht seine Art. Einlenken wollte er keinesfalls, das hatte er sich fest vorgenommen. Darauf wartete doch die Opposition nur, von Hans-Dietrich Genscher nicht zu reden, der Argumente suchte, die Koalition zu verlassen. In einem Gespräch mit dem versammelten Politbüro – keiner unter 65, notierte er sich hinterher – blieb der Kanzler unnachgiebig: «Jetzt kommt es darauf an, neue gefährliche Ungleichgewichte zu verhindern, die auch das zwischen uns Erreichte in Frage stellen könnten.» Schmidt erinnerte sich, wie der Ärger bei seinen Zuhörern wuchs, sie hatten erwartet, er mache Abstriche am Doppelbeschluss. Aber wie konnte er, er hatte ihn durchgesetzt, und Washington stand dazu. Schmidt in seinen Erinnerungen: «Ich dachte, nun komme es zum Eklat, aber ich sprach mit leiser Stimme weiter, ohne zu zucken.»

Leonid Breschnew habe sich nicht stören lassen von seinem Politbüro, hörte zu, stand am Ende auf und – applaudierte. Das Politbüro stimmte daraufhin brav ein. Ein Stein fiel dem Deutschen vom Herzen: «Das Politbüro hatte meinen Respekt vor der Weltmacht Sowjetunion gespürt; es war zwar irritiert, aber nicht beleidigt. Es hatte die Ernsthaftigkeit meines Willens zu Frieden und Zusammenarbeit sehr wohl verstanden und war deshalb bereit, meine freimütige Offenheit zu akzeptieren. Wahrscheinlich hatte es im Kreml seit langen Jahren keine derart unverhüllten ausländischen Vorwürfe an die Adresse der sowjetischen Führung gegeben.»

Erstmals seit geraumer Zeit lenkte Moskau ein und erklärte sich zu bilateralen Verhandlungen mit Amerika bereit. Allerdings standen Präsidentschaftswahlen bevor, die alles verzögerten. Zudem erkrankte Breschnew, die Moskauer Gerontokratie erwies sich zunehmend als bewegungsunfähig; der Moskaubesuch, der sich anfänglich so gut anließ, hatte somit unter dem Strich nicht viel gebracht.

Im Jahr 1985 gelangte zwar unerwartet Michail Gorbatschow als Generalsekretär an die Spitze, also kein Hardliner, sondern ein Reformer. Als Schmidt das Manuskript zu seinem Buch über diese Jahre abschloss, war aber noch nicht endgültig klar, ob es zu einem großen Abrüstungsabkommen und einer «Null-Lösung» im Raketenstreit kommen werde. Dennoch bestätigten sich die heimlichen Hoffnungen bald: Gorbatschow an der Spitze, das war der «persönliche Triumph», auf den er dringlich gewartet hatte. Erleichtert, notierte er im Jahr 1987, «entdecken endlich auch die kommunistischen Führer Russlands ihre Zugehörigkeit zum ‹gemeinsamen Haus Europa›. Ich gestehe, dass ich davon angerührt war. Ich musste mich selbst zur Ordnung rufen, damit nicht Rührung und Sympathie mich zur Illusion verführten.» Es hätte auch anders enden können, hieß das. Glück hatte er.

Das große Kapitel über Russland ließ er folgendermaßen ausklingen: «Wir Deutsche dürfen Hitler und seinen Krieg, wir dürfen alle die Schandtaten nicht vergessen, die von Deutschen begangen worden sind. Ich weiß: Wir haben keinerlei historische Legitimation, sie etwa gegen Stalins Untaten aufzurechnen. Aber ich weiß auch: Das zaristische Russland war schon zu Bismarcks Zeiten ein gefährlich mächtiger Nachbar – die Sowjetunion ist noch mächtiger. Sie ist keineswegs eine international-karitative Organisation. Aber als Feind dürfen wir sie nicht ansehen! Wir müssen sie als Nachbarn sehen und gute Nachbarschaft mit ihr erstreben.»[88]

Die Erbschaft Brandts, das war zwischen den Zeilen zu lesen, hatte er genutzt: Die Bundesrepublik sprach auch in Moskau mit, genauer, er persönlich. Helmut Schmidts Botschaft beim Nachdenken über Russland: Ernst genommen und anerkannt werden die Deutschen, trotz der jüngsten Vergangenheit und obwohl ein Schatten der Geschichte immer bleiben werde. Regelrecht stolz zeigte der Autor sich beim Abfassen seiner Erinnerungen, weil er einen eigenen Zugang zu Breschnew gefunden hatte. Ja, er vergegenwärtigte sich:

Breschnew, der Politkommissar der 18. Armee, hätte im Falle seiner Gefangennahme auf Grund des Kommissarbefehls unter Bruch aller Völkerrechtsregeln erschossen werden müssen, ein Befehl, den Schmidt kannte. Seine Vollstreckung, beteuerte Schmidts, habe er in seinen Monaten als Soldat an der Ostfront allerdings nie erlebt. Aber ihm machte diese Erinnerung klar, wie weit sich beide Seiten aus den Gräben von damals herausgearbeitet haben.

Im Jahr 1980 schien alles zu kumulieren, was aus Schmidts Sicht ein geordnetes Regieren kaum noch zuließ. Vergleichsweise ließ sich die Kandidatur von Franz Josef Strauß mit ihren Folgen für die Opposition noch kalkulieren. Aber die einst so stabile Bundesrepublik wirkte dünnhäutig und fragil. Auf der großen Bühne wiederum wurde Deutschland zwar als erwachsener Partner behandelt, aber der Einfluss blieb begrenzt: Ohne den Bonner Regierungschef zu Rate zu ziehen, entschied Jimmy Carter, die Olympischen Spiele in Moskau zu boykottieren. Im Westen folgten nicht alle Staaten, Helmut Schmidt rang sich wider seine innere Überzeugung dazu durch, ihn zu unterstützen. Dass Carter ihn nicht konsultiert hatte, verzieh er ihm gleichwohl nicht. Zu allem Überfluss hatte der Mann im Weißen Haus ihm klargemacht, jedem ernsthaften Emanzipationsversuch des Verbündeten am Rhein würden von den USA Grenzen gezogen. Die Deutschen, hieß das, sollten an die Leine genommen werden, Schmidt wurde zu stark. Frankreich mit seinem Freund Giscard an der Spitze weigerte sich zudem, sich dem Boykott anzuschließen, gerade weil gezeigt werden sollte, wie unabhängig die Nation sei. Die Bundesrepublik blieb also abhängig vom befreundeten Hegemon, so jedenfalls empfand Schmidt es. Nicht zufällig, sollte er später einmal sagen, seien diejenigen Länder dem Boykottaufruf gefolgt, die territorial unmittelbar an die Sowjetunion und ihre militärische Macht angrenzten, Norwegen, die Türkei und Deutschland. Er aber habe gemeint, «den Bogen der Nicht-Übereinstimmung mit Amerika nicht überspannen» zu sollen.[89]

Ein Beinahe-GAU im März 1979 im amerikanischen «Three Miles Island» nahe Harrisburg gab den Kritikern der Nuklearenergie Auftrieb. Erhard Eppler wandte sich zunächst beim Parteitag 1979 mit einem Plädoyer an den Kanzler, die Hinweise auf die Risiken, letztlich auf die Unbeherrschbarkeit der Technologie nicht nur als grundlose Angstmacherei abzuwimmeln. Er solle Brücken zu den Widersachern bauen, beschwor er ihn – «Lieber Helmut, nicht jeder Sieg ist schließlich auch ein Gewinn».

Aber Helmut Schmidt wollte siegen. Einen Moratoriumsbeschluss vermochte er mit dieser starren Haltung gerade noch zu verhindern. Im Frühjahr 1980 allerdings – ein letztes Alarmsignal – zogen die Grünen strahlend in den Stuttgarter Landtag ein. Selbst Lothar Späth, der für die Christdemokraten noch einmal die absolute Mehrheit behaupten konnte, hatte durchaus Nähe zu den zahlreichen Bürgerinitiativen und Kernenergieprotestlern im «Ländle» gesucht. Demokratie von unten? Dagegen sträubte sich alles bei Schmidt. Politik ist keine Privatsache.

Wirklich zurückdrehen aber ließ sich die Entwicklung nicht mehr, jenseits der traditionellen Parteilager dividierte sich die Republik zunehmend auseinander. Individueller, liberaler, nicht leicht zu «führen», so sperrig nahm sie sich aus. Etwas Altmodisches schien hingegen Schmidts Politikbegriff anzuhaften, als nehme er die Metamorphosen nicht wirklich zur Kenntnis. Freundschaftlich bedrängte ihn Marion Gräfin Dönhoff gelegentlich, die jungen Stimmen der Wachstumskritiker ernst zu nehmen, auch Parteifreunde meldeten sich mit ähnlichen Plädoyers, wenn auch vergebens.

Für maßlos übertrieben hielt er die Umweltsorgen, ihn bewegten ganz andere Fragen, die Bevölkerungsexplosion in der Welt beispielsweise, die Unruhen in Polen, die er für stabilitätsbedrohend hielt, die mangelnde oder falsche amerikanische «Führung», Jimmy Carter, Leonid Breschnew, die Währung und die Weltpolitik ... Aber das bekümmerte wiederum die jüngere Protestgeneration oder die neuen Grünen nicht. Sie lebten in einer anderen Welt, urteilte Schmidt befremdet. Für seine schwierige Lage als Regierungschef mit ganz anderen Sorgen interessierten sie sich ihrerseits doch kaum.

Um den Protest verwöhnter, kulturpessimistischer Bürgerskinder handelte es sich aus seiner Warte. Die Kluft, die sich längst schon öffnete zwischen Ökologiebewegung und tradiertem Fortschrittsglauben, vermochte er nicht mehr zu schließen. Er wollte es wohl auch nicht. Willy Brandt dagegen fürchtete, solche Unversöhnlichkeit gegenüber der Friedens- und Anti-AKW-Bewegung werde am Ende die junge Generation verschrecken und seine Partei müsse den Preis dafür zahlen. Er sollte Recht behalten.

Brandts Dilemma war unübersehbar: Er wollte die junge Generation an seine Partei binden, aber zugleich wollte er auch den Burgfrieden mit Schmidt. An ihm durfte die Regierung nicht scheitern, das hätte er sich nicht verziehen. Ganz anders sah Schmidt das. Wenn man ihn später danach fragte, ob seine Politik Ursache für das Entstehen der Grünen oder die Spaltung der Linken sei, pflegte er sehr entschieden zu entgegnen: Das ließ sich nicht aufhalten, mit unserer Politik hatte dieser europäische Trend nichts zu tun. Weit entschiedener, setzte er jedoch hinzu, hätte Brandt diesen Grünen oder den Ökologen in den eigenen Reihen, Erhard Eppler voran, entgegentreten müssen.

Für seinen eigenen Anteil an einer Zersplitterung der SPD in Richtung «Nenni-Partei» hatte Schmidt nie ein Gespür.

Das Ergebnis ist bekannt: Am 12./13. Januar 1980 trafen die Grünen, ein Zusammenschluss zahlreicher Bürgerinitiativen und ökologisch-pazifistischer Basisbewegungen, zu ihrem Gründungskongress zusammen. Für die Bundesrepublik war das ein Novum, obgleich noch schwer abzuschätzen war, ob diese «Antiparteienpartei» sich dauerhaft etablieren werde. Ein Alarmzeichen gerade für die Sozialdemokraten war es in jedem Fall, bedeutete es doch, dass ihnen die junge Generation abhanden kam, die kritischen Geister, die Brandt 1968 noch umworben hatte.

Unverändert halte er von ihrer naiven Wachstumskritik nichts, pflegte Schmidt auch als alter Herr stets zu sagen. Hätte er sich denn modisch verbiegen sollen? Fragen stellten sie, auf die sie keine Antworten hatten, eine Todsünde in der Politik. Nein, revidiert hat er sein Urteil über die Grünen nicht. Aus der neuen Partei aber – Helmut Schmidts «Kindern», wie Daniel Cohn-Bendit gesagt hatte – wurde eine Erfolgsgeschichte.

Raddatz, Grass, Lenz «Ich halte mich selbst für einen Intellektuellen», erwiderte er in einem Gespräch mit Günter Grass, Siegfried Lenz und Fritz J. Raddatz, «ohne dass ich darin schon eine zureichende Charakterisierung meiner Person sehen kann.» Locker kam ihm dieser Satz über die Lippen. Aber, fügte Schmidt gleich hinzu, «je größer das Selbstbewusstsein der Arbeiterbewegung, je stärker das politische Selbstvertrauen der deutschen Sozialdemokratie wurde, umso sorgfältiger haben die Sozialdemokraten der vergangenen Generationen – und das gilt Gott sei Dank auch für die heutige sozialdemokratische Generation – darauf geachtet, aus der Studierstube kommende Auffassungen nicht ihren Interessen überstülpen zu lassen – was sie zu denken hätten, was sie als ihre Interessen zu erkennen hätten.» Wenn «studierte Intellektuelle» in der IG-Metall, wenn in Ortsvereinen nur noch die «Studierten» das Wort führten, einen Horror hätte er davor! Zutiefst zuwider laufe das seinen «Instinkten als Demokrat», wenn Arbeiter nicht selber entscheiden, was ihnen frommt. Arbeiter: das sollte nicht nur heißen, dass er immer noch besser wisse als die Akademiker, wie der Alltag für kleine Angestellte an der Supermarktkasse oder Malocher am Fließband aussehe. Nein, es war eine Chiffre für alle, die ein normales Leben führten, für dich und mich. Was verstand ein Raddatz oder Grass denn schon davon?

Die «Aufgabe des Volkserziehers» sei nicht seine Rolle, verteidigte er sich gegen seine Interviewer selbstbewusst, er habe auch nicht «die Funktion des Vorphilosophierers für die deutsche Gegenwartsgesellschaft». Regierung sei «etwas sehr viel Bescheideneres», suchte er Raddatz und Grass auf den Teppich zu holen. Vor allem Raddatz machte keinen Hehl daraus, dass er Schmidt für eine Art neuen Hindenburg hielt, den die Deutschen blind verehren, und für einen Spießer natürlich auch.

Barsch erwiderte er auf die Klage, das bloße «Machen» von Politik führe dazu, dass das Interesse daran – zumal bei der jüngeren Generation – schwinde, er erkenne darin nur «schrecklich viel Selbstmitleid». Ihn rühre es nicht, wenn sich Intellektuelle unzureichend unterstützt fühlen. Gerafft hielt er dann seine Vita dagegen: «Ich wurde während des Dritten Reiches erwachsen, ich war 1933 vierzehn Jahre alt. Als ich nach heutigen Begriffen volljährig wurde, wurde ich Soldat, 1937. Mit welchen Konflikten *wir* als 18-, 19-, 20-, 25-, 26jährige haben leben müssen, das war schon sehr schlimm. Damit sind wir fertig geworden, sind halbwegs anständige Menschen geworden im Laufe dieses Lebens und haben auch schließlich noch gelernt, was Norden und was Süden ist, und was Gut ist, und was Böse ist. Das letztere hatten wir schon während des Dritten Reiches gelernt, und daher stammte ja ein großer Teil unserer entsetzlichen Konflikte, in denen wir standen, weil wir schon während des Dritten Reiches wussten, was böse ist. Die Jugend vor der meinigen war durch die Massenarbeitslosigkeit geprägt, die ökonomische Aussichtslosigkeit. Wenn irgend etwas die heutige Jugend unterscheidet, dann sind es zwei Dinge: ein kategorischer Unterschied in den Lebensumständen, die unvergleichlich besser sind, ... und die Entleerung religiöser Inhalte».[90]

Zum Refrain wurde diese Beobachtung, heute verstünden die jungen Kritiker leider nicht, mit welchen existenziellen Herausforderungen die Elterngeneration konfrontiert war. Viel jünger waren die drei Autoren, mit denen er sich unterhielt, allerdings selber nicht: Fritz J. Raddatz, Jahrgang 1931; Siegfried Lenz, Jahrgang 1926; Günter Grass, Jahrgang 1927. Raddatz hatte Glück, er war zu jung, aber auch Lenz diente in der Wehrmacht. Von Grass wusste man, dass er zur Hitlerjungend gehörte, von seiner Mitgliedschaft in der Waffen-SS war seinerzeit nichts bekannt. Ihre Lebenserfahrungen lagen jedenfalls nicht völlig auseinander, aber das interessierte Schmidt in dem Moment nicht.

Macher? Noch einmal platzte es aus dem Befragten heraus: «Ihr beurteilt unsereins nach dpa-Nachrichten.»

Grass: «Woher wissen Sie das? Das sind doch ungeheure Vorurteile.»

Schmidt: «Das unterstelle ich ganz frech.»

Grass: «Dadurch wird es ja nicht besser.»

Schmidt: «Doch, ich muß mich doch gegen Frechheiten wie den ‹Macher› wehren dürfen, das hat Herr Raddatz doch alles gesagt, da muss er sich doch auch die Gegenrede anhören.»

Grass: «Sie sprechen im Plural.»

Schmidt: «Gut, ich rede gern im Singular, ich nehme den Plural zurück. Wenn man mir das Machbare als Kennzeichen anhängen will, so hätte ich dagegen zunächst nichts einzuwenden.»
Grass: «Ich auch nicht.»
Schmidt: «Ich habe nur dann etwas dagegen einzuwenden, wenn damit unausgesprochen der Vorwurf verbunden wird: Im Übrigen versteht er ja von vielem anderen nichts. Das ist ein Irrtum. Das verbitte ich mir, hingestellt zu werden als eine mindere Kategorie, als bloßer Macher des Praktischen, über den man sich erheben kann, weil man selbst Philosophen liest oder selbst Philosophie schreibt. Ich halte es, entschuldigen Sie meine Arroganz der Formulierung, in Wirklichkeit für eine große kollektive Gesamtleistung der Regierenden der westlichen Welt in der zweiten Hälfte des eben abgelaufenen siebziger Jahrzehnts, dass wir wirtschaftliche Stabilität und Frieden erhalten haben ...»

Egal war Schmidt in dem Moment, dass ihm, bei Lichte besehen, drei Wohlmeinende gegenübersaßen, die es sichtlich schätzten, mit ihm sprechen zu können. Zu viel hatte sich aufgestaut über die Jahre. Auch er brauchte Anerkennung, nicht wahr, obgleich er das gerne hinter einer Maske verbarg.

Zielstrebig steuerte dieses Gespräch auf eine kurze Formel zu, sein Selbstbildnis als Kanzler, das er sämtlichen Kritikern und Besserwissern und Realitätsblinden der Republik entgegenhielt: «Gegenwärtig bin ich der leitende Angestellte der Bundesrepublik Deutschland, und alle vier Jahre haben wir eine Generalversammlung, wo einige 30 Millionen wahlberechtigte Bürger darüber abstimmen, ob ihr Unternehmen einigermaßen anständig geführt ist oder ob es unzureichend geführt worden ist.» Den Merksatz über sich selbst wurde er nie mehr los.

Ein großes, schwieriges Buch wolle er schreiben, wenn er einmal aus dem Amt ausgeschieden sei, gestand dieser leitende Angestellte zum Schluss noch. Eines, das sich mit der Frage beschäftigt, was die historische, die in die Zukunft weisende Aufgabe dieses westdeutschen Staates, die «Zukunftsaufgabe dieses westdeutschen Teilstaates» sei. Hin und wieder mache er sich bereits Notizen dazu und stecke sie in einen bestimmten großen Kasten.[91] Ein großes, schwieriges Buch, als Traum für die Zeit danach?

1980: Helmut Schmidt muss im Wahlkampf gegen Franz Josef Strauß nur Fehler vermeiden – die Mehrheit hatte er hinter sich. Die Republik tendiert zur Mitte. Die Mitte aber verkörpert Schmidt, nicht Strauß. Im Hintergrund wartet Kohl auf seine nächste Chance. Er ist sich sicher, Strauß werde verlieren, dann schlage seine Stunde endgültig. Er sollte Recht behalten.

Kurz vor der Wahl – Schmidt oder Strauß – ließen die beiden, der Kanzler und der Kandidat, sich auf ein ungewöhnliches Experiment für den *Spiegel* ein. Mit Strauß lieferte sich das Magazin gelegentlich noch Fehden, aber längst verweht waren die Spuren der Affäre aus dem Jahr 1961, als er das Blatt mundtot zu machen versuchte. Sie sollten jeweils auf die gleiche Frage antworten, sodass man die Antworten synoptisch nebeneinander legen und vergleichen konnte. Man muss es lesen, um den Geist jener eigentümlichen Zeit zu begreifen.

Spiegel: «Was befähigt Sie Ihrer Meinung nach, 1980 ein besserer Kanzler der Bundesrepublik Deutschland zu sein als ihr Konkurrent?»

Strauss: «Die klaren, glaubwürdigen, wirklichkeitsnahen Ziele unseres Programms, die innere Geschlossenheit der Union und die bessere Mannschaft. Bereits in der vergangenen Legislaturperiode konnte sich Helmut Schmidt in Lebensfragen der Nation auf keine sichere Mehrheit weder in seiner nach links abdriftenden Partei noch in der Koalition verlassen. Angesichts der Stärkung des extrem linken Flügels in der SPD dürfte Schmidt noch weit weniger als bisher in der Lage sein, gegen den Willen der Linken zu regieren – mit allen gefährlichen Konsequenzen für unsere äußere und innere Sicherheit, für unsere Energie- und Rohstoffversorgung wie für die Zukunft der Marktwirtschaft.»

Schmidt: «Ihre Frage ist eine Einladung zur Selbstanpreisung. Das schätze ich nicht. Immerhin bin ich dankbar dafür, daß viele Bürger mir Disziplin und Besonnenheit im Denken und Handeln bestätigen. Ich bin stets, seit ich politische Verantwortung zu übernehmen hatte, tief davon überzeugt gewesen, daß nur der zur Demokratie taugt, der zum Kompromiß bereit ist, der auf dem Felde der Außenpolitik seine nationalen Interessen zwar mit Nachdruck vertritt, aber sie auch mit den Interessen des anderen ehrlich auszugleichen sich bemüht. Auch glaube ich, gegen die Versuchung immun zu sein, unsere deutschen Möglichkeiten zu überschätzen. Ich bin damit einverstanden, daß mir viele unserer Landsleute ein pragmatisches Urteil, Augenmaß und einen Blick für die Realität deutscher und internationaler Politik zutrauen.»

Spiegel: Welche Ihrer Eigenschaften halten Sie zur Bewältigung politischer Krisen für besonders geeignet?»

Strauss: «Meine geschichtlichen und geographischen Kenntnisse, meine analytische Kombinationsgabe, mein wirklichkeitsnahes Verhältnis zur modernen Technik, mein politisches Gespür, mein Gewissen, meine Befähigung, schnell zu denken und rechtzeitig zu entscheiden.»

Schmidt: «Was kritische Zeitgenossen über mich gesagt haben, brauche ich nicht zu dementieren. In kritischen Phasen der Politik kann ich ruhig bleiben, auch wenn mich – wie nach der Entführung von Hanns Martin Schleyer und später der ‹Landshut› – ein Vorgang innerlich stark bewegt hat. Weder neige ich zu schnellen noch zu einsamen Entscheidungen. Allerdings glaube ich gezeigt zu haben, daß ich nach gründlicher Erwägung und Beratung mit Persönlichkeiten, denen ich Urteilskraft zutraue, notwendige Entscheidungen nicht hinauszögere. Einer jeden Entscheidung geht, was ich für selbstverständlich halte, eine gewissenhafte Analyse der Gründe einer Krise voraus, in die ich alle Faktoren, politische und menschliche, einzubeziehen bemüht bin. Dann allerdings dränge ich auf eine klare Entscheidung. Des Risikos, eine fehlerhafte Entscheidung zu treffen, bin ich mir dabei bewußt. Wenn Sie mir das Wort Max Webers erlauben: Ich stehe zur Ethik der Verantwortung.»

Spiegel: «In welchen Ihnen zugeschriebenen Eigenschaften fühlen Sie sich am meisten missverstanden?»

Strauss: «Es geht gar nicht um Missverständnisse. Wenn heute zum Teil dieselben Politiker, die mich als Finanzminister der Großen Koalition geschätzt und gelobt haben, behaupten, ich sei ‹unbeherrscht›, ‹unbesonnen› und ‹hätte mich mich nicht in der Gewalt›, dann ist dies kein Missverständnis, sondern glatte Verleumdung. Ich denke rational und kühl, wie jeder weiß, und ich rede leidenschaftlich – das weiß auch jeder ... Eines allerdings will ich mit aller Leidenschaftlichkeit, derer ich fähig bin: Den 1969 begonnenen Marsch in die sozialistische Zukunftsgesellschaft und ein neutralisiertes, mehr oder minder dem sowjetischen Machtbereich ausgeliefertes Europa nicht nur anhalten, sondern auch umkehren.»

Schmidt: «Mit dem Etikett vom ‹Macher› habe ich mich nicht gern abgefunden, obwohl es mich schon lange nicht mehr wirklich trifft. Ich denke, daß dieses Wort ja auch etwas durchaus Positives ausdrückt. Trotzdem ist es eine unzulässige Vereinfachung. Diese mir von Journalisten aufgeklebte Oblate wird inzwischen von vielen Bürgern als solche durchschaut. Nicht weil sie mich gelegentlich Orgel spielen oder mit Schriftstellern reden sehen, sondern eher, weil einige meiner Reden, die sich nicht mit den Problemen des Tages beschäftigen, gelesen worden sind. Auch das Wort vom ‹Feldwebel› hat mich früher einmal etwas gekränkt. Heute wird es nicht mehr gegen mich benutzt. Es hat sich herumgesprochen, daß ich kein Freund einsamer Entscheidungen bin, sondern die Diskussion suche und auf den Rat von anderen höre.»[92]

Dieser Text, ein Dokument von zeithistorischem Wert, führt zwei Vollblutpolitiker vor Augen, die mit ihren Selbsteinschätzungen viel über den damals herrschenden Zeitgeist verrieten und über die Affäre der Deutschen mit ihnen. Schmidt litt unter dem Image, das ihn zugleich populär machte – er wollte es aufbrechen, ohne seine Popularität aufs Spiel zu setzen. Und Strauß litt darunter, dass Schmidt wegen seiner Stärken bewundert wurde, die er doch auch bei sich zu sehen glaubte – freilich ohne eine auch nur annähernd ähnliche Bewunderung auszulösen.

Auch wenn sie es nicht immer zu erkennen gaben, der Kanzler und sein christlich-sozialer Rivale schätzten einander. Beide waren sie Mehrheitsdeutsche, beide stammten aus kleinen Verhältnissen, beide waren Soldaten und verkörperten eine gewisse «deutsche Normalität». Man kann sogar sagen, zwei durchaus ähnliche Temperamente trafen aufeinander. Für psychologische Feinschmecker unter den Journalisten war das ein gefundenes Fressen, Schmidt und Strauß trennten nicht Welten, gerade das machte ihre Konkurrenz interessant. In ihrem analytischen Scharfsinn ähnelten sie sich, aber auch darin, dass sie anderen solchen Scharfsinn und ähnlichen Realismus nicht zutrauten. In der Regel jedenfalls nicht, nur in Ausnahmefällen. Dass Politik heiße, sich «Entscheidungen» zuzutrauen, beseelte beide gleichermaßen. Eine starke Exekutive – stark auch gegenüber den Parteien – hielten sie für unerlässlich.

Aber auch die kleinen Unterschiede, auf die man bei der *Spiegel*-Lektüre zwangsläufig auch stieß, hatten es in sich: Schmidt machte deutlich, dass er anderen zuhöre, sofern sie ein eigenes Urteil haben, er sei kein einsamer Dezisionist. Er stellte sich dar als Politiker, der seiner Stärke vertraut, ohne autoritär zu sein, und der Fraktion der Kalten Krieger wollte er sich keinesfalls zurechnen lassen, Strauß aber siedelte er in deren Nähe an. Kurzum, unbeabsichtigt half Strauß dem Kanzler noch, eine andere Seite von sich zu zeigen, die man sonst leicht übersehen hätte.

«Ein Bundeskanzler für schweres Wetter», überschrieb die *ZEIT* ihren Leitartikel am 3. Oktober 1980, in dem dafür plädiert wurde, den Mann mit der Lotsenmütze unbedingt an Bord zu halten. Der übliche Wahlzeitenreflex, *it's time for a change*, wolle sich partout nicht einstellen (auch wenn der Mitherausgeber, Dieter Stolze, zugleich ein Plädoyer für Strauß schrieb, ein Novum für das Blatt). Der Autor der Hymne, Theo Sommer, konzedierte, anders als in den Vereinigten Staaten, wo die Unberechenbarkeiten des politischen Prozesses zwei «angelernte Außenseiter» in den Wettbewerb um das höchste Amt gespült hätten, träten im Bundestagswahlkampf «die beiden erfahrensten, intelligentesten und potentesten Politiker ihrer Generation an». «Sie haben manches miteinander gemein», erkannte er an, «Stärken wie analytischen Scharfsinn, rednerische Gewalt, Durchsetzungskraft, unbändige Energie; Schwächen auch wie intellektuelle Ungeduld, verletzende Scharfzüngigkeit, einen Anflug von Arroganz». Gleichwohl seien sie Antipoden: Strauß bleibe ein unkontrollierbarer Vulkan, Schmidt ein Muster an Beherrschtheit; Strauß flüchte sich in permanente Aggressivität, Schmidt ertrage die eigenen Ungewissheiten in Selbstdisziplin, jedenfalls in der Regel; Strauß verabschiede sich von seiner Intelligenz, wo Subtilität verlangt werde, Schmidt differenziere, auch wenn ein Holzhammer mehr Wirkung verspräche. Ziemlich genau dürfte Sommer damit die damalige Wahrnehmung von beiden getroffen und die Stimmungslage auf den Begriff gebracht haben. Zuvörderst waren es nicht inhaltliche Argumente, auf die er sich bezog, abgesehen davon, dass man Schmidt wegen seiner Ost- und Entspannungspolitik nicht zur Marionette Moskaus erklären könne, wie Strauß das versuche. Es finde selbstverständlich auch keine sozialistische Evolution im Inneren statt, damit wolle der Herausforderer «die Deutschen an seiner Seite ängstigen».[93]

Tatsächlich aber wurden die Wahlen – dank des Rufes von Strauß, der vergeblich eine Richtungsauseinandersetzung erzwingen wollte – stark auf die Frage reduziert, wer der «Geeignete» sei. Unter solchen Auspizien konnte Strauß nicht gewinnen. Theo Sommers Charakterisierung Schmidts entsprach einem verbreiteten Urteil, auch wenn die Koalition ausgelaugt wirkte. Strauß machte es Schmidt insofern leichter als Kohl 1976, der nicht annähernd ein ähnlich markantes Profil, aber eben auch kein derart beschädigtes Image hatte.

44,5 Prozent für die Union, 42,9 Prozent für die Sozialdemokraten: Der Wahlabend am 5. Oktober 1980 bescherte keine große Überraschung. Die FDP, die unauffällig mit Kohl kokettierte, war mit der Botschaft in die Wahlen gegangen, wer Schmidt wolle, müsse Freidemokraten wählen: Sagenhafte 10,6 Prozent honorierten ihr das. Helmut Schmidt sollte später, als sich der Koalitionswechsel der Liberalen abzeichnete, nicht müde werden, ironisch an diesen Slogan zu erinnern. Hatte er nicht der FDP zum großen Sieg verholfen, und nun kassierten die Liberalen schlicht ihre Versprechungen und sattelten um?

«Helmut Schmidt ja, SPD na ja», schrieb der *Spiegel* über seine Titelgeschichte zur Wahl. Die eigentlichen Gewinner seien die Liberalen, Schmidt habe «mitgesiegt»: Eine halbe Million Sympathisanten der Union wählte lieber FDP als Franz Josef Strauß, geschätzte 1,6 Millionen Anhänger von CDU und CSU entschieden sich sogar, den Wahlurnen fern zu bleiben.[94] Der wahre Sieger hieß eigentlich Helmut Kohl, auch wenn man das im ersten Moment leicht übersah: Für ihn war der Weg nun geebnet zu einem zweiten Anlauf, und die Freidemokraten standen heimlich bereit.

Erwartbar war die Niederlage für Franz Josef Strauß, in der Tat hatten die Christdemokraten nur einmal in ihrer Geschichte noch schlechter abgeschnitten. Nur ein einziges Mal in ihrer Geschichte – bei den «Willy-Wahlen» – erzielten die Sozialdemokraten einen höheren Stimmenanteil. Franz Josef Strauß hatte sich als unfreiwilliger Wahlhelfer erwiesen, die Koalition musste ihm geradezu dankbar sein: Mit seiner polarisierenden Figur hatte er die großen Differenzen innerhalb des Regierungslagers über die Sicherheitspolitik wie über den Bundeshaushalt noch einmal verdeckt.

Helmut Schmidt betrachtete sich als Sieger, seine Partei war nicht unglücklich über das Resultat, glücklich aber auch nicht, weil sie ihren Sieg für verschenkt hielt: Als Partei, so eine verbreitete Einschätzung, sei sie nicht sichtbar geworden. Konkreter wurde im Vorstand seiner Partei vor allem Erhard Eppler, der Entwicklungsminister a. D., der sich schon 1974 mit Schmidt überworfen hatte. Inzwischen stand er neben Oskar Lafontaine an der Spitze des sozialdemokratischen Lagers, das sich zur Friedensbewegung zählte und mobil machte gegen die Nachrüstungspolitik Schmidts und der Allianz. An der Gleichgewichtsphilosophie könne doch etwas nicht in Ordnung sein, argumentierte Eppler, wenn als Ergebnis immer

Aufrüstung herauskäme. Scharf erwiderte ihm Schmidt, wer an dieser Position rütteln wolle, müsse sich einen anderen Kanzler suchen.[95] Und das schon am Tag nach der Wahl? Unmissverständlich kündigten sich da Vorboten eines Konflikts an, der kaum noch einzudämmen sein würde.

Kummer musste es Schmidt bereiten, dass die Sozialdemokraten tatsächlich nicht spürbarer vom Kanzlerbonus profitierten. Mit seinem überparteilichen Gestus, seiner Präferenz für «Mitte» und «Bodenständigkeit», auch mit seiner harschen Kritik an der Linken und den Grünen rannte er beim Mainstream offene Türen ein; und dennoch übertrug sich Schmidts Popularität nicht recht.

Ein ruhiges Gespräch zwischen Helmut Schmidt, der Linken und Parteifreunden aus dem Brandt-Lager kam nicht mehr zustande. Forsch gab Erhard Eppler, der offenste Kritiker, dem *Stern* ein Interview, in dem er Hans-Jochen Vogel zum «geeigneten» Nachfolger Schmidts ausrief. Dass Schmidt selber seinen Justizminister für «kanzlertauglich» hielt – spätestens seit der Schleyer-Entführung –, hatte sich herumgesprochen. Aber welchen Sinn hatte es, nach der Wahl eine Debatte über einen Schmidt-Nachfolger zu eröffnen? Nicht nur die sozialliberale Koalition, das ganze historische Projekt von 1969 erodierte. Die regierenden Sozialdemokraten zerriss offenbar die Frage, wie sie eine neue «grüne» Konkurrenz auf Dauer verhindern könnten, die Wachstumskritik und Nein zur Kernenergie zu ihrem Thema gemacht hatte. Zudem plagte sie die Ahnung, mit ihrer eigenen Nachrüstungspolitik die Entspannungspolitik zu begraben. Ihre Kräfte waren einfach erschöpft.

Wenige Monate später übrigens sollte Erhard Eppler in einem neuen Buch die Kritik noch weiter zuspitzen. Herb urteilte er darin: «Noch nie hat sich nach einer Regierungserklärung, nicht einmal nach der Ludwig Erhards im Herbst 1965, eine solche Atmosphäre geistiger Öde verbreitet wie nach der Regierungserklärung vom 24. November 1980». Auf die Frage des *Spiegel*, was er von diesem Verdikt halte, erwiderte der Kritisierte lediglich knurrig: «Nichts».[96] Offenkundig traf Epplers Kritik, und er hatte dafür auch gute Gründe.

Schmidt mit Ehefrau Hannelore und Tochter Susanne bei einem Strandspaziergang am Golf von Mexiko in Captiva (Florida). In der Nähe verbringt die Familie Schmidt bis 1982 gern ihren Urlaub.

Wofür die Regierungskritiker ihrerseits aber wenig Gespür aufbrachten: Aus Helmut Schmidts Sicht handelte es sich weder bei der eigenen Partei noch bei den Grünen oder der FDP um die wirklichen Widersacher. Entscheidend für seine Regierung waren die internationale Lage, die Spannungen zwischen Washington und Moskau, sowie die ökonomischen Unsicherheiten, die in der westlichen Welt zu anhaltend hoher Arbeitslosigkeit, beängstigenden Inflationsraten und explodierenden Energiepreisen führten.

Durch seine Brille nahm sich die Welt anders aus als durch die der «Nörgler»: Er sollte sich mit der Friedensbewegung und Protesten gegen die Lagerung von Atommüll befassen, ihm aber brannte anderes unter den Nägeln. Beispielsweise die Frage, wie der Westen umgehen solle mit den Unruhen und den Streiks der Gewerkschaften in Polen. In Washington, fürchtete er, hegten die Falken Kreuzzugsgedanken. Noch mehr besorgte den Kanzler der Einmarsch der Sowjetunion in Afghanistan, und wiederum ging es darum, auf Amerika einzuwirken. In Washington wie in Moskau stand auf der

Kippe, ob Falken das Heft in die Hand nehmen oder Tauben sich durchsetzen.

Gelernt hatten die Deutschen, mitzusprechen auf dem internationalen Parkett, sie nickten keineswegs nur Washingtoner Vorgaben ab. Brandt und Schmidt erwiesen sich als Meister dieses Balanceaktes. Polen, Afghanistan: Um diese Konfliktherde kümmerten sich die Supermächte, Schmidt ließ das wenig Spielraum. Er fragte sich, ob sich wenigstens zwischen den beiden deutschen Staaten so etwas wie eine «kleine Entspannung» retten ließe. Waren seine Widersacher denn blind für seine wahren Probleme?

Sogar Willy Brandt, gegenüber dem Kanzler extrem vorsichtig, mahnte im Blick auf dessen Regierungserklärung «Idee und Gestaltungswillen» an. Vage Formulierungen wie die, «je nachdem, wie wir uns politisch entscheiden, kann unser Land in zehn oder zwanzig Jahren verschieden aussehen», ersetzten nicht Handlungsalternativen. Das sei schließlich «eine Frage nicht nur der objektiven Gegebenheiten». Nur Sachzwängen zu folgen, hieß das, ist keine Politik. Seit seinem Rücktritt 1974 hatte er nicht mehr dermaßen unverschlüsselt gesprochen oder sich eingemischt in die Geschäfte der Regierung. Jetzt lehnte er sich am Rednerpult im Parlament hinüber zu Schmidt und dozierte, diejenigen, «die politische Verantwortung tragen, müssen für neue Ideen – ob sie sie nun selbst zu entwickeln vermögen oder nicht – aufgeschlossen bleiben.»

«*Sind wir alle Nazis?*» Die provokante Frage, ob «wir alle» Nazis seien, prangte auf der Titelseite des *Spiegel* vom 11. Mai 1981. Kombiniert hatten die Grafiker die Schlagzeile – eindeutig beleidigt im Ton – mit einem Portrait Menachem Begins sowie einem Hochzeitsfoto, das den jungen Helmut Schmidt in Wehrmachtsuniform und seine Frau Loki im Brautkleid zeigte.

Anlass für die Entrüstungsgeschichte des Hamburger Magazins und die Aufmachung zahlreicher israelischer und deutscher Zeitungen bot ein Konflikt zwischen dem israelischen Ministerpräsidenten und dem deutschen Kanzler, der seinen Höhepunkt nach dessen

Rückkehr von einem Saudi-Arabien-Besuch erreichte. Viel hatte sich zuvor zwar schon aufgestaut in einem hitzigen Disput über mögliche deutsche Panzerlieferungen an Riad sowie die kaum verdeckte Bonner Kritik an der israelischen Siedlungspolitik. Eine knappe Stunde nach seiner Rückkehr zog Schmidt eine erste Bilanz in einem Gespräch mit drei Journalisten für die ARD zum deutsch-arabischen Verhältnis. Ziemlich als einzige hätten die arabischen Völker, argumentierte Schmidt, keine negativen Erfahrungen mit den Deutschen gemacht. Ausnahmsweise biete sich also einmal ein geschichtlicher Vorteil für uns Deutsche, den er für nicht unerheblich erachtete, da die Rolle Saudi-Arabiens und anderer Staaten der Golf-Region beträchtlich gewachsen sei. Von dem moralisch-historischen Gepäck sprach Schmidt dann, das er mit dem «Stichwort Auschwitz» beschrieb, es belaste die gesamte Außenpolitik und auch seine Generation. «Wir haben Belastungen gegenüber den Holländern, gegenüber den Dänen, gegenüber den Norwegern ..., gegenüber den Franzosen, gegenüber den Griechen, gegenüber den Italienern, um nur einige zu nennen.»[97] Von «Belastungen gegenüber den Israelis» oder dem moralischen Anspruch des israelischen Volkes auf Selbstbestimmung – der von den arabischen Nachbarn bestritten wurde – sprach Schmidt in dem Moment nicht. Stattdessen fuhr er fort: «Man kann nicht im Palästinenserkonflikt der einen Seite alle Moral zuerkennen und gegenüber der anderen Seite die Achseln zucken. Das geht insbesondere nicht, wenn man Deutscher ist, in einer geteilten Nation lebt und den moralischen Anspruch auf Selbstbestimmung des deutschen Volkes erhebt. Dann muss man auch den moralischen Anspruch auf das Selbstbestimmungsrecht des palästinensischen Volkes anerkennen.»

Das reichte. Unverzüglich nutzte Menachem Begin die Einlassungen, um öffentlich zu explodieren. Dem Deutschen warf er nicht nur Habgier bei seinen Geschäften – besonders den ursprünglich geplanten Panzerlieferungen, die am Widerstand der SPD-Fraktion scheiterten – mit den Saudis vor, sondern er erinnerte gleich auch noch an die Zeit, die Schmidt als Soldat an der Ostfront verbrachte. «Es ist nackte Arroganz und Frechheit, meiner Generation, der Generation der Vernichtung und der jüdischen Wiedergeburt zu sagen, dass es uns gegenüber keine, den Arabern gegenüber hingegen wohl eine Verpflichtung gibt! Solche Worte wurden nicht vernommen, seit die Welt gegen Ende des Zweiten Weltkrieges sah, was uns in den Krematorien angetan worden ist.»

Helmut Schmidt, wütete Begin weiter, fühle sich wohl immer noch «an seinen Fahneneid als deutscher Wehrmachtsoffizier gebunden».[98] Schmidt habe zugesehen, als Generäle des Widerstands «mit Klaviersaiten aufgehängt» wurden; er habe zu den Truppenteilen an der Ostfront gezählt, die russische Städte umzingelten, hinter der Front hätten dann deutsche Einsatztruppen hauptsächlich die Juden vernichtet, jeder «gute Kämpfer» sei gewiss auch in die Judenverfolgungen verwickelt gewesen.[99]

Vor allem mit israelischer Wahlkampfrhetorik erklärte sich die Regierung den Vorwurf, Schmidt habe den Judenmord und die spezifischen Belastungen zwischen Deutschland und Israel nicht erwähnt, wohl aber die europäischen Nachbarn, die unter den Deutschen litten. Tatsächlich hatte Schmidt auch in dem ARD-Gespräch ausdrücklich an Auschwitz erinnert, und es war bekannt, dass er ohnehin kaum eine Gelegenheit ausließ, auf die Unvergänglichkeit des Holocaust hinzuweisen. Er meinte es auch so.

Aber die Israelis ließen nicht locker. Jerusalems Außenminister Jizchak Schamir beantwortete Schmidts Bemerkung, Deutschland habe auch eine moralische Verpflichtung gegenüber den Palästinensern, mit einer noch gröberen Behauptung: «Plötzlich gab es eine neue Verpflichtung des Kanzlers gegenüber denen, die versuchen, das Werk, das die Nazis nicht vollenden konnten, fortzusetzen.»

Das konnte kaum allein zu innenpolitischen Zwecken in Israel gedacht sein, denn zu einem solchen Eklat zwischen Bonn und Jerusalem war es in den beiden Jahrzehnten zuvor noch nicht gekommen. Außenminister Hans-Dietrich Genscher, auch Willy Brandt suchten zu moderieren, aber das Kind lag im Brunnen. Helmut Schmidt freilich bedurfte der Ratschläge nicht wirklich, er spürte, was dieser Konflikt für Risiken barg, und hielt sich wohlweislich zurück. Vermutlich war ihm rasch klar geworden, wie enge Grenzen der deutschen Politik gezogen bleiben, enger als er meinte, und dass deutsche Politiker zum Schweigen verurteilt sind, wenn Israelis – in dem Fall Begin – ihre eigene Familiengeschichte zu erzählen beginnen.

Aufgebracht allerdings reagierten die Leitartikler der Republik, und zwar unisono: Der Kanzler konnte sich einer Solidarität erfreuen wie selten sonst. Mit ihm fühlte sich ganz offensichtlich die deutsche Mehrheit getroffen. Aber eine einfache Lage war es für Schmidt dennoch nicht: Zwischen August 1941 und Januar 1942 gehörte er zu Wehrmachtseinheiten, die – objektiv – in der Tat die Ermordung der Juden hinter der Front ermöglichten, allerdings zur Luftwaffenflak und den Truppen, die in vorderster Front kämpften. Bei oberflächlichem Hinsehen reichte das, um ihm Vorwürfe zu machen, auch wenn bei genauerem Studium – so sein Biograph Soell – die Vorwürfe ungerecht waren.

Erklären muss man allerdings, wie es zu diesem Zusammenprall kam. Helmut Schmidt, der schon 1966 erstmals Israel besucht hatte, glaubte sich unmissverständlich eingelassen zu haben zur deutschen Vergangenheit. Kein falscher Zungenschlag war ihm unterlaufen. Natürlich hatte er Auschwitz besucht, anders als Brandt, und seine Rede in dem Vernichtungslager – 1977 – blieb unvergessen. Allerdings hatte er als Kanzler ausdrücklich jeden Reiseplan nach Israel verworfen, vordergründig wegen des Siedlungsbaus, der damals schon einsetzte, gegen das Votum Washingtons. Zudem erwog er ernsthaft Panzer- und Waffenlieferungen an die Saudis, bevor er von Teilen der eigenen Partei und der Liberalen ausgebremst wurde.

Hinzu kam erschwerend sein Verhältnis zum ägyptischen Präsidenten Anwar as-Sadat, ihn bewunderte er wie wenige andere Staatsmänner, mit ihm hatte er eine Nacht lang auf dem Nil über die Weltreligionen philosophiert. Ihm folgte Schmidt in den Grundlinien einer möglichen Israel-Politik, wonach die Israelis die 1967 besetzten Gebiete zurückgeben und auf der Westbank und dem Gazastreifen ein Palästinenserstaat eingerichtet werden solle.[100]

Auf die «Gnade der späten Geburt» – wie sein Nachfolger Helmut Kohl – konnte der Kanzler sich nicht berufen, er hatte nun einmal acht Jahre als Soldat gedient und war auf Hitler vereidigt worden. Spürbar war dennoch, dass er glaubte, als Regierungschef nach dem Hitlergegner Willy Brandt und als geschichtsbewusster Sozialdemokrat ein Stück freier geworden zu sein. Die Deutschen, so ließ Schmidt sich tatsächlich verstehen, hätten auch eine Pflicht, im Nahen Osten mitzureden und insbesondere das Recht der Paläs-

Für eine der größten Demonstrationen der Republikgeschichte sorgt am 10. Oktober 1981 die Friedensbewegung auf der Bonner Hofgartenwiese: Gut 300 000 Teilnehmer, unter ihnen Pastor Heinrich Albertz, der Schriftsteller Heinrich Böll, die Pazifistin Petra Kelly und Coretta King, Frau des ermordeten Martin Luther King, protestieren gegen die geplante Stationierung atomarer Mittelstreckenraketen auf deutschem Boden. Helmut Schmidt empfindet den Sternmarsch und die Demonstration zu Recht auch als einen Protest gegen seine Politik, da er den umstrittenen Nato-Doppelbeschluss initiiert hatte. Vergeblich drängt er Parteifreunde wie Erhard Eppler, der Kundgebung fernzubleiben, oder den Vorsitzenden Willy Brandt, sich davon öffentlich zu distanzieren.

tinenser auf Selbstbestimmung anzuerkennen. Aber er fühlte sich zeitweise freier, als er tatsächlich war. Ähnlich glaubte er auch gegenüber Jimmy Carter als überzeugter Transatlantiker Ansprüche anmelden und Gehör erwarten zu können, musste aber zur Kenntnis nehmen, wie jeder leise Hinweis auf deutsche «Führung» empört zurückgewiesen wurde.

Man kann sagen, Helmut Schmidt tastete sich an Grenzen für einen deutschen Politiker heran. Nicht aus Leichtsinn, auch nicht, weil er sie einreißen wollte; im Gegenteil, als Kanzler wagte er das, weil er sich besonders sicher war, sich historisch und moralisch korrekt verhalten zu haben, seit ihm im Kriegsgefangenenlager die Augen aufgegangen waren, damals 1946.

Vordergründig beherrschten die letzten Jahre seiner Kanzlerschaft jedoch andere Fragen: Einmal der Konflikt um die Entscheidung der Nato, 1983 neue Atomraketen vornehmlich auf deutschem Boden zu stationieren, zum anderen das Schicksal der Koalition selbst. Ein Machtwechsel lag in der Luft, seit 1980 war es zu spüren.

Von den Freidemokraten, insbesondere Otto Graf Lambsdorff, ging ein erheblicher Druck aus, den Sozialstaat abzuspecken und überhaupt die öffentlichen Ausgaben zu reduzieren. Zum Teil harmonierte das mit Schmidts hausväterlichen Vorstellungen von einem soliden Etat. Aber er musste zugleich auf seine widerspenstige Gefolgschaft achten. Obendrein stiegen die Arbeitslosenzahlen weiter.

Aber der Zwist um die Nachrüstung – heute in seinen Ausmaßen kaum noch nachzuvollziehen – stellte alles andere in den Schatten. Woche für Woche bröckelten Parteigliederungen ab und kündigten an, ihr endgültiges Votum zur Nachrüstung nicht mehr auf die lange Bank zu schieben. Sie wollten «nein» sagen, jetzt. Selten hatte Helmut Schmidt mit Rücktritt gedroht, er wusste, wie rasch sich ein solches Instrument abnutzt: 1977 und 1979 beispielsweise bedeutete er seinen Parteifreunden öffentlich, einen Ausstieg aus der Kernenergie könne er als Regierungschef des Industrielandes Bundesrepublik nicht verantworten. Jetzt, bei Parteitagen der bayrischen SPD in Wolfratshausen sowie vor der Ruhrgebiets-SPD in Recklinghausen, setzte er erstmals in dieser Deutlichkeit alles auf eine Karte: Die SPD müsse am Doppelbeschluss festhalten, aber die Verhandlungen müssten auch mit dem Ziel geführt werden, zu einem Erfolg zu kommen. Wenn der SPD-Parteitag im Frühjahr 1982 den Nato-Beschluss kippe, werde er zurücktreten.

Ungewohnt bitter sprach er bei der Gelegenheit auch über die Sowjetunion, deren Politik sich nicht gerade nach der Bergpredigt richte. Moskau flöße Angst ein, gestand er. Nicht zuletzt zielte er damit auf die «Illusionisten» zu Hause. Man dürfe sich nicht einer Propaganda öffnen, setzte er noch nach, bloß weil sie «von Theologen statt von Kommunisten» vorgetragen werde. «Hört endlich auf, euch suggerieren zu lassen, als ob die Amerikaner unsere Feinde und die Russen unsere Freunde seien.»[101] Fast so etwas wie Verzweiflung hörte man heraus bei Helmut Schmidt.

Unbeabsichtigt hatte er sein Schicksal allerdings auch in die Hände des US-Präsidenten und seiner Berater gelegt. Einen letzten Versuch, den Doppelbeschluss zu entschärfen und Washington zu wirklichen Verhandlungen zu bewegen, unternahm Helmut Schmidt im Mai 1981 im Weißen Haus. Dem Novizen im Präsidentenamt erläuterte er aus seiner Sicht die Weltlage, insbesondere das Verhältnis zwischen Ost und West, und weshalb es sinnvoll sei, sich auf einen Dialog einzulassen und möglichst rasch mit Leonid Breschnew zu treffen. Nach ihm drohe «Immobilismus», es eile. Aber der Neue, Ronald Reagan, zeigte dem Gast freundlich die kalte Schulter: Der Westen müsse zuerst aufrüsten, um das Gleichgewicht wiederherzustellen, dann könne Moskau vielleicht zu konkreten Abrüstungsschritten bewegt werden.

An der Heimatfront half Schmidt das wenig. Im Vorstand der SPD provozierte ihn Erhard Eppler mit der Frage, wenn es ihm ernst sei mit einem Verhandlungserfolg, solle er doch dem US-Präsidenten mit Rücktritt drohen. Darauf Schmidt patzig und richtig: «Da werden die Amerikaner aber froh sein. Dann kriegen die nämlich eine Regierung Kohl, die ihnen aus der Hand frißt.» «Mich interessiert nicht, was die Partei beschließt,» – dieser Satz Schmidts aus dem Parteirat machte seinerzeit in Bonn rasch die Runde – «ich handle nach meinem Gewissen.»[102]

An Washingtons starrer Haltung vermochte er damit nicht zu rütteln, in Bonn hingegen erzielte Schmidt einen kleinen Etappensieg. Stürzen wollten ihn die Parteifreunde nicht. Vor allem Willy Brandt zeigte sich finster entschlossen, trotz seiner Skepsis in der Sache keinesfalls öffentlich die Kanzlerschaft des Nachfolgers zu gefährden. Lieber biss er sich auf die Lippen. An ihm durfte Schmidt nicht scheitern, die eiserne Regel galt noch immer.

Nicht nur die Friedensbewegung ging auf die Barrikaden. Öffentlich hielten sich Willy Brandt und Egon Bahr zwar zurück, aber sie fürchteten, Schmidt habe sich in eine Falle manövriert: Die USA seien nur daran interessiert, die Raketen zu stationieren, also am ersten Teil des Doppelbeschlusses, nicht aber daran, sie wegzuverhandeln, wie Schmidt sich das vorstelle. Inzwischen kursierten Äußerungen amerikanischer Politiker, die sich schwer anders deuten ließen. Der Kanzler hielt sich keineswegs die Augen und Ohren zu, aber er versuchte sich nicht irritieren zu lassen. Erst in seinen Erinnerungen ließ der Autor Schmidt später erkennen, er habe sich tatsächlich düpiert gefühlt von den amerikanischen Freunden.

Der deutsche Regierungschef habe tatsächlich keinen «eisernen Fuß» in der Tür gehabt, urteilte Hartmut Soell einleuchtend. Über Abrüstungsfragen verhandelten die Deutschen nun einmal nicht mit am Tisch. Mitreden wollte er über die Richtung, so war es überhaupt zum Doppelbeschluss gekommen, zweifelhaft erschien es aber, wie weit der große Bruder USA darauf eingehen müsse. Auch wenn Schmidt als bündnisloyal galt, zu viel Emanzipation des Bonner Partners löste in Washington Stirnrunzeln aus und mobilisierte Gegenkräfte.

Kein Wunder, dass Willy Brandt sein Lebenswerk in Gefahr sah. Helmut Schmidt aber blieb nichts anderes übrig, als zu den einmal gefassten Beschlüssen zu stehen. Verzweifelt bemühte er sich über eineinhalb Jahre, die eigene Gefolgschaft hinter sich zu scharen und Gehör zu finden in Washington. Vielleicht ließe sich ein Ausweg entdecken, um eine Stationierung der Waffen in letzter Minute zu verhindern? Natürlich sondierte er Kompromissmöglichkeiten, auch wenn er das nicht nach außen eingestand. Allerdings: Einfluss auf Washington und Moskau könne er nur nehmen, davon war Schmidt überzeugt, wenn die eigenen Gefolgsleute sich geschlossen präsentieren. Nicht nur «schwerwiegende außen- und sicherheitspolitische» Konsequenzen prophezeite er also den Delegierten des bayrischen SPD-Parteitags im Frühjahr 1981, auch «schwerwiegende innenpolitische Konsequenzen» erwarteten sie, falls sie ihre Zustimmung zum Doppelbeschluss zurückzögen. Die Koalition, hieß das kaum verhohlen, könne darüber schon bald zerbrechen. Es sollte auch so kommen, das Ende lag in der Luft.

Tatsächlich sollte Hans-Dietrich Genscher im Sommer 1982 vor allem die Haltung der Sozialdemokraten zur Nachrüstung ins Feld führen, um zu begründen, weshalb er das Bündnis aufkündige, das Walter Scheel in der Wahlnacht vom September 1969 mit Willy Brandt geschmiedet hatte. Geflissentlich überging der Freidemokrat dabei, dass auch in seiner Partei vehementer Widerstand gegen den Nato-Beschluss geleistet wurde. Er suchte nach Gründen, die sozialliberale Koalition zu beenden, das war offensichtlich. Die Grundentscheidung war gefallen.

Bücher über den dramatischen Konflikt zwischen den Großmächten füllen inzwischen Bibliotheken. Ein Verhandlungserfolg zwischen Washington und Moskau rückte überraschenderweise greifbar nahe, bloß in dem Moment wusste Schmidt davon nichts, wie er in seinen Erinnerungen bekannte. Bei ihrem berühmten «Waldspaziergang» im Juli 1982 verständigten sich der amerikanische Unterhändler Paul Nitze und dessen sowjetischer Kollege Juli A. Kwizinski auf eine Formel zur Reduzierung des Atomwaffenarsenals. Sie entsprach nicht ganz einer «Null-Lösung», aber viel fehlte nicht. Den Bonner Kanzler hatte US-Präsident Ronald Reagan zum damaligen Zeitpunkt nicht voll ins Bild gesetzt.

«Sofort akzeptiert» hätte er ihn, räumte er ein, als er später von dem Beinahe-Kompromiss erfuhr.[103] Aber ausgerechnet Washington verweigerte dem eigenen Unterhändler, Paul Nitze, grünes Licht. Aus den Informationen, die Schmidt sich im Nachhinein zusammensetzte, folgerte er: Nicht Moskau, sondern Washington habe tatsächlich einen Ausweg blockiert und sich in Wahrheit am Abrüstungsteil des Doppelbeschlusses desinteressiert gezeigt. Genau das hatten Willy Brandt und Egon Bahr befürchtet.

Auch wenn es schwer fällt, die damaligen Erregungen aus der Distanz ganz zu begreifen, die Bundesrepublik wirkte bis in die Poren politisiert. Der Kalte Krieg drohte noch einmal kälter zu werden. Selbst Kirchentage entwickelten sich zu politischen Tribunalen, mit lila Schals, «Friedensgebeten» und Moralisierung in hohem Ton. In der Altonaer Trinitatiskirche schleuderte ein siebzehnjähriger Schüler – die Fernsehkameras liefen – dem Kanzler ins Gesicht: «Herr Schmidt, ich habe Angst vor Ihrer Politik!» Erhard Eppler, sein Parteifreund, predigte Umkehr in der Harvestehuder Johanniskirche, auch während des Hamburger Kirchentags; als Realpolitiker, der er stets war, flocht der Schmidt-Kritiker immerhin vor seinen Bewunderern ein, mit der «Feindesliebe», mit einer Abrüstungspolitik einseitiger Vorleistungen könne es auch «schiefgehen». Das hieß, noch waren nicht alle Brücken gesprengt, obwohl sich die Wortführer der Friedensbewegung wie Popstars feiern ließen.

Erhard Eppler als Prediger: «Es stimmt nicht, dass all euer Mühen nichts bewegen könnte. Es hat sich schon einiges bewegt. Was man heute Friedensbewegung nennt, hat binnen kurzer Zeit eine Diskussion über all das erzwungen, was bisher für selbstverständlich gehalten wurde: Dass man eben rüsten müsse, um ein – wie auch immer definiertes – Gleichgewicht zu erhalten oder zu schaffen, dass mehr Waffen eben auch mehr Sicherheit bedeuten, dass der Rüstungswettlauf wie ein Naturgesetz hingenommen werden müsse. Das ist schon ziemlich viel. Die Beweislast verschiebt sich zu denen, die einfach weiterrüsten wollen.»[104]

Angst sei ein schlechter Ratgeber, hielten der Kanzler und sein Verteidigungsminister, Hans Apel, tapfer dagegen. Die Prediger machten den Zuhörern Angst vor den russischen SS-20, das sei irrational. Beide waren sie selbstverständlich gleichfalls zum Kirchentag geeilt, es ging gar nicht anders, Politik fand eben nicht mehr nur in den zuständigen Gremien statt, wie Schmidt sich das wünschte. Auch die Regierenden sahen das längst schon ein. Staat und Gesellschaft waren näher zusammengerückt denn je. Immerhin räumte Schmidt vor diesem protestantischen Publikum die Möglichkeit eines Irrtums ein, vielleicht werde sich der Doppelbeschluss eines Tages als «nicht zureichend» erweisen. In der St. Johanniskirche sang die Menge «verzückt wie beim Aufbruch zu einem Kinder-Kreuzzug das Kampflied der Vietnamkriegsgegner: *We shall overcome* ...»[105] Beinahe berauscht, wie Reporter berichteten, verabschiedeten sich viele der prominenten Teilnehmer, aber auch Zehntausende der jugendlichen Besucher dieses Kirchentages zum nächsten Treffen, am 10. Oktober auf der Bonner Hofgartenwiese. Helmut Schmidt brauchte eiserne Nerven. Hatte er die?

1981 In den Wochen vor dem 10. Oktober 1981, dem Tag, an dem die Friedensbewegung zu ihrer Protestkundgebung «gegen die atomare Bedrohung» in Bonn – fast in Reichweite des Kanzleramtes – aufgerufen hatte, spitzte sich der Konflikt an der Spitze der SPD sogar noch einmal zu. Erhard Eppler wurde als einer der Hauptredner angekündigt, der direkt Position gegen Schmidt beziehen wolle. Vergebens bedrängte ihn der Kanzler in den Tagen zuvor, keinesfalls an der Kundgebung teilzunehmen oder gar zu sprechen. Ein innerlich bebender Brandt hätte schon damals am liebsten mitgemacht, zuckte aber vor dem Affront gegenüber Schmidt zurück. Der Schein sollte gewahrt bleiben. Aber der SPD-Vorsitzende konnte und wollte auch nicht verhindern, dass immerhin 55 Abgeordnete der eigenen Fraktion der Demonstration Erfolg wünschten und zur Teilnahme aufriefen. Am Tag vor der Kundgebung hatte Schmidt in einer Rede im Parlament den Protestierenden zwar «Friedenswillen» zugebilligt, mit dem Zusatz allerdings, sofern sie sich nicht zum Sprachrohr sowjetischer Interessen machen ließen; vor allem aber beharrte er darauf, dass es auch ihm um «Friedenspolitik» gehe.

Über zweihunderttausend Teilnehmer versammelten sich in der Stadt, einen ähnlich großen Protest hatte die Republik selten erlebt. Nach außen hin wahrte Schmidt Ruhe. Erhard Eppler ergriff wie geplant das Wort, nicht aggressiv, aber unmissverständlich: Zur Stationierung neuer Atomraketen auf deutschem Boden dürfe es nicht kommen, plädierte er.

Zwei Tage nach dieser Kundgebung plagten den Kanzler schwere Herzrhythmusstörungen, er befand sich in Lebensgefahr.

Nicht zum ersten Mal wurde er in seinem Büro ohnmächtig aufgefunden, aber geheim halten ließ es sich nicht länger, dringend musste er ins Koblenzer Bundeswehrkrankenhaus eingeliefert werden.[106] Damals erhielt er seinen ersten Herzschrittmacher, Schmidt war jetzt 64 Jahre alt.

Zu einem freundschaftlichen Kommentar sah Marion Gräfin Dönhoff, die Herausgeberin der *ZEIT*, sich veranlasst: Als guter Ökonom werde sein Rat gewiss geschätzt und gebraucht, schrieb sie in ihrem Blatt, aber er solle dringend lernen, «auch den eigenen Kräftehaushalt in Ordnung zu bringen».[107]

Einen Vermittlungsversuch zwischen beiden Seiten, Schmidt und der Friedensbewegung, unternahm auf dem Höhepunkt des Konflikts der Psychoanalytiker Horst-Eberhard Richter. Um das Gespräch hatte der Kanzler ersucht, auch das ein Indiz, dass er seinem Klischee entkommen wollte. In der Bundesrepublik gehe mehr Angst um, *German Angst*, als in anderen Ländern, wie er sich das erkläre, wollte der Politiker vom Analytiker wissen. Aber Richter versuchte zu erklären, ein Vernunftbegriff, der sich abkoppele von Emotionen, mache selbstredend Angst. Wie sonst sollten junge Menschen darauf reagieren, wenn der Westen beteuere, ein Angriff komme einem Suizid des Angreifers gleich, als sei das eine Sache der kalten Berechnung. Auch die Angegriffenen wären Opfer, wie die Angreifenden auch. Die Politik verspreche, das Unbeherrschbare zu beherrschen. Richter: Schmidt werde als Experte bewundert und erwecke den Eindruck, er könne aus eigenem Urteil handeln, er behalte also schon die Kontrolle. Aber gebe es die Chance dazu im Zeitalter von Vernichtungsdrohungen, Erstschlag, Vergeltung, Dreifachsprengköpfen, Reichweitendebatten überhaupt? Könnte die Drohungspolitik nicht in einen gefährlichen Automatismus geraten? Schmidt, darauf wollte Richter hinaus, beruhige nicht, sondern er mache selbst Angst, weil die Zuhörer an die Kontrollierbarkeit des Unkontrollierbaren nicht glaubten. Lange sprachen die beiden miteinander. Auch später äußerte sich Richter über Schmidt immer nur voller Respekt. Den Konflikt allerdings zwischen Friedensbewegung und Regierungschef vermochte er nicht zu entschärfen.

Deutsch-deutsche Entente Bonn und Ostberlin, Helmut Schmidt und Erich Honecker, stimmten zumindest in dem Wunsch überein, die kleine deutsch-deutsche Entspannung möglichst abzuschirmen von den Konjunkturschwankungen im Verhältnis zwischen Washington und Moskau. Dem sollte auch ein Besuch des Kanzlers in der DDR dienen, der schon lange prinzipiell vereinbart war.

Im Wahljahr 1980 sollten endlich Nägel mit Köpfen gemacht werden, das Programm wurde längst sondiert. Aber auf der Danziger Werft streikten die Arbeiter, Zulauf erhielten sie aus ganz Polen.

Schmidt schloss ein Eingreifen der Sowjetunion an der Weichsel so wenig wie ein gewaltsames Vorgehen der polnischen Führung gegen die Solidarnosc-Anhänger aus, immerhin hatten die deutschen Nachrichtendienste berichtet, in den Industriegebieten Schlesiens und um das Unruhezentrum Danzig herum werde Miliz konzentriert. Unter den Umständen wollte der Kanzler das Treffen mit Honecker nicht riskieren. Er telefonierte mit dem SED-Generalsekretär, um ihn davon in Kenntnis zu setzen, Erich Honecker wirkte erleichtert. Geradeheraus gestand der Ostberliner Parteichef dem Anrufer aus Bonn, ein Besuch in Rostock sei derzeit ohnehin unmöglich. Schmidt verstand das als Hinweis darauf, Honecker sorge sich, der Danziger Werftstreik könne an der Küste in Ostdeutschland einen Brand entfachen.

Wasser auf die Mühlen von Franz Josef Strauß spülte das. Die Entspannungspolitik sei gescheitert, kommentierte er die geplatzten Besuchspläne, sie erweise sich als illusionär. In den folgenden Monaten verschärften auch die SED-Chefs die Tonlage, beschimpften die Sozialdemokraten als entspannungsfeindlich und kriegstreiberisch, erhöhten den Mindestumtausch und suchten nach Kräften zu verdecken, wie erleichtert sie über die Besuchsabsage Schmidts waren.

Die Wahl fand am 5. Oktober statt. Ein paar Tage danach, am 13. Oktober, sah Erich Honecker sich bei einem Auftritt in Gera zu einer ungewöhnlich markigen Abgrenzungsrede veranlasst. Helmut Schmidt mühte sich, den Konflikt seinerseits nicht zuzuspitzen. Vielleicht stand der Ostdeutsche unter Moskauer Druck, vielleicht musste er den eigenen Hardlinern beweisen, wie er mit Härte ein Übergreifen des polnischen Bazillus verhindert.

Der Kanzler in Bonn wollte sich nicht hindern lassen, zu einem günstigeren Zeitpunkt und möglichst bald zur deutsch-deutschen Kooperation zurückkehren, so wie es seiner Überzeugung «von den gemeinsamen Interessen der geteilten deutschen Nation» seit den 60er Jahren entsprochen habe.[108]

Sein innerdeutsches Krisenmanagement wirkte: Ohne laut darüber zu reden, planten beide Seiten, den Besuch nachzuholen. Schmidt sorgte dafür, dass der Ständige Vertreter in Ostberlin,

Günter Gaus – ein hochintelligenter Brandt-Vertrauter, der ihm vollkommen fremd blieb – von seinem Sprecher Klaus Bölling abgelöst wurde. Am Kurs änderte das nichts: Deutsch-deutsche Kontinuität, mindestens ein geordnetes Arbeitsverhältnis, wenn nicht eine kleine Entente, hatten für den Kanzler Priorität. Bestätigt hatten ihm die Wähler in der Auseinandersetzung mit Strauß, dass sie eine Rückkehr zum Kalten Krieg nach einem Machtwechsel fürchteten, deshalb blieb er Kanzler.

In dieser Lage riet der Bonner Regierungschef Ostberlin intern, die Nationale Volksarmee keinesfalls hineinziehen zu lassen, falls die Sowjetunion wirklich in Polen eingreife. Für den Spätherbst 1981 visierten beide Seiten das neue Treffen an, allerdings erst nach einem weiteren Besuch Breschnews in Bonn. Polens Parteichef Eduard Gierek hatte inzwischen sein Amt verloren, nach einer Übergangsregierung sollte General Jaruzelski versuchen, die ökonomische Modernisierung nachzuholen und der Unruhen in Danzig Herr zu werden. Dass der sowjetische Generalsekretär darauf brannte, in Polen zu intervenieren, glaubte der deutsche Kanzler nicht. Er kannte Leonid Breschnew, abenteuerlustig kam er ihm nicht vor. Dieses Mal entschied Schmidt sich, nicht anzurufen und abzusagen, sondern zu reisen: Am 11. Dezember 1981 flog ihn die Bundeswehrmaschine nach Schönefeld, er wollte Honecker am Werbellinsee in der Schorfheide besuchen. Als «eines der wichtigsten Ereignisse meiner Kanzlerzeit» bezeichnete er in der Rückschau diese schwierige Reise.[109]

Wie bedeutsam das Treffen aus Schmidts Sicht war, wurde schon daran kenntlich, dass er in seinen Erinnerungen große Teile ihres Gedankenaustausches im Wortlaut aus dem Protokoll referierte. Er wollte zeigen: Seine Politik richtete sich unbedingt darauf aus, die Interessen der «gemeinsamen Nation» im Auge zu behalten, auch wenn sie aus zwei Staaten bestand. Erich Honecker verlangte schon in seiner ersten Tischrede in der Schorfheide «strikte gegenseitige Achtung der Souveränität und der Unabhängigkeit». Darauf zielte sein Hauptinteresse, und je abhängiger er sich fühlte von Finanzhilfen aus Bonn, umso größer das Bedürfnis, am eigenen Status nicht

1981: Mehrfach wurde das Treffen verschoben, am 11. Dezember 1981 sprechen Erich Honecker und Helmut Schmidt in Hubertusstock am Werbellinsee miteinander. In Polen wird ausgerechnet zu diesem Zeitpunkt das Kriegsrecht verhängt, um den Aufstand der Gewerkschaftsbewegung Solidarność zu unterdrücken und einer sowjetischen Intervention zuvorzukommen. Schmidt und Honecker versichern einander, mit dem Status quo zufrieden zu sein. Der starke Mann aus Ostberlin hat Angst, der polnische Funke könne auf die DDR übergreifen, der Bonner Kanzler fürchtet um die Stabilität in Europa und verfolgt daher die Unruhen in Polen skeptisch. Das Kriegsrecht nennt er «notwendig», eine Bemerkung, die er bald wieder einkassieren möchte.

rütteln zu lassen. Aber Helmut Schmidt erwiderte geradeheraus: «Über die Grundsatzfrage der Nation werden wir uns nicht verständigen. Schon 1972 haben beide Seiten in der Präambel des Grundlagenvertrages festgestellt, dass die nationale Frage besteht – und die Parlamente beider Seiten haben dem zugestimmt. Sie kennen meine aus Amtseid wie aus Überzeugung bestehende Verpflichtung auf das Grundgesetz der Bundesrepublik Deutschland ... aber damit will ich Eigenstaatlichkeit und Souveränität der Deutschen Demokratischen Republik nicht in Zweifel ziehen.» Vom vereinbarten Ziel der normalen, gutnachbarlichen Beziehungen auf der «Grundlage der Gleichberechtigung», fügte er noch hinzu, sei man noch weit entfernt. Honecker, referierte Schmidt, habe ihm im Zwiegespräch, also jenseits des Protokolls, gestanden, er respektiere seine Haltung. Der Gastgeber am Werbellinsee wusste, «dass ich damals die Herstellung der Einheit der deutschen Nation nicht als ein aktuelles oder operatives Thema der achtziger Jahre ansah».[110]

Recht zufrieden zog Schmidt am Abend des 12. Dezember Bilanz. Mit Honecker hatte er sich auf einen Gegenbesuch innerhalb der nächsten 24 Monate verständigt, einschließlich eines Abstechers in die saarländische Heimat des SED-Chefs: Sie hatten nichts «vertuscht oder verkleistert», aber in einer schwierigen, besorgniserregenden Großwetterlage demonstriert, «dass es möglich und wichtig ist, im Gespräch zu bleiben und so das gegenseitige Vertrauen zu stärken».[111]

«... *dass dies notwendig war ...*» Am frühen Morgen des nächsten Tages wurde Schmidt von der Nachricht überrascht, General Jaruzelski habe das Kriegsrecht in Polen verhängt, Panzer seien aufgefahren, Tausende würden verhaftet. Erich Honecker hatte, wie man längst weiß, darauf gedrängt, Moskau solle bei den Nachbarn intervenieren. Denn die Resonanz auf Solidarność, die Beliebtheit des Danziger Streikführers Lech Wałęsa, die Unsicherheit des Regimes in Warschau, das alles hatte Ostberlin in hohem Maße beunruhigt, der Funken konnte jederzeit überspringen.

Schmidt: Vor laufenden Fernsehkameras habe er sich auf Fragen des ARD-Korrespondenten Friedrich Nowottny nach Konsequenzen für seine Gespräche mit Honecker zu der Bemerkung verleiten lassen, nein, Konsequenzen würden die Vorgänge in Polen für die gegenwärtigen Gespräche nicht haben. Seit über einem Jahr habe er solche Nachrichten aus Warschau erwartet. Dann folgte sein, wie er einräumte, unbedachter, Zusatz: «Herr Honecker ist genauso bestürzt gewesen wie ich, dass dies nun notwendig war. Ich hoffe sehr, dass es der polnischen Nation gelingt, ihre Probleme zu lösen ... die wirtschaftlichen und finanziellen Hilfsmöglichkeiten anderer Staaten zugunsten Polens sind ja gewiss nicht unbegrenzt.»

Schon, dass Honecker genauso überrascht und bestürzt gewesen sei, konnte man bezweifeln. Später stellte sich heraus, dass der SED-Chef vorinformiert war. Noch schwerer wog es, dass Schmidt sich zu dem Wort von der «notwendigen» Entscheidung Jaruzelskis hatte hinreißen lassen. Notwendig? Den Besuch brach er nicht ab, er reiste nach Schwerin weiter.

Wie er drei Tage später im Parlament in Bonn erläuterte, meinte er mit seinem Wort von der «notwendigen» Entscheidung nur: Um einen Einmarsch Moskaus und der «Bruderstaaten» zu verhindern, habe der General das Kriegsrecht verhängt. Aber das Kind lag im Brunnen, der Opposition kam sein vorschneller Kommentar nur zu gelegen, sie konnte der Regierung wieder einmal Kotau vor den Machthabern im Osten vorwerfen. Infam nannte Schmidt es, dass ihm unterstellt wurde, er habe damit eine objektive Notwendigkeit gesehen, «auf Arbeiter zu schießen».[112]

Auch seine Antwort auf eine Journalistenfrage referierte er getreulich, ob er den Besuch in der Schorfheide abgesagt hätte, wenn das Kriegsrecht vier oder fünf Tage vorher verhängt worden wäre. «Wahrscheinlich», erwiderte er seinerzeit, «wäre ich trotzdem gereist, denn ein drittes Mal zu verschieben, das wäre nun wirklich Unsinn gewesen.» Auch aus der Rückschau, setzte er nach, wäre es ein schwerer Fehler gewesen, nach den Empfehlungen der Opposition zu verfahren und den Besuch abzubrechen. Schmidt im Schmidt-Stil: Er habe das «nicht einmal erwogen». Er hätte die DDR wegen der Vorgänge in Polen nicht brüskieren wollen und ihr damit vor der Weltöffentlichkeit und den Augen der Polen eine Mitschuld an der innenpolitischen Zuspitzung im Nachbarstaat zuschieben. Widersinnig wäre es zudem gewesen, die kommunistischen Machthaber im Osten in einer Zeit zusammenzuschweißen, in welcher sie begannen auseinanderzufallen.

Und dennoch, für Schmidt blieb das ein Problem, wie sich erweisen sollte. Am gleichen Nachmittag, nachdem er sich am Werbellinsee verabschiedet hatte, kam es im mecklenburgischen Güstrow zu einer gespenstischen Szene: Der Kunstliebhaber aus dem Kanzleramt hatte im dortigen Dom eine Skulptur Ernst Barlachs besichtigen wollen, musste aber zur Kenntnis nehmen, dass er in eine menschenleere Stadt einfuhr. An den Straßenrändern hatten sich Schulter an Schulter Vopos postiert, die jeden Kontakt mit der Bevölkerung verhinderten. Offenbar zitterte die SED vor Angst. Unvergessen waren die «Willy, Willy!»-Rufe beim Besuch Brandts in Erfurt im März 1970. Den «falschen Willy» meinten sie, wie die Stasi bestürzt registrierte, Willy Brandt, nicht Willi Stoph. Auch in dem windschiefen Backsteindom, gestand Helmut Schmidt rückblickend, habe er nur wenige Menschen gesehen. Verstohlen drückten ihm beim Verlassen des Doms einige Güstrower Bürger, die es geschafft hatten, hinter die Staatssicherheitsorgane zu gelangen, Zettel in die Hand. Die meisten standen hinter den Gardinen, um den Besucher zu sehen. Schmidt kommentierte es nicht, sondern zitierte Marlies Menges Bericht aus der *ZEIT*: «Wie furchtbar für Honecker, er muss sich schämen. Eine Stadt ohne Frauen und Kinder.»[113]

Genüsslich berichtete er allerdings, noch wenige Tage vor seinem Besuch in Güstrow habe die SED den Kanzler als «Vertreter des Imperialismus» verhöhnt. In den Berichten von den Gesprächen mit Honecker in Hubertusstock sei das nun nicht mehr gegangen. Millionen DDR-Bürger bekamen nun mit, dass vom «Raketenkanzler» und «Einpeitscher» nicht länger die Rede war. Für die Hardliner im Politbüro müsse zwischen der ersten und zweiten Dezemberwoche «ein Teil ihres ideologischen Himmels eingestürzt» sein, mutmaßte er. Die Szenen von Dom und Marktplatz allerdings wurden vom DDR-Fernsehen natürlich nicht übertragen, aber der Besuch als großer Erfolg gefeiert.

Richtig verstanden fühlte Schmidt sich hinterher besonders von einem Kommentar der Londoner *Times*, damals ein wirklich seriöses Blatt: Infolge des Antagonismus der Supermächte seien beide deutsche Staaten enger zusammengerückt. Man könne freilich nicht sagen, fuhr der Kommentator fort, wohin die Entwicklung noch führe. Gegenwärtig allerdings sei dieses besondere Verhältnis der Deutschen untereinander eher ein Vorteil als eine Belastung für den Frieden in Europa. Im Bundestag verteidigten ihn Richard von Weizsäcker, Regierender Bürgermeister von Berlin, sowie der baden-württembergische Ministerpräsident Lothar Späth, der zur modernen, liberalen CDU zählte. Franz Josef Strauß und die CSU hingegen verurteilten wie zu erwarten in entrüstetem Tonfall die «Verbrüderung».

Ohne dass es je offen ausgesprochen worden wäre, stimmten Bonn und Ostberlin zu Schmidts und Honeckers Zeiten in gewisser Weise darin überein: Zu viel Unruhe an der Basis macht die Verhältnisse unberechenbar. So wenig den Bonner Kanzler und den Ostberliner SED-Chef auch ideologisch verband, und so ernst es gemeint war von Schmidt, dass er das Vorgehen der Militärs gegen die Streikenden zutiefst bedauere, wie die meisten seiner Generation, glaubte er, Reformen könnten nur von «oben» kommen. Von unten werde der Reformprozess gelähmt, oder er spiele den Hardlinern in die Hände.

Wer einen neuen 17. Juni 1953, ein neues Ungarn (1956) oder ein neues Prag (1968) verhindern wolle, so lautete diese Doktrin, der müsse Entspannung zwischen den Nachbarn und Modernisierung im eigenen Land von sich aus vorantreiben und nicht darauf warten, von Protestbewegungen auf der Straße oder der Danziger Werft getrieben zu werden. Diese Sorge verband beispielsweise auch Helmut Schmidt mit Mieczyslaw Rakowski, dem polnischen Chefredakteur von *Polytika*, der in den 80er Jahren als Nothelfer auf die Politikerbank wechselte und die überfällige Modernisierung vorantreiben sollte. Sie teilten die Generationenerfahrung, die sie in gewissem Sinne aber auch blind machte für die Macht ziviler Bewegungen. Das Verhältnis zwischen dem Gros der deutschen Sozialdemokraten sowie den polnischen Dissidenten belastet «Werbellin» und die Ostpolitik der 80er Jahre generell bis heute.

Allerdings, auch das gehört zum Bild, Schmidt war klar, dass er für seine Offenheit abgestraft wurde, während andere sich mit lautstarken Solidaritätsbekundungen schmückten, die aber nicht immer ernst gemeint waren. Schönste Eintracht herrschte beispielsweise insgeheim zwischen dem französischen Staatspräsidenten François Mitterrand und ihm, wie aus einem Gespräch zwischen den beiden vom Januar 1982 über die Polenkrise hervorgeht. Beide Länder, Frankreich und Deutschland, konstatierten die Herren, hätten auf das Kriegsrecht anders reagiert, sie seien wohl unterschiedlich sensibel, meinte Mitterrand. Er spielte damit an auf lautstarke Interventionen prominenter französischer Intellektueller, voran Bernard-Henri Lévy sowie André Glucksmann, die zur Unterstützung der verbotenen polnischen Gewerkschaftsbewegung aufforderten und in der westdeutschen Öffentlichkeit nachhaltigere Unterstützung vermissten. Schmidt beklagte zwar «exaltierte» Kommentare aus Paris, fügte aber hinzu, er glaube, die dortige Regierung verstehe die deutsche Haltung: Es müsse alles getan werden, um die Abrüstungsverhandlungen zwischen Russen und Amerikanern fortzuführen, die Bundesrepublik sei in dieser Hinsicht besonders empfindlich, da sie fast ein Nachbar Polens sei. Dem Gesprächsprotokoll zufolge warf Mitterrand daraufhin ein, dadurch erkläre sich eine wirklichkeitsnähere Haltung der Deutschen, die Franzosen seien «ein Volk von 55 Millionen Helden», die sich alle sehr stark für Polen engagierten, wenn sie kein Blut dafür vergießen müssten. Schmidt ließ sich die Gelegenheit nicht entgehen, um zu erwidern: Die moralische Erschütterung über die Ereignisse in Polen sei in Deutschland sehr stark, und entsprechend habe man sich in den letzten zwanzig Jahren um Aussöhnung bemüht. Man müsse aber realistisch sehen, dass man mit Demonstrationen weder den 17 Millionen Deutschen in der DDR noch den Tschechen habe helfen können, und dies gelte auch für die Polen. Die deutsche Haltung könne als realistisch, pragmatisch und wohl auch etwas resigniert bezeichnet werden. Kreuzzugsgedanken hingegen beobachte er in den USA, was ihn besorgt stimme. Nicht nur in Frankreich gebe es – wie Mitterrand bemerkt habe – 55 Millionen Helden, in den USA seien es «sogar 230 Millionen».[114]

Im Juli 1982 veröffentlichte die Hamburger Illustrierte *stern* – 1969 hatte sie schon einmal mit Zitaten aus Schmidts Mund über den «Scheißdemokraten» Brandt Schlagzeilen gemacht – im Wortlaut Bemerkungen des saarländischen SPD-Landesvorsitzenden Oskar Lafontaine. Der Parteifreund und Brandt-Protegé, der ein mindestens ebenso freches Mundwerk hatte wie Schmidt, beschimpfte den Kanzler nicht als «Scheißdemokraten», es war schlimmer. Am Telefon hatte Lafontaine dem Blatt gesagt: «Schauen Sie, was hat sich denn mit der Einigung zwischen SPD und FDP über den Haushalt 1983 in Bonn geändert? Helmut Schmidt spricht weiter von Pflichtgefühl, Berechenbarkeit, Machbarkeit, Standhaftigkeit. Das sind Sekundärtugenden. Ganz präzise gesagt: Damit kann man auch ein KZ betreiben. Das sind Sekundärtugenden, auf die man zurückgreift, wenn innerlich nicht bewältigt ist, worum es geht, nämlich um die Bewahrung des Lebens. Er ist wie Genscher weiter pro Rüstung, pro Kernenergie, pro Wachstum. Aber eine auf Bewahrung des Lebens ausgerichtete Politik müsste das Steuer herumreißen. Wir brauchen eine ökologisch orientierte Ökonomie ... Die SPD muss raus aus der Regierung in Bonn. So wie die Dinge liegen, ist Regeneration der Partei nur in der Opposition möglich.»[115]

An den wundesten Punkt Schmidts rührte das. Dieser freche «Oskar» wagte ihm zu sagen, die ganzen Erklärungsversuche, er sei kein «kleiner Nazi» geworden wegen des Großvaters, der Besuch beim Volksgerichtshof 1943 habe ihm endgültig die Augen geöffnet, die Wehrmacht sei ein «anständiger Verein» gewesen, das alles sci Camouflage. Das war nicht nur starker Tobak, das war auch gnadenlos.

Ein Sturm der Entrüstung folgte in den Medien, die Schmidt auf seiner Seite wissen konnte. Entschuldigungen fruchteten nichts, denn Lafontaine konnte sich nicht darauf herausreden, die Worte seien nicht gefallen. Dann könne er auch eine Entschuldigung nicht akzeptieren, schrieb Schmidt ihm, eine solche Beleidigung habe er bislang weder innerhalb der Partei noch von Seiten des politischen Gegners erlebt.[116] Helmut Schmidt war verletzt, nichts hätte ihn tiefer treffen können. Eilige Beschwichtigungsversuche Willy Brandts halfen nichts, in Schmidts Ohren klangen sie halbherzig. Er hatte Recht damit.

Sobald sich die Gelegenheit bot, zu demonstrieren, wo für ihn die Grenze des Akzeptablen verlaufe, nutzte er sie. Schmidt befand sich – 1995 – bereits auf der Fahrt zum Parteitag der SPD in Mannheim, wo er eine aufmunternde Rede hatte halten wollen, denn vielleicht stand das Ende der Kanzlerschaft Kohls bevor, da ereilte ihn die Nachricht von einem Coup Lafontaines: Überraschend hatte der Saarbrücker den glücklosen Rudolf Scharping an der Spitze der SPD abgelöst.

Spontan kehrte Helmut Schmidt, damals 77 Jahre alt, mit dem

Dienstwagen um. Seine «ungehaltene Rede» veröffentlichte er in der *ZEIT*. An Lafontaine missfiel ihm praktisch alles. Predigen wollte er eigentlich den Genossen in Mannheim von der Bühne herab, so konnte man nachlesen, dass die Bundesrepublik als «parlamentarisch verfasster Staat» nicht eine Opposition von den Landeshauptstädten Saarbrücken (Lafontaine) oder Hannover (Schröder) aus brauche. Auch Brandt und er seien zu Kanzlern gewählt worden, nachdem sie in Bonn, in der Hauptstadt, Oppositionsarbeit geleistet hatten und von der Fraktion gewählt worden waren. Es helfe nicht, Meinungsverschiedenheiten quer durch die Republik auszutauschen.

Schmidt: In der Zentrale spielt die Musik, dort muss man sich hochkämpfen, das hat die «Troika» mit Brandt, Wehner und ihm doch vorexerziert, selbst die Oppositionsarbeit ist Teil des exekutiven Geschäfts. Kontroversen, wollte er sagen, hatten sie auch, ähnlich wie Ollenhauer, Erler, Wehner und Carlo Schmid vor ihnen, aber die habe man untereinander ausgetragen, nicht vor aller Augen. Und dann sattelte er noch drauf: «Und als wir Willy Brandt 1961 und 1965 als Kandidaten für das Amt des Kanzlers nominiert hatten, da hat keiner der übrigen öffentlich zu verstehen gegeben, eigentlich sei doch er selbst der bessere Mann.»

Unmissverständlich spielte das an auf die Vorbehalte Schröders und Lafontaines gegenüber Scharping, auch wenn es die eigenen Jahre vielleicht ein wenig schönte. Willy Brandts zweite Kandidatur war nicht unumstritten, und Schmidt gehörte zu jenen, die durchaus klarmachen wollten, dass sie sich die Rolle selbst mindestens ebenso zutrauten. Aber Schmidt zielte auf etwas anderes: Er wollte in Erinnerung an Lafontaines Bosheiten damals ausdrücklich Tugenden preisen, Tapferkeit, Solidarität, Vernunft und Klugheit. Tapfer müssten Politiker sein, um öffentlich klipp und klar zu sagen, wie man mit Krisen umgehen wolle, und welche Probleme schlicht nicht zu lösen seien. Solidarisch müsse Politik sein, weil sie nicht nur das Wohl bestimmter Kreise bedenken dürfe, sondern das aller. Vernünftig und klug, weil nur das Volksparteien glaubwürdig mache und man sich auf sie verlasse.

Opportunismus, Eitelkeit und Egomanie brandmarkte er als das Gegenstück zu solchen Tugenden, man könne nicht an einem Tag die

Maastrichter Europa-Verträge ratifizieren und sie am nächsten Tag anfechten, wie geschehen. Auch das spielte auf Lafontaine an, ohne ihn zu nennen. Nie sollten sich die, die es angeht, fragen «Was nützt es mir?», es gehe nur darum, was sie dem Land nützen könnten.

Seinen Traktat, den er hatte vortragen wollen, nun aber nur zu Protokoll gab, beendete Schmidt genüsslich mit dem Rat, wenn es einem an der Spitze an persönlicher Tapferkeit fehle, so solle «sie oder er wenigstens Zuflucht suchen bei der Sekundär-Tugend, der Disziplin». Mit anderen Worten, er solle schweigen, empfahl er.[117]

1981 Ich entsinne mich an ein Gespräch mit Willy Brandt während einer langen Zugfahrt von Hamburg nach Bonn, dessen Botschaft war, er wolle wieder stärker mitmischen. Seinen Herzinfarkt hatte er überwunden, er fühlte sich gestärkt und startete noch einmal durch. Dann tastete er sich voran durch die politische Landschaft, wie er das liebte. Vorsichtig blieb er dabei noch zum Rüstungsstreit, der gerade seinen Höhepunkt erreichte. Das Gleichgewicht der Rüstungspotentiale werde «formal» gemessen, indem die Sprengkräfte sowjetischer Nuklearraketen gezählt und gegengerechnet würden. Wichtiger aber sei für ihn jedenfalls die politische Rolle der Bundesrepublik. Ausdrücklich erinnerte er an die Ostpolitik. Ziel müsse bleiben, dass von deutschem Boden aus keine Atomwaffen auf die Sowjetunion zielen sollten, das sollte auch Washington klargemacht werden. Höflich und klug verpackt, war das eine unmissverständliche Kritik am Kurs der eigenen Regierung, also an Helmut Schmidt.

Deutlicher wurde Willy Brandt in anderer Hinsicht. Er könne nicht einfach zusehen, wenn am Rande der SPD eine neue Partei entstehe, sein eigener «Laden» müsse sich dringend öffnen. Wenn die Zeiten nicht so erregt wären, würde Helmut Schmidt doch zu einem ähnlichen Ergebnis kommen, nicht wahr? 1968, erinnerte er sich, hätte die Frage auch seine Partei fast zerrissen, ob man sich um Integration der Protestgeneration bemühen solle, aber natürlich sei es richtig gewesen. Ironisch ergänzte er, es helfe der SPD nicht, wenn «die einen Kleinbürger aus ihr eine Arbeiterpartei, die anderen eine Lehrerpartei machen möchten».

Helmut Schmidt sah das anders: Das Regieren, befand er, werde ihm unnötig schwer gemacht. Mal beteuerte er, auf jeden Fall im Amt zu bleiben bis 1984, mal drohte er, es reiche ihm bald. Damals ließ er sich folgendermaßen zitieren: «Ich will nicht von Bord gehen. Aber ich muss auch sagen, ein Schiff mit sieben, dreizehn oder 27 Möchtegernsteuerleuten, das lässt sich auf Dauer nicht steuern.»[118] Er war davon überzeugt, Brandt verhalte sich nicht loyal.

Sie wünschten sich keinen anderen Kanzler, wohl aber eine andere Politik, keilten parteiinterne Widersacher zurück. Er predigte dann zwar, die Parteifreunde sollten die Welt nicht ewig in «links» und «rechts» einteilen, es gehe darum, ob eine politische Position vernünftig sei oder nicht, unterschrieb aber zugleich ein Thesenpapier Richard Löwenthals, das der Linken kompromisslos den Prozess machte.

Häufig bekamen wir Journalisten in Bonn damals Bemerkungen zu hören, er habe von seinem Leben so schrecklich viel nicht gehabt: Immer nur Politik, das könne doch nicht alles gewesen sein ... Wie 1969 klang es plötzlich wieder, als er überlegte, ob er wirklich in ein Kabinett Brandt gehen oder einen Job in der Wirtschaft suchen solle; oder wie 1972, als er demonstrativ behauptete, wenn er sich noch einmal in die Pflicht nehmen lasse von Brandt, dann nicht mehr für lange.

Aber er blieb ein Zirkusgaul: Tapfer zog Schmidt trotz seiner Klagen über die Partei von Bezirk zu Bezirk. Unermüdlich warb er für seine Politik, aber auf seine Weise: «Ich werde eine sehr politische Rede halten, das heißt, eine sehr vernünftige Rede. Die einzige Leidenschaft, die ich mir leiste, ist die Leidenschaft der Vernunft.» Oder: «Gott, oh Gott, was sind wir für eine Papierpartei. Wir brauchen Kraft für die Meinungsführerschaft, die andere Länder von uns erwarten, und nicht das endlose Gesabbel. Das ist keine Politik, das ist Selbstbefriedigung, was wir auf unseren Parteitagen betreiben.»[119] So klang der authentische Schmidt, Wort für Wort. Geliebt und gehasst wurde er dafür. Ganz so, als hätte er einen Pakt mit dem Publikum geschlossen, indem er ein deutsches Ressentiment bediente über Politik generell.

Im August 1981 veröffentlichte Hans-Dietrich Genscher sein «Wendepapier», das die wahren Absichten – wie der Autor es liebte – halb enthüllte und halb verbarg. Ins Zentrum seiner Kritik stellte er die Anspruchsinflation, eine Wende im «Denken» sei überfällig, der Haushalt müsse verschlankt werden von überflüssigen Sozialausgaben, und jeder Einzelne müsse stärker selbst bestimmen können über seine Lebensgestaltung, Leistung solle mehr gelten. Das gesammelte Credo des Wirtschaftsflügels der Freidemokraten steckte darin, die Worte konnten kaum größer gewählt sein, Genscher verglich die künftige Herausforderung immerhin mit dem Wiederaufbau nach dem Krieg. Dabei saßen die Freidemokraten immerhin schon seit Ende 1969 mit in dieser Koalition, die offenbar grundsätzlich versagt hatte.

Von der sozialliberalen Idee, wie sie im Freiburger Programm verankert worden war, verabschiedete er sich damit endgültig. Keinerlei Andeutung enthielt das Papier mehr davon, dass es einst einen respektablen Vorrat an Gemeinsamkeiten gab, geschweige denn, dass irgendetwas noch die Partner verbinde. Radikal kappte die FDP die soziale und partizipative Seite ihrer Gesellschaftspolitik. Es gab nichts zu deuten: Frei wollte sie sein, koalitionspolitisch frei, um sich den Weg zu einem Bündnis mit Helmut Kohls CDU zu öffnen.

Dabei lagen ideologisch besehen die Liberalen und Helmut Schmidt gar nicht Welten auseinander, wie man hätte meinen können. Die versteckte Botschaft im Wendebrief hieß daher auch: Mit Schmidt könnte es gut gehen, aber ähnlich wie im Raketenstreit habe er auch in den wirtschaftlichen und sozialen Fragen seine Partei nicht hinter sich; mit ihm könne man weiterregieren, aber wenn er den Kurs nicht durchzusetzen vermochte, dann löse sich das Band zwischen den Koalitionspartnern gleichsam von alleine auf. Neben dem Konflikt mit den eigenen Parteifreunden bildeten die führenden Freidemokraten die zweite innenpolitische Front. Wie gewohnt in solchen Fällen, suchte der Kanzler vor allem Ruhe in die Regierung zu bringen. Er deutete sogar an, auch für eine weitere Legislaturperiode noch einmal als Kanzler zur Verfügung zu stehen. Damit sprang er über seinen Schatten, abgearbeitet und erschöpft war er zudem, aber er wollte der FDP das Ausscheren nicht leicht machen. Wie Herbert Wehner, der andere Pflichtmensch aus der Troika, erklärte er sich bereit, den «Karren zu ziehen, solange der Karren will». Aber er brauchte Freunde, dringend.

Im kleinen Kreis hatte Willy Brandt nicht nur den Regierungschef unterstützt. Je lauter die FDP behauptete, es gehe ihr nur darum, dem Kanzler zu helfen, scharten sich ohnehin die Genossen um ihn. Eher lasse er sich «beide Hände abhacken», als daran mitzuwirken, den eigenen Regierungschef zu kippen, beteuerte Brandt. Schmidt hatte zu dem Zeitpunkt die Runde bereits verlassen und befand sich auf dem Flug nach Brüssel.

Seit einiger Zeit hatte er es sich angewöhnt – man kannte das früher gar nicht –, wenn der Terminkalender es zuließ, nach solchen Präsidiumssitzungen noch die halbe Nacht in der «Baracke» (der SPD-Zentrale in Bonn an der Adenauerallee) bei Hans-Jochen Vogel, Peter Glotz oder Johannes Rau hocken zu bleiben. Je länger die Bonner «Krise» andauerte, umso häufiger, die Verhältnisse führten einfach zusammen. Er betrachtete nicht mehr alle um sich herum als bloße Störfaktoren. Ja, nicht nur im Bundestag, sogar bei einem Auftritt in New York warnte er neuerdings davor, die Friedensbewegung pauschal als «Amateure» beiseite zu schieben.

Ende Juni 1982 bestätigte Brandt vertraulich, im letzten Herbst hätten manche prophezeit, «wir beide entwickeln uns auseinander», aber jetzt zeige sich, fügte er dankbar hinzu, «da hat sich eine Menge bewegt ...»[120] Zu spät?

Helmut Schmidt war es, der im Parlament Rednern der Regierungsfraktion widersprach und an die Haltung der amerikanischen Falken erinnerte, die am Abrüstungsaspekt des Doppelbeschlusses kein Interesse zeigten. Bei den Christdemokraten löste er Gelächter und höhnische Zwischenrufe aus, als er seine Partei die «größte Friedenspartei in Deutschland» nannte, beteuerte, das werde so bleiben, und hinzufügte, «und ich werde Sozialdemokrat bleiben».[121] Er meinte es ernst, die Opposition unterschätzte ihn.

In seiner Bedrängnis entschloss er sich, das Kabinett umzubauen. Die Leitartikler riefen danach, sie riefen immer danach, sobald es kriselte. Alte Minister in die Wüste zu schicken und neue Minister aus dem Zylinder zu zaubern, galt in diesen Bonner Zeiten als Ausweis von Führungsstärke. Schmidt reagierte auf seine Weise: Um sich herum scharte er noch einmal seine Getreuen, holte Klaus Bölling als Nachfolger Kurt Beckers an die Spitze des Presseamtes zurück, beorderte Hans-Jürgen Wischnewski, den unermüdlichen Troubleshooter, als Staatsminister in seine Nähe ins Kanzleramt, sein Freund Manfred Lahnstein rückte auf zum Finanzminister. Gute Miene machte Schmidt zum bösen Spiel, zutiefst widersprach das Verhalten der Freidemokraten seinem Bedürfnis nach «Klarheit». Sie taktierten und finassierten, zugleich verweigerten sie jede ehrliche Auskunft, ob sie die Koalition aufkündigen oder fortsetzen wollen. Wenn aber schon im Herzen der Politik, also der Regierung und dem Kabinett, derart antichambriert wird, wie soll man da noch steuern, ausgleichen, sinnvolle Kompromisse suchen können?

Als die wahrhaft treibende Kraft hinter Hans-Dietrich Genscher galt Otto Graf Lambsdorff. Er attackierte die eigene Regierungspolitik, als hätte sich der Staatssozialismus pur durchgesetzt. Der Regierungschef sah sich sogar veranlasst, sich schriftlich derart abwegige Einlassungen gegen das Unternehmen Bundesregierung zu verbitten, an dem die FDP doch selbst beteiligt war. Sämtliche Vorbehalte gegenüber den Freidemokraten, die er seit den 60er Jahren hegte, sah Schmidt bestätigt: Von derart unsicheren Kantonisten dürfe man das Regieren nicht abhängig machen!

Also verlangte er von der FDP eine verbindliche Festlegung, ob sie überhaupt weitermachen wolle, und ob Verhandlungen über die weitere Zusammenarbeit bis zum Ende der Legislaturperiode, also bis 1984, sich grundsätzlich noch lohnten – eine Klarheit, die sie unverändert verweigerte.

Kaum überraschend: Bei den Bürgerschaftswahlen in Hamburg verlor die SPD die absolute Mehrheit, die CDU überflügelte die Sozialdemokraten. Der ewige Dritte, die FDP, konnte die Fünf-Prozent-Hürde nicht nehmen, wohl aber die Grün-Alternative Liste. Das ging vor allem auf Kosten von Schmidts Partei. Das war dramatisch genug, für die Hansestadt bedeutete es fast eine Revolution. Zudem verfestigte sich der Eindruck, hier niste sich die kleine Konkurrenz an der Seite der Sozialdemokraten auf Dauer ein. In Hessen, politisch besehen oft Vorreiter größerer Veränderungen, kündigte die FDP an, künftig mit den Christdemokraten koalieren zu wollen, obwohl die Wiesbadener CDU zur rückwärtsgewandten Fraktion im Unionslager zählte, zum konservativ-katholischen Milieu.

Vor den Wahlen in Wiesbaden im September 1982 und in Bayern Anfang Oktober wollten die Freidemokraten offensichtlich der Öffentlichkeit nicht reinen Wein darüber einschenken, was sie planten. Dennoch stand fest, Hans-Dietrich Genscher war sich mit Helmut Kohl insgeheim handelseinig. Einfach geschäftsmäßig reagierte Schmidt auf das Lavieren Genschers und der Freidemokraten in dieser Endphase wie gewohnt. Loki und er luden das Ehepaar Genscher zu sich nach Hause ein und bewirteten sie freundlich.

Die Botschaft hieß: Die FDP sollte dazu stehen, wenn sie «wackelt» oder kündigen wolle. Jedermann sollte sehen, vom wem das ausgeht. Schmidt demonstrierte noch einmal seine wahre Stärke, als Krisenmanager in eigener Sache. Fast wirkte er gelassen.

Im Parlament – beim Bericht zur Lage der Nation – nutzte er die Gelegenheit, die Opposition zu einem Konstruktiven Misstrauen gegen ihn aufzufordern und nicht auf die Wahlen in Hessen und Bayern zu warten. Er wusste, weshalb die Christdemokraten zauderten: Das Trauma des Scheiterns von Rainer Barzel 1972 plagte sie weiterhin. Sie hätten Neuwahlen vorgezogen, die wiederum die Freidemokraten fürchten mussten, wenn sie gegen ihr Wahlversprechen den Königsmord begehen und Schmidt abwählen würden. Der Bundeskanzler wisse, redete er von sich in der dritten Person, «dass man Reisende nicht aufhalten soll».[122] Wenn «eine geschichtliche Epoche in der Entwicklung unseres Staates» abgebrochen werden solle, verlangte er, dann «mit offenem Visier und einem klaren Willensentscheid».

Klar an der FDP-Haltung war nur, dass sie ihre Ziele vernebelte. Die Koalition wirkte erschöpft, die Kräfte ausgelaugt, hinzu kamen Schmidts Ohnmachtsanfälle im Kanzleramt, seine Herzprobleme, auch wenn der Schrittmacher, der ihm eingepflanzt worden war, sichtlich half. Endzeitstimmung breitete sich aus.

Auf Helmut Schmidts Vorstoß ging Helmut Kohl nicht ein. Daher entschloss der Kanzler sich, die fünf FDP-Minister seines Kabinetts zu entlassen; eine Misstrauenserklärung seinerseits, da er ohnehin fand, die FDP habe unverhüllt klargemacht, die Regierungslinie nicht mehr mittragen zu wollen. Nach einem Gespräch mit Otto Graf Lambsdorff, in dem er ihn über seine Absichten unterrichtete, kamen die FDP-Minister dem Entschluss zuvor und traten eilig zurück.

1982 Schmidt hielt seine letzte Rede als Bundeskanzler am 1. Oktober 1982, nachdem sich die Christdemokraten endlich doch durchgerungen hatten, im Parlament über Kohl versus Schmidt abzustimmen. Sie konnten nicht mehr anders, in der Öffentlichkeit wuchs nämlich der Respekt vor der Unbeirrbarkeit und Geradlinigkeit Schmidts, so wie umgekehrt die Urteile über die schillernde FDP zunehmend ungnädiger wurden (bei den Landtagswahlen in Hessen war sie mit 3,1 Prozent mehr als deutlich unter der 5-Prozent-Marke geblieben).

Angespannt, aber gewohnt selbstbewusst begründete Schmidt bei dieser Gelegenheit noch einmal seine Sicherheitsstrategie und worum es ihm ging bei der Nachrüstung. Er verteidigte auch die innenpolitische Gratwanderung, nicht mit zu viel Inflation auf die wachsende Arbeitslosigkeit zu reagieren. Bei seiner Ankündigung blieb er selbstredend, die *Pershing II* würden, falls Moskau nicht einlenke, stationiert.

Ausgerechnet Rainer Barzel war von der Union ausersehen worden, den Antrag einzubringen, den Kanzler abzuwählen und an seiner Stelle Helmut Kohl zum Nachfolger zu küren. Gewiss eine listige Idee, aber peinlich. Denn Barzel – kein Schmidt-Verächter, wie man wusste – war damit selbst acht Jahre zuvor gescheitert. Schmidt, bilanzierte Barzel, habe sich im Kanzleramt als bloßer «Macher» erwiesen, während Politik doch zur «geistigen Führung» in der Lage sein müsse.

Helmut Schmidts Abgang war stark, eine Sternstunde des Parlaments war es nicht. Dafür hatte sein Freund Barzel gesorgt. Dieses Mal gab es keine Überraschungen im Parlament bei der Abstimmung: 256 Stimmen entfielen (am 1. Oktober 1982) auf Helmut Kohl, sieben über der absoluten Mehrheit, auf Schmidt kamen

235 Stimmen. Wie angekündigt, hatten nicht alle Freidemokraten Kohl gewählt, einige Abgeordnete wechselten von der FDP zur SPD, weil sie den Wortbruch nicht mittragen und zudem das sozialliberale Projekt, das sie im Sinn hatten, nicht aus wahlopportunistischen Gründen opfern wollten. Aber der zweite große Machtwechsel nach 1969 war vollzogen. Helmut Kohl kam endlich ans Ziel seiner Wünsche: als sechster Kanzler der Republik, Jahrgang 1930, zwölf Jahre jünger als Schmidt, der erste, der den Krieg nicht als Erwachsener miterlebt hatte.

Helmut Schmidt erhob sich, ging entschieden und kerzengerade auf den Herausforderer Kohl zu und gratulierte ihm gefasst. Für verdient hielt er die Kanzlerschaft Kohls einerseits nicht; andererseits lag ihm viel daran zu demonstrieren, dass die deutsche Demokratie funktioniert und Machtwechsel der Normalfall sind.

Die Welt, wie Schmidt sie sah Zu denen, die ein Bild voller Bewunderung zeichneten, aber bezweifelten, ob er «Geschichte gemacht» habe, gesellte sich der Historiker Golo Mann. In einem *Spiegel*-Essay, in dem er sich arrogant und herablassend über Willy Brandt äußerte, nannte er Schmidt einen Glücksfall für seine Partei: Er habe als einziger gegen sie den Staatswagen, den der Vorgänger «in den Sumpf» gleiten ließ, herausgezogen und die «Autorität der Regierung» wiederhergestellt. Golo Mann weiter: «Eine überall hochgeachtete Persönlichkeit an der Spitze in Bonn. Immer deutlich und zugleich maßvoll sprechend, Konflikte weder unter den Tisch wischend noch tragisierend, willig, tragfähige Überbrückungen zu finden, andernfalls Übereinstimmung im Nichtübereinstimmen festzustellen. In alledem liegt wenig Dramatisches, den Historiker alten Stils Begeisterndes. Und dergleichen wünschte Schmidt sich auch gar nicht. Unlängst konnten wir es lesen: Jene Politiker, die ‹Geschichte machen› wollten, so meinte er, seien regelmäßig gescheitert. Nicht Geschichte machen wollte er, sondern weitermachen, und das war schwierig genug.» Ein paar Knoten im sozialen Netz, ein bisschen Krisenmanagement, unzählige Gipfeltreffen ... viel, hieß das freundlichkarge Résumé, werde nicht bleiben.

«Manchmal eine Art von Vermittlung zwischen beiden Weltmächten» – so Golo Manns letzter Punkt –, «obgleich man den Verdacht hat, dass die beiden Weltmächte einen Vermittler nicht eigentlich brauchen.»[123]

Von dieser Intention Schmidts soll hier die Rede sein. Eindeutig zu kurz kamen seine Überlegungen in der Bilanz Golo Manns, ja mit dem Wort vom «Vermittler» wäre auch falsch beschrieben, wie er sich sah.

Um die erwachsene Rolle der Bundesrepublik ging es, schon lange vor dem Mauerfall und den 2-plus-4-Verhandlungen. Und es ging darum, ob sie ohne Vorbehalt anerkannt wird. Für Willy Brandt galt das bereits als Person, er brachte viel Gewicht auf die Waagschale und wurde ernst genommen. Aber würden die Nachfolger darauf aufbauen können? Helmut Schmidt, Leutnant a. D., musste das testen.

Als er sich anschickte, in Büchern auf sein Leben zurückzublicken, setzte er andere Akzente als seine Biographen. «Menschen und Mächte» betitelte er seine ersten Erinnerungen, die 1987 erschienen, fünf Jahre nach seinem Abschied vom Regierungsamt. Es war davon schon die Rede. Auf drei Weltmächte blickte er darin, Russland, die USA und China, das letzte kurze Kapitel – «Schlussbetrachtung eines Europäers» – reflektierte darüber, ob Europa zur «vierten Weltmacht» werden könne und solle. Die Welt, wie Schmidt sie sah.

Könnte es sein, dass er die Entdeckung Amerikas durch das neue Deutschland nach dem Krieg antizipierte, die Westbindung, die zivilisatorische Maßstäblichkeit der USA? Wenn er sich jemals entscheiden müsste, in ein fremdes Land zu gehen, bekannte Helmut Schmidt in seiner neuen Rolle als Autor, «so ginge ich in die USA».[124] Amerika war das Land, das wusste, «wofür» es sein solle. Für welche Werte, für welche Politik, für welche Ziele. An einem kritischen Blick, vor allem auf den Idealismus in der Außenpolitik, auf Washingtons Neigung zum «Unilateralismus», hat Schmidt das freilich nicht gehindert. Im Gegenteil, auch das konnte man von Amerika lernen, dass ein freier, kritischer Geist zu einer demokratischen Gesellschaft gehört.

Schmidt «lernte» Amerika. Unbedingt wollte er den Partner verstehen. Er akzeptierte es. Amerika spielte eine erzieherische Rolle, um Amerika kreiste seit seiner ersten Transatlantikreise 1950 sein Denken. Schmidts frühe Westorientierung stand außer Frage.[125] Ein Netzwerk von Freunden, das über die Jahrzehnte wuchs, trug ihn über alle Differenzen und Krisen hinweg. Es war parteiübergreifend, Schmidt kümmerte es herzlich wenig, ob Henry Kissinger Republikaner war oder Jimmy Carter Demokrat, seine Gesprächspartner wollte er ernst nehmen, und seine Widersacher auch, wenn sie Argumente hatten.

Die Fotos in seinem Buch «Menschen und Mächte» zeigten denn auch Schmidt im trauten Plausch mit Freunden oder Partnern. Seine Botschaft lautete: Dieser Deutsche wurde ernst genommen, die Deutschen waren nicht einfach «Vasallen», um es in seinen Worten zu sagen, da saß ein Freund unter Freunden. Von einem befreundeten Amerika aber durfte man auch Rücksicht verlangen, beispielsweise Rücksicht auf die Gleichgewichtsvorstellungen der Europäer. Zwischen den USA und Russland lag schließlich immerhin der Atlantik, aber Europa und das Sowjetimperium trennte gerade mal ein Eiserner Vorhang.[126]

Verunsichert kamen ihm beide Seiten vor in den 70er Jahren, Washington und die Sowjetunion. Helmut Schmidts Schilderung der USA – «von der Schwierigkeit, eine Weltmacht zu sein», überschrieb er die fast 200 Seiten seiner Erinnerungen – lagen Erfahrungen mit vier Präsidenten zugrunde, Richard Nixon, Gerald Ford, Jimmy Carter und Ronald Reagan. Indirekt handelte sein persönlicher Rückblick auf sie natürlich auch von seiner eigenen Rolle. Der Autor wollte daran erinnern, welche Anerkennung und Aufwertung darin steckte, alles nicht selbstverständlich aus seiner Sicht. Zu Kopf aber stieg es ihm nicht, hieß seine stille Botschaft, und davor müssten wir Deutsche uns auch hüten.

Tricky Dick Mit Richard Nixon ließ er seine transatlantische Geschichte beginnen, einem «weltpolitischen Strategen», wie er gleich festhielt, nur um Missverständnissen vorzubeugen, er lasse sich sein eigenes Urteil nehmen und mache beim üblichen *bashing* mit. Nein, er hatte vor Nixon Respekt.

Als Nixon Ende 1968 gegen Hubert Humphrey das Rennen ums Präsidentenamt gewann, steuerte Schmidt die SPD-Fraktion gerade durch die Große Koalition. Ein Jahr später, Schmidt saß als frischernannter Verteidigungsminister in Brandts erstem Kabinett, lud Nixon die «Nuclear Planning Group» zum Frühstück ins Weiße Haus ein. Anfangs bot er seinen Gästen nur *small talk*, sie langweilten sich, aber dann holte er doch zu einer *tour d'horizon* aus, wie Schmidt das liebte: Die Lage in Vietnam, Chinas künftige Rolle, Zusammenarbeit mit Moskau, die Begrenzung strategischer Rüstungen, alles Relevante brachte der Präsident zur Sprache. Sogar in eine «Gesamtstrategie der Nato» bettete Nixon das noch ein. Der Redner dachte in Kategorien, die seinem deutschen Zuhörer vertraut klangen. Zurück in Bonn, informierte er eilig Brandt und riet, sich für seinen ersten Besuch in Washington gründlich vorzubereiten. Dann gebe es eine Chance, die deutschen Interessen einzubetten in diese Strategien.

Bei dem positiven Urteil über Nixon blieb er fortan, auch wenn er in den Erinnerungen einschränkte, dessen Verhalten in der Watergate-und Tonbandaffäre könne er «noch immer nicht verstehen» (1987). Zwölf Jahre nach Nixons Rücktritt, vier Jahre nach seinem eigenen Abschied aus dem Kanzleramt, traf er ihn 1986 noch einmal, und wieder beeindruckte ihn dessen stupendes Urteil über die Weltlage, auch die Souveränität, wie er auf die vergangenen Jahre zurückblickte. Freimütig bedauernd schloss er das Nixon-Kapitel ab mit der Bemerkung, der westlichen Welt sei ein bedeutender Stratege verloren gegangen, «sicher durch dessen eigenes Versagen», aber dennoch – schade.[127] Unverschlüsselt hieß das, ja, egal was über Nixon – «tricky Dick» hieß er im Volksmund – gesagt werde, den Mann, der sich nie rehabilitieren konnte, er habe von ihm gelernt. Nur mehr Anerkennung für Europa vermisste er bei dem Amerikaner.

Jerry Die große Überraschung für ihn jedoch hieß Gerald Ford. Acht Mal traf Helmut Schmidt ihn seit der Amtsübernahme 1974, von keinem Präsidenten hat Schmidt warmherziger geredet. Schmidt: Er war «immer berechenbar und zuverlässig», Nixons Politik setzte er fort, aber – er konsultierte auch noch die Partner. Das aber – ernst genommen werden, auf Augenhöhe – stand oben auf Schmidts Prioritätenliste.

Es lohnt sich, den Dialog nachzulesen, den Schmidt, Ford und Kissinger im Mai 1975 in Brüssel über den Umgang mit Spanien und Portugal führten. Den Wortwechsel gab Schmidt in seinen *Erinnerungen* im Wortlaut wieder,[128] so wichtig erschien er ihm. Er war es, der die USA davor warnte – die Ära Franco näherte sich dem Ende –, nur mit denen zu reden, die an der Macht sind, «wir sollten diejenigen ermutigen, von denen wir hoffen, dass sie nach Franco regieren werden».

Seine Botschaft zielte aber auf etwas anderes: Seht her, wollte er zeigen, sogar große Differenzen können mittlerweile Washington und Bonn austragen, ohne dass altes Misstrauen keimt oder es böses Blut wegen der Emanzipation dieser undankbaren Deutschen gibt.

Mit Henry Kissinger, auch daran erinnerte Schmidt nur zu gerne, konnte er reden über August Bebel, mit Gerald Ford über Otto von Bismarck, es war eine Herzenslust.[129] Als Familientreffen empfand er Fords und Kissingers Visite in Bonn, alle genossen es, auch wenn die Gäste ein Deutschlandbild mitbrachten, das sie sich – «trotz Hitler und Auschwitz» – aus dem 19. Jahrhundert bewahrt hatten, einschließlich Hofbräuhaus, Nibelungen, Sauerkraut oder ‹Alt-Heidelberg›. Ihn störte das nicht. Seinerseits, fügte Schmidt hinzu, bediente er doch auch das romantische Deutschlandbild vieler Amerikaner, als er ein Jahr später anlässlich der 200-Jahr-Feier der USA Ford einlud zu einem Empfang auf die «Gorch Fock», das über die Toppen geflaggte Segelschulschiff aus Deutschland.

Natürlich unterstützte Schmidt Freund «Jerry» im Wahlkampf. Warmherziger hätte der Brief, den er am 23. November 1976 an Gerald Ford adressierte, kaum formuliert werden können: «Ich glaube, kein anderer Bundeskanzler hat sich einem amerikanischen Präsidenten gegenüber jemals so frei gefühlt, auf solch freund-

Zu keinem anderen amerikanischen Präsidenten pflegt Schmidt ein ähnlich enges Verhältnis wie zu Gerald Ford (1974 bis 1977), dem Nachfolger Richard Nixons, der über der Watergate-Affäre stürzte. Schmidt fühlt sich – vor allem, wenn es um die Weltwirtschaftskrise ging – in seinem Rat ernst genommen, die Bonner Stimme zählt, und Ford würde den Bonner Freund nie als «Wilhelm II» apostrophieren, wie es in einigen Nachbarländern geschieht.

schaftlichem Fuße und so zuverlässig eingebettet in das Gefühl der Freundschaft ...» Sogar seinen Erfolg bei den Bundestagswahlen 1976 führte Schmidt auf die ausgezeichneten Beziehungen zwischen den USA und der Bundesrepublik zurück. Zum Schluss verbeugte er sich noch: «Ich weiß, dass ich für Sie nicht immer ein einfacher Partner gewesen bin – aber wie hätte es auch anders sein können, da doch jeder Regierungschef das vertreten und schützen muß, was er als die Interessen seines eigenen Landes ansieht ...»[130]

Schon bei der KSZE in der finnischen Hauptstadt, lobte der Autor beim Rückblick, sei ins Auge gesprungen, wie selbstverständlich «die USA als europäische Macht auftraten und akzeptiert wurden». Ford nahm sich zurück, auch das schätzte er. Noch wichtiger, fügte er hinzu, sei aber die «relative Leichtigkeit» gewesen, mit der Ford, Giscard d'Estaing, Harold Wilson und er ein Weltwirtschaftstreffen der Regierungschefs der großen industriellen Demokratien vereinbarten.[131]

Unübersehbar schrieb er den Konsens westlicher Staatschefs dem Freund Giscard und sich zu, auf die Wirtschaftskrise gemeinsam zu reagieren und Gipfeltreffen zur Regel zu machen. Alle Länder hatte die Krise erfasst, und sie waren sich einig: Die Krise darf nicht wie in den frühen dreißiger Jahren zu einem handels- und währungspolitischen Krieg aller gegen alle verleiten. «Jerry» aber hatte die Souveränität, sich darauf einzulassen, obgleich der Anstoß nicht von Washington ausging. Schmidt dankte es ihm in seinen Erinnerungen, wann immer er über Amerika sprach, für ihn waren die Jahre mit Ford die ideale historische Konstellation.

Carter «Idealismus und Wankelmut» überschrieb er hingegen die Einlassungen über dessen Nachfolger. Abträglicheres aus Helmut Schmidts Feder war kaum vorstellbar. Nichts fügte sich mehr. Wer Schmidt begreifen will, muss seine Beschreibung Jimmy Carters genauer studieren.

Nach «Jerry» stellte Jimmy Carter für ihn das andere Extrem dar. Nur weil sie die Enttäuschungen, Demütigungen und Erschütterungen des Vietnamkrieges und der Watergateaffäre noch nicht hinter sich gelassen hatten, wählten die USA Carter statt Ford. Schmidt konnte es sich anders nicht erklären. Ein fataler Fehler, wie er meinte. Amerika suchte einen neuen Anfang, die Europäer aber – so Schmidt kühl – wollten fortsetzen, was mit Nixon und Ford aufgebaut worden war, die gemeinsame Strategie sollte weiter gelten.

«Am erschreckendsten» erschien es Schmidt, dass der neue Hausherr seine Bewertung der Sowjetunion permanent änderte. Im letzten Amtsjahr – nach dem sowjetischen Einmarsch in Afghanistan – erklärte er auch noch öffentlich, jetzt habe er die wahre Natur der Sowjetunion richtig verstanden. Der Autor entgeistert: Ein verantwortlicher Politiker gibt der Öffentlichkeit preis, sich ganz grundsätzlich geirrt zu haben? «Führung» sieht anders aus!

Alles machte Carter falsch, aus Sicht des Deutschen jedenfalls. Die Menschenrechtskampagne gegenüber Moskau schlug fehl. Dass er Bürgerrechte für die Sowjetbürger anmahnte, bewies nur Ahnungslosigkeit, die Russen kannten doch solche Rechte schlicht nicht. Natürlich, fuhr Schmidt mit seiner Philippika fort, könne sich ein «amerikanischer Moralist und Idealist» Illusionen über die Erfolgsaussichten einer weltweiten Kampagne gegen Moskau machen, aber er müsse wissen, dass der Kreml die Oberhoheit über andere Staaten besitze und die ideologischen und militärischen Schrauben anziehen könne. Carter gefährde die Entspannung, davon war er überzeugt. So würde man die KSZE-Schlussakte aus Helsinki nicht fruchtbar machen können, im Gegenteil. Und dann machte er auch noch den Fehler, die eurostrategischen Mittelstreckenraketen vom Typ SS-20 in die Verhandlungen über Rüstungsbegrenzung nicht mit einzubeziehen. Zuviel und zu wenig zugleich wollte dieser Idealist aus Georgia!

Hinter verschlossenen Türen suchte der deutsche Regierungschef, auf Washington einzuwirken, vergebens. Schmidt wütete, in Bonn sprach es sich eilends herum. Da die Nuklearwaffen allein auf Europa, speziell auf Deutschland gerichtet waren, schälte sich bei ihm der Eindruck heraus, Amerika gehe es nur darum, die strategische Bedrohung des eigenen Territoriums zu verringern, ohne Rücksicht auf europäische Sicherheitsinteressen. Das war der Sündenfall. «Auf «taube Ohren» stieß er mit seinen Hinweisen auf die neue Raketengeneration.»[132] Damit war der Großkonflikt vorprogrammiert. Wenige Monate später machte Schmidt den Druck auf Carter in seiner Londoner Rede öffentlich, um ihn zum Zuhören zu zwingen.[133]

Vernichtender konnte sein Urteil über Carter – nicht zuletzt auch über dessen Sicherheitsberater Zbginiew Brzezinski – kaum ausfallen. «Jerry» hatte ihm zugehört, Brzezinski hingegen trat als «selbstbewusster Vertreter einer Weltmacht» auf. Schmidt: Wahrscheinlich habe er sich für einen Realpolitiker gehalten, er sei aber zweifellos ein Falke gewesen.

Der Falke und der Moralist: «Beide überschätzten in gleicher Weise die Gestaltbarkeit der Welt durch bloße Entscheidungen im Weißen Haus.» Wollten sie den Schah von Persien nicht mit großem propagandistischem Aufwand an der Macht halten? Nur leider haben die beiden Helden im Weißen Haus nicht daran gedacht, dass das nachfolgende Regime damit ein Todfeind der USA werde. Schmidt schüttelte sich förmlich im Gedanken daran. Welcher Dilettantismus! Und das in seinem Amerika.

Nichts passte zusammen, aus seiner Sicht. Washington wünschte eine expansive Geldpolitik, was nach deutscher Einschätzung zur weltweiten Inflation beigetragen hätte. Carter drängte, die Deutschen sollten Brasilien keinen nuklearen Brennstoff mehr liefern, obwohl es gültige Verträge gab. Die Neutronenbombe ließ er sich von den Amerikanern aufschwätzen wider besseres Wissen, bis der US-Präsident die Pläne stornierte. Natürlich ohne zu fragen in Bonn. Mit dem «bedrückenden Bewusstsein» kehrte Schmidt von einem Besuch in Washington zurück, die westliche Führungsmacht sei sich ihres eigenen Kurses nicht sicher und bestimme ihn «von Tag zu Tag neu».[134]

Öffentlich habe er sich große Mühe gegeben, beteuerte er in der Rückschau wie ein strenger Lehrer, dennoch keinen Zweifel an der Bündnistreue aufkommen zu lassen, aber er habe auch keinen Hehl aus der engen Allianz mit Frankreich gemacht.

Schließlich wagte der Deutsche, eine Reise nach Moskau vorzubereiten. Die Europäer und Freunde wollte den Rückfall in den Kalten Krieg nicht einfach akzeptieren, obwohl er wusste, dass Carter und seine Berater nichts davon hielten. Am 12. Juni 1980 – das Datum prägte sich Schmidt besonders ein – erhielt er Post aus dem Weißen Haus. Was Schmidt hasste: Der Inhalt des Briefes an ihn wurde in Washington sofort an die Presse lanciert. Er sei dargestellt worden als jemand, der – unmittelbar vor dem geplanten Moskaubesuch – ohne Abstimmung mit Washington Kompromissmöglichkeiten wie das Einfrieren der Mittelstreckenraketen oder ein Moratorium erwog. Carter rief ihn deshalb zur Ordnung und gab ihm – brieflich, aber auch öffentlich – die Washingtoner Verhandlungslinie mit auf den Weg. So wollten die Freunde mit ihm umspringen? In Washington habe jemand offensichtlich an ihm «sein Mütchen kühlen» wollen, erinnerte sich der Autor an die Briefepisode, jemand, «der sich ohnehin nie entscheiden konnte, ob die Deutschen oder die Russen die Hauptfeinde des polnischen Volkes seien, dem er selbst entstammte». Unmissverständlich auf Brzenzinski war das gezielt.

Jetzt sollte er Härte gegenüber Moskau zeigen? Der Doppelbeschluss wurde umgedeutet als Teil jener Strafpolitik, die Washington sich wegen des Einmarschs sowjetischer Truppen in Afghanistan überlegt hatte. So hatte er sich das nicht vorgestellt bei seiner Rede in London. Aber Helmut Schmidt ahnte wohl, er saß in der Falle.

Ein *Showdown* lag in der Luft. Am 21. Juni, bei einem Siebener-Gipfel in Venedig, war es soweit. Den Brief im Befehlston hatte er nicht vergessen. Demonstrativ schickte er ungewohnt lyrisch voraus, wie mitreißend der Blick gewesen sei auf den Canale Grande, «man müsste eine Seele aus Holz haben, um nicht jedes Mal erneut von der Schönheit dieses Weltwunders überwältigt zu sein». Für ein Gespräch «an jenem schönen Vorabend der Mittsommernacht» hatte er sich bewusst «ungewöhnliche Härte» vorgenommen. Politisch fühlte er sich gut, in «geradezu euphorischer Stimmung». Er habe den Streit beilegen, aber auch auf seiner Linie beharren wollen: ernsthafte Verhandlungen mit Moskau. Auch diesmal zitierte Schmidt im Wortlaut aus dem Gespräch, es war ihm wichtig genug. Zunächst ging er sehr ausführlich und «vehement» auf den Brief Carters vom 12. Juni ein: «Dieser Brief ist inzwischen leider ein wichtiger Gegenstand des Bundestagswahlkampfes geworden; Tatsache ist, dass er schon am Tage der Absendung in Washington an die Presse gegeben wurde. Dieser Vorgang kommt einer Beleidigung nahe ...»

Carter: «Dem kann ich nicht beipflichten.»

Schmidt: «Es gibt bisher keinerlei Entscheidung, zu der wir Deutschen uns verpflichtet haben und die wir dann nicht ausgeführt hätten. Es besteht also kein Anlaß für Sie anzunehmen, dass wir unsere Zusagen künftig nicht einhalten und ...»

Carter: «Das nehmen wir auch nicht an.»

Schmidt: «Ich könnte es durchaus verstehen, wenn einmal Zweifel an einem Text auftreten, dann kann man aber nachfragen. Das ist nicht geschehen. Der indiskrete Umgang mit ihrem ungerechtfertigten Brief hat großes Aufsehen verursacht. Demgegenüber habe ich mich sehr zurückgehalten. Wenn ich meinerseits genauso indiskret vorgehen würde, so hätte das gewiß erhebliche Rückwirkungen in Ihrem Lande. Ich darf Sie daran erinnern, dass ich Ihnen im März mitgeteilt habe, ich würde einer deutschen Teilnahme an den Olympischen Spielen entgegenwirken. Ich habe mich daran gehalten und unter großen innenpolitischen Kosten Ihre Empfehlung durchgesetzt; jetzt aber bin ich damit in Westeuropa nahezu isoliert. Ebenso stehe ich in Westeuropa hinsichtlich des INF-Problems nahezu allein, weil ich mich an unsere Zusage halte ... Als ich Sie zum ersten Mal auf dieses Problem aufmerksam machte, hat man mir bedeutet, ich möge schweigen, weil dies nicht Deutschland, sondern die USA angehe. Erst später, im Herbst 1977, bin ich an die Öffentlichkeit gegangen; das hat Sie dann zur Entscheidung von Guadeloupe und schließlich uns alle zum Nato-Beschluß gebracht. Ich bin mit diesem Beschluß politisch verheiratet, ich werde ihn nicht aufgeben und auch meine Meinung nicht ändern.»

Auch in der Affäre mit der Neutronenwaffe, setzte er noch hinzu, habe er seine Meinung nicht geändert, wohl aber Carter. «Wenn danach irgend jemand denkt, dass ich mein Wort nicht halte, so fühle ich mich dadurch beleidigt.» «Ich spreche hier sehr offen, noch dazu in einer fremden Sprache. Vielleicht klänge es in meiner eigenen Sprache weniger hart. Aber es hat in beiden Sprachen keinen Sinn, sich hinter dem Busch zu verstecken ...» Ihm kämen Zweifel, «ob die amerikanische Seite wirklich mit den Sowjets verhandeln will». Er selbst habe von «Einfrieren» nicht gesprochen, wohl aber angeregt, drei Jahre von der Stationierung weiterer Raketen Abstand zu nehmen. Tatsächlich hätte dann nur die Sowjetunion ihr Programm stoppen müssen, da westliche Waffen ohnehin nicht vor dem Herbst 1983 stationiert werden sollten. «Ich bin enttäuscht, dass dies in Washington missverstanden werden konnte.»

Aber Carter und Brzezinski blinzelten nicht mit den Augen. Hart verteidigten auch sie ihre Position. Auf den Vorwurf, Schmidt habe gegenüber einem Senator kritische Bemerkungen über Persönlichkeiten der amerikanischen Regierung gemacht, gab dieser patzig zurück: «Wenn es nötig ist, kann auch ich ein guter Kämpfer sein.»

Brzezinski: «Wir können das auch erwidern.»

Man muss sich das auf der Zunge zergehen lassen. Es dürfte

kein zweites, vergleichbares Dokument deutsch-amerikanischer Kontroversen zwischen einem Präsidenten und einem Kanzler geben. Hatte Deutschland sich emanzipiert, oder lagen die gewachsenen transatlantischen Beziehungen plötzlich in Trümmern?

Zwiespältig fiel naturgemäß Schmidts eigene Bilanz aus. Jimmy Carter habe zurückgesteckt, aber er dachte nicht daran, den zweiten Teil des Doppelbeschlusses aktiv aufzugreifen. Die Deutschen wollten «das Gleichgewicht durch Abrüstung» wiederherstellen, die USA wollten «das gleiche Ziel durch Aufrüstung erreichen». Was immerhin heißt, dass sie den Doppelbeschluss nie wirklich mitgetragen haben.

Schmidt folgerte, er müsse es alleine versuchen, zum Ziel zu kommen. Er war in die «Führungsrolle» geraten, ohne wirklich führen zu können.

Reagan Gutmensch war dieser ungeliebte Jimmy Carter in Schmidts Augen. Das konnte man vom vierten im Bunde wahrlich nicht sagen, von Ronald Reagan, den er als Helden der Fernsehdemokratie betrachtete. Als Populist sei er wesentlich erfolgreicher gewesen, als es Carter war, «und dieser stellte als Populist bereits Ford und Nixon in den Schatten».[135] Ein wenig Einfluss aber gewann die deutsche Politik mit dem Amtsantritt des früheren Schauspielers und kalifornischen Ex-Gouverneurs 1981 zurück.

Auf zwei Feldern stimmten der Deutsche und der Amerikaner zunächst überein, beim Kampf gegen die Inflation und im Streit mit Moskau um die atomaren Mittelstreckenwaffen. Schmidt glaubte zumindest, den US-Präsidenten auf seiner Seite zu haben, nachdem die USA seit der ersten Ölpreisexplosion von 1973/74 und nach dem kostspieligen Vietnamkrieg bei einer Inflationsrate von neun Prozent angelangt waren. Von Amerika gingen inzwischen Gefahren für die Weltwirtschaft aus, fürchtete er, Europas Interessen wurden tangiert. Er hatte sich angewöhnt, in solchen Fällen nicht stillzuhalten und zu warten.

Prompt aber folgte die Enttäuschung. Ähnlich wie Jimmy Carter konsultierte Reagan die Verbündeten nur spärlich. Sie erfuhren auch nicht beizeiten, dass er auf das Kriegsrecht in Polen im Dezember 1981 mit handelspolitischen Sanktionen gegen die Sowjetunion und einem Embargo reagieren wollte. Gleichwohl erwartete er, dass sich die europäischen Verbündeten daran beteiligen. Gegenüber Moskau machte er beliebig viele Kompromisse, aber gegenüber dem Fernsehpublikum stellte er dieses Vorgehen dar, als sei es ein regelrecht strategischer Schritt im Rahmen einer Offensivpolitik.[136]

Schmidt gestand, dass es ihn beinahe fassungslos gemacht habe, als Reagan im Juni 1982 ohne Konsultationen mit Bonn die Sanktionen gegen die Sowjetunion noch ausweitete. Die Vereinigten Staaten sind eine Führungsmacht, «die nicht weiß, wie man führt», grollte er, seine Kritik machte vor niemandem Halt. Offensichtlich brauche man «härtere Methoden, um das Weiße Haus zum Nachdenken zu bringen, das den Eindruck der Arroganz vermittle», dachte Schmidt laut, der amerikanische Botschafter saß ihm gegenüber. Der wiederum riet dem Deutschen alarmiert, in seinen öffentlichen Äußerungen vorsichtig zu sein.[137]

Die Blütezeit der politischen «Führung» lag in der zweiten Hälfte der 70er Jahre, als das Tandem Schmidt/Giscard funktionierte und «ein wenig auch auf den ganzen Westen ausstrahlte». Eine solche Blüte wiederholte sich zu seinem Bedauern nicht. Unter dem Strich lautete sein Fazit in groben Zügen: Mit den Wechseln von Carter zu Reagan (1981), von Giscard zu Mitterrand sowie von Schmidt zu Kohl (1982), sei die «Konstellation» verfallen und nicht wieder ersetzt worden.[138]

Schmidt: «Auch Reagan war nicht in der Lage, eine kraftvolle Führung des Westens herzustellen.»[139] Immer hätten die USA ihre ökonomischen Experimente auch anderen zur Nachahmung empfohlen, «aber jedes Mal wurden wir einige Zeit später noch dringlicher aufgefordert, uns tatkräftig an der Reparatur der eingetretenen Fehlentwicklung der Weltwirtschaft zu beteiligen und dabei das Zugpferd abzugeben». Schmidt: «Die Lokomotivtheorie ist inzwischen zu einer Seeschlange à la Loch Ness geworden; sie taucht immer wieder auf.»[140]

Das Vertrauen in die Kontinuität der amerikanischen Wirtschaftspolitik ging verloren, lautete sein Résumé. Vom schlechten budgetären Beispiel der USA seit 1981 habe man sich geradezu mit einer «übertriebenen Sparideologie» abzuschirmen gesucht. «Meine Versuche, 1981 und 1982 meinen amerikanischen Freunden ein Gefühl für die weltweiten Auswirkungen des amerikanischen ökonomischen Handelns zu geben, sie zur Einsicht in die destabilisierenden politischen Gefahren europäischer Massenarbeitslosigkeit zu bewegen und ihnen eine konzeptionelle und kooperative ökonomische Führung anzutragen, sind gleichfalls ohne Erfolg geblieben.»[141]

Konzeptionell und kooperativ! Aber die Republik wurde nicht so ernst genommen, wie Helmut Schmidt sich das wünschte. Sie war doch erwachsen, oder? Wie er als Kanzler dachte, wie er sein Amt und die deutsche Rolle verstand, darüber hat er – beabsichtigt oder nicht – selten je so genaue Auskunft gegeben wie in diesen Skizzen über Nixon, Ford, Carter und Reagan.

V. Kommentator

Seit Oktober 1982 regierte der Nachfolger im Kanzleramt, Helmut Kohl. Stehen blieb im Park vor dem Gebäude die Henry-Moore-Plastik (*Large two forms*), die der Vorgänger – ein großer Moore-Bewunderer – hatte aufstellen lassen. Ins Kanzlerbüro im zweiten Stock brachte er ein Aquarium mit, Mozart lieferte eine Dauerberieselung. Öffentlich dozierte Helmut Kohl über eine notwendige geistig-moralische Wende. Eigentümlich groß und grundsätzlich klangen die Worte, die er wählte, als müsse die Republik von Grund auf umgebaut werden. Zum dramatischsten Konflikt der vergangenen Jahre hatte der neue Regierungschef eine eindeutige Position: Wie angekündigt, wollte er die atomaren Mittelstreckenraketen in Mutlangen stationieren lassen. Damit wandelte er in den Spuren Schmidts, was dieser lobend anerkannte.

Nach dem Konstruktiven Misstrauensvotum im Parlament und der Wahl Kohls zum Kanzler hatten die Parteifreunde – Willy Brandt voran – Helmut Schmidt noch kurzzeitig bedrängt, bei Neuwahlen erneut zur Verfügung zu stehen. Sie bauten auf seine Popularität, obgleich die Sozialdemokraten sich im Raketenstreit mit Schmidt unübersehbar auseinanderdividiert hatten. Schmidt zögerte, aber nicht lange. Ernsthafter nachgedacht hätte er darüber allenfalls, wenn Wahlen sofort angesetzt worden wären. Der Zorn über den

«Verrat» der Freidemokraten und den Sturz des beliebten Kanzlers glühte noch nach. Aber Neuwahlen wurden erst für den 6. März 1983 anberaumt. Damit stand ohnehin fest, dass er auf solche Offerten nicht eingehen werde.

Pragmatische Überlegungen gewannen rasch die Oberhand. Kohl saß im Sattel, er würde kaum wieder abgewählt werden. Helmut Schmidt konnte sich auch nicht vorstellen, als Oppositionsführer antreten zu müssen. Gegen einen Amtsinhaber Kohl, der ihm fremd geblieben war und den er nicht sonderlich mochte? In Wahrheit, das wurde ihm zudem klar, würde auch Brandt das nicht wollen, der Parteivorsitzende drängte auf eine Kursänderung, auf mehr Öffnung der Partei hin zu den jungen Grünen, auf eine Abkehr vom Doppelbeschluss. Und dann: den Sozialdemokraten fehlte ein Partner. Die Grünen, selbst wenn sie den Sprung in den Bundestag schafften, betrachteten sie misstrauisch als Konkurrenz, unbotmäßige eigene Kinder. Noch härter fiel Schmidts Urteil über sie aus, undenkbar, er könne mit ihnen regieren, selbst wenn es zahlenmäßig reichte.

Vor allem im Raketenstreit hatte er eine breite Parteimehrheit gegen sich, ein Teil der Linken baute obendrein wirklich auf Regeneration in der Opposition, es fehlten alle Voraussetzungen. Helmut Schmidt brauchte möglicherweise einen Atemzug lang, um ganz zu begreifen, dass er im Bundestag abgewählt worden war und die FDP mit ihrem Schwenk Kohl ins Amt verholfen hatte, aber bald war sein Blick wieder klar.

Tatsächlich hatte die «Debatte» über ein mögliches Comeback des beliebten Regierungschefs mit dem internationalen Flair – Helmut Kohl haftete der Ruf des innenpolitischen Modernisierers an, der aber aus der tiefen Provinz kam – viel damit zu tun, dass den Sozialdemokraten eine auch nur ähnlich populäre Figur an der Spitze fehlte. Für Willy Brandt stand stets dieser mögliche Nachfolger in Reserve bereit, für Helmut Schmidt nicht. Hans-Jochen Vogel, Hans Matthöfer, Hans Apel, Johannes Rau, alle wurden respektiert, als wirklicher Ersatz galt keiner von ihnen.

Unter «Wegelagerern» Gelinde Überraschung löste ursprünglich ZEIT-Verleger Gerd Bucerius aus, als er noch mit dem amtierenden Kanzler im Jahr 1982 Fühlung aufnahm, ob er sich nach Ende seiner Amtszeit eine Rolle als Herausgeber bei der Wochenzeitung an der Seite Marion Gräfin Dönhoffs vorstellen könne. Unübersehbar näherte sich die sozialliberale Koalition damals schon ihrem Ende. Um zu verstehen, weshalb Schmidt sich recht bald innerlich vom Regierungsamt und der aktiven Politik verabschiedete, obgleich er damit so eng verwachsen war, muss man noch einmal auf die Umstände jener dramatischen Monate zurückblenden.

Hans-Dietrich Genscher und Otto Graf Lambsdorff wollten einen Partnerwechsel der Freidemokraten. Starke Kräfte bei den Sozialdemokraten wollten nicht um jeden Preis weitermachen: Vom kleinen Partner, den Freidemokraten, fühlten sie sich zunehmend gegängelt oder erpresst. Die Parteilinke hatte sich zudem ohnehin mit Schmidt überworfen wegen der Nachrüstung. Mit seinem strikten Sparkurs haderte schließlich auch der Gewerkschaftsflügel, auf den der Kanzler sich ansonsten stets hatte verlassen können. Aber die Ölpreiskrise sowie die ersten Vorboten eines Umbruchs in den hochindustriellen Gesellschaften, eine Vorahnung vom postindustriellen Zeitalter ließen sich nicht länger übersehen.

Ob man Schmidts Abwahl 1982 für unvermeidlich hält oder nicht – unerwartet kam das Ende keinesfalls. Er sondierte zunächst Angebote für hochdotierte Vorträge in aller Welt, und er liebäugelte damit, ein paar Gänge zurückzuschalten. Schließlich entschied er sich, Gerd Bucerius' Angebot anzunehmen, Herausgeber der ZEIT zu werden. Dass er Bucerius und das Wochenblatt aus Hamburg seit Jahrzehnten kannte und ihm traute, trug nun aber entscheidend dazu bei, sich die Sache noch einmal gründlich zu überlegen. Mit dem Metier Journalismus, dem Machen von Zeitungen fremdelte Schmidt zweifellos, aber die ZEIT und ihre Macher kannte er doch aus dem eigenen Hamburger Wohnzimmer. Er fackelte nicht länger. Einen schriftlichen Vertrag bot Bucerius auch ihm nicht an, Schmidt kam per Handschlag zur ZEIT, wie das dort üblich war.

Unter dem Abschied von der Politik – wiewohl er noch einige Jahre im Parlament dem Treiben seines Nachfolgers, Helmut Kohl, kritisch zuschaute – hätte er zweifellos heftiger gelitten, wäre er nicht mit sich im Reinen gewesen. Schmidt war sich sicher, als Kanzler sein Bestes gegeben zu haben, große Managementfehler rechnete er sich nicht an. Am Sinn seiner Nachrüstungspolitik hegte er keine sichtbaren Zweifel, zumal die Hardliner in Moskau den Ton angaben und ihn zu bestätigen schienen. Nicht müde wurde er zu beteuern, die neue Konkurrenz auf dem Parteienmarkt, die Grünen, hätten mit seiner Politik sowie seinem Regierungsstil nichts zu tun.

In dieser Seelenverfassung zog er 1983 zunächst ein in das Zimmer 605 im Pressehaus am Hamburger Speersort, gerade mal 16 Quadratmeter groß, wie Theo Sommer in seinem Bericht aus dem Zeitungsinneren «Unser Schmidt» schilderte. 1995 richtete er sich ein paar Türen weiter in der Ecke des Hauses in den Büroräumen des verstorbenen Verlegers ein. Eine Art Arbeitsbibliothek brachte er mit, an die Wände ließ er Fotos und Zeichnungen hängen, die ihn mit Freunden und Staatsmännern zeigten oder die ihm besonders am Herzen lagen. Auch das Verlegerzimmer nahm sich bescheiden aus, es passte zu ihm. Wert auf Äußerlichkeiten legte er nun einmal nicht, und das sollte sich auch nicht ändern. Seinen Schreibtisch und seine Bücher brauchte er, zwei Stühle für Besucher, und im Vorzimmer Platz für die Mitarbeiter und natürlich das kleine Team von Beamten des BKA, die ihn rund um die Uhr bewachten, das war es dann auch. Hanseatisch sollte es zugehen.

Jüngere Journalisten um sich herum nahm er im Pressehaus anfangs kaum wahr. Nur Chefredakteure und Herausgeber bemerkte der kleine, immer noch drahtige, auch auf den Fluren stets von einem kleinen Tross an Gesprächspartnern umringte Mann mit dem Weltruf. Einigermaßen auf Augenhöhe bewegten sich Ted Sommer, Marion Dönhoff, Christoph Bertram, oder ihm vertraute Autoren wie Nina Grunenberg oder Dieter Buhl. Aber das änderte sich rasch. Als Minister und Kanzler hatte er gespottet und geseufzt über die «Wegelagerer», die Politikern überall auflauerten, jedoch von der Sache meist nichts verstünden, engen Kontakt pflegte er als Politiker nur zu einer Handvoll ausgesuchter Journalisten, die er für Fachleute seines Schlages hielt. Jonathan Carr (der später eine Biographie über ihn schrieb) oder auch Armin Grünewald und den *FAZ*-Herausgeber Fritz Ullrich Fack schätzte er wegen ihrer ökonomischen Kenntnisse, Christoph Bertram hielt er (wie Sommer) für unbedingt satisfaktionsfähig in sicherheitspolitischen und internationalen Fragen, Hans Reisers (*SZ*) oder Reinhard Appels (*ZDF*) Meinung nahm er ernst, Friedrich Nowottny (*ARD*) respektierte er, schon weil er als erfahrener Korrespondent ein mächtiges Medium vertrat. Und Marion Gräfin Dönhoff schließlich betrachtete er als alte Vertraute, mit ihr saß er seit Jahren in einem Hamburger Gesprächskreis, sie war für ihn die *ZEIT* in Person.

Nach den Einstiegsmonaten bei der Wochenzeitung und der wechselseitigen Angewöhnungszeit stellte der frischgebackene Herausgeber Helmut Schmidt sich allmählich ein auf den eigentümlichen Journalistenalltag, nahm bald sogar die Jüngeren zur Kenntnis, auch wenn er weiterhin gerne spöttelte, Journalist hätte er schon deswegen nicht werden können, weil er sich nur zu Sachen äußere, von denen er etwas verstehe, und weil er sich seinen Hang zur Gründlichkeit einfach nicht abgewöhnen könne. Den Stellenwert von unabhängigem Journalismus ganz generell lernte er gleichwohl noch einmal neu schätzen, je länger er mit am Konferenztisch saß, ja dieser Aspekt bekam für ihn offensichtlich ein zusätzliches Gewicht.

Gefallen fand der Politiker aus Leidenschaft sogar an der diskursiven Atmosphäre um ihn herum. Fast konnte man den Eindruck gewinnen, dass er diese andere Seite an sich selber neu entdeckte und auch ungeschützter zeigen konnte als in der Politik- und Parteiarena mit ihren Macht- und Hahnenkämpfen sowie den endlosen Diskussionen. Mit «ein bisschen Lust am Untergang» hatte er sich diese Neigung erklärt, im Journalismus, das registrierte er rasch, gehörte es einfach zum Handwerk.

Journalist wurde Helmut Schmidt deswegen im Lauf der Jahre nicht, aber er nahm wie gewohnt ernst, was er machte, und auch, wie die Redakteure beim Blatt ihr Geschäft betreiben. Dass er gerade die Hamburger Wochenzeitung seit langem schätzte, ja ausdrücklich zu den Gipfelleistungen des deutschen Journalismus rechnete, war kein Geheimnis geblieben. Er verstand mit der Zeit, dass dieses bunte journalistische Völkchen neben aller Oberflächlich-

Er habe einen neuen Hafen gefunden, sollte er später ungewohnt freundlich sagen, die ZEIT wurde seine neue Arbeitsstätte. Verlagsleiterin Hilde von Lang und Verleger Gerd Bucerius (M.) sowie Chefredakteur Theo Sommer begrüßen mit einem Umtrunk (9. Mai 1983) den Kanzler a. D. in ihren Reihen. Schmidt kennt das Blatt, die Journalisten der Wochenzeitung kennen Schmidt. Im Herzen bleibt er Politiker. Aber er entdeckt seine pädagogische Ader. Anfangsbedenken, sozialdemokratisches Denken halte nun Einzug, versickern rasch, seit Schmidt sich vehement um die Unabhängigkeit des Blattes bemüht.

keit – ohne strenge Kleiderordnung, die Redakteure meist ohne Krawatte, betont unhierarchisch, gern mindestens ebenso schnoddrig wie er in seinen frechsten Jahren – oft viel Sachverstand, Welterfahrung, konstruktive Neugier und Unabhängigkeit mitbrachte.

Rascher also, als man hätte glauben können, gewöhnte er sich daran, auch wenn der Politiker in ihm sich innerlich erst darauf einstellen musste, dass der Chefredakteur – anfangs Ted Sommer, später Robert Leicht, Roger de Weck, Giovanni di Lorenzo – eines solchen Blattes gut beraten ist, wenn er seine Redaktion mit maximaler Toleranz behandelt und sein Team im Zweifel auch sorgsam in Schutz nimmt vor den Wünschen eines Herausgebers oder Verlegers. Der fast 80jährige Bucerius hatte ihn bald nach dem Einzug ins Pressehaus neben seiner Rolle als Herausgeber auch noch mit der Funktion des Nachfolgers an der Verlagsspitze betraut. Schmidt musste damit als Unternehmer und Journalist zugleich denken lernen. Er akzeptierte, dass gerade die Autonomie der Zeitung ihren Stellenwert ausmachte und zum ökonomischen Erfolg beitrug, auch wenn er immer mal wieder klagte, die Redaktion sei ihm zu jung und zu «links» (später hieß es: zu grün) und sie müsse geerdet werden, ganz so, wie er über seine Partei und ihre fehlende Erdung, ihren mangelnden Realismus auch geklagt hatte. Beide Seiten, Redaktion und Politiker, so fremd sie sich anfangs waren, näherten sich enger aneinander an, als man das hätte erwarten können – zumal für Schmidt Politik ja zum Beruf geworden war, den er mit dem Abschied vom Amt nicht aufgab.

Einen besonderen Bonus bei der Redaktion strich er ein, seit ihr klar wurde, wie sehr ihm die Unabhängigkeit des Blattes ans Herz wuchs. Um diesen Ruf der ZEIT nicht zu gefährden, setzte er alle Hebel in Bewegung, noch zu Lebzeiten von Gerd Bucerius wollte er dessen Prestigeblatt in die ZEIT-Stiftung überführen. Am Ende scheiterte das ausgerechnet an Bucerius selbst, der Schmidt zwar zum Verleger befördert hatte, der aber weiterhin fürchtete, die Zeitung könne im Zweifel seine Stiftung finanziell austrocknen und verlerne möglicherweise, sich ökonomisch aus eigener Kraft über Wasser zu halten. Nach dessen Tod bemühte Schmidt sich nachdrücklich darum, jene großen Verlage von der ZEIT fernzuhalten, von denen er fürchtete, sie würden in erster Linie mit dem Blatt doch bloß abkassieren wollen, während ihnen an der Autonomie weniger gelegen sei. Einzig mit dem Stuttgarter Holtzbrinck-Verlag vermochte er sich anzufreunden, er erhielt schließlich auch den Zuschlag.

Wer also geglaubt hatte, Schmidt verstehe sich als eine Art Frühstücksdirektor, hatte geirrt: Er mischte sich nicht nur in verlegerische Überlegungen, sondern auch in viele redaktionelle Details ein, in Grundsatz- und Richtungsfragen wie den Beitritt der Türkei zur EU (er hielt nichts davon) ohnehin, er intervenierte im Wirtschaftsteil, gelegentlich hätte er am liebsten diesen oder jenen Redakteur abgemahnt oder zur Ordnung gerufen. Ähnlich hatte er es ja in seiner Partei gehalten – oder von Brandt so verlangt. Aber er musste lernen, wie kompliziert solche Interventionen auch in die journalistischen Binnenverhältnisse sind, die Redaktion reagierte selbstbewusst, Schmidt brauchte einige Zeit, bevor er das einsah.

Schneller verflüchtigt hatten sich die Sorgen im Redaktionsteam, die ZEIT werde bald als ein SPD-Verkündigungsorgan wahrgenommen, weil Schmidt nun einmal als Parteimann aufgetreten war und zu Beginn auch angekündigt hatte, er werde seine Parteiauftritte auf maximal zehn im Jahr reduzieren, keinesfalls aber ganz lassen. Nach einem sehr bedingten Rollenwechsel klang das. Zur Freude des Verlegers (und übrigens auch der Redaktion) verzichtete er jedoch auf solche Auftritte vor Parteifreunden bald nahezu völlig. Zudem sollte sich herausstellen, dass er, wenn er zur Feder griff, als Autor sui generis gelesen wurde, keineswegs als Propagandist der eigenen Partei, ja es bewährte sich nun, dass Schmidt sich ein Politikerleben lang als unabhängiger Kopf verstanden hatte, der eine eigentümliche Mischung aus Distanz und Loyalität zu seiner Partei verbürgt.

Vor allem «verständliche» Texte mahnte der Volkserzieher Schmidt seinerseits von den Redakteuren an, wo immer möglich wünschte er Karten, Tabellen, Illustrationen zur Erläuterung. So wie er sich in seiner Partei stets gegen theorielastige Diskussionen und Kopfgeburten gewandt hatte, die an der Lebenswirklichkeit der Bürger vorbeigingen, legte er den Kommentatoren und Reportern oft und gerne nahe, «einfach» zu schreiben. Insbesondere sollten sie auf ihre Marotten – so empfand er es – ganz verzichten, komplexe politische Verhältnisse stets zu «psychologisieren» oder zu «personalisieren». Und dennoch lag ein Widerspruch in seiner Kritik am «Personalisieren», stärker als seine Vorgänger im Palais Schaumburg galt er nun einmal als Medienkanzler, der sich auf zeitgemäße Kommunikation verstand. Aber erst mit der Interviewserie «Auf eine Zigarette mit Helmut Schmidt» lockerte er die Leine, gab dem Medienbedürfnis nicht mehr ächzend und heimlich, sondern offen und bisweilen sogar vergnügt nach, ja er ließ endlich auch ein wenig mehr durchscheinen vom Privatleben des Ehepaars Loki und Helmut, oder auch von dem, was ihn quälte, besorgte und freute.

Andererseits hatte seine Kritik am «Personalisieren» einen ernsthaften Hintergrund. Als (kurzzeitiger) Verleger und als Herausgeber hatte Schmidt zwar Einblick gewonnen in die ökonomische Lage des Blattes, er konnte rechnen und es war ihm bewusst, dass die Zeitung sich verkaufen, daher lesbar sein und auch attraktiv für Anzeigenkunden bleiben muss. Der Politiker in ihm aber, der er blieb, war fest davon überzeugt, dass die Kompromisse dabei nicht zu weit gehen dürfen, schon gar nicht bei einem solchen journalistischen Unternehmen wie der ZEIT, die von Gediegenheit, Sachkenntnis, Urteilsfähigkeit lebe. Das Blatt, meinte er, stütze sich auf seine analytischen Qualitäten, seine Sachkompetenz und die Unabhängigkeit des Urteils, die auf Weltoffenheit und Erfahrung gründet. Realist genug war er, um zu ahnen, dass er sich solchen Tendenzen zum «Erzählen», zum Portraitieren statt zum Analysieren nicht kategorisch widersetzen könne, aber es erwies sich zunehmend, wie sehr er als klassischer Politiker die klassische Politik verteidigte, auch wenn sie sich in mühsamen Prozessen abspielte und in jener Gremiendemokratie, deren er so oft überdrüssig wurde. Ja, man kann sogar sagen, Schmidt gewann mit der Zeit einen anderen Blick auf die Politik, ein Metier, das ihm immer bedrohter erschien. Zu ihrer Rettung brauchte es erst recht einen «klassischen» Journalismus, den er schätzte und verteidigte. Im Kollegium der Redakteure fand der Politiker a. D. damit zunehmend Koalitionspartner auch unter denjenigen, die mit ihm in politischen Sachfragen oft kollidiert waren.

Sie respektierten zudem, dass er seine Artikel für die Zeitung in diesem Sinne gleichfalls auf überaus «journalistische» Weise erarbeitete. Täglich las er ohnehin bis zuletzt seine zehn Zeitungen, sei es beim Morgenkaffee zu Hause, auf der Fahrt von Langenhorn in die Innenstadt oder, wenn nicht schon Besucher warteten, im Büro am Speersort. Neben dem *Hamburger Abendblatt* gehörten dazu auch *Bild*, in die er zumindest kurz blickte, aber vor allem – wie einst im Kanzleramt – die *FAZ, SZ, Welt, Tagesspiegel, Handels-*

Schmidt im Büro der ZEIT. Journalist ist er nicht, dennoch, das Blatt wird zu einer neuen Heimat für ihn.

blatt, *Neue Zürcher Zeitung* und last not least die *International New York Times* (vorher *International Herald Tribune*) sowie die *Financial Times* und den *Economist*. Gerade bei den englischsprachigen Blättern kannte er viele Journalisten mit Namen, deren Lektüre genoss er besonders.

Bevor er sich daran setzte, seine Gedanken aufzuschreiben, las er daneben aber gezielt Fachliteratur, durchstöberte Stapel mit Unterlagen aus dem Archiv, am liebsten nutzte er die Gespräche mit seinen Besuchern, dem Chef der Weltbank, dem Kanzlerkandidaten der SPD, Freunden aus der Brüsseler Kommission oder aus der Frankfurter EZB, um sich auf den Stand der Debatte zu bringen. Alles, was Rang und Namen hatte, schaute ja ohnehin bei ihm vorbei. Redakteuren aus dem Wirtschaftsressort sandte er gelegentlich dann noch zehn oder zwölf ausformulierte Fragen zu und bat sie, ihn zu einem bestimmten Termin zu besuchen, um sich in Ruhe darüber unterhalten zu können. Erst dann, wenn er sich seines Urteils sicher war, schrieb er die Sache eigenhändig auf, in großen, selbstbewussten Lettern, leicht zu entziffern. Lang fielen seine Artikel in aller Regel aus, von allen Seiten wollte er schließlich seine Themen beleuchten. Wenn er zu etwas riet, musste er doch Argumente anführen, nicht wahr? Per Fax landete anfangs das Konvolut im Büro, die Sekretärinnen schrieben es ab, und er erhielt die Texte noch einmal zum Redigieren, es ging immer gewissenhaft zu bei ihm. Wenn er unsicher blieb, verzichtete er darauf, oder räumte – wie in der Diskussion um Eurobonds als möglichen Ausweg aus der Euro-Krise – bereitwillig ein, dazu nicht wirklich Stellung nehmen zu können. Geradezu gehasst hatte er in seinen politisch aktiven Jahren die Besserwisserei jener Journalisten oder Parteifreunde, die ihm zu Entscheidungen rieten, für die er nach seinem Urteil mit Sicherheit keine Mehrheiten hinter sich scharen könnte. Wie leicht sie es sich machten, wenn sie das ausblendeten. Für ihn gehörte das zur Realpolitik, ein solcher «Realpolitiker» blieb er natürlich auch beim Schreiben.

Beinahe täglich suchte er sein Büro im sechsten Stock des Pressehauses auf, nahezu jeder Tag war weitgehend ausgefüllt mit Besuchern. Mindestens einmal wöchentlich bequemte er sich einen Stock tiefer, um an der politischen Konferenz teilzunehmen und sein Urteil abzugeben über das gerade erschienene Blatt. Mit gelbem Filzstift hatten er (oder Mitarbeiter) angemalt, was ihm besonders kritik- oder lobenswert erschien, gewohnt klar und schnörkellos knöpfte er sich Texte und Autoren vor; beispielsweise Josef Joffe, wenn der wieder mal den Kanzler Schröder in Grund und Boden schrieb, weil er «Nein» zur amerikanischen Intervention im Irak zu sagen wagte, oder weil er den mutigen Schritt Gerhard Schröders mit der «Agenda 2010» für unzureichend hielt.

Auch der Herausgeberin und Freundin neben sich, Marion Dönhoff, fiel er gelegentlich in den Arm, wenn sie beispielsweise laut darüber nachdachte, ob nicht die Deutschen und andere Europäer ein Protektorat für Kaliningrad/Königsberg einrichten müssten. Alles unrealistisch, knurrte er dann, nahm eine Prise Schnupftabak, um anschließend mit großer Geduld sämtliche historischen und politischen Argumente aneinanderzureihen, die jeden Gedanken an ein solches Unterfangen verbieten. Er hatte das Schlusswort, das Thema war danach erledigt, und auch sie akzeptierte es.

Als eine Art Kabinettsersatz betrachtete Schmidt wohl diese Runde, in der er Korrespondenten bitten konnte, Rapport über ihre Länder zu erstatten («Christian, was sagen Sie denn zum Vorgehen Putins?»), so wie er wohl früher Minister am Tisch das Wort erteilte, damit sie berichten, möglichst kurz und prägnant, versteht sich. Um die Fortsetzung der Politik mit anderen Mitteln handelte es sich für ihn, wenn er unter den «Wegelagerern» saß. Aber unter dem Strich machte ihn die Rolle als Kommentator der Zeitverhältnisse – nicht mehr als Gestalter – sichtlich freier.

Politiker zu hundert Prozent Schmidt war es, der damit begann, das neue Medium Fernsehen in einem ganz anderen Maße für sich zu nutzen als beispielsweise Kiesinger oder Brandt. Bewusst blieb ihm bei all seinen Auftritten stets, dass er nirgends eine derartige Wirkung zu erzielen vermochte wie vor den Fernsehkameras. Erst dadurch konnten die Zuschauer sich ein genaues Bild von ihm machen. Je überzeugender und glaubwürdiger er erschien, umso eher konnte er sie auch an der Hand nehmen und ihnen seine politischen Positionen vermitteln.

In die Geschichtsbücher wollen sie alle, die sich einmal bis nach oben durchgebissen haben. Helmut Schmidt aber wollte nicht nur ein «Image», er wollte auch nicht eine Fassade aufziehen, die mit ihm nichts zu tun hat, konsequent zielte er auf ein Bild von sich als öffentlicher Person. Messt mich an dem, was ich von mir zeige, der Rest geht die Welt nichts an!

Immerhin war er nach dem Abschied vom Kanzleramt geradezu zu einem lustvollen, fruchtbaren Buchautoren geworden, mit Thomas Karlauf als sorgsam wachendem Lektor an der Seite, der die «Marke Schmidt» mit Erfolg für den Markt zurechtbog, an ihr feilte und schliff, schließlich erreichten nur wenige Autoren kontinuierlich derart gewaltige Auflagen. Zur professionellen Stilisierung aber kam noch der professionelle Selbstinszenierer Schmidt hinzu, der möglichst das letzte Wort in eigener Sache behalten wollte.

Mit seinen Büchern untermalte, ergänzte, korrigierte und verschärfte er noch einmal sein Profil aus den aktiven Politikerjahren. Selbst wenn er seine musische Seite zeigte, sich mit seinem Freund Justus Frantz ans Klavier setzte (die CD konnte man kaufen, auch sie ein großer Erfolg) und ein Konzert gab, ließ sich das als Botschaft lesen: Ich hätte auch Pianist werden können, ich habe viele Seiten, aber ich habe euch da draußen eben nur die politische Seite gezeigt.

Ich kann mich nicht entsinnen, ihn einmal in seinem Büro oder zu Hause in einer anderen Gemütsverfassung angetroffen zu haben, durch den Kopf gingen ihm zuerst und zuletzt politische Fragen. So war das immer, wenn man bei ihm im Büro oder im Arbeitszimmer in Langenhorn saß. Nicht eine Minute verwendete er bei Besuchen auf Small Talk, stets kam er schmucklos zur Sache. «Was denken Sie eigentlich», wollte Schmidt dann wissen, «wohin sich die ZEIT entwickelt? Geht das Blatt den richtigen Weg? Sind wir als politische Wochenzeitung mit hohem Anspruch wirklich noch politisch genug?»

Oder es beschäftigte ihn die Frage, ob die Zeitung hinreichend europäisch auftrete. In der Bundesrepublik, pflegte er in den Jahren der Euro- und Griechenlandkrise zu mutmaßen, liege sowieso neuerdings etwas eigentümlich Deutschnationales in der Luft.

Kunstinteressiert war Schmidt, liebte Bilder, vor allem die Expressionisten, musikbegeistert ohnehin, solange er leidlich hören konnte. Segeln, Schach, Fachsimpeln über Musik, auch das betrieb er mit Lust. Ein Plauderer war er nicht, aber natürlich konnte auch er sich im Freundeskreis vergnügt unterhalten über einen Starpianisten, der jüngst in Hamburg zu hören war, oder was ihn faszinierte am Blauen Reiter, und was er von dem Buch seines Freundes Siegfried Lenz über Emil Nolde im Dritten Reich hielt.

Nicht immer drehte sich das Gespräch um Politik. Oft genug ging es locker und ungespreizt zu bei den Schmidts. Richtig ist aber auch, dass man in kleiner Runde oder unter vier Augen mit Helmut Schmidt nicht lange beim Austausch von Belanglosigkeiten verweilte, dazu brannten ihm die aktuellen Fragen zu sehr unter den Nägeln, er musste dann einfach wissen, was sein Besucher von der Euro-Politik, von Angela Merkel oder von der deutschen Haltung zur Krim-Krise und zur Ukraine wirklich hält.

Ob er einverstanden sei, mit mir über sein Verhältnis zu Willy Brandt zu sprechen, fragte ich per Brief bei Helmut Schmidt an. Gerne wolle er beim Buchprojekt helfen, kam prompt die Antwort aus Hamburg, aber im Moment gehe es seiner Frau schlecht, ich möge mich gedulden. Kaum eine Woche war verstrichen nach dem Staatsakt für «Loki», folgte ein zweiter Brief: Ein Gespräch über Brandt sei nun möglich. Kaum hatte man Platz genommen bei ihm, sprach er von Politik, was denn sonst? Über mein Verhältnis zu Brandt können wir gleich sprechen, sagte er dann, aber können Sie mir sagen, wer die Idee zu den Zwei-plus-vier-Verhandlungen hatte? War das Kohl, kam Horst Teltschik auf den Gedanken? Genial war es in jedem Fall, zollte er dem Urheber der Idee freimütig Respekt. Zum Kondolieren wegen Lokis Tod blieb kaum Zeit. Er wollte das nicht, er wollte nach vorne blicken.

Wie man es von ihm kannte, stürzte er sich wieder hinein in die Arbeit, als höre das niemals auf. «Kennen Sie eigentlich den Briefwechsel zwischen Willy und mir», wollte er dann wissen, «ohne den können sie unser Verhältnis gar nicht verstehen.» Übrigens kannte ich den Briefwechsel nicht, den sie über Jahrzehnte miteinander führten.

Mitgelitten hatte der alte Herr über Monate, als sich die Gesundheit seiner Frau rapide verschlechterte, lange hatte er am Krankenbett Abschied genommen, leidlich gefasst absolvierte er die Trauerfeierlichkeiten. Nichts ließ er sich anmerken von seinem Kummer. Zwei Besucher mit voller Fernsehkameraausrüstung hatte er zuvor schon empfangen, das kleine Zimmer war vollgesogen mit Rauch, Schmidt zog eine Schachtel mit Mentholzigaretten aus der Schublade, riss sie auf und schüttete den Inhalt vor sich aus – griffbereit, damit er nicht lange suchen musste, fast ohne hinzusehen konnte er auf diese Weise stets nach der nächsten Zigarette greifen, sofort wenn er eine aufgeraucht hatte. Nun war er gewappnet. Geduldig – geduldiger als in früheren Jahren – hörte er sich Fragen an, manchmal nahm er ein paar tiefe Züge, bevor er antwortete, sodass man schon fürchtete, er habe das Interesse verloren, aber er wollte sich seiner eigenen Worte nur sicher sein. Auch jetzt ging es um Kontrolle. Ob ich denn wisse, dass «der Willy» unter Depressionen gelitten habe. Schwer begreifen lasse sich, wie er sich verhielt, wenn man diese Seite an ihm nicht bedenke. Dass er der Friedensbewegung auf den Leim ging und sich auf deren Seite schlug im Konflikt um die Nachrüstung, ja, dass der Parteivorsitzende damit den eigenen Kanzler im Stich ließ, «das hing mit seinen Depressionen zusammen». Ungewohnt milde, ja nachsichtig sprach er über Willy Brandt, als wäre das nie anders gewesen.

Als lebhaften Mitdiskutanten kannte ihn ein kleiner Hamburger Gesprächskreis mit Freunden und Gleichgesinnten, die sich über Jahrzehnte hinweg regelmäßig trafen. Von dieser Seite präsentierte er sich auch in der «Mittwochsgesellschaft», einem legendären Zirkel, der ursprünglich 1863 gegründet wurde und dem zuletzt General Ludwig Beck, Werner Heisenberg, Eduard Spranger, Ulrich von Hassell, Ferdinand Sauerbruch angehört hatten. Marion Dönhoff ließ ihn in den 90er Jahren in Berlin wiederaufleben. Gemeinsam mit ihr, Richard von Weizsäcker, Egon Bahr, Antje Vollmer, Edzard Reuter, Wolf Lepenies, Dieter Simon, Adolf Muschg, Ernst Joachim Mestmäcker, Friedrich Dieckmann, Dieter Grimm und anderen nahm Schmidt sich hier vor, über relevante Fragen der Zeit offen zu sprechen und auf der Basis verbindender Maßstäbe dort auch Orientierung zu bieten, wo die Politik schweigt, sucht, versagt. Kaum eine dieser Sitzungen in Berlin Mitte, am Kupfergraben gegenüber dem Pergamon-Museum, in dem Weizsäcker sein Büro hatte, ließ Schmidt sich entgehen, nicht einmal die lange Anreise aus Hamburg war ihm zu beschwerlich, so sehr liebte er die Gesprächsrunden.

Öffentlich waren die Treffen zwar nicht. Studiert man die Protokollbände, wird aber rasch klar: Der Mann, der sich so oft lustig gemacht hatte über das «Getratsche» und die «Gremiendemokratie» mit ihren uferlosen Debatten, war einer der aktivsten im Kreis, kein Thema, zu dem er nicht etwas zu sagen hätte, er zelebrierte sich nicht, sondern hörte zu, dachte laut, redete mit, manchmal natürlich dozierte er auch. Als über den Standort Deutschland und die Lohnkosten verhandelt wurde, meldete er sich zu Wort, und das klang folgendermaßen: «Aus der Sicht des Finanzministers darf ich nicht als erstes die Frage stellen, was vielleicht gerecht wäre, sondern ich muss als erstes fragen: Was kann funktionieren? Wenn ich weiß, wie etwas funktionieren kann, kann ich hoffen, dass es anschließend auch gerecht gestaltet wird. Ich gebe Ihnen ein Beispiel: Kurz vor Ostern habe ich bei einem Hamburger Juwelier wunderschöne kleine Ostereier aus Emaille gesehen, mit Gold eingelegt; sie sahen aus wie Fabergé-Eier. Ein Fabergé-Ei würde einige tausend Mark kosten. Ich habe den Juwelier gefragt, was die Eier kosten würden, wenn er sie in Deutschland herstellen ließe. Er sagte, mindestens 200 bis 300 Mark. Er verkaufte sie aber für 16,80 Mark. Sie kamen aus China, die Kosten für den Zwischenhandel, den Transport und so weiter sind in dem Preis also auch noch enthalten. Wahrscheinlich sind sie für etwa 8,50 Mark hergestellt worden. Das bleibt so. Es kann niemals funktionieren, dass wir in Deutschland solche Eier herstellen und die dann auch verkaufen; denn es gäbe niemanden, der sie auch bezahlen kann. Wir liefern den Chinesen und anderen Asiaten Investitionsgüter, Maschinen aller Art, elektronische Apparate, und wir beziehen Konsumgüter wie diese kleinen Ostereier oder Ginseng ... Auf diese Weise wird also auch in China die Arbeit so bald nicht ausgehen.»[1]

In eine Diskussion über den «Einzelnen und die Gesellschaft», gleichfalls in der Mittwochsgesellschaft, griff er folgendermaßen ein: «Frau Vollmer, Sie haben gemeint, meine Ausführungen bedeuteten ein Scherbengericht über eine ganze Generation. Ich will einräumen: Je älter man wird, desto größer wird die Versuchung, hoffentlich mit der Milde und nicht der Überheblichkeit des Alters auf die Jungen herunterzuschauen. Da können Sie ruhig einen großen Diskont abziehen. Auch von Wolfgang Thierse fühle ich mich ein wenig missverstanden, als er sagte, meine Ausführungen beinhalteten eine totale Ablehnung der politischen Klasse. Ich wollte ins Auge springende Beispiele für die Abwesenheit einer subjektiven Übereinstimmung geben und daraus die Notwendigkeit einer Reform des Ethos ableiten. Wenn ich beauftragt würde, über die positiven Seiten der deutschen Unternehmer, Rechtsanwälte, Ärzte oder Politiker zu sprechen, könnte ich eine ganze Menge aufzählen. Das sah ich aber nicht als meine Aufgabe an. Ich muss allerdings zugeben, dass ich meine eigene Hoffnung eher auf diejenigen richte, die heute dreißig bis fünfunddreißig Jahre alt sind. Bei der mittleren Generation habe ich wenig Hoffnung. Seit der ‹Nikomachischen Ethik› von Aristoteles gibt es eine riesige Fülle moralphilosophischer und moraltheologischer Werke. Ich glaube nicht, dass dicke Bücher irgendeinen Nutzen stiften in bezug auf ein Achtzig-Millionen-Volk ... Ich war begeistert, als John F. Kennedy in seiner Inaugurationsrede als Präsident seinen Landsleuten sagte: ‹Fragt nicht, was euer Land für euch tun kann, sondern fragt, was ihr für euer Land tun könnt› ... Deswegen mein vielleicht etwas tumber Versuch – ich zweifle selbst daran, ob es gelingt –, jüngere Menschen anzuregen, den Versuch zu unternehmen, gewisse Regeln für ihren Bereich zu kodifizieren.»[2]

Immer noch mit Lust an der Zuspitzung, mit einer Neigung zum sehr Grundsätzlichen, getränkt mit Erfahrung, aber auch konziliant und offen, so präsentierte er sich in diesem Kreis, in dem man unter sich war und dennoch nicht nur privat plauschte. Auch hier also, wie bei der ZEIT, war Schmidt ohne Staatsrolle ein anderer, gelöster, gesprächsoffener, als sei auch eine Bürde von seinen Schultern gefallen, und doch wurde man den Eindruck nicht los, er sei ganz bei sich.

Unter dem Strich Unter Vertrauten dachte Helmut Schmidt bereits während seines letzten Amtsjahres gelegentlich darüber nach, was von ihm in den Geschichtsbüchern bleiben werde. Ganz ruhig ließ es ihn nicht, dass es darauf keine einfache Antwort gebe. Am Anfang war Adenauer, gut, das sah er auch so. Willy Brandt, der Vorgänger, setzte die Ostpolitik ins Werk, Helmut Kohl, der Nachfolger, bekam am 9. November 1989 unverhofft die Chance, die Vereinigung der zwei deutschen Staaten wahr zu machen. Er sah sich selbst als Kanzler dazwischen, ohne eindeutige, möglichst sogar positive Überschrift, keiner für die Geschichtsbücher.

Keineswegs sah Helmut Schmidt sich deshalb als erfolglos an, das war er auch nicht. Gelegentlich erinnerte er daran, dass er bei seinem Besuch in Moskau 1981 (gemeinsam mit Genscher) ein Umdenken der Russen erreichte: Obwohl sie noch im Jahr zuvor lautstark verkündeten, über ihre SS-20-Raketen nicht verhandeln zu wollen, erklärten sie sich ihm gegenüber dann doch einverstanden. Da sich auch Ronald Reagan zu Verhandlungen in Genf bereit erklärte, atmete Schmidt erleichtert auf, er sah einen Silberstreif am Horizont.[3] Schließlich hatte kein Konflikt in seiner Amtszeit solche Dimensionen erreicht, seine Partei ähnlich zerrissen, hunderttausende von Kritikern auf die Straße getrieben, wie dieser um eine neue atomare Rüstungsrunde.

Aber reichte das erste Einlenken in Moskau und vielleicht in Amerika für die Geschichtsbücher? Wohl kaum, denn in dem Moment stand ein definitives Ergebnis noch in den Sternen. Schmidt wollte darüber auch nicht klagen, er war Kanzler in einer schwierigen Zeit, was immer die Historiker schreiben würden.

Nach vorweggenommenen Abschiedsworten klang es bereits, was er noch als Regierungschef zu hören bekommen hatte, das Ende in Sicht. Als «einen der herausragenden politischen Führer der Welt» präsentierte ihn im Juli 1982 in San Franzisko Außenminister George P. Shultz. Über das übliche *Dinner-Speech*-Lob ging Freund Shultz weit hinaus: «Es gibt niemanden, der mehr tut für die Allianz, niemanden, der tiefer über ökonomische Probleme nachdenkt.»[4] Ähnlich bescheinigten ihm das viele.

Solche goldenen Nachrufe zu Amtszeiten hinderten übrigens den Besucher aus Bonn nicht daran, den Gastgebern seine Wahrheiten zu verkünden. Frieden könne man «nicht gegen, sondern nur mit der Sowjetunion erreichen»; «die Menschen in meinem Lande erwarten, dass es jetzt gelingt, Fortschritte zu erzielen ... meine Regierung vertraut darauf, dass die amerikanischen Verhandlungsführer keine Chance auslassen, um zum vereinbarten Gleichgewicht zu kommen». «Bitte, schließen Sie die Russen nicht von unserer gemeinsamen Welt aus.» «Wenn die hohen Haushaltsdefizite, die Überbeanspruchung der Finanzmärkte und, in der Folge, die viel zu hohen Zinssätze andauern, droht eine weltweite Wirtschaftsrezession ...» Zum Schluss mahnte er *leadership* an, man hätte darauf wetten können: Von Kopf bis Fuß Schmidt, auch in der letzten Runde. Andächtig saß Freund Shultz dabei neben ihm.

Wahrgenommen wurde Helmut Schmidt häufig als heimlicher Konkurrent Willy Brandts, der an seiner Stelle gern bereits 1965 als Kanzlerkandidat angetreten wäre. Nicht nur die Kandidatur, auch das Regieren traute er sich früh zu, wie jeder Biograph vielfach hervorhob. Er verbarg das auch nicht, er wollte, dass Journalisten und Historiker das erfahren und darüber berichten. Daraus leitete sich früh der Eindruck ab, er habe Brandt ablösen wollen oder sich als Dauerkonkurrent verstanden, der ständig darauf lauerte, ihn beerben zu können. Illoyal aber verhielt er sich nicht. Er hätte einfach nicht verantwortlich für ein Scheitern Brandts sein wollen. So hat er es vielfach beteuert, so hat man es ihm nicht immer geglaubt. Weshalb eigentlich nicht? Schmidt war keine unzuverlässige Auskunftsperson in eigener Sache.

Leicht hätten sich Brandt, Wehner und er «die gemeinsame Führung der Sozialdemokratie und der Bundesrepublik» nicht gemacht, bilanzierte Schmidt, als er über seinen Erinnerungen brütete. Aber er glaube, lehnte sich der Autor zufrieden zurück, das Land ist «gut mit uns gefahren». Solange Brandt Kanzler und Parteivorsitzender war, hätte er im Notfall das letzte Wort haben müssen. Nach dem Kanzlerwechsel wäre das allerdings anders gewesen, fügte er noch hinzu. Ein solcher Notfall sei nicht eingetreten.

Von sich räumte Schmidt ein, «im Umgang mit meinen Freunden Brandt und Wehner» gewiss nicht immer leicht zu nehmen gewesen zu sein, hart im Argument und Ton, «bisweilen schroff». Dass er Brandt in Münstereifel wegen seiner Rücktrittsabsicht anschrie, dafür habe er sich später «geschämt». Aber zerrüttet, darauf bestand er, war ihr Verhältnis nicht. Sechzehn Jahre lang hätten sie «kooperativ geführt», keineswegs immer einträchtig, aber im Ergebnis eben doch gemeinsam. Schmidts Bilanz: «Gegen Ende unserer gemeinsamen Führung standen Herbert Wehner und ich uns etwas näher als im Verhältnis zu Willy Brandt. Der Grund lag wohl darin, dass Brandt dank der zunehmenden Milde des Alters in seinen öffentlichen Reden immer häufiger in vieldeutigen Sätzen und Formeln sprach, es blieb oft unbestimmt und vage, worauf er abzielte, die Zuhörer konnten sich – je nach ihrem eigenen Gefühl – ganz verschiedene Vorstellungen machen. Willy war ja selber von vornherein ein Mann, der sich sehr weit von seinen eigenen Gefühlen leiten ließ.»[5]

Unklar blieb ihm, was Brandt mit seinem Wort von der «Lebenslüge Wiedervereinigung» gemeint habe. Das sei für ihn das «wichtigste Beispiel», um Brandts Neigung zum Vieldeutigen zu illustrieren. Er selbst jedenfalls, hielt Schmidt sich zugute, habe immer fest daran geglaubt, eines fernen Tages werde es eine Konstellation geben, die es erlaubt, unsere Nation wieder unter ein und demselben Dach zu vereinigen.[6]

Schmidt führte noch mehr Belege ins Feld. Vorwerfen wollte er Brandt nicht, die Vereinigung der beiden deutschen Staaten als Ziel aufgegeben zu haben, aber weshalb sprach er von «Lebenslüge»? Sehr zufrieden sei er gewesen, als Brandt im Dezember 1989 bilanzierte, jetzt wachse zusammen, was zusammengehört. Einen Seufzer der Erleichterung löste das aus bei Schmidt. Bestätigt hat sich damit für ihn, Brandt sei ein «deutscher Patriot». Zweifelte er vorher tatsächlich?

Viel lag ihm daran, ihr Verhältnis nach all den Jahren zu bereinigen oder dort wieder anzuknüpfen, wo sie 1960 begonnen hatten. «Als ich Willy Brandt einige Wochen vor seinem Tode das letzte Mal besucht habe, schieden wir voneinander als Freunde, die aus gleichen Motiven für die gleiche Sache gekämpft hatten. Wenn er selbst 1972 den Eindruck gehabt haben sollte – wie es heute von einigen behauptet wird –, ich hätte ihm den Wahlsieg missgönnt, so ist dies gewiss falsch: Nicht im Traum habe ich an eine eigene Kanzlerschaft gedacht. Jedenfalls aber war dies 1992 bei ihm genauso vergessen oder abgesunken wie bei mir Willy Brandts Votum gegen den Nato-Doppelbeschluss im Jahr 1983. Wir haben uns 1992 als Freunde empfunden – und ich werde mich auch fürderhin einen Freund Willy Brandts nennen.»[7] Er blieb dabei.

«Freund» nannte Brandt den Weggefährten Schmidt seinerseits nicht. Freunde habe er im Exil gehabt, sie seien alle tot, sagte er mir einmal – gewiss melancholisch gestimmt – bei einem Gespräch in Garnières.

Wider allen Anschein, ihr Grundkonsens trug. Ja, man kann sagen, nach Jahrzehnten des Miteinander, Nebeneinander und Gegeneinander, auch nach dem großen Schisma um die Nachrüstung, knüpften die alten Herren daran sogar noch einmal neu an. Es musste zwischen ihnen gelingen, der Mehrheitsdeutsche und der

Die überwältigende Mehrheit lehnt beim Parteitag der Sozialdemokraten im November 1983 die Raketenstationierung ab, die der Kanzler Schmidt befürwortet und gegen starke Widerstände, auch gegen spürbare Vorbehalte des Parteivorsitzenden, durchgesetzt hatte. Seit einem Jahr amtiert er nicht mehr als Kanzler. Willy Brandt bekennt sich nun offen dazu, den Kurs für falsch gehalten zu haben, fast die gesamte Führungsspitze, auch Hans-Jochen Vogel, der stets um Ausgleich bemühte Justizminister im Kabinett Schmidt, wendet sich dagegen, nur 14 Stimmen bleiben Schmidt auf seiner Seite. Seiner Partei hält er dennoch die Treue.

Minderheitsdeutsche durften sich nicht endgültig entzweien, wenn die Deutschen sich mit sich selbst versöhnen sollten. In dem Sinne hatten sie sich selbst bereits als historische Figuren zu sehen gelernt. Sie hatten einen Auftrag. Keinesfalls wollten sie scheitern damit.

Von einem «Ergänzungsverhältnis» zwischen Schmidt und Brandt sprach rückblickend der Psychoanlaytiker Horst Eberhard Richter, der beide aus der Nähe kannte. Es hätte nicht treffender beschrieben werden können.

Ein Jahr nach seinem Abschied aus dem Kanzleramt, im November 1983, prallten beim Kölner Parteitag die Kombattanten noch einmal aufeinander. Im vierten Jahr mittlerweile verhandelten die Sozialdemokraten den leidigen Stationierungsbeschluss. Wirklich zu entscheiden hatte die SPD zwar nichts mehr, Helmut Kohl und Hans-Dietrich Genscher zeigten sich weiterhin entschlossen, am Nato-Beschluss zur Stationierung der Mittelstreckenraketen festzuhalten. Aber nun drohte keine Gefahr mehr, die Regierung Schmidt könne stürzen über diesem Konflikt. Durchgesetzt hatte sich Willy Brandts Argumentation, an militärischer Überrüstung fehle es nicht, und die Rolle der Deutschen dürfe nicht sein, auf «Nachrüstung» zu insistieren.

Aber Helmut Schmidt, nun Kanzler a. D. und Privatmann, bewies Souveränität. Am 19. November 1983, fünf Minuten nach neun, ging er zur Rednertribüne, um den Delegierten die «Lage der Sicherheitspolitik» darzulegen. Jeder spürte, das war der Höhepunkt des Zerwürfnisses mit Willy Brandt. Alle seine Argumente trug er noch einmal vor, moderat, argumentativ, versöhnlich und entschieden zugleich.

Er wolle nicht jene widerlegen, die schrieben, das Schiff verlasse den Lotsen, «denn dieser Prozeß war ja schon sehr viel früher in Gang gekommen». Auch nicht Rechthaberei wolle er betreiben, dachte Schmidt laut, bekennen wolle er sich vielmehr zu den Motiven und Überlegungen, «die uns über lange Jahre geleitet und die über lange Jahre die Zustimmung der Mehrheit der Deutschen gefunden haben, die frei wählen können». Mittragen werde er den Beschluss nicht, den die Mehrheit ansteuere, aber wolle von vornherein anerkennen, «dass ein Sozialdemokrat aus Gewissensgründen zu einer Entscheidung kommen kann, jetzt nicht nachzurüsten, ja dass er sogar sagen kann, niemals nachzurüsten oder nie auf deutschem Boden». Umgekehrt erwarte er allerdings auch Respekt dafür, dass «anderslautende Entscheidungen ebenfalls aus Gewissensgründen ergehen können».

Damit waren die Bedingungen klar, aber es stand auch fest, dass Schmidt die Stunde keinesfalls zu einer Abrechnung mit der eigenen Partei nutzen wollte. Ein Regierungschef außer Diensten, merkte er an, sei frei von Abhängigkeiten, aber auch von Erfolgszwang.

Schmidt nachdenklich: «Es ist wahr – warum sollte ich es verschweigen? –, dass ich in den letzten zwölf Monaten auch von Zweifeln heimgesucht worden bin. Ein Zweifel allerdings hat mich dabei zu keiner Stunde geplagt: Dies ist der Parteitag meiner Partei, der ich seit nun bald vier Jahrzehnten angehöre, der ich mich zugehörig fühle, die mein politisches Schicksal gewesen ist und von der mich niemand abdrängen wird, weder von außen noch von innen.»

Nach diesem Bekenntnis nutzte der Redner die Gelegenheit, um seine Argumente noch einmal Revue passieren zu lassen, vor allem aber um klarzumachen, dass nicht Falken und Tauben einander gegenüberstünden. Keiner unterschätze die Gefahren, die von der Überrüstung ausgingen, und schlimm wäre es, «wenn die einen das Engagement für die Friedenssicherung der anderen anzweifelten». Allein um den besten Weg gehe es, um einen Abbau der Arsenale mit Atomwaffen zu erreichen, ohne dass wir dadurch erpressbar würden.

Besorgt hätten ihn Freunde im Ausland gefragt, berichtete Schmidt den Genossen in Köln, ob Deutschland in der nächsten Generation «abermals unberechenbar» werde, wie so oft schon in der Geschichte. Wohin bewegt sich die deutsche Jugend? Ein bedeutender Italiener – er nannte den Namen nicht – habe ihm gestanden, die unruhige Beweglichkeit in der Bundesrepublik mache den Italienern Angst, sie selbst seien tatsächlich «viel stetiger».

Als im Saal daraufhin Heiterkeit ausbrach, gab Schmidt angriffslustig zurück: Sehr herzlich bitte er um Respekt vor den Italienern, die ein fabelhaftes Volk seien und «mehr Kraft und Konsistenz aufbringen als viele hier in Deutschland». Was wäre bei uns los, wenn wir jahrelang ein solches Maß an Terrorismus hätten ertragen müssen wie die Nachbarn? Noch einmal zitierte er einen namenlosen Kronzeugen, der geschrieben hatte, Deutschland sei «wie eh und je ein wandelbares, ein proteisches, ein unberechenbares Land, gefährlich vor allem dann, wenn es unglücklich ist». Dem hielt er Heinrich Heine entgegen, «Deutschland – ein Wintermärchen»: «Franzosen und Russen gehört das Land,/das Meer gehört den Briten./Wir aber besitzen im Luftreich der Träume/die Herrschaft, unbestritten./Hier üben wir die Hegemonie/hier sind wir unzerstückelt./Die anderen Völker haben sich/auf platter Erde entwickelt.»

Am gefährlichsten ist das Land, wenn es unglücklich ist? Helmut Schmidts These lief darauf hinaus, Deutschland vor sich schützen zu müssen. Was beunruhigte ihn dermaßen? Was verfolgte ihn? Blickte er unausgesprochen auch auf seine Jugend zurück?

Zwar legte er «sorgfältigen ausländischen Beobachtern» Fragen danach in den Mund, was die Friedensbewegung ausdrücke und ob es sich nicht in Wirklichkeit um «die durch die Teilung des Landes und das Fehlen nationaler Identität hervorgerufene Angst» handele. Das sei, antwortete er sich selbst, sicherlich nicht ganz falsch. Es komme aber die Angst hinzu, «Fehler und Versagen in der Generation der Väter und Großväter könnten sich wiederholen». Diese Angst, psychologisierte er weiter, manifestiere sich heute an Raketen. «Aus dem mitreißenden Gemeinschaftserlebnis der Demonstranten erwächst eine seelische Kraft, die Angst, die Ohnmacht und den Zorn zu bekennen». Begreiflich sei ihm das, er sehe aber auch die Gefahren. Einige politische Redner im Westen begriffen nicht, wie sehr sie zu diesem falschen Bewusstsein von Ohnmacht und zu diesem Zorn auch noch beitragen. «Den Jungen aber muß ich sagen: Wenn wir Deutschen es noch einmal dahin brächten, für unberechenbar, für unzuverlässig angesehen zu werden, dann allerdings würde es für uns Deutsche wirklich gefährlich.»

Die deutsche Politik, hieß das in der Summe, habe bei den Nachbarn und in der Welt Vertrauen verdient, aber sie bleibe nicht nur von außen, sondern auch von innen gefährdet. Eine wahre Fundgrube für Psychologen muss der Text Schmidts gewesen sein. Beim Lesen wurde man den Eindruck nicht los, er spreche zwar über die Friedensbewegung, die unter dem Versagen der Eltern leide; genau besehen, seien es aber die eigenen Ängste, die er noch einmal hineinprojizierte in die junge Generation.

Köln! Sieben Stunden nach Beginn des Parteitags, November 1983, stimmten vierhundert Delegierte gegen die Stationierung von *Pershing II* und *Cruise Missile* – die bereits zum Transport nach Süddeutschland vorbereitet wurden – auf deutschem Boden, für den Regierungskurs votierten gerade mal vierzehn Sozialdemokraten. Bitter muss Helmut Schmidt das angekommen sein, denn er gehörte zu den Verlierern. Selbst seine Widersacher mussten anerkennen: Er hatte nicht nur Standfestigkeit bewiesen, er verhielt sich geradezu tapfer. Er war wirklich der Kapitän, der das untergehende Schiff nicht verließ. Kein Sieger, kein blinder Verlierer, sondern einer, der das einmal für richtig Erkannte verteidigte.

Wahrscheinlich, weil er für das Fernsehpublikum eine lange Geschichte kurz fassen und für jedermann verständlich erzählen wollte, wurde seine Bilanz im Gespräch mit Sandra Maischberger besonders deutlich. Auf die Frage nämlich nach der Faszination der Macht und welchen politischen Erfolg er auch als persönlichen Erfolg wahrgenommen und ausgekostet habe, erwiderte Schmidt zunächst: Ganz froh sei er gewesen, 1980 die Bundestagswahl gegen Strauß gewonnen zu haben. Ob er das auch ausgekostet habe, wisse er nicht, aber es war keine Überraschung. Von sich aus kam er dann aber auf den Nato-Doppelbeschluss zu sprechen, der «gegen den ursprünglichen Willen des amerikanischen Präsidenten» zustande kam. In der deutschen Diskussion werde nicht begriffen, «dass wir diesen Beschluss dem Jimmy Carter praktisch aufgedrückt haben».

Allein dieser Satz beschreibt Helmut Schmidt, wie er war. Weil die Deutschen die Nachrüstung durchsetzten, wollte er sagen, war dies bereits ein Erfolg. Mit anderen Worten: Es ging nicht nur um das Gleichgewicht zwischen den Supermächten oder die «Grauzone», es ging auch darum, ob die Deutschen in der großen Politik, in strategischen Fragen mitreden dürfen. Sie durften nicht nur, sie führten Regie. Schmidt konnte schlicht nicht verstehen, dass seine Kritiker dies nicht als eine Art nationalen Prestige- und Machtgewinn verstanden.

Überzeugend schilderte er die amerikanische Gegenposition in Kurzfassung folgendermaßen: «Da diese Raketen uns selbst nicht treffen können, dachten sie, müssen wir das bei uns nicht so ernst nehmen. Wir nehmen notfalls den ganz großen Atomknüppel, mit dem man über 10 000, 12 000 und 14 000 Kilometer weit schießen kann, und das reicht als Gegendrohung gegenüber den Russen aus.» Als sie schließlich «weich geklopft» (!) waren, folgten die großen Protestkundgebungen. Gestört habe ihn das, aber nicht irritiert. Schmidt: «Es tut bloß weh, wenn man so viele Leute demonstrieren sieht und weiß, sie haben unrecht ... Nein, ich habe keine Sekunde gezweifelt, und ich zweifle auch heute nicht.» Leider fragte Sandra Maischberger nicht nach, ob er wirklich sagen wolle, auch Brandt oder Bahr hätten schlicht unrecht gehabt oder seien falschen Parolen erlegen – «lieber rot als tot».

Ob es ein «Spiel mit dem Feuer» war, weil die Deutschen keinerlei Druckmittel in Händen hielten gegenüber Washington? Helmut Schmidt beschränkte sich darauf, an die Reaktion der Russen zu erinnern. Vier Jahre lang seien sie hart geblieben, während dreimal die sowjetische Führung wechselte. Stattdessen gab er Michail Gorbatschow wieder, der bei einem Gipfeltreffen mit Ronald Reagan in Reykjavik vorschlug, auf beiden Seiten die Atomraketen zu beseitigen.

Auf diese Weise, lautete sein Fazit, sei der erste große Abrüstungsvertrag seit 1945 zustande gekommen. Schmidt fragte Gorbatschow – wie er selbst berichtete –, ob er gewusst habe, dass dies sein Vorschlag war. Gorbatschows Antwort: Ja natürlich, er habe das oft und laut genug wiederholt. Keinerlei Grund habe er also, den Beschluss nachträglich zu bedauern, im Gegenteil, «die Geschichte hat ihn voll gerechtfertigt.»[8]

Der glückliche Zufall namens Gorbatschow war es, so ließ sich das verstehen, der zu dem Abrüstungserfolg führte. Es hätte auch anders kommen können. Helmut Schmidt sagte nicht, der Doppelbeschluss und das Abrüstungsabkommen hätten zum Ende des Kalten Krieges und zum Untergang der Sowjetunion geführt. Er wollte festhalten, das sei allein auf den neuen Mann im Kreml, auf Gorbatschow zurückzuführen.

Aber wenn das so war, was hat dann zu Gorbatschow geführt? Schmidt behauptete nicht, das sei auf die Nachrüstungspolitik zurückzuführen, schon gar nicht sprach er von der «Politik der Stärke», das Wort hasste er. Wäre ohne die Entspannungspolitik in Europa, ohne das gewachsene Vertrauen, dass die andere Seite Moskau nicht in die Knie zwingen wolle, die Entscheidung im Politbüro möglich gewesen? Darauf antwortete er nicht präzise. Als entscheidende Etappe auf dem Weg zu 1989 aber betrachtete Helmut Schmidt im Rückblick die Konferenz von Helsinki, der er anfangs diese Bedeutung nicht annähernd zumaß.

Was erwiderte er jenen, die behaupten, am Ende habe die «Politik der Stärke» gesiegt? Nie, erwiderte Schmidt, hätte er einen solchen Satz unterschrieben. Nichts hatte der Doppelbeschluss der Nato mit

«Politik der Stärke» zu tun, insistierte er. Seine Politik folgte nicht dieser Linie aus den Jahren des Kalten Krieges, schon der bloße Verdacht ärgerte ihn. Aber richtig sei sein Vorstoß 1977 in London gewesen, das habe die Geschichte gezeigt.

Er war kein Hardliner, kein Falke. Seine Kritiker machten es sich mit dieser Einordnung zu einfach, sie sahen nur schwarz/weiß. Es war aber kein Zufall, dass Schmidt im Laufe der Jahre sein Urteil immer mehr differenzierte, um klarzumachen, weshalb er nicht zu den Bellizisten des Kalten Krieges zu zählen sei. Keineswegs wollte er «siegen» über Moskau. Im Konflikt mit der Friedensbewegung war dieser Aspekt ziemlich untergegangen, für Differenzierungen blieb keine Zeit.

Am 5. März 1992 besuchte Michail Gorbatschow den vormaligen deutschen Kanzler in Bonn. Zehn Jahre zuvor war Schmidt aus dem Amt geschieden. Auch Gorbatschow war bereits zurückgetreten. Von sich aus, so beschrieb es Hartmut Soell, sprach der Besucher an, dass Schmidt als erster den Abbau der sowjetischen Mittelstreckenraketen (SS-20) verlangte. Er habe Schmidt davon in Kenntnis gesetzt, dass das Politbüro von dieser neuen Aufrüstung nichts erfahren habe. Erst er selbst habe sich später damit befasst, weil ihm klar geworden sei, dass Moskau auf die neue Antwort des Westens mit seinen *Pershing II*-Raketen nicht mehr antworten könne. Schmidt habe das als «späten Triumph» empfunden. Zugleich räumte er ein, selbst zu den Kritikern des Doppelbeschlusses gehört zu haben.[9] Wie sah Schmidt das im Rückblick?

Im Jahr 2008 beurteilte Schmidt die Ostpolitik folgendermaßen: «Es ging um die Erhaltung der Substanz der Nation, um das Nation-Bewusstsein. Allerdings wussten auch Brandt, Bahr und Scheel, dass diese Politik nur mit dem militärischen Rückhalt durch die amerikanischen Bündnisführer möglich war. Einige deutsche Schwärmer und Ideologen haben unsere vernunftgeleitete Ostpolitik aufgeblasen zu einer aus Friedenssehnsucht genährten Politik. Es war klar, dass es nicht weitergegangen wäre, wenn etwa die Amerikaner nein gesagt hätten.»[10] Am unteren Ende der Anerkennung von Brandts und Bahrs Politik bewegte er sich damit, als wolle er sagen, er habe sie erst «realistisch» machen müssen.

Als Helmut Schmidt sich am 27. September 1986 in einer zweistündigen Rede vom Parlament verabschiedete, in das er 1953 zum ersten Mal einzog, war seine pädagogische Absicht unüberhörbar. Derart angespannt wie im November 1983 in Köln klang es natürlich nicht mehr, jetzt musste er sich für nichts mehr rechtfertigen, ihm drohte keine Abstimmungsniederlage, er war ganz befreit.

Sein «Vermächtnis» im Wasserwerk sollte keineswegs nur klarmachen, was er als «Sozialdemokrat aus Überzeugung» für verteidigenswert hielt. Vor allem ging es ihm um die Frage, was die Bundesrepublik gelernt habe und woran sie unbedingt festhalten solle. Prompt kam er wieder zu sprechen auf seine liebste Sorge. Die Deutschen seien ein «gefährdetes Volk». Deshalb bedürfe es der «politischen Orientierung». Eine «deutsche Neigung zum gefühlsmäßigen Überschwang» gebe es immer. «Wir Deutsche» bedürften der abwägenden Vernunft, der politischen Ratio als einem notwendigen Gegengewicht «in der Ausbalancierung unserer nationalen, sagen wir genauer: nationalstaatlichen Anomalie.» «Teilung gleich Anomalie.»

Da war er wieder bei seinem Thema, es fehle an nationaler Identität. Am liebsten erklärte er sich damit freilich das Verhalten der jüngeren Generation. Eher ungewöhnlich für ihn, warb er zwar für einen Schuss Idealismus, aber er warnte auch gleich, das dürfe nicht in «idealistische Romantik» umschlagen, nicht in «moralische Besserwisserei und Beckmesserei». Selbstkritik, Standfestigkeit, Zivilcourage, Kompromissbereitschaft, aber nicht Karrierismus und Opportunismus, so interpretierte er das.

Noch in der Abschiedsrede wollte er vorexerzieren, wie das eigentlich geht, Politik als «Kampfsport». Dafür sei das Parlament «der wichtigste Ort der Auseinandersetzung», das hatte er gelernt. Überflüssig fand er zwar auch das Endlosgerede, die Palaverdemokratie, dem Affen hatte er gern Zucker gegeben in seinem Leben. Aber in der Summe verteidigte er dann doch wieder den repräsentativen Parlamentarismus gegen seine Verächter. Schmidt: Eine parlamentarische Demokratie ist keine harmonische Veranstaltung. Und dennoch, so sein Credo, bleibe bei ihm jedenfalls überwiegend die «Erinnerung an Gemeinsamkeiten». Herbert Wehner zitierte er dazu ausdrücklich, den damals fast schon Vergessenen, den er un-

Abschied von der Bühne, die er 1953 kennenlernte und seitdem liebt – Helmut Schmidt am 10. September 1986 im Bundestag (Wasserwerk).

verändert schätzte und der in einer Debatte eine neue Ortsbestimmung für seine Partei von historischer Bedeutung gewagt hatte: «Innenpolitische Gegnerschaft belebt die Demokratie. Aber ein Feindverhältnis, wie es von manchen gesucht und angestrebt wird, tötet schließlich die Demokratie, so harmlos dies auch anfangen mag. Das geteilte Deutschland ... kann nicht unheilbar miteinander verfeindete Christliche Demokraten und Sozialdemokraten ertragen.»

Die leuchtenden Beispiele, die ihm in den Sinn kamen aus der jüngsten Geschichte, hatten sehr mit seiner eigenen Lebensgeschichte zu tun: Einmal die Entführung Hanns Martin Schleyers, und dann die Debatte über die Wehrverfassung 1955/56, die erste große Kontroverse, die er im Parlament erlebte. Um die «Einordnung der bewaffneten Macht in das Grundgesetz» ging es seinerzeit, wie Schmidt formulierte, aber es ging auch um ihn selber.

Was das Parlament verhandelte und was es suchte, war eine neue Selbstverständigung. Diejenigen, die an der Suche beteiligt waren, mussten jeder für sich klären, worin sie umdenken, was sie gelernt haben und welche Konsequenzen sie aus der Geschichte, aus ihrer Lebensgeschichte ziehen. Das war der existenzielle Charakter des parlamentarischen Streits, an den er erinnern wollte.

Etwas Ungewöhnliches erlebten seine Zuhörer: In diesem Moment nämlich zog Schmidt Lebenslinien nach, er erklärte seine Politik aus der eigenen Biographie. Auch als junger Politiker war er noch ein Suchender, auch wenn er das mit seinem selbstsicheren Auftreten bewusst überspielte. Und so wie er suchte sich die Bundesrepublik zu seiner Zeit.

Diese Debatte, fuhr er fort, habe «unsere Gemüter damals sehr bewegt», «wir waren alle gerade aus dem Krieg nach Hause gekommen, zum Teil versehrt, zum Teil aus langer Gefangenschaft; einige waren glücklicher dran gewesen als andere». Die Frage, wie man die Streitkräfte in einen demokratischen Staat einordne, habe «unseren Verstand lange, lange beschäftigt». Allen sei der Primat der Politik, die Garantie der Grundrechte des einzelnen Mannes innerhalb der Streitkräfte als kardinale Notwendigkeit erschienen. Mit uns, fuhr Schmidt fort, meine er Abgeordnete aus allen drei Fraktionen, die eine entsprechende Initiative ergriffen.

Lehrstunde und Sternstunde war das zugleich. Ich entsinne mich, seiner Rede oben auf der Pressetribüne zugehört zu haben. Manches an Schmidt war uns Journalisten fremd geblieben, schwer nachzuvollziehen, aber jetzt lieferte er eine eindrucksvolle Erklärung dafür, weshalb er sich mit dem außerparlamentarischen Protest, mit den «68ern» so schwer tat. So, wie er das erklärte, konnte man ihn zumindest verstehen. Sie führten einen Kulturkrieg, er auf der Gegenseite auch.

In solchen Kriegen, wo er sich auf der richtigen Seite sah, durfte er nie klein beigeben, lautete die Lebenslehre für ihn.

Große parlamentarische Gestalten der ersten zwei Jahrzehnte kamen ihm in den Sinn, an die er mit Wehmut denke, besonders an diejenigen, die mit Recht Führung beanspruchten, «die unter dem Nazi-Unrechtsregime gelitten hatten, die sich aber nicht gebeugt, ja, die ihm widerstanden hatten». Das Erlebnis der «Scheußlichkeit der Diktatur» habe ihrem demokratischen Engagement die Tiefe gegeben. Namentlich nannte er Konrad Adenauer, Kurt Schumacher und Thomas Dehler, also Politiker der ersten Stunde aus allen drei Parteien. Auch die Autorität von Hermann Ehlers, Eugen Gerstenmaier, Herbert Wehner, Carlo Schmid oder Fritz Erler rührte daher. Inzwischen sei die Ausnahmesituation der Normalität gewichen, unser Staat unterscheide sich kaum noch von anderen europäischen Demokratien. Noch einmal suchte Schmidt zu beschreiben, welche zuwiderlaufenden Prinzipien diese Persönlichkeiten – nunmehr neue Abgeordnete ohne Erfahrung, die alles lernen müssen – ausmachen: Einerseits die notwendige Fraktionsdisziplin, damit der Bundestag funktionsfähig bleibe, andererseits das Privileg der Abgeordneten, das auf Artikel 38 des Grundgesetzes beruht. Keiner Weisung, nur seinem Gewissen unterworfen ist er. Und das Gewissen ist «persönlich». Schwer lässt sich das zur Synthese verbinden, zumal das Parlament – in dem gemeinsam gehandelt werden muss –, ohne eigenwillige Individualisten natürlich nicht auskommt.

Zu Ende war die Predigt, die Lektion für die Deutschen, die heimliche Biographiestunde damit noch nicht. Grundsätzlich, fuhr er nämlich fort, müssten in einem solchen Mehrparteienparlament alle koalitionsfähig bleiben. Mit Verfilzung habe das nichts zu tun. Unter Anspielung auf das Wasserwerk: «Selbst die Enge des Raums in der kleinen Stadt Bonn – und die Enge in diesem Saal ist ja viel angenehmer als die große Bahnhofshalle dort drüben –, selbst diese Enge in Bonn hat ja nicht zur Verfilzung geführt.»

Die exponierte geostrategische Lage unseres Landes, der Zustand der Teilung Mitteleuropas und Deutschlands, aber auch die besonderen historischen Belastungen des deutsch-sowjetischen Verhältnisses «erzwingen geradezu eine aktive deutsche Ostpolitik und Russlandpolitik».

General de Gaulle, gestand er reumütig, habe 1963 bei Unterzeichnung des Elysee-Vertrages Recht gehabt, als er auf eine enge Entente zwischen Frankreich und Deutschland drängte, «als den Kern der europäischen Selbstbehauptung». Damals verstanden oder akzeptierten sie das in Bonn nicht, aber dieser Weg darf nicht auf Dauer verschlossen bleiben. Helmut Schmidt verknüpfte das mit der Kritik an Kohl, zugleich habe die Bundesrepublik weitgehend ihr Gewicht verloren. Nicht jede Auseinandersetzung mit der Regierungspolitik in Washington sei verdammenswerter Antiamerikanismus, die Bundesrepublik müsse Freund und Partner sein, aber nicht «im römischen Sinne des Wortes ihr Klient».

Die Frage der Zusammenführung aller Deutschen in einem Staat bleibt «möglicherweise» eine Jahrhundertaufgabe, so Schmidt. Erkennbar sei eine Lösung nicht. Gerade das löse bei vielen anderen Europäern immer wieder Besorgnis aus. Schmidts Antwort darauf: das über Jahrhunderte gewachsene Kontinuum Europa wiederherzustellen. Wenn aber auf diese Weise die Teilung Europas schrittweise überwunden werde, lautete seine Konklusion, würden auch die Deutschen unter jenem gemeinsamen Dach leben können.

Auch die Bundesregierung, lobte er, habe Kontinuität walten lassen und sich auf den Boden der Tatsachen gestellt. Kohl zollte er immerhin Respekt, weil es ihm sogar gelungen sei, Strauß zum Vorkämpfer für Kredite an die DDR zu gewinnen, ohne politische Gegenleistungen von drüben. «Das hätten wir Sozialdemokraten mal tun sollen, was hätten sie geschrieen.» Das Protokoll verzeichnete immerhin Lachen bei der CDU/CSU.

Was für ein Abschied! Ein Longseller blieb die Rede seitdem. Nirgends sonst hat Schmidt so explizit gemacht, weshalb er die Bundesrepublik für eine Erfolgsstory hält. Prüfte man sich hinterher, was die Quintessenz seines Abschieds im Wasserwerk war, kam man zu einem irritierenden Befund: Schmidt hatte bei seinem letzten Auftritt auf dieser Bühne auch gesagt, ganz sicher könne man nie sein, was die Deutschen ausbrüten. Jemand muss beitragen zur Orientierung, immer. Ihm war das geglückt, hieß das. Aber Kohl und spätere Nachfolger? Mr. Vorsicht hatte gesprochen. Ganz traute er den Deutschen nicht, und schon gar nicht denen, die ihn beerbten.

Mauerfall Die Deutschen hätten sich damit abgefunden, dass eine Vereinigung in diesem Jahrhundert nicht möglich sei. Sie sei «um Lichtjahre entfernt, also völlig unrealistisch», erwiderte Helmut Schmidt im Jahr 1982 Gesprächspartnern, die ihn nach seinem Urteil über den weiteren Weg der zwei deutschen Staaten befragten.[11] Mit den Lichtjahren täuschte er sich, aber da erging es ihm so wie den meisten, die den Mauerfall nicht voraussahen oder auch schier nicht vorausdenken konnten. Helmut Schmidt erlebte den 9. November 1989 vom Spielfeldrand aus, als Kommentator.

Willy Brandt hätte sich in dem Augenblick am liebsten noch einmal in die Arena begeben, er träumte in der ersten Sekunde – noch war aus «wir sind das Volk» nicht «wir sind *ein* Volk» geworden – von einem Deutschen Bund und konnte sich vorstellen, als Präsident an dessen Spitze zu stehen. Von einem Comeback solcher Art träumte Helmut Schmidt ganz gewiss nicht.

Aber wenn Brandt glaubte, seine Ost- und Entspannungspolitik sei eine Ermöglichungspolitik gewesen – sie habe Gorbatschow ermöglicht und am Ende die Zäsur vom 9. November –, so glaubte Schmidt durchaus auch, einen Beitrag zum Mauerfall und zum glücklichen Ende des Kalten Krieges geleistet zu haben: Einmal mit seinem Versuch, die Großen in Washington und Moskau zu einer Verständigung anzutreiben, soweit es in deutschen Kräften stand, dann aber auch mit seiner nüchtern-kooperativen Haltung gegenüber Ostberlin. Nicht die Konfrontation, die Zusammenarbeit entfaltete Sprengkraft.

Ähnlich wie Willy Brandt oder Egon Bahr bezweifelte er früh, Adenauers Politik führe zur vielbeschworenen «Wiedervereinigung». Er stand auf Seiten derjenigen, die überzeugt waren, nur in einem vereinten Europa – nach dem Ende der Ost-West-Spaltung – sei an Einheit überhaupt zu denken. Als Kanzler setzte er diese Politik aus seiner Sicht unverändert fort. 1975 traf er sich erstmals mit Erich Honecker, Ostberlins SED-Chef, während der KSZE in Helsinki. Das Protokoll hatte sie wohlüberlegt nebeneinander gesetzt, getrennt lediglich von einem breiten Gang.

Gleich zu Beginn ihres Gesprächs in einem kleinen Zimmer in der Finlandia-Halle suchte Schmidt alle grassierenden Zweifel auszuräumen, er habe nur zögerlich die Ost- und Deutschlandpolitik Brandts mitgetragen. Seit mehr als zehn Jahren, bedeutete er seinem Ostberliner Gesprächspartner, habe er sich öffentlich für diese Politik eingesetzt. Als Verteidigungs- und Finanzminister habe er weder Zeit noch Anlass gehabt, sich in Details zu knieen. Erst seit dem Kanzlerwechsel sei er tief eingestiegen in die Materie. Das erweise sich inzwischen als Vorteil, da er heute «unbelastet von Prestigefragen, die früher schon ausgekämpft worden sind», mit ihm sprechen könne.[12]

Auszüge des Gesprächs gab Schmidt dann im Wortlaut wieder: «Sie haben es bei mir mit einem zu tun – und ich bin in Bonn ja nicht der einzige –, der sich mit allem Ernst um das Einebnen der Gräben bemüht. Andererseits bin ich ein nüchterner Mensch, ich kann rechnen, das habe ich spätestens als Finanzminister gelernt.» Außerdem habe er es mit einer Opposition zu tun, die «auf die gegebenen Notwendigkeiten keine Rücksicht nehmen will». Im Bundesrat verfüge sie immerhin – anders als im Bundestag – über die Mehrheit, die überwiegende Zahl der Gesetze bedürfe der Zustimmung der Länder.

Sein Gesprächspartner, Erich Honecker, kam ebenfalls umstandslos zum empfindlichen Punkt: Nach einem Lob für den «Realpolitiker» monierte er, es werde im Westen derzeit sehr viel von Wiedervereinigung geredet, es handele sich aber um zwei souveräne Staaten. «Wem nützt dann das Reden über Wiedervereinigung?» Man solle nicht Hoffnungen wecken, die nur in Enttäuschung enden könnten. Die Belastbarkeit des Viermächteabkommens über Berlin, lautete Honeckers Petitum, solle nicht getestet werden. Schließlich drängte er, Bonn müsse anerkennen, dass jährlich sieben bis acht Millionen Besucher aus der Bundesrepublik in die DDR reisten. Der Mindestumtausch sei reduziert, die Rentner ganz davon befreit, in der Familienzusammenführung sei man weiter, als draußen gesehen wird ...[13]

Punkt für Punkt, als säße er am Kabinettstisch, nahm Schmidt sich Honeckers Stichworte vor. Liest man es heute, kann man ihm regelrecht zusehen bei der Arbeit. Viermächteabkommen, Familienzusammenführung, Wiedervereinigung, nichts Relevantes vergaß er.

Geschäftsmäßig, nüchtern, offen ging er vor. Beim zweiten Gespräch, zwei Tage später, erzählten sie sich bereits Witze. Auch Honecker wurde offen und undiplomatisch, seine Direktheit behagte Schmidt. Eine Grundlage für die Arbeitsbeziehung zwischen den beiden Seiten war damit geschaffen. Das alltägliche Verhältnis wurde sachlicher, bilanzierte er in der Rückschau, und die Bonner

Seite fand sich damit ab, «viele Zugeständnisse der DDR-Führung in harter D-Mark zu honorieren».[14] Von einem gemeinsamen Haus oder auch bloß von einem gemeinsamen Dach in ganz Europa, merkte Schmidt jedoch trocken an, war kaum jemand weiter entfernt als die Deutschen.

Träumte Helmut Schmidt von der Einheit? Als die Mauer fiel – er befand sich gerade auf einer Reise im Thüringischen –, standen ihm Tränen in den Augen. Sorgsam hat Theo Sommer nachgezeichnet, wie Schmidt zur Frage des geeinten Deutschland stand und was er dazu lernte.[15] Nein, er träumte keinen Jugendtraum wie Brandt von einem demokratischen, europäischen Deutschland. Brandts Erfahrungen wurzelten noch in Weimar. Aber keinen Zweifel wollte er zulassen, dass er jemals den Gedanken aufgegeben hätte, etwas Verbindendes bleibe. Die staatliche Einheit allerdings hielt auch Schmidt in Wahrheit für eine Schimäre.

«Die sechzehn Millionen Deutschen, die in der Deutschen Demokratischen Republik leben», schrieb er in einem Text, dessen Manuskript er im Mai 1990 abschloss, «habe ich nie als ein eigenes, benachbartes Volk empfunden.» Für unfreiwillig komisch hielt er es, wenn Ostberlin mal so, mal von den Deutschen in der DDR als von einer «sozialistischen Nation» sprach. Zwei der wichtigsten Formen der Nation-Bildung seien «gemeinsame Geschichte und gemeinsamer staatspolitischer Wille». «Im Falle der Deutschen nach 1945 kann keine Rede sein von einem verschiedenen staatspolitischen Willen; nur konnten die DDR-Bürger über vierzig Jahre lang ihren Willen nicht äußern. Aber offenkundig fühlen sich die Deutschen in Rostock, Weimar oder Dresden zur gleichen deutschen Nation gehörig wie die Deutschen in Nürnberg, Frankfurt oder Hamburg. Das hat die Welt im Herbst 1989 miterleben können.»[16]

Auch wenn sich die Deutschen also als «Teile einer einzigen Nation» fühlten – und so sah er es auch für sich –, sie lebten in zwei Staaten. Nie machte Schmidt ein Hehl daraus, auch nicht im Augenblick des Mauerfalls, dass im Vertrag über den Umgang mit der Regierung der DDR eine «Anerkennung ihrer tatsächlichen Existenz und ihrer tatsächlichen Regierungsgewalt» lag.

Sorgsam registrierte Schmidt, wie die Entkrampfung und Entideologisierung des Verhältnisses zwischen Bonn und Ostberlin die Sorge bei europäischen Nachbarn bereits vor dem Fall der Mauer beförderte, die beiden deutschen Regierungen könnten ihre Politiken, am Ende vielleicht sogar die zwei Staaten verkoppeln. Wer wünschte denn schon den Deutschen die Einheit?[17]

Seine eigene Haltung: Die innerdeutschen Beziehungen sehr behutsam vorantreiben, also auch nicht laut über die Möglichkeit einer deutschen Einheit reden. Mit Rücksicht auf spürbare Ängste der Nachbarn begründete er das. Zugleich aber habe er Breschnew «keinen Anlass zum Eingreifen»[18] bieten wollen. Wenn in Moskau nämlich der Eindruck entstanden wäre, Bonn wolle die DDR schrittweise aus dem von Moskau dominierten militärischen, ökonomischen und ideologischen Lager herausführen.

Als sich das Verhältnis zwischen der Sowjetunion und dem Westen in der zweiten Hälfte der 70er Jahre zuspitzte, hatte Honecker «genausoviel Furcht vor einem Krieg wie jeder andere in Mitteleuropa».[19] Seine Hoffnung auf Entspannung und Abrüstung, folgerte Schmidt, war echt. «Nur war sein Einfluss auf die Außen-, Militär- und Bündnispolitik der östlichen Vormacht wesentlich geringer als mein Einfluss in Washington – und der war, besonders während der Ära Carter, zeitweilig nicht allzu groß. Andererseits bedeutete die militärische Präsenz der Sowjets für die SED eine Rückendeckung für den Fall eines Aufstandes in der DDR.»[20] Damit endeten aber auch die Parallelen.

An die Fahrt mit einem Klassenkameraden per Fahrrad von Tangermünde nach Berlin erinnerte er sich, angeregt wohl von der Lektüre von Theodor Fontanes Novelle «Grete Minde», an Schinkels Neue Wache und den Pergamonaltar, an Potsdam im Jahr 1933 und wie ihnen Friedrich der Große als «Idol und als unantastbare Autorität» vorgestellt worden sei. Die Backsteingotik der Ostseestädte lernte er an der Lichtwark-Schule kennen, mit dem Fahrrad erkundeten die Schüler Wismar, Doberan, Rostock und Güstrow, sogar Stralsund, Greifswald und Rügen mit den Kreidefelsen und den Bildern Caspar David Friedrichs, die dabei vor Augen auftauchten.

Das war «ganz selbstverständlich Teil der Heimat», wie später die Thomaskirche in Leipzig, die Uta in Naumburg, während des Krieges Bernau, der Wandlitzsee, der Liepnitzsee, die Mark Brandenburg.[21] Nicht wirklich sentimental klang es, wie Schmidt das schilderte, wohl aber wollte er sagen, dass zu seiner «Heimat» das ganze Deutschland gehörte, auch und gerade Stätten im Osten.

Noch war das Kapitel DDR nicht ganz abgeschlossen, aber schon im ersten Moment des Rückblicks machte Schmidt klar, dass er nicht als Ankläger auftreten wolle gegenüber den Ostdeutschen. Auch er wollte keine Vorwürfe hören wegen seiner «unpolitischen» Jugend. Diktaturen wurden für ihn – in dem Moment – alle gleich.

Sie zwingen, schrieb er, Verhaltensweisen auf, die unsympathisch und widerwärtig sind. Unter Stalin, Pinochet, Ceausescu, Ulbricht oder Honecker, «man passt sich an, man windet und schlängelt sich durch, man gibt Überzeugungen vor, die man nicht teilt». Viele machen mit, fügte er noch hinzu, weil sie sonst keine beruflichen Aussichten haben, einige leisten Widerstand, von ihnen kommen die meisten ins Gefängnis, viele werden bedroht, gedemütigt, gefoltert oder wie im Falle der DDR ausgewiesen, «eine besondere Form, Oppositionelle zum Schweigen zu bringen.»[22]

Einen kürzeren Abriss der Diktaturgeschichte hat man wohl selten gelesen. Sein Fazit daraus: Arrogant wäre es und die Realität würde es verfehlen, wollte man jemandem Vorwürfe daraus machen, Mitläufer gewesen zu sein. «Denn in Wahrheit haben Millionen, auch unter den Mitgliedern der SED und der von ihr beherrschten Gewerkschaften, Blockparteien und anderen Organisationen, auf sehr menschliche Weise lediglich das kleinere Übel gewählt – und haben darunter gelitten.»[23]

Besondere Sympathien für Ostberlin hat ihm niemand ernsthaft unterstellt. Aber er behandelte die SED-Oberen wie Vertreter eines eigenen Staates. Von allen Zwei-Staaten-Befürwortern war Helmut Schmidt wohl derjenige, der es am ernsthaftesten meinte: Zwischen den deutschen Staaten sollte es einfach klappen. Als der Autor Schmidt begann, das deutschlandpolitische Kapitel für sein Buch im Sommerurlaub 1989 zu schreiben, herrschte bereits große Unruhe in der DDR, tausende ostdeutscher Bürger, Eltern mit kleinen Kindern, Jugendliche, flüchteten nach Ungarn, andere versuchten via Prag oder Warschau die Ausreise. Es war der Anfang vom Ende, wie sich in wenigen Monaten zeigen sollte. Auch Schmidt wollte das noch nicht wahrhaben. Für Solidarität seiner westdeutschen Landsleute allerdings warb er. «Altmodisch genug» sei er geblieben, schrieb Schmidt, in seiner Deutschlandpolitik an praktische Hilfe zu denken, die Hoffnung aufrechtzuerhalten und nach Freiheit und Frieden «die Zusammengehörigkeit der Deutschen als einen der höchsten Werte anzusehen.»[24]

Ob Schmidt zu den «geistigen Vätern» der neuen Ostpolitik gehörte, wie er gern erläuterte,[25] sei dahingestellt. Richtig bleibt gewiss: Schon 1966, beim Dortmunder Parteitag der SPD, tischte Schmidt («Deutschlandpolitik unter den sich ändernden weltpolitischen Bedingungen») ein Plädoyer auf, die Realitäten zur Kenntnis zu nehmen und sich nicht in eine Wiedervereinigungsillusion zu flüchten. So weit wie Bahr in Tutzing 1963 ging er nicht, er sprach nicht vom «Wandel durch Annäherung», ebensowenig plädierte er für eine Anerkennung des zweiten deutschen Staates. Allerdings machten das auch Bahr und Brandt nicht.

Übereinstimmend mit ihnen warnte er jedoch vor allen Erwartungen, eine künftige deutsche Regierung – gemeint war seine eigene Partei – könne den «von Hitler begonnenen total geführten und total verlorenen Krieg» am Konferenztisch ungeschehen machen oder nachträglich gewinnen. Keiner der Nachbarn im Westen wie im Osten halte die Wiedervereinigung auch nur für vordringlich, und keiner wünsche eine Beseitigung der Oder/Neiße-Linie.[26]

Den Gedanken an die «Nation» gab er damit nicht preis. Es trieb ihn auch um, wie man den Deutschen jenseits der Mauer, der Opposition, den Nachdenklichen helfen könne, mit bloßen Lippenbekenntnissen war ihnen nicht genützt. Aber im Geiste George Kennans plädierte Schmidt für eine offensive Auseinandersetzung auch mit den «zeitgenössischen deutschen Kommunisten». Anprangern, hieß das, genügt nicht, der Westen muss seine eigenen Stärken selbstbewusst zeigen. Er hielt es mit Peter Bender, dem Schulfreund Bahrs und dem wahren «Vordenker» der Deutschland- und Ost-

Helmut Schmidt und Marion Dönhoff, die Herausgeberin der ZEIT, kennen und schätzen sich seit den 50er Jahren. Kollegial arbeiten sie nebeneinander, seit er 1983 zu der Wochenzeitung stieß, auch in der traditionsreichen Mittwochgesellschaft treffen sie sich, welche die «Gräfin» 1995 wiederbelebt hatte. Auch zwischen Schmidt und Weizsäcker, die stets Respekt voreinander hatten, kristallisiert sich besonders in späteren Jahren eine enge Freundschaft heraus. Das Foto zeigt sie bei einem Mittagessen, das der Präsident zu Ehren von Sir Karl Popper gab.

politik, wonach nichts geschehen dürfe, «was einer Vereinigung der beiden deutschen Staaten den Weg verbaut, aber die Rücksicht auf eine unwahrscheinliche Möglichkeit in ferner Zukunft darf nicht daran hindern, das gegenwärtig Nötige zu tun».[27]

Im Jahr nach dieser Abschiedsrede besuchte Erich Honecker offiziell Bonn. Überschrieben war der Begrüßungsartikel Helmut Schmidts in der ZEIT auffallend herzlich: «Einer unserer Brüder. Zum Besuch Erich Honeckers». Allein schon wegen dieser Schlagzeile musste der Autor viel Kiritk einstecken, aber das rührte ihn nicht.

Am 2. und 3. November 1989 reiste Schmidt mit seiner Frau Loki durch die DDR, in der Evangelischen Akademie in Meißen sowie in Hüttental diskutierte er zehn Stunden lang mit aufgewühlten Bürgern vom Neuen Forum, vom Demokratischen Aufbruch, auch mit Sozialdemokraten. Dringend wollten die Ostdeutschen erfahren, wie die parlamentarische Demokratie funktioniert, Marktwirtschaft, Gewerkschaften, was der Polizei erlaubt und was ihr verboten ist. Unter dem Strich gewann er den Eindruck, die eigenen Verwandten wüssten nicht recht, «wofür» sie sein sollten. Da ging es ihnen ähnlich wie seinerzeit ihm, als jungem Heimkehrer nach dem Krieg, vor 44 Jahren. Nur allzu gut konnte er sich in sie hineinversetzen. Am 9. November 1989 fiel die Mauer.

Zusammen mit Marion Gräfin Dönhoff nahm er eine Woche danach erstmals Stellung zu der historischen Zäsur, vorsichtig, aber spürbar emphatisch: «Es wäre durchaus möglich, dass sich jetzt die großen Hoffnungen der letzten Jahrzehnte erfüllen. Es besteht aber auch die Gefahr, dass alles zusammenbricht, weil man sich im Westen nicht zu umfassenden Hilfeleistungen entschließen kann. Eine neue Welt könnte geschaffen werden, aber es fehlt der Herr der Schöpfung.» Und weiter: «Die Frage nach den Möglichkeiten eines späteren gemeinsamen Daches für die beiden Teile des deutschen Volkes kann dabei gegenwärtig offen bleiben; denn die Menschen in der DDR haben einstweilen andere, weit drängendere Sorgen.»[28] Auch das war ein Irrtum, der Ruf in Leipzig und Dresden, «wir sind das Volk», schlug bereits um in «wir sind ein Volk», bald waren die Plätze mit schwarz-rot-goldenen Fahnen übersät.

Helmut Kohl überraschte die Nachricht vom Mauerfall am 9. November während eines Besuches in Polen. Eilig reiste er ab nach Berlin, versprach aber, am folgenden Tag zurückzukommen. Am 27. November 1989 stellte der Kanzler seinen Zehn-Punkte-Plan vor, in dem erstmals die praktischen Schritte in Richtung der «inneren Einheit» sowie eines gemeinsamen Staates erwogen wurden, auch wenn noch vorsichtig von «konföderativen Strukturen» die Rede war; eine zweifellos große Leistung, wie Schmidt in der Rückschau anerkannte. So liebte er das. Genial, sagte er mir im Gespräch, das hätte er dem Nachfolger kaum zugetraut. Die Frage beschäftigte ihn oft, wer auf den Gedanken gekommen sei. Ähnlich positiv sollte bald darauf sein Urteil über die Idee ausfallen, in Zwei-plus-Vier Verhandlungen, die beiden deutschen Staaten sowie die ehemaligen Siegermächte, die «äußere Einheit» abzusichern. Optimal verlief die Vereinigung, fand er, Respekt! Uns Westdeutsche, meinte Schmidt allerdings, hätte eine mutige Politik erheblich größere Opferbereitschaft abverlangen müssen.

Nachbar Polen Zurückblenden muss man an der Stelle noch einmal auf Helmut Schmidts Verhältnis zu Polen. Früher als viele verstand er Polen, vorsichtig, aber konsequent dachte er sich hinein in die Mentalität der Nachbarn. Dass er noch 1995, im Alter von 77 Jahren, Präsident des Deutschen Polen-Instituts in Darmstadt wurde, hing mit diesem Engagement zusammen. Das Darmstädter Kulturinstitut gründete tatsächlich auf einer Absichtserklärung von Schmidt und Gierek vom ersten Deutsch-Polnischen Forum 1977 [29] Schmidts Neigung zur Volkspädagogik kam das entgegen, von Darmstadt aus sollte ein intensiver Beitrag geleistet werden, Geschichte, Literatur, Sprache, ja überhaupt die geistige Lage im Nachbarland zu verstehen.

Richtig ist sicher, dass Schmidt als Kanzler ein besonderes Augenmerk auf die Wirtschafts- und Handelsbeziehungen zu Polen richtete. So kam es bereits Anfang August 1975 bei der KSZE in Helsinki zu der Vereinbarung über den berühmten «Jumbo-Kredit» von einer Milliarde Mark sowie einem Rentenabkommen in Höhe von 1,3 Millionen DM. In den nächsten Jahren folgten weitere Darlehen, die Bundesrepublik wurde somit zum größten Gläubiger Polens, Schmidts Interesse war es, eine Wirtschaftskrise bei den Nachbarn abzuwenden. Das hing mit seiner Überzeugung zusammen, in erster Linie zu Stabilität auch bei den Nachbarn beitragen zu müssen. Aber gerade im Falle Polens lässt sich auch zeigen, dass seine Argumente letztlich ebenso politisch-moralischer Natur waren wie bei Willy Brandt.[30] Vielleicht nahm er den Ausgleich mit Polen gerade als ehemaliger Soldat sogar noch ernster als der Exilant, der mit seinem Kniefall am Warschauer Ghettomahnmal 1971 die Welt beeindruckt hatte.

«Bis an die Grenzen meiner ökonomischen Vernunft» würde er Polen helfen wollen, gestand Helmut Schmidt in den Erinnerungen, so habe er auch als Kanzler gedacht. Wir Deutsche müssten ein

Ehrlich, offen und mit gesundem Menschenverstand ausgestattet: So urteilt Schmidt rückblickend über Edward Gierek, der als Erster Sekretär der Arbeiterpartei (PVAP) in Warschau regierte. Ein politischer Freund? Das geht ihm etwas zu weit. Auf sein Wort habe er sich verlassen können, meint er wohl aber, dass Gierek Kommunist war, habe an seiner Wertschätzung nichts geändert. Ja, er bescheinigt ihm sogar, er hätte ihn sich durchaus auch in seinem Kabinett vorstellen können. Höher kann das Lob aus seinem Mund bekanntlich kaum ausfallen.

primäres Interesse am Wohlergehen der Nachbarn haben. Wenn es ihnen schlecht gehe, so würden fast zwangsläufig all jene Verletzungen wieder ins Bewusstsein zurückkehren, die das polnische Volk im Lauf der letzten zweihundert Jahre erlitt. Glücklich sei er deshalb gewesen, schrieb er, als 1981 nach Verhängung des Kriegsrechts aus der Bundesrepublik spontan Hilfspakete nach Polen geschickt wurden (obgleich er die Solidaritätsbekundungen in Washington und Paris nachdrücklich verteidigen musste), und erbittert war er, als die CDU/CSU-Opposition seine Einigung mit Edward Gierek «auf das kleinlichste» kritisierte.

120 000 bis 125 000 Menschen, sah der Kompromiss mit Gierek vor, sollten innerhalb von vier Jahren aus Polen ausreisen dürfen.

Eine verbindliche Formel fanden die beiden sogar auch für individuelle Ausreisegenehmigungen danach. Tatsächlich reisten im Laufe der Jahre bis zum Ende der Amtszeit Schmidts sogar fast eine Viertelmillion deutschstämmiger Polen in die Bundesrepublik ein. Auch die anderen Streitfragen, die Abgeltung polnischer Rentenansprüche sowie ein Kreditwunsch in Höhe von einer Milliarde Mark, wurden beigelegt. Vorbereitet hatten der deutsche Regierungs- und der polnische Parteichef, Schmidt und Gierek, diese Linie am Abend des 1. August 1975 in Helsinki, während der KSZE. «In einer Viertelstunde» einigten sie sich nachts, unter Helsinkis Sternenhimmel, über alle strittigen Punkte. Schmidt führte das vor allem darauf zurück, dass die persönliche Chemie stimmte, er schätzte Gierek besonders hoch, und der wiederum bewunderte den kühlen Deutschen nicht zuletzt wegen seines wirtschaftlichen Sachverstands.

Bereits in den 50er Jahren begann Helmut Schmidt, sich für die Nachbarn jenseits der Oder zu interessieren. Auch darin war er früh, früher als die Mehrheit. Polen gehörte zum Teil seines privaten Lernprogramms, das er sich offensichtlich verordnet hatte. Dazu zählte die Geschichte der polnischen Teilungen, die er bald auswendig repetieren konnte, der Überfall am 1. September 1939, die deutsche Schreckensherrschaft danach. Er wollte Konsequenzen daraus ziehen und auf seine Weise etwas wiedergutmachen, soweit möglich. Den unauflösbaren Zusammenhang zwischen seinem eigenen Leben und der politischen Haltung, die er später einnahm, macht nichts so deutlich wie dieses Verhältnis zum Nachbarn an der Weichsel.

Schmidt: Die Polen «hatten sich nicht darum beworben, große Teile ihres Landes an die Sowjetunion abzugeben und durch deutsche Gebiete für den Verlust entschädigt zu werden». Aber wie, fragte er, hätten sie sich dagegen wehren sollen? Hinzunehmen hatten sie es als Folge eines Krieges, der nicht von Warschau ausgegangen war.[31]

Ihre Leidensgeschichte, aber auch ihre Zähigkeit und ihr Mut lösten seinen Respekt aus. Daraus sei im Laufe der Jahre eine tiefe Zuneigung geworden, bekannte er freimütig, und das war kein bloßes Wortgeklimper. «Man muss die Polen schon allein deshalb lieben, weil sie mehr gelitten haben als alle anderen», zitierte er gern einen Satz, den er erstmals von Herbert Wehner gehört habe. Da sprach mehr als der reine Vernunftpolitiker aus ihm.

Von diesen Polen konnte man lernen, fand er sogar, und das war aus seinem Mund eine Auszeichnung. Bestes Beispiel: der Vorschlag des polnischen Außenministers Adam Rapacki, eine militärisch verdünnte Zone in Mitteleuropa einzurichten. Seit zwölf Jahren erst war der Weltkrieg zu Ende, der Kalte Krieg tobte, man schrieb das Jahr 1957. Und doch bewies Rapacki unabhängiges Denken, er schätzte die reale Bedrohung durch Atomwaffen offenkundig ebenso hoch ein wie er. Die Konservativen in Westeuropa witterten eine sowjetische Finte hinter dem Vorstoß, die Sicherheitspolitiker unter den Sozialdemokraten wie Schmidt und Erler hingegen hofften, der Plan Rapackis führe aus dem sterilen Ost-West-Verhältnis heraus. Die Intervention Moskaus in Ungarn wenige Monate zuvor steckte noch zu frisch in den Köpfen, um eine unbefangene Diskussion zu erlauben.

Elektrisiert reagierte Helmut Schmidt, damals noch ein recht unbekannter Abgeordneter in Bonn. Denn Rapackis Idee verstand er so, dass der Aufmarsch der Sowjetunion nicht nur den Westen bedrohte, sondern auch für Gehorsam im Warschauer Pakt sorgte. Eine Truppenentflechtung hätte die «Machtklammer um Polen lockern» können, urteilte er, aber darüber dürften die Polen nicht offen reden.[32]

Neun Jahre später brach er zu einer ungewöhnlichen «Privatreise» mit seiner Familie auf, die ihn über Nürnberg und Prag nach Warschau und schließlich nach Moskau führte. Frau, Tochter und Berater hatte er im Wagen dabei. In Warschau erlebte er die größte Militärparade seines Lebens. Schmidt fühlte sich erinnert an seine eigenen Erlebnisse in den Jahren 1934 bis 1936. Überrascht lasen die deutschen Besucher am Abend die Parlamentsrede Gomulkas zur Tausendjahrfeier des polnischen Staates – eine kalte Dusche. Vertrauen würden die Nachbarn einander noch lange nicht, ging dem deutschen Besucher durch den Kopf. Umso wichtiger: Die Deutschen müssten sich wandeln, sie müssten Verständnis für die Lage Polens aufbringen, die Leiden des polnischen Volkes anerkennen und vor allem, sie müssten die Grenzen Polens endlich bestätigen.[33] Er verstand ihren Wunsch, sie hatten Recht.

In der Gedenkstätte des ehemaligen Konzentrationslagers Auschwitz legt Helmut Schmidt einen Kranz nieder (23. 11. 1977). Hier, in Auschwitz, hält er eine Rede, die er zu den wichtigsten seiner Kanzlerjahre zählt.

Damals, notierte Schmidt in seinen Erinnerungen, gelangte er zu der Ansicht, wenn die Angst vor den Deutschen endlich aufhören solle, müssten wir den Verlust deutscher Siedlungsgebiete nicht nur hinnehmen, sondern «innerlich bejahen».

Am 23. November 1977 besuchte er Auschwitz und Birkenau, die Mordstätte von einer Million Menschen, präsent blieb es ihm für immer. Helmut Schmidt: «Dieser Ort gebietet Schweigen. Aber ich bin sicher, der deutsche Bundeskanzler darf hier nicht schweigen. Wir sind nach Auschwitz gekommen, um daran zu erinnern, dass es ohne Erkenntnis der Vergangenheit keinen Weg in die Zukunft gibt. Keinen Weg zu einem neuen unbefangenen Verhältnis zwischen Deutschen und Polen. In Auschwitz kann niemand der Einsicht ausweichen, dass Politik ... der moralischen Grundlage und der sittlichen Ordnung bedarf. Hier wird zwingend deutlich, dass Geschichte nicht nur als eine Kausalkette von Ereignissen und Handlungen verstanden werden darf. Schuld und Verantwortung gehören dazu. Auch sie sind geschichtliche Größen. Die Verbrechen des Nationalsozialismus und die Schuld des deutschen Reiches unter Hitler begründen unsere Verantwortung ... Kein junger Deutscher braucht sich unfrei zu fühlen, wenn er einem polnischen Altersgenossen begegnet. Aber er muss wissen, was Deutsche in deutschem Namen damals begangen haben. Er muss wissen, was sein polnischer Partner von seinen Eltern und Großeltern über Auschwitz erfuhr und über die deutsche Besatzung nach 1939 ... Wir können nichts ungeschehen machen. Wir können nur eins: Folgerungen für die Zukunft ziehen.»

Zu oft, scheint mir, hat Schmidts Skepsis gegenüber der Gewerkschaftsbewegung in Danzig, sein Einvernehmen mit Edward Gierek und der kommunistischen Führungsgarnitur später sein wahres Verhältnis zu den Nachbarn verdeckt. Verständnis und Hilfe für Polen, das war ein Teil seiner Antwort, die er bei der Suche nach dem «Wofür» gefunden hatte. Solche Einsichten, einmal gewonnen, verteidigte er dann zeitlebens.

Julius Leber Helmut Schmidts Verehrung für Julius Leber, den die Nazis hatten hinrichten lassen, hing besonders damit zusammen, dass er «Sozialdemokratie und Soldaten miteinander versöhnen» wollte [34] In seiner Tradition wollte er sich gern sehen. Bei einer Rede in Berlins Gethsemanekirche am 15. November 1991, anlässlich des 100. Geburtstages Lebers, brachte Schmidt den Arbeiterführer und Reichstagsabgeordneten in Stellung gegen die Generation linker Intellektueller nach 1968. Lebers Vermächtnis hielt er den «kunstvollen Diskursen und Debatten» zwischen den «überheblichen Utopisten der 60er und 70er Jahre» und den Sozialdemokraten entgegen, die damals die Bundesrepublik überfluteten, wie er klagte.

Sämtliche Prinzipien erkannte er bei Julius Leber wieder, die ihm am Herzen lagen. Wörtlich zitierte er ihn aus einer Rede im Jahr 1929 beim Marburger Parteitag: «Die Spannung zwischen der Wehrmacht der Republik auf der einen, der Arbeiterschaft auf der anderen Seite, ist ein gewaltiger Passivposten der Republik, sie ist auch ein Passivsaldo der deutschen Sozialdemokratie.» Seiner Partei riet

Schmidt, sie solle sich in der letzten Dekade dieses Jahrhunderts bemühen, «das zu werden, was man von der SPD Lübecks in den Weimarer Jahren zu sagen pflegte, nämlich: sie sei eine Leber-Partei».[35] Diese Frage, die Rolle des Militärs, seine Lehrjahre als Soldat, die Versöhnung von Militär, Demokratie und Arbeiterklasse, das alles sollte ein heimlicher roter Faden im Leben Schmidts bleiben.

Darüber kam es zu einem Eklat in der *ZEIT*. Einer der Redakteure, Benedikt Erenz, hatte schon 1992 anlässlich einer Ausstellung im Haus der Berliner Wannsee-Konferenz (zum 50. Jahrestag des Überfalls auf die Sowjetunion) eine öffentliche Darstellung der Wehrmachtsverbrechen angemahnt. Explizit sprach er von der Wehrmacht als «der größten Mord- und Terror-Organisation der deutschen Geschichte». Eine Flut empörter Leserbriefe folgte.

Damals druckte die *ZEIT* einen kurzen Text des Herausgebers Schmidt in den Leserbriefspalten ab, in dem er auf empörte Kritik an Erenz seinerseits reagierte: «Zweifellos sind auch in Bereichen der Wehrmacht Verbrechen vorgekommen. Aber deshalb kann keiner, der ernsthaft um die historische Wahrheit bemüht ist, die Wehrmacht als Ganze und kollektiv als eine verbrecherische Organisation ansehen ...»[36]

Verhältnismäßig moderat las sich das. Vollends empört reagierte Schmidt aber drei Jahre später, als das Blatt die Wehrmachtsausstellung («Vernichtungskrieg – Verbrechen der Wehrmacht 1941–1944», im Hamburger Kulturzentrum Kampnagel) ausdrücklich verteidigte unter der schnörkellosen Überschrift: «Als Soldaten Mörder wurden». Der Autor, Karl-Heinz Janßen, Redakteur des Blattes und selbst renommierter Historiker, vertrat die Ansicht, in der Ausstellung zerrinne die Legende von der «sauberen Wehrmacht», und man müsse die Mauer des Schweigens darüber durchbrechen, unsere Väter und Großväter hätten gewusst, was geschah, «oder sie konnten es wissen».[37] Schmidt fehlte schon jedes Verständnis dafür, dass diese Ausstellung ausgerechnet in seiner Stadt gezeigt wurde. Dass aber auch noch die Zeitung, deren Herausgeber er war, sich dieses Urteil der Ausstellungsmacher zu eigen machte, war für ihn unakzeptabel. In einer Hausmitteilung ließ er wissen, das rühre an die Grenzen dessen, was er zu tragen bereit sei. Als Politiker, so konnte man das verstehen, hätte er mit Rücktritt gedroht.

Immerhin ließ Helmut Schmidt sich wenig später auf ein Forumsgespräch mit Historikern, Militärs und Journalisten darüber ein, ob die Wehrmacht verbrecherisch war oder der «einzige anständige Verein», wie er einmal formuliert hatte. Ins Feld führte er dabei erneut seine eigenen Erfahrungen, begründete seine Gefühle auf der Rekrutenstube, erinnerte daran, dass auch ihre Vorgesetzten nicht versucht hatten, die Soldaten zu gläubigen Nazis zu machen. Beim Russlandfeldzug habe man jedenfalls in seiner Einheit von der Vernichtung der Juden «überhaupt nichts gewusst und gehört».

Zur Rolle der Wehrmacht als Institution wollte er kein pauschales Urteil darüber hinaus mehr abgeben. Geltend machte er allerdings seinen Anteil am Aufbau einer demokratischen Bundeswehr im Adenauer-Staat und danach. Grimmig fügte er hinzu, er könne damit leben, «wenn man mich – einer dieser 19 Millionen Soldaten – als Angehörigen einer verbrecherischen Organisation bezeichnet». Verbrechen seien auch vorgekommen, und gewiss habe er «Glück» gehabt, weil er davon nichts erlebte. Aber die nachfolgende Generation bekomme einen falschen Eindruck von der deutschen Geschichte, wenn pauschal geurteilt werde – und man treibe Leute in eine nationalistische Ecke mit solchen Verdächtigungen. 19 Millionen Menschen dürfe man nicht beleidigen oder aber die Kinder von 19 Millionen glauben lassen, «ihre Eltern seien die Schuldigen». Unehrlich nannte Schmidt es, wenn Kritiker den Eindruck erweckten, sie wären damals Widerstandskämpfer geworden. «Ich sehe die alle vor mir, die großen Widerstandskämpfer der Studenten von 1968, ich sehe sie alle mit ihrer großen persönlichen Tapferkeit vor mir.» Wieder einmal sah er sich auf der Anklagebank, und dann schlug er zurück.

Als einer der Historiker in der Runde auf Archive verwies, aus denen hervorgehe, wie Offiziere und selbst einfache Soldaten auf allen Ebenen vom Feldzug gegen die Juden wussten, drohte Schmidt für einen Moment entrüstet, er werde aufstehen und den Raum verlassen, wenn sein Urteil nicht akzeptiert werde. Er lasse sich nicht nachsagen, er sei ein «Lügner». Aber er zwang sich, sitzen zu bleiben. Der folgenden Debatte hörte er bis zum Ende zu, schweigend.[38]

Was genau verletzte ihn derart? Es durfte einfach nicht sein, dass viele beteiligt waren und viele wussten. Er war keine Ausnahme, fand Schmidt, sein Fall war der Normalfall. Er klammerte sich daran. Wider besseres Wissen?

Die Antwort ist schwierig. Denn aus seiner Sicht retuschierte er damit nichts, relativierte und beschönigte nicht. So oft hatte er sich seine Antwort auf Fragen nach seinem Denken, Fühlen, Verhalten in dieser Zeit zurechtgelegt und daran herumgefeilt. Zudem wurde die Erinnerung daran, wie es wirklich war, überlagert von dem, was er selber als Akteur auf der Bühne in dieser heiklen Angelegenheit namens «Vergangenheitspolitik» machte. Wie wach er in den Fragen ist und was ihn bewegte, hatte er das nicht bei seinem Besuch in Auschwitz eindrucksvoll bewiesen? Und ähnlich wenig später, am 9. November 1978, in der Großen Synagoge in Köln, eine Rede, an die er oft erinnerte und die ihm noch bedeutsamer schien?[39] Mehr noch als in Auschwitz versuchte er dort zwischen den Zeilen, sich mit seinen Kritikern auseinanderzusetzen, die anzweifelten, als Schüler und Soldat sei ihm entgangen, was in Deutschland geschah.

Sorgfältig formulierte Helmut Schmidt in Köln, jedes Wort war bedacht: Auf einen Wink der Machthaber sei zerstört und geraubt, gedemütigt, verschleppt, eingekerkert worden, der 9. November war «eine Station auf dem Wege in die Hölle». «Die Wahrheit ist: Heute vor 40 Jahren wurden 30 000 jüdische Mitbürger verhaftet, die allermeisten von ihnen in Konzentrationslager verschleppt, 91 jüdische Menschen wurden ermordet, sehr viele wurden gequält. Die Wahrheit ist: 267 Synagogen wurden verbrannt oder zerstört; viele Tausende Geschäfte und Wohnungen wurden verwüstet.»

«Die Wahrheit ist auch, dass sehr viele Deutsche die Verbrechen und Vergehen missbilligt haben; ebenso: dass sehr viele andere davon damals nichts oder fast nichts erfuhren. Die Wahrheit ist, dass gleichwohl sich dies alles vor den Augen einer großen Zahl deutscher Mitbürger ereignet hat, dass eine weitere Anzahl von den Geschehnissen unmittelbar Kenntnis erhielt. Die Wahrheit ist, dass die meisten Menschen furchtsam schwiegen; dass auch die Kirchen furchtsam schwiegen – obgleich doch Synagoge und Kirche dem gleichen Gott dienen und im Geist desselben Testaments verwurzelt sind.»

Es gehe nicht darum, fuhr Schmidt fort, das ganze Volk «in den Schuldturm der Geschichte» zu werfen. Auf seine Rede in Auschwitz

1976 bezog er sich ausdrücklich, als er hinzufügte: Die heute lebenden Deutschen seien als Personen zu allermeist unschuldig, «aber wir haben die politische Erbschaft der Schuldigen zu tragen und aus ihr die Konsequenzen zu ziehen». Hier liege unsere Verantwortung.

Aber dann sprang Schmidt ins Heute. Mit der Suche nach Sündenböcken habe es angefangen, setzte er an zur Gardinenpredigt, mit Gewalt gegen Schriften und Bücher sowie Gewalt gegen Sachen habe es sich fortgesetzt – «die Gewalt gegen Menschen war dann nur noch die verbreitete Konsequenz».

Noch als temperamentvoller 92jähriger, im Dezember 2011, begründete er seine ambivalenten Gefühle, das eigene Land betreffend, in einer fulminanten Rede beim Parteitag der SPD in Berlin. Der alte Herr predigte: «Während im Bewusstsein der öffentlichen Meinung und in der veröffentlichten Meinung in den Nationen Europas die Kenntnis und die Erinnerung der Kriege des Mittelalters weitgehend abgesunken sind, so spielt jedoch die Erinnerung an die beiden Weltkriege des 20. Jahrhunderts und an die deutsche Besatzung immer noch eine latent dominierende Rolle. Für uns Deutsche scheint mir entscheidend zu sein, dass fast alle Nachbarn Deutschlands – und außerdem fast alle Juden auf der ganzen Welt – sich des Holocausts und der Schandtaten erinnern, die zur Zeit der deutschen Besatzung in den Ländern der Peripherie geschehen sind. Wir Deutsche sind uns nicht ausreichend im Klaren darüber, dass bei fast allen unseren Nachbarn wahrscheinlich noch für viele Generationen ein latenter Argwohn gegen die Deutschen besteht. Auch die nachgeborenen Generationen müssen mit dieser historischen Last leben. Und die heutigen dürfen nicht vergessen: Es war der Argwohn gegenüber einer zukünftigen Entwicklung Deutschlands, der 1950 den Beginn der europäischen Integration begründet hat.»

Aus historischen Gründen, hieß das für ihn, hätten die Deutschen eine Pflicht zur Zurückhaltung, schon gar, wenn es um militärische Interventionen ging; und sie hätten eine Pflicht, nicht nur jeden Anschein von deutschnationalem Auftrumpfen und eines «deutschen Europa» zu vermeiden, sondern ihr Land in Europa einzubetten, also ein «europäisches Deutschland» als Versprechen an unsere Nachbarn.

Das war ihm zur Leitplanke geworden, so wünschte er sich die deutsche Politik. Als Kommentator der *ZEIT* sollte er seit den 90er Jahren – angefangen vom Kosovo-Krieg über den 11. September 2001 und die Intervention am Hindukusch bis zum Irak-Krieg, dem Einsatz des Westens in Libyen, dem Bürgerkrieg in Syrien oder der Krim- und Ukraine-Krise im Frühjahr 2014 – noch oftmals Gelegenheit haben, seine Grundhaltung konsequent zu verteidigen.

Besonders die Deutschen, das konnte er nicht oft genug wiederholen, müssten bei ihrer Politik der Zurückhaltung bleiben, das sollten sie doch gelernt haben aus ihrer eigenen Geschichte. Ähnlich konsequent verteidigte er Europa, als Lehre aus diesem deutschen Versagen. Das alte, kleine Sechser-Europa meinte der alte Herr, dem er die Kraft zur Integration zutraute. Es war sein eigener Lernprozess, die Erfahrungen aus seinem Leben, die der 91jährige damit verteidigte.

VI. Was bleibt

Überall durfte er rauchen, auch wenn ansonsten striktes Rauchverbot herrschte, selbst auf Berlins Schaubühne machten sie für ihn eine Ausnahme. Er durfte sagen, was er wollte, richtig oder falsch, immer fand er ein enthusiastisches Publikum und Applaus. Was er dafür bot, war einfach Helmut Schmidt pur, das genügte.

Den 150. Geburtstag der Sozialdemokraten am 23. Mai 2013 – Helmut Schmidt saß als Ehrengast neben Gerhard Schröder, Angela Merkel, Joachim Gauck und François Hollande in der ersten Reihe – nahm die *taz* zum Anlass, um sich über die Geschichte der SPD und ihre großen Gestalten mit Erhard Eppler zu unterhalten.

taz: «Ihr früherer Konkurrent Helmut Schmidt ist als alter Mann eine Art Kultfigur geworden ...»

Eppler: «Das gönne ich ihm.»

taz: «Was mögen die Leute 2013 an Schmidt?»

Eppler: «Er hat die Fähigkeit, in drei Sätzen ein Thema zu definieren. Er erfüllt eine Sehnsucht nach Klarheit, die unsere Politiker, vor allem unsere Kanzlerin, unbefriedigt lassen.»[1]

In wenigen Worten hat man damit eine plausible Erklärung für Schmidts Popularität. Erhard Eppler kostete es keine Überwindung, in der Rückschau und ungeachtet ihrer großen Kontroversen über Kernenergie und Nachrüstung seinen Respekt für den Kanzler a. D.

zu bekunden. Ihre Positionen hatten sich längst wieder angenähert, ob es um das «Nein» Schröders zum Irak-Krieg ging oder die umstrittene «Agenda 2010», die sie beide ausdrücklich verteidigten; grundsätzlich allerdings unterstützte pikanterweise der Schwabe, der sich zum Ärger des damaligen Kanzlers für die Friedensbewegung stark gemacht hatte, militärische Interventionen außerhalb des Nato-Gebietes bereitwilliger als Schmidt. Fälschlich hatte er als Regierungschef Epplers Kritik an seinem Nachrüstungskurs als «Pazifismus» missverstanden. Erkennbar hatte ihm seine Neigung einen Streich gespielt, im Streitfall die Positionen der Widersacher beinahe zu karikieren, um die Differenzen jedermann klarzumachen.

Auch die inhaltlichen Annäherungen und die Milde der späten Jahre änderten nichts daran, dass ausgerechnet Eppler zu jenen wenigen Widersachern aus den Kanzlerjahren zählte, mit denen Schmidt seinerseits sich nie versöhnte. Wo er nicht großzügig sein wollte, war er es nicht, nein, er zeigte auch eine kleinkarierte Seite, und sogar gerne. Offenbar waren Narben geblieben. Er konnte verletzen, aber blieb auch verletzlich. Egon Bahr nannte er im Alter seinen Freund, auch Willy Brandt, bei Erhard Eppler kam ihm das nicht in den Sinn.

Vielleicht erkannte er an ihm sogar Züge, die auch er hatte, gerne aber verbarg. Die pädagogische Neigung, die er an Eppler rügte, trieb die ihn nicht selber an? Wenn er sich nachdrücklich auf Kants Pflichtethik berief, offenbarte das etwa weniger «Moralismus» als bei seinem Parteifreund vom Friedensberg in Schwäbisch-Hall? Erhard Eppler hielt die 70er Jahre für «Vorläuferjahre», in denen viele der heutigen Herausforderungen erstmals auftauchten, die Zukunft der Lebenswelt, Folgen des ungezügelten Wachstums, Hunger, Rüstung, Armut im Süden der Welt, Migration – Jahrzehnte, die aus seiner Sicht nicht wirklich genutzt wurden zum Umdenken. Vieles sei seitdem steckengeblieben, vertane Zeit. Fragte sich das Helmut Schmidt im stillen Kämmerlein gelegentlich vielleicht auch?

Eppler stellte Fragen, auf die er keine Antworten hatte. Das tut man nicht, fand Schmidt. Aber das heißt ja nicht, den Selbstsicheren hätten insgeheim keine Zweifel geplagt. Anders als Eppler jedoch neigte er wohl dazu, das mit lautstarker Kritik an anderen zu übertönen.

Normal Zu den «normalen» Deutschen zählte sich Helmut Schmidt mit seinen Erfahrungen als Kind im «unpolitischen» Zuhause, der Herkunft aus kleinen Verhältnissen, als Soldat bei der Flak während des Krieges und schließlich als Politiker, der sich alles Wissen erwerben musste. So wie er hatte ein Großteil seiner Generation jene frühen Jahre erlebt, ja, er sah sich als Mehrheitsdeutschen, dazu bekannte er sich. Klar war ihm, dass er nicht das «andere» Deutschland verkörperte, das war die Leistung Willy Brandts. Auf die Frage, was ihn am meisten von Brandt unterscheide, erwiderte er gelegentlich: Während der zwölf Hitler-Jahre war Brandt nicht in Deutschland. Im Unterschied zu ihm kannte er Land nicht mehr, hieß das, Brandt hatte nicht erlebt, was die Mehrheit erlebt hatte, die «normalen» Deutschen.

Wieviele Male in seinem Leben sollte er denn noch als Apologet in eigener Sache auftreten – wer während der Hitler-Jahre keine stetige Auslandsberührung hatte, wer nicht in einem Ausnahmeregiment diente oder zum Adel gehörte, wer nicht in einer Spitzenstellung des Deutschen Reiches tätig war, der konnte als Deutscher kaum die wesentlichen Tatsachen über das Geschehen im eigenen Land kennen. Seine Erfahrungen verallgemeinerte er, er sprach dann pauschal von «wir». «Wie kam es eigentlich, dass *wir*, die wir schon längst keine Nazi-Anhänger mehr waren oder nie Nazis gewesen waren, gleichwohl bis zum Ende – als Soldaten, als Beamte, als Lehrer oder als Arbeiter – die Pflichten erfüllt haben, welche der NS-Staat uns auferlegte? Haben *wir* dafür eine sittliche Rechtfertigung?»[2] Das blieb die Lebensfrage, das Lebensmotiv für ihn. Auch dieses Mehrheits-Deutschland, die Mehrheits-Deutschen, für die er in solchen Momenten sprach, verdienten Respekt, wollte Schmidt sagen.

Abweisend, fast ungnädig pflegte er auf Fragen zu antworten, ob wir – die Deutschen – denn inzwischen «normal» geworden seien. Überhaupt könne er nichts anfangen mit der Suche nach Identität, brummelte er dann, ein Streit zwischen Politikern, «die von ihren Public-Relations-Beratern gesagt kriegen: es wird mal Zeit, dass Du ein neues Thema erfindest».[3]

Viele Dinge gibt es, auf die man stolz sein darf als Deutscher, so Schmidt, «und es gibt auch viele Dinge, auf die man wirklich nicht stolz sein kann, sondern deren man sich als Deutscher sogar schämen muss. Die einen übertreiben den Stolz, die anderen übertreiben die Scham.»[4] Solche Einordnungen waren es wohl, die beigetragen haben zu Schmidts Ruf, für die breite Mehrheit zu sprechen. Er bezog Positionen in der Mitte, aber eindeutig. Bloß, wen meinte er mit der Bemerkung von der übertriebenen Scham? Das wurde Schmidt nicht gefragt, er hatte im Laufe des Lebens einen Schutzzaun um sich errichtet.

Ein normaler Deutscher? «Nein. Bin ich nicht. War ich nicht, war ich nie, war ich auch nicht als junger Soldat. Aber für mich war immer das deutsche Vaterland das Selbstverständliche – im Guten wie im Schlechten.»[5] Noch einmal – wieso wollte er nicht zu den normalen Deutschen gezählt werden? Wegen des jüdischen Großvaters? Dann hätte er sich wohl kaum erst so spät auf ihn bezogen und diesen Teil der Familiengeschichte öffentlich gemacht.

Trotz seines Dementis, mit dem Namen Schmidts assoziierte man recht früh «Normalität». Im Rückblick mag man sich fragen, ob nicht sogar das Wort von der «durchschnittlichen Durchschnittlichkeit», ursprünglich auf Kohl gemünzt, in einem gewissen Sinne schon auf Helmut Schmidt zutraf. Seinen Widersachern in der Partei warf er vor, sich Moden zu beugen, er selber aber beharrte unnachgiebig darauf, das zu verteidigen, was er für richtig und wichtig hielt. Deshalb wehrte er sich gegen solche Zuordnungen in Schubladen. Nein, er wollte nicht einfach den «Durchschnitt» ausdrücken, er wollte ihn definieren. Er wollte die «Mitte» nicht besetzen, er wollte darüber befinden, welche Politik dem gerecht wird. Das alles traute auch er beispielsweise seinem Nachfolger Kohl nicht zu.

Seit 1983, als Herausgeber der ZEIT, als Autor fühlte er sich allerdings spürbar freier als in den Jahren als Minister und Kanzler. Ohne Zwänge, ohne die Bürde des Regierungsgeschäfts konnte er erklären, was er sich für eine Politik wünscht oder was er für gut und für richtig hält, genauer, für vernünftig. Seine Abneigung gegenüber allem Exzentrischen kannte man schon aus seinen aktiven Jahren, sie wurde jetzt geradezu zu seiner Philosophie und einem gepflegten Markenzeichen, zunehmend galt der alte Herr als Stimme der alltäglichen Vernunft im Land, über den Parteien und jenseits der Routinepolitik.

«Auf eine Zigarette mit Helmut Schmidt» und die Fortsetzung dieser Gespräche mit ZEIT-Chefredakteur Giovanni di Lorenzo unter dem Titel «Verstehen Sie das, Herr Schmidt?», sollten sich als Idealform für ihn und den neuen Mythos erweisen. Nach was er auch gefragt wurde – seiner ersten Liebe namens «Loki», Gipfeldiplomatie, dem Wert von Lebensmitteln, Urlaub in seinem Häuschen am Brahmsee, Machtworte in der Politik, Erwachsenwerden, musikalische Vorlieben wie Johann Sebastian Bach oder Glenn Gould, Ausländer, Wasser, Journalisten, Lale Andersen und Grace Kelly, Herzschrittmacher, Krieg im Irak, Obama, arabischer Frühling oder auch die neue Lebensgefährtin nach Lokis Tod –, Schmidt konnte sich kurz fassen, wie er es liebte. Er musste nicht viel Argumente anführen, man konnte sich schließlich darauf verlassen, dass er darüber hinreichend verfügte, man kannte ihn seit Jahrzehnten. Zurückgreifen konnte er auf das Bild von ihm, das sich festgesetzt hatte in unseren Köpfen. Manchmal hatten es «Kiebitze» gezeichnet wie Nina Grunenberg, als sie ihm über die Schulter sah, häufig er selber in eigener Sache. Man glaubte, ihn vor sich zu sehen beim Nachdenken darüber, wie er antworten solle, wie er die Augen schloss und an seiner Zigarette zog. Nach lauter letzten Worten klang es, was er verkündete.

Frage: «Waren Sie selbst als Jugendlicher jemals rebellisch?»
Schmidt: «Wenn ich rebellisch gewesen wäre, dann wäre ich im KZ gelandet oder vor dem Volksgerichtshof geendet und umgebracht worden. Aber ich war natürlich gegen die Nazis, schon deswegen, weil ich einen jüdischen Großvater hatte und meine sogenannte arische Abstammung nicht in Ordnung war.»

Frage: «Haben Sie Ihre Tochter als Jugendliche immer verstanden?»
Schmidt: «Es gab auch eine schwierigere Phase. Meine Tochter lebte hier in Hamburg, später in einer anderen Universitätsstadt, und ich war in Bonn. Das heißt, es gab ein Familienleben nur an jedem zweiten Wochenende. Schon die räumliche Distanz: Damals

flog man nicht mal eben von einer Stadt in die andere, das gab es nicht, das konnte man sich nicht leisten. Sehr viel später, also im Laufe der letzten 30 oder 40 Jahre, hat sich dann eine sehr herzliche Freundschaft ergeben.»

Frage: «Und dann haben Sie etwas nachgeholt.»

Schmidt: «Wir hatten zwei Kinder. Ein Junge ist relativ früh gestorben. Wenn es nach meiner Frau und nach mir gegangen wäre, hätten wir vielleicht fünf Kinder gehabt, jedenfalls mindestens drei. Das ist so leider nicht gekommen.»

Frage: «Gibt es einen bestimmten Politikertypus, der Ihnen im Fernsehen besonders auf die Nerven fällt?»

Schmidt: «Bangemann, Haussmann, Möllemann, Westerwelle: die ganze Reihe führender FDP-Politiker der letzten Jahrzehnte.»

Frage: «Warum gehen Sie selber in Fernsehtalkshows, wenn Sie das Fernsehen so sehr kritisieren?»

Schmidt: «Ich war noch nicht in einer Talkshow.»

Frage: «Sie waren zusammen mit Richard von Weizsäcker gerade bei Maischberger, davor bei Beckmann!»

Schmidt: «Das waren keine Talkshows. Ich habe nichts gegen Interviews zwischen zwei oder drei Personen, egal, ob das im Fernsehen oder in der Zeitung geschieht.»

Frage: «Frau Maischberger hat Ihre Talkshow nur für Sie zu einem Interview umgestaltet, und die Quote war gewaltig. Freut Sie das?»

Schmidt: «Ganz freiwillig wäre ich da nicht hingegangen. Aber Frau Maischberger kann sehr einnehmend sein.»

Frage: «Haben Sie manchmal das Gefühl, Sie hätten in Krisensituationen deutlichere Worte finden müssen – zum Beispiel in der Endphase Ihrer Kanzlerschaft, als die Genossen immer gemeiner wurden?»

Schmidt: «Ich war schon für manche ein harter Brocken, aber eine größere verbale Schärfe wäre abwegig gewesen. Ich war hart genug.»

Frage: «Haben Sie sich mal besonders schlecht behandelt gefühlt von den Medien?»

Schmidt: «Nein. Ich hab die so genommen, wie man das Wetter nehmen muss. Man kann das Wetter nicht ändern, ob es regnet oder die Sonne scheint.»

Frage: «Fühlten Sie sich durch das Etikett des Machers vielleicht auch verkannt?»
Schmidt: «Nein, verkannt habe ich mich nicht gefühlt. Als jedoch einige gesagt haben, ich sei zwar ein ganz ordentlicher Kanzler, aber leider in der falschen Partei, da habe ich mich verkannt gefühlt.»
Frage: «Haben Sie Willy Brandt für sein Charisma bewundert?»
Schmidt: «Ja.»

Frage: «Was würden Sie zum Beispiel einem Enkel sagen, der Sie fragt, was wirklich wichtig ist im Leben?»
Schmidt: «Ich würde ihm antworten: Das kommt darauf an, was für ein Mensch du bist. Je nachdem, wie dein Leben verlaufen wird, wirst du später, wenn du auf eine bestimmte Strecke zurückblickst, etwas anderes für wichtig halten als heute. Mein Leben zum Beispiel war von Politik und Publizistik bestimmt. Das Wichtigste für mich war deshalb das Bewusstsein, meiner Verantwortung gerecht geworden zu sein und meine Pflichten einigermaßen anständig erfüllt zu haben.»

Frage: «Gewöhnt man sich an Trauerfälle, wenn man älter wird?»
Schmidt: «Wenn man das nicht kann, ist man arm dran.»
Frage: «Aber manche Trauerfälle trägt man das ganze Leben mit sich herum. Sie sind nicht zu verwinden.»
Schmidt: «Trotzdem muss man sie ertragen. Die Natur oder der liebe Gott oder meine Gene, wie Sie wollen, haben mich seit Beginn meines Erwachsenenlebens zum Arbeitstier gemacht. Ich hatte immer zu arbeiten, da konnte ich mich nicht sonderlich der Trauer hingeben.»

Frage: «Glauben Sie an Gerechtigkeit?»
Schmidt: «Mein Glaube an die Gerechtigkeit hat große Löcher bekommen. Gott hat schreckliche Verbrechen geschehen lassen.

Das Wort von der Gerechtigkeit Gottes habe ich nie verstehen können. Ich halte es für absurd.»

Frage: «Sie halten ‹gutnachbarliche Beziehungen› für die überragende Aufgabe deutscher Außenpolitik. Ist das nicht ein bisschen wenig?»
Schmidt: «Das ist sehr viel! Abgesehen von Großstaaten wie Brasilien, Russland und China gibt es kein größeres Land auf der Welt, das so viele Nachbarn hat wie Deutschland. Wenn man Russland, England und Italien und außerdem Liechtenstein nicht mitzählt, sind es neun Nachbarn. Fast alle sind unter den Nazis von Deutschland überfallen worden. Gute Nachbarschaft fällt niemandem in den Schoß. Man muss sich Mühe geben, ein guter Nachbar zu sein. Das ist wie in einem Reihenhaus.»

Frage: «Sie sagen, Kohls Platz in der Geschichte sei noch nicht endgültig definiert. Gilt das auch für Ihren?»
Schmidt: «Das gilt für jedermanns Platz in der Geschichte. Neulich habe ich mit Fritz Stern über Friedrich den Großen von Preußen gesprochen. Der war zwar nach innen liberal, nach außen aber hat er einen Krieg nach dem anderen geführt; er war ein Alexander der Große im Taschenformat. Das heißt, das Urteil über Friedrich II. verändert sich, je nachdem, welchen Aspekt seines Wirkens man betrachtet. Das gilt übrigens auch für einen anderen Friedrich II., nämlich den Staufer, Kaiser des Römischen Reiches. Auch sein Platz in der Geschichte ist nicht endgültig definiert.»
Frage: «Aber die Liga ist schon mal nicht schlecht: zweimal Friedrich II., Helmut Schmidt, Helmut Kohl!»
Schmidt: «Das machen Sie jetzt, das kann ich nicht unterschreiben.» (lacht)

Im Plauderton durch das eigene Leben, im Plauderton durch die Weltgeschichte, bei wem sonst hätte es das Publikum so goutiert wie bei Schmidt? Auf zwei Sätze war das Leben damit zusammengeschnurrt, notgedrungen undifferenziert oder ungenau, ein Wort zur Ungerechtigkeit der Welt, eine Randbemerkung über seinen nach wenigen Monaten gestorbenen Sohn und die vielen Kinder, die er sich gewünscht hätte ... Einerseits ein Mensch wie du und ich, andererseits einer, der eingehen wird in die Geschichtsbücher, auch wenn nicht ganz feststeht, wie: Alles in allem setzte sich das zwar immer noch nicht zu einer Autobiographie zusammen, in welcher er sein Politikverständnis und sein Leben in Zusammenhang gebracht hätte. Aber er bot doch das Abbild eines Politikers, der für Normalität und Vernunft steht, auch wenn man als Leser nicht jedes Wort unterschreibt.

In zahllosen Bücherregalen fand dieser Autor Schmidt Platz, am liebsten mit einem Band von «Loki» direkt daneben, er gehörte endgültig zum Inventar in «normalen» deutschen Wohnzimmern im vereinigten Land, seine Reputation auch in Umfragen wuchs über die Konrad Adenauers hinaus, des Patriarchen aus Rhöndorf und Urkanzlers der Westdeutschen.

Manches klang milder, aber er blieb dabei, dem Volk redete Schmidt auch als alter Herr nicht nach dem Maul. Dem Zeitgeist rannte er nicht hinterher, das hatte er schon als Politiker so gehalten, nun erst recht.

Wo Schmidt drauf stand, war Schmidt drin. Er wollte sagen, was er denkt. Punkt, nichts sonst. Wenn ihm Fragen gestellt wurden, auf die er keine Antworten hatte, reagierte er nicht mehr allergisch wie früher, er erklärte nur offen, er habe nichts zu sagen dazu ... Auf diese Weise schaffte der hochbetagte Herr Schmidt mit den Jahren das Kunststück, dass sein Publikum stetig wuchs. Geduldig hörten ihm viele zu, auch diejenigen, die ihm keineswegs zustimmten. Schmidt als ideale Projektionsfläche: Identifizieren konnte man sich mit ihm sogar dann, wenn man nicht seiner Meinung war.

So oder so, sein Urteil war meist verlässlich, die Maximen waren einfach und übersichtlich: Auf dem Boden der Realitäten bleiben, bloß kein Idealismus; verantwortlich handeln, nicht Gesinnungen folgen; Lehren aus Auschwitz ziehen, aber nicht alles moralisieren; kein deutscher Sonderweg; die Politik einbetten in Europa; Vertrauen der europäischen Nachbarn suchen; Zurückhaltung, besonders bei Militäreinsätzen; den Sozialstaat als größte Errungenschaft Europas, den Rechtsstaat und den Parlamentarismus mit Zähnen und Klauen verteidigen.

Lange brauchte es, bis er sich – sehr behutsam – auf die Annahme einließ, der Klimawandel sei menschengemacht und bedrohe die Zukunft des Planeten. Den Thesen von den Grenzen des Wachstums konnte er nie etwas abgewinnen, weil er keine Alternative sah. Das Massaker am Tiananmen-Platz in Peking 1989 änderte nichts an seinem überaus positiven Bild der chinesischen Politik, Menschenrechte galten ihm als Nebensache, eine späte Erfindung des Westens, die man nicht allen aufoktroyieren könne.

Ausgerechnet der Mann, der für «Realpolitik» stand und leidenschaftlich vor der Annahme warnte, Politiker seien «Sinnstifter», genoss mit der Zeit den Nimbus eines Philosophenkönigs. Natürlich löste er mit alledem auch Widerworte aus, Kritiker fanden seine Auffassungen häufig vorgestrig oder banal, und noch mehr störte sie die breite Verehrung für ihn, aber das ging bei soviel positivem Grundrauschen nahezu unter.

Zu Beschimpfungen der «Pinscher» oder «Ratten und Schmeißfliegen» ließ er sich nie hinreißen, er respektierte Strauß, aber er war kein Strauß. Ein anti-intellektueller Vorbehalt aber schwang bei ihm mit, den er wohl seit seiner Jugend herumschleppte und sorgsam pflegte. Für potentielle Verführer hielt er die kritischen Geister, Gesinnungspolitiker bestenfalls, demonstrativ wollte er sich absetzen von ihnen. Gegen Verführungen aller Art predigte er Resistenz, das durfte sich nicht wiederholen; so, wie er sich das selbst abforderte, verlangte er es auch von anderen. Zugleich jedoch – seltsame Ambivalenz – traute er einer Elite der Vernünftigen doch eher zu, gut zu regieren, als den regierenden Dilettanten in Bonn oder Berlin.

Wenn es darauf ankam, zählte aber auch er sich durchaus zu den «Intellektuellen», zu den vernünftigen allerdings. Aber klar, mit Fritz Raddatz, Siegfried Lenz und Günter Grass hatte er sich gern zu dem großen Gespräch über Geist und Macht zusammengesetzt.[6] Er schätzte es, wenn sie ihn schätzten.

Grundsätzlich allerdings gehörte Politik denen, die einen Beruf daraus machten, Gewählten wie ihm, Profis. So funktioniert Demokratie, alles andere ist letztlich Dilettantismus. Vermutlich war Schmidt der letzte entschiedene Vertreter dieser Politikerpolitik, der das Pech und das Glück hatte, dass zu seiner Zeit, in den 70er Jahren, der Ruf nach Mitsprache von unten so heftig wurde. Auf diese brodelnde, unkalkulierbare, liberale Bundesrepublik musste er dann den Deckel halten, so verstand er seine Rolle.

Der Hamburger Junge, der nicht wusste, wofür er sein solle, in dem Jahr geboren, als das Kaiserreich endete, wurde *der* deutsche Kanzler. Als «deutscher Eichenschrank» wurde Helmut Kohl von Journalisten benannt, weil er schier unverrückbar sechzehn Jahre als Kanzler amtierte. Helmut Schmidt hingegen, nur mit der halben Regierungszeit, verkörperte die Kunst des Regierens. Er war, folgte man Richard von Weizsäcker, im Kanzleramt in Bonn alles andere als ein bloßer «Macher»: «Er hat immer bestritten, Politik müsse geistig führen, aber er hat doch nichts anderes gemacht.» Glaubwürdig führen – in Weizsäckers Sinn – konnte nur jemand, der weiß, wofür er ist, der Konzepte und Strategien entwickelt, und der sie begründet, bevor er sie umsetzt.

Gern trat er auch als erster und oberster Kritiker des Metiers Politik auf, es mehrte nur sein Prestige. Seltsam, aber bei ihm wirkte das nicht widersprüchlich. Er durfte der politischen Klasse, zu der er gehörte, auch ordentlich die Leviten lesen. Ihm nahm man das ab.

Sein Fazit in den Erinnerungen über «Weggefährten» unter der Überschrift «Am Ende bleibt Dankbarkeit» nutzte Schmidt 1996, um weit auszuholen: Keine Toleranz gegenüber Tendenzen zur Intoleranz, predigte er. Helmut Schmidt über Schmidt: «Ich habe die neomarxistische Intoleranz weder der Frankfurter Schule noch der achtundsechziger Studentenbewegung, noch erst recht die daraus entspringende terroristische Gewalttätigkeit toleriert und bin auch – Jahrzehnte danach – überzeugt, diesen verderblichen Beeinträchtigungen unserer Demokratie mit vollem Recht energisch entgegengetreten zu sein.»[7]

Eine eigentümlich einfache, schlichte Welt entstand damit vor dem inneren Auge, wenn man Schmidt sprechen hörte über die Protestgeneration. Ihr hatte die SPD freilich in den 70er Jahren ihren enormen Aufschwung zu danken, hunderttausende neuer Mitglieder strömten hinein. Dennoch hielt er nichts davon. Fremd blieb ihm besonders die «kritische Theorie», ja das ganze Denken von Adorno, Horkheimer, Marcuse oder Jürgen Habermas! Sie wollten die jungen Leute erziehen? Bloß nicht, ewig waren die kritischen Köpfe doch nur «dagegen».

Wie seine Kanzlerschaft sich im Rückblick ausnähme und ob er als «historische Figur» in Erinnerung bleiben werde, soll Schmidt in der Rückschau seinen Hamburger Freund Hans Apel einmal gefragt haben. «Fürs Geschichtsbuch» werde es wohl nicht reichen, bescheinigte der zeitweilige Kronprinz nach eigenen Angaben angeblich seinem Freund frotzelnd. Ihre Beziehung soll das merklich getrübt haben.[8] Ähnlich ließ er sich aber auch selber zitieren. Helmut Schmidt benutzte dafür gerne die Formel, das «Glück eines epochalen Auftrags» sei ihm nicht beschieden gewesen. Stimmt das, war er wirklich der Kanzler einer Übergangszeit, ein Regierungschef ohne Signet? Ein Epochenwechsel fand sicher nicht statt, die Entscheidung für die Westbindung, die Ostverträge, die deutsche Einheit, das knüpft sich an andere Kanzlernamen. Aber lässt man den Film mit dem Kanzler Schmidt noch einmal Revue passieren, kommen jedenfalls trotz seines überparteilichen Rufes acht Jahre voller Dramen, Tragödien, Erregungen und Konflikte vor Augen.

Als er amtierte, schien die Politik in einem gewissen Sinne erstarrt. Wir Journalisten klagten gerne, über die Republik lege sich Meltau. Von den «Berufsverboten» mit ihrer psychologischen Signalwirkung ganz abgesehen (für die allerdings Willy Brandt verantwortlich zeichnete), ihre neue Diskussionslust wurde der Republik bereits wieder ausgetrieben. Es schien so, als werde der Status quo zementiert. Sein inniger Wunsch, das Odium des «Machers» abzuschütteln, hing gewiss damit zusammen. Im Rückblick jedoch drängt sich die Frage auf, ob er nicht Stabilität brachte in Zeiten dramatischen Übergangs und enormer Unsicherheiten, im eigenen Land und auch außerhalb. Verbarg sich darin vielleicht der «epochale Auftrag»?

Der renommierte Politikwissenschaftler Joseph Nye (Harvard) wollte beweisen, dass zum Prestige Amerikas als «exzeptionellem Land» nicht nur Präsidenten mit Visionen und Alternativentwürfen beigetragen hätten, sondern auch einige, die zu einer Schritt-für-Schritt-Politik neigten. Gerade dadurch hätten sie große Transformationen ermöglicht. George Bush sen. diente dem Autor als leuchtendes Beispiel, der Präsident in den Jahren 1989/90, der ein «inkrementeller» Politiker von Gnaden gewesen sei.

In den Kategorien von Joseph Nye: «Visionen» und Alternativentwürfe waren gewiss Helmut Schmidts Sache nicht. Auch er war kein «Visionär». Sein berühmtester Satz, von jedem Biographen zitiert, lautete nun einmal: «Wer Visionen hat, muss zum Arzt gehen!» Im Sinne seines Chefphilosophen Karl Popper wollte er langsam vorgehen, der Politiker als Sozialingenieur oder Vorstandsvorsitzender der Deutschland AG, wie Schmidt selber es formulierte.

Seine Klagen über die drohende Unregierbarkeit, die er oft anstimmte, durfte man nicht eins zu eins nehmen: Er warb damit auch um Verständnis, dass er ein gefesselter Riese sei und für noch viel mehr Klarheit sorgen würde, ließe man ihn nur. Erhellend skizzierte Peter Glotz, der Brandt sicher näherstand, das Selbstverständnis des Kanzlers Schmidt folgendermaßen: «Schmidt weiß – und damit hat er recht –: Der Politiker muss froh sein, wenn er von dem Volk, für das er arbeitet, die ganz großen Übel abwenden kann: Hunger, Krieg, Bürgerkrieg, Abstieg in die Inhumanität. Er schließt daraus: Deshalb kümmere ich mich um die ökonomischen Lebensgrundlagen des Staates; wie ihr lebt, müsst ihr selbst wissen.»[9]

Diese Fähigkeit, sich auf die Hauptsachen zu konzentrieren, beförderte den Eindruck, es gehe ihm auch gar nicht um große Gedankengebäude oder Träume von einer besseren, gerechten Gesellschaft. So verstand er auch nicht die Rolle der Exekutive, Helmut Schmidt wollte der Gesellschaft nicht von oben herab als eine Art Duodezfürst hereinreden. Peter Glotz urteilte über Schmidt, er sei heimlich ein Liberaler gewesen, jeder sollte nach seiner Façon selig werden ... Eine hanseatisch gefärbte Liberalität? Man wird das nur wohldosiert sagen können, aber für Glotz' Skizze spricht einiges, sie stand im Widerspruch zum üblichen Bild vom autoritären Schmidt, das dieser selbst gern verbreitete.

Nach innen allerdings baute er keine Brücken, die Kunst der Integration zählte gewiss nicht zu Schmidts Stärken. Ein Zufall ist es nicht, dass zum Ende seiner Kanzlerschaft die Grünen mit Sonnenblumen und handgestrickten Pullovern in den Bundestag einzogen. Mit seiner Methode war die Republik nach ihren vielerlei Metamorphosen nicht länger zusammenzuhalten. Zudem ließen sich die Zweifel am tradierten Wachstums- und Fortschrittsbegriff nicht mehr zurück in die Flasche stecken, der SPD kam eine ganze Generation abhanden, und sie war auch nicht mehr zurückzuholen. Helmut Schmidt fand sich damit ab, ihr Verhalten erklärte er sich arg verkürzt damit, sie hätten ihr «Wofür» nicht gefunden.

Keineswegs blind war Schmidt für die großen Metamorphosen der Zeit. Aber er schwankte zwischen Öffnung oder Verweigerung. Erhard Eppler hatte Recht: Vieles blieb liegen, was zur Regierungszeit Schmidts als Herausforderung in Ansätzen schon zu erkennen war. Fixiert war er auf Stabilität und Sicherheit, auf Experimente in unbekanntem Gelände wollte er sich nicht gerne einlassen. Nur, von dieser «konservativen» Grundhaltung ging eine beruhigende Wirkung aus. Daran schieden sich zwar die Geister, aber es machte Helmut Schmidt stark.

Waren es Jahre ohne erkennbare Überschrift für die Geschichtsbücher? Vielleicht lässt es sich nicht in Kurzformeln pressen. Aber Helmut Schmidt spürte früh heraus, welche neue Rolle auf die Deutschen zukommen würde, wenn die Großmächte, Moskau und Washington, ihre Bindekraft verlieren und ihre Vorgaben nicht gehört werden. Er nannte es Mangel an «Führung». Schmidt nutzte die Chance zwischen den Großen, die sich ausgerechnet der Bundesrepublik bot, trotz ihrer unseligen Vergangenheit, die nie vergehen würde. Fünfundzwanzig Jahre erst war der Weltkrieg zu Ende, als er zum Kanzler gewählt wurde. Mit seinem Lebenslauf, seinem Namen – als Repräsentant des «anderen» Deutschland – hatte der Minderheitsdeutsche Willy Brandt im Kanzleramt für die Bundesrepublik den Durchbruch erzielt. Die Welt vertraute den Deutschen wieder. Helmut Schmidt konnte zum Glück darauf aufbauen. Er rehabilitierte die deutsche Mehrheit, für die er stand. War das nicht «epochal»? Er dürfte es so empfunden haben, ohne es laut zu sagen.

Glück? Ein relatives Gefühl Anlässlich seines 95. Geburtstages scheute er sich nicht, für BILD sein privates Fotoalbum zu öffnen und im Gespräch zu erklären, was sich damit für ihn verbinde.

An seinen Sohn Helmut Walter erinnerte er bei dieser Gelegenheit, der nach wenigen Monaten im letzten Kriegsjahr 1945 starb und in Schönow bei Berlin beerdigt wurde. Er habe gerade erst seinen Grabstein dort ausgraben und in den Garten nach Langenhorn bringen lassen. Leider, fügte er noch hinzu, habe die einzige Tochter, Susanne, keine Kinder, und so müsse er es heute eben als «Tatsache des Lebens» hinnehmen, keine Enkelkinder zu haben.

Als ihm das Gehen immer mehr Schmerzen bereitete, quälte er sich mit dem Stock vom Haus zum Wagen, vom Wagen zum Aufzug im Pressehaus oder ins Hotel und zu öffentlichen Auftritten. Jahrelang ging das so. Keine Schwächen wollt er zeigen, auch wenn die Spuren des Alterns ihm ins Gesicht geschrieben standen. Zumal das Gehör machte ihm zunehmend zu schaffen, die Hörgeräte reichten bald nicht mehr aus, um lockere Gespräche zu erlauben. Ächzend ließ er sich zum Interview für einen Film über ihn im Hotel «Atlantic» auf einen Stuhl nieder, wir Journalisten mussten links von ihm Platz nehmen, weil er nur auf diesem Ohr noch etwas hörte. «Sprechen sie langsam und deutlich», bat er, er sei fast taub, «dann verstehe ich immerhin fünfzig Prozent, den Rest muss ich mir ohnehin zusammensetzen.» Sein Gehör und Gehirn, liebte er gelegentlich auch zu sagen, stamme nicht von Siemens oder Hewlett-Packard, sondern vom lieben Gott, und der arbeite nun mal langsam. So solle man mit ihm sprechen, langsam wie der liebe Gott. Seine Krawatte übrigens hatte er zu Hause gelassen und musste sich rasch eine vom Kameramann ausleihen. Geschminkt wollte er keinesfalls werden, nur mit Mühe ließ er sich von der freundlichen Maskenbildnerin überreden, sich überhaupt ein bisschen Puder ins Gesicht reiben zu lassen, dem einst so eitlen Schmidt, der öffentlich immer makellos auftreten wollte, war das alles längst herzlich egal geworden.

Als aber die Kamera lief, richtete er sich auf und erwiderte vom ersten Satz an konzentriert auf die Fragen. Nach drei Stunden wünschte er die erste kurze Pause. Noch zwei weitere Stunden hatte er danach Geduld, um über sein Leben zu plaudern. Klaglos zeigte er sich auch dazu bereit, sich kurze Filmszenen aus dem eigenen Leben vorspielen zu lassen – Sturmflut, Amtsantritt, die Rede nach dem Mord an Schleyer –, um sie dann vor laufender Kamera zu kommentieren. Wie oft hatte er das alles schon beantwortet, auch die ewigen Fragen nach seinem Verhältnis zu Brandt und Wehner, dem Nachrüstungsstreit, nach seinem Urteil über Strauß (recht positiv) oder Kohl (eindeutig skeptisch), geduldig ließ er sich neu darauf ein, als wäre das neu und er müsse sich seine Antworten erst überlegen.

Ob er noch einen besonderen Wunsch habe, wurde der 95jährige anlässlich einer Geburtstagsfeier für ihn gefragt. Nein, eigentlich sei er wunschlos glücklich, erwiderte er darauf zunächst im Thalia-Theater, wo sich die Hamburger Gesellschaft, aber auch die Freunde Henry Kissinger und Giscard d'Estaing zu seinen Ehren versammelt hatten. Oder doch, verbesserte er sich, er wünsche, sagte er knapp und lakonisch, die Deutschen blieben zuverlässige Europäer und gingen keinen «deutschnationalen Weg». Sein politisches Erbe, man spürte es, wollte er hüten wie den Augapfel.

Angesprochen auf einen Satz in einem seiner Bücher, er habe das Gefühl, mit 95 «abzutreten», und warum er dabei so nüchtern und emotionslos klinge, erwiderte er knapp: «Ziemlich emotionslos, ja. Was wäre Ihnen lieber? Ich würde weinen und heulen oder ich würde schwarzmalen?» Gelassenheit halte er nun mal für eine wichtige Tugend, zeitlebens darum bemüht, ihr zu folgen, auch in schwierigen Situationen. Bald darauf übrigens setzte er sich an ein neues Buch – *Was ich noch sagen wollte* –, er wollte und konnte nicht aufhören.

Am Ende übrigens nach den Filmaufnahmen, die verdunkelten Hotelräume waren längst völlig in Rauch gehüllt, raffte er sich auf, nahm seinen Gehstock, schleppte sich gut gelaunt zum Fahrstuhl und ins Auto, der Weg durchs Hotel strengte ihn sichtlich an, aber er verlor darüber kein Wort. Ein ganz normaler Arbeitstag ging zu Ende für ihn, er fuhr nach Hause. Zu «Frau Loah». Und dort würde er sich bald wieder an den Schreibtisch setzen wie gewohnt. Ob er sich den Film über sich im *ZDF* je ansah, verriet er übrigens nicht, es interessierte ihn auch nicht sonderlich, er wusste doch, was er gesagt hatte, und die Bilder all dieser Stationen aus seinem Leben, die kannte er zur Genüge.

In den letzten Jahren verlor er die Scheu, sich in den Rollstuhl zu setzen und, mehr noch, sich so auch zu zeigen. In den Konferenzsaal der ZEIT oder zu öffentlichen Auftritten kam er nur noch selten mit dem Rollator, gern ließ er sich schieben von den Begleitpolizisten, sichtlich wohler fühlte er sich damit.

Nichts als Arbeit habe er seit dem Tod Lokis, klagte er laut, nutzte aber gleich die Gelegenheit, um allen möglichen Fragen vorzubeugen und aller Welt (in einem Gespräch für das ZEIT-Magazin) preiszugeben, täglich denke er an seine Freundin Ruth Loah.

Ob sie zusammenwohnen, wollte wenig später fernsehkonform und indiskret Sandra Maischberger von ihm wissen. Natürlich wusste die Fragerin, dass sie sich das bei ihm auch erlauben kann. Brav erwiderte er, «das würde die Dinge nur komplizieren». Sie rauche wie er, ja, fügte Schmidt noch hinzu, «aber das ist alles, was ich dazu zu sagen habe». Ob er nun glücklich sei, ging die Moderatorin noch einen Schritt weiter. Früher hätte er sich eine solche Frage verbeten. Einen Moment würde er zögern, entgegnete er jetzt jedoch milde, einfach nur mit Ja zu antworten, Glück ist ja «ein relatives Gefühl». Aber sie kennten sich eben schon seit Jugendjahren und hätten sich «aneinander gewöhnt».

Was empfindet er beim Klavierspielen? Hören könne er es nicht mehr, seit nunmehr 15 Jahren, erwiderte er. Eine Tragödie sei das für ihn. Aber wenn «Frau Loah» danebensitzt und er sie hinterher fragt, wie es geklungen habe, sagt sie ihm: «Sehr gut!» Da er nicht höre, sehe er noch genauer hin, beispielsweise auf seine Bilder, die er überall im Haus hängen hat. Darunter Bilder von Namenlosen, aber auch von berühmten Expressionisten und Impressionisten, am liebsten hat er unverändert Nolde; sein Büro im Kanzlramt nannte er Nolde-Zimmer, dass Nolde wie Otto Modersohn «von braunem Gedankengut eingenommen» war, hat ihn nie weiter gestört, auch die Künstler haben sich eben verführen lassen. Punkt. Ein herausragender Maler war Nolde dennoch, legt er noch nach, Schmidt wäre nicht Schmidt, würde er sich deshalb von ihm distanzieren oder seine eigene Einschätzung korrigieren. Das Bild Noldes sei eine Erinnerung, fügte er nicht ohne Stolz hinzu, jeder moralisch-kritische Unterton wäre ihm schäbig vorgekommen dabei.

Locker plauderte er auch darüber, wie sehr er Peer Steinbrück schätze, den er als erster zum Idealkandidaten für die SPD im Jahr 2013 gegen Angela Merkel proklamiert hatte, der aber eine derbe Niederlage einheimste. Warum sollte er, bitte, sein Urteil deswegen ändern? Über seine letzte Abschiedsreise nach Moskau und den Besuch bei Wladimir Putin erzählte er, auch von den Gesprächen mit seinen Freunden Jewgenij Primakow und Valentin Falin, und überhaupt über seine letzten Reisen nach Washington, New York, London, Paris, Rom, Singapur, Peking. «Das war's.» Solche Bemerkungen lasen sich so, als wolle er sein geordnetes Leben auch geordnet zu Ende führen, die Fäden selber in der Hand, wie er das immer gehalten hatte. Im Vorübergehen konnte er damit noch einmal zeigen, wie sehr sich seine Welt aus Freunden zusammensetzte, im Privaten wie im Politischen gleichermaßen, zu Hause in Langenhorn, zu Hause in aller Welt. Unterschiedlichen Parteien mochten sie angehören, Tauben oder Falken konnten sie sein, Konservative oder Progressive, Linke oder Rechte, ihm war das alles egal, nur anständig sollten sie sein. Das war die Bedingung. Im Übrigen, Freunde sind halt Freunde, so hielt er das immer.

Ein Leben für den Boulevard wollte «Loki» keinesfalls führen, ebenso wenig wollte sie einfach die «Frau an seiner Seite» sein, als sie mit ihm 1974 in den Kanzlerbungalow am Rhein einzog. Willy Brandt hatte sich in den Berliner Jahren und auch noch anfangs als Kanzler in Bonn gerne mit seiner Frau Ruth gezeigt und diesen Bonus für die «first lady» bewusst genutzt. Die Schmidts dagegen hielten sich gezielt zurück. «Durchgefüttert» hatte «Loki» den Kriegsheimkehrer und die ganze Familie zeitweise als Grundschullehrerin seit 1945, wie Hartmut Soell schreibt,[10] prinzipiell führte sie ihr eigenes Leben, je stärker er absorbiert wurde von der Politik. Noch beengter, ärmlicher, kleinbürgerlicher waren die Verhältnisse bei ihr zu Hause als bei den Eltern ihres Mannes, «nichts fiel ihr in den Schoß». «Nahe Freunde, die in einer Zeit der Stromsperren, der Nahrungs- und Wohnungsnot ‹die junge Frau zwischen Kleinkind,

Mann, Herd und kümmerlichem Hausrat› schuften sahen, ohne dass sie sich ‹Unmut oder Verdrossenheit› anmerken ließ, bewunderten zusätzlich, wie sie noch mit ‹heiterem Gesicht› den Unterricht für den nächsten Tag vorbereitete und Hefte korrigierte ... Ihre früh erworbenen Kenntnisse der heimischen Pflanzen- und Tierwelt ermöglichten ihr einen Unterricht, in dem Naturnähe und Anschaulichkeit in gleicher Weise gewährleistet waren. Ihre besondere Aufmerksamkeit galt den unsicheren und ängstlichen Kindern, die sich in großen Haufen – Klassen von fünfzig bis sechzig Schülern waren in den fünfziger Jahren noch immer keine Seltenheit – sonst verloren vorkamen.»[11]

Sie wusste, dass er nicht gern Einblick gewährte in den privaten Alltag des Ehepaars Schmidt. Da traf es sich gut, dass auch sie nur sehr gezielt mit Journalisten parlierte. Ohne die Erfahrung einer professionellen Politikerin, wusste sie doch erstaunlich trittsicher, wie weit sie Einblick ins Allerprivateste geben wollte, und vor allem, wie weit nicht. Dass ihr Mann nach all den Jahrzehnten auf der politischen Bühne anheuerte bei der ZEIT, sei ein Segen für sie beide gewesen, liebte sie mit einem Hauch von Spott zu erklären, dank der Idee von Gerd Bucerius, ihn zu sich in den Verlag zu holen, sei er ihr eben nicht zu Hause zur Last gefallen.

Ruth und Willy Brandt tauchten gelegentlich mit Freunden in vornehmen Bonner Restaurants auf, das Ehepaar Schmidt goutierte solche Auftritte nicht. Ohnehin lebte sie meist in Hamburg, während er – mit der kurzen Unterbrechung als Senator – sein anderes Leben in Bonn führte. Ändern sollte sich das erst, als «Loki» nach bald drei Jahrzehnten Unterricht aus Gesundheitsgründen vorzeitig aus dem Hamburger Schuldienst ausgeschieden war, aber nur «Gattin von», die ihn auf offiziellen Reisen begleitete, das wollte sie dennoch keinesfalls werden. Lieber vertiefte sie in der freien Zeit, zumal nach den Jahrzehnten als Lehrerin, ihre Kenntnisse der Botanik, mit sichtlichem Stolz, wie weit sie es dabei brachte. Sorgfältig allerdings achtete sie darauf, wegen dieses «Hobbys» als Naturliebhaberin und Kennerin seltener Pflanzen nicht in Stellung gebracht zu werden gegen ihren Mann, der demonstrativ Parteifreunde mit ihren ökologischen Neigungen verspottete und sich jeden Zweifel an den Segnungen des «Wachstums» verbat, über dessen Kehrseite, den

433

Raubbau an der Natur, «Loki» durchaus Bescheid wusste. Er sollte seinen Job machen, und da standen nun einmal Arbeitsplatzsorgen, Exportchancen, Handelsbilanzen und Wachstumsraten stärker im Vordergrund, sie machte ihren, bei dieser Rollenteilung sollte es nach ihrem Willen bleiben.

Als ihr Mann im Herbst 1982 nach quälenden Monaten abgewählt wurde, befand sie sich gerade auf einer ihrer Naturkundereisen in Brasilien, genauer, in einem Urwald am Amazonas. Aber er benötigte gar nicht so sehr ihren Trost. Er wusste, was ihm bevorsteht und hatte sich unter Kontrolle.

Anfangs war es Helmut Schmidt alleine, der Gefallen am Bücherschreiben fand, aber allmählich verlegte auch sie sich darauf. Ihre Botschaft war klar: Als Frau darf man sich nicht verbiegen und auch nicht verstecken, obwohl man stets auf dem Teppich bleiben muss. Aber das gilt für die Männer doch ähnlich. Nicht allein von gefährdeten Pflanzen oder Biotopen und aussterbende Tierarten handelte das, was sie schrieb, sie erzählte anekdotenhaft auch über sich und aus dem kärglichen Alltag, in dem sie aufwuchs und aus dem sie sich hochrackerte. Auch ihre Bücher wurden zu Bestsellern, gelegentlich schien sich das Ehepaar Loki und Helmut Schmidt bereits selbst Konkurrenz zu machen, ihre jüngsten Werke landeten hie und da gleichzeitig auf den Büchertischen.

Einblick gewährte Loki eher als er in jene dramatischen Wochen, als Arbeitgeberpräsident Hanns Martin Schleyer entführt war, quälende Tage, die in der Ermordung Schleyers am 18. Oktober 1977 mündeten. «Loki» führte darüber auf ihre Art Protokoll. Nie ließ sie auch nur den leisesten Zweifel aufkommen, sie hätte den Kurs ihres Mannes – unter seiner Ägide weigerte sich die Regierung, den Forderungen der Entführer nachzugeben – in Frage gestellt. Zu sehen bekamen wir Journalisten stets nur die ernsten Mienen der Politiker, die zum Krisenstaben eilten oder zur jeweils nächsten Beratung, und die weitgehend schwiegen. Wie es bei Loki und Helmut Schmidt aussah, beschrieb sie so: «Natürlich haben wir uns abends noch einen Augenblick zusammengesetzt. ‹Mach mir mal eine Kleinigkeit zu essen›, habe Helmut dann meist gesagt, ‹ich mache inzwischen ein bisschen Krach›.» Er setzte sich dann an den Flügel, den er so liebte, und spielte sich den Frust von der Seele. Dass sie beide im

Ernstfall grundsätzlich für Unnachgiebigkeit optieren würden, stand vorher schon fest, wie sie schrieb.[12] «Wir haben uns gegenseitig versprochen, falls einer von uns beiden gekidnappt würde, auf nichts einzugehen, das den Staat korrumpieren würde.» Regelrecht erleichtert habe sie dieser private Beschluss. Als aber die Nachricht von Schleyers Ermordung kam, hatten sie beide einen «Kloß im Hals», immerhin war er häufig auch privat bei ihnen zu Gast.

Freizeit, verriet «Loki», gab es kaum, aber sie genoss das stressige Leben auf ihre Weise. «Schamlos ausgenutzt» habe sie die Rolle als Kanzlergattin immerhin, bekannte sie einmal amüsiert. Sie flog um die Welt und besuchte auf der Fahndung nach seltenen Pflanzen auch exotische Regionen, der Gattin des deutschen Kanzlers half man doch gerne.

Als anstrengender Ort blieb ihr Bonn in Erinnerung, Bonn war für sie «Pflicht» pur. Loki hatte sich dazu durchgerungen, an den Rhein zu ziehen, als ihr Mann Kanzler wurde, unmittelbar danach zog es sie wieder zurück ins vertraute Hamburg. Nüchtern blickte sie auf diese Jahre zurück: «Ich habe die Frau des Bundeskanzlers gemacht, das war ein 12- bis 15-Stunden-Tag. Das Familienleben war auf ein Minimum reduziert. Morgens saß mein Mann, ohne ein Wort zu sagen, am Tisch. Ich stellte ihm ein paar Blümchen hin, die er auch meistens gesehen hat. Dann verloren wir uns aus den Augen. Nachts sahen wir uns wieder. Ich kochte, er machte etwas Musik, dann versuchten wir, Schach zu spielen – das war es! Bonn ganz oben – das war nicht das Leben, sondern eine Phase eines langen Lebens. Dass man im Ausland nicht als Loki Schmidt auf dem roten Teppich stand, sondern als ‹Frau Deutschland›, war, wenn man so will, eine Art Belohnung.»

Besucher liebte sie, sie hellten den Bonner Alltag auf, besonders, wenn es sich um Freunde handelte wie den Schriftsteller Lenz mit seiner Frau, oder das Ehepaar Sonni und Peter Schulz. Sie jammerte nicht über die Pflichten als Gastgeberin, wenn George Shultz, Giscard d'Estaing oder Leonid Breschnew nach Langenhorn kamen, servierte Spargel mit Holsteiner Schinken, neuen Kartoffeln und zerlassener Butter. Der spanische König, die dänische Königin, Gäste in geheimer Mission, Parteifreunde, Außenminister, empfangen wurden sie alle irgendwie gleich, freundlich und ohne viel Aufhebens, und die Besucher staunten über das einfache Leben, ohne Mauern rund um das Haus.

Warum er im Norden Hamburgs, in einer eher kleinbürgerlichen Umgebung, jedenfalls nicht an der Elbchaussee wohne, ist Schmidt häufig gefragt worden. «Da gehör ich nicht hin», lautete seine typische Antwort, über die er nicht lange nachdenken musste.

Kartoffelsalat mit Würstchen, Hamburger Rote Grütze, was sich in Hamburg oder in den eigenen vier Wänden am Brahmsee halt machen ließ in der kleinen Küche, servierten sie ihren Gästen. Sie aßen gerne. Bevor es zu viel Aufwand wurde, bestellten sie Essen aus einem nahegelegenen Restaurant.

Gelegentlich schaute die Tochter, Susanne, in Langenhorn herein. Seit 1979 lebte sie aus Sicherheitsgründen in England, in der Grafschaft Kent, die Polizei fürchtete einen Racheakt der RAF. Sie musste also jeweils aus London einfliegen, wo sie – mit einem britischen Banker verheiratet – bis zur Pensionierung als Bank-Fachfrau eine TV-Sendung moderierte. Später wurde sie auch in Talkshows gern gehörte Teilnehmerin, wenn es um Finanzmarktregulierung und Euro-Krise ging. Beim Zuhören meinte man den jungen Schmidt wiederzuerkennen, so sehr ähnelten sie sich in Stil und Argumenten. Danach gefragt, ob sie in der Familie 1977 in der Hochzeit des Terrorismus auch über die Motive der RAF geredet hätten, gab sie eine Antwort, die ebenso gut von ihrem Vater hätte kommen können: «Daran kann ich mich nicht erinnern. Wir fanden die Motive abwegig. Man kann sich natürlich immer eine bessere Gesellschaft vorstellen, aber man kann sie nicht herbeischießen.» Auch ihre Replik auf die Frage danach, ob sie sich der 68er Generation zugehörig fühle, klang ganz nach «Vaddern»: «Nicht wirklich. Ich war stinksauer, wenn ich nicht an die Uni gehen konnte, weil sie mal wieder streikten. Sie können das angepasst nennen – aber ich hatte dafür einfach keine Zeit. Ich wollte einfach mein Ding machen. Im Übrigen habe ich eine oppositionelle Politik nur innerhalb der parlamentarischen Möglichkeiten gesehen. Das gilt bis heute.» Punkt.

In einer Hinsicht freilich, auch das bekannte sie offen in einem Gespräch mit dem *Stern*, stimmte sie überein mit der kritischen 68er Generation, und das führte zu Differenzen mit den Eltern, nämlich der Umgang mit der Nazizeit. Lange Zeit dominierte ihr Grundgefühl, ihr werde etwas verschwiegen. Auf ihre häufigen Fragen, wie es denn wirklich gewesen sei – «wie konntet ihr das nicht sehen?», «das muss euch doch ins Auge gestarrt haben» –, antworteten sie, «so gut sie es konnten». Die Tochter ergänzte: «Beide kommen ja aus richtigen Antinazi-Haushalten. Irgendwann – aber das hat ein bisschen gedauert – habe ich das dann akzeptiert. Zunächst mal nur intellektuell, mit dem Verstand. Inzwischen kann ich es auch glauben.» Es habe eben doch nicht allen Leuten in die Augen gestochen, fügte sie verbindlich hinzu.

Übereinstimmung jedoch herrschte in der Hauptsache. *Stern*-Frage: «Sie sind promovierte Finanzexpertin. Ihr Vater ist Weltökonom. Wer gewinnt bei wirtschaftlichen Debatten?» Tochter: «Wir sind uns oft einig.» Frage: «Aber Sie sind Doktor und er nicht.» Antwort: «Und er war Bundeskanzler und ich nicht.» Seit 1980 sei sie Mitglied der SPD, erzählte sie weiter. «Welcher Flügel?» Antwort: «Konservativ.»

Auch sie genierte sich nicht, ein wenig Einblick in den Alltag zu geben, so weit sie ihn mitbekam bei ihren Stipvisiten. «Schwachsinnskram» hätten sie sich in der Familie zu Geburtstagen geschenkt, einen aufziehbaren Elefanten in rosa, Sachen zum Lachen, was soll man sonst Menschen schenken, die alles haben. Ausgelassen, gab sie bereitwillig Auskunft, hat sie den Vater nie erlebt, wohl aber fröhlich und entspannt. Einzige Ausnahme: Bei einem Rundflug in Kenia habe der Pilot die Orientierung im Nebel verloren, es wurde bedrohlich, bis die Mutter zwischen den Wolken einen kleinen See entdeckte und das Flugzeug bald wieder heil landete, da wurde «gefeiert und Schnaps getrunken». Nur ein einziges Mal hat sie das so erlebt. Ansonsten war er eher der «klassische Vater, der Sicherheit und Geborgenheit vermittelt».

Konnte sie mit ihm über ihr Seelenleben reden? Antwort Susanne: «Na, gucken Sie sich ihn doch an. Würden Sie denken, dass er einer ist, mit dem man ständig über Befindlichkeiten redet? Nee, innere Befindlichkeiten, das war nicht so angesagt. Wir sind ohnehin keine Familie, die ewig Nabelschau macht oder ständig Emotionen zeigt, linksrum und rechtsrum und so. Es wird einfach gemacht und nicht endlos geredet.» Ist sie stolz auf ihre Eltern? «Aber sicher. Sie sind beide ganz besondere Persönlichkeiten, und beide haben jeweils fantastische Lebenswerke geschaffen.»

«Ein letzter Besuch»: So betitelte Helmut Schmidt sein Buch über ein langes Gespräch mit Lee Kuan Yew, den ersten Premierminister von Singapur, sowie eine kurze Visite in Peking, das im Jahr 2013 erschien. Verabschieden wollte er sich, das war's, wollte er sagen, nicht einmal zu seiner Tochter nach London fliege er mehr, fügte er hinzu. Helmut Schmidt wurde müde.

Noch einmal verteidigte er seine Haltung, anderen Staaten in Sachen Menschenrechte nicht hineinzureden, schon gar nicht dem bewunderten China, dessen Aufstieg zur Weltmacht er in den 60er Jahren bereits prophezeit hatte und dessen Revolutionsikone Mao Tse-tung er 1975 als Kanzler besuchte. Unklug sei es, wiederholte er erneut, wenn deutsche Politiker bei Besuchen in Peking über Menschenrechtsverletzungen sprechen. Einige argumentierten grundsätzlich, die Souveränität einer Weltmacht verbiete Einmischung von außen. Andere verlangten grundsätzlich Einmischung, es gebe eine *responsibility to protect*, Menschenrechte seien universell. Sich selbst zählte er zu einer dritten Kategorie, «Menschen wie mich, die nicht genau wissen, ob die Menschenrechte überall auf der Welt gelten». Deshalb sei es nicht klug, so zu tun, als gelten sie überall. Klug sei es obendrein nicht, sich mit der Weltmacht China anzulegen. Aber das sei kein Grundprinzip. Schließlich zähle auch er sich zu denen, die wissen, dass es für diese Nichteinmischung eine Grenze gebe. Schmidt: «Adolf Nazi hat diese Grenze mit Auschwitz und dem Mord an sechs Millionen Juden überschritten. Dann gerät mein Prinzip der Nichteinmischung ins Wanken. Also ich rede mit offener Flagge.»[13]

Viel Kritik hatte er einstecken müssen für diese Haltung, er hielt daran fest, nur eine kleine Konzession machte er gegenüber seinen Gesprächspartnern. Zu einer Fundamentalrevision aber sah er keinen Anlass. Exakt dieser «Realpolitiker» Schmidt zeigte wenige Monate später ausdrücklich Verständnis für Wladimir Putin in der Ukraine- und Krimkrise und erklärte Sanktionen des Westens kategorisch wie eh und je für «dummes Zeug».[14] Noch knapper und barscher als sonst klang es, noch schnörkelloser, Widerspruch wollte er offensichtlich einlegen gegen den Mainstream in den Medien, der sich kritisch mit Moskaus Vorgehen befasste und eher für härtere Reaktionen des Westens und Brüssels optierte. Noch einmal wollte er seinem Publikum einschärfen, dass man nicht herumtaktieren dürfe, sondern festhalten muss an Grundsätzen. Interventionen sind bei «Adolf Nazi» geboten, unterhalb dieser Ebene nicht! Nicht Altersstarrsinn war das bei ihm, sondern eine grundsätzliche Haltung, die zu kassieren er nie einen vernünftigen Grund sah.

Natürlich bleiben Fragen. Bei allem Respekt vor dem «Realpolitiker» Schmidt und seinem Argument, gerade uns Deutschen stehe es nicht gut an, anderen Ländern Moral zu predigen, ganz konnte man sich seit längerem schon des Eindrucks nicht erwehren, Helmut Schmidt sei stets noch von einem anderen Motiv geleitet gewesen. Überaus bedeutsam blieb für ihn stets sein Verständnis für Kontrolle, die Politiker ausüben müssen, auch sein Sinn für Institutionen, Apparate, Verfahren. Der «Staat» muss über die Spielregeln wachen und funktionieren, er garantiert Ordnung, und er darf sich das Gesetz nicht aus Hand nehmen lassen. Der Staat oder die, die für ihn stehen.

Schmidts Ruf, er neige zum Autoritären, kam nicht von ungefähr. Auch in einer Demokratie darf es aus seiner Sicht nicht allzu liberal zugehen, zu störanfällig und unsicher sind die Gesellschaften, zu schnell steht der Staat selbst in Frage, wenn er Schwäche und Unentschlossenheit zeigt. Den «Krieg» gegen die RAF hatte er sich nicht gewünscht, wahrlich nicht, aber er war in gewissem Sinne willkommen, weil gerade in solchen Extremsituationen demonstriert werden konnte, dass er funktioniert- und wie. Wenn er gar versuchte, sich in die Lage von anderen Verantwortlichen hineinzuversetzen – gerade in die von Deng Xiaoping sowie dessen Nachfolgern im Riesenreich China –, kam er schnell zu dem Ergebnis, dass sie sich Liberalität nach innen gar nicht erlauben konnten. Nur mit harter Hand würde sich dieses Weltreich zusammenhalten und auf berechenbaren Kurs zwingen lassen. Seine Verteidigung solcher Staatsraison kleidete er zwar in nachvollziehbare, politische Vernunftargumente, und dennoch wurde man den Verdacht nie los, dahinter verberge sich eine Erfahrung aus seinem Leben: Angst vor allem Nichtgeordneten, Nichtberechenbarem, Nichtsteuerbarem, vor einem Zustand, in dem jeder verführbar wird, verführbar wie er selbst. Dass jeder nach seiner Façon selig werden solle, das sah er auch so. Solange man andere nicht stört, ist alles erlaubt. Aber so wie er sich in die Pflicht nahm als Soldat von 1937 bis zum Mai 1945, aber dann auch als neugeborener Sozialdemokrat, Senatsbeamter und Politiker, so sah er auch andere als Staatsbürger in der Pflicht. Nein, die Vorstellung von einem strengen, obrigkeitlichen, im Zweifel auch autoritären Staat erschreckte ihn nicht, sie entsprach seinem Naturell, seinen Jugenderfahrungen, seinem Begriff von der richtigen Ordnung der Welt. Seine Geringschätzung für Joschka Fischer, seine Antipathie für die «68er» und erst recht für die «Grünen», aber auch seine Verehrung für Deng, seine Blindheit für das Drama vom Tiananmen-Platz 1989, seine Rechtfertigungen der Pekinger Herrschaftsmethoden, das alles hatte hier seinen wahren Grund.

In das bunte, dissonante, liberale Chaos der Jetztzeit ragte Helmut Schmidt daher wie eine Erinnerung an eine prämoderne, prädemokratische Ära von ehedem hinein. In seiner Welt gab es ein oben und unten, Legitimierte und Nichtlegitimierte, Berufene und Unberufene, Profis und Laien. Er spürte, dass er gerade damit auf Resonanz stieß. Je mehr er dafür bewundert wurde, umso weniger zwang er sich zur Anpassung an andere Umstände und umso nachdrücklicher stand er zu sich.

Ein richtiges Leben im falschen

Zur nationalen Weihefigur avancierte er erst lange nach dem Abschied aus dem Amt. Projiziert wurde auf Schmidt ein Übermaß an Erwartungen. Diese gelegentlich fast blinde Verehrung entging ihm nicht, so sehr er sie auch genoss. Er sei kein Weiser, der auf alle Weltprobleme eine Antwort wüsste, pflegte er dann gern zu erwidern, wenn er wieder mal nach seinem Urteil über die Krise Europas, die entfesselten Finanzmärkte, die herrschende Clique in China, die amerikanische Nahostpolitik, Eurobonds oder einfach nach Gott und der Welt und seiner Angst vor dem Sitzen im Rollstuhl gefragt wurde – um sich dann meist doch aus der Reserve locken zu lassen und möglichst klar zu dozieren über das, was ihm dazu jeweils durch den Kopf ging. Falls er nicht schweigen und einen tiefen Zug an seiner Mentholzigarette nehmen wollte, was immer häufiger vorkam.

Etwas seltsam Altmodisches strahlten solche Auftritte aus. Er wusste das und wollte es, aber es war keine Maske. Er inszenierte sich und blieb Schmidt. Auf diese Mischung verstand er sich schon als Kanzler. Die Zeit der einfachen Erklärungen, der Übersichtlichkeit, der großen Politiker, der herausragenden Einzelstimmen, ist sie nicht vergangen? Mit Helmut Schmidt schien es noch einmal so, als könne einer alleine – eine Instanz in der Mitte – Ordnung ins Chaos, Vernunft in die Verhältnisse, Maßstäbe in maßstablose Zeiten bringen. Jeder würde damit überschätzt. Als ein Mann aus dem vorigen Jahrhundert erschien er, der in modernen Zeiten noch einmal Halt geben könnte. Vielleicht, vielleicht.

Er maßte sich diese Rolle nicht an, er stillte nur eine Nachfrage. Es herrschte doch Sehnsucht nach einer Vernunftelite. «Normale» Meinungen – Mehrheitsmeinungen – konnte er vertreten, und man konnte sich mit ihm identifizieren. Das war sein größter Erfolg. Eitel genug war er, das zu genießen, wirklich zu Kopf stieg ihm das nicht. Ich bin einer von vielen, pflegte er zu sagen. Wenn ihn jemand verehrungsvoll anredete mit «Herr Bundeskanzler», erwiderte er hanseatisch trocken: «Mein Name ist Schmidt, nennen Sie mich einfach Schmidt.» Bei der ZEIT aber war Helmut Schmidt damit beinahe unversehens hineingerutscht in eine Rolle, die bei dem Blatt über lange Jahrzehnte Marion Gräfin Dönhoff innehatte. Sie galt als moralische Instanz, die sich gleichwohl nicht über die Politik erhob, sondern die Realitäten zur Kenntnis nahm und pragmatisch beurteilte. Nicht zufällig schätzte sie seit den 50er Jahren diesen Hamburger Sozialdemokraten überaus, sie bewunderte seine Kunst des Exekutiven. Und umgekehrt ließ der Mann, der Moral aus der Politik heraushalten wollte, sich ihre moralischen Maßstäbe durchaus gefallen. Zuletzt saß Schmidt auf Marion Dönhoffs Stuhl.

Sein Fazit: Es gab ein richtiges Leben im falschen. Sein Leben seit der Rückkehr aus der Gefangenschaft, seit 1946, als junger Parlamentarier, Senator, Minister, Kanzler, das belegte doch, dass er gelernt hatte. Regieren nach Auschwitz, jeder deutsche Kanzler seit

Adenauer hatte darauf seine eigene Antwort zu finden. Wie sie das machten, dabei spielte ihre eigene Lebensgeschichte entscheidend mit.

Gerade weil er verstanden hatte und auf der «Unvergänglichkeit» beharrte, wuchs seine Überzeugung, das gebe der deutschen Politik auch neuen Spielraum. Er war es, der den Konflikt mit Israels Premier Begin riskierte, er hielt es als erster Regierungschef ernsthaft für möglich, ein Panzergeschäft mit den Saudis zu genehmigen. Nie wäre er auf den Gedanken gekommen, wie Franz Josef Strauß dafür zu plädieren, wir sollten heraustreten aus dem Schatten der Geschichte oder das «Büßerhemd ablegen».

Ob Helmut Schmidt aber wirklich, wie so oft von ihm angedeutet, wirklich zeitlebens den Deutschen misstraute? Unwillkürlich ertappt man sich bei leisen Zweifeln daran. In merkwürdigem Kontrast stand das zu seiner Überzeugung, die Bundesrepublik sei eine erfolgreiche, geglückte Demokratie. Die Mehrheit befand sich auf dem richtigen Weg. Auch vor 1945 hatte sie nicht versagt, sie hatte sich verleiten lassen, weil sie ahnungslos war, sie wusste nicht, was hinter ihrem Rücken geschah, sie ging ihrer Pflicht nach. Mit Schmidt konnte die Mehrheit sich entlasten. Mit dem angedeuteten Misstrauensvotum behielt er sich allerdings vor, die Mehrheit auch Mores lehren zu können. In dieser Rolle wurde er akzeptiert. Dafür hatten seine acht Kanzlerjahre gesorgt.

Was also liegt dieser ungewöhnlichen Affäre der Deutschen mit Helmut Schmidt zugrunde? In ihm konnte man sich ansehen wie in einem Spiegel, man konnte sich selbst in dem Bild wiedererkennen. Die eigenen Schwächen wurden dabei auch gnädig verdeckt.

Gerade an der Stelle, wo die Deutschen versagt hatten, wollte Schmidt beweisen, dass es so nicht hätte kommen müssen. Nicht das Militärische per se war falsch, es wurde nur missbraucht. Falsch war es auch nicht, seiner «Pflicht» fürs Vaterland nachzugehen. Der Fehler war, dass diese *Patria* in die Hände machtbesessener Nationalisten geriet. Nicht das soldatische Gemeinschaftserlebnis war falsch, sondern es fehlte die richtige Vorgabe, wofür sich diese Gemeinschaft engagieren solle.

Ein «anständiges Deutschland» ist möglich, wollte er zeigen, nicht nur auf die wenigen «anderen Deutschen» wie Brandt, auch auf die Mehrheitsdeutschen könne man sich verlassen. Aus dem Mann der Exekutive war damit eine Art nationales Gewissen geworden, dem er Stimme verlieh.

Er hatte nach einer Antwort auf die Frage gesucht, wofür er sein solle, er hatte sie gefunden. Ja, er war sich sicher genug, um anderen damit voranzugehen und ihnen den Weg zu weisen. Die soziale Sicherheit sei das «Vermögen der kleinen Leute», lautete eine dieser Überzeugungen, bei denen er zeitlebens blieb. Was er gelernt hatte, konnte er praktisch beweisen, dazu ist Politik da. Deshalb geißelte er die selbsternannten Gesellschaftskritiker, die nur palaverten, ohne handeln zu müssen. Von ihm blieb das Bild eines starken, sehr starken Kanzlers, dessen Politik zumindest zum Teil auf der Höhe der Zeit war, der für Stabilität sorgte und – ähnlich wie Brandt – für Respekt vor einer erwachsenen Republik. Aber er zahlte auch einen Preis dafür. Seine Regierungszeit bleibt von dem merkwürdigen Eindruck überschattet, das Land sei schon einmal weiter, ja liberaler gewesen, sei weniger «autoritär» geführt worden.

Schmidt sagt es selbst, er war einer von 19 Millionen Soldaten in den Hitler-Jahren, und vermutlich vom herrschenden Zeitgeist unter den Nationalsozialisten verführt wie das Gros, auch wenn er sich darüber mit vielerlei Redewendungen hinwegmogelte.[15] In der frühen Bundesrepublik, also in der Ära der Konsensdemokratie, wurde er politisiert, und sie verkörperte er auch. Die Ironie der Geschichte wollte es, dass dieser Mehrheitsdeutsche, der für das besiegte Deutschland stand, *nach* dem Minderheitsdeutschen Brandt, dem Mann des befreiten Deutschland, die Lafette übernahm. Mit dem Machtwechsel von 1969 von Kiesinger zu Brandt, von der Großen Koalition zum sozialliberalen Bündnis, aber hatte sich auch ein Wechsel hin zur liberalen Konfliktdemokratie vollzogen. Würde das Erreichte nun wieder in Frage gestellt?

Trotz allem Zeitgemäßen haftete wegen solcher Zweifel seinen Regierungsjahren zäh auch ein Hauch von Unzeitgemäßem an. Dass große Teile der jungen Generation sich ihre eigene Partei erfanden, die Grünen, zu der sie abwanderten, machte diese Ambivalenz sichtbar, lange blieb das haften an seinem Namen. Erst das große Prestige, das er mit seiner direkten Art, als «störrischer Alter» und weiser Ratgeber für alle politischen Lebenslagen bei Alten wie Jungen genoss, rückte solche Kritik in den Hintergrund. Knorrig und aufrecht zugleich. Kleinbürgerlich und weltläufig.

In die Wiege gelegt war dem Kind aus dem sehr deutschen Hamburger Elternhaus nichts davon. Alles musste er sich erarbeiten, so wie die meisten. Oft – nicht immer – eilte er der Mehrheit voraus, jahrzehntelang war er beteiligt am Selbstverständigungsprozess im eigenen Land. Auch auf die «normalen» Deutschen konnte man sich verlassen. Vielleicht musste die Elite der Vernünftigen sie dabei ein bisschen an die Hand nehmen, so wie er das versucht hatte. Als Beispiel sah er sich durchaus auch im Rückblick auf seine aktive Zeit.

Gleichgewicht im eigenen Land, aber auch zwischen den Großen in Washington und Moskau versuchte er zu sichern in einer Zeit, die aus der Balance zu geraten drohte. Vielleicht war das sein «Auftrag»? Mehr Epochales konnte der Hamburger Lehrersohn – «nennen Sie mich einfach Schmidt» – kaum erreichen.

Nur das «große» und «schwierige» Buch über das eigene Land hat er nie verfasst, das er im Gespräch mit Siegfried Lenz, Günter Grass und Fritz J. Raddatz ankündigte für die Jahre danach. Jetzt kann er es nicht mehr schreiben.

Anmerkungen

I. Politik und Leben

1 Helmut Schmidt: *Menschen und Mächte*, Berlin 1987, S. 11
2 Manfred Lahnstein: *Die asiatische Herausforderung*, Hamburg 2012
3 Die Studien der Helmut und Loki Schmidt-Stiftung nehmen verdienstvollerweise Ausschnitte aus dem Leben in Einzel-Monographien unter die Lupe, spüren aber grundsätzlich der öffentlichen Figur, nicht der Privatperson nach: Helmut Schmidt und die Lichtwarkschule, Helmut Schmidt und Valéry Giscard d'Estaing, Helmut Schmidt und der SDS, Helmut Schmidt und die Philosophie, Helmut Schmidt und Polen, Helmut Schmidt und die Medien.

II. Jugend unter Hitler

1 London Review of Books, Vol. 35, Nr. 11, 6. Juni 2013
2 Siehe dazu auch S. 83–85, 246 f.
3 Zitiert nach: Hans-Joachim Noack: Helmut Schmidt. Die Biographie, Berlin 2008, S. 108 f.
4 Ben Witter: Mit Helmut Schmidt auf dem ‹Schuttberg›, in *DIE ZEIT* vom 19. 4. 1968
5 Helmut Schmidt: *Menschen und Mächte*, S. 12 f.
6 Helmut Schmidt: *Kindheit und Jugend unter Hitler*, mit einer Einführung von Wolf Jobst Siedler, Berlin 1992, S. 281

7 Helmut Schmidt: *Kindheit und Jugend*, S. 281 f.
8 Helmut Schmidt: *Kindheit und Jugend*, S. 209
9 ebd.
10 Helmut Schmidt: *Kindheit und Jugend*, S. 210
11 Hartmut Soell, *Helmut Schmidt I, Vernunft und Leidenschaft*, München 2003, S. 98
12 ebd.
13 Helmut Schmidt: *Kindheit und Jugend*, S. 217
14 Helmut Schmidt: *Kindheit und Jugend*, S. 221
15 Helmut Schmidt: *Kindheit und Jugend*, S. 222
16 Helmut Schmidt: *Kindheit und Jugend*, S. 227; dazu Hartmut Soell *Helmut Schmidt I*, S. 51
17 Dazu genauer: Hartmut Soell, *Helmut Schmidt I*, S. 74 f. Bei Soell nachzulesen ist auch der Bericht über den letzten Stand der Familienforschungen, die Herkunft, das Leben sowie die Nachfahren Ludwig Gumpels. Hartmut Soell, *Helmut Schmidt I*, S. 48 ff.
18 Helmut Schmidt: *Kindheit und Jugend*, S. 227
19 ebd.
20 Helmut Schmidt: *Kindheit und Jugend*, S. 234
21 Dazu Hartmut Soell, *Helmut Schmidt I*, S. 91
22 Helmut Schmidt: *Kindheit und Jugend*, S. 236 ff. Dazu auch Hartmut Soell, *Helmut Schmidt I*, S. 94
23 Helmut Schmidt: *Kindheit und Jugend*, S. 240
24 Helmut Schmidt: *Kindheit und Jugend*, S. 240 f.
25 Helmut Schmidt: *Kindheit und Jugend*, S. 209 f.
26 Sandra Maischberger: Hand aufs Herz – Sandra Maischberger im Gespräch mit Helmut Schmidt, München 2002, S. 171
27 Maischberger, a. a. O., S. 172
28 Helmut Schmidt: *Kindheit und Jugend*, S. 209
29 Marion Gräfin Dönhoff, Helmut Schmidt und Richard von Weizsäcker: *Im Namen der Moral*, in DIE ZEIT vom 15. 7. 1994, Nr. 29
30 Helmut Schmidt: *Kindheit und Jugend*, S. 210
31 ebd.
32 Hartmut Soell, *Helmut Schmidt I*, S. 89
33 Hartmut Soell, *Helmut Schmidt I*, S. 102
34 Noack, a. a. O., S. 38
35 Hartmut Soell, *Helmut Schmidt I*, S. 108
36 Helmut Schmidt: *Kindheit und Jugend*, S. 247
37 Dazu Hartmut Soell, *Helmut Schmidt I*, S. 105
38 Helmut Schmidt: *Kindheit und Jugend*, S. 248

39 So in dem unmittelbar nach Kriegsende verfassten Rückblick, Hartmut Soell, *Helmut Schmidt I*, S. 92 f.
40 Hartmut Soell, *Helmut Schmidt I*, S. 94 f.
41 Zitiert nach: Hartmut Soell, *Helmut Schmidt I*, S. 118
42 Hartmut Soell, *Helmut Schmidt I*, S. 119
43 Helmut Schmidt: *Kindheit und Jugend*, S. 253
44 Zitiert nach: Hartmut Soell, *Helmut Schmidt I*, S. 151
45 Dazu auch S. 67
46 Helmut Schmidt: *Kindheit und Jugend*, S. 260. Auch: Hans-Joachim Noack, a. a. O., S. 50 f.
47 Helmut Schmidt: *Kindheit und Jugend*, S. 262
48 Helmut Schmidt: *Kindheit und Jugend*, S. 267
49 Helmut Schmidt: *Kindheit und Jugend*, S. 273
50 Helmut Schmidt: *Kindheit und Jugend*, S. 269
51 Hartmut Soell zitiert ihn ausführlich: Hartmut Soell, *Helmut Schmidt I*, S. 112
52 ebd.

III. Wofür?

1 Hartmut Soell, *Helmut Schmidt I*, S. 218
2 Helmut Schmidt: *Weggefährten. Erinnerungen und Reflexionen*, Berlin 1996, S. 412
3 Helmut Schmidt: *Weggefährten*, S. 414
4 Siehe auch S. 99–101
5 Helmut Schmidt: *Weggefährten*, S. 419 f.
6 Hartmut Soell, *Helmut Schmidt I*, S. 292
7 Zitiert nach: Hartmut Soell, *Helmut Schmidt I*, S. 29; auch Martin Rupps: Helmut Schmidt. Eine politische Biographie, Stuttgart 2002, S. 86
8 Zitiert nach: Hartmut Soell, *Helmut Schmidt I*, S. 363. Soell zufolge ist nicht bekannt, wo der Text erschien.
9 Helmut Schmidt: *Weggefährten*, S. 121 ff.
10 Helmut Schmidt: *Weggefährten*, S. 122
11 Helmut Schmidt: *Weggefährten*, S. 155
12 ebd.
13 Helmut Schmidt: *Verteidigung oder Vergeltung*, Stuttgart 1961, S. 200 f.
14 Siehe S. 109–112
15 Helmut Schmidt: *Verteidigung oder Vergeltung*, S. 200

16 Helmut Schmidt: *Verteidigung oder Vergeltung*, S. 123
17 Helmut Schmidt: *Weggefährten*, S. 156
18 Helmut Schmidt: *Weggefährten*, S. 402
19 Siehe auch S. 86 f.
20 Helmut Schmidt: *Weggefährten*, S. 403
21 ebd.
22 Helmut Schmidt: *Weggefährten*, S. 410
23 Helmut Schmidt: *Weggefährten*, S. 411
24 ebd.
25 ebd.
26 Hartmut Soell, *Helmut Schmidt I*, S. 391
27 Brief Willy Brandt an Helmut Schmidt vom 5. März 1962, dazu auch Gunter Hofmann, *Willy Brandt und Helmut Schmidt. Geschichte einer schwierigen Freundschaft*, München ³2012, S. 236. Eine Fundgrube für künftige Historiker bietet die sorgfältige Edition des kompletten Briefwechsels der beiden: *Willy Brandt und Helmut Schmidt. Partner und Rivalen. Der Briefwechsel (1958–1992)*, hrsg. und eingeleitet von Meik Woyke, Bonn 2015.
28 Hartmut Soell, *Helmut Schmidt I*, S. 334
29 Helmut Schmidt: *Menschen und Mächte*, S. 177
30 Brief Schmidts vom 11. Oktober 1965, Helmut Schmidt-Archiv. Siehe auch Hartmut Soell, *Helmut Schmidt I*, S. 464
31 Zitiert nach: Hartmut Soell, *Helmut Schmidt I*, S. 491
32 Zitiert nach: Hartmut Soell, *Helmut Schmidt I*, S. 490
33 Hartmut Soell, *Helmut Schmidt I*, S. 589
34 Siehe auch S. 27
35 Siehe auch S. 101 f.
36 Helmut Schmidt: *Mein Europa*, Hamburg 2013
37 *DIE ZEIT* vom 15. 3. 2001; dazu auch Rupps, a. a. O., S. 101
38 Parteitagsprotokoll 1968, S. 195
39 Noack, a. a. O., S. 52
40 *Der Spiegel* Nr. 42 vom 17. 10. 2011
41 Hartmut Soell, *Helmut Schmidt I*, S. 703
42 Hartmut Soell, *Helmut Schmidt I*, S. 730
43 Hartmut Soell, *Helmut Schmidt I*, S. 737
44 Zitiert nach Gunter Hofmann: *Willy Brandt und Helmut Schmidt*, S. 121
45 WBA A3/293, 17. Dezember 1968 Brandts und Schmidts Texte erschienen in der Zeitschrift *Neue Gesellschaft*, dem Theorieorgan der Sozialdemokraten

46 «Auch Demokratie braucht Führer», zitiert ihn Hartmut Soell, *Helmut Schmidt I*, S. 697
47 Hartmut Soell, *Helmut Schmidt I*, S. 772

IV. Machtwechsel

1 Manfred Görtemaker: *Geschichte der Bundesrepublik Deutschland*, München 1999, S. 499
2 Willy Brandt: *Begegnungen und Einsichten. Die Jahre 1960–1975*, Hamburg 1976, S. 295
3 Hans Georg Lehmann: *Öffnung nach Osten. Die Ostreisen Helmut Schmidts und die Entstehung der Ost- und Entspannungspolitik*, Bonn 1984, S. 160 ff.
4 Lehmann: a. a. O., S. 160 ff.
5 Willy Brandt: *Erinnerungen*, Frankfurt 1989, S. 269
6 Zitiert nach: Willy Brandt: *Begegnungen und Einsichten*, S. 314
7 Willy Brandt: *Begegnungen und Einsichten*, S. 313
8 So im Gespräch mit Sandra Maischberger, a. a. O., S. 70
9 Hartmut Soell: *Helmut Schmidt II: Macht und Verantwortung*, München 2008, S. S. 27
10 ebd.
11 Maischberger, a. a. O., S. 71
12 Theo Sommer: *Unser Schmidt*, Hamburg 2010, S. 14
13 Zitiert nach: Sommer, a. a. O., S. 15
14 Sommer, a. a. O., S. 15
15 Vgl. Rupps, a. a. O., S. 105 f.
16 Willy Brandt: *Erinnerungen*, S. 189. Siehe auch S. 178 f.
17 Siehe auch S. 272
18 Rolf Zundel: Kann Schmidt die Bresche schließen? in *DIE ZEIT* vom 14. 7. 1972
19 Hartmut Soell, *Helmut Schmidt II*, S. 196 f. und 201 sowie Peter Merseburger: *Willy Brandt*, Stuttgart–München 2002, S. 659
20 Brief Schmidts an Brandt vom 5. 12. 1972, Helmut Schmidt-Archiv
21 Hartmut Soell, *Helmut Schmidt II*, S. 200
22 Hartmut Soell, *Helmut Schmidt II*, S. 275
23 Siehe auch S. 84
24 Dazu auch: Helmut Schmidt: *Weggefährten*, S. 449 ff.
25 Dazu auch: Christoph Meyer: *Herbert Wehner*, München 2006, S. 389 f.

26 Hans Ulrich Kempski: *Um die Macht*, Berlin 1999, S. 212
27 Marion Gräfin Dönhoff in *DIE ZEIT* vom 1. 2. 1974
28 Dazu: Theodor Eschenburg in *DIE ZEIT* vom 15. 3. 1974. Und Gunter Hofmann: *Willy Brandt und Helmut Schmidt*, S. 160
29 *Der Spiegel* Nr. 13 vom 25. 3. 1974, *Wenn das Zirkuspferd die Trompete hört*
30 *Der Spiegel* Nr. 20 vom 13. 5. 1974. Dazu auch: Albrecht Müller: *Brandt aktuell. Treibjagd auf einen Hoffnungsträger*, Frankfurt/Main 2013, S. 74 f.
31 *Der Spiegel*, 13. 5. 1974
32 Hartmut Soell, *Helmut Schmidt II*, S. 283
33 *Der Spiegel* Nr. 19 vom 5. 5. 2013, S. 28 ff.
34 So zitierte er sich selber. Brandt habe mehrmals ausgerufen, er sei «gescheitert». Hartmut Soell, *Helmut Schmidt II*, S. 330
35 Helmut Schmidt: *Der Kärrner. Herbert Wehner zum 100. Geburtstag* in *DIE ZEIT* vom 29. 6. 2006
36 Hartmut Soell, *Helmut Schmidt II*, S. 329
37 Helmut Schmidt: *Weggefährten*, S. 445
38 Theo Sommer in *DIE ZEIT* vom 17. 5. 1974
39 Siehe dazu Rolf Zundel in *DIE ZEIT* vom 17. 5. 1974
40 Siehe auch S. 273–279
41 Akten zur Auswärtigen Politik der Bundesrepublik Deutschland. 1974. Gespräch zwischen Schmidt und Wilson vom 19. 6. 1974
42 Akten zur Auswärtigen Politik der Bundesrepublik Deutschland. 1974. Gespräch zwischen Schmidt und Tito von 24. 6. 1974
43 Helmut Schmidt: *Die Deutschen und ihre Nachbarn*, Berlin, 1990, S. 18
44 Helmut Schmidt: *Die Deutschen und ihre Nachbarn*, S. 161
45 ebd.
46 Helmut Schmidt: *Die Deutschen und ihre Nachbarn*, S. 163
47 Helmut Schmidt: *Die Deutschen und ihre Nachbarn*, S. 170
48 Helmut Schmidt: *Die Deutschen und ihre Nachbarn*, S. 171
49 Matthias Waechter: *Helmut Schmidt und Valéry Giscard d'Estaing*, Hamburg 2011, S. 127
50 Helmut Schmidt: *Die Deutschen und ihre Nachbarn*, S. 196
51 ebd.
52 Matthias Waechter, a. a. O., S. 128. Helmut Schmidt in einem Gespräch mit Waechter
53 Helmut Schmidt: *Die Deutschen und ihre Nachbarn*, S. 221
54 Helmut Schmidt: *Die Deutschen und ihre Nachbarn*, S. 226

55 Helmut Schmidt: *Die Deutschen und ihre Nachbarn*, S. 228
56 Helmt Schmidt: *Außer Dienst*, München 2008, S. 196; Sommer, a. a. O., S. 140; Helmut Schmidt: *Ein Rückschlag für uns und Europa* in DIE ZEIT vom 6. 8. 1993
57 Sommer, a. a. O., S. 147
58 Siehe dazu Thomas Hanke, *Handelsblatt* vom 31. Mai – «Abschied zweier Freunde» – sowie vom 3. Juni 2013 – «Baguette mit deutscher Butter»
59 Helmut Schmidt: *Die Deutschen und ihre Nachbarn*, S. 297
60 Helmut Schmidt: *Die Deutschen und ihre Nachbarn*, S. 197
61 Zitiert nach Matthias Waechter, a. a. O., S. 132; Valéry Giscard d'Estaing: *Le pouvoir et la vie*, Bd. II, Paris 1991, S. 366 f.
62 Zitiert nach: Matthias Waechter, a. a. O., S. 133 f., Bericht Herbst vom 30. 4. 1979, Akten des Auswärtigen Amtes 1979, Bd. I, Dok. 119, S. 530 f.
63 Hartmut Soell, *Helmut Schmidt II*, S. 355
64 Siehe auch S. 204 f.
65 Helmut Schmidt: *Menschen und Mächte*, S. 20
66 Helmut Schmidt: *Menschen und Mächte*, S. 22
67 Helmut Schmidt: *Menschen und Mächte*, S. 52
68 Nina Grunenberg: Tagebuch in DIE ZEIT vom 17. 10. 1975
69 Nina Grunenberg in DIE ZEIT vom 7. 11. 1975
70 Nina Grunenberg in DIE ZEIT vom 24. 10. 1975
71 Hartmut Soell, *Helmut Schmidt II*, S. 408
72 Hartmut Soell, *Helmut Schmidt II*, S. 413
73 Hartmut Soell, *Helmut Schmidt II*, S. 686; Gunter Hofmann: *Willy Brandt u. Helmut Schmidt*, S. 191
74 Siehe auch S. 189
75 Hartmut Soell, *Helmut Schmidt II*, S. 710
76 Helmut Schmidt: *Menschen und Mächte*, S. 228 f.
77 ebd.
78 Helmut Schmidt: *Menschen und Mächte*, S. 90
79 ebd.
80 Siehe auch S. 330 f.
81 Siehe auch S. 111 f.
82 Helmut Schmidt: *Menschen und Mächte*, S. 89
83 Helmut Schmidt: *Menschen und Mächte*, S. 90
84 So berichtet Hartmut Soell, *Helmut Schmidt II*, S. 735
85 Hartmut Soell, *Helmut Schmidt II*, S. 742
86 So Brandt in einem Gespräch mit dem Autor. In: Gunter Hofmann:

Willy Brandt. Portrait eines Aufklärers aus Deutschland, Hamburg 1988, S. 66.
87 Helmut Schmidt: *Menschen und Mächte*, S. 97 f.
88 Helmut Schmidt: *Menschen und Mächte*, S. 152; zu Gorbatschow generell: Helmut Schmidt: *Menschen und Mächte*, S. 134 ff. Zum gemeinsamen Haus Europa: Helmut Schmidt: *Menschen und Mächte*, S. 147 ff.
89 Matthias Waechter, a.a.O., S. 135. Helmut Schmidt in einem Gespräch mit Waechter.
90 Streitgespräch Helmut Schmidts mit Günter Grass, Siegfried Lenz und Fritz J. Raddatz: *Der Kanzler ist kein Volkserzieher* in DIE ZEIT vom 22. 8. 1980
91 ebd.
92 *Der Spiegel* vom 29. 9. 1980, *Was befähigt Sie zum Kanzler?*
93 Theo Sommer: *Ein Bundeskanzler für schweres Wetter* in DIE ZEIT vom 3. 10. 1980
94 *Der Spiegel* Nr. 41 vom 6. 10. 1980
95 Gunter Hofmann: *Ausbruch aus der Wagenburg* in DIE ZEIT vom 10. 10. 1989
96 Interview mit Helmut Schmidt: *Einen Zwiespalt gibt es bei mir nicht* in *Der Spiegel* Nr. 9 vom 23. 2. 1981.
97 ARD, 30. 4. 1981, Bulletin der Bundesregierung vom 6. 5. 1981
98 *FAZ* vom 5. 5. 1981
99 *Der Spiegel*. Nr. 20 vom 11. 5. 1981, *Deutsche und Juden: Kniefall wiederholen?*
100 Helmut Schmidt: *Weggefährten*, S. 339 ff. Siehe dazu auch: Hartmut Soell, *Helmut Schmidt II*, S. 832 ff.
101 *Der Spiegel* Nr. 22 vom 25. 5. 1981
102 ebd.
103 In einem Gespräch mit dem Autor, siehe auch Gunter Hofmann: *Polen und Deutsche. Der Weg zur europäischen Revolution 1989/90*, Berlin 2011, S. 256
104 Erhard Eppler: *Der Geist des Friedens steht über aller Vernunft*, Auszüge aus der Predigt in DIE ZEIT vom 26. 6. 1981
105 Karl-Heinz Janßen: *Weil Christus kein Killer ist …*, in DIE ZEIT vom 26. 6. 1981
106 Hartmut Soell, *Helmut Schmidt II*, S. 844 f.
107 Marion Gräfin Dönhoff in DIE ZEIT vom 16. Oktober 1981
108 Helmut Schmidt: *Die Deutschen und ihre Nachbarn*, S. 62
109 Helmut Schmidt: *Die Deutschen und ihre Nachbarn*, S. 79

110 Helmut Schmidt: *Die Deutschen und ihre Nachbarn*, S. 73
111 ebd.
112 Helmut Schmidt: *Die Deutschen und ihre Nachbarn*, S. 74
113 Marlies Menge: *Eine Stadt ohne Frauen und Kinder*, in DIE ZEIT vom 18. 12. 1981
114 Zitiert nach: Akten zur Auswärtigen Politik der Bundesrepublik Deutschland. 1982. Gespräch Schmidt-Mitterrand vom 13. Januar 1982, VS-vertraulich
115 *Stern* Nr. 29 vom 15. 7. 1982, S. 55 f.
116 Gunter Hofmann: *Willy Brandt und Helmut Schmidt*, S. 215. Siehe auch: Hartmut Hartmut Soell, *Helmut Schmidt II*, S. 1057, Fußnote 294
117 Helmut Schmidt: *Eine ungehaltene Rede*, in DIE ZEIT vom 24. 11. 1995. Dazu auch: Helmut Schmidt: *Weggefährten*, S. 449 ff.
118 Gunter Hofmann: *Kanzler mit Pauke* in DIE ZEIT vom 5. 2. 1982
119 Nina Grunenberg in DIE ZEIT vom 12. 2. 1982
120 Gunter Hofmann: *Als liefe alles ganz normal* in DIE ZEIT vom 2. 7. 1982
121 Hartmut Soell, *Helmut Schmidt II*, S. 919
122 Hartmut Soell, *Helmut Schmidt II*, S. 880
123 Golo Mann: *Nicht Geschichte machen wollte er* in Spiegel Nr. 44 vom 1. 11. 1982
124 Helmut Schmidt: *Menschen und Mächte*, S. 343
125 Siehe dazu: Helmut Schmidt: *Menschen und Mächte*, S. 153 ff.
126 Helmut Schmidt: *Menschen und Mächte*, S. 333 ff.
127 Helmut Schmidt: *Menschen und Mächte*, S. 184
128 Helmut Schmidt: *Menschen und Mächte*, S. 202 ff.
129 Helmut Schmidt: *Menschen und Mächte*, S. 207
130 Helmut Schmidt: *Menschen und Mächte*, S. 219
131 Giscard und er hatten untereinander den Gedanken in einem ihrer Gespräche entwickelt, die alte «Library Group» fortzusetzen. Im Laufe des Jahres 1972, Schmidt war Finanzminister, spitzte sich die Währungskrise zu, der Dollar verlor an Wert, die D-Mark stand mehrfach unter Aufwertungsdruck. Zwei deutsche Finanzminister, Alex Möller und Karl Schiller, waren bereits zurückgetreten – indirekt Opfer dieses währungspolitischen Dramas. Die USA weigerten sich, wie Schmidt fand, mit Gold- oder Devisenverkäufen den Dollar zu verknappen und dadurch den Wechselkurs zu stützen. In der Frage hielt er engen Kontakt mit Giscard, damals französischer Finanzminister, sowie George Shultz und dessen Vertreter Paul Volcker. Nach Schmidts

Darstellung war es dieser Kreis, der den «privaten Club» von hoher Effizienz gründete, die Library Group. Der britische Finanzminister Anthony Barber und sein japanischer Kollege Takeo Fukuda stießen dazu. Dieser «Club», öffentlich unbekannt, wurde nach dem Ort ihres ersten Treffens benannt, der Bibliothek des Weißen Hauses. Lange zuckte Washington zurück, zumal das Verhältnis zu Paris seit de Gaulles Zeiten angespannt war. Aber mit Ford änderte sich die Lage: «An einem schönen Sommernachmittag an einem Gartentisch», schwärmte Schmidt geradezu, habe man also in Helsinki die erste Gipfelkonferenz beschlossen. Über die Teilnahme Japans wurde man sich rasch einig, «damit Deutschland nicht als einziges besiegtes Land am Tische sitzen würde». *Menschen und Mächte*, S. 213 f.

132 Helmut Schmidt: *Menschen und Mächte*, S. 225
133 Siehe dazu auch S. 138, 292 ff.
134 Helmut Schmidt: *Menschen und Mächte*, S. 254
135 Helmut Schmidt: *Menschen und Mächte*, S. 293
136 Helmut Schmidt: *Menschen und Mächte*, S. 309
137 Zitiert nach *FAZ* vom 2. 4. 2013, S. 8, Rezension Akten zur Auswärtigen Politik der Bundesrepublik 1981 und 1982
138 Helmut Schmidt: *Menschen und Mächte*, S. 320
139 ebd.
140 ebd.
141 Helmut Schmidt: *Menschen und Mächte*, S. 332

V. *Kommentator*

1 In: Marion Dönhoff, Hrsg.: *Die neue Mittwochsgesellschaft*, Hamburg 1998, S. 143
2 ebd., S. 50 f.
3 Siehe zum Waldspaziergang S. 328
4 *DIE ZEIT* vom 30. 7. 1982
5 Helmut Schmidt: *Weggefährten*, S. 450
6 Aber kursierten nicht auch von ihm Zitate über eine mögliche Wiedervereinigung wie jenes aus dem letzten Jahr seiner Regierungszeit, 1982, die Deutschen hätten sich damit abgefunden, «dass sie in diesem Jahrhundert nicht möglich sei»? Sie sei «um Lichtjahre entfernt, also völlig unrealistisch»? Außenminister Genscher malte, als er das las, an den Rand ein Ausrufezeichen und schrieb dazu: «Na, na.» Zitiert nach *FAZ* vom 2. April 2013, Seite 8, Rezension über Akten zur Auswärtigen Politik 1982

7 Helmut Schmidt: *Weggefährten*, S. 452
8 Dazu auch: Maischberger, a. a. O., S. 63 ff.
9 Hartmut Soell, *Helmut Schmidt II*, S. 921
10 Schmidt im *Spiegel*-Gespräch: *Der gefährlichste Moment*, in *Der Spiegel* Nr. 25 vom 16. 6. 2008
11 Siehe dazu auch S. 381 f. sowie Anm. 6 in diesem Kapitel
12 Helmut Schmidt, *Die Deutschen und ihre Nachbarn*, S. 33
13 a. a. O. S. 33 f.
14 a. a. O. S. 39
15 Helmut Schmidt: *Die Deutschen und ihre Nachbarn*, «Die Einheit der Deutschen vollenden», S. 23 ff.; auch Sommer: *Unser Schmidt*, S. 79 ff.
16 Helmut Schmidt: *Die Deutschen und ihre Nachbarn*, S. 23
17 Helmut Schmidt: *Die Deutschen und ihre Nachbarn*, S. 24 f.
18 Helmut Schmidt: *Die Deutschen und ihre Nachbarn*, S. 25
19 ebd.
20 ebd.
21 Helmut Schmidt: *Die Deutschen und ihre Nachbarn*, S. 26
22 Helmut Schmidt: *Die Deutschen und ihre Nachbarn*, S. 27 f.
23 Helmut Schmidt: *Die Deutschen und ihre Nachbarn*, S. 28
24 Helmut Schmidt: *Die Deutschen und ihre Nachbarn*, S. 79
25 Sommer: *Unser Schmidt*, S. 79 ff. Siehe auch S. 178 f.
26 Deren Endgültigkeit erkannten auch die Sozialdemokraten nicht an. Dazu Sommer: *Unser Schmidt*, S. 79
27 Sommer: *Unser Schmidt*, S. 81
28 Sommer: *Unser Schmidt*, S. 107
29 Siehe dazu: Dominik Pick: *Brücken nach Osten. Helmut Schmidt und Polen*, Bremen 2011, S. 120
30 Siehe dazu: Dominik Pick: a. a. O., S. 60 ff. und generell Dieter Bingen: *Die Polenpolitik der Bonner Republik von Adenauer bis Kohl 1949–1991*, Baden-Baden 1998
31 Helmut Schmidt: *Die Deutschen und ihre Nachbarn*, S. 484
32 ebd.
33 Helmut Schmidt: *Die Deutschen und ihre Nachbarn*, S. 487
34 Sonderdruck Bibliothek Friedrich Ebert Stiftung Bonn: Gedenkveranstaltung Julius Leber, Berlin Gethsemanekirche 15. 11. 1981, hrsg. FES 1992
35 ebd., auch: Gunter Hofmann: *Willy Brandt und Helmut Schmidt*, S. 272
36 Benedikt Erenz: *Was fehlt*, in *DIE ZEIT* vom 31. 1. 1992, Nr. 6; sowie Helmut Schmidt in *DIE ZEIT* vom 28. 2. 1992, Nr. 10

37 Karl-Heinz Janßen: *Als Soldaten Mörder wurden*, in *DIE ZEIT* vom 17. 3. 1995, Nr. 12
38 Zitiert nach: *Gehorsam bis zum Mord? Der verschwiegene Krieg der deutschen Wehrmacht* in *ZEIT*-Punkte Nr. 3, 1995, S. 70 ff.
39 Siehe auch S. 407 f.

VI. Was bleibt

1 *taz* vom 23. 5. 2013
2 Helmut Schmidt: *Kindheit und Jugend*, S. 210
3 Helmut Schmidt in *Abendzeitung* München 5. 5. 2001, «Nicht stolz darauf, ein Deutscher zu sein!»
4 ebd.
5 ebd.
6 Siehe auch S. 309–311
7 Helmut Schmidt *Weggefährten*, S. 560
8 Hans-Joachim Noack, a. a. O., S. 13 f.
9 Peter Glotz: *Die Innenausstattung der Macht. Politisches Tagebuch 1976–1978*, München 1979
10 Hartmut Soell, *Helmut Schmidt II*, S. 902 ff.
11 Hartmut Soell, *Helmut Schmidt II*, S. 903
12 *Erzähl doch mal von früher. Loki Schmidt im Gespräch mit Reinhold Beckmann*, München 2010, S. 153 f.
13 Helmut Schmidt in einem Interview mit Patricia Riekel in *Die Bunte*, 10. 10. 2013
14 Helmut Schmidt in *DIE ZEIT* Nr. 14 vom 27. 3. 2013
15 Durchaus sinnvoll und lehrreich ist daher das Buch von Sabine Pamperrien: *Helmut Schmidt und der Scheißkrieg*, München 2014. Zwar kann die Autorin keine überraschend neuen Fakten aufspüren, die sein persönliches Verhalten als Soldat in ein neues Licht rückten. Wohl aber illustriert sie mit ihren Recherchen sehr eindringlich, was auch normalen Soldaten in Bremen während Schmidts Flak-Jahren oder an der Ostfront während seiner mehrmonatigen Abkommandierung bekannt sein konnte, wenn nicht musste. Helmut Schmidts Selbstdarstellung von einer «Tragödie des Pflichtbewusstseins» rückt so erneut in ein anderes Licht: Seine stets wiederholte These, von den Judenmorden, vom Kommissarbefehl, von den Verbrechen der Nazis als Soldat nicht wirklich auch nur annähernd Kenntnis erhalten zu haben, kann man schwer nachvollziehen – obwohl er sich an seine «Wahrheit» wohl klammerte.

Bildnachweis

Seite 36 (Foto: Sven Simon), *37* (BPA), *38* (BPA), *39* (BPA), *43 oben* (Foto: Sven Simon) *65* (Foto: Sven Simon), *88* (Foto: Sven Simon), *132* (Keystone), *151* (Foto: Sven Simon), *157* (Foto: Röhnert), *215* (Foto: Sven Simon), *248* (Foto: Bunk), *270* (Foto: Kucharz), *289* (Foto: Sven Simon), *312* (Foto: Kucharz), *372* (Foto: Sven Simon): ullstein bild, Berlin
Seite 42 (Foto: Sven Simon), *98* (AP – Foto: Horst Faas), *155* (dpa – Foto: Kurt Rohwedder), *229* (Associated Press – Foto: Strumpf), *241* (Associated Press – Foto: Klaus Schlagmann), *283* (dpa – Foto: Heinz Wieseler), *301* (Foto: Egon Steiner), *303* (dpa), *319* (UPI), *368* (dpa – Foto: DB Chris Pohlert), *407* (Associated Press – Foto: Reiss): dpa Picture-Alliance, Frankfurt
Seite 43 unten, *49*, *72*, *334* (ddrbildarchiv.de): akg-images, Berlin
Seite 125: Sven Simon Fotoagentur GmbH & Co. Pressefoto KG, Mülheim/Ruhr
Seite 243 (Foto: J. H. Darchinger), *264* (Foto: J. H. Darchinger), *324* (Foto: J. H. Darchinger), *354* (Foto: J. H. Darchinger), *383* (Foto: J. H. Darchinger): Archiv der sozialen Demokratie/Friedrich-Ebert-Stiftung, Bonn
Seite 391 (Bundesregierung, B 145 Bild-00113088 – Foto: Richard Schulze-Vorberg), *401* (Bundesregierung, B 145 Bild-00182743 – Foto: Engelbert Reineke), *404* (Bundesregierung, B 145 Bild-00250562 – Foto: Engelbert Reineke): Bundesbildstelle, Presse- und Informationsamt der Bundesregierung, Berlin

Leider war es nicht in allen Fällen möglich, die Inhaber der Rechte zu ermitteln. Wir bitten deshalb gegebenenfalls um Mitteilung. Der Verlag ist bereit, berechtigte Ansprüche abzugelten.

Personenregister

Adenauer, Konrad 19–22, 84, 87–91, 94–98, 100 f., 103 f., 107 f., 110, 112 f., 115–118, 134–136, 139–141, 145, 149, 155, 158, 161, 164, 167, 173, 193, 246 f., 274, 301, 379, 392, 395, 410, 423, 442
Adorno, Theodor W. 426
Ahlgrimm, Hilde 74
Albertz, Heinrich 324
Albrecht, Ernst 271
Alexander der Große, *König von Makedonien* 422
Andersen, Lale 419
Apel, Hans 126, 129, 225, 261, 329, 364, 426
Appel, Reinhard 367
Arendt, Walter 204
Aristoteles 378
Aron, Raymond 249, 260
Ascherson, Neill 21
Augstein, Rudolf 25, 129, 133

Baader, Andreas 192, 290
Bach, Johann Sebastian 419
Bahr, Egon 13, 25, 139, 156, 178, 198, 200 f., 211, 221, 230, 240, 261, 299 f., 326, 328, 377, 388 f., 395, 400, 416
Bangemann, Martin 420
Barlach, Ernst 44, 336

Barroso, José Manuel 14
Barzel, Rainer 13, 22, 28, 153 f., 157, 201, 278, 284, 347 f.
Bebel, August 353
Beck, Ludwig 377
Becker, Kurt 346
Beckmann, Reinhold 18, 25, 420
Begin, Menachem 320–322
Bender, Peter 25, 400 f.
Berkhan, Willi 123, 185
Bertram, Christoph 186, 366 f.
Beyer, Lucie 92
Birrenbach, Kurt 200
Bismarck, Otto von 9, 30, 305, 353
Blank, Theodor 99, 103
Böll, Heinrich 197, 205, 324
Bölling, Klaus 186, 243 f., 272 f., 277, 303, 333, 346
Bohnenkamp, Hans 76 f.
Bontjes van Beek, Cato 51, 66–68, 74
Bontjes van Beek, Mietje 51, 67, 81
Bontjes van Beek, Olga 51, 74, 81
Bontjes van Beek, Tim 51, 67
Brandt, Ruth 432 f.
Brandt, Willy 12 f., 15, 19, 22 f., 28, 30 f., 46, 57, 70 f., 84, 87 f., 95, 99, 101–104, 106–109, 112 f., 115–117, 120, 122 f., 127, 129 f., 132, 134–136, 138–140, 142–150,

152 f., 157–159, 161–165, 168, 170–182, 185, 190 f., 193–202, 205–216, 218–240, 242–247, 250, 252, 259–261, 263–270, 272, 275, 277, 279, 284–286, 293–296, 299, 301 f., 305, 308, 317 f., 320, 322–324, 326–328, 330, 337, 339–343, 345, 349 f., 352, 363 f., 370, 374, 376 f., 379–384, 387–389, 395, 397, 400, 403, 416 f., 421, 426–428, 430, 432 f., 443
Brauchitsch, Walther von 62
Brauer, Max 32, 124
Braunmühl, Gerold von 291
Breling, Amelie 51
Brentano, Heinrich von 154
Breschnew, Leonid 10, 17, 125, 230, 245 f., 268–271, 297–299, 304–307, 326, 333, 398, 435
Brzeziński, Zbigniew 245, 293, 302, 356, 358 f.
Buback, Siegfried 287
Bucerius, Gerd 365, 368 f., 433
Buhl, Dieter 366
Burns, Arthur 10
Bush, George H. W. 19, 427
Bussche, Axel von dem 56

Callaghan, James 255, 283
Carossa, Hans 44
Carr, Jonathan 11, 58, 213, 366 f.
Carter, Jimmy 254 f., 258, 282 f., 293 f., 297–300, 303, 306 f., 324, 351, 355–362, 387, 398
Ceaușescu, Nicolae 399
Cézanne, Paul 42
Chagall, Marc 276
Chruschtschow, Nikita 135
Claudius, Matthias 61 f.
Cohn-Bendit, Daniel 308
Conradi, Peter 280
Coppik, Manfred 280

Dahrendorf, Ralf 158
de Gaulle, Charles 249–251, 258, 393
de Weck, Roger 368
Debré, Michel 249
Dehler, Thomas 393
Deist, Heinrich 32, 92 f.
Deng Xiaoping 10, 439 f.
di Lorenzo, Giovanni 368, 419
Dieckmann, Friedrich 377
Dönhoff, Marion Gräfin 25, 55, 69 f., 129, 223, 307, 330, 365–367, 373, 377, 401 f., 441
Dohnanyi, Klaus von 224
Dregger, Alfred 200
Drenkmann, Günter von 285
Duden, Marianne 276 f.
Dutschke, Rudi 27, 158

Ebert, Friedrich 168, 230
Ehlers, Hermann 393
Ehmke, Horst 29 f., 120, 194–197, 199, 209–212, 242 f., 296, 299
Engels, Friedrich 32
Ensslin, Gudrun 192, 290
Eppler, Erhard 25, 119 f., 202, 212, 261–263, 271, 278, 285, 306–308, 317 f., 324, 326, 328–330, 415 f., 428
Erenz, Benedikt 409
Erhard, Ludwig 19, 90, 139, 141–146, 148, 152, 161, 194, 318
Erler, Fritz 32, 60, 94, 99–102, 108, 112, 115, 122, 139, 147 f., 150, 152, 154 f., 180, 186, 202, 277, 341, 393, 406
Eschenburg, Theodor 224

Fack, Fritz Ullrich 367
Falin, Valentin 432
Faulenbach, Bernd 218
Filbinger, Hans 271
Fischer, Joschka 160, 440

Fontane, Theodor 398
Ford, Gerald 276, 282, 351, 353–355, 360, 362
Frahm, Martha 22
Franco, Francisco 353
Franke, Egon 107
Frantz, Justus 375
Freisler, Roland 71–73, 102
Friderichs, Hans 214, 226
Friedrich II., *Kaiser* 422
Friedrich II., *König von Preußen* 398, 422
Friedrich, Caspar David 398
Frisch, Max 205

Gansel, Norbert 203, 227, 280
Gauck, Joachim 415
Gauguin, Paul 42
Gaus, Günter 144, 243, 332 f.
Genscher, Hans-Dietrich 25, 202, 214, 228, 230, 239, 270, 281, 298, 304, 322, 327 f., 340, 344, 346 f., 365, 379, 384
Georgi, Friedrich 71
Geremek, Bronisław 239
Gerson, Hellmuth 45
Gerstenmaier, Eugen 393
Gierek, Edward 299, 333, 403–405, 408
Giscard d'Estaing, Anne-Aymone 252
Giscard d'Estaing, Valéry 13, 17, 22, 54, 58, 125, 217 f., 245 f., 248–260, 276, 282–284, 294, 300, 306, 355, 361, 430, 435
Glotz, Peter 345, 427
Glucksmann, André 339
Goebbels, Joseph 71
Göbel, Wolfgang 287
Göring, Hermann 59, 67, 75
Görtemaker, Manfred 176
Goethe, Johann Wolfgang von 44
Gogh, Vincent van 42, 44

Gomułka, Władysław 406
Gorbatschow, Michail 10, 19, 305, 388 f., 395
Gould, Glenn 419
Grashey, Hellmut 184
Grass, Günter 164, 181, 197, 309–311, 424, 444
Grimm, Dieter 377
Gromyko, Andrej 10, 178, 245 f., 298
Grünewald, Armin 367
Grunenberg, Nina 273–278, 366, 419
Guevara, Che 127
Guillaume, Günter 228–231, 233 f., 239
Gumpel, Ludwig 34, 45 f., 53, 58 f., 64, 68, 248, 340, 418 f.
Guttenberg, Karl Theodor von und zu 115

Habermas, Jürgen 197, 203, 426
Hallstein, Walter 276
Hansen, Karl-Heinz 280
Harmel, Pierre 197
Harpprecht, Klaus 243
Hassell, Ilse von 73
Hassell, Ulrich von 72 f., 377
Haussmann, Helmut 420
Havel, Václav 239
Heath, Edward 250
Heimann, Eduard 123
Heine, Heinrich 385
Heinemann, Gustav 62, 173, 196, 225
Heinrich von Preußen 234 f.
Heisenberg, Werner 377
Herbst, Axel 259 f.
Herrhausen, Alfred 291
Hillegaart, Heinz 287
Hindenburg, Paul von 309
Hitler, Adolf 14, 23, 33 f., 41, 45, 47, 50, 52 f., 55–58, 62–64,

67–73, 76, 79 f., 83 f., 90, 95 f., 101 f., 110–112, 116, 144, 154, 166, 183, 232, 269, 296, 305, 310, 323, 353, 400, 408, 417, 438 f., 443
Hollande, François 415
Honecker, Erich 221 f., 229, 231, 246, 331–338, 395 f., 398 f., 401
Horkheimer, Max 426
Hua Guofeng 10
Humphrey, Hubert 134, 352

Janßen, Karl-Heinz 409
Jaruzelski, Wojciech 333, 335 f.
Joffe, Josef 373
Johnson, Lyndon B. 134
Juan Carlos I., *König von Spanien* 435
Jülich, Willi 277
Jürgens, August 123

Kaisen, Wilhelm 32, 124, 126
Kaiser, Karl 295
Kant, Immanuel 21, 32, 79, 118 f., 121, 205, 275, 416
Karlauf, Thomas 374
Kasimir, Helmut 271
Kasner, Herlind 22
Kasner, Horst 22
Kelly, Grace 419
Kelly, Petra 324
Kempski, Hans Ulrich 223
Kennan, George F. 400
Kennedy, John F. 13, 134–136, 140–142, 379
Keynes, John Maynard 123, 151, 158, 283
Kiep, Walther Leisler 200
Kiesinger, Kurt Georg 19, 22, 28, 148–150, 153 f., 156–159, 161 f., 165, 170 f., 176 f., 273, 374, 443
Kineast, Anni 126
King, Coretta 324

King, Martin Luther 324
Kirsch, Guy 20
Kissinger, Henry 10, 13, 186, 215, 245, 351, 353, 430
Klasen, Karl 32, 250
Kluncker, Heinz 226
Koch, Heinz 51
Koch, Oma 38, 40
Koch, Opa 38, 40 f.
Koeppen, Wolfgang 91
Kohl, Hans 22
Kohl, Helmut 15, 19–22, 31, 93, 105 f., 128, 241, 256, 258, 265, 279–281, 284, 300, 312, 316 f., 323, 326, 340, 344, 347–349, 361, 363–366, 376, 379, 384, 393 f., 402, 418, 422, 425, 430
Kollwitz, Käthe 44
Koschnick, Hans 163
Krystofiak, Klärchen 126
Küchenmeister, Rainer 67 f.
Küchenmeister, Walter 67
Kwizinski, Juli A. 328

Lafontaine, Oskar 317, 339–342
Lahnstein, Manfred 12, 346
Lambsdorff, Otto Graf 299, 325, 346, 348, 365
Lang, Hilde von 368
Lassalle, Ferdinand 32
Leber, Georg 173, 204
Leber, Julius 101 f., 159, 408 f.
Lee Kuan Yew 438
Lehmann, Hans Georg 11 f., 178
Leicht, Robert 368
Leinemann, Jürgen 61
Lenz, Liselotte 435
Lenz, Siegfried 160, 309 f., 375, 424, 435, 444
Lepenies, Wolf 377
Lévy, Bernard-Henri 339
Lewis, Flora 277
Lipschitz, Joachim 129

Loah, Ruth 13 f., 36, 126, 419, 430 f.
Loderer, Eugen 233
Löwenthal, Richard 343
Lorenz, Peter 285–287
Lübke, Heinrich 143, 173
Luther, Martin 62

Mackscheidt, Klaus 20
Mahler, Horst 192
Maischberger, Sandra 18, 387, 420, 431
Mann, Golo 349 f.
Mann, Thomas 44, 78
Mao Zedong 10, 127, 438
Marc, Franz 44
Marc Aurel 21, 32, 61, 64, 119
Marcuse, Herbert 160, 426
Margrethe II., *Königin von Dänemark* 435
Marx, Karl 32
Matisse, Henri 42
Matthöfer, Hans 13, 124, 169 f., 364
McNamara, Robert 10
Meadows, Dennis 262
Meinhof, Ulrike 192
Meins, Holger 286
Mende, Erich 153
Menge, Marlies 337
Merkel, Angela 14, 19, 21 f., 252, 375, 415, 432
Merseburger, Peter 210
Mestmäcker, Ernst-Joachim 377
Michnik, Adam 239
Mirbach, Andreas von 286
Mischnick, Wolfgang 221
Mitterrand, François 249 f., 258 f., 338 f., 361
Modersohn, Otto 431
Möllemann, Jürgen 420
Möller, Alex 32, 193 f.
Mommsen, Ernst Wolf 186
Monnet, Jean 247, 249

Moore, Henry 363
Mozart, Wolfgang Amadeus 363
Müller, Albrecht 244
Muschg, Adolf 377

Nannen, Henri 129
Nenni, Pietro 196, 207, 308
Nevermann, Paul 128, 131–133
Nitze, Paul 328
Nixon, Richard 10, 134, 254, 268, 351–355, 360, 362
Noack, Hans-Joachim 12
Nolde, Emil 44, 276, 375, 431 f.
Nollau, Günther 229
Noske, Gustav 180
Noteboom, Cees 15
Nowottny, Friedrich 335, 367
Nye, Joseph 426 f.

Obama, Barack 228, 419
Ohnesorg, Benno 27, 158
Olbricht, Friedrich 71
Ollenhauer, Erich 84, 90, 94 f., 101, 108, 112, 114, 137 f., 341
Ostermeyer, Liesbeth 123

Palme, Olof 286
Palmerston, Henry Temple, Lord 249
Paulus, *Apostel* 61
Pfister, Bernhard 123
Pinochet, Augusto 399
Pompidou, Georges 250, 252 f.
Ponto, Jürgen 287
Popper, Karl 21, 118 f., 121, 205, 263 f., 427
Primakow, Jewgenij 432
Putin, Wladimir 374, 432, 438

Raddatz, Fritz J. 309 f., 424, 444
Rakowski, Mieczysław 338
Randow, Thomas von 66
Rantzau, Heino von 72

Rapacki, Adam 406
Raspe, Jan Carl 290
Rau, Johannes 345, 364
Reagan, Ronald 10, 258, 326, 328, 351, 360–362, 379, 388
Reiser, Hans 277, 367
Reuter, Edzard 377
Reuter, Ernst 13, 32, 84, 90, 124
Reza Pahlavi, Mohammad 356 f.
Richter, Horst-Eberhard 331, 383
Ribbentrop, Joachim von 28
Rockefeller, Nelson 29
Roth, Wolfgang 203
Ruhnau, Heinz 202
Rupps, Martin 12

Sadat, Anwar as- 10, 323
Sauerbruch, Ferdinand 377
Schamir, Jizchak 322
Scharping, Rudolf 340 f.
Scheel, Walter 174, 176 f., 201, 208, 214, 223, 225, 230, 234, 239, 328, 389
Schiller, Karl 24, 32, 85–88, 90, 92, 123 f., 152, 155, 157 f., 193–197, 206, 209, 244
Schinkel, Karl Friedrich 398
Schirach, Baldur von 47
Schlei, Marie 244, 277
Schleyer, Hanns-Eberhard 289, 291
Schleyer, Hanns Martin 122, 189 f., 243, 287–292, 313, 318, 391, 430, 434 f.
Schleyer, Waltrude 289
Schmarsow, Liselotte 276 f.
Schmid, Carlo 32, 102, 108, 115, 122, 341, 393
Schmidt, Adolf 233
Schmidt, Barbara 347
Schmidt, Fritz 51
Schmidt, Gustav 37, 40–43, 45 f., 53–55, 65, 80
Schmidt, Haina 51

Schmidt, Hannelore «Loki» 13 f., 17–19, 29, 36, 42, 44, 46, 65, 69, 75, 77, 86, 88, 90, 125 f., 129, 151, 189 f., 206, 215, 235, 252, 256, 287, 319 f., 347, 371, 376, 401, 406, 419 f., 423, 431–438
Schmidt, Helmut Walter 75, 420, 422, 429
Schmidt, Ludovica 37 f., 40, 43, 45 f., 58, 65
Schmidt, Opa 38, 40, 46, 252
Schmidt, Susanne 80 f., 88, 90, 151, 319, 406, 419 f., 429, 436–438
Schmidt, Wolfgang 37–39
Schmidt-Rottluff, Karl 44
Schmitt, Carl 47
Schnez, Albert 183
Schoettle, Erwin 92
Schröder, Fritz 22
Schröder, Gerhard 155
Schröder, Gerhard 19, 22, 228, 341, 373, 415 f.
Schüler, Hans 185
Schüler, Manfred 242–244, 273, 277, 303
Schütz, Klaus 198
Schulz, Albert 126
Schulz, Peter 13, 126, 129, 435
Schulz, Sonja 126, 435
Schulze-Boysen, Harro 67
Schumacher, Kurt 90, 94, 112, 115, 122, 124, 141, 248, 392
Schuman, Robert 247 f.
Schumann, Jürgen 290
Schwarz, Hans-Peter 95, 280
Schwelien, Michael 12
Seifriz, Hans-Stefan 163
Seuffert, Walter 92
Severing, Carl 92
Shultz, George P. 10, 13, 215, 380, 435
Simon, Dieter 377
Sington-Rosdal, Lilly 39

Soell, Hartmut 11, 39 f., 58, 60 f.,
 64, 68, 86, 137, 145, 183,
 210–213, 295, 323, 327, 389, 432
Sommer, Theo 12 f., 109, 121, 129,
 186–189, 235 f., 277, 316,
 366–368, 397
Späth, Lothar 307, 337
Spranger, Eduard 377
Springer, Axel 129
Stahl, Erna 44, 74
Stalin, Josef 305, 399
Stauffenberg, Claus Schenk Graf von
 57, 69, 72, 79
Steffen, Jochen 263
Steinbrück, Peer 432
Stern, Carola 25
Stern, Fritz 13, 422
Stevenson, Adlai 134
Stolze, Dieter 315 f.
Stoph, Willi 337
Strasser, Johano 203
Strauß, Franz Josef 98 f., 103–106,
 109 f., 112 f., 115, 121, 140,
 152 f., 158 f., 188, 200–202, 219,
 256, 258, 269, 281, 284, 300,
 306, 312–317, 332 f., 337 f., 387,
 394, 424, 430, 442
Streicher, Julius 45
Strobel, Käte 92
Stützle, Walter 186

Teltschik, Horst 376
Thierse, Wolfgang 378
Thomen, Karl 123
Tito, Josip Broz 246
Tresckow, Henning von 79

Ulbricht, Walter 135, 399

Vetter, Heinz Oskar 233
Vogel, Hans-Jochen 25, 235, 243,
 318, 345, 364, 383
Voigt, Karsten 203
Vollmer, Antje 377 f.

Wałęsa, Lech 335
Weber, Max 21, 25, 118–121, 205,
 314
Wehner, Herbert 23, 32, 60, 87, 95,
 107 f., 115 f., 122, 129, 134,
 142 f., 145–150, 152, 162 f., 165,
 173, 175–180, 190, 200, 204,
 210–213, 218–224, 229–232,
 246, 264 f., 273, 278, 280, 299,
 341, 345, 381, 390 f., 393, 405 f.,
 430
Weichmann, Herbert 32
Weizsäcker, Carl Friedrich von
 30
Weizsäcker, Richard von 15, 24 f.,
 54–56, 70, 200 f., 337, 377, 401,
 420, 425
Westerwelle, Guido 420
Wickert, Ulrich 171
Wieczorek, Heidemarie 203
Wilhelm II., *Deutsche Kaiser* 17,
 113, 235, 354
Wilson, Harold 245, 253, 355
Wirmer, Josef 72
Wischnewski, Hans-Jürgen 243 f.,
 277, 290, 346
Witte, Karl 62
Witter, Ben 27, 29, 34
Wolf, Markus 229
Wurster, Georg 287

Zundel, Rolf 208